CORPUS SCRIPTORUM ECCLESIASTICORUM
LATINORUM

VOL. XCIX

CORPUS SCRIPTORUM ECCLESIASTICORUM LATINORUM

EDITUM CONSILIO ET IMPENSIS

ACADEMIAE SCIENTIARUM AUSTRIACAE

VOL. XCIX

Verlag der
Österreichischen Akademie
der Wissenschaften

Wien 2011   OAW

PSEUDO-AUGUSTINUS

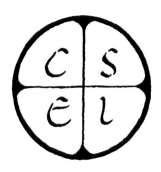

DE ORATIONE ET ELEMOSINA
DE SOBRIETATE ET CASTITATE
DE INCARNATIONE ET DEITATE CHRISTI
AD IANUARIUM
DIALOGUS QUAESTIONUM

EDIDIT

LUKAS J. DORFBAUER

Verlag der
Österreichischen Akademie
der Wissenschaften

Wien 2011

ÖAW

BR
G5
.A89
D4G
2011

Vorgelegt von w. M. Georg Danek in der Sitzung
am 17. Juni 2011

Zur Erstellung der Edition wurde das Programm
„Classical Text Editor" verwendet.

Die verwendete Papiersorte ist aus chlorfrei gebleichtem
Zellstoff hergestellt, frei von säurebildenden Bestandteilen
und alterungsbeständig.

INHALTSVERZEICHNIS

VORWORT 9

DE ORATIONE ET ELEMOSINA
Einleitung
   1. Autorschaft und Abfassungszeit 13
   2. Literarisches Genus. Inhalt und Sprache 17
   3. Der Inhalt der Textlücke 22
   4. Bibelzitate und –anspielungen................................. 25
   5. Die handschriftliche Überlieferung 30
   6. Das Eindringen des augustinischen Sermo 389
      in den Text von or. el. 36
   7. Das Verhältnis von or. el. zu dem anonymen
      Sermo de misericordia.. 42
   8. Die Bezeugung von or. el. im Milleloquium des
      Bartholomäus von Urbino..................................... 50
   9. Die frühen Editionen von or. el.............................. 52
  10. Stemma. Textkonstitution. Konjekturen.
      Orthographie 54
  Edition   63

DE SOBRIETATE ET CASTITATE
Einleitung
   1. Autorschaft und Abfassungszeit 73
   2. Inhalt. Titel. Literarisches Genus und Sprache........ 75
   3. Bibelzitate. Gebrauch der Vulgata 78
   4. Das Verhältnis von sobr. zur Textsammlung

De quattuor virtutibus caritatis............................... 80
5. Für die Edition benutzte Handschriften................ 83
6. Handschriften, die sobr. enthalten, aber nicht
   eingesehen wurden...................................... 99
7. Handschriften, die eingesehen, aber nicht
   in den Apparat aufgenommen wurden.................... 100
8. Die Überlieferung von sobr. in Exzerpten.
   Der früheste Beleg für das Werk....................... 101
9. Die frühen Editionen von sobr. 104
10. Stemma. Textkonstitution. Orthographie.............. 106
Edition 111

DE INCARNATIONE ET DEITATE CHRISTI AD IANUARIUM

Einleitung

1. Autorschaft und Abfassungszeit 135
2. Literarisches Genus. Inhalt......................... 137
3. Die handschriftliche Überlieferung.................. 140
4. Der Titel. Die Widmung ad Ianuarium 151
5. Die Bucheinteilung................................. 154
6. Textvertauschung.................................. 155
7. Graeca.. 157
8. Die frühen Editionen von inc. 157
9. Stemma. Textkonstitution 160
10. Das Verhältnis zu Koetschaus Edition
    von princ. 161
Edition 169

DIALOGUS QUAESTIONUM

Einleitung

1. Autorschaft und Abfassungszeit 217
2. Literarisches Genus. Inhalt......................... 219
3. Der Titel von dial. qu.............................. 221
4. Die handschriftliche Überlieferung.................. 224

5. Die frühen Editionen von dial. qu. 297
6. Stemma 303
7. Eingriffe in den überlieferten Text 304
8. Orthographie 312
9. Das Inhaltsverzeichnis (capitula) 313

Edition 329

Index locorum similium 441
Index codicum 460
Index locutionum notabilium 468

VORWORT

Mit vorliegendem CSEL-Band wird die erste kritische Edition von vier pseudoaugustinischen Werken vorgelegt: De oratione et elemosina (CPPM I 1125); De sobrietate et castitate (CPPM I 1110); De incarnatione et deitate Christi ad Ianuarium (CPPM II 170); Dialogus quaestionum (CPPM II 151). Das verbindende Element dieser Texte ist die Tatsache, dass sie alle in der Spätantike bzw. im frühen Mittelalter entstanden, in den Handschriften unter dem Namen des Augustinus überliefert sind, und bis in die frühe Neuzeit als authentische Werke des Bischofs von Hippo rezipiert wurden.

Nachdem die Echtheitskritik des 16. und 17. Jh. diese Zuschreibung zurückgewiesen hatte, erlosch das Interesse an diesen Texten; eine echte wissenschaftliche Aufarbeitung fand nie statt. Heute sind sie wenig bekannt und, abgesehen von den mittelalterlichen Handschriften, nur in alten Drucken greifbar, welche den Ansprüchen der Forschung in keiner Weise genügen und jede Form der Bearbeitung erschweren. Dabei sind diese Texte, die hunderte Jahre hindurch als Werke des Augustinus galten und einen dementsprechenden Einfluss auf die Geistesgeschichte ausübten, aus unterschiedlichen Gründen für Philologen, Theologen und Historiker von einigem Interesse: Ziel dieses CSEL-Bandes ist es, die genannten pseudoaugustinischen Werke dem wissenschaftlichen Diskurs neu zu erschließen. Dass den jeweiligen Einleitungen ein verhältnismäßig breiter Raum zugemessen wurde, erklärt sich eben daraus, dass diese Texte in der Vergangenheit weitgehend unbearbeitet geblieben sind: Es schien notwendig, grundlegende Fragen der Zuschreibung und der Überlieferung ausführlich zu behandeln.

Von den zahlreichen Personen, die in der einen oder anderen Weise bei der Entstehung dieses Bandes geholfen haben, können hier nur wenige dankend erwähnt werden: RAINER KURZ hat mancherlei Vorarbeiten geleistet und einige Handschriften kollationiert; MICHAEL GORMAN, JUDITH HAMANN-LENZINGER, GOTTFRIED KREUZ, JOSE CARLOS MARTÍN, HILDEGUND MÜLLER, ISABELLA SCHILLER-DIENSTBIER, CHRISTIAN TORNAU, MARTIN WAGENDORFER, MICHAELA ZELZER und VICTORIA ZIMMERL-PANAGL haben durch Rat und Tat das Ihrige zur Lösung diverser Probleme beigetragen.

DOROTHEA WEBER und CLEMENS WEIDMANN haben in zahllosen Fällen fachliche und technische Hilfe geleistet, große Teile der einzelnen Editionen mit mir eingehend diskutiert und Konjekturen beigesteuert.

Nicht vergessen sei schließlich die Hilfe und Auskunft vieler weiterer Fachkollegen und Bibliotheken. All dies war für das Gelingen meiner Arbeit ebenso notwendig wie das Vertrauen, das ihr KURT SMOLAK stets geschenkt hat.

DE ORATIONE ET ELEMOSINA

Einleitung

1. Autorschaft und Abfassungszeit

Als Autor von De oratione et elemosina (or. el.; CPPM I 1125) wird in drei von fünf erhaltenen Handschriften Augustinus angegeben; in den beiden übrigen Codices ist der Text keinem bestimmten Autor ausdrücklich zugewiesen, doch legt die Zusammenstellung mit (pseudo-)augustinischen Werken nahe, dass auch hier Augustinus als Verfasser angesehen wurde. Bartholomäus von Urbino, der or. el. am Beginn des 14. Jh. für sein Augustinusflorileg Milleloquium veritatis Augustini exzerpiert hat, gibt zwar einen geringfügig abweichenden Titel des Werks an (De oratione et misericordia), hielt den Text aber ebenfalls für eine von Augustinus stammende Predigt.

In der Neuzeit wurde die Zuweisung an den Bischof von Hippo aufgegeben: Bereits der erste Editor von or. el., Hieronymus Vignier, bezweifelte im Jahr 1654 aus stilistischen Gründen, dass die Schlusspartie des Texts von Augustinus stammen könnte. Die Mauriner weiteten diesen Zweifel – ebenfalls mit Hinweis auf den für Augustinus untypischen Stil – auf den gesamten Text aus (vgl. dazu u. cap. 9). Seither ist niemand mehr für Augustinus als Autor von or. el. eingetreten.

Abgesehen von den stilistischen Unterschieden zwischen or. el. und authentischen Predigten des Augustinus weist der Text der Bibelzitate in or. el. beträchtliche Unterschiede zu dem auf, den man bei Augustinus findet (vgl. u. cap. 4). Interpretationen des Psalmverses 40,2, welche Augustinus an verschiedenen Stellen seines umfangreichen Œuvres gibt, zeigen kaum Parallelen zu den entsprechenden Ausführungen in or. el. Letztlich bleibt allein die Zuschreibung an den Bischof von Hippo in den mittelalterlichen Handschriften – ein Kriterium, das insbesondere im Fall von Predigten notorisch unsicher ist. Man kann somit ausschließen, dass or. el. von Augustinus verfasst worden wäre.

Die Person des Autors von or. el. wird aus dem Text nicht deutlich. Was allerdings Ort und Zeit der Entstehung angeht, so bieten die Bibelzitate sichere Anhaltspunkte. Schon die Form des einleitenden Psalmverses *Felix ille qui intellegit super egenum et pauperem; in die mala liberabit eum dominus* (Ps. 40,2) weist klar nach Nordafrika: Wie P. Verbraken festgehalten hat[1], ist der Gebrauch des Wortes *felix* an dieser Stelle typisch für jenen Bibeltext, der auch in Cyprians Testimonia ad Quirinum verwendet wurde, einer Zusammenstellung von Passagen der Heiligen Schrift, welche zwischen 248 und 250 in Karthago entstanden ist.[2] Andere christliche Autoren zitieren den Vers üblicherweise in der Form *B e a t u s* (*ille*) *qui intellegit...*, die man auch in der Vulgata liest. Nur in einer Predigt, die gemäß F. Leroy vor dem Jahr 429 von einem Donatisten verfasst wurde, findet sich ebenfalls die Überschrift *F e l i x qui intellegit super egenum et pauperem; in die mali liberabit eum de inimicis deus* (später noch einmal im Text: *Felix qui intelligit super egenum et pauperem*)[3], was die

---

[1] P. Verbraken, Les pièces inédites du manuscrit latin 1771 de la Bibliothèque Nationale de Paris, RBen 80 (1970), 51–63 (58, Anm. 2).

[2] Vgl. die Einleitung der Edition von R. Weber, Turnhout 1972 (CCSL 3,1). Zitate aus Cyprian im Folgenden stets nach den Ausgaben im CCSL.

[3] Vgl. Leroys Publikationen: Vingt-deux homélies africains nouvelles attribuables à l'un des anonymes du Chrysostome latin, RBen 104 (1994), 123–147 (Beschreibung der Hs. Wien, ÖNB cod. 4147 und der darin enthaltenen Predigtsammlung); L'homélie donatiste ignorée du Corpus Escorial, RBen 107 (1997), 250–262 (zum donatistischen Charakter einer der Predigten); Les 22 inédits de la catéchèse donatiste de Vienne, RechAug 31 (1999), 149–234 (kritische Edition mit ausführlicher Einleitung). Skeptisch gegenüber dem donatistischen Charakter der Predigten J.-P. Bouhot, Adap-

Annahme einer nordafrikanischen Herkunft dieser Textform untermauert.

Außerdem weisen auch andere Anhaltspunkte auf einen nordafrikanischen Ursprung von or. el. hin: Einige sprachliche Details legen dies nahe (vgl. u. cap. 2); weitere Bibelzitate stimmen mit der Form überein, die Cyprian bietet (vgl. u. cap. 4); der Text weist in einigen Partien den selben bzw. einen sehr ähnlichen Wortlaut auf wie ein Sermo de misericordia, welcher ebenfalls unter dem Namen des Augustinus überliefert ist, und zwar in einer Pariser Handschrift, die neben authentischen Predigten des Bischofs von Hippo vor allem einige spätantike Stücke enthält, deren Ursprung in Nordafrika zu lokalisieren ist (vgl. u. cap. 7);[4] dass or. el. gemeinsam mit dem augustinischen Sermo 389 überliefert wurde, was zu einer frühen mechanischen Textvertauschung geführt hat, könnte auf eine bereits im spätantiken Nordafrika entstandene Sammlung von Predigten hinweisen (vgl. u. cap. 6).[5]

Die in or. el. getroffene Unterscheidung zwischen den „wahren" Christen, die im Stillen helfen, und den *hypocritae*, die ihre guten Taten hinaus posaunen, ist ein Punkt, der sich auch bei dem vielleicht donatistischen Autor der erwähnten Predigt 20 bei Leroy findet (vgl. or. el. 2 mit 183,10–21); vor allem berührt sich

---

tions latines de l'homélie de Jean Chrysostome sur Pierre et Élie (CPG 4513), RBen 112 (2002), 36–71 (47).

[4] Vgl. P. Verbraken, Le manuscrit latin 1771 de la Bibliothèque Nationale de Paris et ses sermons augustiniens, RBen 78 (1968), 67–81 sowie Verbraken (Anm. 1).

[5] Zum frühen Eindringen von Spuria in die Überlieferung augustinischer Predigten vgl. A. G. Hamman, La transmission des sermons de Saint Augustin: Les authentiques et les apocryphes, Augustinianum 25 (1985), 311–327 und allgemein J. Machielsen, Contribution à l'étude de la pseudépigraphie médiévale en matière patristique. Problèmes d'attribution et de remaniement des textes homilétiques, in: Fälschungen im Mittelalter 5: Fingierte Briefe. Frömmigkeit und Fälschung. Realienfälschung, Hannover 1988, 346–359.

die Auslegung des Psalmverses 40,2 in or. el. inhaltlich eng mit
jener, die dieser Autor gibt (vgl. or. el. 1f. mit 182,6-26).[6]

Wollte man aufgrund dieser Parallelen argumentieren, dass es
sich bei dem Autor von or. el. um einen Donatisten handelt, so
könnte man vielleicht auf die Schlusspartie des Werkes verweisen, in welcher das Martyrium positiv hervorgehoben wird: ...*per
hanc* [*orationem*] *postremo beata martyria consummamus* (5,27f.).
Davor wird anscheinend auf eine Situation der Verfolgung ange-
spielt (*per hanc in confessione persistimus, in temptatione duramus,
per hanc pro Christo corporis vincula sustinemus* 5,25-27), was freilich nicht unbedingt von einem Donatisten, sondern von jedem
Prediger zur Zeit einer Verfolgung gesagt sein könnte. Auf jeden
Fall ist zu bedenken, dass der Stil dieser Schlusspartie (5) deutlich
von dem der vorangehenden Passagen (1-4) abweicht, was auf
eine spätere Erweiterung des ursprünglichen Textbestands hindeuten könnte (vgl. u. cap. 2).

Zusammenfassend lässt sich sagen, dass or. el. zwischen der
Mitte des 3. und dem Beginn des 5. Jahrhunderts in Nordafrika
entstanden ist. Der Schlussteil könnte sich an eine Gemeinde ge-
richtet haben, die einer Verfolgung ausgesetzt war.

---

[6] Beide Verfasser betonen, man müsse von sich aus auf den Armen zu-
gehen und dürfe nicht darauf warten, von diesem angesprochen zu werden,
da *misericordia* und *eleemosyna*, die nicht durch eigenen Antrieb, sondern
auf Druck von außen zu Stande kommen und ausdrücklichen Bitten entgegengebracht werden, eine Art von Handel seien und nicht als christliche
Barmherzigkeit gewertet werden könnten.

2. Literarisches Genus. Inhalt und Sprache

Eine der beiden ältesten erhaltenen Handschriften nennt or. el. *tractatus de oratione et elemosina* (B);[7] das Werk ist demnach als Predigt ausgewiesen. Dass in dem Text tatsächlich eine solche vorliegt, zeigen nicht nur einige gattungstypische Charakteristika wie die relative Kürze oder die direkte Anrede eines nicht näher definierten Publikums[8], auch der Überlieferungskontext spricht für einen *sermo*: In allen Hss. ist or. el. gemeinsam mit Texten tradiert, die als Predigten (*sermones, tractatus*) ausgewiesen sind (vgl. u. cap. 5).

Der Prediger geht von dem Psalmvers 40,2 *Felix ille qui intellegit super egenum et pauperem. In die mala liberabit eum dominus* aus, um klarzustellen, dass nur derjenige wahre Barmherzigkeit übt, der von sich aus auf den Armen zugeht und nicht auf dessen Bitten wartet. Wer sich dagegen lange bitten lässt, bevor er hilft, kann keinen Lohn von Gott für seine Tat erwarten, weil er seine Hilfe gleichsam um Flehen und Tränen verkauft habe (1). Wer dieses Gebot Gottes richtig verstanden habe, so fährt der Prediger fort, helfe von sich aus, und strebe danach, sein Almosengeben geheim zu halten. Da Gott ohnehin alles sehe und alles wisse, sei ihm die gute Tat bekannt; da die Armen außerdem

---

[7] Die Überschrift *de encomiis fructibus ac praemiis eleemosynae* in der zweiten Hs. aus dem 12. Jh. (Z) stammt von einer neuzeitlichen Hand. Die Codices der Gruppe β nennen das Werk *liber de oratione et elemosina*. Für Bartholomäus von Urbino, den Verfasser des Milleloquium, war der Text eine Predigt, denn er reiht sie unter die *sermones* ein. Hieronymus Vignier, der erste Editor der Schrift, äußerte die sicherlich unzutreffende Meinung *Fragmentum esse credimus majoris operis* (389).

[8] Zweimal wendet sich der Autor an *carissimi fratres* (4,1; 4,19). Immer wieder – und vor allem im stark rhetorisch geprägten Schlussteil – erscheint die „Wir"-Form (*intellegere debemus, rogari non expectemus, si divitias nostras pauperum cordibus commendemus*, usw.), was auf die Gemeinschaft von Prediger und lauschender Gemeinde verweist.

nachlässig in ihrem Bitten oder sonstwie beschäftigt sein können, müsse es die Barmherzigkeit selbst sein, die zum Almosengeben einlädt: Sie sei stets am Werk und ruhe niemals; wer sie ausübe, dem entgehe sein Lohn nicht (2). Hier bricht der Text der Predigt ab, in den Handschriften folgt nahtlos ein Stück aus s. 389 des Augustinus (vgl. u. cap. 6). An jener Stelle, an welcher der authentische Text von or. el. wieder einsetzt, erklärt der Prediger, dass Reichtümer ohnehin besser für die Armen eingesetzt seien: So ebnen sie den Weg in den Himmel zu Gott. Dagegen seien sie allerlei Gefahren ausgesetzt, wenn sie auf Erden sinnlos angehäuft würden (3). Es folgt ein Lob der Barmherzigkeit, die immer geübt werden müsse, und die niemals durch Übertreiben ins Negative ausschlagen könne. In diesem Zusammenhang erinnert der Prediger daran, dass Barmherzigkeit stets mit dem Gebet zu Gott verbunden werden müsse, damit sich ihre volle Wirksamkeit entfalten könne (4). Daran anschließend findet sich eine Art Hymnus auf das christliche Gebet, welches für jeden Menschen und in allen Lebenslagen von größter Bedeutung sei: Nicht nur, dass es für Reich und Arm gleichermaßen wichtig und ein treuer Begleiter auf dem Weg zu Gott sei, es verleihe dem Christen sogar die Kraft, in Anfechtung und körperlicher Bedrängnis im Glauben auszuharren bis hin zum Martyrium (5). Dieser Schlussteil hebt sich stilistisch deutlich vom Rest des Texts ab und stellt möglicherweise eine sekundäre Ergänzung dar.

Als Predigt entspringt der Text von or. el. einem mündlichen Vortrag; erst in einem zweiten Schritt ist er niedergeschrieben und somit „Literatur" geworden. Der ursprünglich orale Status ist nicht nur in Anreden an *carissimi fratres* noch gut erkennbar (vgl. o. Anm. 8), auffällig sind auch Wiederholungen, die im geschriebenen Text umständlich bzw. überflüssig wirken (1,1–4: *Felix ille qui i n t e l l e g i t s u p e r e g e n u m e t p a u p e r e m, in die mala liberabit eum dominus. I n t e l l e g e r e e r g o d e b e m u s s u - p e r e g e n u m e t p a u p e r e m: Hoc est ergo i n t e l l e g e r e s u p e r*

egenum et pauperem, ut...), die teilweise sehr lockere An-
knüpfung von Sätzen (1,4–6: *Neque enim illa misericordia deputanda est, quae..., aut non ille mercedem operis sui percipit...* statt
eines zu erwartenden *neque ... neque*, wie es frühere Editoren
gegen jede handschriftliche Grundlage gedruckt haben)[9] oder
spontane Einschübe, welche die Formulierung insgesamt schwer-
fällig wirken lassen (4,3f.: *Solum enim est – et hoc erit tantummodo – quod sit ab excessibus liberatum*). Derartige Erscheinungen
müssen nicht unbedingt als stilistisches Unvermögen gewertet
werden, mit Sicherheit aber als Charakteristika eines ursprünglich mündlich vorgetragenen Texts. Da or. el. zudem nicht gut
überliefert ist und man kein anderes Werk des Autors kennt, mit
dem sich die Predigt vergleichen ließe, wird die Entscheidung,
was dem Verfasser sprachlich zuzutrauen ist und was nicht, in
vielen Fällen problematisch.

Eine zusätzliche Frage wirft die Schlusspartie (5) von or. el.
auf: Dieser Hymnus auf die *oratio* hebt sich durch den reichen
Gebrauch von rhetorischen Stilmitteln deutlich von der ansonst
schlichten Sprache der Predigt ab; dazu ist von Almosen und
Barmherzigkeit keine Rede mehr. Es erscheint somit gut möglich, dass in dieser Passage eine sekundäre Ergänzung vorliegt: In
diesem Fall hätte sich ein Bearbeiter von der abschließend einge-
mahnten Verbindung von Barmherzigkeit und Gebet (4) zu einer
Amplifikation des zuletzt angeschnittenen Themas anregen
lassen. Zeitlich wäre diese Ergänzung spätestens am Übergang
zum Frühmittelalter (saec. VI) anzusetzen. Freilich ist die Möglichkeit nicht völlig auszuschließen, dass sich der Prediger am

---

[9]   Ähnliche Konstruktionen etwa bei Cyprian, op. el. 5,87–89 *Neque enim
mereri dei misericordiam poterit, qui misericors ipse non fuerit, aut inpetrabit
de divina pietate aliquid in precibus...* oder 17,333f. *Nec obtemperare illa
dubitavit aut Heliae filios mater in fame et egestate praeposuit.* Vgl. zu der
Thematik allgemein H. Marti, Lateinische Predigten zwischen Mündlich-
keit und Schriftlichkeit, MH 62 (2005), 105–125.

Ende seines Vortrags um eine rhetorisch höher gestimmte Tonlage bemüht hat. Die Frage muss letztlich offen bleiben, und die weiteren Ausführungen sind unter der Einschränkung dieser Unsicherheit zu verstehen.

Einzelne Wendungen und Gedankengänge in or. el. erinnern an Schriften Cyprians: Der auffällige Ausdruck *dormitare in precibus* (2,15f.) findet sich in einem Brief des Bischofs von Karthago: *Oremus instanter et adsiduis precibus ingemescamus. Nam et hoc nobis non olim per visionem, fratres carissimi, exprobratum sciatis, quod d o r m i t e m u s i n p r e c i b u s nec vigilanter oremus* (epist. 11,5,1). Mit der Partie 4,5–9 (*...sola misericordia modum non habet ... sola itaque misericordia est, quae, quantum ad maiora crementa processerit, tanto ampliorem sibi laudem et domino tribuit credulitatem*) vergleiche man Cyprians De zelo et livore 7,129– 137 (*Mala cetera habent terminum et quodcumque delinquitur delicti consummatione finitur ... zelus terminum non habet, permanens iugiter malum et sine fine peccatum, quantoque ille, cui invidetur, successu meliore profecerit, tanto invidus in maius incendium livoris ignibus inardescit*). Auch mahnt Cyprian ebenso die Verbindung von Fasten, Beten und Almosengeben ein (dom. or. 32) wie der Autor von or. el. (4,18–24), und beide verweisen dabei mit Isaias und Tobias auf die selben Autoritäten (dom. or. 33). Es ist somit davon auszugehen, dass der Autor von or. el. die Schriften Cyprians wenigstens zum Teil gekannt hat.

Das Vokabular von or. el. ist über weite Strecken typisch für spätantike Prosatexte und weist in manchen Details nach Nordafrika. Das Verb *decelare* (2,2), für das weder ThLL noch CLCLT Belege bieten, reiht sich in jene Komposita mit *de-* ein, wie man sie insbesondere aus afrikanischen Texten kennt.[10] *Nimietas* (4,6) ist von Apuleius an zu belegen, häufig taucht das Wort aber erst

---

[10] Vgl. Leroy 1999 (Anm. 3), 156: In den von ihm edierten Predigten findet man *defirmare* und *deplacare*. Für das erstgenannte Wort bietet der ThLL keinen Beleg.

bei spätantiken Autoren wie Augustinus oder Johannes Cassianus auf. Ähnliches gilt für *enormitas* (4,6), das nach einzelnen Belegen bei Seneca (dial. 2,18,1) und Quintilian (9,4,27) vor allem in den Schriften Tertullians stark vertreten ist. Falls *crementa* in 4,8 richtig ist, dann verwendet der Autor von or. el. dieses Synonym zu dem gebräuchlicheren *incrementa*, so wie es auch Tertullian häufig tut. Ein Hinweis auf afrikanischen Ursprung eines christlichen Texts ist *credulitas* (4,9) als Synonym für *fides*[11] (das einhellig überlieferte *credulitatem* wurde bisher von den Herausgebern zu *caritatem* geändert). *Penetrabilia* in der Bedeutung von *penetralia* (2,13) ist in der Spätantike und zumal in christlichen Texten öfters belegt (vgl. ThLL 10,1,1,1060). Das Adverb *iugiter* (4,9), das einmal bei Apuleius auftaucht (de mundo 30), ist von Cyprian an in Prosatexten häufig.

Was in or. el. besonders auffällt, ist der verhältnismäßig häufige Gebrauch aktiver Verben, die man im Allgemeinen als Deponentia kennt: In 1,6f. *non ille mercedem operis sui percipit, qui diu se patitur deprecari* ist *deprecari* passiv als „angefleht werden" aufzufassen, was von einer Grundform *deprecare* ausgeht; in 5,11f. liest man *haec [oratio] magna servat, haec tutat et minima* (die Konjektur *tutatur* im Druck des Milleloquium verbietet sich nicht zuletzt wegen des Parallelismus *servat – tutat*, mit Homoioteleuton); in 5,24f. heißt es *per hanc [orationem] castitate tuemur, continentia virtuteque gubernamur*: Wieder bestätigt der Parallelismus *castitate tuemur – continentia virtuteque gubernamur* die Form und die Bedeutung „wir werden in Keuschheit bewahrt", was eine Grundform *tuere* anzeigt. Während *tutare* gut belegt ist (auch der passive Gebrauch des Verbs; vgl. etwa Plautus, Amph. 650 *patria et prognati tutantur servantur*), sind *deprecare* und *tuere* äußerst selten: Für *deprecare* bietet der ThLL neben Glossen v.a. eine Passage bei Verecundus von Iunca, wo es – wie in or. el. passiv gebraucht – heißt: *Vera sunt holocausta, quibus deus spiri-*

---

[11] Vgl. Leroy 1999 (Anm. 3), 156.

taliter deprecatur... (in cant. 10,2 Demeulenaere); für *tuere* ist auf
Varro zu verweisen, der mindestens ein Beispiel dieses Worts im
passiven Gebrauch bietet (*ubi mysteria fiunt aut tuentur* l. l.
7,2,11), sowie auf Vitruv (*animadvertimus ... res omnes non ali
sine eorum potestate neque crescere nec tueri* 8 praef. 2).[12]

3. Der Inhalt der Textlücke

In der handschriftlichen Überlieferung hat, bedingt durch
einen mechanischen Fehler, ein Teil des augustinischen s. 389
einen Abschnitt von or. el. verdrängt (vgl. u. cap. 6). Es scheint
aber, als könnte man den Inhalt der verlorenen Partie grob
rekonstruieren. Nach dem Textverlust verweist der Prediger
nämlich auf ein Tobias-Zitat, das man im überlieferten Text nirgendwo findet: *Satis evidenter, carissimi fratres, illud, quod apud
Tobiam iamdudum docui, Isaiae testimonio comprobatum est,
adiungendam esse orationi elemosinam sociandumque ieiuniam*
(4,18–21). Zwar kann man die Möglichkeit, dass hier auf eine
frühere Predigt hingewiesen würde, nicht mit letzter Sicherheit
ausschließen, doch ist es zweifellos am wahrscheinlichsten, dass
diese Bemerkung sich auf eben jenen vorangehenden Teil von or.
el. bezieht, der in der Überlieferung verloren gegangen ist.

Auch Cyprian betont in seinem Werk über das Vaterunser
die Wichtigkeit der Verbindung von Almosengeben, Fasten und
Beten (dom. or. 32).[13] Er verweist dabei mit Tobias und Isaias auf
eben die in or. el. genannten Autoritäten, wobei er sogar dasselbe

---

[12]   Zur Vertauschung der Genera verbi vgl. allgemein E Löfstedt, Philolo-
gischer Kommentar zur Peregrinatio Aetheriae, Uppsala 1911, 214–216, der
davor warnt, „in singulären Fällen sofort mit Emendationen bei der Hand
zu sein", sowie J. B. Hofmann/A. Szantyr, Lateinische Syntax und Stilistik,
München 1965, 292f.
[13]   Diese Verbindung ist überhaupt weit verbreitet. Vgl. etwa Augustinus,
s. 207,1: *...temptationes saeculi, insidiae diaboli, mundi labor, carnis illecebra,
turbulentorum temporum fluctus et corporalis omnis atque spiritalis adversitas
eleemosynis et ieiuniis et orationibus superanda est.*

Zitat aus Isaias anführt wie der anonyme Prediger (dom. or. 33).
Von den beiden Tobias-Zitaten, die Cyprian in Verbindung mit
Isaias bringt, ist eines für or. el. von besonderer Bedeutung: *Bona
est oratio cum ieiunio et eleemosyna* (Tob. 12,8). Der volle Bibel-
vers lautet *Bona est oratio cum ieiunio et elemosyna magis quam
thesauros auri condere*. Das hier angesprochene Anhäufen von
materiellen Schätzen ist genau das Thema, das in or. el. an der
Stelle behandelt wird, an der nach dem Einschub aus Augustinus,
s. 389 der originale Text wieder einsetzt: *Nam si divitias nostras
pauperum cordibus commendemus, quando eas postmodum aut fur
appetat aut praedo vastet aut tinea comedat aut rubigo corrumpat
aut, quod est perniciosius, iniustum tempus absumat? Sed ⟨scimus⟩,
quod tunc opes nostrae ad dominum transeant atque occupent
caelum, si pauperibus tribuentes caelestia mandata servemus* (3).
Den Hintergrund dieser Äußerung bildet insbesondere Matth.
6,20, eine Passage, in der die negativ bewerteten Güter auf Erden
den Schätzen im Himmel gegenübergestellt werden, welche der
Christ zu seinem Heil anhäufen solle. Auch die Versicherung,
der Erwerb von Schätzen im Himmelreich sei eine sicherere
Anlage und führe zum ewigen Leben, findet sich ähnlich im
Buch Tobias, und zwar in jenem Vers, der auf den bereits
zitierten unmittelbar folgt: *Quoniam elemosyna a morte liberat et
ipsa est, quae purgat peccata et faciet invenire vitam aeternam*. Es
ist demnach sehr wahrscheinlich, dass Tob. 12,8f. eben jene
Passage ist, auf deren frühere Behandlung der Verfasser von or.
el. in 4,19 hinweist. Dieses Zitat würde einen guten Übergang zu
dem Text ermöglichen, der direkt nach dem Textausfall zu lesen
ist.

Für zwei weitere Bibelzitate lässt sich eine Behandlung im
verlorenen Abschnitt von or. el. zwar nicht mit derselben Wahrscheinlichkeit rekonstruieren, aber doch in Erwägung ziehen.
Erstens bringt Cyprian an der erwähnten Stelle neben Tobias
und Isaias auch ein Zitat aus der Apostelgeschichte: *Corneli,
orationes tuae et eleemosynae tuae ascenderunt ad memoriam coram*

deo (Act. 10,4). Diese Worte eines Engels an den frommen Zenturio Cornelius würden sich auch in or. el. gemeinsam mit Tobias gut einfügen; zwar wird – anders als auf Tobias – an späterer Stelle nicht explizit auf die Apostelgeschichte verwiesen, doch könnte in den Worten *tunc opes nostrae ad dominum transeant atque occupent caelum* eine Reminiszenz an *orationes tuae et eleemosynae tuae ascenderunt ad memoriam coram deo* vorliegen. In der Predigt Leroy 20 über das Psalmzitat *Felix qui intellegit super egenum et pauperem* wird jedenfalls nach Matth. 6,2–4, das in or. el. vor dem Textausfall angeführt wird, und nach dem Tadel an den *hypocritae*, der sich ebenfalls am Beginn von or. el. findet, der Zenturio Cornelius aus der Apostelgeschichte als *exemplum* in den Bereichen *misericordia*, *ieiunium* und *oratio* angeführt und dieselbe Bibelstelle wie bei Cyprian wörtlich ausgeschrieben (p. 184,43–52).

Was die Worte *prospicit spiritus sanctus* betrifft, mit denen der originale Text von or. el. wieder einsetzt (3,1), so kann man erneut auf Cyprian verweisen, der in seinem Werk über das Almosengeben schreibt: *Quod item in psalmis spiritus sanctus declarat et probat dicens: Beatus qui intellegit super egentem et pauperem, in die malo liberabit illum deus* (5,90–92). Der zitierte Psalmvers 40,2 dient in or. el. als Ausgangspunkt der Predigt, und es ist leicht möglich, dass er noch ein zweites Mal wörtlich angeführt worden ist (der Prediger bringt auch die selbe Isaias-Stelle in 4,17 f. und 4,21–23 mit geringer sprachlicher Variation zweimal hintereinander). Außerdem ist der Verfasser von or. el., wie sich gezeigt hat, mit dem Werk Cyprians vertraut und greift gern die eine oder andere Wendung daraus auf. Freilich müsste das Psalmzitat in or. el. nicht unbedingt ein zweites Mal voll ausgeschrieben gewesen sein: Es könnte ebensogut ein Rückverweis auf den Beginn der Predigt in der Lücke gestanden sein. Dabei hätte der Verfasser die Wendung *in die malo liberabit illum deus* an das oben angeführte Tobias-Zitat *quoniam eleemosyna a morte liberat* anbinden können.

Es ist demnach sehr wahrscheinlich, dass in der Lücke von or. el. Tob. 12,8f. behandelt worden ist. Weiters erscheint ein Eingehen auf Act. 10,4 (und ein neuerliches auf Ps. 40,2?) aufgrund der Parallelen zu Cyprian möglich.

4. Bibelzitate und -anspielungen

Dass die Form von Ps. 40,2 *Felix ille qui intellegit super egenum et pauperem; in die mala liberabit eum dominus* ein sicheres Zeichen für nordafrikanischen Ursprung ist, wurde bereits gesagt (vgl. o. cap. 1). Außer Cyprian (*Felix qui intellegit super egenum et pauperem; in die malo liberabit illum deus* Ad Quir. 3,1,63–65) und der genannten, von Leroy edierten Predigt (*Felix qui intellegit super egenum et pauperem; in die mali liberabit eum de inimicis deus* bzw. *Felix qui intelligit super egenum et pauperem* 20, tit. und 6) scheint kein anderer antiker Autor von der mit *beatus* beginnenden Form des Psalmzitats abzuweichen. Die übrigen Bibelzitate und -anspielungen in or. el. weisen ebenfalls einige Eigentümlichkeiten auf; viele zeigen Übereinstimmungen mit dem Bibeltext Cyprians.

Im Zitat von Matth. 6,2 *Cum facis elemosinam, noli tuba canere ante te, sicut hypocritae faciunt in synagogis et in vicis, ut videantur ab hominibus; amen dico vobis, receperunt mercedem suam* (2,3–6) fällt die Wiedergabe von ὅπως δοξασθῶσιν durch *ut videantur* auf: Bei den meisten patristischen Autoren – und in der Vulgata – liest man an dieser Stelle *ut honorificentur*, manchmal auch *ut glorificentur* oder *ut clarificentur*. Hier hat der Autor, der aus dem Gedächtnis zitieren dürfte, offenbar Matth. 6,2 mit 6,5 kontaminiert, wo es heißt: *Et cum oratis, non eritis sicut hypocritae, qui amant in synagogis et in angulis platearum stantes orare, ut videantur ab hominibus* (ὅπως φανῶσιν τοῖς ἀνθρώποις); *amen dico vobis, receperunt mercedem suam* – ein Lapsus, der umso leichter nachzuvollziehen ist, als der Autor ja über Almosen und Beten predigt.[14]

Im folgenden Zitat von Matth. 6,3 *Tu autem cum facis elemosinam, nesciat sinistra tua quid faciat dextera tua* (2,6f.) ist die Wiedergabe des griechischen Genetivus Absolutus σοῦ δὲ ποιοῦντος ἐλεημοσύνην durch einen *cum*-Satz bemerkenswert: Die Konstruktion wird von lateinischen Autoren üblicherweise durch eine dem Griechischen entsprechende Ablativkonstruktion *te autem faciente eleemosynam* ausgedrückt.

Der Anschluss von Matth. 6,4 *sed sit elemosina tua in absconso; et pater tuus, qui videt in absconso, reddet tibi* (2,7f.) ist insofern auffällig, als der Übergang vom vorangehenden Vers zu diesem üblicherweise mit *ut sit* gebildet wird (so auch in der Vulgata; im Griechischen: ὅπως ᾖ). *Sed sit* liest man einmal bei Augustinus, en. 76,4,72 und noch einige Male im 8. Jh. in den Schriften des Ambrosius Autpertus. Was die Varianten *in absconso* bzw. *in abscondito* angeht, die von den antiken Autoren etwa gleich häufig verwendet werden, so fällt die Entscheidung schwer: Eine der beiden ältesten Handschriften bietet beim ersten Mal *absconso* (B), die andere *abscondito* (Z), in beiden fehlt das zweite *in absconso/abscondito*. Da nur die äußerst unzuverlässige Hs. V in beiden Fällen *in abscondito* bietet, was jene Variante ist, die sich häufiger in den Vulgata-Hss. findet, wurde die Lesart *in absconso* in den Text aufgenommen, für welche die Gruppe β spricht, die an mehreren Stellen den richtigen Text bewahrt hat.

Bei dem Zitat von Jesus Sirach 29,15 *Conclude elemosinam in corde pauperis, et ipsa pro te exorabit ab omni malo* (2,9f.) scheint

---

[14] Folgenden Text des Matthäuszitats gibt Cyprian in den Testimonia ad Quirinum: *Cum facis eleemosynam, noli bucinare* (Varianten: *tubicinare / tuba canere / tumultuari*) *ante te, quomodo hypocritae faciunt in vicis et synagogis, ut clarificentur ab hominibus. Amen dico vobis, compensaverunt* (Varianten: *conpleverunt / perciperunt*) *mercedem suam* (3,40,4–7). Vgl. auch Leroy 20: *Dum facis misericordiam, noli tubicinare ante te sicut hypocritae faciunt. Amen dico vobis, consecuti sunt mercedem suam* (183,1f.).

ein *haec*, wie es auch in der Vulgata steht, bei den antiken Autoren etwas häufiger belegt zu sein als *ipsa*. Problematischer ist die Lesung *pro te exorabit*, die man nur in der unzuverlässigen Hs. V vorfindet, während die beiden ältesten Codices B und Z *pro te orabit*, die Gruppe β *te liberabit* bieten. Die folgende Auslegung des Schriftzitats *pro nobis iam non pauperem dicit, sed ipsam misericordiam r o g a t u r a m* (2,14f.) beweist, dass der Prediger von *orabit* bzw. *exorabit* ausging. Die Variante *orabit* ist in den Handschriften von Werken anderer antiker Autoren für Sir. 29,15 fallweise belegt, aber *exorabit* – das in die Vulgata einging – ist stets besser überliefert, steht näher am griechischen ἐξελεῖται, und wird deshalb auch von allen Editoren in die jeweiligen Texte aufgenommen.[15] Aus diesem Grund ist *exorabit*, das eine Stütze im Text des Sermo de misericordia findet (Verbr. p. 57,50), in den Text von or. el. aufzunehmen.[16] Trotzdem nicht uninteressant ist die Variante *te liberabit* in den beiden späten Hss. F und P (= β): Sie findet sich bei keinem anderen antiken Autor und weicht beträchtlich von *pro te exorabit* ab, was die gängigste Form der Jesus Sirach-Passage im Lateinischen ist. Allerdings liegt hier eine passable Wiedergabe des griechischen ἐξελεῖται σε vor, deren Aufnahme in den Text als eine vor der Vulgata liegende Übersetzung verlockend wäre, würde nicht das folgende *...ipsam misericordiam rogaturam* (2,15) einwandfrei belegen, dass der Prediger bei der Auslegung des Schriftzitats von *(ex)orare* ausgegangen ist. Möglicherweise liegt mit *te liberabit* eine Variante vor, die zwar

---

[15] In Cyprians Testimonia ad Quirinum (3,1,59) z.B. bieten für die genannte Jesus Sirach-Passage 3 Handschriften von 18 *orabit*, 15 *exorabit* (bzw. *exoravit* oder *exorabunt*), in op. el. (5,85) alle 13 Codices *exorabit* oder *exorabunt*.

[16] Der Sermo 53 bei Leroy 1999 (Anm. 3), 213 bietet in jener späten Hs. (15. Jh.), die den Text am zuverlässigsten bewahrt hat, die Fassung *Conclude elimosinam in corde pauperis et haec pro te exorabit ab omni malo*, während andere Hss., die einen gekürzten Text der Predigt überliefern, *orabit* schreiben.

nicht in den ursprünglichen Text gehört, die aber noch auf die
Spätantike zurückgeht und von jemandem eingetragen wurde,
der meinte, ἐξελεῖταί σε mit *te liberabit* angemessener übersetzen
zu können als mit *pro te exorabit*[17], wobei er allerdings das folgende *rogaturam* nicht durch ein *liberaturam* ersetzt hätte, um
die Einheitlichkeit zu gewährleisten. Dass sich eine derartige Variante in der Gruppe β findet, die durch zwei Codices aus dem
15. Jh. repräsentiert wird, erscheint weniger erstaunlich, wenn
man bedenkt, dass diese Gruppe auch sonst bisweilen gegen die
älteren Hss. von α den zweifellos richtigen Text bewahrt hat
(vgl. u. cap. 5).

Im Übrigen liegt ein bemerkenswertes „Versehen" des Autors
vor, wenn das Zitat mit den Worten *et per Salomonem loquitur
dominus dicens* eingeleitet wird, obwohl es bei Jesus Sirach steht.
In der Spätantike wurde auch das Buch Jesus Sirach manchmal zu
jenen Schriften gezählt, die auf Salomon zurückgeführt wurden;
vgl. etwa Origenes, hom. in num. (Übersetzung Rufins) 18,3: *In
libro, qui apud nos quidem inter Solomonis volumina haberi solet et
Ecclesiasticus dici, apud Graecos vero Sapientia Iesu filii Sirach
appellatur...* Augustinus, doct. chr. 2,8 weist diese Zuschreibung
ab: *Nam illi duo libri, unus qui Sapientia et alius qui Ecclesiasticus
inscribitur, de quadam similitudine Salomonis esse dicuntur; nam
Iesus Sirach eos conscripsisse constantissime perhibetur.* Interessan-
terweise leitet nicht nur Cyprian in seinem Werk über Almosen
dasselbe Sirach-Zitat mit den Worten *et apud Salomonem legimus*
ein (op. el. 5,84), sondern auch der Verfasser des antiken s. Mai
74 (*iterum Solomon*), der unmittelbar davor Ps. 40,2 zitiert, also
jene Psalmstelle, von der or. el. den Ausgang nimmt.

---

[17] Man beachte, dass die Vulgata Sir. 4,9 ἐξελοῦ ἀδικούμενον mit *l i b e r a
eum qui iniuriam patitur* wiedergibt, Sir. 33,1 τῷ φοβουμένῳ κύριον οὐκ
ἀπαντήσει κακόν, ἀλλ᾽ ἐν πειρασμῷ καὶ πάλιν ἐξελεῖται mit *timenti dominum
non occurrent mala, sed in temptatione deus illum conservat et l i b e r a b i t a
malis.*

In 2,11f. *nam cum ipse sit scrutator renis et cordis...* liegt eine Anspielung auf Apoc. 2,23 vor. In der Vulgata heißt es: *Et scient omnes ecclesiae, quia ego sum scrutans renes et corda.* Außerhalb der Vulgata ist freilich die Übersetzung mit dem Substantiv *scrutator* statt mit dem Partizip *scrutans* (im Griechischen: γνώσονται πᾶσαι αἱ ἐκκλησίαι ὅτι ἐγώ εἰμι ὁ ἐρευνῶν νεφροὺς καὶ καρδίας) bis ins Mittelalter beliebter.

Der problematische Abschnitt nach dem Textausfall (3) nimmt inhaltlich Bezug auf Matth. 6,20: *Thesaurizate autem vobis thesauros in caelo, ubi neque erugo neque tinea demolitur, et ubi fures non effodiunt nec furantur* (Vulgata). Es sei angemerkt, dass die Wendung *tinea comedat* (3,4) an die vor der Vulgata liegende Variante *neque tinea neque comestura exterminat* erinnert, die man v.a. bei Cyprian findet (ad Quir. 3,1,72; op. el. 7,144).

Was das lange Zitat von Isaias 58,7–9 angeht (4,13–18), so ist es aufschlussreich, den Text von or. el. jenem der Vulgata und jenem, den Cyprian gibt, gegenüberzustellen.

Vulgata	or. el.	Cyprian, Ad Quir. 3,1,19–24
Frange esurienti panem tuum et egenos vagosque induc in domum tuam. Cum videris nudum, operi eum et carnem tuam ne despexeris. Tunc erumpet quasi mane lumen tuum et sanitas tua citius orietur. Et anteibit faciem tuam iustitia tua et gloria domini colligit te. Tunc invocabis et dominus exaudiet. Clamabis et	*Frange esurienti panem tuum et egenum sine tecto induc in domum tuam. Si videris nudum, vesti eum et domesticos seminis tui non despicies. Tunc erumpet temporaneum lumen tuum et vestimenta tua cito orientur. Et praeibit ante te iustitia et claritas dei circumdabit te. Tunc exclamabis et dominus exaudiet te.*	*Frange esurienti panem tuum et egenos sine tecto induc in domum tuam. Si videris nudum, vesti et domesticos seminis tui non despicies. Tunc erumpet temporanum lumen tuum et vestimenta tua cito orientur. Et praeibit ante te iustitia et claritas dei circumdabit te. Tunc exclamabis et deus exaudiet te. Dum adhuc*

dicet: Ecce adsum.	Dum adhuc loqueris, dicet: Ecce adsum.	loqueris, dicet: Ecce adsum.

Die Ähnlichkeiten zwischen or. el. und Cyprian sind ebenso bemerkenswert wie die Unterschiede zur Vulgata: Am afrikanischen, vor der Vulgata liegenden Charakter des Bibeltexts in or. el. besteht kein Zweifel.

5. Die handschriftliche Überlieferung

Der Text von or. el. ist, soweit bekannt, nur in fünf Handschriften erhalten.[18] Diese lassen sich in zwei Gruppen α (B Z V) und β (F P) einteilen.

---

[18]   Verschollen ist ein Codex, der in einem Katalog der Landesherrlichen Bibliothek Königsberg vom Beginn des 18. Jh. genannt wird; vgl. B. Jähnig, Katalog der Handschriften der Landesherrlichen Bibliothek in Königsberg 1700/1720, in: A. E. Walter (Hrsg.), Königsberger Buch- und Bibliotheksgeschichte, Köln 2004, 251–302 (283f.). Er trug die Signatur Yy 128 (*Libri theologici in charta. In Quarto*). Wie bei F und P handelte es sich um einen spätmittelalterlichen Papiercodex mit theologischem Sammelinhalt: Er bot neben or. el. u.a. Ambrosius Autpertus, De conflictu vitiorum et virtutum unter dem Namen des Augustinus (so auch in F), Ps. Augustinus, De contemptu mundi (wie in F), Gennadius, De ecclesiasticis dogmatibus unter dem Namen des Augustinus (wie in F und P), Ps. Augustinus, Sermo ad poenitentes (wie in F und P), sowie Ps. Augustinus, De vera et falsa poenitentia (wie in F und P). Da die Gruppe β (= F P) im spätmittelalterlichen ostdeutschen Raum vertreten ist, wird man ihr diese Königsberger Handschrift zurechnen dürfen.
Unrichtig ist die Angabe bei C. Stornajolo, Codices Urbinates Latini 1, Rom 1902, 94, or. el. befinde sich im Codex Vat. Urb. 77, fol. 88, was man noch bei M. Oberleitner, Die handschriftliche Überlieferung der Werke des heiligen Augustinus 1. Italien, Wien 1969f. liest. Bei dem betreffenden Text handelt es sich um Augustinus, Sermo de generalitate eleemosynarum, wobei die Version in Vat. Urb. 77 im Vergleich zu den Editionen in der PL 40,1227–1230 und bei C. Lambot, RBen 66 (1956), 149–158 um die letzten beiden Absätze gekürzt erscheint (Expl.: *nulli peccatori inpunita relaxanda*). Offensichtlich hat die Tatsache, dass or. el. und der Sermo de generalitate eleemosynarum in der PL direkt hintereinander abgedruckt erscheinen, wobei sich die Kolumnenzahlen teilweise überschneiden (or. el. 1225–1228;

B Paris, BNF lat. 2152, s. XII, ff. 110r–111v

Es handelt sich um eine umfangreiche patristische Sammelhandschrift aus dem 12. Jh. Die Texte wurden in einer gut
lesbaren Minuskel, verteilt auf zwei Kolumnen, geschrieben. An
augustinischem bzw. pseudoaugustinischem Material finden sich
neben or. el. zwei Sermones ad fratres in eremo (PL 40 no.
45,1311–1314 und 49,1332–1334), die Sermones 211, 389, 392
und 393, außerdem s. app. 287 und s. Caillau I, 68 (unter dem
Namen des Ambrosius) sowie ein Sermo de non cogitando de
crastino, Inc.: *Cultores dei milites Christi* (vgl. dazu Anm. 25).

B ist die einzige Hs., in der or. el. ausdrücklich als *tractatus*
bezeichnet wird. Trotz ihres Alters hat B an einzelnen Stellen
den Text weniger gut bewahrt als die übrigen Hss. (vgl. etwa 3,4
perniciosius codd. : *perniciosum* B; 3,5 *quod* β Z : *qui* B; 4,4 *sint*
codd. : *sunt* B; 4,8 *(in)crementa* om. B; 5,24 *cumulat* codd. : *mun-
dat* B); andererseits bieten nur B und Z am Beginn (1,3) das zweifellos in den ursprünglichen Text gehörende *hoc est ergo intelligere super egenum et pauperem*, das alle übrigen Hss. auslassen.
Insgesamt ist B wertvoll, aber nicht in dem Maße wie Z.

B war die einzige Handschrift, die der erste Editor von or. el.,
Hieronymus Vignier, benutzt hat. Da ihm alle späteren Herausgeber gefolgt sind, liest man die Sonderfehler von B bis jetzt in
jeder Ausgabe von or. el., sofern sie nicht durch Konjektur beseitigt wurden (vgl. u. cap. 9).

Z Zürich, Zentralbibl. ms. Rh. 143, s. XII, ff. 1r–15r

Der Codex gehört zu einer Gruppe von Handschriften, die
im 12. Jh. im Kloster Rheinau in einer schlichten und sehr gut
lesbaren Minuskel angefertigt wurden.[19] Er enthält *varia ex sanctis patribus praesertim de fructibus eleemosynae, de poenitentia, de
deo*, wie am Beginn von einer Hand des 18. Jh. festgehalten

---

gen. el. 1227–1230), bei Stornajolo, der eine falsche Angabe für or. el. macht
(1225–1230), zu dieser Verwechslung geführt.

[19] Vgl. A. Bruckner, Scriptoria medii aevi Helvetica 4, Genf 1940, 48f.

wurde.[20] In erster Linie handelt es sich dabei um Exzerpte aus den augustinischen Enarrationes in psalmos. Außerdem findet man Augustinus, s. 389 und 393, sowie s. app. 105 und eine etwas gekürzte Version von s. app. 253.

Die Handschrift Z kann als äußerst vertrauenswürdig eingestuft werden: Sie bietet als einzige das zweifellos korrekte *sine vacatione* (4,2; *sine vocatione* rell.), das man sonst nur in der Ausgabe der Mauriner liest, wo es offenbar durch Konjektur hergestellt wurde. Auch an anderen Stellen sind in Z richtige Lesarten bewahrt, die in den übrigen Handschriften nur vereinzelt erscheinen (4,8 *quantum*; 4,8 *crementa*; 4,14 *vesti eum*). Insgesamt ist Z aufgrund des Alters und der sorgfältigen Ausführung nicht nur die wichtigste Hs. der Gruppe α, sondern überhaupt der wertvollste Textzeuge für or. el.

V   Vatikan, Vat. lat. 513, s. XV, ff. 101v–103r

Der Codex wurde im 15. Jh. in einer Minuskel geschrieben und ist heute (v.a. auf f. 102v) durch den schlechten Zustand des Pergaments nicht immer leicht zu lesen.[21] In dieser patristischen Sammelhandschrift befinden sich hauptsächlich Werke von Augustinus (Enchiridion) bzw. Pseudoaugustiniana (Dialogus quaestionum, De vita christiana). An Predigten liest man außer or. el. und Ps. Ildefons, s. 13 (wie in B, ff. 122r–123v) den pseudoaugustinischen Sermo de oboedientia et humilitate (PL 40, 1221–1224 = fr. er. 54) sowie eine verkürzte Version von s. 393.

V ist die einzige Hs., die or. el. nicht in Überlieferungsgemeinschaft mit Aug. s. 389 bietet: Die inhaltliche Zusammen-

---

[20] Als Quelle für diese Angabe werden ein *reverendissimus dominus abbas Augustinus Calmet una cum reverendissimo coadiutore suo* genannt. Bei erstgenannter Persönlichkeit handelt es sich um den Benediktiner Augustin Calmet (1672–1757); er war Abt der Klöster St. Leopold bei Nancy (ab 1718) und Senones in den Vogesen (ab 1728).

[21] Bei M. Vattasso, Codices Vaticani Latini 1, Rom 1902, 390 wird or. el. fälschlich unter dem Titel Tractatus de o r d i n e et elemosyna geführt.

stellung dieser späten Handschrift erweckt den Eindruck, sie strebe bei der Darbietung von patristischen Texten nach thematischer Vielfalt, und vielleicht wurde s. 389 gerade wegen der inhaltlichen Parallelen zu or. el. ausgeschieden. Der Wert von V für die Erstellung des Texts von or. el. ist sehr gering anzusetzen: An zahlreichen Stellen weicht dieser Codex vom richtigen Text ab und bietet oft Sinnloses (z.B. *diem ut lateat* statt *decelat* 2,2 oder *sitantum* statt *sibi tantum* 2,12), Auslassungen von kürzeren Textpassagen sind keine Seltenheit. An einer einzigen Stelle (2,10) dürfte V mit *pro te exorabit* (*pro te orabit* B Z : *te liberabit* β) gegen die übrigen Handschriften den korrekten Text bieten, freilich nur deshalb, weil hier eine in der Überlieferung bereits entstellte Lesart selbstständig nach dem Text der Vulgata ausgebessert wurde.

Sichere Bindefehler der Gruppe α sind 2,17 *rem pervigilans* α: *semper vigilans* β; 5,13 *excubat* α : *exuberat* β; 5,18 (*et* V) *votiva* α: *et nociva* β; 5,19 *sequestramus* α: *sequestram* β. Weitere Stellen, an denen β einen besseren Text als α bieten dürfte, sind: 2,8 *pater tuus* om. α; 3,4 *quod perniciosius* (*pernitiosum* B) α: *quod est perniciosius* β. Außerdem liest α in Aug. s. 389,1 *manifestarent*, während β *manifestat* bietet (korrekt wäre: *manifestus est*).

F   Frankfurt/Main, Stadt- und Universitätsbibl. ms. Praed. 16, s. XV², ff. 78r–79r
Bei dem Codex handelt es sich um eine umfangreiche Sammelhandschrift theologischen Inhalts, die um 1460 in einer schwierig zu lesenden Bastarda, aufgeteilt auf zwei Kolumnen, geschrieben wurde.[22]

---

[22] Ausführliche Beschreibung bei G. Powitz, Die Handschriften des Dominikanerklosters und des Leonhardstifts in Frankfurt am Main, Frankfurt/Main 1968, 30–36.

P   Prag, Knihovna metropolitní kapituly ms. A XXXIV
(57), s. XV², ff. 91r–92r

Wie in F liegt auch in P eine große Sammlung unterschiedlicher theologischer Texte vor, die in zwei Kolumnen und in
einer nicht einfach zu lesenden Bastarda des 15. Jh. niedergeschrieben wurde.[23] Der Handschrift vorausgebunden ist ein
Inkunabeldruck von Ambrosius' Exameron, welcher 1472 bei
Johann Schüssler in Augsburg produziert wurde. Da der Codex
laut einem entsprechenden Vermerk aus dem Besitz des Johannes
Herttemberger de Cubito stammt, der das Amt eines *capellanus
regis* und in den Jahren 1480–1498 das eines Domherren in Prag
bekleidete[24], darf man die Handschrift wohl in die zweite Hälfte
des 15. Jh. datieren.

Die Auswahl der Texte, die man in den Codices F und P
vorfindet, deutet auf eine sehr enge Verbindung hin: Sowohl in F
als auch in P enthalten sind (abgesehen von or. el.): Augustinus,
Sermones 211, 389 und 393; De videndo deo (epist. 147); De
orando deo (epist. 130); Enchiridion; außerdem Ps.Augustinus,
De pia dei providentia[25]; De vera et falsa paenitentia; Dialogus

---

[23]   A. Podlaha, Soupis rukopisů knihovny metropolitní kapituly Pražské,
Prag 1910, 33 hat nicht erkannt, dass es sich bei or. el. und dem darauf
folgenden s. 389 um zwei verschiedene Texte handelt; er gibt fol. 91–94 für
De oratione et eleemosyna an, und nennt das Incipit von or. el., das Explicit
von s. 389. Richtig die diesbezüglichen Angaben bei Cl. Weidmann, Die
handschriftliche Überlieferung der Werke des heiligen Augustinus 7. Tsche-
chische Republik und Slowakische Republik, Wien 1997.

[24]   Vgl. A. Podlaha, Series praepositorum decanorum archidiaconum alio-
rumque praelatorum et canonicorum s. metropolitanae ecclesiae Pragensis a
primordiis usque ad praesentia tempora, Prag 1912, 108, no. 628. Dort auch
eine Auflistung der zahlreichen Prager Hss., die aus dem Besitz Herttem-
bergers stammen.

[25]   Inc.: *Cultores dei milites Christi nullis oportet sollicitudinibus agitari.*
Diese Predigt (in einigen Hss. unter dem Titel De non cogitando de crastino
überliefert) findet man auch in den Codices Paris BNF lat. 2152, fol. 123v–
125v (= B), Vatikan, Ottob. lat. 14, fol. 74v–77v aus dem 13. Jh., Toulouse,

quaestionum. In P bilden all die genannten Texte auf den Folien 45r–96v eine Einheit, während in F teilweise andere, ebenfalls unter dem Namen des Augustinus überlieferte Stücke zwischen ihnen stehen, die sich nicht in P befinden. Die Reihenfolge der einzelnen Texte ist in den beiden Hss. verschieden. F und P gehen auf eine Vorlage zurück, die eine umfangreiche Sammlung (pseudo-)augustinischer Schriften darbot: Dieser Vorlage hat F etwas mehr Texte entnommen als P. Man nimmt an, dass F im Umfeld der Universität Leipzig entstanden ist.[26] Dort hatte man im 15. Jh. Zugriff auf viele (Pseudo-)Augustiniana. Die Person des Johannes Herttemberger de Cubito, der aus der Gegend zwischen Leipzig und Prag stammte (Cubitum = Elbogen, das heutige Loket an der Eger bzw. die umliegende Region) und im 15. Jh. Besitzer der Hs. P war, könnte die Verbindung zwischen der Universität Leipzig und Prag gewesen sein. Da eine heute verschollene β-Handschrift im 18. Jh. in Königsberg (heute Kaliningrad) bezeugt ist, kann man die Gruppe β fest im ostdeutschen Raum verorten (vgl. o. Anm. 18).

Der Text, den F und P bieten, ist bis auf einzelne Sonderfehler identisch. Charakteristisch für die Gruppe β sind folgende Fehler: 1,7 *praestitit* om. β; 2,2 *celat* β : *decelat* α (*diem ut lateat* V); 2,5 *et in vicis* om. β; 2,10 *te liberabit* β: *pro te exorabit* (*orabit* B Z) α; 2,13 *penetralibus* β : *penetrabilibus* α; 2,16 *occupatum vel aliis necesse est malis* β[27] : *occupatum malis* α; 2,19f.; *tempus the-*

BM 14 aus dem 14. Jh., Uppsala, Universitetsbibl. C 645, fol. 36rv aus dem 14. Jh., und in den aus dem 15. Jh. stammenden Hss. Berlin, Staatsbibl. Preuß. Kulturbes. ms. theol. lat. 4° 338, fol. 220v–222r und ms. lat. 2° 439, fol. 273–274r, München, Bayer. Staatsbibl. clm. 5915, fol. 183r–186r und clm. 5983, 212v–215r, sowie Zwickau, Ratschulbibl. Ms. I,XIII,24, fol. 420r–421v und Ms. XIX, fol. 230v–233r.
[26] Powitz (Anm. 22), 31.
[27] Hier dürfte eine Randbemerkung (*vel aliis* zu *malis*), die mit den Worten *necesse est* noch weiter kommentiert wurde, in den Text eingedrungen sein. Tatsächlich ergibt *aliis* besseren Sinn als *malis*.

sauris aut facultatibus nostris sit manifestat β: *temporum thesauris a facultatibus nostris manifestarent* α; 3,1 *prospicit spiritus sanctus* om. β; 3,5f. *opes nostrae ad dominum transeant atque occupent caelum dominus hoc refert si pauperibus* β[28] : *tunc opes nostrae ad dominum (deum* V) *transeant atque occupent caelum si pauperibus* α; 4,2 *sine nullo canone* β : *sine vocatione (vacatione* Z) α; 4,8: *incrementa* β: *crementa* α (om. B); 4,19 *apud Tobiam iamdudum (iam* F) *docui* (om. P) *documentum* β : *quod apud Tobiam iamdudum docui* α; 4,20 *esse comprobatum* β : *comprobatum est* α; 5,4 *qua patrem deum dicimus* β : *qua patrem dicimus* α.

Insgesamt bietet β einen schlechteren Text als α; es gibt aber durchaus Passagen, an denen β gegen α den korrekten Wortlaut bewahrt (siehe die Bindefehler von α), und sogar Anzeichen dafür, dass β eine noch in der Spätantike entstandene Variante (*liberabit te* statt *pro te exorabit*) des Texts von or. el. erhalten hat (vgl. o. cap. 4).

6. Das Eindringen des augustinischen Sermo 389 in den Text von or. el.

Die früheren Herausgeber von or. el. haben zwar erkannt, dass der Text der Predigt, so wie er überliefert ist, nicht vollständig sein kann, doch sind sie von mehreren Lücken ausgegangen, durch welche das Werk verstümmelt sei.[29] Dass der in den Handschriften zu lesende Text ein einheitliches Werk wiedergebe, wurde dagegen nie bezweifelt. Tatsächlich gibt es aber nur eine einzige Stelle, an welcher Textverlust stattgefunden hat, nämlich

---

[28] Zu diesem Versuch, den überlieferten, offensichtlich korrupten, Text zu heilen, vgl. u. cap. 10.

[29] Der Herausgeber der Editio princeps, Hieronymus Vignier, meinte: *Fragmentum esse credimus majoris operis; hiatus quidam sunt, quos non potuimus supplere codicum inopia* (389). Alle späteren Editoren haben die Lücken, die Vignier gesetzt und am Rand mit Kommentaren wie *Desunt plura* versehen hat, unverändert übernommen. Vgl. dazu die Angaben im Apparat der vorliegenden Edition.

zwischen den Absätzen 2 (*Quantum vero et quam necessarium †temporum thesauris a facultatibus nostris†...*) und 3 (*...prospicit spiritus sanctus*). Der Text, den die Handschriften dazwischen bieten, gehört nicht zu or. el., sondern zu Sermo 389 des Augustinus (1,8–3,40).[30]

In vier von fünf Handschriften (B, Z, F, P) folgt direkt auf or. el. eben jener augustinische s. 389, und jedesmal fehlt in diesem genau der Abschnitt, den man in or. el. liest: Ein klares Zeichen dafür, dass in der Überlieferung ein mechanischer Fehler passiert ist, nämlich die falsche Einlage und der Verlust eines Blattes.

Das folgende Modell geht davon aus, dass der Codex, in dem der Textverlust stattgefunden hat, aus Quaterniolagen aufgebaut war; das Prinzip bleibt aber auch bei mehr oder weniger Doppelblättern das gleiche. Die Seiten der einzelnen Doppelblätter werden von A1rv bis D2rv durchnummeriert:

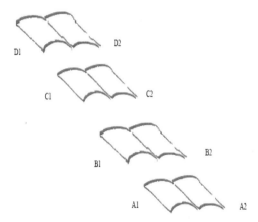

---

[30] Hier und an allen anderen Stellen immer in der Ausgabe von C. Lambot, Les sermons LX et CCCLXXXXIX de saint Augustin sur l'aumône, RBen 58 (1948), 23–52 benutzt.

Angenommen, der Text von or. el. habe auf der Seite A1 begonnen und sich von dort bis C2 recto oder verso erstreckt, wo Aug. s. 389 begonnen hat: Or. el. würde nacheinander die Seiten A1r (?), A1v, B1r, B1v, C1r, C1v, D1r, D1v, D2r, D2v, C2r und C2v (?) eingenommen haben. Das für die Textvertauschung entscheidende Blatt in diesem Modell ist B: Hier war auf B1rv jener Text von or. el. zu lesen, der heute verloren ist, auf B2rv jenes Stück von s. 389, das in den Handschriften von or. el. in s. 389 fehlt und dafür fälschlich in or. el. erscheint.

Der Text von or. el. endete auf A1v mitten im Satz, mit den in der weiteren Überlieferung offenbar verderbten Worten †temporum thesauris a facultatibus nostris†, und setzte auf C1r ebenfalls mitten im Satz mit *prospicit spiritus sanctus* wieder ein. Am Beginn von B2r waren die Wörter *manifestus est* zu lesen: Mit ihnen setzt die Lücke von s. 389 in den Handschriften von or. el. ein, und in or. el. erscheinen sie, entstellt zu *manifestarent* (α) bzw. *manifestat* (β), am Anfang des fremden Texts. Die letzten Wörter auf B2v waren *et Daniel*. Nach diesen beginnt in den Handschriften von or. el. wieder der originale Text der pseudoaugustinischen Predigt. In s. 389 liest man nach dem Textausfall *sanctus Daniel regi Nabuchodonosor sic dixit: Consilium meum accippe...* Hier dürfte der Text eigentlich erst mit *regi Nabuchodonosor* beginnen, da *et Daniel* in den Text von or. el. eingedrungen zu lesen steht. Es war aber für jeden einigermaßen gebildeten Schreiber leicht, den offensichtlich unvollständigen Satz um den richtigen biblischen Namen zu ergänzen (das Beispiel Daniel – Nebukadnezzar war in Schriften über Almosen gängig; vgl. etwa Cypr. op. el. 5,92–100). Dass man in den Handschriften von or. el. *sanctus Daniel* liest statt *et Daniel*, wie es in der von or. el. unabhängigen Überlieferung von s. 389 lautet, ist Beweis dafür, dass nicht der ursprüngliche Text, sondern die Konjektur eines Schreibers vorliegt.[31]

Es wäre schön, in s. 389 jenen Text wiederfinden, der in or. el. verdrängt worden ist: Dann wäre das Blatt B zu einem gewissen Zeitpunkt bloß verkehrt eingebunden worden. Dies ist in den Handschriften aber nicht der Fall: Die Partie 1,8 (*manifestus est...*) bis 3,3 (*ab anno priore. Et*) von s. 389 wird in den Codices, welche die augustinische Predigt direkt im Anschluss an or. el. überliefern, ausgelassen, ohne dass die Lücke angezeigt oder irgendetwas eingefügt wäre; die Konjektur *sanctus Daniel* schließt direkt an das vor dem verlorenen Text zu lesende *nutrit et nos* an, das in den Handschriften von or. el. zu *subsistet nos* (B Z) bzw. *inficit* (?) *nos* (β) entstellt wurde, wie ja auch der Text unmittelbar vor der Lücke *temporum thesauris a facultatibus nostris* kaum den ursprünglichen Wortlaut wiedergeben kann.

Um das Fehlen des gesuchten Textes in s. 389 zu erklären, muss man wohl annehmen, dass eine Beschädigung des Blattes B dazu geführt hat, dass die ganze Lage neu gebunden wurde; dabei ging die eine, vielleicht völlig zerstörte Hälfte, auf welcher der Text von or. el. zu lesen war, verloren (und verschwand im Weiteren aus der Überlieferung), während die andere Hälfte von Blatt B mit dem Abschnitt aus s. 389 falsch eingefügt wurde und so einen Fremdkörper im Textbestand von or. el. bildete. Da or. el. und s. 389 die selben Themen behandeln (Almosen, Nächstenliebe), musste der Fehler nicht unbedingt ins Auge springen: Das beweisen nicht zuletzt die früheren Editoren, die niemals daran gezweifelt haben, dass der Text zwischen den von ihnen angenommenen Lücken originaler Bestandteil von or. el. sei.

Die gemeinsame Überlieferung mit dem augustinischen Sermo 389[32] weist auf eine alte Zusammenstellung von Predigten

---

[31] Nach Ausweis der elektronischen Konkordanz CLCLT wird Daniel von antiken Autoren fast nie als *sanctus* bezeichnet (3 Belege); erst im Mittelalter mehren sich die Belege.

hin, bei deren Sammlung die inhaltlichen Schwerpunkte Barmherzigkeit, Nächstenliebe und Almosen maßgebend gewesen sein
dürften. Wie rasch dubiose Stücke gemeinsam mit authentischen
Predigten bekannter Autoren in derartige Sammlungen eingingen und im Folgenden unter klingenden Namen weiter tradiert
wurden, ist bekannt.[33] Ein weiterer Text, der in der Überlieferung von or. el. erscheint, könnte ebenfalls dieser alten Predigtsammlung angehört haben, nämlich der kaum von Augustinus
stammende Sermo 393 (auch unter dem Titel De paenitentibus
überliefert): Er befindet sich in allen Handschriften, die or. el.
tradieren (vgl. o. cap. 5) und würde thematisch ins Bild passen, da
er u.a. mit der Auslegung des Bibelworts *Dimitte nobis debita
nostra sicut et nos dimittimus debitoribus nostris* (Matth. 6,12) gewissermaßen dort anknüpft, wo s. 389 schließt (am Ende das Zitat Luk. 6,37f. *Dimittite et dimittetur vobis, date et dabitur vobis*).

Das Eindringen von s. 389 in den Text von or. el. und der
endgültige Verlust eines Teils der pseudoaugustinischen Predigt
muss innerhalb jener postulierten Predigtsammlung bereits sehr
früh eingetreten sein: Trifft es zu, dass schon der Verfasser des
von P. Verbraken edierten Sermo de misericordia eine Handschrift benutzte, die annähernd den selben Text bot, wie er heute
zu lesen ist (vgl. u. cap. 7), dann lag or. el. bereits an der Wende
von der Spätantike zum Mittelalter wahrscheinlich nur noch in
jener vom Textverlust betroffenen Form vor.

---

[32] In den Hss., die or. el. und s. 389 hintereinander überliefern, trägt die
augustinische Predigt nicht immer einen eigenen Titel, und es hat beinahe
den Eindruck, als hätte man die beiden Texte als eine Art von Einheit
betrachtet: In β werden sie weder durch ein ausdrückliches Explicit noch
durch ein Incipit getrennt, s. 389 beginnt lediglich mit einer Initiale (in F
liest man dazu den Titel *De elemosina*); B und Z bieten ebenfalls kein
Explicit/Incipit, in B trägt s. 389 allerdings den Titel *De misericordia*. In der
von or. el. unabhängigen Überlieferung erscheint s. 389 unter den Titeln *De
misericordia* bzw. *De faciendis eleemosynis*.
[33] Vgl. Hamman (Anm. 5).

Die Textvertauschung ermöglicht einige Schlüsse über die äußere Form jenes Codex, in dem sie eingetreten ist: 339 Wörter aus dem Text von s. 389 befinden sich in den Handschriften innerhalb von or. el. (im Druck der PL-Ausgabe sind das 41 Zeilen, also etwa eine halbe Kolumne). Ungefähr die gleiche Anzahl an Wörtern muss aus dem Text von or. el. verloren sein. In dem Codex, in dem der Textverlust stattgefunden hat, befanden sich demzufolge auf der Recto- und auf der Versoseite jeweils an die 170 Wörter. Wenig überraschend finden diese Zahlen schon in den ältesten erhaltenen Hss., aus dem 12. Jh., keine Entsprechung.[34] Allerdings fügen sie sich gut zu dem, was über Sammelhandschriften von Predigten aus dem frühen Mittelalter bekannt ist. Zwei Beispiele: Der Codex Vatikan, Vat. lat. 5758, um 640 in Bobbio geschrieben, enthält u.a. eine alte Sammlung augustinischer Predigten;[35] ein Blatt der Handschrift misst 263x230 mm, auf Seite 116 nach der paginierten Zählung (Beginn von Aug. s. Mai 15 *Omnis anima quae intenta cantat voce*) befinden sich 146 Wörter. Äußerlich recht ähnlich erscheint der Codex Verona, Bibl. cap. LIX 57, der ebenfalls im frühen 7. Jahrhundert geschrieben wurde und einige augustinische Sermones enthält: Er misst 230x200 mm, Seite 110r (Beginn eines Auszugs aus Aug. s. 294 *Nemo ascendit in caelum qui non de caelo descendit*) umfasst 162 Wörter. Man kann also vermuten, dass jener spätantike Codex, in dem die Blattvertauschung zwischen or. el. und s. 389 stattgefunden hat, ähnlich dimensioniert gewesen ist wie die genannten Sammelhandschriften von Predigten aus dem frühen Mittelalter.[36]

---

[34] Auf der ersten vollen Seite von B (360x235 mm, 2 coll.) befinden sich bereits in der ersten Kolumne 172 Wörter (110v), auf jener von Z (135x100 mm) nur 96 (1v).

[35] Vgl. P. Verbraken, Études critiques sur les sermons authentiques de saint Augustin, Steenbrugis 1976, 203f.

[36] Abschließend sei angemerkt, dass in den Handschriften, die or. el. und s. 389 gemeinsam überliefern, für letztere Predigt offensichtlich eine Tradition

7. Das Verhältnis von or. el. zu dem anonymen Sermo de misericordia

Im Jahr 1970 edierte P. Verbraken drei bis dahin unbekannte Predigten, die unter dem Namen des Augustinus in einer umfangreichen Sammelhandschrift (Paris, BNF lat. 1771, s. IX) enthalten sind.[37] Er konnte überzeugend darlegen, dass es sich bei diesen drei Predigten um Produkte handelt, deren Entstehung im spätantiken Nordafrika zu lokalisieren ist; sie haben ihre Erhaltung ebenso wie or. el. wohl allein der Tatsache zu verdanken, dass sie früh unter dem Namen des Augustinus in eine Zusammenstellung von Sermones eingegangen sind.

Die zweite der genannten Predigten, auf den Folien 74r–75v unter dem Titel *sermo sancti Augustini de misericordia* überliefert, behandelt die Themenbereiche Nächstenliebe und Almosen; einzelne Passagen decken sich wörtlich oder beinahe wörtlich mit dem Text von or. el. Verbraken hat das erkannt und angemerkt: „Manifestement, il y a eu plagiat. Mais dans quel sens? Dans le De misericordia (...) les thèmes, peu banaux, s'enchaînent assez naturellement en un ensemble bien composé. On n'en peut dire autant du De oratione et eleemosyna: débutant de façon abrupte, oscillant sans cesse d'un centre d'intérêt vers un autre, s'achevant sans véritable conclusion, il laisse le lecteur déçu. On se sent disposé à voir dans le second sermon un travail d'exploitation du premier. Et cette impression se trouve confirmée par le fait que dans le De misericordia l'ensemble des phrases communes con-

---

vorliegt, die neben jenen „trois branches principales" steht, welche Lambot (Anm. 30), 42f. in seiner Edition unterscheidet: In allen Hss. fehlt eine Zeile (*non dico, quod quisquis contempserit sine causa pulset, sed quisquis contempserit omnino non pulsat* Lambot p. 44,20f.), die in der von or. el. unabhängigen Überlieferung nie ausgelassen wird, und auch sonst bieten die Hss. einige Lesarten, die bei der Textkonstitution von s. 389 zumindest im Apparat vermerkt werden sollten.

[37] Vgl. o. Anm. 1 und 4.

stitue une séquence unique, laquelle apparaît, aussi bien pour le fond que pour la forme, parfaitement cohérente."[38]

Die Behauptung Verbrakens, or. el. würde ständig zwischen verschiedenen Themen oszillieren, ist stark übertrieben: Der erste, längere Abschnitt (1–3) widmet sich konsequent der *eleemosyna*, Kapitel 4 stellt einen Übergang zur *oratio* dar; diese wird am Schluss (5) – falls die Partie ursprünglicher Bestandteil von or. el. gewesen ist (vgl. dazu o. cap. 2) – ausführlicher behandelt. Das Zusammenführen von *eleemosyna* und *oratio* ist grundsätzlich nichts Außergewöhnliches und kann sich auf Bibelpassagen berufen wie z.B. Tob. 12,8 *Bona est oratio cum ieiunio et elemosyna magis quam thesauros auri condere*, Sir. 7,10 *Exorare et facere elemosynam non despicias* oder Act. 10,4 *Orationes tuae et elemosynae tuae ascenderunt in memoriam in conspectu dei*.[39] Weil aber Verbraken mit der PL arbeitete und nicht bemerkt hat, dass der Mittelteil von or. el. ein mechanisch in den Text eingedrungener Abschnitt von Augustinus, s. 389 ist (vgl. o. cap. 6) und somit einen Fremdkörper im ursprünglichen Verlauf darstellt, musste er beinahe zwangsläufig zu seinem Urteil gelangen. Wenn man freilich den Text von Aug. s. 389 aus or. el. entfernt und die Lücke berücksichtigt, durch welche der Zusammenhang der Predigt ernsthaft beschädigt erscheint, dann wirkt der Text von or. el. kaum weniger zusammenhängend als jener des Sermo de misericordia.

Darüber hinaus gibt es klare Indizien dafür, dass in or. el. der ältere Text, im Sermo de misericordia die „Kopie" vorliegt. Gerade die Tatsache, dass im Sermo de misericordia die in beiden Predigten vorhandenen Passagen einen zusammenhängenden,

---

[38]   Verbraken (Anm. 1), 59.
[39]   An derartigen Passagen haben auch Autoren wie Cyprian (*Ostendit orationes nostras ac ieiunia minus posse, nisi eleemosynis adiuventur* op. el. 5,103f.) oder Augustinus (*Eleemosynae et orationes mundant peccata* s. 56, RBen 68, p. 33, 205f.) angeknüpft.

durch keine Einschübe getrennten Text bilden, ist in diesem Fall ein starkes Argument für die spätere Entstehung: Läge nämlich in or. el. die Kopie vor, so wäre es im höchsten Maße erstaunlich, dass in jenem umfangreichen Textabschnitt, der durch das Eindringen von Aug. s. 389 aus der Überlieferung von or. el. verdrängt wurde, offenbar keine einzige Überschneidung zwischen or. el. und dem Sermo de misericordia zu finden gewesen wäre, während davor und danach entsprechende Passagen in regelmäßigen Abständen und in analoger Reihenfolge ausgewertet sind.

Es ist deshalb gerade umgekehrt davon auszugehen, dass or. el. vom Verfasser des Sermo de misericordia benutzt worden ist, und zwar in jener Form, in der sich die Predigt auch heute präsentiert, also mit dem Einschub aus Aug. s. 389 und dem Verlust eines ursprünglichen Abschnitts. Den aus Augustinus stammenden Einschub, den der Verfasser des Sermo de misericordia thematisch nicht recht verwenden konnte, hat er ebenso ignoriert wie den Schlussteil über die *oratio*, Material aus den Abschnitten über *eleemosyna* bzw. *misericordia*, das ihm passend erschien, arbeitete er zu einem zusammenhängenden Text um und fügte diesen in seine Predigt ein. Dabei blieb die Reihenfolge der einzelnen Sätze gegenüber or. el. gleich, jedoch wurden gewisse Formulierungen, die unklar oder unpassend erschienen, geglättet.

or. el. 1,4-8	serm. mis. 44f.
Neque enim illa misericordia deputanda est, quae clamoribus extorquetur, aut non ille mercedem operis sui percipit, qui diu se patitur deprecari, quoniam non fecit mandatum dei, sed precibus praestitit, misericordiam suam lacrimis vendidit.	*Neque enim illa misericordia accepta est, quae clamoribus extorquetur, quoniam, quod fecit, non mandato dei, sed precibus praestitit, et pecuniam suam lacrimis vendidit.*

Den hervorgehobenen Teil von or. el., sprachlich auffällig durch den umgangssprachlich-lockeren Anschluss *aut non* und den passiven Gebrauch von *deprecare*, hat der Bearbeiter weggelassen, da sein Inhalt ohnehin entbehrlich war; dafür hat er die harte Konstruktion *non fecit mandatum dei, sed precibus praestitit, misericordiam suam lacrimis vendidit* zu dem glatten *quod fecit, non mandato dei, sed precibus praestitit, et pecuniam suam lacrimis vendidit* umgestaltet. Der Ausdruck *pecuniam vendere*, zu dem er dabei griff, klingt zwar ebenfalls alles andere als gelungen, doch würde die umgekehrte Annahme, der Verfasser von or. el. habe hier einen bereits bestehenden Text aufgenommen und erweitert, ihn noch weit ungeschickter erscheinen lassen: In or. el. dürfte der – etwas holprige – Originaltext einer gesprochenen Predigt vorliegen, im Sermo de misericordia die spätere, glättende Bearbeitung.

or. el. 2,1-10	serm. mis. 46-50
Qui intellegit autem, ultro largitur et signato magis silentio decelat, n e opus suum, quod occultum esse desiderat, ipsa vox pauperis prodat, sicut in evangelio scriptum est: Cum facis elemosinam, noli tuba canere ante te, sicut hypocritae faciunt i n s y n agogis et in vicis, ut vi-deantur ab hominibus. Amen dico vobis, recepe-runt mercedem suam. Tu autem cum facis elemosi-nam, nesciat sinistra tua quid faciat dextera tua, sed sit elemosina tua in absconso; et pater tuus,	*Qui autem intellegit, ultro largitur et signato magis silentio delectatur, sicut scriptum est: Cum facis eleemosynam, noli tumultuari, sicut hypocritae faciunt. Et iterum: Conclude eleemosynam in corde pauperis et haec pro te exorabit ab omni malo.*

qui videt in absconso, reddet tibi. Et per Salomonem loquitur dominus dicens: Conclude elemosinam in corde pauperis et ipsa pro te exorabit ab omni malo.	

Das in or. el. zu lesende ...*decelat, ne opus suum, quod occultum esse desiderat, ipsa vox pauperis prodat* bezieht sich auf das folgende Matthäuszitat *sit elemosina tua in absconso; et pater tuus, qui videt in absconso, reddet tibi.* Das ungewöhnliche *decelat* hat also seinen guten Sinn. Das im Sermo de misericordia zu lesende *delectatur* hat dagegen keinen Anhalt im Bibeltext: Von „sich freuen" ist dort nicht die Rede. Offenbar hat der Bearbeiter ein ungebräuchliches Wort (vgl. o. cap. 2) durch ein ähnlich klingendes, bekanntes ersetzt, das allerdings im Kontext unpassend erscheint. In der Folge hat er auch die Aussage *ne opus suum, quod occultum esse desiderat, ipsa vox pauperis prodat* nicht übernehmen können und das Matthäuszitat um jenen Abschnitt gekürzt, in dem ausdrücklich das „Verborgensein" angesprochen wird.

Die in or. el. folgende Exegese der zitierten Bibelstellen hat der Bearbeiter ebenso fallen gelassen und ist gleich zu der Aussage *Pauperem enim et dormitare posse in precibus et occupatum aliis actibus aliquando cessare. Misericordia autem laborans et semper vigilans tantum efficaciae obtinet, ut auctorem suum sine praemio esse non patiatur* fortgeschritten, die er mit einigen Änderungen übernahm. Dass er dabei den ersten Satz von der indirekten in die direkte Rede übertragen hat, darf wiederum als eine Glättung des übernommenen Textes angesehen werden. Außerdem scheint der Bearbeiter das schwer verständliche *occupatum malis actibus* zu *occupatus taedio* abgeändert haben, was in diesem Zusammenhang an Ps. 118,28 erinnert (*dormitavit anima mea prae taedio*).

or. el. 4,1-5	serm. mis. 53-55
Huic ergo operi, carissimi fratres, totis viribus insistendum est, haec dei voluntas s i n e v a c a t i o n e a l i - q u a s e m p e r e t ubique complenda est. Solum enim e s t, e t h o c e r i t t a n t u m m o d o, q u o d s i t a b e x c e s s i b u s liberatum. Dum om- nia odiosa sint, cum transcenderint modum, s o l a m i s e r i c o r d i a m o d u m n o n h a b e t.	*Huic ergo operi, fratres carissimi, totis viribus insistendum est, haec dei voluntas ubique implenda. Solum enim hoc officium est liberum semper. Omnia odiosa sunt, cum transcenderint modum.*

In Kapitel 4 von or. el. liegt der letzte hauptsächlich dem Thema *misericordia/eleemosyna* gewidmete Teil der Predigt vor. Der Verfasser des Sermo de misericordia dürfte wieder Einzelheiten, die ihm überflüssig und umständlich erschienen, gekürzt haben: Das abundante *sine vacatione aliqua semper* fiel der Schere zum Opfer, lediglich die Zeitangabe *semper* floss in den folgenden Satz ein, der das besonders ungeschickt anmutende *solum enim est, et hoc erit tantummodo, quod sit ab excessibus liberatum* ersetzte. Die Formulierung *solum enim hoc officium est liberum semper* wirkt deutlich eleganter als jene in or. el. (auch die früheren Editoren haben sich hier nicht an die Handschriften gehalten, sondern sind der im Druck des Milleloquium zu findenden, glättenden Formulierung *sola misericordia tantummodo est ab excessibus liberata* gefolgt). Dies trifft auch auf die Umformulierung des folgenden Satzes, unter Streichung des *sola misericordia modum non habet*, zu: Bereits zwei Handschriften (B V) haben hier die Wiederholung von *modum* vermieden, indem sie beim zweiten Mal *terminum* einsetzten. Nimmt man an, or. el. wäre der spätere Text, so hätte der Bearbeiter das ihm vorliegende Material in unglaublich ungeschickter Weise erweitert: Es erscheint demnach plausibler, dass der Verfasser des Sermo de misericordia seine Vorlage geglättet und gekürzt hat.

or. el. 4,7-9	serm. mis.58-60
Sola itaque misericordia est, quae, quantum ad maiora cremanta proceserit, tanto ampliorem et sibi laudem et domino tribuit credulitatem.	*Sola itaque misericordia est, quae, quantum ad maiora incrementa processerit, tanto ampliorem sibi laudem et dominium (?) tribuit clariorem.*

Aus dieser Passage lässt sich schwer ein Indiz dafür gewinnen, welcher Text der frühere ist. In or. el. bietet die durch ältere Codices bezeugte Handschriftengruppe α die Lesart *cremanta* (so Z und V, om. B), die eine Stütze darin finden könnte, dass der afrikanische Autor Tertullian häufiger *cremanta* statt des insgesamt gebräuchlicheren *incrementa* verwendet (allerdings hat der ebenfalls aus Afrika stammende Cyprian, mit dessen Schriften or. el. viele Parallelen aufweist, ausschließlich *incrementa*). *Cremanta* ist als lectio difficilior in den Text aufzunehmen, während das im Sermo de misericordia ebenso wie in β gebrauchte *incrementa* wohl eine spätere Korrektur des seltenen Wortes darstellt. Problematisch sind die Varianten *domino tribuit credulitatem – dominium tribuit clariorem*: *Dominium* ist eine Konjektur Verbrakens für ein in der Handschrift nicht eindeutig lesbares *dominum*; sie überzeugt schon deshalb kaum, da die an dieser Stelle grammatikalisch korrekte Form *dominium clarius* lauten müsste. Solange aber nicht sicher ist, wie der Text des Sermo de misericordia an dieser Stelle genau lautet, kann man über das Verhältnis zu or. el. nur mutmaßen. Das Ersetzen von *credulitas*, das in der Bedeutung von *fides* als afrikanisches Charakteristikum gedeutet wurde[40], durch eine Form von *clarus* deutet jedenfalls eher darauf hin, dass der Sermo de misericordia den späteren, „normalisierten" Text bietet.

---

[40]   Vgl. Leroy 1999 (Anm. 3), 156.

or. el. 4,18-21	serm. mis.62
Satis evidenter, carissimi fratres, illud, q u o d a p u d T o b i a m i a m d u d u m d o c u i , I s a i a e t e s t i m o n i o c o m p r o b a t u m e s t , adiungendam esse orationi ele-mosinam sociandumque ieiunium.	*...hanc [misericodiam] ieiunio et orationi sociandam...*

Während im Sermo de misericordia an dieser Stelle weder Tobias noch Isaias erwähnt werden, führt der Verfasser von or. el. gleich im Anschluss eine Isaias-Passage an, die er bereits kurz zuvor ausführlicher zitiert hat. Ein Tobias-Zitat sucht man im Text, wie er uns vorliegt, allerdings vergeblich. Dieses Zitat dürfte sich in jenem Textabschnitt von or. el. befunden haben, der durch das Eindringen eines Teils von Aug. s. 389 aus der Überlieferung verdrängt wurde (vgl. o. cap. 3). Nimmt man an, or. el. wäre der spätere Text, so ist zwar nicht mit Sicherheit auszuschließen, dass der Verfasser hier selbstständig einen Verweis auf eine Passage angebracht hat, die er zuvor ebenfalls selbstständig in seine Predigt eingefügt hätte, und dass ausgerechnet diese Passage nicht erhalten wäre; es ist aber bei weitem plausibler, dass im Sermo de misericordia ein Verweis auf einen Text eliminiert wurde, den der Bearbeiter ebensowenig wie wir finden konnte, da er ein Exemplar von or. el. in der Hand hielt, in dem der Textverlust bereits eingetreten war.

8. Die Bezeugung von or. el. im Milleloquium des Bartholomäus von Urbino

Der Augustinereremit Bartholomäus von Urbino stellte in der ersten Hälfte des 14. Jh. ein umfangreiches Florileg aus vielen augustinischen und pseudoaugustinischen Schriften zusammen, das er unter dem Namen Milleloquium veritatis Augustini Papst Clemens VI. widmete.[41] In dieses Sammelwerk nahm Bartholomäus auch Passagen von or. el. auf: Er ist somit, abgesehen von dem Verfasser des Sermo de misericordia (vgl. o. cap. 7), allem Anschein nach der einzige Autor, der die Predigt vor ihrem Erstdruck im 17. Jh. nachweislich gekannt und benutzt hat.

Im Index zum Milleloquium, in dem Bartholomäus alle von ihm exzerpierten Werke auflistet (und manchmal kurz kommentiert), erscheint or. el. unter dem Titel De oratione et misericordia, mit Angabe des Incipit, unter der Rubrik *sermones specialia quaedam continentes* (p. 2468 ed. princ.); Exzerpte aus der Schrift findet man unter den Stichworten *misericordia* und *oratio*. Insgesamt hat Bartholomäus drei Passagen von or. el. in sein Florileg aufgenommen: Einen einzelnen Satz (2,17–19) und einen etwas längeren Abschnitt (4,3–9) über die Barmherzigkeit unter dem Stichwort *misericordia* (p. 1400 ed. princ.), sowie den kompletten Schlussteil der Predigt (5), der sich dem Gebet widmet, unter dem Stichwort *oratio* (p. 1575 ed. princ.).

Bartholomäus dürfte eine Handschrift von or. el. exzerpiert haben, die der Gruppe β zuzurechnen war: Er hat *semper vigilans* (2,17 *rem pervigilans* α: *et semper vigilans* β), *oblectat* (4,6 *oblectet* α : *oblectat* β), *quanto* (4,8 *quantum* B Z : *quanto* β V) und *incrementa* (4,8 *cremanta* V Z : *incrementa* β : om. B). Da sich am Beginn der Exzerpte öfters kleinere textliche Unterschiede zur

---

[41] Vgl. dazu L. J. Dorfbauer, *...talis compilatio magis sit utilis quam subtilis. Das Milleloquium veritatis Augustini des Bartholomäus von Urbino und der Hieronymianus des Johannes Andreae*, WSt 123 (2010), 209–239.

direkten Überlieferung von or. el. zeigen, kann man davon ausgehen, dass Bartholomäus die von ihm aufgenommenen Passagen
an den Schnittstellen bewusst abgeändert hat, damit sie sich möglichst bruchlos in seinen Text einfügen (vgl. etwa die Änderung
von ...*cuius oblectet enormitas, cuius laudabilis possit esse profusio* in
4,6f. zu *eius oblectat enormitas; eius laudabilis potest esse profusio*).

Der erste Editor von or. el., Hieronymus Vignier, hat das
Milleloquium gekannt: In der Einleitung weist er auf das Werk
des Bartholomäus von Urbino hin (*Tractatulus iste, qui in codice
Regio titulum habet De oratione et eleemosyna laudatur ab Urbi-
nate sub titulo De oratione et misericordia* p. 389); am Rand des
Texts markiert er mit den Worten *Urbinas citat hunc locum* bzw.
Haec verba sunt apud Urbinatem jene beiden Passagen, deren Text
er anhand des Milleloquium überprüft hat. Vignier hat allerdings
das lange Exzerpt unter dem Stichwort *oratio* übersehen, und da
alle späteren Editionen ihm gefolgt sind, wurden bisher bei der
Textkonstitution von or. el. immer nur die beiden kürzeren
Abschnitte berücksichtigt, die Bartholomäus unter dem Lemma
misericordia anführt.

Das Milleloquium ist für die Edition von or. el. nicht wertlos:
In erster Linie ist es ein willkommener zusätzlicher Zeuge zu
einem spärlich überlieferten Text. Darüber hinaus bietet die Editio princeps, die gern in den handschriftlich überlieferten Wortlaut eingreift[42], neben zahlreichen willkürlichen Glättungen auch
zwei sinnvolle Konjekturen (5,17 *animi* statt *autem*; 5,23 *spes*
statt *spiritus*; vgl. u. cap. 10).

---

[42] Vgl. Dorfbauer (Anm. 41), 234–239. Die für or. el. relevanten Textpassagen in der Editio princeps des Milleloquium (mill.1) wurden mit jenen
der Handschrift St. Florian, Stiftsbibl. Ms. XI 2, an. ca. 1400 (mill.2) verglichen; der Text dieser Hs. steht deutlich näher an dem der Hss. von or. el.
als jener des Drucks.

9. Die frühen Editionen von or. el.

Zum ersten Mal im Druck erschien or. el. im Jahr 1654, im zweiten Band von Hieronymus Vigniers Supplement zur Augustinusausgabe der Löwener Theologen *Sancti Aurelii Augustini Hipponensis episcopi operum omnium ante annum MDCXIV tam Basileae quam Lutetiae, Antverpiae, Lugduni & Venetiis editorum supplementum una cum sex libris secundae responsionis eiusdem b. Augustini contra Iulianum haereticum Pelagianum variisque sermonibus et tractatibus hactenus ineditis.* Or. el. findet man auf den Seiten 389–391.

In einer kurzen Einleitung teilt Vignier mit, er habe vorliegenden *tractatulus*, den Bartholomäus von Urbino unter dem Titel De oratione et misericordia zitiere, in einem *codex regius* unter dem Titel De oratione et eleemosyna gefunden; er halte ihn für das Fragment eines umfangreicheren Werks, könne aber die Lücken nicht ausfüllen, da ihm nur jener besagte Codex zur Verfügung stehe. Vignier äußert zudem Bedenken, was die Authentizität des abschließenden Teils der Texts betrifft, dessen Stil ihm anders als der des Augustinus erscheine (*Quod de oratione hic ad finem nollem pro certo affirmare Augustini esse. Hunc enim amplificandi morem non habet nec stylus per omnia congruit*).

Dass es sich bei dem von Vignier verwendeten *codex regius* um die Hs. B (olim Regius 3793) handelt, ist offensichtlich: Sämtliche Sonderfehler von B findet man gedruckt in der Edition Vigniers wieder, der sehr konservativ an der Hs. festhielt, sofern ihm nicht der Text, den das Milleloquium für die o. cap. 8 genannten Passagen bietet, besser schien.[43] Auch den Titel *tractatus de oratione et elemosina*, den man so nur in B findet, übernahm Vignier, druckte aber die „klassische" Schreibung *eleemosyna*.

Da die späteren Editoren von or. el. Vignier weitgehend gefolgt sind und selbst keine Handschriften eingesehen haben,

---

[43] Vignier benutzte wohl die Editio princeps von 1555 oder einen Nachdruck.

liest man jenen Text, den Vignier aus B und den kurzen Exzerpten des Eintrags *misericordia* im Milleloquium erstellt hat, beinahe unverändert in den folgenden Ausgaben; auch die Setzung der Lücken, die Vignier vorgenommen hat, wurde in der Vergangenheit stets übernommen.

Die nächste Ausgabe von or. el. besorgten die Mauriner im Rahmen ihrer Gesamtedition der Schriften des Augustinus: Man findet den Text auf den Seiten 299–300 des 1685 in Paris erschienenen sechsten Bandes dieser Reihe (*Sancti Aurelii Augustini Hipponensis episcopi operum tomus sextus continens Moralia post Lovaniensium theologorum recensionem castigata denuo ad manuscriptos codices Gallicanos, Vaticanos, Belgicos & c. necnon ad editiones antiquiores & castigatiores opera et studio monachorum ordinis s. Benedicti e congregatione S. Mauri*).

Die Mauriner, deren Text offenbar nicht auf eigene Kollation von Handschriften zurückgeht, weisen in der Einleitung ausdrücklich auf die Edition Vigniers hin. An Konjekturen findet man ein zögernd (*forte*) vorgebrachtes *ob mandatum* statt *mandatum* (1,7) am Rand des Textes; ebenfalls als Marginalnotiz wurde zu der aus Vignier übernommenen Lücke von B in 4,8 *Urbinas hic addit incrementa* angemerkt. Das Richtige getroffen haben die Mauriner mit ihrer ohne weiteren Kommentar in den Text aufgenommenen Konjektur *sine vacatione* (4,2) statt des bei Vignier zu lesenden *sine vocatione* (aus B): Dass *sine vacatione* den korrekten Text darstellt, wird durch den Sinn der Passage nahegelegt und durch Z bestätigt.

Was die von Vignier geäußerten Zweifel am augustinischen Charakter der Schlusspassage von or. el. betrifft, so weiten die Mauriner diese Bedenken auf den gesamten Text aus: ...*ipsi (Vignerio) finis Augustinum, uti testatur, non ita certo exhiberet. Sed neque initium certius exhibet.* Dementsprechend wird die Predigt unter den *opera dubia et supposititia* geführt, wo sie seitdem verblieben ist.

Zum bisher letzten Mal gedruckt erschien or. el. im 40. Band
der von Jacques Paul Migne herausgegebenen Patrologia Latina
(Paris 1845), und zwar auf den Kolumnen 1225–1228.

Wie bei Migne üblich, wurde eine ältere Edition weitgehend
ohne Änderungen abgedruckt, in diesem Falle jene der Mauriner
(samt deren Einleitung). Zwei Änderungen weist der Text der PL
gegenüber dem der Mauriner auf, wobei es allerdings unsicher erscheint, ob nicht bloß drucktechnische Versehen vorliegen: Das
von den Maurinern konjizierte *sine vacatione* (4,2) wird bei
Migne wieder zu *sine vocatione*; in 4,6 findet man bei Migne anstatt des in allen Handschriften, im Milleloquium und bei den
früheren Editoren zu lesenden *placet* ein *placeat*, was sprachlich
nicht unmöglich erscheint.

Für eine kritische Textkonstitution von or. el. bringen die
genannten Editionen so gut wie nichts. Weil aber zum ersten Mal
ein Text vorgelegt werden soll, der möglichst die gesamte bekannte Tradition berücksichtigt, und weil or. el. ohnehin sehr
kurz ist, wurden die Lesarten der Ausgaben von Vignier, der
Mauriner und Mignes vollständig in den Apparat aufgenommen.

10. Stemma. Textkonstitution. Konjekturen. Orthographie

Im folgenden Stemma bezeichnet Ω den Text von or. el.,
bevor ein Teil von Aug. s. 389, bedingt durch einen mechanischen Fehler, in die Predigt eingedrungen ist. Der so entstandene
Text, den allein zu rekonstruieren aufgrund der Überlieferungs-
lage möglich ist, wird als Ω_1 geführt. Von Ω_1 leitet sich nicht nur
die gesamte direkte Tradition her, sondern auch die beiden indirekten Textzeugen, der Sermo de misericordia und Bartholomäus
von Urbinos Milleloquium. Charakteristisch für diese indirekten
Zeugen sind bewusst vorgenommene, starke Eingriffe in den
Wortlaut von or. el. (Umformung, Exzerpierung): Diese beson-

dere Form der Verwandtschaft wird im Stemma durch punktierte Linien zum Ausdruck gebracht.

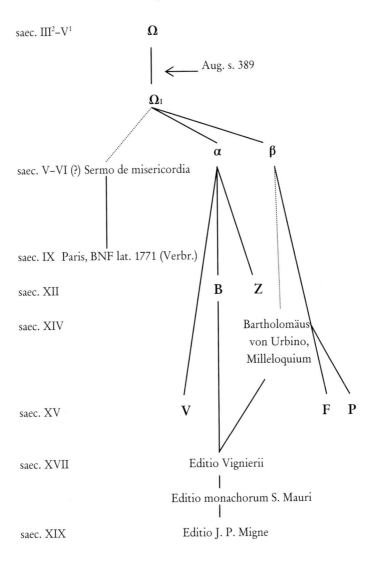

Für die Textkonstitution ergibt sich: In erster Linie ist den Handschriften der Gruppe α zu folgen, genauer gesagt den beiden ältesten direkten Textzeugen B und Z, da V so gut wie wertlos ist. Wo wenigstens ein Vertreter von α mit β übereinstimmt, gibt die betreffende Lesart aller Wahrscheinlichkeit nach den Text von Ω1 wieder und muss dementsprechend berücksichtigt werden. An Passagen, an denen der Text von α sinnlos erscheint, ist auf β zurückzugreifen. Die indirekte Überlieferung hat, abgesehen von der Korrektur offensichtlicher Fehler, nur dort eine gewisse Bedeutung, wo sie nicht gegen alle Handschriften von or. el. steht.

Wo der überlieferte Text keinen vernünftigen Sinn ergibt, sind Konjekturen heranzuziehen: So habe ich in 2,16 anstatt des im Kontext nicht sinnvollen *malis actibus* der Hss. *aliis actibus* geschrieben, was in der Gruppe β (ursprünglich wohl in Form einer Glosse) bereits erwogen worden war; in 3,4 habe ich analog zur Reihe *appetat ... vastet ... comedat ... corrumpat* die Form *absumat* hergestellt; ein gröberer Eingriff, der im Anschluss begründet wird, ist in 3,5 nötig, wo ich im Text vorsichtshalber nur eine Lücke anzeige und die Ergänzung ⟨*scimus*⟩ als Vorschlag im Apparat notiere; das handschriftlich überlieferte *eum* in 4,24, das zu einem Anakoluth führt, habe ich durch *eam* ersetzt, was man in der indirekten Überlieferung des Sermo de misericordia findet; das unsinnige *autem nostri pondus* (5,17) der Hss. habe ich durch die Aufnahme der Konjektur *animi nostri pondus* aus dem Erstdruck des Milleloquium beseitigt; aus diesem Druck stammt auch das zweifellos korrekte *spes* statt *spiritus* (5,23); schließlich habe ich am Ende der Predigt (5,28) *consummamus* statt des überlieferten *consumamus* geschrieben: Während eine Wendung *martyrium consumere* anscheinend nie existiert hat, findet man *martyrium consummare, consummatio martyrii* usw. gerade bei afrikanischen Autoren wie Tertullian oder Cyprian häufig. Insgesamt war der überlieferte Text trotz einiger sprachlicher Härten eher konservativ zu behandelen, weil keine Möglichkeit zum Vergleich mit anderen Werken des Autors gegeben ist, und weil die sprachlichen Eigenheiten von or. el. teilweise auf den ursprünglich oralen Status der Predigt zurückgeführt werden können.[44]

Die problematischste Passage befindet sich dort, wo nach dem in den Text eingedrungenen Stück aus Aug. s. 389 der eigentliche Wortlaut von or. el. wieder einsetzt (3). Insbesondere der letzte Satz dieses Abschnitts bereitet erhebliche Schwierigkeiten. Die überlieferte Form des Satzes – mit den wichtigsten handschriftlichen Varianten – lautet folgendermaßen:

Sed quod (*qui* B : *quo* V) *tunc opes nostrae ad dominum transeant atque occupent caelum* (*hoc dominus refert* add. β) *si pauperibus tribuentes caelestia mandata servemus.*

Mit an Sicherheit grenzender Wahrscheinlichkeit ist *quod* im Archetyp gestanden: *Quod* wird von der Mehrheit der Hss. bezeugt und findet sich in Vertretern von α wie von β. Das in dem sehr nachlässig geschriebenen Codex V zu lesende *quo* ist auf einen Fehler zurückzuführen, bei dem entweder das falsche Auflösen einer Kürzung oder – weniger wahrscheinlich – der Anlaut des folgenden Wortes, welches mit einem Dental beginnt (*quo[d] tunc*), eine Rolle gespielt hat. Dass die beiden ältesten Hss. B und

---

[44] So ist es etwa keineswegs unmöglich, dass in der Äußerung *ipsa* [*misericordia*] *tantum est, cuius nimietas placet, cuius oblectet enormitas, cuius laudabilis possit esse profusio* als erstes Verb in der Gliedsatzreihe ein Indikativ erscheint, dann aber zwei Konkunktive folgen, wie es die Handschriften nahelegen (man beachte den sich ergebenden Reim *placet – oblectet*); man wird aber den Ausfall eines *a* (*placeat*), was die Konstruktion glatter machen würde, nicht völlig ausschließen können. Derartige *lectiones fortasse meliores* werden im Apparat der Edition durch Asterisk ausgewiesen.

Z einmal *qui*, einmal *quod* bieten, mag sich aus einer unklaren Abkürzung in α erklären.[45]

Es stellt sich die Frage, wie *quod* zu verstehen ist. Ein kausales *quod* („weil unsere Reichtümer zu Gott übergehen...“), bei dem die Konjunktive nicht stören würden, kann hier ebensowenig intendiert sein wie ein faktisches *quod* („was das betrifft, dass unsere Reichtümer zu Gott übergehen...“), da in beiden Varianten das Satzgefüge ohne Hauptsatz bliebe – ein Anakoluth, dessen Härte auch in einem primär oralen Text auffällig wäre.[46] Die in β zu lesenden Worte *hoc dominus refert*, die wohl als ein autoritatives „das sagt der Herr“ zu verstehen sind, geben sich zwar durch ihre Stellung hinter dem *quod*-Satz und die Wiederholung von *dominus* (das so im Haupt- und in dem diesem untergeordneten Nebensatz zu stehen kommt) als ein in der Ausführung ungeschickter Versuch zu erkennen, den überlieferten Text irgendwie lesbar zu machen, die Grundidee deutet aber in die richtige Richtung. Tatsächlich ist nach der rhetorischen Frage „Wenn wir unsere Schätze den Armen anvertrauen, wann könnten sie dann noch von irdischen Gefahren zerstört werden?“ ein bekräftigender Verweis auf die Aussagen Jesu zu erwarten, der Christ müsse sich um seine Reichtümer eben keine Sorgen machen, da diese, im Himmel angesammelt durch gute Werke wie Almosen, vor allen Bedrohungen sicher seien und einen ewigen Besitz darstellten (vgl. etwa Matth. 6,20 oder Luc. 12,33)[47].

---

[45] Der Schreiber von B hatte einige diesbezügliche Probleme: Zweimal liest er gegen alle anderen Codices *quando* statt richtigem *quomodo* (s. 389,2,1 und s. 389,2,24), einmal lässt er *quod* aus (s. 389,2,9).

[46] Zur Verwendung von *quod* vgl. allgemein Hofmann/Szantyr (Anm. 12), 572–584.

[47] Ähnlich auch Passagen bei Augustinus, z.B. s. 389,114–116: *Consilium ergo do: Da pauperibus et habebis thesaurum in caelo* (Matth. 19,21). *Non sine thesauro remanebis, sed quod habes in terra sollicitus, habebis in caelo securus.* Weiteres Material und Literaturangaben zu der Thematik bei J. McCune,

Bei all den Ungewissheiten, die aufgrund der Überlieferungs-
lage bestehen, ist es wohl die beste Lösung, die Worte *quod* ...
occupent caelum von einer Wendung abhängen zu lassen, die
soviel besagt wie „es ist gewiss", „wir Christen sind der Über-
zeugung" o.ä. Der Eingriff in den Text sollte möglichst kurz und
unauffällig sein. Von den diversen Möglichkeiten der Ergänzung
(*certum est, necesse est* usw.), dürfte ein *scimus* zwischen *sed* und
quod, wie es Clemens Weidmann vorgeschlagen hat, die elegan-
teste Lösung sein. Der Text würde demnach lauten:

*Sed ⟨scimus⟩, quod tunc opes nostrae ad dominum transeant
atque occupent caelum, si pauperibus tribuentes caelestia mandata
servemus.*[48]

Es schien allerdings bei den vielen Unsicherheiten in dieser
Passage angebracht, diese Ergänzung nur im Apparat auszu-
weisen und im Text lediglich eine Lücke anzuzeigen.

Die in den einzelnen Hss. recht unterschiedliche und auch in
sich keineswegs konsequent gehandhabte Orthographie wurde
für die Edition vereinheitlicht. Besondere Aufmerksamkeit verdient bei vorliegendem Text die Schreibung des Wortes *eleemosyna*. Der handschriftliche Befund weist eindeutig auf die Form
elemosina in Ω_1 hin, und diese ist zur Entstehungszeit der Predigt
zweifellos auch in Gebrauch gewesen: Aus diesem Grund verwendet die vorliegende Edition durchgehend die Schreibung *elemosina*. Weil nur eine geringe Anzahl von Handschriften zu

---

Four Pseudo-Augustinian Sermons De concupiscentia fugienda from the
Carolingian Sermonary of Würzburg, REAug 52 (2006), 391–431 (411–
422).

[48] Die früheren Editionen, die letztlich alle auf den Codex B zurückgehen,
welcher statt des mehrheitlich überlieferten *quod* ein *qui* bietet, drucken
quid und danach ein Fragezeichen. Aus den überlieferten Konjunktiven
transeant und *occupent* machen sie Indikative und stellen so folgenden Text
her: *Sed quid? Tunc opes nostrae ad dominum transeunt atque occupant caelum, si pauperibus tribuentes caelestia mandata servemus.*

berücksichtigen waren, konnten nahezu alle Varianten der einzelnen Textzeugen im Apparat verzeichnet werden. Minimale
Abweichungen wie *intellegit/intelligit* u.ä. wurden allerdings
nicht aufgenommen.

Jener Abschnitt aus Aug. s. 389, der früh in den Text von or.
el. eingedrungen ist und einen entsprechenden Teil der pseudoaugustinischen Predigt verdrängt hat (s. o. cap. 6), wurde als
Fremdkörper gekennzeichnet abgedruckt, um dem Benutzer der
Edition einen Eindruck davon zu vermitteln, in welcher Gestalt
man or. el. in den Handschriften vorfindet.

Conspectus siglorum

Codices

codd. consensus omnium codicum

α consensus codicum **B Z V** (cf. p. 31–33)
    B Paris, BNF lat. 2152, s. XII
    Z Zürich, Zentralbibl. Ms. Rh. 143, s. XII
    V Vatikan, Vat. lat. 513, s. XV

β consensus codicum **F P** (cf. p. 33–36)
    F Frankfurt/Main, Stadt- und Universitätsbibl.
    Ms. Praed. 16, s. XV
    P Prag, Knihovna metropolitní kapituly Ms. A
    XXXIV (57), s. XV

Testimonia vetera

s. 389 Augustini sermo 389 editus a C. Lambot, RBen 58 (1948), 43–52

Verbr. Sermo anonymus de misericordia editus a P. Verbraken, RBen 80 (1970), 56–57

Leroy Sermo anonymus de misericordia editus a F. Leroy, RechAug 31 (1999), 182–185

Mill. Excerpta in Bartholomaei Urbinatis Milleloquio veritatis Augustini servata
    mill.₁ Editio princeps Milleloquii, Lugdunum 1555
    mill.₂ St. Florian, Stiftsbibl. Ms. XI. 2, an. ca. 1400

Libri typis impressi

edd. consensus omnium editionum

Vi.   Editio Hieronymi Vignierii, Parisiis 1654 (pars II, p. 389–391)

Ma.   Editio monachorum S. Mauri, Parisiis 1685 (pars VI, p. 299–300)

PL   Editio J. P. Migne, Parisiis 1845 (PL 40, p. 1225–1228)

ABBREVIATIONES ET SIGNA IN APPARATIBUS ADHIBITA

ac.	ante correctionem
add.	addidit / addiderunt
cf.	confer
corr.	correxit / correxerunt
del.	delevit / deleverunt
expl.	explicit / expliciunt
inc.	incipit / incipiunt
it.	iteravit / iteraverunt
lnp.	legi non potest
LXX	Septuaginta
mp.	manu posteriore
mg.	in margine
om.	omisit / omiserunt
pc.	post correctionem
rell.	reliqui
sl.	supra lineam
tr.	transposuit / transposuerunt
uv.	ut videtur

x (-y)	omnes codices familiae x excepto codice y
⟨ ⟩	verba talibus uncis inclusa supplenda videntur
[ ]	verba talibus uncis inclusa delenda videntur
† †	verba crucibus inclusa corrupta videntur
⟨...⟩	lacuna
*	in textu verbum coniectura restitutum, in apparatu lectionem fortasse meliorem designat

DE ORATIONE ET ELEMOSINA

(1) *Felix ille qui intellegit super egenum et pauperem. In die* Vi. 289
mala liberabit eum dominus. Intellegere ergo debemus super Ma. 299
egenum et pauperem. Hoc est ergo intellegere super egenum et PL
pauperem, ut rogari a talibus non exspectemus. Neque enim illa 1225
misericordia deputanda est, quae clamoribus extorquetur, aut 5
non ille mercedem operis sui percipit, qui diu se patitur deprecari, quoniam non fecit mandatum dei, sed precibus praestitit,
misericordiam suam lacrimis vendidit.

(2) Qui intellegit autem, ultro largitur et signato magis
silentio decelat, ne opus suum, quod occultum esse desiderat, ipsa
vox pauperis prodat, sicut in evangelio scriptum est: *Cum facis*
elemosinam, noli tuba canere ante te, sicut hypocritae faciunt in
synagogis et in vicis, ut videantur ab hominibus. Amen dico vobis, 5
receperunt mercedem suam. Tu autem cum facis elemosinam, nesciat
sinistra tua quid faciat dextera tua, sed sit elemosina tua in absconso;

1, 1 *de re cf. Leroy, p. 182, 6–13* **1sq.** Ps. 40, 2   **2, 1** *de re cf. Leroy, p. 183, 1–*
21 **3** Matth. 6, 2–4

1, 4s *cf. Verbr. p. 57, 44–45:* Neque enim illa misericordia accepta est, quae
clamoribus extorquetur... **7s** *cf. Verbr. p. 57, 45–46:* ...quoniam, quod fecit,
non mandato dei, sed precibus praestitit, et pecuniam suam lacrimis vendidit. **2, 1–10** *cf. Verbr. p. 57, 46–50:* Qui autem intellegit, ultro largitur et
signato magis silentio delectatur, sicut scriptum est: *Cum facis eleemosynam,*
noli tumultuari, sicut hypocritae faciunt. Et iterum: *Conclude eleemosynam in*
corde pauperis et haec pro te exorabit ab omni malo.

---

tit.: tractatus sancti augustini de oratione et elemosina *B*; liber sancti (beati
F) augustini de oratione et elemosina *β*; de encomiis fructibus ac praemiis
eleemosynae *Z manu XVIII. saeculi;* sermo de oratione et misericordia *Mill.;*
sine titulo incipit V
1, 1 intelliget *P*   **3** hoc est ergo] est autem *edd.* | hoc ... pauperem *om. β V*
4 nec *edd.*   **5** putanda *V* | etorquetur *V* | aut ille non *tr. β;* nec ille *edd.*
6 sui *om. V;* suis *Vi. per errorem uv.* | suscipit *V*   **7** fecit] defuit *V*
mandatum] 'forte: ob mandatum' *Ma. PL (mg.)* | domini *V* | praestitit *om. β*
2, 1 ultra *V*   **2** decelat] celat *β B (ac.);* diem ut lateat *V* | occultatum *F*
desirat *P*   **5** et in vicis *om. β;* in *B (sl.)*   **6** reperunt *V* | cum *F (sl.)* | facit *V*
7 tua[1] *om. P* | in absconso] in abscondito *P V Z*

PL　*et pater tuus, qui videt in absconso, reddet tibi.* Et per Salomonem
1226　loquitur dominus dicens: *Conclude elemosinam in corde pauperis*
　10　*et ipsa pro te exorabit ab omni malo.* Primo occultam esse voluit,
　　　quam concludi iussit in corde. Nam cum ipse sit scrutator renis
　　　et cordis, utique sibi tantum voluit reservari, quidquid penetra-
　　　bilibus pectoris delegavit. Deinde quanta eius officia essent osten-
　　　dit, cum pro nobis iam non pauperem dicit, sed ipsam miseri-
　15　cordiam rogaturam: Pauperem enim et dormitare posse in preci-
　　　bus et occupatum *aliis actibus aliquando cessare. Misericordia
　　　autem laborans et semper vigilans tantum efficaciae obtinet, ut
　　　auctorem suum sine praemio esse non patiatur. Quantum vero et
Vi.　quam necessarium † temporum thesauris a facultatibus nostris †
390　...

---

9 Sir. 29, 15　　**11sq.** *cf.* Apoc. 2, 23　　**15sq.** dormitare posse in precibus] *cf.*
Cypr. ep. 11, 5, 1

2, 16–18 misericordia...patiatur] *adest Mill. (mill. 1, p. 1400)*

15–18　　*cf. Verbr. p. 57, 50–52:* Pauper enim et dormitare potest et taedio
occupatus cessare. Misericordia autem semper vigilans tantum efficacia sua
obtinet, ut auctorem suum numquam sine praemio esse patiatur.

---

8 pater tuus *om.* α | vidit *P* | in absconso] in abscondito *V om. B Z* | reddat
V | tibi reddat *tr. B edd.* | Solomomonen *V*　**9** elemosinam] tuam *add. edd.*
10 ipse *V*　|　　pro te exorabit *V Verbr.*; pro te orabit *B Z*; te liberabit *β*
occulta *P* cultam *V (ac.)*　**11** iuxit *V*　**12** sitantum *V* | penetralibus *β edd.*
13 relegavit *V*; dilegat *P* | deinde] demum *V*　**14** paupertatem *V* | dicit *F*
(sl.)　**15** enim *om. P* | et *om. V*　**16** occupatam *V* | aliis *scripsi*; malis *codd.*;
vel aliis necesse est *add. β post* occupatum | a misericordia *P*　**17** autem *om.*
Mill. | et semper vigilans *β*; rem pervigilans α; semper et vigilans *edd.*; et *om.*
Mill.　**18** praemio *om. P* | vero *om. V*　**19** necessaria *Z* | *lacunas post* ne-
cessarium *post* thesauris *post* manifestaret *indicavit* Vi. quem sequuntur *edd.*;
cum totus hic locus obscurus sit, cruces ponere malui cf. p. 36–41 | tempus *β*
a] aut *β* | nostris] sit *add. β*

[AUGUSTINI SERMO 389

[s. 389,1] ... *manifestus est itaque panis caelestis, quo
pascitur anima nostra.

[s. 389,2] Sed quomodo ad eum perveniatur, ut eo sagine-
mur, unde modo vix micas colligimus, ne in ista famelica eremo
pereamus? Quomodo ergo perveniatur ad saginam huius panis,
de quo dominus ait: *Panem hunc qui manducaverit non esuriet, et
potum quem dedero qui biberit non sitiet in aeternum*, saginam
quandam promittens et satietatem sine fastidio? Quomodo ergo
perveniamus ad hanc satietatem panis longe ab ea satietate in hac
fame positi, consilio opus est. Quod consilium si neglexerimus,
ad panem illum sine causa pulsamus. Immo vero consilium hoc,
quod dicturus sum, vel potius quod commemoraturus (non enim
a me dicam, quod vobiscum didici), consilium ergo hoc, quod
dicturus sum, non dico, ⟨quod quisquis contempserit, sine causa
pulset, sed⟩ quisquis contempserit, omnino non pulsat. Hoc enim
consilium sequi et agere, hoc est pulsare. Quid enim? Putatis,
fratres mei, quia vere quasi corporaliter habet deus quandam
ianuam duram, quam claudat contra homines et ideo nobis dixit:
'Pulsate', ut veniamus et tundamus ostium, quousque pulsando
perveniamus ad aures patrisfamilias in secreto quodam loco

PL
1227

Ma.
300

15

---

s. 389,2, 4 Ioh. 4, 13

s. 389,1, 1 manifestus est *s. 389*; manifestarent *α*; manifestat *β* | itaque] ipsa
F; ipse *P*
s. 389,2, 1 sed] si *edd.* | quomodo] quando *B edd.* | eam *edd.*   2 vicas *P*
isto famelico *β* | heremo *codd.*   3 perveniamus *V*   4 de *om. P* | manduerit
B (*ac.*) | exuriet *V*   5 quem] quod *V*   6 ergo *om. V*   7 panis *F* (*sl.*) *qui
codex add.* sine fastidio | logne *V* | ea] eo *V Z*; hac *add. B Vi.* | in hac fame
om. β   8 consili *uv. P* | consilium quod *tr. P*   9 vero *om. P*   10 quod¹ *om.*
V | quod² *om. B edd.* | commemoratus *P*; commendaturus sum *B edd.*
enim *om. β*   11 dicta *V* | hoc *F* (*sl.*)   12 non dico *om. edd.* | quod ... sed
om. codd.; *supplevi ex s. 389*   13 omni *B* (*ac.*); omnia *V Z*   14 consequi *V*
hoc *om. edd.*   15 mei *om. edd.* | vero *β* | dominus *V*   16 claudit *P B* (*pc.*)
nobis *om. V*   17 pulsare *B edd.*; et aperietur *add. β* | inveniamus *V* | host-
ium *P Z* hostia *V* | perveniamus pulsando *tr. β* (perveniamus pulsamus *P*);
pulsando *om. V*   18 loco *om. B edd.*

constituti, et iubeat nobis aperiri, dicendo: 'Quis est, qui pulsat?
20   Quis est, qui auribus meis taedium facit? Date illi quod petit,
recedat hinc'? Non ita est, verumtamen est aliquid simile. Certe
quando pulsas ad aliquem, manibus agis. Est quod agas manibus,
quando pulsas ad deum. Prorsus manibus age, manibus pulsa. Si
hoc non egeris, non dico: 'Frustra pulsas', sed dico: 'Non pulsas'.
25   Ideo non mereberis, ideo non accipies, quia non pulsas. 'Quomodo', inquit, 'vis ut pulsem?' Ecce quotidie rogo. Bene facis
rogare, optime facis. Nam et hoc dictum est: *Petite, et dabitur*
vobis; quaerite, et invenietis; pulsate, et aperietur vobis. Omnia
dicta sunt: Pete, quaere, pulsa. Petis orando, quaeris disputando,
30   pulsas erogando. Non ergo quiescat manus.

[s. 389,3] Apostolus, cum de elemosinis plebem moneret,
Consilium, inquit, *in hoc do: Hoc enim vobis prodest, qui non*
solum facere, sed et velle coepistis ab anno priore. Et Daniel ...]

(3) ...prospicit spiritus sanctus. Nam si divitias nostras
pauperum cordibus commendemus, quando eas postmodum aut
fur appetat aut praedo vastet aut tinea comedat aut rubigo corrumpat aut, quod est perniciosius, iniustum tempus *absumat?

---

27 Luc. 11, 9   **s. 389,3,2** II Cor. 8, 10

3, 3 *cf.* Matth. 6, 20

---

19 aperire *B β edd.*   **20** taedium in auribus meis *V* | facit *it. V* | quod] qui *V*
21 recedat] *et recedat *V s. 389* | est²] illi *add. V*   **22** agis *V*   **23** deum
codd.; dominum *edd. s. 389* | agis ... pulsas *Ma. PL*   **24** hoc] ergo *B edd.*
25 ideo¹ ... pulsas] *om. β V* | quomodo] quando *B edd.*   **26** inquit *β Z s. 389*;
inquis *B edd.*; ergo *V* | pulsemus *β* | ecce] ego *F*; ergo *P*   **27** rogate *V*; rogo
(roga *F*) tibi *β* | dabitur vobis] accipietis *V*   **29** quaere *om. B*   **30** pulsa *V*
s. 389,3, 2 enim] autem *V* | qui non solum *β V Z*; *quia non solum *s. 389*;
quod non *B edd.*   **3** cepistis *V* | et² ... sanctus *om. β*; *haec verba uno tenore*
impressa sunt apud Vi., qui tamen lacunam post sanctus *indicavit; quem*
sequuntur edd. | Daniel *om. V*

3, 1 vestras *β*   **2** commendaveris *β* | *lacunam post* commendemus *indicavit*
Vi., quem sequuntur edd. | quando *α*; *quomodo *β*   **3** fastet *P*   **4** quod est
perniciosius *β*; quod perniciosius *Z V*; quod pernitiosum *B edd.* | absumat
scripsi; assumat *P*; adsummat *V*; absumet *Z*; assumet *B F edd.*

Sed ⟨...⟩ quod tunc opes nostrae ad dominum transeant atque 5
occupent caelum, si pauperibus tribuentes caelestia mandata
servemus.

(4) Huic ergo operi, carissimi fratres, totis viribus insistendum est, haec dei voluntas sine vacatione aliqua semper et ubique
complenda est. Solum enim est – et hoc erit tantummodo – quod
sit ab excessibus liberatum. Dum omnia odiosa sint, cum transcenderint modum, sola misericordia modum non habet. Ipsa 5
tantum est, cuius nimietas placet, cuius oblectet enormitas, cuius
laudabilis possit esse profusio. Sola itaque misericordia est, quae,
quantum ad maiora crementa processerit, tanto ampliorem et sibi
laudem et domino tribuit credulitatem. Hanc fieri iugiter ipse
dominus hortatur nec in evangelio Christus tacet nec per prophe-   PL
1228

4, 4sq. *cf.* Cypr. zel. 7   **9sq.** *cf.* Luc. 6, 36

4, 3–9 solum...credulitatem] *adest Mill. (mill.1, p. 1400)*

4, 1–5 *cf. Verbr. p. 57, 53–55:* Huic ergo operi, fratres carissimi, totis viribus
insistendum est, haec dei voluntas ubique implenda. Solum enim hoc
officium est liberum semper. Omnia odiosa sunt, cum transcenderint
modum.   **5–11** *cf. Verbr. p. 57, 58–62:* Sola itaque misericordia est, quae,
quantum ad maiora incrementa processerit, tanto ampliorem sibi laudem et
domin⟨i⟩um *(scripsit Verbr.;* dominum *uv. cod.)* tribuit clariorem. Hanc
igitur iugiter ipse dominus hortatur, hanc impendendam semper sacrae
litterae monuerunt...

---

5 *lacunam indicavi, quam* ⟨scimus⟩ *complere possis; cf. p. 57–59* | quod β Z;
quo V; qui B; quid *edd. qui postea signo interrogationis distinguunt* | tunc *om.*
β | deum V | transeunt *edd.*   **6** occupant *edd.* | si *om.* V; dominus hoc
refert *add.* β *ante* si   **7** servamus V
4, 1 carissimi *om. edd.*   **2** haec] hoc V | dei] deo B; domino *edd.* | vacatione
Z Ma.; vocatione B V Vi. PL; nullo canone β | et *om. edd.*   **3** solum ...
liberatum] sola misericordia tantummodo est ab excessibus liberata *Mill.*
edd.   **4** sunt B *edd.*   **5** modum[2]] terminum B V *edd.* | ipsa ... cuius] ipsius
enim *mill.1 (recte mill.2)* | ipsa ... 7 profusio *om.* V   **6** *placeat PL
cuius[2] ... cuius] eius ... eius *Mill.* | oblectat β *Mill.*   **7** potest *Mill.* | provisio
P   **8** quantum B Z *Verbr.;* quanto β V *Mill. edd.* | crementa V Z; *incre-
menta β Mill. Verbr.; om.* B *edd.* ('Urbinas hic add. incrementa' *Ma. PL mg.)*
et *om.* β *Verbr.*   **9** et in domino *mill.1* | tribuit *om.* V | credulitatem *codd.
mill.2;* caritatem *mill.1 edd.* | hanc] hoc P

tas spiritus sanctus ante cessavit. Loquitur per Isaiam dominus et
pater omnipotens deus et quae munera misericordibus praeparen-
tur ostendit: *Frange esurienti panem tuum et egenum sine tecto
induc in domum tuam. Si videris nudum, vesti eum et domesticos*
15 *seminis tui non despicies. Tunc erumpet temporaneum lumen tuum,
et vestimenta tua cito orientur. Et praeibit ante te iustitia, et claritas
dei circumdabit te. Tunc exclamabis et dominus exaudiet te. Dum
adhuc loqueris, dicet: Ecce adsum.* Satis evidenter, carissimi fratres,
illud, quod apud Tobiam iamdudum docui, Isaiae testimonio
20 comprobatum est, adiungendam esse orationi elemosinam sociandumque ieiunium.*Tunc*, inquit, *exclamabis et deus exaudiet te*
utique in oratione clamantem. *Dum adhuc loqueris, dicet: Ecce
adsum.* Si misericordiam, inquit, impenderis, cito *eam, cum
rogare coeperis, impetrabis. Praeveniet dominus tuas voces, et
25 praecurrentibus meritis tuis accipies omnia.

---

13 Is. 58, 7–9   **19** quod apud Tobiam iamdudum docui] *cf. p. 22–25* | *cf.*
Tob. 12, 8–9 | *Tobia una cum Isaia exemplis orandi utitur* Cypr. dom. or. 33
qui orationem cum ieiunio et eleemosyna coniungi iubet dom. or. 32

20s   *cf. Verbr. p. 57, 62–63:* ...hanc ieiunio et orationi sociandam semper
impenderis.   **23–25** *cf. Verbr. p. 57, 63–65:* Cito eam a domino, cum rogare
coeperis, impetrabis. Praevenit enim tuam vocem, et praecurrentibus iam
meritis tuis accipies omnia, antequam postules.

---

11 ante *om. B* (*sed 4 litt. ir.*) *Z edd.*   **12** et quae] qui quae *B edd.* | prae-
parentur *Z edd.*; *praeparantur *B F*; parantur *P*; preperanda *V*; praepatentur
Vi. per errorem   **13** exurienti *V*   **14** induc *om. P* | vesti ... despicies] *legi
vix potest V* (operi ... et domesticae domui tuae ne despicias *videre mihi
videor*) | eum *om. B V edd.*   **15** ne despicias *β*   **16** vestimenta tua *codd.* (*B
ac.*); lux *B* (*pc.*) *edd.* | orietur *B* (*pc.*) *edd.*; corigentur *uv. V*   **17** clamabis *β*
exaudiat *P* | dum *om. V*; cum *edd.*   **18** ecce *om. β* | fratres carissimi *tr. V*;
fratres *om. F*   **19** illud *om. edd.* | quod *om. β* | iam *F* | docui *om. P*; docuit
V; documentum *add. β* | Isaiae *om. P* | testimonia *B* (*ac.*); testimonium *V*
20 esse comprobatum *β* | elemosinam orationi *tr. V*   **21** clamabis *V*
dominus *β V* | exaudiat *P*   **22** utique] tibique *edd.* | clamante *P*; clamanti
edd. | dum *om. V* | adhunc *Z* (*ac.*) | ecce *om. V*   **23** evidenter fratres ...
sociandumque ieiunium est *it. V post* adsum | cito ut *F*; cito et *P* | eam
Verbr. edd.; eum *codd.* | cum *om. β*   **24** erogare *P* | incoeperis *B edd.*
praeveniat *P*

(5) Quid enim est oratione praeclarius? Quid vitae nostrae utilius, quid animo dulcius? Quid in tota nostra religione sublimius? Oratio est, quae nos Christianos provocat; oratio est, qua cum deo loquimur, qua patrem dicimus, qua universa desideria nostra in conspectu maiestatis eius effundimus; oratio est, quae 5 caelos penetrat, nubes transit, dei aures attingit. Haec in ecclesia universis gradibus necessaria est; haec catechumenis spiritum, fidelibus praesidium, paenitentibus solacium praestat; haec iustos continet, sublevat peccatores. Per hanc etiam qui stant non cadunt, et qui elisi sunt eriguntur. Hac utitur aetas omnis et 10 sexus, hac condicio omnis et dignitas. Haec magna servat, haec tutat et minima. Per hanc divites tuti sunt, per hanc pauperes non deficiunt. Haec ex illorum abundantia exuberat, haec ut ab ipsis penuria repellatur exorat. In hac gubernamur in prosperis, per hanc fiduciam gerimus in adversis. Haec nobis in gaudiis 15 iucunda est, haec in luctibus suavis. Per hanc laetitiam percipimus, per hanc tristitiam declinamus. Huic *animi nostri pondus et taedium et nociva omnia commendamus. Hanc quasi fidelem sequestram, quasi idoneam quandam et tutissimam navem universorum desideriorum nostrorum mercibus oneramus, quae ad 20

5, 5sq. *cf.* Sir. 35, 21   **9sq.** *cf.* I Cor. 10, 12   **10** *cf.* Ps. 144, 14
18sq. fidelem sequestram] *cf.* Tert. resur. mort. 63

5, 1–28 quid … consummamus] *adest Mill. (mill.1, p. 1575)*

5, 1 quid … 28 amen] *fortasse postea addita sunt; cf. p. 19–20* | enim *om.* β V
Mill. | est *om.* P   **2** quid animo dulcius *om. edd.* | animae β | religione
nostra *tr.* β   **3** quae] ad bonum *add. mill.1 (neque tamen mill.2)* | provocat]
fortasse probat   **4** qua[1]] cum *uv.* P | patrem] deum *add.* β; eum *add. mill.1*
(neque tamen mill.2) | desideria] sidera *P*   **10** sunt] non *add.* P | omnis etas
et sessus V; omnis *om.* B; omnis et *om. edd.*   **11** hac] ac P | conditio α
magna] omnia F | conservat P (ac.) | haec *om.* β   **12** et tutat minima *tr.* P;
et *om.* V; tutatur *Mill.*   **13** ex] pro *mill.1* | excubat α | ut] et P   **14** ipsis]
istis *Mill.* | expellatur *mill.1* | in[1] *om.* V | gubernante *uv.* V   **16** haec
luctibus in suavis *tr.* P | laetitiam *om.* P | recipimus V   **17** animi *mill.1;*
autem *codd. mill.2 edd.*   **18** et nociva β; nocivaque *mill.1;* (et V) votiva α
mill.2 edd. | commendemus B (ac.) | hanc] aut V | quasi fidelem sequestram
om. Mill.   **19** sequestram β; sequestramus α *edd.* | quandam *om.* B *edd.*;
quadam P | navim *edd.*   **20** mercibus *om.* V | ad *om.* F

omnipotentem deum expansis manibus fusisque precibus pro-
spero felicique cursu perveniat. Per hanc omnia timoris domini
ornamenta percipimus, per hanc quidquid fides inchoat, *spes
Vi.　cumulat, caritas decorat, assidua deprecatione servamus. Per hanc
391　castitate tuemur, continentia virtuteque gubernamur. Per hanc in
confessione persistimus, in temptatione duramus, per hanc pro
Christo corporis vincula sustinemus, per hanc postremo beata
martyria consum⟨m⟩amus. Amen.

23sq. *cf.* I Cor. 13, 13

---

21 dominum *edd.*; precamur *add. mill.1*　　**22** omnia *om. V*　　**23** spes *Mill.*;
spiritus *codd. edd.*; *sed iuxta fidem et caritatem spes desideratur*　　**24** cumulat]
mundat *B edd.* | precatione *V* | servamur *B*　**25** castitatem *F* | tueamur *B*
(*ac.*) *Z* (*ac.*); tenemur *P* | -que *om. P* | per ... duramus *om. edd.*　　**26** pro
Christo corporis] proximo cordis *V*　　**28** consummamus *edd.*; consumamus
codd.

DE SOBRIETATE ET

CASTITATE

Einleitung

1. Autorschaft und Abfassungszeit

In allen Handschriften, die den vollständigen Text von De sobrietate et castitate (sobr.; CPPM I 1110) enthalten, wird Augustinus als Autor des Werks genannt.[1] Erasmus war der erste Editor, der diese Zuschreibung 1529 mit den harschen Worten *Sermo nesciocuius; certe nec pilum habet Augustini, ne scriptoris quidem eruditi* zurückgewiesen hat. Seitdem ist niemand mehr für augustinische Verfasserschaft von sobr. eingetreten, die tatsächlich aus stilistischen und inhaltlichen Gründen undenkbar erscheint. Auch die Kategorisierung von sobr. als *sermo*, wie die meisten Hss. sie bieten, lässt sich nicht halten (vgl. cap. 2).

Die moderne Forschung hat sich mit sobr. kaum beschäftigt und ist – überspitzt gesagt – in ihren Bemühungen nur wenig über das hinausgekommen, was Louis-Ellies Dupin bereits am Ende des 17. Jh. festgehalten hat: *Liber de sobrietate et caritate* [sic], *eiusque auctor ignoratur. Auctor ebrietatem imprimis impugnat. Liber hic meo quidem iudicio satis elegans antiquitatem sapit* (Nova Bibliotheca auctorum ecclesiasticorum..., Coloniae Agrippinae 1693, Bd. 3, p. 447). F. Cavallera setzte den Ursprung des Werks zögernd im 4. Jh. an: „Il me paraît remonter au IVᵉ siècle, ne conaissant pas encore l'existence de moniales, en dehors des vierges vivant dans le monde".[2] Allerdings muss das Nichterwähnen von weiblichen Klostergemeinschaften keineswegs gleich-

---

[1]   Für die Zuschreibung von Exzerpten an Hieronymus vgl. cap. 8.

[2]   F. Cavallera, Augustin (Apocryphes attribués à saint), in: Dictionnaire de spiritualité 1, Paris 1937, 1134.

bedeutend sein mit deren Nichtexistenz, zumal bei Betrachtung des Inhalts von sobr. deutlich wird, dass sich das Werk nicht speziell an mönchische Kreise richtet, sondern allgemein an Christen jeden Standes. R. Étaix, der sich mit sobr. im Rahmen seiner Untersuchung der Textsammlung De quattuor virtutibus caritatis (coll. IV virt. car.) beschäftigt hat, innerhalb welcher die Schrift gemeinsam mit 27 anderen Werken oft unsicheren Ursprungs überliefert ist, vermutete, einzelne Stücke der Kollektion seien in der 2. Hälfte des 5. Jh. in Norditalien entstanden.[3] Dies erscheint im Fall von sobr. weit realistischer als eine Entstehung im 4. Jh. Schließlich hat N. Adkin durch Vergleich mit dem 22. Brief des Hieronymus das Jahr 384 als Terminus post quem für die Niederschrift von sobr. wahrscheinlich zu machen gesucht.[4]

Sichere Anhaltspunkte für eine genaue Datierung sind schwer auszumachen. Bei einer unvoreingenommenen Lektüre wirkt sobr. eher „spät": Der Charakter des Werks und vor allem die Sprache des Autors scheinen eine Entstehung vor dem 5. Jh. auszuschließen. Dazu passt, dass der Verfasser den Bibeltext der Vulgata benutzt hat (vgl. cap. 3). Da allerdings sobr. am Ende des 8. Jh. bereits in Florilegien Eingang gefunden hatte, die weit über Frankreich und bis in den deutschen Raum verbreitet waren (vgl. cap. 8), liegt die Annahme nahe, dass das Werk geraume Zeit früher entstanden ist. Es sieht so aus, als hätte der Verfasser – neben anderen Quellen – zwei Predigten des Caesarius von Arles († 542) verwertet, an dessen Sprache und Stil sobr. teilweise erinnert.[5] Auch gibt es wenigstens eine bemerkenswerte lexikalische Parallele zur Mönchsregel des Benedikt von Nursia († 547)

---

[3]   R. Étaix, L'ancienne collection de sermons attribués à Saint Augustin 'De quattuor virtutibus caritatis', RBen 95 (1985), 44–59 (53).
[4]   N. Adkin, A Note on the Date of the Pseudo-Augustinian Treatise „De sobrietate et castitate", ACD 29 (1993), 191–193.
[5]   Vgl. L. J. Dorfbauer, Zu den Quellen und zur Abfassungszeit der pseudoaugustinischen Schrift „De Sobrietate et Castitate", Hermes 136 (2008), 453–465 (462–464).

sowie zu Briefen von Papst Gregor dem Großen († 604).[6] Zwar
fällt es schwer, aus diesen Anhaltspunkten ein definitives Urteil
abzuleiten, doch spricht einiges für eine Datierung der pseudoaugustinischen Schrift ins 6. Jh.: Der Verfasser könnte gut ein
(jüngerer ?) Zeitgenosse des Caesarius von Arles gewesen sein.
Als Entstehungsort ist an das südliche Gallien oder an das nörd-
liche Italien denken.

Das Werk, das aus sprachlichen wie aus kulturhistorischen
Günden gleichermaßen interessant ist, wurde bisher sehr zu
Unrecht von der Forschung vernachlässigt. Mit vorliegender
Einleitung zur ersten kritischen Edition wird in einem ersten
Schritt eine Untersuchung v.a. der Überlieferung von sobr.
geboten. In einem geplanten separaten Kommentar sollen zu
einem späteren Zeitpunkt der Inhalt, die Sprache und die Text-
gestaltung im Einzelnen ausführlich diskutiert werden.

2. Inhalt. Titel. Literarisches Genus und Sprache

In einer einleitenden Partie (1,1) kündigt der Autor das Thema des Werks an, den Kampf gegen die Trunksucht. Es folgt ein
Hymnus auf die *sobrietas* (1,2), dann eine Art „Antihymnus" auf
die Laster der *ebrietas* (1,3). Einschränkend stellt der Autor klar,
dass Wein aus medizinischen Gründen sehr wohl auch nützlich
sein könne, und dass er – in vernünftigem Maß genossen – nicht
vollends abzulehnen sei (1,4). Im Übermaß konsumiert sei er
allerdings eine Gefahr und deshalb bereits Priestern im Alten
Testament verboten worden; alle Kleriker müssten sich streng an
dieses Verbot halten (1,5). Wie in allen Dingen, so stelle auch
beim Alkoholkonsum das Nichtmaßhalten das eigentliche Problem dar: Eindrucksvoll werden Szenen von einem Gastmahl geschildert, bei dem ein Betrunkener unangenehm im Mittelpunkt
steht (1,6). Als Abschluss dieses ersten Teils betont der Autor

---

[6]   Vgl. Dorfbauer (Anm. 5), 464f.

erneut, dass man es mit dem Trinken nicht übertreiben dürfe, und weist auf einschlägige Gebote in der Bibel hin (1,7).

Am Anfang des zweiten Abschnitts teilt der Verfasser mit, dass er, nachdem er bereits von den Männern gesprochen habe, nun auf die Frauen eingehen und als erstes den heiligen Jungfrauen ins Gewissen reden wolle (2,1). Es folgt eine lange Abhandlung (2,2), in der möglichst viele potentielle Laster von Jungfrauen besprochen werden. Es liegt hier eine allgemeine Aufforderung zu einem keuschen, gottgefälligen Leben vor (Vorsicht vor Männern, Ausgelassenheit, Tanz und Musik; Verbot von Schminke, übertriebenem Prunk und Hochmut usw.), das Thema „Alkohol" steht nicht immer im Vordergrund. Das Vorgetragene wird immer wieder mit Bibelzitaten bzw. -verweisen bekräftigt.

Am Anfang des dritten und letzten Abschnitts meint der Autor, nun sei die Zeit gekommen für den Beweis, dass die Trunksucht alle übrigen Laster übertreffe (3,1). Es werden die abschreckenden Folgen von Alkoholismus auf die Moral, die Gesundheit und den sozialen Status vor allem am Beispiel einer verheirateten Frau anschaulich geschildert; die Auswirkungen der Alkoholkrankheit auf den Haushalt, auf die Kinder und auf die Ehe wird mit zahlreichen Details geradezu im Stil einer Satire behandelt (3,2). Es folgt ein eindringlicher Appell an alle, vom Wein abzulassen, dessen Gefährlichkeit erneut mit dem Verweis auf zahlreiche Beispiele beschworen wird (3, 3); abschließend wendet sich der Verfasser noch einmal ausdrücklich an Kleriker und bittet, sein Werk wohlwollend aufzunehmen (3,4).

Insgesamt ist eine Stoffgliederung „Mahnung an Priester" (1) – „Mahnung an heilige Jungfrauen" (2) – „Mahnung an alle Laien" (3) erkennbar, doch wird diese keineswegs streng durchgehalten.

Die Zusammenfassung des Inhalts lässt erahnen, warum die früheren Editoren den Titel des Werks von dem in beinahe allen älteren Hss. bezeugten (Sermo) ad virgines zu De sobrietate et

castitate abgeändert haben.[7] Weil sich die moralische Abhandlung aber an alle Christen richtet, kann auch der Titel (Sermo) ad
virgines keinen Anspruch auf Authentizität erheben, zumal im
vorliegenden Text keine Predigt, sondern ein schriftlich konzipiertes Werk vorliegt, wie nicht zuletzt daran zu erkennen ist,
dass der Verfasser von einem *libellus* (1, 1, 25; 2, 1, 7; 3, 4, 14) bzw.
von einem *liber* (3, 3, 1) spricht und sich ausdrücklich an den
lector (1, 1, 20; 1, 7, 1) bzw. an *legentes* (3, 3, 28) wendet.[8] Aus der
Partie 1, 1, 25–27 mag man auf einen ursprünglichen Titel De
sobrietate et ebrietate schließen. Die vorliegende Edition hält am
Titel De sobrietate et castitate fest, da dieser sich mittlerweile
eingebürgert hat und dem Inhalt des Werks nicht widerspricht.

Was den literarischen Charakter von sobr. angeht, so ist das
Werk in die Reihe von moralischen Abhandlungen paränetischen
Charakters zu stellen, wie sie vergleichbar in Tertullians De
cultu feminarum, in Cyprians De habitu virginum, oder in Ambrosius’ De Helia et ieiunio vorliegen. Mit diesen Texten teilt
sobr. den passagenweise satirischen Charakter, die Überzeichnung und Karikatur der angeprangerten Missstände. Der zweite,
an Jungfrauen gerichtete Abschnitt von sobr. zeigt außerdem
viele Berührungen mit dem christlichen Virginitätsschrifttum
bzw. mit Nonnenregeln im eigentlichen Sinn; man kann vermuten, dass in diesen Passagen ein entsprechender Text verarbeitet
worden ist. Allerdings richtet sich sobr. insgesamt nicht an weibliche Klostergemeinschaften, sondern an Einzelpersonen unter

---

[7] Für die Titel in den einzelnen Hss. vgl. cap. 5; für die einzelnen Editionen cap. 9. Anknüpfungspunkt für die Editoren könnte die Partie 1, 1, 26–1,
2, 1 gewesen sein, in welcher der Autor von sobr. ankündigt, *propter libelli
titulum* zuerst von *sobrietas* sprechen zu wollen und eben diesen Abschnitt
mit den Worten *sobrietas namque castitas est...* beginnt.

[8] Es ist anzunehmen, dass der Titel (Sermo) ad virgines von jener Person
herrührt, die sobr. in coll. IV virt. car. eingegliedert hat und sich insbesondere vom zweiten Teil der Schrift angesprochen fühlte (vgl. dazu cap. 4).

schiedlichen Standes (Kleriker, Jungfrauen, Verheiratete), welche zu einem gottgefälligen Leben ermahnt werden.

Die Sprache von sobr. ist ein hochinteressantes und teilweise recht kurioses Konglomerat aus spätlateinischer Umgangssprache, klassischer rhetorischer Stilisierung und Imitationen so unterschiedlicher literarischer Muster wie Seneca, Ambrosius und der Bibel.[9] Der Verfasser, der sich eines auf Wortakzent basierenden Klauselrhythmus (*cursus*) bedient, muss ein gebildeter Mann gewesen sein, der die Sprache seines spätantiken Alltags nicht immer mühelos mit den in der literarischen Tradition geforderten Standards in Einklang brachte. Die Überlieferung hat den Text zudem an vielen Partien schwer entstellt, sodass der Wortlaut oft unsicher erscheint. Für Einzelheiten sei auf den geplanten Kommentar verwiesen.

3. Bibelzitate. Gebrauch der Vulgata

Man findet in sobr. a) wörtliche Bibelzitate, b) mehr oder weniger unbestimmte Verweise und Anspielungen auf bestimmte Passagen des Bibeltexts, c) Reminiszenzen an die Sprache oder an den Gedankengang von bestimmten Abschnitten der Bibel. Bei den Fällen b) und c) lässt sich naturgemäß nicht immer sicher entscheiden, ob der Text der Vulgata verarbeitet wurde oder ein anderer.

a) Wie in der bzw. weitgehend wie in der Vulgata lauten die folgenden Zitate: Lev. 10,8f. (1,5,5–9); Sir. 26,11 (3,2,63f.); Sir. 31,30 (3,2,65); Sir. 31,38f. (3,2,66f.);Luc. 21,34 (1,7,6f.); Rom. 2, 3 (3,4,8–10); Rom 2,21f. (3,4,10f.);1 Cor. 14,34f. (2,2,55f.); 1 Tim. 2,11f. (2,2,56); 1 Petr. 5,5 / Iac. 4,6[10] (2,2,82f.).

---

[9]   Zu den literarischen Quellen von sobr. vgl. Dorfbauer (Anm. 5).

[10]   Zwar fügt der Verfasser die Quellenangabe *Solomon in Proverbiis clamat* hinzu (vgl. Prov. 3,34 in der Septuaginta), doch beweist seine Übersetzung, dass er sich auf eine Vulgataversion des Petrus- oder Jacobusbriefs bezieht.

Etwas stärker abweichend von der Vulgata: Ezech. 44,21 *cum introire coeperit* (1,5,9f.); Vulg. *quando ingressurus est.*

Eindeutig anders als in der Vulgata: Sir. 31,40 *Prudentiam absorbet ebrietas* (3, 2, 65f.); Vulg. *Ebrietatis animositas inprudentis offensio.*[11]

b) Anspielungen finden sich an folgenden Passagen: 1,3,13f. (1 Cor. 6,10); 1,7,15 (Sir. 31,35); 2,2,15–17 (Matth. 5,29); 2,2, 19–21 (Is. 3,16f.); 2,2,21–23 (1 Tim. 5,11–13); 2,2,34f. (1 Cor. 15,33); 2,2,65–67 (Matth. 5, 34). Außerdem die Verweise auf nicht näher bestimmte Passagen in diversen Petrus- und Paulus-briefen (1,7,2–4), sowie der Appell an den vernünftig-moderaten Gebrauch von Wein, ohne dabei rigoros zu sein (1,4): Diese Haltung kann sich auf Aussagen des Paulus berufen (1 Tim. 5,23).

c) An mehr oder minder deutlichen Reminiszenzen sind zu nennen: 1, 1, 9 *quae carnem fovent* (cf. Eph. 5, 29); 1, 6, 12–14 *arcana patefacit* (cf. Prov. 31,4); 1,7,28 *provocatos et provocantes* (cf. Sir. 31,30); 2,2,37f. *laqueos diaboli* (cf. 1 Tim. 3,7); 2, 2, 47f. *oculis annuere, malitiam lingua fabricare* (cf. Sir. 27,25).

Es ist klar, dass der Autor von sobr. mit der Bibel und ihrer Sprache gut vertraut war, und dass dies auf sein eigenes Schreiben nicht ohne Einfluss geblieben ist. Zweifellos hat er den Text der Vulgata verwendet. Die wenigen Abweichungen von deren Wortlaut erklären sich teilweise aus geringfügigen bewussten Eingriffen, teilweise wohl daraus, dass er aus dem Gedächtnis zitiert hat. Jene Passage, die mit dem Text der Vulgata nichts gemein hat (Sir. 31, 40 in 3, 2, 65f.), dürfte der Verfasser einer Quelle entnommen haben, die ihrerseits einen vor der Vulgata liegenden Bibeltext darbot.

Inhaltlich ist zu bemerken, dass sich sehr viele Zitate, Verweise und Anspielungen auf biblische Weisheitsliteratur (Sir., Prov.) finden, wie es bei dem Thema von sobr. nicht anders zu

---

[11] Die Septuaginta (Sir. 31,30) bietet πληθύνει μέθη θυμὸν ἄφρονος εἰς πρόσκομμα.

erwarten ist. Deutlich zu erkennen ist außerdem die Vorliebe des Autors für die paulinischen Briefe.

4. Das Verhältnis von sobr. zur Textsammlung De quattuor virtutibus caritatis.

In allen alten Zeugen, die den vollständigen Text von sobr. bieten, ist die Schrift gemeinsam mit mindestens einem Werk überliefert, welches der Sammlung coll. IV virt. car. angehört.[12] Der älteste Beleg für die Existenz dieser Kollektion stammt aus Bücherverzeichnissen, die im 9. Jh. im Kloster Lorsch angelegt wurden und das Vorhandensein eines Exemplars in der dortigen Bibliothek bezeugen.[13] Als Autor der ganzen Sammlung war in der Lorscher Hs., wie auch sonst, Augustinus angegeben; der Titel von sobr. lautete *liber ad virgines* bzw. *liber de virginibus*. Dies ist zwar derselbe Titel, der sich in der Hs. F sowie in der Gruppe ε findet, doch reicht dies nicht aus, um von einer näheren Verwandtschaft des Lorscher Codex mit diesen Textzeugen ausgehen zu können: Aus überlieferungsgeschichtlichen Gründen erscheint eine Verbindung zu den Codices O und O$_1$ eher möglich (vgl. cap. 5). Aufgrund der wenigen Informationen, die über die Lorscher Hs. vorliegen, lässt sie sich jedenfalls nicht seriös in das Stemma von sobr. einfügen.

Im Folgenden sollen einige Punkte, die R. Étaix allgemein über coll. IV virt. car. festgehalten hat, anhand des konkreten Beispiels von sobr. überprüft werden.

---

[12] Zu dieser Sammlung grundlegend Étaix (Anm. 3). Zur Bezeugung von sobr. vor dem 9. Jh. in Exzerpten vgl. u. cap. 8.

[13] Vgl. A. Häse, Mittelalterliche Bücherverzeichnisse aus Kloster Lorsch, Wiesbaden 2002 (125; 149f.; 236–238). Die Identifikation von unsicheren Angaben in den Verzeichnissen mit sobr., wie sie Häse, 220 (nr. 136,29–34) für möglich hält, ist äußerst zweifelhaft. Die Angaben zu Lorsch bei G. Becker, Catalogi bibliothecarum antiqui, Bonn 1885, 92f. (nr. 186) sind in einigen Punkten unzuverlässig.

Über die Herkunftsländer der Handschriften von coll. IV
virt. car. gibt Étaix an: „Aucun manuscrit ne paraît provenir
d'Espagne, d'Angleterre ni d'Italie".[14] Was Spanien betrifft, so ist
dem ohne Weiteres zuzustimmen. Auch für England gilt die
Aussage aller Wahrscheinlichkeit nach: Jedenfalls ist von den
beiden heute in Oxford befindlichen Hss. die eine (O₁) mit
Sicherheit im deutschen Eberbach entstanden, die zweite (O;
Étaix unbekannt) allem Anschein nach ebenfalls (vgl. cap. 5); von
den übrigen Hss. weist keine nach England. Schwieriger ist es, im
Fall von Italien zu einem sicheren Urteil zu gelangen: Was F
angeht (Étaix unbekannt), so steht zwar über die Herkunft dieses
Codex nichts Sicheres fest, die Zugehörigkeit zur Gruppe γ und
v.a. die Nähe zur Hs. We, deren Ursprung mit Sicherheit in
Deutschland zu verorten ist, macht aber eine Entstehung nörd-
lich der Alpen wahrscheinlich. Was F₁ betrifft, so geht Étaix still-
schweigend davon aus, dass der florentinische Codex nicht in Italien entstanden ist, obwohl über seine Herkunft kaum etwas
bekannt ist. Da sich diese Hs. (zumindest soweit man nur sobr.
betrachtet) keiner Gruppe zuordnen lässt, sind von diesem Punkt
aus keine Rückschlüsse zu ziehen: Es kann aber, soweit ich sehe,
nicht gänzlich ausgeschlossen werden, dass F₁ in Italien geschrieben wurde. Bleibt noch die späte Hs. r, die Étaix wohl deshalb
nicht berücksichtigt hat, weil sie nur sobr. enthält. Nichts
spricht gegen italienische Herkunft von r; doch ist diese Hs. für
eine Untersuchung der Sammlung De quattuor virtutibus caritatis wertlos.

Étaix' Annahme, sobr. sei ausschließlich innerhalb von coll.
IV virt. car. überliefert worden[15], ist im Grundsätzlichen kor-
rekt, kann aber präzisiert werden: Tatsächlich ist der vollständige
Text von sobr. in den Hss. bis ins späte 13. Jh. ausschließlich in
Kombination mit mindestens einem anderen Text der Sammlung

---

[14] Étaix (Anm. 3), 50.
[15] Étaix (Anm. 3), 52: „A ma connaissance, les articles 3,6,8,9 et 17
[= sobr.] ne sont pas transmis en dehors de la collection ou de ses dérivés..."

enthalten; man kann davon ausgehen, dass die Schrift ihre vollständige Überlieferung allein der Aufnahme in jene Kollektion
zu verdanken hat, die unter dem großen Namen des Augustinus
kursierte, dass sie außerhalb davon aber untergegangen ist. Der
tradierte Wortlaut macht deutlich, dass alle Hss., die den vollständigen Text von sobr. bieten, auf einen ziemlich fehlerhaften
Archetyp zurückgehen, in dem man wohl das Exemplar jener
Person zu sehen hat, welche coll. IV virt. car. (spätestens zu
Beginn des 9. Jh.) zusammengestellt hat. Allerdings schwankt die
Auswahl der aufgenommenen Texte schon in den ältesten erhaltenen Hss., und so ist es nicht verwunderlich, dass sobr. im späteren Mittelalter auch losgelöst von der Sammlung tradiert wurde
(z. B. in r oder n). Zur wichtigen Rolle, die der Zisterzienser-
orden möglicherweise für die Verbreitung von sobr. (und für
coll. IV virt. car. insgesamt) gespielt hat, vgl. u. cap. 5.

Étaix' Angabe, coll. IV virt. car. sei zwischen dem 6. und dem
9. Jh. vermutlich in Italien zusammengestellt worden[16], kann
durch sobr. nicht im Wesentlichen erhärtet oder widerlegt
werden. Sie steht jedenfalls nicht in Widerspruch zu dem, was
sobr. zu entnehmen ist.

Die von Étaix zitierte Meinung Cyrille Lambots, in coll. IV
virt. car. liege kein regelrechtes Homiliar vor, sondern eine „collection relevant plutôt de l'enseignement morale"[17], wird durch
sobr. bestätigt: Auch wenn dieser Text in den meisten Hss. als
sermo bezeichnet wird, handelt es sich bei sobr. um keine Predigt, sondern um eine moralische Abhandlung, die zur Lektüre
als Buch bestimmt war (vgl. cap. 2).

Abschließend eine Auflistung von Handschriften, die nicht
bei Étaix verzeichnet sind, und die sobr. sowie mindestens ein
weiteres Stück aus der Textsammlung De quattuor virtutibus ca-

---

[16] Vgl. Étaix (Anm. 3), 53f. Dort auch die Meinungen von Cyrille Lambot
(„composé en Italie, semble-t-il, au plus tard à la fin du VIIIe siècle") und
André Wilmart („formée vraisemblablement vers le début du IXe siècle").
[17] Étaix (Anm. 3), 53.

ritatis (üblicherweise das titelgebende Werk des Quodvultdeus) enthalten:

*) Augsburg, Staats- und Stadtbibl. 8° cod. 35 (804) (an. 1487): IV virt. car. 29r–40v; sobr. 166r–182r

*) Cesena, Bibl. Malat. D.X, II (s. XV): sobr. 223v–226v; IV virt. car. 226v–228v

*) Florenz, Bibl. Laur. XXI, dext. XI (s. XIII): sobr. 127v–131v; IV virt. car. 131v–134v (**F**)

*) Frankfurt/Main, Stadt- u. Univ.bibl. ms. lat. oct. 65 (an. 1534): IV virt. car. 75v–79v; sobr. 131r–138v (**fr**)

*) Harburg, Fürstl. Bibl. ms. II,1,2° 131 (s. XV): sobr. 289r–295r; IV virt. car. 295v–300r

*) München, Bayer. Staatsbibl. clm 3015 (s. XV; St. Nikola Andechs): sobr. 80r–83v; IV virt. car. 87r–90v

*) München, Bayer. Staatsbibl. clm 7466 (s. XV; Indersdorf): sobr. 299v–302r; IV virt. car. 302v–304v

*) München, Bayer. Staatsbibl. clm 28596 (an. 1472): sobr. 32r–39v; IV virt. car. 40r–45v

*) Oxford, Bodl. lib. Laud. misc. 237 (s. XII): sobr. 78v–85v; sermo de duobus latronibus 86v–88v (**O**)

5. Für die Edition benutzte Handschriften

Im Folgenden wird keine ausführliche Beschreibung der einzelnen Hss. gegeben (vgl. die jeweiligen Kataloge sowie die angegebene Literatur). Vielmehr werden die Codices im Kontext ihrer Gruppenzusammengehörigkeit vorgestellt, was für eine Beurteilung der Geschichte und der Konstitution des Texts von sobr. wichtiger erscheint. Abschließend wird kurz auf die mögliche Bedeutung des Zisterzienserordens für die Verbreitung von sobr. im Mittelalter eingegangen.

Gruppe α (E O)

E   Erlangen, Univ. bibl. 171 (s. XII, Heilsbronn), sobr. 30r–
    36v

O   Oxford, Bodl. lib. Laud. misc. 237 (s. XII, Eberbach ?),
    sobr. 78v–85v

Beide Hss. stellen – aus unterschiedlichen Gründen – Sonder-
fälle dar: E enthält von den 28 Texten, die in den Lorscher Bücherverzeichnissen des 9. Jh. für coll. IV virt. car. bezeugt sind,
alle bis auf den letzten, und das in der selben Reihenfolge wie im
Lorscher Katalog; O bietet dagegen mit sobr. und dem Sermo de
duobus latronibus (Ps. Severian von Gabala; PLS 2,1071–1073)
nur 2 der 28 Stücke, die zudem sonst nie in dieser Kombination
überliefert sind. Während man also im Fall von E vermuten
könnte, einen besonders „ursprünglichen" Textzeugen vor sich
zu haben, liegt in O ganz offensichtlich das Ergebnis bewusster
Auswahl vor.

Die Provenienz von E aus Heilsbronn ist gesichert. Für O hat
man aus verschiedenen Gründen eine Herkunft aus Eberbach
vermutet.[18] Die bisher unbekannte enge textliche Verbindung
zwischen E und O im Fall von sobr. spricht jedenfalls ebenso
klar wie das Vorhandensein von mittelhochdeutschen Texten in
dieser Hs. für eine Entstehung im deutschen Raum. Bei einer

---

[18]   Vgl. N. F. Palmer, Zisterzienser und ihre Bücher. Die mittelalterliche
Bibliotheksgeschichte von Kloster Eberbach im Rheingau unter besonderer
Berücksichtigung der in Oxford und London aufbewahrten Handschriften,
Regensburg 1998, 290. Da in O unmittelbar nach sobr. (direkt vor dem
Sermo de duobus latronibus) von späterer Hand einige Verse über *virgines*
einfügt sind (fol. 86r; inc.: *virgines deo dicate / attentius auscultate*), und da
der Codex eine mittelhochdeutsche Bearbeitung der Benediktregel für
Nonnen enthält, hat Palmer die Zusammenstellung dieser Hs. plausibel mit
einem Frauenkloster in Verbindung gebracht: Anbieten würde sich das Zis-
terzienserinnenkloster Aulhausen (Marienhausen) bei Rüdesheim, welches
„in den 70er Jahren des 12. Jh. ... unter der Paternität von Eberbach
existierte" (19).

Eberbacher Provenienz von O wäre eine Verbindung von α zu Lorsch, wo sobr. im 9. Jh. bezeugt ist, möglich: Im Hochmittelalter bestanden enge (und nicht immer reibungsfreie) Kontakte zwischen den Benediktinern von Lorsch und den Zisterziensern von Eberbach.[19]

Nur in α wird sobr. mit dem auffälligen Titel *correctio ad virgines* bezeichnet. Dies sind die charakteristischen Fehler der Gruppe α:

1,1,14 *est* α : *erit is/eritis/erit/eris* rell.; 1,1,23 *rationabiliter et docte* α; 1,2,13 *moderamine* α : *moderatione* rell.; 1,3,14 *appetentibus* om. α; 1,4,2 *ambitus* α : *(h)abitus* rell.; 1,4,4 *corporalibus quod provisum* α : *corporalibus provisum* rell.; 1,7,9 *ab insania* α : *vestram insaniam* rell.; 1,7,10 *upupas humanas* α : *non cu(l)pas humanas* rell.; 2,1,8 *femineum* α : *feminilem/-nalem* rell.; 2,2,75 *cor conclude* α : *cor tuum/tuo/toto conclude* rell.; 3,2,20 *temulentiae suae culpam* α : *de temulentiae suae culpa* rell.; 3,2,40 *nomine* α : *domina* rell.; 3,2,58 *dehiscens* α : *devincens/deinceps* rell.; 3,3,17 *a consuetudine* α : *(hac) consuetudine/assuetudine* rell.

An keiner Stelle, an der α gegen alle übrigen Zeugen steht, haben beide Hss. dieser Gruppe den korrekten Text bewahrt; allerdings weist α durchaus an einigen Passagen, wo viele der übrigen Hss. Falsches bieten, mit Sicherheit das Richtige auf (1,1,8 *dulciora*; 1,7,18 *crapulas*; 2,2,14 *se viles inducat*; 3,2,36 *correptionem*; 3,4,4 *contundimus*). Es zeigt sich, dass α zur Glättung von Partien neigt, die im Archetyp wohl nicht leicht zu lesen waren, die jedoch relativ einfach geändert werden konnten (1,1,14

---

[19] Am bekanntesten ist folgende Episode: 1229 verlor das abgewirtschaftete Kloster Lorsch seine Eigenständigkeit, 1233 entschied man, ein Konvent von Eberbacher Mönchen solle einziehen; nachdem allerdings 1238 der zisterzienische Prior durch Angehörige des Benediktinerkonvents ermordet worden war, kehrten die Zisterzienser wieder nach Eberbach zurück. Vgl. Häse (Anm. 13), 2 und Palmer (Anm. 18), 18. Zu Lorscher Hss. in Eberbach vgl. Palmer, 98; zu den zahlreichen Handschriften, die aus Lorsch über Eberbach nach Oxford gelangten Häse, 36f.

est α : *erit is/eritis/erit/eris* rell.; 2,2,75 *cor conclude* α : *cor tuum/tuo/toto conclude* rell.; 3,2,20 *temulentiae suae culpam* α : *de temulentiae suae culpa* rell.). O greift, vermutlich aus stilistischen Erwägungen, gern durch kleinere Auslassungen und Umstellungen in den tradierten Wortlaut ein; E scheint an zwei Stellen gegen die sonstige Überlieferung einen korrekten Text bewahrt (oder eher wiederhergestellt) zu haben: 3, 3, 2 *vitium*; 3,3,13 *vitium* (so auch Z). Insgesamt wirkt α vielleicht etwas zuverlässiger als β und δ, aber nicht besser als γ.

Gruppe β (Pa O$_1$ P$_1$ p$_2$ p$_3$ p$_4$); β$_1$ (O$_1$ P$_1$ p$_2$ p$_3$ p$_4$); β$_2$ (P$_1$ p$_2$ p$_3$ p$_4$); β$_3$ (p$_2$ p$_3$ p$_4$)

Pa	Paris, Arsenal 474 (s. XII): sobr. 185r–190r
O$_1$	Oxford, Bodl. lib. Laud. misc. 350 (s. XII, Eberbach): sobr. 70v–75r
P$_1$	Paris, BNF lat. 2025 (s. XII, La Noé): sobr. 15r–20r
p$_2$	Paris, BNF lat. 1920 (s. XIV, Avignon ?): sobr. 96v–100r
p$_3$	Paris, BNF lat. 1974 (s. XIV): sobr. 342r–345v
p$_4$	Paris, BNF lat. 2045 (s. XIV, Béziers ?): sobr. 96v–100r

Pa bietet von den 28 Stücken von coll. IV virt. car. die ersten 24 in der selben Reihenfolge wie die Lorscher Bücherverzeichnisse aus dem 9. Jh.; O$_1$ enthält alle bis auf die Possidius-Texte (nr. 25: Augustinus-Vita und Indiculum); P$_1$ sollte die selben Texte darbieten wie O$_1$, wurde aber anscheinend von einer beschädigten Vorlage abgeschrieben, da das Ende von nr. 1, die nr. 2, 3 und 4, sowie der Beginn von nr. 5 fehlen. Genau diese Texte findet man in keiner der Hss. p$_2$, p$_3$ und p$_4$, die eine jeweils recht unterschiedliche Auswahl und Anordnung der übrigen Texte aufweisen.

Da O$_1$ aus Eberbach stammt, könnte auch für diese Hs. jene Verbindung zu Lorsch zutreffen, wie sie im Fall von O wahrscheinlich ist.[20] Stammen tatsächlich sowohl O als auch O1 aus Eberbach, dann ist sobr. (und coll. IV virt. car.) dort gleich zweimal vorgelegen, wobei die beiden Handschriften auf unterschiedliche Vorlagen zurückgehen.[21] Da der Wortlaut von O1 bzw. der einer eng verwandten Hs. bei der Erstellung des Texts von ε berücksichtigt wurde, welcher seinerseits in die alten Editionen eingegangen ist, spielte O1 für die bisherige Rezeption von sobr. eine nicht unbedeutende Rolle.[22]

Während die Zusammengehörigkeit der Hss. von β1 unübersehbar ist, kann Pa nur aufgrund verhältnismäßig weniger charakteristischer Fehler der Gruppe β zugerechnet werden. Grund dafür ist, dass Pa stark in den überlieferten Text eingreift, sodass oft längere Passagen und ganze Satzkonstruktionen in dieser Hs. völlig anders erscheinen als in allen übrigen Zeugen;[23] auf diese

---

[20] Vgl. o. bei der Diskussion der Gruppe α. Palmer (Anm. 18), 294 datiert O1 „Anfang/Mitte 12. Jh.".

[21] Es sei mit Étaix (Anm. 3), 49 interessehalber vermerkt, dass ein Bibliothekskatalog aus dem 16. Jh. das Vorliegen von zwei Exemplaren von coll. IV virt. car. in Fulda bezeugt, welche auf unterschiedliche Vorlagen zurückgehen dürften. Vgl. K. Christ, Die Bibliothek des Klosters Fulda im 16. Jahrhundert, Leipzig 1933, 70f. und 76 (nr. 17 und 43). Allerdings ist unklar, wann diese Codices entstanden sind, und die Kollektion war vom 12. bis zum 16. Jh. ziemlich populär.

[22] Vgl. u. bei der Diskussion der Gruppe ε sowie cap. 9.

[23] Besonders auffällig: 1,1,24 *sucum oris spumantis aut artificiosam rhetoris eloquentiam* Pa : *fucum spumantis sermonis aut artificiosam eloquentiam* rell.; 1,3,15 *tempora furat, lites surripit* Pa : *tempora furatur, dies surripit* rell.; 1,6,18f. *dicta non patitur audire sed in contumeliam erigitur* Pa : *dicta non patitur et in contumeliam erigitur* rell.; 1,7,12 *vinum moderate potatum est medicamentum* Pa : *vinum/vini medicamentum* rell.; 1,7,17 *sed ultra modum distendere et ita farcire ut pene disrumpantur et crepetur omnibus est abhominabile* add. Pa; 1,7,31 *eorum quassantur corpora* Pa : *quassantur* rell.; 2,1,4 *laborandum est ac penitus eradicandum* Pa : *laborandum est* rell.; 2,2,87 *sed propter actus proprios* Pa : *sed actus proprii* rell.; 3,1,2 *viris etiam* add. Pa; 3,2,15 *nequaquam enim naturaliter figere potest* Pa : *nam quae naturaliter firma figere non potest* rell.; 3,3,23 *possem et alia multa commemorare* Pa : *et alia multa* rell. In der korrupten Stelle 3,2,53 hat ein Schreiber anscheinend

Weise sind nicht nur zahlreiche neue Fehler geschaffen worden,
es ist auch davon auszugehen, dass durch den konjekturfreudigen
Schreiber der eine oder andere charakteristische Fehler von β
beseitigt wurde.[24] O₁ und P₁ müssen über wenige Zwischenstufen
auf eine gemeinsame Quelle zurückgehen, welche sich auch noch
in β₃ weitgehend unverfälscht wiederfindet. Bietet P₁ einzelne unsinnige Wörter, so erscheinen diese in p₂, p₃ und p₄ oft anders
entstellt oder werden überhaupt ausgelassen; weitere Fehler zeigen, dass p₂, p₃ und p₄ nicht direkt auf P₁ zurückgehen, sondern
auf jene Vorlage von P₁, in der die nr. 1, 2, 3, 4 und 5 von coll.
IV virt. car. verstümmelt bzw. verloren waren.[25] Da β₃ zur Textkonstitution von sobr. kaum etwas beitragen kann, sind nur jene
Varianten von p₂, p₃ und p₄ in den Apparat aufgenommen, die
sich in mindestens zwei der drei Hss. finden.

Pa ist die einzige Handschrift, die sobr. mit Rückgriff auf den
Text *libellus ad sacras virgines* nennt;[26] in β₁ heißt die Schrift
sermo ad virgines. Die auffälligsten Fehler von β sind:

1,1,1f. *mutabiles mentes ... delectentur* β : *mutabilis mens ... delectetur* rell.; 1,3,8 *quampluribus* β : *(quam)plurimos* rell.; 1,4,4
provisum vini munus β : *provisum est vini munus* rell. (-K); 2,2,30
cubant β ε : *cubitant* rell.; 3,2,9f. *infandam inverecundam* β ε :
infandam et inverecundam rell.; 3,2,23 *autem* β fr : *enim* rell.;
3,2,38 *destruitur* β F F₁ : *destituitur* rell.; 3,2,39 *sibi* om. β; 3,2,43
disponamus β : *disponente* rell.; 3,2,66f. *vinum multum ... et
iterum* om. β

---

erkannt, dass ein Farbadjektiv verlangt wird, welches er mit *prasimnos* einfügen wollte.

[24] Man denke etwa an folgende offensichtliche und leicht auszubessernde
Fehler von β₁: 1,1,18 *ebrietatibus*; 1,7,36–38 *quam ... discumbente*; 2,2,20
generum.

[25] Der Text von p₃ und p₄, aber auch die in diesen Hss. zu findende Auswahl aus coll. IV virt. car., sichert einen denkbar engen Zusammenhang
zwischen diesen beiden Codices.

[26] Vgl. 1,1,25; 2,1,7; 3,4,14.

Charakteristika von β_1:

1,1,4f. *ponderibus gignuntur* (*iungunt* β_3) β_1 : *ponderatoribus gignunt* rell.; 1,1,14 *eritis* β_1 : *erit is/erit/eris/est* rell.; 1,1,14 *obnoxii* β_1 : *obnoxius* rell.; 1,1,18 *ebrietatibus* β_1 : *ebrietate* rell.; 1,5,14 *deberet* β_1 : *debe(a)t/decet* rell.; 1,7,1 *libuerit* β_1 : *libenter* rell.; 1,7,8 *ex qua re* β_1 : *qua re* (-Z) rell.; 1,7,24 *se* β_1 : *sui nosse* rell.; 1,7,38 *discumbente* β_1 : *discumbendo* rell.; 2,2,20 *generum* β_1 : *genarum* rell.; 2,2,20 *facto* β_1 : *fuco* rell.; 2,2,22 *si* β_1 : *et/aut* rell.; 3,2,18 *lassa unde* β_1 : *la(p)s(s)abunda* rell.; 3,3,1 *de qua re* β_1 : *qua re* rell. (-Z); 3,4,18 *et gloria* om. β_1

Charakteristika von β_2:

1,1,5 *correctos* β_2 W : *correcti* rell.; 1,5,2 *quia* om. β_2; 1,7,24 *stomachis* β_2 : *stomachi* rell.; 1,7,36 *accubantem* β_2 : *accumbente(s/m)* rell.; 2,2,32 *docendi* β_2 : *docenti(s)/dicenti(s)* rell.; 2,2,41 *non nescis*; 2,2,75 *aures et corde tuo conclude*; 2,2,79 *precipias* β_2 : *incipias* rell.; 2,2,87 *proprios* β_2 : *proprii* rell.; 2,2,94 *gerat*; 3,2,19 *familia* β_2 : *famula* rell.; 3,2,20 *temulentia sive* β_2 : *temulentiae suae* rell. (-W r); 3,2,25 *dimissis* : *dimissus/demissus/demissa* rell.; 3,2,44 *sumus* β_2 : *si unus* rell.; 3,2,50 *talibus* β_2 : *tali* rell.; 3,4,11 *ecce terra* β_2 : *et cetera* rell.

Charakteristika von β_3:

1,1,5 *iungunt* β_3 : *gignunt(ur)* rell.; 1,1,7 *invenias* β_3 : *invenies* rell.; 1,2,8 *capitulorum* β_3 : *capiendorum* rell.; 1,2,10 *integrans* β_3 : *ingerens* (*ingerans* P₁) rell.; 1,4,1 *ab aliquantis* om. β_3 (*abliquantis* P₁); 1,5,11 *quod plurimi*; 1,7,7 *servo* om. β_3; 1,7,8f. *talia ... facientes* om. β_3; 2,2,42 *moles certe* β_3 : *inolescere* rell. (-F₁); 2,2,71 *vescentur* β_3 : *miscentur* rell.; 2,2,81 *possit* β_3 : *potest* rell.; 3,2,9 *nefandam* β_3 : *infanda(m)* rell.; 3,2,45 *conatur* β_3 : *conatu(s)* rell.; 3,2,55 *ipsum* β_3 : *usum* rell. (-F₁); 3,4,8 *hos* β_3 : *hoc* rell.

Pa ist aufgrund der zahlreichen selbstständigen Eingriffe nur mit Vorsicht zu benutzen; auch O₁ zeigt - wenngleich in weit geringerem Maße - eine Tendenz zu Umstellungen, Auslassungen und Textveränderungen; β_2 bewahrt den vorgefundenen Wortlaut anscheinend recht treu, doch ist dieser bereits sehr verderbt. Insgesamt erscheint β eine Spur schlechter als α und γ, aber nicht auffällig unzuverlässiger als δ.

Gruppe γ (Z F We P); γ₁ (F We P)[27]

Z Zürich, Zentralbibl. Car. C 175 (an. 1272/3; Wettingen): sobr. 130v–132r

F Florenz, Bibl. Laur. XXI dext. XI (s. XIII): sobr. 127v–131v

We Weimar, Herzogin-A.-Amalia-Bibl. Q 46 (s. XIII[in], Erfurt)[28]: sobr. 18r–23v

P Paris, BNF lat. 2984 (s. XII): sobr. 26v–35v

Z enthält 11 der 28 Texte von coll. IV virt. car.; die Auswahl folgt keinem erkennbaren Kriterium, und die einzelnen Stücke bilden innerhalb des Codex keine geschlossene Abfolge (nr. 7, 3 ... 17, 20–24 und 26–28). F bietet neben sobr. nur das titelgebende erste Stück der Sammlung (Quodvultdeus, De quattuor virtutibus caritatis). We und P sind sehr eng miteinander verwandt: Diese beiden Hss. bringen die jeweils vorhandenen Stücke in derselben auffälligen Reihenfolge 1–9, 11–14, 24, 15–18 (16 om. We), 26; es liegen demnach 18 (We) bzw. 19 (P) von 28 Texten vor.

Über die Herkunft von F lässt sich nichts Sicheres sagen; die Zugehörigkeit zu γ spricht eher gegen italienischen Ursprung des Codex. Der Text von sobr. in P steht demjenigen der aus Erfurt stammenden Hs. We derart nahe, dass eine direkte Abkunft von der selben Vorlage zu erwägen ist. Was Z angeht, so kennt man nicht nur Ort und Zeit der Entstehung, sondern auch den

---

[27] Zur Hs. Cesena, Bibl. Malat. D.X, II, welche ebenfalls dieser Gruppe angehört, vgl. cap. 7.

[28] Étaix (Anm. 3), 49 datiert die Hs. „XIe et XIIe s.". Vgl. aber B. Wirtgen, Die Handschriften des Klosters St. Peter und Paul zu Erfurt bis zum Ende des 13. Jahrhunderts, Diss. Berlin 1936,46 sowie I. Schiller, Die handschriftliche Überlieferung der Werke des Heiligen Augustinus 10/2: Ostdeutschland und Berlin, Wien 2009,390.

Schreiber: Es handelt sich um den Zisterziensermönch Johannes von Strassburg (de Argentina), auf den zahlreiche erhaltene Hss. zurückzuführen sind.[29]

Die Zuweisung von Z zu γ ist ebenso problematisch wie jene von Pa zu β, und zwar aus den selben Gründen: Auch Z greift derart massiv in den überlieferten Text ein, dass diese Hs. für sich allein beinahe wertlos ist, um auf den Wortlaut des Archetyps zu schließen.[30] Dagegen erscheint der Text von γ₁ recht einheitlich und bietet in einigen wenigen Fällen nicht nur gegen Z, sondern auch gegen die sonstige Überlieferung gute Lesarten (Konjekturen?). Allerdings weist γ₁ mehrere charakteristische kleinere Lücken auf, die Z nicht hat.

Z überschreibt sobr. mit *sermo sive tractatus eiusdem* (= Augustini) *ad virgines*, We und P mit *sermo sancti augustini ad virgines*, F mit *liber augustini ad virgines*. Die auffälligsten gemeinsamen Fehler von γ sind:

1,1,14 *erit*; 1,1,23 *auditori* γ Pa : *auditores* rell.; 1,1,23 *rationabili et docto*; 1,3,9 *destituta* γ : *destitutos* rell.; 1,7,13 *cognoscite* γ : *cognoscitur* rell.; 1,7,17 *ea* γ : *eaque* rell.; 1,7,20 *ingeritur* γ :

---

[29] Vgl. A. Bruckner u.a. (Ed.), Katalog der datierten Handschriften in der Schweiz in lateinischer Schrift vom Anfang des Mittelalters bis 1550 (3 Bd.), Zürich-Dietikon 1977–1991, nr. 615.

[30] Besonders auffällig: 1,1,22 *auditus eloquentium quaerit*; 1,2,10f. *congregationi ... ingerens* : *in congregatione ... ingerens* rell.; 1,5,11 *de sobrietatis praeceptis* : *sobrietatis praecepta* rell.; 1,6,9 *non potuit* : *nequi(vi)t* rell.; 1,7,18 *de quibus* : *quibus* rell.; 1,7,36f. *quos ... in cena pernoctantes* : *quem ... cena(m) pernoctantem* rell.; 2,1,3 *involvit* : *oneravit* rell.; 2,2,14f. *non solum ipsa pereat sed et aliis* : *si ipsa non pereat aliis* rell.; 2,2,15 *ruinae* : *perditionis* rell.; 2,2,17 *manifestat* : *pronuntiat(ur)* rell.; 2,2,34f. *ait apostolus* : *Paulus apostolus docet* rell.; 2,2,65f. *propter veritatem confirmandam persolvere et ne in totum* : *propter veritatem confirmandam iuramenta persolvere ne in totum* rell.; 2,2,75 *aures suas concludat*; 3,2,2 *sinit* : *permittit* rell.; 3,2,36 *fugit* : *evolat* rell.; 3,2,51 *se poculo porrexerit* : *poculum porrexerit* rell. Man beachte außerdem die vielen kleineren Umstellungen sowie die Tatsache, dass überliefertes *quare* in Z konsequent zu *quamobrem* abgeändert wird.

ingeruntur rell.; 1,7,23 *sobrietate* γ : *sobrie* rell.; 1,7,25 *ebrietate* γ
O : *ebrietati* rell.; 2,2,55 *est enim* γ : *est* rell.; 2,2,80 *superbiam ne
litiget* γ Pa; 2,2,94 *nitatur* om. γ δ E(pc.); 3,1,3 *servos* γ : *servis*
rell.

Charakteristika von γ1:

1,1,1 *dum* γ1 W : *cum* rell.; 1,1,25 *inde* γ1 : *unde* rell.; 1,3,9
bona γ1 : *bene* rell.; 1,3,16 *nec mente* om. γ1 ; 1,7,38 *discumbendo*
om. γ1; 2,2,1 *eam* γ1 : *et* α β1 : om. rell.; 2,2,17 *verecundo* γ1 δ :
inverecundo rell.; 2,2,41 *convivio* γ1 : *conviviis* rell.; 2,2,49f. *sibi
... negare* om. γ1; 2,2,54 *te* add. γ1 ; 2,2,64 *in omnibus* om. γ1;
2,2,73f. *cuncta ... contra* om. γ1; 2,2,74 *audita* γ1 : *audire/-ri* rell.;
3,2,13 *validissima*; 3,2,20 *proinde* γ1 : *de* rell. (-α); 3,2,27 *secretum*
om. γ1; 3,2,28 *vini* γ1 : *humi* rell. (-O1); 3,2,44 *qualiter* γ1 : *quia
velut* rell.; 3,2,44 *iunctis ... bubus* γ1 : *iuncti ... boves* rell.; 3,3,7 *de
genetricibus ... de filiabus* γ1 : *genetricibus ... filiabus* rell.; 3,3,17
hac consuetudine; 3,3,20 *redditi* (*sunt* add. F) *et egeni* γ1 : *reddi(di)t
et egenos* rell.; 3,4,8 *apostolus* om. γ1; 3,3,13 *virginibus* add. γ1

Während Z aus den genannten Gründen wenig vertrauenswürdig ist, bietet γ1 einen soliden Text, der allerdings an manchen Stellen kleinere Lücken aufweist. An folgenden Passagen
verdient γ1 gegen die Mehrheit bzw. gegen alle übrigen Hss. Vertrauen: 1,1,2 *et*; 1,1,6 *difficilius*; 2,2,13f. *crinibus strictis* (*strictum*
F) *cum vultu fixo ad terram*; 2,2,76 *corde tuo* γ1. Insgesamt wirkt γ
etwas zuverlässiger als β und δ, aber kaum besser als α.

Gruppe δ (K V)

K Klosterneuburg, Stiftsbibl. CCl. 215 (s. XII): sobr. 22r–
28r

V Wien, ÖNB cod. 1051 (s. XII[2], Österreich): sobr. 25r–
32r

K enthielt ursprünglich 23 der 28 Texte von *De quattuor
virtutibus caritatis*, aufgrund einer sekundär eingetretenen Lücke
(es fehlen der Schluss von nr. 12, die nr. 13 und der Beginn von
nr. 14) befinden sich heute aber nur noch 20 vollständige und

zwei verstümmelte Stücke der Sammlung in dieser Hs. V bringt 21 Texte. Beide Codices sind sorgfältig ausgeführt und scheinen ihre Textauswahl bewusst getroffen zu haben (sowohl in K als auch in V wurden die drei aufeinander folgenden Sermones über das Kreuz bzw. über den/die *latro/nes* nr. 21–23 nicht aufgenommen; K übernimmt von zwei Stücken *de pace* nr. 14/24 nur das erste, V lässt beide aus).

Zwar steht über die genaue Herkunft von K und V nichts fest, doch wird man eine Entstehung der beiden Hss., die einen sehr ähnlichen Text bieten, in relativer Nähe zueinander im ostösterreichischen Raum annehmen dürfen.

In δ heißt sobr. schlicht (*sermo* K) *ad virgines*. Charakteristisch für δ sind folgende Fehler:

1,1,9 *quam ea quae* δ : *quam quae* rell.; 1,1,22 *veniam* om. δ; 1,3,18 *multa alia* δ : *alia mala* rell.; 1,4,9 *medicamentis* δ : *medicaminibus* rell.; 1,6,16 *cum* δ : *cui* rell.; 2,1,5 *metus* δ : *metu* rell.; 2,2,5 *evitare* δ : *vitare* rell.; 2,2,9f. *suae ... faciat ... fugiat* δ : *tuae facias ... fugias* rell. (ebenso in 2,2,25f.); 2,2,14 *inducatur* δ : *induc(a)t(a)* rell.; 2,2,16 *quae ... interitum facit* δ : *quos ... interitus faciat* rell.; 2,2,16 *voce ... pronuntiatur* δ : *vox ... pronuntiat* rell.; 2,2,17 *verecundo* γ₁ δ : *inverecundo* rell.; 2,2,44 *abstinere debet* δ : *abstinens esse debet* rell.; 2,2,60 *nequ(iti)am* δ : *ne quid ... loquatur* rell.; 2,2,94 *nitatur* om. γ δ E (pc.); 3,2,32 *contumeliose* K / *contumeliosis* V : *contumeliis* rell.; 3,4,12 *qui a vitiis alios prohibent* δ : *qui a vitiis quibus prohibent* rell.

Steht δ gegen alle anderen Hss., so bieten niemals beide Codices dieser Gruppe die richtige Lesart. Jedoch weist δ in manchen Passagen, in denen eine Vielzahl der Hss. falsch liegt, den korrekten Wortlaut auf (1,1,8 *dulciora*; 1,1,23 *rationi et doctrinae*; 1,7,10 *non cupas humanas* V (om. K); 1,7,18 *crapulas*; 2,2,86 *natales*; 3,2,36 *correptionem*). Bisweilen greift δ in den Text ein, um die Aussage zu verdeutlichen (1,1,9 *quam ea quae* δ : *quam quae* rell.); wenn einzelne Wörter ausgetauscht sind, ist oft fraglich, ob bewusste Abänderung (Ersatz von seltenen Wörtern durch ge-

bräuchlichere) vorliegt oder bloßes Versehen (1,4,9 *medicamentis*
δ : *medicaminibus* rell.; 2, 2, 5 *evitare* δ : *vitare* rell.). Jedenfalls
zeigt die vereinzelte, aber stets konsequent und korrekt durch-
geführte Abänderung von längeren Passagen und Satzkonstruktionen (2,2,9f. *suae ... faciat ... fugiat* δ : *tuae facias ... fugias* rell.
[ebenso in 2,2,25f.]; 2,2,16 *quae ... interitum facit* δ : *quos ...
interitus faciat* rell.; 2,2,16 *voce ... pronuntiatur* δ : *vox ... pronuntiat* rell.; 3,4,12 *qui a vitiis alios prohibent* δ : *qui a vitiis
quibus prohibent* rell.), dass δ auf einen Schreiber zurückgeht, der
nicht nur über beachtliche Sprachkompetenz verfügte, sondern
der auch keine Bedenken hatte, in den überlieferten Wortlaut
einzugreifen. Demgemäß ist δ für die Textkonstitution von geringerem Wert als α und γ, wirkt aber etwas zuverlässiger als β.

Gruppe ε (fr n)
   fr Frankfurt/Main, Stadt- u. Univ. bibl. ms. lat. oct. 65 (an.
      1534): sobr. 131r–138v
   n Namur, Bibl. de la Société Archéologique ms. 29 (s. XV;
      Wenau ?): sobr. 126v–131v

Beide Hss. enthalten zum Großteil die selben pseudoaugustinischen Schriften, doch findet man nur in fr mit IV virt. car.
einen weiteren Text aus der Sammlung coll. IV virt. car.
   Sowohl die in den beiden Hss. anzutreffende Textauswahl als
auch der jeweilige Wortlaut von sobr. zeigen, dass fr und n sehr
eng miteinander verwandt sind. Da die spätere Hs. fr eine lange
Lücke nicht hat, die n aufweist (3,2,20–43), kann fr nicht von n
abstammen: Die beiden Hss. gehen direkt oder über wenige Zwischenstufen auf die selbe Vorlage zurück.[31]

---

[31] Es verdient angemerkt zu werden, dass in n aller Wahrscheinlichkeit
nach ein Zeugnis für die praktische Verwendung von sobr. vorliegt: Ist die
Zuweisung an das Kloster Wenau (Diözese Köln), die Ph. Faider, Catalogue
des manuscrits conservés à Namur, Gembloux 1934, 25, Anm. 4 und 95 in
Erwägung zieht, korrekt, dann wurde die Schrift, die sich laut dem Titel an

Der Text der Gruppe ε steht mit O₁ in enger Beziehung (vor allem am Ende von sobr. zeigt ε mehrere klare Übereinstimmungen mit O₁)[32], er weist aber auch Varianten auf, die von der gesamten übrigen Tradition abweichen. Insbesondere an manchen Passagen, an denen die Lesarten der älteren Hss. stark divergieren und auf den ersten Blick wenig ansprechend erscheinen, bietet ε einen überraschend glatten Text: Es handelt sich zweifellos um mehr oder weniger gelungene Konjekturen, die mit größter Zurückhaltung zu benutzen sind. Ob ε überhaupt von einer von O₁ unabhängigen handschriftlichen Tradition Gebrauch gemacht hat, ist unklar; ebenso wenig kann entschieden werden, ob ε Zugriff auf eine Vorlage von O₁, auf O₁ selbst oder auf einen Abkömmling von O₁ gehabt hat.[33]

Amerbach hat für seine Erstedition von sobr. eine Hs. der Gruppe ε benutzt; weil diese Edition in weiterer Folge von allen späteren Herausgebern mehr oder weniger unverändert abgedruckt wurde (vgl. u. cap. 9), spielte die Gruppe ε bisher für die

---

sacras virgines wendet, hier für eben solche kopiert, denn Wenau war spätestens seit dem 14. Jh. ein Frauenstift.

[32] Es sind dies v.a.: 1,7,33 *mittunt* O₁ ε : *emittunt* rell.; 1,7,38 *nocteque* O₁ ε : *noctuque* rell. (-Pa); 2,2,13 *pronis ad terram* O₁ n; 2,2,37 *laqueos et insidias* O₁ ε : *laqueos* rell.; 2,2,74 *delectentur* O₁ ε : *delectantur* rell. (-F); 2,2,92 *vel* add. O₁ ε; 3,2,2 *implere* O₁ ε : *complere* rell. (-F₁ Pa); 3,2,9 *elegit* O₁ ε : *elicit/-git* rell.; 3,2,28 *publicat* O₁ ε : *publicatur* rell.; 3,2,43 *cottidianę curę* O₁ : *cottidiana cura* ε : *cottidie* rell.; 3,2,51 *quam* O₁ ε : *non* rell.; 3,2,54 *illatam/allatam* O₁ ε : *illa* rell.; 3,2,56 *et telas quas* O₁ ε : *quas telas* rell. (-F₁); 3,2,57 *texendas* O₁ ε : *et texendas* rell.; 3,3,2 *submersa* O₁ ε : *surreptum/subiectum* rell.; 3,3,13 *quippe* O₁ ε : *enim* rell. (-We); 3,3,18 *conversatione seiuncti ferino (ferina* O₁) *sunt plerumque dente consumpti* O₁ ε : *sunt conversatione seiuncti et ferina morte consumpti* rell.; 3,3,23 *sunt quoque* O₁ ε : *et* rell. (-Pa); 3,3,25 *iste dudum* O₁ ε : *ipse* rell.

[33] Da jene Codices aus Eberbach, die sich heute in Oxford befinden und zu denen O₁ gehört, erst im 17. Jh. nach England gelangt sind, ist es nicht auszuschließen, dass sich die Gruppe ε, die sich im 13./14. Jh. im deutschen oder im französischen Raum herausgebildet hat, aus O₁ selbst speist.

Rezeption von sobr. eine zentrale Rolle, was ihrer minderen Qualität keineswegs angemessen ist.

In ε heißt sobr. *augustini liber ad sacras virgines*. Im Folgenden seien nur die auffälligsten Fehler notiert (vgl. auch Anm. 32):

1,1,8 *dulcia sunt magis ea* ε : *dulci(or)a sunt ea* rell.; 1,1,15 *tendentibus* ε : *conantibus* rell.; 1,1,20 *vitii* ε : *materiae* rell.; 1,1,22 *auditus exigit eloquentium*; 1,1,23 *rationem dicti*; 1,3,5 *amissio* ε : *amentia* rell.; 1,4,3 *nam* ε : *non enim* rell.; 1,4,4 *abutentibus* add. ε; 1,5,4 *observanda aliis traderent*; 1,5,12 *libris plurimis*; 1,5,16 *immaturae* ε : *maturae* rell.; 1,5,20 *sacerdos* add. ε; 1,7,2 *lege caute* ε : *lege ... caute* rell.; 1,7,9 *homines vos humanos*; 1,7,15 *natura* ε : *materia* rell.; 1,7,22 *vomeri* ε : *mori* rell.; 1,7,22 *repleris* add. ε; 1,7,30 *recusant* ε : *excusant* rell.; 2,1,3 *tactis* ε : *tantis* rell.; 2,2,14 *indurata*; 2,2,21 *pertimebit*; 2,2,24 *prostituta ad luxuriam alios magis accendit* ε : *prostituta et ad luxuriam magis accendi* rell.; 2,2,91f. *ulli manum* : *nulli* rell.; 2,2,94 *gerere nititur*; 3,2,4 *comes* ε : *socia* rell.; 3,2,16 *quomodo* ε : *quemadmodum* rell.; 3,2,18 *innuens* ε : *imminens* rell. (-E); 3,2,55 *causa* add. ε; 3,3,2 *per vinum enim* ε : *per hoc enim vitium/vinum* rell.; 3,3,8f. *per nefandos ... concubitus* ε : *nefando ... concubitu* rell.; 3,3,28 *afferet* ε : *attulisset* rell.

Aufgrund der dargelegten Verhältnisse kann ε sehr wenig zur Textkonstitution beitragen.

Die folgenden drei Hss. lassen sich keiner Gruppe zuweisen:

W Wolfenbüttel, Herzog August Bibl. cod. Guelf. 281 Helmst. (s. XII²; Georgenberg/Goslar): sobr. 28r–32r

W ist die einzige Hs., die sämtliche 28 Texte von coll. IV virt. car. enthält, und zwar in der selben Reihenfolge, die für das Lorscher Exemplar aus dem 9. Jh. bezeugt ist.

In W heißt sobr. *sermo sancti augustini ad virgines*. Einige markante Fehler sind:

1,1,1 *dum* W γ₁ : *cum* rell.; 1,1,7 *appeticiones* W : *appetitores* rell.; 1,2,2 *castitas pudicitiae* W : *castitatis pudicitiaeque* rell.; 1,2,9 *cogitatione* W : *cogitationibus* rell.; 1,3,6 *male sane*; 1,5,15 *ebrietas* W : *sobrietas* rell. (-F₁ Pa); 1,5,19f. *qua pereant*; 1,6,16 *ebrietatis vitium* : *ebrietas* rell.; 2,2,14 *inducata mores*; 2,2,95 *negotiositate* W Z : *nec otiositate* rell.

W zeigt eine leichte Tendenz zur Glättung des Texts und zur Umstellung einzelner Wörter. Der Wortlaut dieser Hs. weicht insgesamt nicht wesentlich von dem der übrigen Zeugen aus dem 12. Jh. ab. Keinesfalls ist er merklich besser als der von α oder γ, allerdings auch nicht schlechter als der von β oder δ.

> F₁ Florenz, Bibl. Laur. San Marco 639 (s. XI vel XII): sobr. 43r–49v

Mit den nr. 1, 3, 6–8, 17, 10, 13–15, 26 und 4 (in dieser Reihenfolge) enthält F₁ in der jetzigen Form 12 von 28 Texten von coll. IV virt. car., doch hat die Hs. nach Ausweis einer Inhaltsangabe einst noch die Nummern 5, 9, 11, 12 und 18–24 umfasst: Somit waren ursprünglich 22 von 28 Texten vorhanden, und dies in einer völlig anderen Reihenfolge als in den übrigen Codices.

In F₁ heißt sobr. *sermo ad virgines*. Einige auffällige Fehler:

1,1,12 *quisquis non* F₁ : *nisi qui(s)* rell.; 1,1,21 *totis* F₁ : *tantis/tantum* rell.; 1,1,23 *rationem docti*; 1,3,9 *labore ubique* F₁ : *bene/bona diu(que)* rell.; 1,3,10 *pretio* F₁ : *nummo* rell.; 1,3,18 *mala perpetrat*; 1,4,4 *munus sed*; 1,5,14f. *observatio sobrietatis* F₁ Pa : *observatione sobrietas* rell. (-W); 1,7,30 *praeco quam* F₁ r : *praecoqua* rell. (-O₁); 2,2,9 *cupiditatem* F₁ : *copiam* rell.; 2,2,13 *adclinibus ad terram*; 2,2,21 *expectabit*; 2,2,33 *mala* F₁ : *sinistra* rell.; 3,2,1f. *castitatem etiam promissam* F₁ : *castitatis promissa* rell.; 3,2,14 *et viri corpus et mens* F₁ : *corpus ac mens* rell.

F₁ wirkt auf den ersten Blick interessant, weil die Hs. einen etwas stärker von der „Vulgata" abweichenden Text bietet; aller-

dings erweist sich dieser nicht als besser als jener in den übrigen
Zeugen aus dem 12. Jh.

r   Rom, Bibl. Casan. 804 (s. XIV): sobr. 155v–160v

Es handelt sich um eine umfangreiche Sammelhandschrift, die
v.a. Pseudoaugustiniana enthält. Außer sobr. bietet r keinen
weiteren Text aus coll. IV virt. car.

In r wird sobr. mit dem Titel *de tribus virtutibus contra tria
vitia* überschrieben (wohl abgeleitet aus der Partie 1,1,9–16). Der
Schreiber hat mit einer so schlechten Vorlage gearbeitet bzw.
selbst den Text derart verunstaltet, dass diese Hs. beinahe wertlos
ist. Aus diesem Grund wurden Sonderfehler von r nur selektiv in
den Apparat aufgenommen; allerdings wird die Lesart von r
immer dann angegeben, wenn mindestens eine weitere Hs. die
betreffende Variante bietet.

Die vorliegende Edition zieht 13 Codices von sobr. heran, die
zwischen dem 11. und dem 13. Jh. entstanden sind. Wenn man O
–wofür gute Gründe vorliegen–Eberbach zurechnet, ist die Herkunft von insgesamt acht dieser 13 Codices bekannt. Es fällt auf,
dass fünf dieser sicher verorteten Hss. aus Klöstern des Zisterzienserordens stammen: Eberbach (O, O_1); Heilsbronn (E); La
Noé (P_1); Wettingen (Z). Dieser Befund erlaubt die Vermutung,
dass die Zisterzienser für die Verbreitung von sobr. eine ähnlich
bedeutende Rolle gespielt haben könnten, wie dies bei einigen
authentischen Werken des Augustinus der Fall war.[34] Die bemerkenswerte Form des Stemmas (vgl. u. cap. 10) würde sich gut zu
der Annahme fügen, dass die Zisterzienser im 12. Jh. Zugriff auf
eine Hs. von coll. IV virt. car. – eine Sammlung, die zuvor kaum

---

[34] Vgl. dazu etwa J. de Ghellinck, Une édition ou une collection médiévale
des Opera omnia de S. Augustine, in: B. Bischoff (Ed.), Liber Floridus (FS
P. Lehmann), St. Ottilien 1950, 63–82 oder M. Zelzer, Die Klosterneu-
burger Handschrift zu Augustins Opus imperfectum contra Iulianum, WSt
84 (1971), 233–237.

bekannt gewesen ist – gehabt hätten, welche dem für das 9. Jh. in Lorsch bezeugten Exemplar nahe gestanden wäre, und dass sie von dieser Hs. ausgehend die Kollektion geradezu systematisch kopiert und verbreitet hätten. Man muss davon ausgehen, dass dabei stark glättend in den Text eingegriffen wurde.[35]

6. Handschriften, die sobr. enthalten, aber nicht eingesehen wurden

Es handelt sich durchwegs um Codices aus dem 15. Jh.[36] Die Chance, in ihnen wertvolle Lesarten vorzufinden, die nicht in den eingesehenen Hss. auftauchen, muss als verschwindend gering eingeschätzt werden. Wahrscheinlich gehören mehrere dieser späten Hss. der Gruppe ε an.

*) Augsburg, Staats- und Stadtbibl. 8° cod. 35 (804) (an. 1487): sobr. 166r–182r

*) Berlin, Staatsbibl. Preuß. Kulturbes. ms. theol. lat. 2° 174 (an. 1469): sobr. 138v (frgm.; expl.: *frigore calefacit vulneribus* PL 40, 1106, 41)

*) Düsseldorf, Univ.bibl. cod. B 12 (s. XV; Kreuzbrüder Düsseldorf): sobr. 118v–121v

---

[35] Vgl. M. Zelzer, Augustinus. Contra Iulianum opus imperfectum. Libri IV–VI, Wien 2004 (CSEL 85/2), X: „Notum est primorum Cisterciensium monasteriorum monachos opera ecclesiastica aliquo modo recensuisse et interdum ad normas grammaticas correxisse, recensita autem et correcta in omnibus huius ordinis monasteriis fidelissime conservavisse."

[36] Laut Étaix (Anm. 3), 49 enthält der Codex „Paris, Bibl. nat. 14564 (s. XII, France)" einige Stücke aus coll. IV virt. car., darunter auch sobr. Tatsächlich handelt es sich bei BNF lat. 14564 um einen zusammengesetzten Codex aus dem 15. Jh., der in seinem ersten Teil (fol. 1–201) Johannes Scotus, *Super secundum Sententiarum* enthält, in seinem zweiten (fol. 203–333) Durand, *Super secundum Sententiarum*. Trotz freundlicher Hilfe von Pierre-Jean Riamond, Bibliothèque nationale de France (Email vom 18.7.2007) konnte die Sache nicht aufgeklärt werden.

*) Harburg, Fürstl. Bibl. ms. II,1,2° 131 (s. XV): sobr. 289r–295r

*) München, Bayer. Staatsbibl. clm 3015 (s. XV; St. Nikola Andechs): sobr. 80r–83v

*) München, Bayer. Staatsbibl. clm 4756 (s. XV², Benediktbeuren): sobr. 112r–120v = 134r–142v

*) München, Bayer. Staatsbibl. clm 7466 (s. XV; Indersdorf): sobr. 299v–302r

*) München, Bayer. Staatsbibliothek clm 28596 (an. 1472): sobr. 32r–39v

*) München, Univ. bibl. 2° cod. 3 (s. XV², Knöringen): sobr. 317r–320r

*) Nürnberg, Stadtbibl. ms. cent. I 55 (an. 1417, Predigerkloster Nürnberg): sobr. 85v–89r

*) Vatikan, Pal. lat. 225 (s. XV): 232v–240r[37]

7. Handschriften, die eingesehen, aber nicht in den Apparat aufgenommen wurden

*) Cesena, Bibl. Malat. D.X, II (s. XV): sobr. 223v–226v

Es handelt sich um eine für die Textkonstitution von sobr. wertlose Abschrift von F.

*) Olomouc, Stát. věd. knih. Ms. M I 115 (s. XIV¹): sobr. 111rv (frgm.; inc.: *sobrietas est castitas sensus*; expl.: *nimietas adhibita fuerit vicium facit* 1,2,1–1,6,2)[38]

---

[37] Nach dem Incipit *cum mortalium mutabilis mens* zu schließen, gehört diese Hs. nicht den Gruppen β oder γ1 an.

[38] Einsehbar im Internet unter http://dig.vkol.cz/dig/mi115.

Die Hs. bietet keine Lesarten von Interesse; sie kennt sobr. als *beati augustini sermo ad virgines* (so im Expl.) und zeigt einige textliche Berührungen mit der Gruppe β₃.

*) Zámek Nelahozeves, Roudnická lobkovická knih. VI Fg 47 (s. XV)[39]: sobr. 233r–236r (frgm.; inc.: *dominica virgo debet agnoscere*; expl.: *virginitatis premia pervenire Amen* 2,2,1–39)

Das Fragment, in dem sobr. mit *augustinus ad sacras virgines* überschrieben ist, bringt nichts Wesentliches für die Textkonstitution. Es zeigt Affinitäten zur Gruppe δ.

8. Die Überlieferung von sobr. in Exzerpten. Der früheste Beleg für das Werk

Den frühesten Beleg für sobr. bietet der um 785 in Salzburg geschriebene Codex Wien, ÖNB cod. 2195. In ihm ist auf fol. 41v² der „Antihymnus" auf *ebrietas* (1,3,1–7) separat tradiert; unmittelbar davor und danach befinden sich weitere kurze Texte zum Themenbereich *sobrietas-ebrietas*.[40] Das genannte Exzerpt aus sobr. erfreute sich im Mittelalter großer Beliebtheit. Man findet es in folgenden Codices:

a   Albi, BM 40, s. IX, Südfrankreich, ff. 68v–69r

c   Cambridge, Trinity College 281 (B.14.5), s. XII, Buildwas, f. 89r

k   Köln, Dombibl. 15, s. IX, Maasgebiet (?), f. 93r

---

[39] Die Handschrift, die bis 1992 in der Nationalbibliothek von Prag (Národní knihovna) lag, wurde an die Familie Lobkowicz restituiert, in deren Privatbesitz sie ursprünglich gewesen war.

[40] Dazu ausführlich L. J. Dorfbauer, Trunksucht in Blütenlesen: Die beiden Sprüche *Ebrietas abluit memoriam ... Sobrietas salvat memoriam...*, Keltische Forschungen 4 (2009), 127–162.

l   Leiden, Univ. bibl. Voss. lat. O. 46, s. XIII, Nordfrank-
     reich, f. 6v

m   Montpellier, Bibl. univ. [méd.] 413, s. XII vel XIII, f.
     100v

p   Paris, BNF lat. 10588, s. IX¹, Burgund (?), f. 50r

v   Valenciennes, BM 196, s. XII, Saint-Amand, f. 112v (*legi
     vix potest*)

w   Wien, ÖNB cod. 2195, s. VIIIᵉˣ (an. ca. 785), Salzburg, f.
     41v

Außerdem ist dieses Exzerpt in folgende Werke aufgenommen, von denen keine Hss. eingesehen wurden:

aug Ps. Augustinus, Epistola ad Aurelianum (Ed. F. Römer,
     AugSt 3, 1972, p. 159, 2–26); s. XIV

ans [Anselm von Laon, Epistula ‚Num deus vult malum']; s.
     XII ? = PL 162, 1591 (das Exzerpt gehört nicht zu dem
     Brief, innerhalb dessen es in der PL gedruckt ist)

gri Grimlaicus, Regula solitariorum, cap. 46 ‚De ebrietate
     cavenda et de laude sobrietatis'; s. IX ? = PL 103, 637A

sed Sedulius Scottus, Collectaneum Miscellaneum, cap. 13, 5,
     3; s. IX = CCCM 67, p. 59,6–60,9

Für die Textkonstitution sind diese kurzen Exzerpte unergie-
big, weshalb sie nicht in den Apparat aufgenommen wurden. Die
Varianten seien an dieser Stelle angegeben:

*Ebrietas ... flagitiorum omnium mater est (mater flagitiorum
est a p w ans; mater flagiciorum c; mater omnium k; est flagitiorum virtus l; mater est flagitiorum m v?; omnium flagitiorum mater est aug; semper flagitiorum mater est gri sed), cul-*

parum materia (culparumque pater aug), *radix criminum, (et*
add. gri) *origo omnium (omnium* om. a c k l m p v w aug ans)
vitiorum, (expl. gri) *turbatio (turbo* c m p w ans; *turpitudo* k
v) *capitis (captus* ans), *subversio sensus, tempestas linguae (et*
aug), *procella corporis, naufragium castitatis.* (expl. sed)
Ebrietas temporis amentia est (amentia temporis aug), *insania*
voluntaria, (ebrietas ... voluntaria om. a c k l m p v w ans)
ignominiosus languor, male sana debilitatio (male sanabilis w;
mala insanis debilis a; *male suadibilis* c m v ans; *malus*
suadebilis k; om. p aug), *turpitudo morum* (om. k; *ignominio-*
sus ... morum] perturbatio animae l), *dedecus (decus* p; *inpedit*
a) *vitae, honestatis infamia (inonesti infamie* a), *animae (animi*
aug) *corruptela (corruptibilia* p; *expulsio paradisi* add. aug).

Sedulius Scottus führt noch ein weiteres Exzerpt an (1,4,5–
11); auch in diesem Fall seien die Varianten hier angegeben (cap.
13,5,18 = CCCM 67, p. 61,41–46):

Est quidem in multis vitae mortalium vinum necessarium (est
autem vinum multis modis necessarium nam sed): *Debilem*
stomachum reficit, vires deficientes reparat, algentem frigore
calefacit, vulneribus infusum medetur, antidotis etiam (etiam
om. sed) *diversisque medicaminibus adiunctum salutem opera-*
tur, tristitiam removet, languores omnes (omnes om. sed)
animi (animae sed) *delet, laetitiam infundit, convivas honesta*
miscere colloquia facit (convivas ... facit] honesta pectora reddit,
etiam sine litteris eloquentes facit sed).

Die Exzerpte in den aufgelisteten Hss. (nicht ganz sicher ist
der Fall von l) sowie der Zeuge ans leiten sich von einem in der
ersten Hälfte des 8. Jh. in (Nord-)Frankreich geschriebenen
Codex her, in dem verschiedene kurze Texte zum Themenbereich *ebrietas–sobrietas* zusammengestellt und als Produkte des

Augustinus gekennzeichnet waren.[41] Mit dieser Hs. irgendwie in Verbindung stand wohl auch jene Quelle, auf die gri und sed zurückgehen; in ihr muss Hieronymus als Autor der Texte angegeben gewesen sein, denn Sedulius Scottus eröffnet die beiden Exzerpte jeweils mit der Angabe HIERONIMUS, und Grimlaicus schreibt einleitend *hinc beatus Hieronymus ait*. Wie die erhaltenen Codices zeigen, waren die genannten Florilegien um 800 von Frankreich bis in den deutschen Raum verbreitet; dies legt die Annahme nahe, dass sobr. geraume Zeit früher entstanden ist und sich im Frühmittelalter einer gewissen Beliebtheit erfreute.

Benutzt wurde sobr. außerdem in der ersten Hälfte des 14. Jh. im Milleloquium veritatis Augustini des Bartholomäus von Urbino.[42] Dieser zitiert das Werk unter dem Titel *liber ad sacras virgines*. Da Bartholomäus annähernd zwei Drittel seines Lemmas *ebrietas* mit Exzerpten aus sobr. ausgefüllt hat (Ed. Lyon 1555, p. 725–731; nichts dagegen im Lemma *sobrietas* 2104–2105), findet sich im Milleloquium ein Großteil des Texts von sobr. Für eine Edition der pseudoaugustinischen Schrift ist dies allerdings ohne Bedeutung: Bartholomäus hat nämlich eine Hs. der späten Gruppe ε verwendet; dazu greifen die Editoren von 1555 an zahlreichen Stellen eigenmächtig in den Text ein.

9. Die frühen Editionen von sobr.

Gedruckt erschien sobr. unter dem Titel Liber ad sacras virgines im 10. Teil der Augustinus-Gesamtausgabe des Johannes Amerbach (Editio J. Amorbachii, Basileae 1506; keine Seitenzählung). Der Text gleicht dem der Hs. n bis in Einzelheiten;

---

[41] Vgl. Dorfbauer (Anm. 40), 149–152. Der spätmittelalterliche Verfasser von aug dürfte dagegen eine Vorlage benutzt haben, welche nicht auf eine derartige florilegienartige Quelle zurückging, sondern auf einen vollständigen Text aus der Tradition von coll. IV virt. car.

[42] Zu dem Werk L. J. Dorfbauer, *...talis compilatio magis sit utilis quam subtilis. Das Milleloquium veritatis Augustini des Bartholomäus von Urbino und der Hieronymianus des Johannes Andreae*, WSt 123 (2010), 209–239.

auch findet man bei Amerbach die selben Kapitelüberschriften wie in n. Allerdings erscheint die Lücke, die im Text von n klafft (3,2,20–43), bei Amerbach nicht. Entweder hat der Editor sie nach einer anderen Hs. ergänzt, oder – was wahrscheinlicher ist – er hat nicht n, sondern eine direkte Vorlage bzw. einen sehr nahen Verwandten von n verwendet, in welchem der lückenlose Text vorhanden war.

Unter dem Titel De sobrietate et virginitate nahm Erasmus sobr. in den 9. Teil seiner Augustinus-Gesamtausgabe auf (Editio Erasmi, Basileae 1529, p. 683–689). Er übernahm den Text von Amerbach, griff aber an einigen wenigen Passagen durch Konjekturen ein. Erasmus war der erste Editor, welcher der Schrift die augustinische Verfasserschaft abgesprochen hat (vgl. sein Urteil: *Sermo nesciocuius; certe nec pilum habet Augustini, ne scriptoris quidem eruditi.*).

Zum ersten Mal unter dem Titel De sobrietate et castitate erschien sobr. im 9. Band der Augustinusausgabe der Löwener Theologen (Editio theologorum Lovaniensium, Antverpiae 1577, 435–437). Auch hier ist offenbar nur der Text von Amerbach bzw. der von Erasmus herangezogen und mit einigen neuen Konjekturen versehen worden. Erasmus' Urteil über die Verfasserschaft wird knapp wiederholt (*non est Augustini*).

Im 6. Band der Augustinusausgabe der Mauriner (Editio monachorum S. Mauri, Parisiis 1685, appendix 227–232) wurde sobr. erneut als De sobrietate et castitate gedruckt, sodass dieser Titel endgültig mit der pseudoaugustinischen Schrift verbunden blieb. Eine Autorschaft des Augustinus wird zurückgewiesen (*incerti auctoris*). Die Mauriner schlagen einige Konjekturen vor und vergleichen den Text fallweise mit einem *codex regius*, der mit einer der Pariser Hss. der Gruppe β2 identisch sein dürfte.

Wiederabgedruckt wurde der Text der Mauriner im 40. Band von Mignes Patrologia Latina (Parisiis 1845, 1105–1112).

Für die Textkonstitution von sobr. bringen die früheren Ausgaben nichts Wesentliches. Ihre Varianten werden dennoch im Apparat angeführt, damit sie in der ersten kritischen Edition des Werks aufscheinen.

10. Stemma. Textkonstitution. Orthographie

Nicht aufgenommen in das folgende Stemma sind Exzerpte, Handschriften, die kollationiert, aber nicht in den Apparat aufgenommen wurden, sowie die älteren Editionen. Zum Verhältnis dieser Textzeugen zur sonstigen Überlieferung s. jeweils oben. Die Verbindung von O_1 zu ε erscheint punktiert, da nicht klar ist, ob sich ε von O_1, von einer Vorlage von O_1 oder von einem Abkömmling von O_1 herleitet. Linien aus längeren Strichen und Punkten bringen zum Ausdruck, dass aller Wahrscheinlichkeit nach keine direkte Abhängigkeit vorliegt, sondern mehrere nicht erhaltene Zwischenstufen (und möglicherweise Kontamination) angenommen werden müssen.

Für eine mögliche Erklärung der bemerkenswerten Form des Stemmas vgl. o. cap. 5 (p. 98f.).

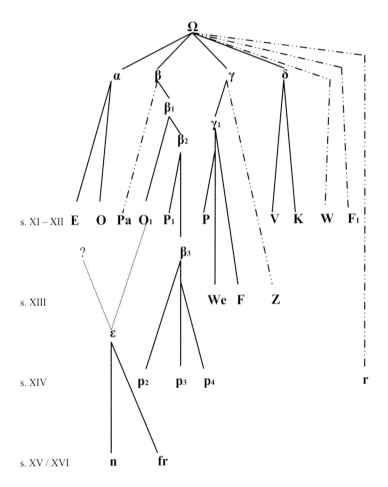

Bei der Textkonstitution von sobr. kann man keiner einzelnen Gruppe und keiner einzelnen Hs. den Vorzug zusprechen; vielmehr ist durchwegs eklektisch zu verfahren. Zwar scheinen die Gruppen α und γ öfters einen geringfügig verlässlicheren Text als die restliche Überlieferung zu bieten, doch müssen im Einzelfall alle Textzeugen bis ins 13. Jh. herangezogen und ihre jeweiligen Lesarten gegeneinander abgewogen werden. Kaum von Bedeutung sind dagegen Handschriften, die nach dem 13. Jh. entstanden sind, sowie die älteren Editionen, die sämtliche letztlich auf einer Hs. der Gruppe ε basieren.

Dass der Text von Ω passagenweise schwer entstellt, lückenhaft und möglicherweise nicht einfach zu lesen gewesen ist, zeigt sich in den erhaltenen Hss. allenthalben. Dementsprechend viele Eingriffe in den überlieferten Wortlaut sind notwendig. Dabei ist oft schwer zu entscheiden, ob man eine Lücke oder eine Korruptel annehmen soll; im Zweifelsfall wurde eher von kleineren Textausfällen als von Textverderbnis ausgegangen. Manche Entscheidungen werden im Apparat knapp begründet; im Allgemeinen sei jedoch auf den geplanten Kommentar verwiesen, in dem der Text ausführlich besprochen werden soll.

Was die Orthographie angeht, so ist es äußerst zweifelhaft, wie treu die handschriftliche Überlieferung eines spätantiken bzw. frühmittelalterlichen Werks, die erst im Hochmittelalter einsetzt und auf eine mangelhafte Vorlage zurückgeht, die Form des Originals bewahrt hat. Aus diesem Grund wurden die alten Hss. E, F₁, K, O, O₁, P und W als Grundlagen gewählt und von ihnen ausgehend die Orthographie gestaltet. Bei Unklarheiten wurde die mehrheitlich bezeugte Form aufgenommen. Es sei erwähnt, dass der Gebrauch von e/ ę/ ae sowie der von -ci/ -ti auch innerhalb von einzelnen Hss. teilweise schwankt; selbiges gilt für assimilierte bzw. nichtassimilierte Schreibungen wie subr-/ surr- oder acqu-/ adqu-. In diesen Fällen wurde nach klassischen Standards vereinheitlicht, sofern nicht eine deutliche Mehrheit der genannten Hss. eine andere Form aufweist. Nicht normalisiert wurden eindeutig überlieferte unklassische Schreibungen wie etwa pedissequa oder incolomis, auch wenn diese auf mittelalterliche Schreiber eben so gut zurückgehen können wie auf den Verfasser. Rein orthographische Varianten sind im Apparat nicht ausgewiesen; ebensowenig werden minimale Varianten (seu – sive; et – ac; etc.) sowie kleinere Wortumstellungen angegeben, wenn diese sich nur in einer einzigen Hs. finden.

Conspectus siglorum

codd.   consensus omnium codicum

α consensus codicum **E O**   (cf. p. 84–86)

    E   Erlangen, Univ. bibl. 171, s. XII

    O   Oxford, Bodl. lib. Laud. misc. 237, s. XII

β consensus codicum **Pa O_1 P_1 p_2 p_3 p_4**   (cf. p. 86–90)

β_1 consensus codicum   **O_1 P_1 p_2 p_3 p_4**

β_2 consensus codicum   **P_1 p_2 p_3 p_4**

β_3 consensus codicum   **p_2 p_3 p_4**

    Pa   Paris, Arsenal 474, s. XII

    O_1   Oxford, Bodl. lib. Laud. misc. 350, s. XII

    P_1   Paris, BNF lat. 2025, s. XII

    p_2 Paris, BNF lat. 1920, s. XIV

    p_3 Paris, BNF lat. 1974, s. XIV

    p_4 Paris, BNF lat. 2045, s. XIV

γ consensus codicum **Z F We P**   (cf. p. 90–92)

γ_1 consensus codicum   **F We P**

    Z   Zürich, Zentralbibl. Car. C 175, an. 1272/3

    F   Florenz, Bibl. Laur. XXI dext. XI, s. XIII

    We   Weimar, Herzogin-A.-A.-Bibl. Q 46, s. XIII[in]

    P   Paris, BNF lat. 2984, s. XII

δ consensus codicum **K V**   (cf. p. 92–94)

    K   Klosterneuburg, Stiftsbibl. CCl. 215, s. XII

    V   Wien, ÖNB cod. lat. 1051, s. XII[2]

ε   consensus codicum **fr n**   (cf. p. 94–96)

    fr   Frankfurt/Main, Stadt- u. Univ. bibl. ms. lat. oct. 65, an. 1534

    n   Namur, Bibl. de la Société Archéologique ms. 29, s. XV

    W   Wolfenbüttel, Herzog August Bibl. cod. Guelf. 281 Helmst., s. XII   (cf. p. 96f.)

    F₁   Florenz, Bibl. Laur. San Marco 639, s. XI vel XII (cf. p. 97f.)

    r   Rom, Bibl. Casan. 804, s. XIV   (cf. p. 98)

edd.   consensus omnium editionum

    Am.   Editio J. Amorbachii, Basileae 1506 (pars X)

    Er.   Editio Erasmi, Basileae 1529 (pars IX, p. 683–689)

    Lov.   Editio theologorum Lovaniensium, Antverpiae 1577 (pars IX, p. 435–437)

    Ma.   Editio monachorum S. Mauri, Parisiis 1685 (pars VI, app. p. 227–232)

    PL   Editio J. P. Migne, Parisiis 1845 (PL 40, p. 1105–1112)

Abbreviationes et signa in apparatibus adhibita supra explicavimus (cf. p. 62)

DE SOBRIETATE ET CASTITATE

(1, 1) Cum mortalium mutabilis mens vel bonis aliquando vel malis intentionibus delectetur et plerique seu poenitudine malorum ad actus bonos sive *socordia mentis ex bonis ad malos praecipites transferantur, disputandi materias morum ponderatoribus gignunt; quibus agnitis correcti laetentur, inconvertibiles 5 autem in suis iniquis moribus confundantur. Difficilius namque bonorum appetitores invenies quam malorum desertores, quia quampluribus et paene cunctis mortalibus dulciora sunt ea, quae carnem fovent, quam quae a vitiis frenant. Et quoniam studii commoda a nobis suggerenda sunt honestatis, admonemus in tali 10 proposito militare volentem segnem, somnolentum atque temulentum esse non debere, quoniam ab his tribus vitiis nisi quis fuerit declinatus, securus numquam potest esse vel tutus, immo et periculis omnibus et ipsi etiam morti erit is semper obnoxius. Fortitudo enim inimicum opprimit, vigilantia conantibus insidias 15 obsistit, sobrietas vero praeparatum cor hominis facit. Propterea

Er. 683
Lov. 435
Ma. 227app.
PL 1105

Er. 684

1, 1, 9 carnem fovent] *cf.* Eph. 5, 29

tit.: correctio sancti augustini ad sacras virgines *α*; sermo (sancti augustini) ad virgines *W F₁ β₁ We P δ*; liber augustini ad virgines *F*; sermo sive tractatus eiusdem (*scil.*: Augustini) ad virgines *Z*; libellus sancti augustini ad sacras virgines *Pa*; de tribus virtutibus contra tria vitia *r*; augustini liber ad sacras virgines *ε Am.*; de sobrietate et virginitate *Er.*; de sobrietate et castitate *Lov. Ma. PL*
1, 1, 1 dum *W γ₁* | mutabiles mentes ... delectentur *β* | vel malis aliquando *tr. β₁* **2** et *O γ₁*; om. *rell.* | poenitudine *vel* p(a)enitudine *W (pc.) E P ε edd.*; magnitudine *We*; plenitudine *rell.* **3** socordia *Lov. Ma. PL*; vecordia *O₁*; concordia (-iam *δ*) *rell.* **4** materia *Pa*; -riȩ *O₁* | ponderibus *β₁* **5** gignuntur *O₁ P₁*; iungunt *β₃* | correctos *W β₂*; correctis *F₁*; om. *r* **6** in om. *F* | confundentur *We* | difficilius *O₁ γ edd.* (*-Am.*); difficile *rell.* **7** appeticiones *W* invenias *β₃ Ma. PL* **8** quamplurimis *ε edd.* | dulcia *W F₁ β₂ Pa γ₁ ε r edd.* sunt] magis add. *ε edd.* **9** quam] ea add. *δ* **10** honestatis] 'forte: honestis' *Ma.* (*mg.*) **11** militari *O₁* **12** vitiis tribus *tr. ε edd.* | nisi qui *β₃ Pa*; quisquis non *F₁* **13** esse potest *tr. edd.* (*-Am.*) **14** et² om. *Pa* | erit is *W ε edd.*; eritis *β₁*; erit *Pa γ δ*; eris *r*; est *α*; semper erit *tr. F₁* | obnoxii *β₁* **15** vigilantibus *F₁ V*; resistit add. *O* | conantibus] tendentibus *ε edd.* **16** obstitit *W Pa* (*tr. post* vero) *F r*; obstat *ε edd.*; insidias sobrietas vero intemperatis obsistit *tr. O*

enim dominus deus noster paterno affectu per prophetas et apostolos suos nobis praecepit ab omnibus vitiis et maxime ab ebrietate, quae omnium vitiorum gurges est, penitus abstinere. De
20 cuius materiae malo volumus lectori aliquanta proferre; quem
tantis monitis hortamur animum intentum apponere et sermoni
nostro acsi minus lucenti quam auditus eloquentium veniam
dare. Suademus enim auditores rationi et doctrinae debere advertere, non fucum spumantis sermonis aut artificiosam eloquen-
25 tiam expectare. Unde primitus propter libelli titulum vel deco-
rem fructus et bona sobrietatis in quantum possumus proferamus
et postea ebrietatis indecoras molestias publicemus.

   (1, 2) Sobrietas namque castitas est sensus et mentis, membrorum omnium corporisque tutela, castitatis pudicitiaeque
munimen, pudori proxima, amicitiae pacisque serva, honestati
semper coniuncta, criminum vitiorumque omnium profuga, recti
5 iudicii tenax, memoriae recordationisque inseparabilis sapientia,
secretorum custos, arcani velamen, lectionum et doctrinae capax,
studiorum et artium bonarum discipula pariter et magistra,

---

19 omnium vitiorum gurges] *cf.* Cic. Verr. 3, 23

---

17 deus *om.* Pa Z *fr* | et] per *Pa*   **18** praecepit] ut *add. fr* | ebrietatibus *β₁*
20 materiae] vitii *ε edd.* (vitiis *Lov.*) | malum *W r*; mali *Pa*; mala *F₁*   **21** totis
F₁; tantum *ε edd.* | hortamur] movemur *Pa* | opponere *We*   **22** etsi *ε edd.*
quam] qui *β₃ (-p₂)* | auditus] velit *add. Pa*; exigit *add. ε edd.* | eloquentium]
quaerit *add. Z* | veniam *om. δ*; dare veniam *tr. β₂*   **23** auditori *Pa γ*; audito-
ribus *O₁* | rationi et doctrinae *O₁ δ r*; rationi et docti *W β₂* (doctis *p₃*); ratio-
nabili et docto *γ*; rationabiliter et docte *α*; reimuone (?) et dictu *Pa*; ratio-
nem docti *F₁*; rationem dicti *ε edd.* | debere ... sermonis *om. F*   **24** fumum
E; sucum *Pa* | oris *add. Pa ante* spumantis | sermonis *om. Pa* | rhetoris *add.*
Pa ante eloquentiam   **25** inde *γ₁* | belli *E*   **26** et *om. Pa* | possimus *Pa*
1, 2, 1 castitas est] castitatis *F*; caritas *β₃ (-p₂)* | membrorumque *F₁*   **2** castitas
pudicitiae *W*   **3** pudoris *F* | amicitiaeque *We* | pacisque *om. We*; -que *om.*
K | conserva *δ* | honestatique *Pa*   **5** iudiciique *r* | memoria *α r* | recorda-
tionique *γ₁*; reconciliationisque *δ*; recordatioque *O*; -que *ir. E*; *om. β₃ (-p₂)*
insuperabilis *O* | sapientiae *W F₁ α Pa Z We P r om. F*   **7** et¹ *om. α F*
artium *tr. F post* artium; -que *add. α* | bonorum *β₂ F P* | disciplina *O β₃ (-p₄)*
Z We | pariterque *O*

ingeniorum et ⟨...⟩ capiendorum pedissequa, bonae famae semper
avida, in cogitationibus salubria atque utilia creans, virtutis singu-
lare auxilium, cuncta cum ratione disponens, in congregatione PL 1106
honestorum se ipsam semper ingerens. Sobrietas temeritatem
fugit, pericula cuncta declinat, mutuis officiis obtemperat, superbiam detestatur, domum familiamque cum moderatione gubernat, fidem sibi committentibus servat, et, ut summatim brevi-
terque dicam, sobrietatis perseverantia inaestimabilis est animi 15
fortitudo: Omnes eam virtutes et omnes laudum semper tituli
concupiscunt, quia sine ipsa *ornare aut placere non possunt.

(1, 3) Econtra ebrietas ab animae iniuria incipit et flagitiorum omnium mater est, culparum materia, radix criminum,
origo omnium vitiorum, turbatio capitis, subversio sensus,
tempestas linguae, procella corporis, naufragium castitatis. Ebrietas temporalis amentia est, insania voluntaria, ignominiosus 5
languor, malesana debilitatio, turpitudo morum, dedecus vitae,
honestatis infamia, animae corruptela. Ebrietas, ut cottidie
cernimus, amplarum familiarum quamplurimos labefacit et cura
gubernationis destitutos parentum avorumque suorum bene
diuque congregata atque ingenti pretio comparata vili nummo 10
distrahere facit. Ebrietas in utroque sexu cuncta mala semper

1, 3, 4 naufragium castitatis] cf. Aug. s. 343 (RBen 66, 1956, p. 28, 23); Caes.
s. 66, 5   5 insania voluntaria] cf. Sen. ep. 83, 18; Ambr. Hel. 51

8 et om. F₁ E O₁ γ₁ ε edd. | lacunam indicavi, quam ⟨consiliorum⟩ complere
possis | capiendorum] capitulorum β₃; rapiendorum r; om. O₁ | semper om.
W   9 cogitatione W | virtuti n   10 in congregatione] congregationi Z
11 ingerans P₁; integrans β₃ | semper add. We   13 moderamine α   14 ser-
vat] semper V   15 perseverantiam β₂   16 tituli semper tr. γ   17 ornare
scripsi; ornari codd.
1, 3, 1 ebrietas ... 7 corruptela] cf. p. 102–103   2 culparumque Pa   5 tem-
poralis F K; temporis rell. | amentia] amissio ε edd. | est amentia tr. γ₁
6 mala sana F₁ β₃; male sane W; mentis sane n; mentis sanae fr edd.   7 cerni-
mus cottidie tr. ε edd.   8 quampluribus β; quam- om. ε edd. | labefecit O₁ P₁
(pc.) Z We P r | curam W r   9 destituta γ | aliorumque O; et amicorumque
r | bene] bona γ₁ | bene diuque] labore ubique F₁   10 diu E δ r | nummo]
pretio F₁   11 fecit β₃ (-p₂) Pa O₁ P₁ V ε r Am. Er. Lov. | ebrietas ... commit-
tit om. r | semper om. O Pa

appetit et nefanda committit. Ebrietas timorem dei aufert, futurum dei iudicium de corde se habentium tollit. Ebrietas, ut ait apostolus, regna caelestia appetentibus denegat. Ebrietas temulentis tempora furatur, dies surripit, deposito sui non reminiscitur et ante illum posita nec mente nec oculis contuetur. Famulo vero non solum fidem aufert, sed etiam fraudu⟨lentu⟩m et servitutis officio inutilem facit. Et alia mala, quae comprehendi non possunt.

(1, 4) Et quoniam ab aliquantis vini non temperatur usus, sed potius appetitur excessus, habitus corporis et vitae periculum et opinionis ac famae gravissimum acquiritur damnum. *Nisi enim fomentis corporalibus provisum est vini munus, penitus interdicitur et sobrietatis disciplina custodienda sancitur. Est quidem in multis vitae mortalium vinum necessarium: Debilem stomachum reficit, vires deficientes reparat, algentem frigore calefacit, vulneribus infusum medetur, antidotis etiam diversisque medicaminibus adiunctum salutem operatur, tristitiam removet, languores omnes animi delet, laetitiam infundit, convivas honesta miscere colloquia facit. Paulo amplius vero sumptum potanti quodam modo convertitur in venenum.

(1, 5) Propterea enim vini abstinentiam sacerdotibus primo et levitis a domino legimus imperatam, quia oportebat, ut illi

Ma. 228app.

13sq. ebrietas ... denegat] cf. I Cor. 6, 10   1, 4, 5–11 est ... facit] cf. I Tim. 5, 23   12 convertitur in venenum] cf. Hier. ep. 22, 8, 1 vel Ambr. Hel. 51

12 et om. O₁ | dei] domini Z F; om. r   14 appetentibus post denegat tr. r; om. α   15 furat Pa | dies] lites Pa | surripit om. r   16 illam E; locus fortasse corruptus | nec mente om. γ₁ | contuetur] continetur K   17 famulorum Pa auferetur Pa | fraudulentum scripsi; fraudum (-ium Pa) codd.   18 alia mala] multa alia δ | male O; multa Pa; facit add. W; perpetrat add. F₁ 1, 4, 1 abliquantis P₁; om. β₃   2 potius om. Pa | abitus W Pa; ambitus α 3 adquirit Pa | nisi enim scripsi; non enim (nam ε edd.) codd.   4 corporalibus] quod add. α | est om. β K | munus] abutentibus add. ε edd.; sed add. F₁ | penitus om. O₁   5 et] sed α β₃ Pa O₁ Z K | est ... 11 facit] cf. p. 103 9 medicamentis δ | adiunctis V; ad mentium r   10 omnes om. r   11 misceri β | vero amplius tr. F₁ Z F   12 quodam modo om. F | vertitur E Z 1, 5, 1 abstinentia W F₁ O O₁ Z We; abstinentie r   2 imperatum W F₁ O Pa O₁ V r | quia om. β₂

primitus sobrietatis modum observandum susciperent, qui ceteris
mortalibus non dictis, sed factis praecepta divina castitatis et   PL 1107
sanctitatis moribus adimplerent Levitico libro dicente *Et dixit*   Er. 685
dominus ad Aaron: Vinum et omne quod inebriare potest, non
bibetis tu et filii tui, quando intratis in tabernaculum testimonii, ne
moriamini, quia praeceptum sempiternum est in generationibus
vestris. Ezechiel quoque propheta similiter dicit: *Et vinum non*
bibet omnis sacerdos, cum introire coeperit in atrium interius.   10
Auctorum vero saecularium quamplurimi sobrietatis praecepta,
libros plurimos, ediderunt. Quorum assertiones contra ebrietatis
vitia non proferimus, quia humana decent divinis, non divina
humanis testimoniis confirmari. Quare debet congrua observatione sobrietas cum sacerdotali affectu certare, quia qui non   15
sobrius accesserit ad divinae maiestatis altarium, sentiet maturae
mortis interitum. Quicumque erit honore sacerdotali praeditus,
si proximus fuerit ebrietati, vicinus est ultioni, et in eos, qui deo
proximant, si fuerint temulenti, procul non sunt vindictae, quae
saeviant. Ergo quisquis divino in munere constitutus vinolentus   20

1, 5, 5–9 Lev. 10, 8–9   **9sq.** Ezech. 44, 21   **13sq.** humana ... confirmari] *cf.*
Ambr. Hel. 2

---

3 sobrietatibus O_1 **4** sed] et *add.* O | divina praecepta *tr.* α; observanda
aliis traderent *add.* ε *Am. Er. Lov.*; observanda traderent et *add. Ma. PL*
6 dominus *om.* β₁ ε *edd.*; et dixit Aaron r | inebriari O β P K r | potest] po-
tes tunc O_1 **7** bibes O_1 F P *Am. Er. Lov.* | et quando *Lov. Ma. PL* | intra-
bitis *Pa Z We K* | in *om.* Z ε r *Am.* | testimoniis n   **8** praeceptum *om. We*
10 in *om.* Z   **11** auctorem O_1; et auctorem r; cunctorum F P; cunctarum
We | saecularium] litterarum *add. Pa* | quem plurimis O_1; quod plurimi β₃
praeceptis O; praecepto δ; de sobrietatis praeceptis Z   **12** libros primos *We*;
et libros plurimis F_1; *libris plurimis ε *edd.* | ediderint O_1 | quorum ... **14**
confirmari *om.* F   **13** decet p₃ (*pc.*) γ K ε *edd.*; debent *Pa*   **14** quamobrem Z
decet O; deberet β₁; debeat V | observatio sobrietatis F_1 Pa   **15** sobrietas]
ebrietas W | certari F_1 β V; servari O; connecti K   **16** altare F_1 Pa γ
immaturae ε *edd.*   **17** erit] enim *Ma. PL*; *ir. E; om.* Pa δ | sacerdotali honore
praeditus *tr.* γ₁   **18** si W O Z; et ε *Am. Er. Lov.*; *om. rell.* | ultionis β₃ (-p₄)
O_1 P_1 | eis γ₁   **19** quae saeviat F *We*; quae servierit r; quam sentiant Z; qua
pereant W; sevienti ε *Am. Er. Lov.*   **20** in *om.* E β₂ Pa ε r *edd.* | munere]
sacerdos *add.* ε *edd.*

accesserit ad sacramenti celebrationem, mortis consequendae non
habet dilationem.

    (1, 6) Contrarius namque est unicuique rei semper excessus;
et in quocumque sexu nimietas adhibita fuerit, vitium facit.
Quare quicquid immoderatum indisciplinatumque est, proximum ruinae consequitur casum, quia ubi modus non est, pericu-
5 lum totum est, et quaecumque res non habet temperamentum,
praecipitat in exitium. Sic itaque dum quisquis immoderatus
convivioque medius amissis modestiae frenis insana fuerit ebrietate prostratus, aversus respicit nutantes, quos integros videre
nequivit, aut sermone longo superflua verba emittit et vana dicta
10 componit male clamans et bene sibi sonans; vultu deiecto supinus
accumbit, vomitus et sui omnino nescius spectaculum convivio
praebet. Et dum nihil consequatur sanum, nullo alio cogente
praeter vinum cordis sui arcana patefacit et amicorum sibi
commissa secreta in medium prodit. Ad universa autem vel
15 crudelitatis vel turpitudinis facinora perpetranda facilis invenitur,
cui nulla sobriae mentis ratio, sed ebrietas dominatur. Assumit
inter pocula iniusta certamina et nullis extantibus causis asperam
excitat rixam, quia interponendo verba vana aliorum sana dicta
non patitur et in contumeliam erigitur convivarum et crimina
20 proximorum.

1, 6, 12–14 nullo ... prodit] *cf.* Prov. 31, 4

---

22 habeat *F*
1, 6, 2 sexu *om. Pa*   **3** quamobrem *Z* | disciplinatumque *r*; -que *om. β₃* | est
om. F | proximum *om. O₁*   **5** et *om. Lov. Ma. PL* | res *om. r*   **6** exitum *W*
immoderatis conviviorum epulis *K*   **7** amissoque *Z*   **8** adversus *β₃*;
aversos We P edd. (*-Am.*); adversos *F* | aversus ... nequivit] *haud scio an*
sanum   **9** nequit *Pa O₁*; non potuit *Z* | aut] et *δ* | dicta] facta *K*   **10** mala
β₁ | sanans *Am. per errorem uv.*   **11** *fortasse distinguendum:* accumbit
vomitus, et... | vomicus *W α Pa We P V*; vomens *K edd.* (*-Am.*) | convivium
Pa; continuo *We*   **12** consequitur *Pa δ ε r edd.*   **13** praeter] in *F₁* | vino *W*
F₁ α | archanum *We*   **14** in medium *om. r* | autem] aut *β₂* | vel *om. β₂ Pa*
15 credulitatis *V* | facile *F*; facilius *Pa*   **16** cui] cum *δ* | ebrietas] ebrietatis
vitium *W*   **17** nullus *F* | extantibus *Z We P* (*mg.*); extantis *F*; existentibus
Pa; stantibus *rell.*   **18** quia] quod *W* | imponenda *V*   **19** et¹] audire sed *Pa*
et²] in *add. F₁* | proximorum crimina *tr. β*

(1, 7) Ista, lector, ut libenter accipias, admonendum te
credidi. Quare lege Petri apostoli epistolam ad gentes, Pauli ad
Romanos, ad Corinthios primam, ad Ephesios, ad Thessaloni-
censes, ad Titum caute. Praeterea ad ebrietatem cavendam
dominum nostrum Iesum Christum audi in evangelio dicentem: 5
Attendite vobis ait *ne forte graventur corda vestra in crapula et
ebrietate*, quia dominus servo irascitur, cui multas plagas in
adventu suo imponere comminatur. Quare abstinete vos talia
agentes vel facientes, abstinete vestram insaniam et homines vos,
non cupas humanas cognoscite, et tantam turpitudinem a vobis 10
abicite et ebrietatis crimina totis viribus declinate. Rusticanum
quidem, sed sanum dictum advertite: Vinum medicamentum;
plus iusto sumptum venenum esse cognoscitur. Tantam ergo
turpitudinem a vobis abicite et ebrietatis crimina totis viribus
declinate. *Iocunditati, non ebrietati creata est vini materia*; per 15

1, 7, 2–4 *cf.* I Petr. 4, 3 *vel* 5,8; Rom. 13, 13; I Cor. 6, 10; Eph. 5, 18; I Thess.
5, 6–10; Tit. 1, 7–8 *vel* 2,2–6   **6sq.** Luc. 21, 34   **7sq.** dominus ...
comminatur] *cf.* Luc. 12, 37   **9sq.** homines ... cognoscite] *cf.* Ambr. Hel. 64
13 plus ... cognoscitur] *cf.* Hier. ep. 22, 8, 1 *vel* Ambr. Hel. 51   **15** Sir.
31,35

1, 7, 1 libenter] libuerit *β₁* | audias *O*   **2** quamobrem *Z* | lege caute ... ad
Titum *tr. ε edd.* | apostoli *om. V r* | epistolas *O₁*   **3** ad Ephesios *om. O₁*
4 ebrietate *F₁*   **5** audi *om. V* | evangelium *F₁* | *docentem α Pa δ; om. r*
6 ait *om. O₁ Z* | forte *om. r* | corda vestra *om. F* | in *om. r*   **7** quia] et quia
γ₁; et *ε edd.* | servo *om. β₃* | irascitur servo *tr. W F₁* | cui] cum *F₁ β₁ F V*
8 comminantur *K* | ex qua re *β₁*; quamobrem *Z* | vos talia agentes vel
facientes *F₁ ε r edd.*; *om. β₃*; vos vel alia agentes vel facientes *W*; vos ne talia
agatis vel faciatis *Z*; vos a talia agente vel faciente *O*; vos talia agente vel
faciente *E*; vos a talia agentibus vel facientibus *Pa V*; vos a talia gentibus vel
facientibus *K*; vos a talibus agentes vel facientes *O₁*; vos alia agentibus vel
facientibus *P₁*; a talia agentibus *We P*; astine te talia agentibus *F*   **9** vestram
insaniam] ab insania *α* | homines] omnes *F*   **10** non cupas humanas *Z V*;
non culpas humanas *W F₁ β₁ γ₁ r*; ob culpas humanas *Pa*; upupas humanas *α*;
humanos *ε edd.*; *om. K* | et ... declinate] *fortasse ut perperam illapsum delen-
dum est (vide infra 1, 7, 13–15)*; et *om. O*   **11** rusticanum ... 15 declinate *om.*
r   **12** dictum] quidem *Pa* | avertite *F* | vini *α γ V* | vinum moderate
potatum est medicamentum *Pa*   **13** esse *om. We* | cognoscite *γ*   **14** totis
viribus *om. F*   **15** creata est *tr. r post* materia | vini *om. V* | materia] natura
ε edd.

cuius moderationem sitis extinguatur, non tamen ut usque ad
ebrietatem bibatur. Fugite crapulam eaque loquentes aut facientes, quibus sobrii non erubescant. Fugite crapulas, quae solis
lugentibus a consolantibus amicis vel proximis in exequiis
20 ingeruntur. Dolor enim amissi funeris sine vini quavis nimietate
temperari non potest. Tu vero, o homo, *incolomes cottidie vino
cogente desideras mori et tanto ⟨...⟩ quanto possent plurimi cum
iocunditate laetari et sobrie saturari. Non consideras turpe esse
plus sibi velle inferre hominem quam capit nec stomachi sui
PL 1108 nosse mensuram? Non consideras ebrietati devinctum suae potestatis esse non posse? Utquid potando facis excessus, nisi ut per
provocationem vini insolescas in peius? Nascitur ex hac potandi
infelicitate inter provocatos et provocantes ignominiosa certatio
Ma. 229app. et vincenti turpitudo deterior. Ex hoc enim multorum membra
30 cibos excusant et vino dedita praecoqua debilitate et cruda senec-
tute marcescunt, et adhuc aetate virides tremula vibratione quas-

---

17sq. eaque ... erubescant] *cf.* Sen. ep. 83, 18   **23–25** turpe ... mensuram] *cf.*
Sen. ep. 83, 18   **25sq.** ebrietati ... posse] *cf.* Sen. ep. 83, 16
27sq. nascitur ... certatio] *cf.* Sir. 31, 30   **27–29** nascitur ... deterior] *cf.*
Caes. s. 46, 3   **30–32** cruda ... quassantur] *cf.* Ambr. Hel. 50

---

16 extinguitur *W* | non ... ut] si tamen non *W (pc.)* | ut *om. F₁ Pa γ₁ K*
17 bibatur] habeatur *Pa qui codex add.:* sed ultra modum distendere et ita
farcire ut pene disrumpatur et crepetur omnibus est abhominabile | crapu-
las *F₁* | eaque] ea *γ Lov. Ma. PL; locus fortasse corruptus*   **18** de quibus *Z*
non *om. W K (pc.)* | erubescunt *F₁*; -bescatis *F* | crapulam *Pa O₁ γ ε r edd.*
19 lugentibus *om. F* | a] ac *E We* | vel proximis *om. O*   **20** ingeritur *γ edd.*
amissi *haud scio an sanum* | quavis *E Z We ε r edd.*; quanta vis *Pa*; quivis *p₃*;
quamvis *rell.* | nimietate] potati *add. Pa*   **21** o *om. Pa Z* | incolomes *scripsi*;
incolomis *codd.*   **22** desiderans *β₁* | mori] vomeri *ε Am.*; vomere *edd.*
(*-Am.*) | et] te *β₃ (-p₄)*; de *p₄* | tanto *ir. E* | *lacunam indicavi;* repleris *add. ε*
edd.   **23** sobrie] sobrietate *γ* | saturari *om. Z* | esse] est *E β₂ r*   **24** stoma-
chis *β₂* | sui nosse] se *β₁*   **25** considerans *W E β₂ Pa V* | ebrietate *O γ Lov.*
devictum *Z F*   **26** posse] est namque proprium ebriosorum ut prius bibant
quando ad mensam veniunt quam manducent; inde nascitur melancolia et
tremulas incipiunt habere manus *E (mg. manu recentiore)*   **27** praevaricatio-
nem *O₁* | hoc *F*   **28** exercitatio *Pa*   **29** vincendi *F₁ We P δ*; est *add. ε edd.*
membrorum *W*   **30** recusant *ε edd.* | debita *F* | praeco quam *F₁ r*; quam *O₁*;
om. K | praecoqua debilitate] magis praeoccupantur quam debilitate *α*
31 eorum quassantur corpora *Pa*

santur. Inde pulmones ustione vini cottidiana putrescunt et per
ora veluti mortuorum spiritus tetros emittunt. In his ergo talibus   Lov. 436
non ratio ulla, non ullum gerendae vitae consilium, non gestorum aut lectionum memoria nec ulla artium aut industriae provi-   35
dentia; utpote, quem prandio accumbentem solis occidentis videt   Er. 686
occasus, et cena pernoctantem insperatus occupat dies; et dum
iugi amentia die noctuque discumbendo dormitat aut bibit, in
hac vita adhuc positus cottidie sepelitur.

(2, 1) Sed quid iam dicam vel quid taceam? Huius igitur
ebrietatis si quippiam in feminis ceciderit, *quod virilem sexum
superius tantis criminum molibus oneravit, nihil tacendum est,
immo laborandum est, ut et quae tales sunt feminae, haec divina
admonitio corrigat et sobrietas metu correptionis ab ebrietate   5
compescat. Sed quoniam in admonendis viris a sacerdotibus et
levitis vel ministris huius libelli opusculum inchoavimus, merito
convenienterque in feminilem sexum admonendum a dominicis
sacrisque virginibus sumamus exordium, quo generaliter omnis
dignitas vel sexus ab hac admonitione inexcusabilis habeatur.   10

36–39 quem ... sepelitur] *cf.* Caes. s. 46, 3   **2, 1, 5sq.** metu ... compescat] *cf.*
Publ. Syr. M49   **6sq.** *cf.* 1, 5

---

32 putrescant *K*   **33** mittunt *O₁ ε edd.*   **34** non²] nec *F* | ulla *W F₁*; nulla
Pa | consilia *W F₁*   **35** industria *V r*; vel *add. Z* | providentiae *W Z V r*;
haud scio an prudentia   **36** quam *β₁*; quos ... accumbentes ... pernoctantes ...
dormitent ... bibant ... positi ... sepeliuntur *Z* | accumbente *O*; accubantem
β₂   **37** et¹] ut *F* | cenam *W γ₁ δ*; in cena *Z* | pernoctante *O* | inspiratus *α*;
insperatos *W*; insuperatus *Z*   **38** die] diu *K* | nocteque *O₁ ε edd.*; ac nocte
Pa | discumbente *β₁*; *om. γ₁*; ac *add. r* | aut] atque *K*; *om. E* | bibat *r*
39 adhuc *om. Z; post* positus *tr. γ₁ δ*
2, 1, 1 vel] tibi *We* | quid² *om. δ fr* | igitur *om. Pa Z*   **2** ebrietatis malum
Pa | feminas *Z* | quod *scripsi*; quae *codd.* | sexum *om. Z*   **3** tactis *ε edd.*
honeravit *F₁ β₃ F*; oneraverit *W*; involvit *Z*   **4** est *om. Z*; ac penitus eradi-
candum *add. Pa* | ut *om. β₃* | et *om. fr* | haec] *has proposuit Dorothea Weber*
5 sobrietas] sobrietatis *V*; *sobrias *W F₁ α β₁ Z K n Am.* | metus *δ* | correcti-
onis *F r* | ad ebrietatem *K*   **6** a] ac *W F₁ γ₁*; et *Z*   **7** merito] est *add. O*
8 feminalem *β₃ Z r*; femineum *α*   **9** -que *om. V* | omnibus *W Z r*   **10** hac]
ac *F₁* | monitione *n*

(2, 2) Dominica virgo debet agnoscere, quibus et ⟨...⟩ praeceptis conveniat insistere vel a quantis vitiis debeat abstinere, si
vult et in saeculo posita cum deo ⟨...⟩ et cum eodem post huius
vitae resolutionem in claritate caelesti regnare. Dominica virgo
5 primitus publicos debet vitare conspectus et platearum frequen-
tiam declinare atque in domo posita lanificio insistere vel lectioni
divinae. Dominica virgo, in feminarum laicarum conventu
considens vel consistens nec verbis scurrilibus neque lubricis
earum aut canticis praesentiae tuae copiam facias, sed magis
10 fugias; oculos tuos auresque concludas, ne dei timore deprivata
diabolicas cogitationes sensibus tuis immittas, quibus in brevi
forte dispereas. Dominica virgo nec ornatu capitis nec habitu
comae nec oculis erectis aut laetis, sed crinibus strictis cum vultu
fixo ad terram procedat, ne in se viles inducat amores et, si ipsa
15 non pereat, aliis causa perditionis existat. Oculorum enim cupidi-
tas quos animae interitus faciat, evangelica vox nobis semper

2, 2, 2–4 si ... regnare] *cf.* Hier. ep. 14, 10, 4   **12–15** dominica ... existat] *cf.*
Cypr. hab. virg. 9   **15–17** oculorum ... pronuntiat] *cf.* Matth. 5, 29

2, 2, 1 et *α β₁*; eam *γ₁*; *om. rell.*; *lacunam indicavi, quam* ⟨qualibus⟩ *complere
possi*   **2** a *om. δ* | quantis] qualibus *Z*   **3** cum¹] esse *r* | deo] esse *add. Pa*;
lacunam indicavi, quam ⟨degere⟩ *complere possis*   **5** evitare *δ* | conventus *F₁*;
iuvenum *add. r*   **6** devitare *Pa*   **7** laicarum feminarum *tr. δ*   **8** consedens
W E F P V r; sedens *F₁ Z Ma. PL* | vel] aut *F₁* | nec] non *F₁*; ne *O₁ We P δ ε r
edd.* | ludicris *Z*   **9** aut *om. F₁* | suae ... faciat ... fugiat aures oculosque suos
concludat *δ* | copiam] cupiditatem *F₁*   **10** fugias *om. Pa* | auresque] tuas
add. We | depravata *F₁ β₂ Pa Z F P δ*; privata *W ε r edd.*   **11** cogitationes
diabolicas *tr. α* | sensus tui *W E β₃ Pa Z r*; sensui tui *P₁*; sensui tuo *O*; sensui
suo *K*; sensui sui *V* | immittat ... dispereat *δ*   **13** electis *W r*; elatis *F₁ Z δ*
crinibus strictis *We P*; crinibus strictum *F*; crinibus ad terram *W α β₂ Pa V r*;
clinis ad terram *K*; adclinibus ad terram *F₁*; demisso ad terram *Z*; deiectis
pronisque ad terram *fr*; pronis ad (in *n*) terram *O₁ n edd.* (deiectis *Am. mg.*)
cum *om. F*   **14** fixo ad terram *We*; fixo in terram *F P*; deposito *Pa*; *om. rell.*
(sed cf. supra apud crinibus*)* | se viles] serviles *W F₁ Z We P δ ε r edd.*
inducat] inducata *W r*; inducatur *δ*; inducta *F₁ Z We P*; ducta *F*; indurata *ε
edd.* | amores] mores *W F₁ Z P r* | sed si *We*; non solum ipsa pereat sed et
aliis *Z*   **15** pereat] tamen *add. F₁* | causas *F₁* | perditionis] ruinae *Z* | enim]
vero *F*; *om. Z*   **16** quae *δ* | interitum facit *δ* | voce *δ* | semper] saepe *Pa*;
om. Z ε edd.; nos add. We

pronuntiat. Dominica virgo ab omni inverecundo sermone vel
risu debet se penitus abstinere et cum silentio et disciplina omnem vitam suam ornare. Dominica virgo, quae vultum suum ob
splendorem genarum aliquo fuco infecerit, in Isaiae prophetae de 20
filiabus Sion promissa sententia permanebit. Dominica virgo, ut
de viduis apostolus docet, et sermone garrula aut loquacitate
verbosa vel curiositate superflua casta non potest iudicari, immo
prostituta et ⟨...⟩ ad luxuriam magis accendi. Dominica virgo,
nulli te virorum cuiuslibet aetatis sine gravissimarum mulierum 25
praesentia singulari habitaculo vel colloquio credas, et cum sola
in tabernaculo consistis, clausis super te ianuis sedeas nullique
virorum pulsanti facile ianuam tuam pandas, ne forte in suspicionem turpissimam aut in pudoris tui naufragium cadas. Dominica
virgo in locis, in quibus viri cubitant, non debet accedere, ne ipsa 30
se velut scortum credatur suis corruptoribus praebuisse. Dominica virgo, male docenti miserabilisque vitae feminae aut aliquando sinistra opinione vexatae consortium colloquiumque
declina, quoniam corrumpi mores bonos colloquiis malis Paulus
apostolus docet. Dominica virgo ob extinguendas libidinis vel 35

19–21 dominica ... permanebit] *cf.* Is. 3,16–17   **21–23** dominica ...
iudicari] *cf.* I Tim. 5, 11–13   **34sq.** corrumpi ... docet] *cf.* I Cor. 15, 33

17 pronuntiatur δ; manifestat Z | verecundo γ₁ δ   **18** se debet *tr.* O₁ Z ε r
edd.; se *om.* K | cum *om.* K   **19** viam *Lov.*   **20** splendore F₁ r | generum β₁
fuco] facto β₁; *om.* F | Isaia propheta F₁ α β Z ε r *edd.*   **21** sententia pro-
missa *tr.* F₁ δ; promissam sententiam W β₂ Pa (*qui codex add.* pertimescens) Z
P ε r *edd.* | permanebit] pertimeat W; pertimebit ε *edd.*.; expectabit F₁; non
habebit Z   **22** et] si β₁; quae cum r; aut ε *edd.*; *om.* F₁ E Pa Z   **24** et *om.* ε
edd. (-*Lov.*) | et ... accendi] quoniam alios magis accendit *Lov.* | lacunam
indicavi | luxuriam] alios *add.* ε *edd.* (-*Lov.*) | attendi β₃; accendit ε *edd.*
25 te ... credas] se ... credat δ | gratissima muliere O | feminarum V
26 habitudo V | et] nec K   **27** habitaculo F₁ Z | consistas et F; consistit δ
te ... sedeas] se ... sedeat δ | sedeas] redeas O; sedas We; sede Pa   **28** facile]
fac *Lov.* | tuam pandas] suam pandat δ   **29** tui ... cadas] sui ... cadat δ
dominica ... 31 praebuisse *post* apostolus docet *tr.* O   **30** in¹ *om.* W γ₁ δ; ad
loca Z | in² *om.* F₁ E β r | cubant β ε *edd.* | se ipsa *tr.* γ₁ (se ipsam F)   **32**
docendi β₂; docentis F₁ O δ *Lov. Ma. PL*; dicentis γ₁; dicenti Pa   **33** sinistra]
mala F₁; *om.* O   **34** Paulus ... docet] ait apostolus Z   **35** libidines F₁ β₂ Pa γ₁

PL 1109 omnis lasciviae flammas ieiuniis et abstinentiae debet operam
dare, orationibus die noctuque insistere, si cupit et laqueos diaboli insidiantis evadere et ad promissa virginitatis praemia pervenire. Dominica virgo, omnem fratrem, quem vitandum mala
40 fama commendat, nimis fuge et quantum potes ab eo vel ab eius
conviviis tuos accessus declina, non nescia ex convivali colloquio
inolescere libidinis vitia et exinde ad fornicationis venire peccata.
Dominica virgo, ut cito concludam, ab omnibus illecebris gulae
abstinens esse debet et parco victui vel potui debet esse contenta
45 et honesta taciturnitate semper ornata. Dominicam virginem dei
beneficium est irasci nescire, nosse magis iracundiam cohibere,
cunctis benignam existere, oculis non annuere, dolum et malitiam lingua non fabricare, alienae domus secreta nec auscultare
nec prodere, avaritiam cupiditatemque fugere, sibi deposita non
50 negare, in usuris pecuniam non habere, sorori culpam ex corde
dimittere, scandala nulli apponere, tribulantibus consolationem
praebere, infirmantibus ministrare, detrahenti alteri non consentire et a detrahente se penitus abstinere. Dominica virgo, in
ecclesia cum silentio stare debere et nihil legis docere apostolum

---

37sq. laqueos diaboli insidiantis] *cf.* I Tim. 3, 7   47sq. oculis ... fabricare] *cf.*
Sir. 27, 25

---

36 abstinentiis *We*   **37** et *om. F₁ Pa Z r* | laqueos] et insidias *add. O₁ ε edd.;*
insidias *add. β₂;* insidiantis *add. Z*   **38** insidiantis *om. r* | promissae *Lov.*
41 convivio *γ₁* | declina] dominica virgo *add. p₂ ε r edd.* | non nescia *O Pa*
K; non nesciat *W F₁ E V ε edd.;* non nescitis *O₁;* non nescis *β₂;* ne sciant *Z;*
ne scias *We;* nescias *F P;* nesciat *r* | coniugali *O₁ We*   **42** invalascere *r;*
molescere *F₁;* moles certe *β₃;* insolescere *fr* | inde *W* | veniri *Lov. Ma. PL*
peccare *V*   **44** abstinens esse] abstinere *δ* | parco] parvo *Z;* parca *O* | victu
... potu *F₁ α Pa Z We K ε edd.*   **45** dominica virgo *F*   **46** iracundia *F₁*
cohibere] devitare *uv. Z*   **47** oculos *β₃* | innuere *Z;* obnuere *r* | dolo et
malitia *W F₁ β₁ ε r edd.*   **48** linguam *W β₁ We ε edd.* | nec] non *F₁ O r;* ne *K*
49 sibi ... negare *om. γ₁* | posita *Pa*   **51** scandalum *β₁ ε edd.* | tribulationi-
bus *δ;* tribulatis *ε r edd.*   **52** altero *O₁* | non] credenti *add. V*   **53** et] sed et
γ₁; sed *edd.* | detrahenti *F₁ p₂ V;* detrahentibus *K;* detractione *ε edd.* | penitus
se *tr. F r* | dominicam virginem *Z ε edd.*   **54** ecclesia] te *add. γ₁* | debes *W;*
debet *β₂ Pa δ* | audi apostolum *tr. E γ₁*

audi loquentem: *Mulieres* ait *in ecclesiis taceant. Turpe est mulieri-* 55
bus loqui in ecclesiis. Item ait: *Mulieres in silentio discant.* Item:
Mulieribus docere non permitto. Si ergo mulieribus turpe est Er. 687
docere aut in ecclesia loqui, quanto magis virginibus, quas castitatis deo promissae cura professioque constringit, ut eas magis aliae
in bonis operibus imitentur? Dominica virgo ne quid prave aut 60
scurrile vel simulate loquatur et omne mendacium ex ore suo
penitus eradicet. Loquentes enim mendacium dominus perdet, ut
in quinto psalmo David et eius filius in libro Sapientiae docet.
Dominica virgo quantum fidem debet in omnibus exhibere,
tantum caveat iurare de his, quae egerit, ⟨et⟩ propter veritatem 65
confirmandam iuramenta persolvere: Ne in toto aut omnino
iuretur, dominum agnoscat in evangeliis praemonentem. Dominica virgo furta fraudesque facere aut falsa testimonia dicere aut
ea facientibus consentire caveat, quia ea committentes beatus
Paulus obiurgat. Dominica virgo matronalibus conviviis, quibus 70
viri miscentur, interesse declinet, ne concupiscentiae peccatum
sibi aut secum inter pocula loquentibus viris importet. Dominica
virgo, contra omnes sonos musica arte prolatos, contra cuncta

---

55 I Cor. 14, 34–35   **56** I Tim. 2, 11   **57** I Tim. 2, 12   **62sq.** loquentes ...
docet] *cf.* Ps. 5, 7; Sap. 1, 11   **65–67** propter ... iuretur] *cf.* Matth. 5, 34
67–70 dominica ... obiurgat] *cf.* I Cor. 6, 7–8; Rom. 1, 32

---

55 loquentem] legentem *r*; dicentem *F₁*; *om. V* | ait *om. β₁ ε edd.* | ecclesia *F₁*
O₁ δ ε edd. | est] enim *add. γ*   **56** in ecclesiis loqui *tr. γ₁ fr*   **57** mulierem
W; in ecclesia *add. Pa* | permittit *W F₁ E β₁ K r*; permittitur *Z V*   **58** eccle-
siis *Z* | quae *V*   **59** dei *β F We P V r*   **60** dominicam virginem *Z* | ne ...
loquatur] nequitiam *K*; nequam *V* | pravum *Z δ ε edd.*; *om. r*; parvum *Lov.*
per errorem uv.   **61** vel] aut *F₁ O₁ Z δ ε edd.* | simultate *F P* | et *om. γ₁*
62 perdet dominus *tr. Z*; disperdet *r*   **63** et eius] etiam *W*   **64** quantam *β₁ ε*
edd. | in omnibus *om. γ₁*   **65** iurare *om. K* | et *addidi monente Clemens*
Weidmann; nec *add. Pa*   **66** iuramenta] iurare *We; om. Z;* debet *add. Pa*
lacunam indicavit Ma. (mg.) *post* persolvere ('supple: curet aut quid simile');
et *add. Z* | totum *edd.* (-*Am.*) | aut] in *add. W F₁ E β₁ Z r*   **67** iuret *O β₃ Z ε*
edd. | dominum agnoscat] dum audiat *F* | evangelio *F₁ O₁ γ₁ ε edd.*; docen-
tem *add. We*   **68** et fraudes *F₁*   **69** consenti *V* | ea² *om. We*   **70** Paulus]
apostolus *O*   **71** miscentur] vescentur *β₃* | ne] ut *add. Z*   **72** sibi aut *F We*;
aut sibi aut *P*; aut *W F₁ α β δ r; om. Z ε edd.* | inter] in *fr*   **73** contra¹ *om. V*
contra²] contraque *We P* | cuncta ... contra *om. γ₁*

cantica saecularia, contra omnia, quae dulciter delectantur audire,
75 aures et cor tuum conclude, ne diabolicum melos Christi de
corde tuo abscidat amorem. Dominica virgo, motibus flexibus-
que saltantium, cymbalistriarum vel tympanistriarum omniumque virilium ludicrorum quantum potes vultus tuos averte, ne
cuiuslibet eorum repentino amoris telo percussa graviter incipias
80 interire. Dominica virgo non tantum ne superbiat aut litiget
caveat, sed etiam a superbientibus ac litigantibus quantum potest
procul abscedat: *Superbis enim deus resistit, humilibus autem dat
gratiam* Salomon in Proverbiis clamat. Dominica virgo nec
sermonis iactantia nec divitiis nec generis nobilitate se debet
85 extollere, sed in humilitate et paupertate spiritus Christo accepta
debet quamdiu vixerit permanere. In iudicio enim dei non natales, sed actus proprii pensabuntur, ex quibus singuli mercedem
sicut gesserunt, non sicut nati sunt, reportabunt. Dominica virgo
vigilias funebres vel ceteras, quae in privatis domibus eveniunt,
90 debet effugere, ubi praecipue sine discretione sexus commixti

Ma. 230app.

82sq. I Petr. 5,5 *vel* Iac. 4,6; *cf.* Prov. 3, 34 (LXX)   **84** divitiis ... nobilitate]
cf. Hier. ep. 22, 27, 5

74 delectatur *F*; delectentur *O₁ ε edd.* | audire *K ε edd.*; audita *γ₁*; audiri *rell.*
75 et cor tuum conclude *F₁ Pa O₁ ε edd.*; ex corde tuo conclude *W*; et cor
conclude *α*; cordis tui conclude *We P*; tui cordis conclude *F*; et corde tuo
conclude *β₂*; cum corde tuo conclude *r*; ex corde tuo concludat *K*; ex corde
toto cottidie conclude *V*; suas concludat *Z*   **76** tuo *γ₁*; eius *rell.* | abscindat *ε*
edd. | a motibus *Z*; moribus *F*   **77** vel tympanistriarum *om. F r*; -iorum *F₁*
Pa   **78** vultum tuum *O₁ ε r edd.* | ne ... **80** interire *om. r*   **79** illorum *F*
telo] zelo *F* | precipias *β₂*   **80** ne superbiat aut litiget *F₁ K Ma. PL*; ne
superbiam ut litiget *β₁ r*; ne superbiam uti litiget *O*; ne superbia ut litiget *ε*
Am.; ne superbia litiget *Er. Lov.*; superbiam ut litiget *W*; superbiam ne
litiget *Pa γ*; superbiam aut lites *E*; (ne *ir.*) superbiam *V*   **81** ac] et *β ε edd.*
possit *β₃*   **82** procul *om. Pa* | enim] autem *α β₂ Pa r*; namque *ε edd.*; *om.* V
et gratiam dat humilibus *F*; dat autem *tr. Pa*; dat *om. Lov. per errorem uv.*; ut
add. V   **83** Salomon ... clamat *om. K*   **84** sermonis] Salomonis *F*   **85** in
om. α | spirito *Z*; in *β₃* | accepto *ε Am. Er.*   **86** debet *om. Pa* | vixerit] vixe
n Am. | enim *om. Pa* | natales] tales *F₁ α β Lov. Ma. PL*   **87** propter actus
proprios *Pa* | proprios *β₂* | ex] et *F*   **88** gesserint *W r (uv.) β₂ P δ* | sunt *om.*
O   **89** funebras *V*   **90** fugere *Lov.* | commixti *om. Z*

conveniunt. Dominica virgo, quae secundum proprias vires nulli
⟨...⟩ porrigit, non potest dei ancilla dici vel credi. Sed, ut breviter
dicam, dominica virgo, quae pudoris sui domino promissi custo-
diam gerit, nitatur nec incessu notabili nec nutu aut dicto molli
nec otiositate verbi nec corpore nec mente debet omnino pec-   95
care.

(3, 1) Et quoniam quae in admonendis virginibus sacris   PL 1110
dicta sunt credimus posse sufficere, ex quibus praeceptis etiam dei
servis vel laicis cunctis conveniat observare, iam debemus ad
vinolentiae crimina enumeranda venire et docere ebrietatem
cuncta vitia superare.   5

(3, 2) Ipsis primo virginibus ebrietas castitatis promissa
complere non permittit, quia sanctae pollicitationi in utroque
sexu inimica semper extitit. Et ideo ebrietas pudori comes esse
non potest, quia nec castitas fuit aliquando socia temulentiae.
Sobrietas in feminis ad terram deponit aspectum, ebrietas autem   5
amisso pudore inverecundos erigit vultus. Sobrietas cum summa
trepidatione irreprehensibile et silentio proximum emittit ver-

---

94 incessu ... nutu] *cf.* Hier. ep. 22, 13, 5   **3, 2, 6** inverecundos ... vultus] *cf.*
Hier. ep. 22, 27, 8

---

91 proprias *om. Z* | nulla *α β Ma. PL*; ulli manum *ε Am. Er.*; nulla manum
Lov.   **92** *lacunam indicavi, quam* ⟨manum⟩ *complere possis*; manum miseri-
cordię (*sl.*) *We alia manu*; solatia (*sl.*) *E* | ancilla dei *tr. W O₁ ε r edd.*; vel *add.*
O₁ ε edd. | sed] quod *Lov.*; et *add. F P*   **93** promisit *β₁*   **94** gerat *β₂*; *om. O₁*
nitatur *om. E* (*pc.*) *γ δ*; gerere nititur *Pa ε edd.* | nec¹ ... molli *om. F* | dicto]
auditu *We P*; dictu *K*   **95** negotiositate *W*; vel negotiositate *Z*
3, 1, 1 et] sed *Z* | in *om. O₁ Lov. Ma. PL*   credamus *W ε edd.*   **3** servos *γ* | laicos *Z F We P* | cunctos *W F₁ O₁ Z We*
P V r; *om. F* | conveniant *α*; convenit *W*; aliquando *add. K*   **4** vinolenta *F*
3, 2, 1 in ipsis *F* | virgines *Z* | castitatem etiam promissam *F₁*   **2** implere *F₁*
Pa O₁ ε edd. | permittit] sinit *Z* | pollicitationis *γ₁*   **3** existit *α γ₁* | pudoris
F₁ p₃ F r   **4** castitatis *We* | socia] comes *ε Am. Er. Lov.* | temulentia *We*;
tumulentiae *r*   **5** ebrietas] sobrietas *Lov.*   **6** inverecundus *F* | sobrietas]
autem *add. W β₃* (*-p₄*) *Pa P₁ r*; enim *add. ε edd.*   **7** irreprehensibilem *W r*;
-bilis *O* | et] cum *F₁*; cum *add. W O β₁ Z V ε r edd.* | proximum] propitium
uv. O₁; propinquum *ε edd.*

bum, ebrietas vero impudoratum facit feminae et sermonem et
vultum. Elicit namque atque extorquet ebrietas infandam et
10 inverecundam de omnibus se habentibus vocem, et cui surripuerit per aviditatem nimietas vini, nullum potest habere tacendi
pudorem. Ex qua magis temulentia membrorum consequitur
infirmitatem; et ita fit, ut sicuti navis, quae validissimi maris
fluctibus scopulo illisa comminuitur, ita feminae corpus ac mens
15 grandi vini procella illisa membris omnibus dissolvatur. Nam
quae naturaliter firma figere non potest gradiendo vestigia, quemadmodum incedere valebit, cum vini fuerit ingenti procella
percussa, lapsabunda gressu ac imminens, semper contortis oculis
resupina aut inclinata cervice, famula regente pedissequa? De
20 temulentiae suae culpa ibi sanitas et cura domus nulla vel familiae
gubernatio: Lingua balbutiens sermonis officio privatur aut in
vocem prorumpere volens non tantum non intelligitur, sed etiam
ab audientibus deridetur; est enim mente aliena et sui omnino
nescia. Cui cultus capitis vergit in partem et seminudum
25 monstrat videntibus crinem et omni ex parte demissus a con-

---

13–15 sicuti ... dissolvatur] *cf.* Caes. s. 47, 1

8 vero *om. ε edd.*   **9** eligit *W α β₂ δ*; elegit *O₁ ε Am.* | infanda *P₁ γ₁ K*; nefan-
dam *β₃*; nefanda *r* | et] atque *Z r*; *om. β ε edd.*   **10** verecundam *Pa*; invere-
cundiam *O₁ p₃ n Am. Er.*; inverecunda *γ₁ δ r* | se habentibus *om. F₁*
habentem *V* | cui] cum *δ* | surripuerit] surripit *F₁*; lubri puerit *β₃ (-p₂)*;
subrepserit *edd. (-Am.)*   **12** magis] magna *r*; *om. ε edd.* | temulentia *om. O₁*
13 quae *om. Ma. PL* | validissima *γ₁*; -mis *F₁*; -mo *β₃*   **14** scopula *W We*
feminae] et viri *add. F₁*   **15** illisa] comminuitur *add. Z* | nam quae] namque
β₁ F V ε r Am.; nequaquam enim *Pa qui codex om.* firma *et* non   **16** figere]
fiere *Z* | quomodo *ε edd.*   **17** incedere] indicere *Pa O₁*   **18** lapsabunda *α V*
Lov. Ma. PL; laxabunda *F*; lassa unde *β₁*; lassabunda *rell.* | gressus *β₃*
imminens] mens *E*; innuens *ε edd.* | contortis] cum tortis *codd. plerique*;
cum torvis *Z*   **19** cervice famula *om. n* | familia *r*; familia *β₂* | de *om. α*;
proinde *γ₁*   **20** temulentia sua *W*; -tia sive *β₂*; -tia *r* | culpam *α*; culpae *W β₂*
r | culpa ... sanitas] culpa nulla *(sl.)* in ea sanitas *We* | ibi nulla sanitas *tr. α*
ibi ... 43 ostendit *om. n*   **21** officii *F* | privetur *W*   **22** voce *W Pa F P r*
non tantum *om. Z*   **23** enim] autem *β fr edd.* | alienata *fr edd.*   **24** cuius
We | cultus] vultus *α F* | seminudam *fr edd.*   **25** invidentibus *Pa* | crimen *E*
Pa; cernere *r*; cervicem *fr edd.* | et] ex *V* | ex *om. F V* | *dimissus *W F₁ E Pa*
O₁ Z F We r; dimissis *β₂*; -ssa *fr*; demissa *δ edd.*

spicientibus erubescitur, et quid domi geratur ignorat. Periclitatur in tali sine dubio pudor, et omne secretum, quod sobrietas
in feminis custodit, temulentia publicatur. Quae, cum humi
fuerit vertigine capta lectoque prostrata, circumcursare sibi   Er. 688
cunctos conspicit parietes culminaque domus in imo et ima in   30
altum putat esse porrecta et velut sepulta somno recipitur. Lectisternia vero, quae ab infantibus contumeliis deformantur ⟨...⟩ a
cunctis feminis vel ancillis non iam occultis, sed evidentibus
cachinnis talis dominae temulentia deridetur. Sic itaque transeunte tempore et ebrietatis vitio permanente de eius corde omnis   35
evolat timor nec correptionem nec terrorem saepe obiurgantis   Lov. 437
viri cogitat aut vigorem. Item [cottidie] neglecta domus [in
lapsum tempus] ornatu cottidiano in tantum destituitur, ut
semper sibi maritus eius mortem exoptet, cuius labor gubernatioque sub tali domina cottidie minuitur et in lapsum venit. Non   40
est, cum qua quippiam de cura domus conferatur, ut in melius
aliquid disponatur, quia speciem uxoris, nomen tantum, non
mores ostendit. Nihil ea disponente maritalis cottidie cura non

---

29–31 vertigine ... porrecta] *cf.* Sen. ep. 83, 21   32–34 a ... deridetur] *cf.*
Ambr. Hel. 50

26 et *om.* E | quid] quicquid *fr* | geratur] nescit *add. fr* | ignoratur *K*
periclitantur *β₁*   **27** secretum *om. γ₁*   **28** publicat *O₁ ε edd.* | humi] humili
O₁; vini *γ₁*   **29** capta] rapta *fr edd.*   **30** conspicit *om.* W | culmina quoque
V | in imo] immo *K*   **31** putat esse] putasse *Pa* | sepulta *om.* We   **32** quae
om. We | ab *om.* W | infantiae *F₁* | contumeliose *K*; -sis *V* | *lacunam
indicavi, quam fortasse ante* contumeliis *statuendam esse monuit Dorothea
Weber* | a] et a *We* | a ... **34** talis *om. r*   **33** cunctis] et *add.* Z | non ... |
occultis *om. F₁* | sed] se *W* | videntibus *W β₂ fr r*   **34** deridentur *α O₁*
36 evolat] fugit *Z* | correctionem *F₁ p₂* Z *F r*; corruptionem *edd.*(-*Am. Er.*)
37 idem *β₃* (-*p₄*) *Pa P₁ r*; ideo *α O₁*; inde *fr edd.* | cottidie *ut illapsum ex 3, 2,
40 seclusi* | in lapsum] illapsum *W F₁ β* Z *V fr r*; elapsum *O* | in lapsum
tempus *om.* E; *ut illapsum ex 3, 2, 40* 'tempus' *addito seclusi*; per illapsum
tempus *fr edd.*   **38** tempus] tendens *K* | in tantum *om.* O | destruitur *F₁ β*
F   **39** sibi *om. β* | eius *om. fr edd.*   **40** domina] nomine *α* | in lapsum]
illapsum *Z*; in *om. r*   **41** de *om.* F   **42** species *F P V*; specie *E*; sed *fr*; scilicet
edd.; et *add. F₁*   **43** ostendunt *Pa* | de ea *O₁*; ad eam *Pa* | disponente]
disponamus *β* | cottidianę curę *O₁*; -na cura *ε edd.*

sine tristitia fatigatur, quia velut iuncti vehiculo boves, si unus
45 conari sub onere cesset, alterum conatu disrumpet. Vinolenta
iugiter domina subtractis locorum clavibus omnia temptantur
cellariorumque plenitudo furtis cottidie servilibus inanitur indis-
ciplinataeque familiae clamoribus omnis domus perstrepit. Lani-
ficii vero aut negligens aut nulla †aut abhominabilis† efficitur
50 cura: Tali enim dominae ancilla magis carior atque amabilior erit,
quae capaciorem poculum porrexerit, non quae pensum integrum ante vesperum assignaverit. Coccineos enim aut varios
*puniceosque colores in vino, non in tunicis delectatur, et non
vestium faciendarum, sed vini quaerit illa mensuram. Non tuen-
55 dae castitatis telas ad texendum erigit, quae usum telae olim de
domo per ebrietatem amisit: Quas telas ancillis otiantibus subtra-
PL 1111 xit et texendas araneis dedit. Haec cum cibos capit, vix com-
edendo semiunciam panis attingit et [pocula] *deunces absorbet

---

44 quia velut] qualiter γ_1 | coniuncti r; in *add.* ε *edd.* | iuncti ... boves]
iunctis ... bubus γ_1 | si unus] sumus β_2 **45** conari] conando O_1 | onere]
vehiculo *Pa* | cesset] cedit O_1 | alter conatu (suo O) se disrumpet α
conatu] conatur β_3; conatus δ *edd.* (-*Am*) | disrumpat γ_1 | vinolentia W α β_2
Z K ε r *edd.*; -cia F_1; -tiae *We* **46** iugiter] igitur O_1 ε *r edd.* | dominae Z *We*
ε *edd.*; dominante E (*pc.*) **47** cellariorum O_1 ε *edd.* | fortis W β_2 Z r; perso-
nis O_1 | indisplinat(a)e γ_1 **48** domus omnis *tr.* O_1 δ ε *edd.* **49** aut³ *om.* F
aut abhominabilis *non intellego* **50** talibus β_2 | ancille W V; *om.* *We*; illa
ancilla *Pa* | magis *om.* ε *edd.* | clarior W E (*pc.*) β_1 Z δ r **51** capacius F_1 α
Ma. PL | popolum *Lov. per errorem uv.* | porrexit *Er.*; se poculo porrexerit
Z | non] quam O_1 ε *edd.* **52** vesperam K | coccineos O_1 γ_1 K; -ineis Z; -inis
E; cathinis ε *edd.*; coccinos *vel* coccinus *rell.* | enim ... varios *om.* r | aut *om.*
O | variis E Z ε *edd.*; vel *add.* Z **53** puniceosque *scripsi*; persicosque F_1 *Pa*
O_1 γ_1; persinosque W O β_2 δ r; persinis Z; prasimnosque *Pa*; persinisque ε
edd.; *om.* E; 'puniceosque' (*cf. e. g. Hier. ep. 118, 1*) *vel* 'purpureosque' *hic*
latere puto (*cf. e. g. Cypr. hab. virg. 12 et 14*), *quia color rubens desideratur; quid*
sit persoina traditum apud Rustic. Conc.⁵ I 4, quod confert Breimeier, ThLL 10,
1, 1711, nescio neque id sanum esse affirmaverim | calores O; coloribus E O_1
Z ε *edd.* | tunicis] texendis *add.* E **54** illa] illi *Pa*; illatam fr; allatam O_1 ε
edd. | tuendae] texendas E **55** castitatis] causa *add.* ε *edd.* | tales W *Pa* V r;
-los Z; -lis F_1 | ad texendum *om.* E | usum] visum F_1; ipsum β_3 **56** quae
telas F_1; et telas quas O_1 ε *edd.* **57** et *om.* O_1 ε *edd.* **58** pocula *ut perperam*
additum seclusi | deunces *scripsi* (*cf. e.g. Martial. 6, 78, 6 et 12, 27, 1*); devin-
cens *codd. nisi* dehiscens α; dividens r; deincens n *Am.*; deinceps fr *edd.*
(-*Am.*)

et propterea pulmentorum sibi cataplasmata quaerit. Haec,
quamdiu vigilaverit, bibit, aut si obdormierit, sitis ei somnum   60
abrumpit. Sed adhuc quid immoror? Si ebrietatis voluero cuncta
vitia narrare, ante me tempus deficit, cum potiora in Ecclesiastico
Salomonis spiritus sanctus clamet dicens *Mulier ebriata ira magna
est et contumelia et turpitudo eius non tegetur.* Et de utroque sexu
Multos ait *exterminat vinum.* Et iterum: *Prudentiam absorbet*   65
ebrietas. Et iterum: *Vinum multum potatum irritationes et iras et*
ruinas multas facit. Et iterum: *Amaritudo animae vinum multum*
potatum.

(3, 3) Quare, ut finem libri faciam, summatim cuncta per-
stringam. Per hoc enim vitium castitati surreptum est et plurimae
a corruptoribus turbae deceptae sunt. Multae [virginum] etiam
impellente vino thori genitalis oblitae pudicitiam suam adulteris
tradiderunt et cum moechis de morte pactae sunt maritorum.   5
Quamplures impellente vino praecipites indecentibus se conven-
tibus polluerunt et de genitoribus aut genitricibus, de filiis aut

---

63sq. Sir. 26, 11   **65** Sir. 31, 30   **65sq.** prudentiam absorbet ebrietas] *cf.*
Sir. 31, 40 (LXX 31, 30)   **66sq.** Sir. 31, 38   **67sq.** Sir. 31, 39

---

59 pulmentariorum *F₁* | pulmentorum ... quaerit] *haud scio an sanum* | sibi]
si *fr; om.* O | cataplasmatas *W F₁ r*; -plasmas *δ*; -plasma *F*   **60** bibit *F₁ α Pa*
O₁ p₂ ε edd.; bibet *rell.* | aut] et *W* | dormierit *We r*   **62** vitia *om. r*
enarrare *ε edd.* | antea *F₁*; arte *r*; aut *fr* | deficiet *Pa We K (pc.) ε edd.*; deferit
W | potiora] peiora *E* | Ecclesiaste *α O₁*   **63** clamat *O β₃ Pa* | ebriosa *We P*
δ; ebria *F₁ Pa Z ε edd.* | ira] cura *Pa* | est magna *tr. ε edd.*   **64** tegitur *α*
65 exterminavit *γ₁ K* | et ... ebrietas *om. E fr*   **66** vinum ... iterum *om. β*
et¹ ... multas *om. F*   **67** et iterum *om. β ε edd.*
3, 3, 1 de qua re *β₁*; quam ob rem *Z*   **2** per vinum enim *ε edd.* | enim *om.*
O | vitium *E*; vinum *rell.* | castitatis *β₂ r*; -tatis decus (*sl.*) *E*; castitas *ε edd.*
subiectum *β₃*; submersa *O₁ ε edd.*   **3** turbae] turpe *V* | virginum multae *tr.*
Lov. Ma. PL | virginum *seclusi, quia hic non de virginibus agitur*; virgines *γ₁*
δ; sunt *add. γ₁* | etiam *om. F*   **4** impellente *Pa Lov. Ma. PL*; pellente *rell.; sed*
vide infra | genitalis] *hic idem valet ac* genialis, *quod fortasse scribendum est*
5 cum *Pa ε edd.; om. rell.*   **6** indecenter *W P₁*; -centis *F₁*; videntes *β₃; om. r*
convivantibus *W*; -venientibus *F*; -mentibus *r*   **7** aut¹] de *add. γ₁* | aut geni-
tricibus *om. Pa* | aut²] et *W r*; de *add. γ₁*

filiabus, de fratribus aut sororibus, de generis aut nuribus nefando, ut dictum est, concubitu sibi filios genuerunt. Per vinolen-
10 tiam enim plurimi plurimaeque a sancto pioque proposito exciderunt et sui obliti amissis honoribus ignobiles remanserunt et sedibus patriis profugi vitam non ubi sumpserunt finierunt. Per hoc enim vitium fortes ab infirmis elisi sunt et in morte quam-

Ma. 231app. plures ictu muliebri prostrati, et invicti exercitus vino dominante
15 extincti sunt et servitutis iugo subacti. Innumerabiles iugum dominationis diu recusantes vinolentia in alienum redegit arbitrium. Assuetudine vini quamplures in insaniam conversi sunt et

PL 1112 mentis durante insania ab humana sunt conversatione seiuncti et ferina morte consumpti. Quamplures vini immoderatus excessus
20 ex divitibus pauperes reddidit et egenos. Infiniti numero vino impellente iniusta impiaque homicidia commiserunt. Quamplurimae urbes diu obsessae nec captae custodibus somno vinoque sepultis ab hostibus patefactae sunt et incendiis concrematae. Et alia multa nefanda et innumera, quibus per ebrietatis vitia mun-
25 dus ipse tunc frequenter vexatus sit et nunc vexatur. Quarum

---

3, 3, 8sq. nefando ... concubitu] *cf.* Ov. met. 6, 540–541 *vel* Sen. Ag. 28–30
15–17 iugum ... arbitrium] *cf.* Sen. ep. 83, 22   **22sq.** urbes ... concrematae]
cf. Verg. Aen. 2, 265

---

8 generibus *Z F r* | generis aut *om. V* | nefandos *W r;* -fande *O;* -fandas *V*
per nefandos ... concubitus *ε edd.*   **9** concubitus *W;* -tos *r* | sibi *om. F*
10 enim *om. O*   **11** et¹ *om. γ₁* | sui] sibi *O* | amissi *Pa*   **12** patriisque *Z;*
propriis *K*   **13** enim] quippe *O₁ ε edd.; om. We* | vicium *E Z;* vinum *rell.*
mortem *We ε edd.* | quamplurimi *F₁*   **15** innumerabilis *V;* et diu *add. Z*
16 domationis *Er. per errorem uv.* | diu *om. Z* | redigit *F₁ F V n r*   **17** assue-
tudine *W F₁ β₂ Pa δ r;* a consuetudine *α;* hac consuetudine *γ₁;* consuetudine
O₁ Z ε edd. | versi sunt *Z;* sunt conversi *tr. O₁ ε edd.* | et] ac *O₁ ε edd.*
18 vesania *Z;* inania *Pa* | sunt *om. O₁ ε edd.* | conversione *O* | et *om. O₁ ε*
edd.   **19** ferina morte] ferino (-na *O₁*) sunt plerumque dente *O₁ ε edd.* | vini
om. F₁ | immoderatos *W r;* -tum *We;* -to *F P* | excessu *γ₁*   **20** redditi *γ₁* (sunt
add. F); reddit *W F₁ α β₁ V* | egeni *γ₁* | numeri *O₁*   **22** diu *om. V*   **23** et²]
sunt quoque *O₁ ε edd.;* possem et alia multa commemorare *Pa*   **24** et
innumera *om. F₁* | vitium *Z*   **25** ipse] iste dudum *O₁ ε edd.* | tunc *post*
mundus *tr. Pa;* et *post* tunc *add. E;* frequenter tunc *tr. F₁;* vexatus sit tunc
frequenter *tr. We P;* vexatus est tunc frequenter *F;* tunc vexatus est frequenter sed *Z;* nunc frequenter vexatus *r;* frequenter est vexatus *O₁ ε edd.*

rerum si de dominicis vel saecularibus libris vellem ad singula exempla personasque, per quas res gestae sunt, proferre, enormitas libri legentibus fastidium attulisset.

(3, 4) Nos tamen in hoc opere propterea a sacerdotibus et levitis vituperationis simul et admonitionis initium fecimus, ne ab hac invectione, qua cunctos huic vitio deditos de dominica correptione contundimus, immunes facere forte clericos aut dei ministros [facere] videremur. Quibus magis convenit, ut, qui populum a diversis culpis abstinere docent, ne in aliquod vitium aut culpam cadant cauta observatione procurent, et eos iusta increpatione apostolus obiurget dicens *Aestimas autem hoc, o homo, qui iudicas eos, qui talia agunt, et facis ea, quoniam tu effugies iudicium dei?* Item: *Qui alium doces, te ipsum non doces; qui abominaris idola, sacrilegium facis.* Et cetera, quibus arguit eos, qui a vitiis, quibus prohibent, et ipsi se non abstinent, et in quo alios iudicant, se ipsos condemnant. Quare omnibus clericis, laicis et in diversis huius mundi dignitatibus constitutis hunc libellum frequentius lectitandum suademus, ut, cum moribus

Ma. 232app.

Er. 689

10

15

3, 4, 8–10 Rom. 2, 3   **10sq.** Rom. 2,21–22

26 ad *om. Pa*   **27** personas *Z* | per *om. F* | gesta est *Z*   **28** afferet *ε edd.*
3, 4, 1 tamen] autem *β₃* | propterea *om. Z* | a *Pa; om. rell.*   **2** vituperationis
Pa Z r; -num *γ₁;* -nem *rell. edd.* | simul *om. r* | fecimus *α Pa ε edd.;* facimus
(faciemus *W*) *rell.*   **3** inventione *W F₁ O₁ Z F V r;* -tentione *E K;* -nectione
β₃ (-p₂); -fectione *edd.* (*·Am. Er.*) | quae *W F₁ α δ r;* quam *Pa Z F* | cunctis *Pa*
r; tr. post vitio *O* | debitos *O;* -ditis *Pa* | de *om. E Z* | dominica] non inimica
E   **4** correctione *β₃ (-p₂) F r* | contudimus *O₁ We P δ;* -tulimus *Pa;* -tendimus
r; -fudimus *ε Am.;* -fundimus *edd.* (*·Am.*) | facere *om. E β₂ Pa (pc.) ε edd.*
forte *post* clericos *tr. K; om. V;* clericos facere forte *tr. O* | aut ... convenit
om. We   **5** facere *om. O O₁ γ; seclusi* | videremus *K;* viderimus *W F₁ Z V r;*
videamur *O₁*   **6** a] in *Z* | diversis] adversis *Z; om. E* | aliquod vitium]
aliquo vitio aut culpa *F*   **7** cauta *Z K ε edd.;* iuncta *β₃ (-p₂);* cuncta *rell.*
obstinacione *fr* | et] ne *O;* et ne *V;* et cum *Pa;* cum et *O₁;* et ut *Z*   **8** apostolus *om. γ₁* | obiurgat *F₁* | hoc] hos *β₃; om. E Pa We fr edd.*   **9** eos *om. Pa O₁*
et] et tu *Z*   **10** item] ait *add. Z*   **11** sacrificium *F* | et cetera] ecce terra *β₂*
arguet *E O₁ r*   **12** qui a] quia *β₂ F* | quibus] quae *O;* alios *δ; om. O₁* | et¹ *om.*
Pa O₁ Z ε edd. | se *om. K*   **13** alium *F* | quamobrem *Z* | clericis] et *add. ε r*
edd.   **14** laicis] virginibus *add. γ₁* | et] atque *O₁; om. edd.* (*·Am.*) | mundi
huius *tr. Z fr;* huius modi *edd.* (*·Am., Er.*)

bonis et sobrietate deo gratus quis profecerit, de correptione
nostra in domino deo laetus semper exultet agens deo gratias per
dominum nostrum Iesum Christum, cui est honor et gloria in
saecula saeculorum. Amen.

---

16 grata *E*; gratias *r* | correctione *K r*; in correptionem nostram *Z*   17 deo¹]
nostro *add. F₁* | agens] et nos gaudentes reddat agentes *Pa*   18 est *om. W E*
β₂ Z δ ε edd. | et gloria *om. β₁*

DE INCARNATIONE ET
DEITATE CHRISTI
AD IANUARIUM

Einleitung

1. Autorschaft und Abfassungszeit

Die Schrift De incarnatione et deitate Christi ad Ianuarium (inc.; CPPM II 170) wird in den Hss. durchwegs Augustinus zugeschrieben. In der Forschung wurde eine augustinische Autorschaft spätestens seit dem 16. Jh. aufs Stärkste angezweifelt und vom 17. Jh. an gänzlich abgelehnt, weil man erkannte, dass inc. im Großen und Ganzen eine Exzerptsammlung aus Rufins De principiis (princ.), der lateinischen Übersetzung von Origenes' verlorenem Werk περὶ ἀρχῶν, darstellt.[1]

Die älteste bekannte, heute allerdings verlorene, Hs. von inc. stammt aus dem 10. Jh., doch ist die Entstehung des Werks früher anzusetzen, weil es sich bei jener Hs. nicht um den Arche-

---

[1] Vgl. G. S. Gasparro, Ps.Basilio, *De incarnatione Domini* e Ps.Agostino, *De incarnatione Verbi ad Ianuarium*, ovvero la traduzione rufiniana del *Peri Archon* di Origene *auctoritas* nelle controversie cristologiche e trinitarie del V-VI sec., in: Origene e la tradizione origeniana in occidente, Rom 1998, 55–95 (zur Beschäftigung mit inc. im 17. Jh. 68 f.). Der genannte Aufsatz – in gekürzter Form erschienen in StP 19 (1989), 154–165, diese wiederum in span. Übersetzung in Augustinus 36 (1991), 245–258 – ist die einzige moderne Arbeit, die sich ausführlich mit inc. beschäftigt. Einzelne Zweifel an der Authentizität von inc. wurden bereits im Mittelalter laut, und der Augustinereremit Bartholomäus von Urbino konstatierte in der ersten Hälfte des 14. Jh. in seinem Milleloquium veritatis Augustini: ...*hunc librum non fuisse Augustini, sed quandam abbreviationem libri cuiusdam Origenis* (zitiert nach H. J. Sieben, Das Milleloquium veritatis des Bartholomäus von Urbino. Höhepunkt der Augustinus-Renaissance des 14. Jahrhunderts, ThPh 80, 2005, 376, Anm. 64).

typ der erhaltenen Codices handelt (vgl. u. cap. 3). Terminus
post quem für die Abfassung von inc. ist die Übersetzung von
Origenes' περὶ ἀρχῶν durch Rufin aus dem Jahr 398.[2] Als Terminus ante quem wollte G. S. Gasparro die Mitte des 6. Jh. wahrscheinlich machen, genauer gesagt die Jahre 543, als Kaiser Justi-
nian in einem Edikt häretische Sätze des Origenes auflistete,
bzw. 553, als Origenes auf dem Konzil von Konstantinopel als
Ketzer bezeichnet wurde: Danach, so Gasparro, sei der in inc.
unternommene Versuch, einen „orthodoxen Origenes" vorzu-
legen (vgl. dazu u. cap. 2), eher unwahrscheinlich. Dieser Annahme stehen aber entscheidende überlieferungsgeschichtliche
Probleme entgegen: Wie bereits P. Koetschau gesehen hat, leitet
sich inc. von dem selben Archetyp her, der auch am Beginn der
direkten Überlieferung von Rufins Übersetzung steht. Dieser
Archetyp (von Koetschau als „Codex Lucullanus" bezeichnet) ist
nicht vor dem Jahr 544 nachweisbar.[3] Wenn aber inc. in letzter
Konsequenz von einer Hs. abstammt, die um 544 entstanden ist,
kann der Text unmöglich vor 543 verfasst worden sein, und auch
eine Entstehung vor 553 ist aufgrund des kurzen Zeitintervalls
eher unwahrscheinlich.

Die direkte Überlieferung von Rufins Übersetzung bietet
weitere sichere Anhaltspunkte: Wenn man nämlich die vermeint-
lich „besseren" Lesarten, die inc. ihr gegenüber laut Koetschau
aufweist, als das erkennt, was sie größtenteils sind, nämlich als
Konjekturen in späten Hss. oder von frühen Editoren (vgl. u.
Anm. 30), dann ist offensichtlich, dass sich der Archetyp von inc.
von Koetschaus Gruppe α der direkten Überlieferung herleitet

---

[2]   Benutzt wird die maßgebliche kritische Edition von De principiis/περὶ
ἀρχῶν durch P. Koetschau, Leipzig 1913 (Koe). Einen geringfügig abweichenden Text bieten die Ausgaben von H. Görgemanns / H. Karpp, Darm-
stadt 1992³ (mit dt. Übersetzung und Anm.) sowie von H. Crouzel / M.
Simonetti, Paris 1978–84 (mit frz. Übersetzung und Anm.).
[3]   Gasparro (Anm. 1), 80f. Zur Überlieferung von Rufins Übersetzung
vgl. die umfangreiche und ausführliche Einleitung von Koetschau (Anm. 2),
insbesondere LVIII–LXVI und XCVI–XCVIII.

(vgl. bereits Koetschau XCVII–XCVIII). Als Ahnherren dieser Gruppe hat Koetschau eine Handschrift vermutet, die spätestens im 7. Jh. vorgelegen wäre. Somit wird inc. kaum vor ca. 600 entstanden sein: Die pseudoaugustinische Schrift entpuppt sich als ein – sicherlich bescheidenes – Zeugnis für die Auseinandersetzung mit origenistischem Gedankengut n a c h der Verdammung des Origenes um die Mitte des 6. Jh. Falls die Widmung *ad Ianuarium* für bare Münze zu nehmen ist, wird man die Entstehung des Texts, aufgrund des „klassischen" Namens, nicht allzu spät ansetzen wollen; es kann aber nicht ausgeschlossen werden, dass diese Widmung bloß die Fiktion augustinischer Urheberschaft verstärken sollte (vgl. dazu u. cap. 4), womit eine Abfassungszeit deutlich nach 600 nicht auszuschließen wäre. Unter diesen Voraussetzungen sind einigermaßen sichere Aussagen über das Umfeld der Entstehung von inc. kaum möglich: Der Text könnte dem frühen Mittelalter ebenso entstammen wie der karolingischen Zeit; was den Ort der Entstehung angeht, so verweist die Überlieferung eindeutig nach Frankreich.

2. Literarisches Genus. Inhalt

Der Verfasser von inc. legt eine Abhandlung grundlegender christlicher Glaubensfragen und v.a. eine ausführliche Diskussion der menschlichen und der göttlichen Natur Christi sowie des Verhältnisses von Christus zu Gottvater und Heiligem Geist vor, indem er einzelne Abschnitte aus princ. exzerpiert und zu einem neuen Ganzen zusammenfügt.

Es entsprechen einander folgende Partien[4]:

inc. 1,1 — princ. 1 praef. 4 (p. 9,12–10,4 Koe)

inc. 1,2 — princ. 1 praef. 4 (p. 10,5–11,10 Koe; Auslassung: p. 11,4–7)

inc. 1,3 — princ. 1 praef. 5 (p. 11,11–12,7 Koe)

---

[4] Eine am Inhalt der Exzerpte ausgerichtete Übersicht bietet Gasparro (Anm. 1), 86.

inc. 1,4 — princ. 1 praef. 5 (p. 12,8–13,11 Koe)

inc. 1,5 — princ. 1 praef. 6 (p. 13,12–17 Koe)

inc. 1,6 — princ. 1 praef. 7 (p.14,1–5 Koe)

inc. 1,7 — princ. 1 praef. 8 (p. 14,6–13 Koe)

inc. 1, 8 — princ. 1 praef. 10 (p. 16, 4–7 Koe; Auslassung: p. 16,7f.)

inc. 1,9 — princ. 1 praef. 10 (p. 16,9–15 Koe)

inc. 1,10 — princ. 1,2,2 (p. 29,12–30,8 Koe)

inc. 1, 11 — princ. 1, 2, 3 (p. 30, 9–31, 4 Koe; Auslassung: p. 30,15–17)

inc. 1,12 — princ. 1,2,4 (p. 31,5–32,11 Koe; Auslassung: p. 31,9–32,2)

inc. 1, 13 — princ. 1,2,4–5 (p. 32,11–34,7 Koe)

inc. 1,14 — princ. 1,2,6 (p. 34,8–37,2 Koe)

inc. 1,15 — princ. 1,2,7 (p. 37,4–20 Koe)

inc. 1,16 — princ. 1,2,8 (p. 38,1–39,11 Koe)

inc. 1,17 — princ. 1,2,9–10 (p. 39,12–43,27 Koe; Auslassung: p. 41,8–42,25)

inc. 1,18 — princ. 1,2,10–11 (p. 43,28–45,9 Koe; Auslassung: p. 44,22–45,1)

inc. 1,19 — princ. 1,2,12 (p. 45,10–46,10 Koe; Auslassung: p. 46,5–9)

inc. 1,20 — princ. 1,2,13 (p. 46,11–48,13 Koe)

inc. 1,21 — princ. 1,3,1–2 (p. 48,17–50,13 Koe)

inc. 1,22 — princ. 1,3,3–4 (p. 51,9–54,19 Koe; Auslassung: p. 50,14–51,9; p. 53,4–13)

inc. 1,23 — princ. 1,3,8 (p. 60,23–62,12 Koe)

inc. 1,24 — princ. 1,3,8 (p. 62,13–63,7 Koe)

inc. 1,25 — princ. 3,5,6–7 (p. 277,3–278,23 Koe; Auslassung: p. 277,7–13)

inc. 1,26 — princ. 3,5,8 (p. 278,24–279,18 Koe)

inc. 2,1 — princ. 3,6,2–3 (p. 283,8–284,10 Koe)

inc. 2,2 — princ. 4,4,1 (p. 348,12–351,6 Koe)

inc. 2,3 — princ. 4,4,2 (p. 351,7–352,3 Koe)

inc. 2,4 — princ. 4,4,3 (p. 352,4-13 Koe)
inc. 2,5 — princ. 4,4,3 (p. 352,14-29 Koe)
inc. 2,6 — princ. 4,4,4 (p. 353,1-355,13 Koe)
inc. 2,7 — princ. 4,4,5 (p. 355,14-356,10 Koe)
inc. 2,8 — princ. 2,6,3-4 (p. 141,25-144,17 Koe; Auslassung: p. 143,24-27)
inc. 2,9 — princ. 2,6,5 (p. 144,18-145,4 Koe)
inc. 2,10 — princ. 2,6,6 (p. 145,5-146,9 Koe)
inc. 2,11 — princ. 2,6,7 (p. 146,10-147,14 Koe)
inc. 2,12 — princ. 2,6,7 (p. 147,15-19 Koe)

Offensichtlich wollte der Verfasser von inc. nicht bloß eine Exzerptsammlung anlegen, sondern ein bis zu einem gewissen Grad selbstständiges Werk schaffen: Er wählt aus dem vorhandenen Material nicht nur aus und arrangiert neu, sondern ändert manchmal Einzelheiten ab bzw. fügt Details hinzu.[5] Vor allem aber kürzt er den umstrittenen Text um jene Elemente, die anstößig erscheinen konnten: Die Auslassungen innerhalb eines längeren Exzerpts betreffen üblicherweise Passagen, die vom orthodoxen Standpunkt aus abzulehnen oder zumindest bedenklich waren; ebenso werden alle Hinweise auf apokryphe Literatur gestrichen, die im Original nicht selten autoritativ angeführt

---

[5] Für Abweichungen vom Text von princ. vgl. im Einzelnen u. cap. 10. Ein klarer Fall selbstständiger Erweiterung ist z.B. 1,2,11f. (*natura honore ac dignitate ... sociatum* statt *honore ac dignitate ... sociatum*). Den Willen zur Eigenständigkeit zeigt auch die Widmung an Ianuarius bzw. die Fiktion augustinischer Urheberschaft. Der Verfasser von inc. hat sich nicht von der Ermahnung im Vorwort von Rufins Übersetzung beeindrucken lassen: *Illud sane omnem ... in conspectu dei patris et filii et spiritus sancti contestor atque convenio per futuri regni fidem ... ne addat aliquid huic scripturae, ne auferat, ne inserat, ne immutet...* (praef. in libr. 1,4); dazu vgl. M. Mülke, Der Autor und sein Text. Die Verfälschung des Originals im Urteil antiker Autoren, Berlin u.a. 2008,30-32.

wird.[6] Ziel des Verfassers war es demnach auch, das übernommene Material im Sinne der orthodoxen Lehre zu reinigen.

3. Die handschriftliche Überlieferung

Die Hss. von inc. lassen sich in zwei Gruppen α und β, jeweils mit Untergruppen, einteilen. Im Folgenden werden zuerst jene Hss. innerhalb ihrer Gruppenzugehörigkeit vorgestellt, die zur Edition herangezogen wurden; danach werden Hss. aufgelistet und kurz charakterisiert, die ganz oder teilweise eingesehen, deren Lesarten aber nicht in den Apparat aufgenommen wurden; ebenso wird abschließend mit jenen Hss. verfahren, die nicht eingesehen wurden bzw. nicht eingesehen werden konnten.[7]

Gruppe α (A B C Ce P₁ P₃)

Die Hss. dieser Gruppe, die insbesondere im nordöstlichen Frankreich vertreten ist, nennen inc. *de incarnatione et deitate Christi* bzw. *de deitate et incarnatione Christi/verbi*: Die Widmung *ad Ianuarium* fehlt (P₁ beginnt ohne Titelangabe).

Sie bieten in 1,13,22 fälschlich *et ait* statt *et*; in 1,17,47 *id est* statt *est*; in 1,23,29 *vitam* statt *ut tam*; außerdem weisen sie in 1,24,2 dieselbe charakteristische Wiederholung und Auslassung auf und haben an folgenden Passagen dieselben Lücken: 2,1,5f.; 2,6,40–42; 2,6,53f.; 2,8,42f.; 2,11,11f. (P₁ lässt sich nicht kontrollieren, da nur „Buch 1" vorhanden ist).

---

[6] Gasparro (Anm. 1), 72–80 diskutiert die bewussten Auslassungen. Zu verfälschenden Epitomierungen und Florilegiensammlungen vgl. allgemein Mülke (Anm. 5), 95–108 („...spielen vor allem bei lehrhaften Texten auch dogmatische Gründe eine nicht zu unterschätzende Rolle: Die Epitomierung kann durchaus als zensorisches Mittel eingesetzt werden...").

[7] Eine ausführliche Beschreibung der einzelnen Hss. wird nicht geboten, sondern nur insofern auf Inhalt, Provenienz usw. eingegangen, als es für die Überlieferung und Edition von inc. relevant ist.

Trotz dieser Mängel bieten die Hss. der Gruppe α einen insgesamt verlässlicheren Text als β.

Innerhalb der Gruppe α steht A alleine; die übrigen α-Hss. bilden eine Untergruppe α1, wobei einerseits C und Ce, andererseits B, P1 und P3 einander näher stehen.

A   Arras, BM 670 (727), s. XIII[in], ff. 3r–15v

Anders als die übrigen Hss. von inc. enthält A in der Hauptsache keine (pseudo-)augustinischen Prosatexte, sondern v.a. Werke des christlichen Dichters Prudentius. Auch der Text von inc. ist auffällig: An mehreren Stellen bietet er in Übereinstimmung mit β und gegen α1 richtige Lesarten; fallweise hat er als einzige Hs. überhaupt den richtigen Text bewahrt, wie der Vergleich mit princ. erweist (1,17,35; 2,6,50; 2,8,11). Somit ist A der insgesamt wertvollste Textzeuge von inc.

Untergruppe α1 (B C Ce P1 P3)

Die Hss. der Untergruppe α1 werden durch zahlreiche Bindefehler zusammengehalten; einige Beispiele aus Buch 1 (Buch 2 ist in P1 nicht vorhanden): 1,1,1 *verorum* α1 : *eorum* rell.; 1,10,8 om. *ergo*; 1,11,7 om. *tamquam*; 1,12,9 add. *etiam*; 1,14,3 *proximo* α1 : *primo* rell.; 1,15,4 om. *huius*; 1,19,14 om. *a se*; 1,21,13f. om. *scripturae*; 1,21,36 *superveniet in te* α1 : *veniet super te* rell.; 1,22,4 *docuimus* α1 : *edocuimus* rell.

Daneben zeichnet sich α1 durch viele kleinere Wortumstellungen und Auslassungen aus.

Wie einige Umstellungen bzw. Fehler darlegen, gehen die beiden Hss. C und Ce einerseits[8] sowie die drei Hss. B, P1 und P3 andererseits[9] jeweils auf eine gemeinsame Vorlage zurück. Aller-

---

[8]   Vgl. insbesondere: 1,2,16 (tr. *praedicatur in ecclesia*); 1,3,7 (tr. *seminatur in corruptione*); 1,14,19 (tr. *facit omnia ita*); 1,26,11 (add. *facile*); 2,3,21 (add. *venerit*); 2,8,40 (om. *deus tuus*).

[9]   Vgl. insbesondere: 1,2,9 (*set* add. B P3); 1,2,15f. (*manifeste* B P1); 1,9,7 (om. *ex*); 1,13,5 (*nefandum*); 1,14,19 (tr. *ita facit omnia*); 1,25,2 (om. *ea*).

dings ist der Text von α1 insgesamt sehr homogen, weshalb keine zwei weiteren Untergruppen im Apparat ausgewiesen werden.

C   Cambrai, BM 405 (381), s. XII, ff. 1v–20r

Die älteste erhaltene Hs. von inc. stammt aus der Kathedralbibliothek von Cambrai und enthält ausschließlich (Pseudo-)Augustiniana, darunter De essentia divinitatis, Dialogus quaestionum + Ps.Orosius, Epistola ad Augustinum de haeresibus, sowie Quodvultdeus, s. 10 (Adversus quinque haereses) unter dem Titel *Contra quinque hostium genera*.

Ce   Cesena, Bibl. Malat. D.XXI, V, s. XV, ff. 154r²–162v¹

Aufgrund der Zugehörigkeit zu α dürfte eine Vorlage der späten, aber recht sorgfältig ausgeführten Hs. Ce aus dem (nord- ?) französischen Raum stammen. Der Inhalt von Ce zeigt kaum auffällige Parallelen zu den übrigen Hss., doch steht der Wortlaut von inc. im Einzelnen nahe an C (vgl. Anm. 8).

B   Brüssel, Bibl. roy. 2499-510, s. XIV, ff. 121v–131r

Der Codex stammt aus dem Kloster Oudergem bei Brüssel (S. Pauli in Rubea Valle). Wie einige andere Hss. der Gruppe α1 enthält er unter dem Namen des Augustinus die Schriften De essentia divinitatis, Dialogus quaestionum + Ps.Orosius, Epistola ad Augustinum de haeresibus, sowie Quodvultdeus, s. 10 (Adversus quinque haereses).

Auf den Folien 126v bis 131r von B hat eine charakteristische Textvertauschung stattgefunden: Gelesen werden müssen die Folien in der Reihenfolge 126v – 128rv – 127rv – 130rv – 129rv – 131r.[10] Der in Unordnung geratene Text erscheint unverändert in den Editionen von Amerbach und Erasmus, die auf B oder

---

[10] Ein späterer Benutzer hat bemerkt, dass der Text in Unordnung geraten ist, und eine Anleitung zur sinnvollen Lektüre gegeben, indem er am Seitenende entsprechende Notizen anbrachte (*averte folium; reverte retro duo folia* usw.). Zur möglichen Verbindung mit der Edition der Löwener Theologen vgl. u. capp. 6. und 8.

(wahrscheinlicher) auf eine von B abstammende Hs. zurückgehen (vgl. u. cap. 8).

P₁   Paris, BNF lat. 1936, s. XIV, ff. 379v¹–383v¹

Diese Hs. enthält nur „Buch 1" (vgl. u. cap. 5) von inc, ohne Incipit oder Explicit. Ihr Inhalt weist kaum auffällige Parallelen zu den übrigen Codices auf, doch ist anhand des Texts von inc. eine Nähe zu B und zu P₃ zu bemerken (vgl. Anm. 9).

P₃   Paris, BNF lat. 15658, s. XIII, ff. 110v²–116r²

Die Handschrift war ursprünglich im Besitz des scholastischen Theologen Gérard d'Abbeville († 1272), der in Paris lehrte und seine bedeutende Bibliothek testamentarisch der Sorbonne vermachte. P₃ bezeugt somit das Interesse, welches inc. im 13. Jh. von theologischer Seite entgegengebracht wurde.

Wie andere Hss. von α₁ enthält P₃ Quodvultdeus, s. 10 (Adversus quinque haereses) unter dem Namen des Augustinus.

Gruppe β (F P₂ V Va m v)

Die Handschriften dieser Gruppe nennen inc. (bis auf die beiden Florilegien m und v) einhellig *de incarnatione Christi/verbi ad Ianuarium*.

Sie bieten in 1,3,6 *qu(a)erit* statt *erit*, sofern dieser offenkundige Fehler nicht ausgebessert wurde; in 1,4,1 *aliud* statt *illud*; in 1,5,6 *suaserit* statt *persuaserit*; in 1,14,44 *cognovimus* statt *cognoscimus*; in 1,16,40 *eo* statt *patre*; in 1,17,37 *ne autem* statt bloßem *ne*; in 1,21,33 *describitur* statt *perscribitur*; in 1,23,11 *profecerit* statt *proficere*; in 1,23,13 *sapientiae percipiet* statt bloßem *sapientiae*; in 2,6,56 *essent* statt *erant*; in 2,10,4 *ullo* statt *aliquo*. Außerdem haben sie an folgenden Passagen dieselben Auslassungen: 1,2,11f.; 1,8,1; 1,17,36; 1,19,13; 1,25,27; 2,6,15f.; 2,6,18; 2,8,47; 2,12,1.

Insgesamt ist β weniger zuverlässig als α, hat aber an manchen Stellen durchaus richtige Lesarten gegen α bewahrt und ist vor allem frei von einigen für α typischen Textlücken.

Innerhalb von β steht V alleine; F, P₂ und Va bilden die Untergruppe β₁, innerhalb welcher sich die beiden italienischen Hss. F und Va zu β₂ zusammenfassen lassen. Die beiden Florilegien m und v gehen auf eine gemeinsame Quelle φ zurück, welche nicht mit letzter Sicherheit, aber mit großer Wahrscheinlichkeit von β hergeleitet werden kann.

V   Valencia, Bibl. cated. 128 mod. (117), s. XIV, ff. 125v²–132r²

Der Schreiber dieser Hs. muss über eine gute Vorlage verfügt haben, denn V bietet von allen β-Textzeugen den mit Abstand besten Text. Diese Qualität wird allerdings dadurch eingeschränkt, dass (von späterer Hand) durchwegs Varianten aus einer β₂-Hs. eingeflossen sind: Lesarten, die man insbesondere aus Va und F kennt, erscheinen teilweise im Text von V als Korrekturen, teilweise wurden sie über der Zeile oder am Rand notiert.[11] Zahlreiche Marginalien theologischer Natur bezeugen, dass mit dieser Hs. intensiv gearbeitet worden ist, und dass inc. großes Interesse gefunden hat.

Untergruppen β₁ (F Va P₂) und β₂ (F Va)

Der Text dieser Hss. ist wenig zuverlässig und zeigt viele kleinere Auslassungen und Wortumstellungen; in erster Linie hilft er beim Auffüllen der Lücken von α. Von den zahlreichen gemeinsamen Fehlern seien nur einige besonders markante aufgelistet: 1,1,1 *vere* β₁ : *vero* rell.; 1,2,9 *communicavit* β₁ : *communem* rell.; 1,3,3f. *hereditatem petitura sicut* β₁ : *hereditate potitura si* rell.; 1,6,5 *eiusdem* β₁ : *evidens* rell.; 1,10,4 *se ipsum* β₁ : *semetipsam*

---

[11] So wurde etwa auf fol. 130v² das sinnlose *signacula* (statt *singula*), welches in Va und P₂ zu lesen ist, am Rand festgehalten (2,2,43); ebenso wurde auf fol. 131r¹ ein schwer zu lesendes, aber korrektes *credentibus* über der Zeile zu einem sinnlosen *tendentibus* – wie in F und Va – abgeändert (2,6,42). In 2,1,18 wurde *sic* (α bietet *sicut*; korrekt wäre *si*) zu *cum* (wie in β₁) abgeändert. Vgl. außerdem im Apparat zu *mutari* in 1,18,22.

rell.; 1,20,12f. *similitudo* β1 : *dissimilitudo* rell.; 1,21,5 *intelligunt*
β1 : *agnoscunt* rell.; 2,2,2 *cognitionis* β1 : *commonitionis* rell. (-B);
2,5,7 *usque quam* β1 : *usquam* rell.; 2,6,43 *Christum* β1 : *exemplum*
rell.

Aufgrund zahlreicher gemeinsamer Fehler, die aufzulisten
nicht notwendig ist, werden die beiden Textzeugen F und Va (die
deutlich unzuverlässiger sind als P2) zur Untergruppe β2 zusammengefasst, welche fest im spätmittelalterlichen Italien verwur-
zelt ist; β1 stammt dagegen aus dem französischen Raum.

F   Florenz, Bibl. Laur. XVIII dext. IV, s. XIII[ex], ff. 1v–11v

Va   Vatikan, Vat. Lat. 458, s. XIV, ff. 71r[2]–81v[2]

Dies ist der Vaticanus, den die Mauriner für ihre Edition von
inc. herangezogen haben (vgl. u. cap. 8).[12]

P2   Paris, BNF lat. 2083, s. XIII, ff. 28r[2]–33r[1]

Die Hs. weist einige Sonderfehler auf, die sich mit den Angaben der Mauriner zu einem von ihnen benutzten Victorinus
(Vict.) decken: 1,1,7 *hoc* P2 Vict. : *hic* rell.; 1,4,7 *volumus* P2 Va
Vict. : *nolumus/nolimus* rell.; 1,15,10 *oratio* P2 Vict. : *ratio/resur-
rectio* rell. Somit ist klar, dass die Mauriner eine der beiden Hss.
Paris BNF lat. 14294 oder 14479 verwendet haben, die aufgrund
ihrer großen Ähnlichkeit zu P2 nicht in den Apparat der vorliegenden Edition aufgenommen wurden (vgl. dazu unten).

Die Florilegiengruppe ϕ (m v)

Bei m und v handelt es sich um zwei Florilegienhand-
schriften, die eine große Anzahl von gekürzten bzw. umgearbei-
teten (Pseudo-)Augustiniana darbieten. Beide Codices zeichnen
sich durch starke Eingriffe in den Text von inc. aus: Passagen, die
nicht interessiert haben, wurden mit eigenen Worten zusammen-

---

[12] Identifiziert von R. C. Kukula, Die Mauriner Ausgabe des Augustinus
3,2, Wien 1898, 75.

gefasst oder überhaupt weggelassen; Wortumstellungen und Konjekturen sind sehr häufig. Vor allem in m entsteht so geradezu ein neues Werk aus inc. (Titel: *De divinitate et humanitate Christi ad Ianuarium*).

Aufgrund dieser Sachlage ist es nicht leicht, m und v im Stemma unterzubringen. Einige signifikante Gemeinsamkeiten beweisen jedenfalls, dass die beiden Codices auf dieselbe „Florilegienhandschrift" ϕ zurückgehen: 1,13,9 *nec* ϕ : *ne* rell.; 1,13,17 *omnis* ϕ : (*eum*) *esse totius* rell.; 1,13,19 *expressa* om. ϕ; 1,14,10–12 *de quo ... videbimus* om. ϕ; 1,14,12f. *de quo nunc sermo est* om. ϕ; 2,1,11 *atque ... malitiae* om. ϕ; 2,5,15f. *quia ... aderat* om. ϕ; 2,8,11f. *atque indissociabiliter* om. ϕ.

Der Text der Handschrift ϕ stand aufgrund des eigenwilligen Umgangs mit dem tradierten Wortlaut (und möglicherweise aufgrund bewussten Vergleichens unterschiedlicher Vorlagen) fallweise näher an α, fallweise näher an β. Allerdings zeigen sich insgesamt mehr Gemeinsamkeiten mit β (so kommt z.B. die für α charakteristische Wiederholung und Auslassung in 1,24,2 in ϕ nicht vor). Für eine grundsätzliche Abkunft von β sprechen insbesondere die folgenden Passagen: m liest in 1,5,6 *suaserit*; v liest *possent esse* in 1,12,5, *aeternus aeternitatis* in 1,18,28 sowie *ullo* in 2,10,4; außerdem lässt v *illud* in 1,8,1, *rationem* in 1,21,11 sowie *in evangeliis* in 2,6,15 aus (hat allerdings nicht den Zusatz *liberi* in 1,4,8). In 2,5,5 hatte v ursprünglich *eius* wie die meisten Hss. von β, doch wurde dies nachträglich korrigiert. Wichtig ist außerdem, dass m den Zusatz *ad Ianuarium* im Titel führt, den nur Codices der Gruppe β aufweisen (vgl. dazu u. cap. 4).

m   Mailand, Bibl. Trivulz. 170 (500), s. XIV[1], ff. 188v[2]–190v[2]

v   Valencia, Bibl. univ. 32 (620), s. XIV, ff. 138r[1]–139[bis]v

Zu ϕ vgl. auch u. die Angaben zu dem Codex Erfurt, Univ. bibl. Dep. Erf. CA. 8° 64. Es scheint derzeit kaum möglich, ϕ zeitlich und geographisch genauer zu verorten.

Handschriften, die eingesehen, aber nicht in den Apparat aufgenommen wurden

Assisi, Bibl. com. 84, s. XIII vel XIV, ff. 91v[1]–98r[1]

Gehört zur Gruppe β[2] und geht auf die selbe Vorlage zurück wie Va.

Brüssel, Bibl. roy. 657-666, s. XV, ff. 96v[2]–106v

Gehört zur Gruppe α[1] und wurde möglicherweise direkt von B abgeschrieben: Die für B charakteristische Textvertauschung ist auch in dieser Hs. vorhanden.

Erfurt, Univ. bibl. Dep. Erf. CA. 8° 64, s. XIV[1], ff. 162r (Exc.)

Die Folien 152r–171v dieser Hs. enthalten ein Florileg aus weitgehend den selben (pseudo-)augustinischen Werken, die auch in m enthalten sind (einiges davon auch in v, allerdings in stärker abweichender Reihenfolge). Auf fol. 162r stehen Exzerpte aus dem 2. Buch von inc. (2,1,1 *ubique et in omnibus ... 2,10,10 frigus aliquando recipere*) unter dem Titel *De humanitate Christi* (vgl. den Titel in m: *De divinitate et humanitate Christi ad Ianuarium*). Erfurt 8° 64 gehört zur Gruppe φ und ist eng verwandt mit m.[13]

---

[13] Es handelt sich um die im Katalog des Amplonius Rating von 1412 genannte Hs. Collegium Amplonianum theol. 131; vgl. W. Schum, Beschreibendes Verzeichnis der Amplonianischen Handschriften-Sammlung zu Erfurt, Berlin 1887, 767 und P. Lehmann, Mittelalterliche Bibliothekskataloge Deutschlands und der Schweiz 2: Bistümer Mainz. Erfurt, München 1928, 75. Trotz der geographischen Nähe nicht mit ihr verwandt war eine Hs. der Kartause Salvatorberg, die in einem Katalog vom Ende des 15. Jh. bezeugt ist und unter dem Titel *De deitate et incarnacione verbi*, der eine Zugehörigkeit zur Gruppe α anzeigt, das Werk von den Anfangsworten *Spero* (statt *Species*) *vero* bis *illam* (statt *illa*) *pocius* (2,12,5) enthielt; vgl. Lehmann, 538.

Florenz, Bibl. Laur. XII, XXVIII, s. XV, ff. 271v–285r

Gehört zur Gruppe β₂ und geht auf F bzw. auf dieselbe Vorlage wie F zurück.

Florenz, Bibl. Laur. Med. Fesul. XXII, s. XV, ff. 146v¹–153v²

Gehört zur Gruppe β₂ und geht auf F bzw. auf dieselbe Vorlage wie F zurück (die beiden Hss. haben blockweise den selben Inhalt).

Panschwitz-Kuckau, Abtei St. Marienstern quart. 20, s. XV, ff. 80v²–83r²

Enthält „Buch 2" (vgl. u. cap. 5) von inc. unter dem Titel *De beatitudine* (am oberen Seitenrand: *Sermo Augustini de beatitudine dei*; dazu vgl. u. Anm. 19). Zahlreiche Bindefehler machen klar, dass dieser Codex auf dieselbe Vorlage zurückgeht wie Saint-Omer, BM 283. Die genannte Vorlage enthielt offenbar nur „Buch 2" von inc. und bezeichnete das Werk als *sermo*; ihr Text war kontaminiert: Als Grundlage diente eine α-Hs., die A nahe-stand (die geographische Nähe von Saint-Vaast, Arras zu Saint-Bertin, Saint-Omer könnte eine Rolle gespielt haben), Lücken wurden nach einer β-Hs. ergänzt, aus welcher auch andere Les-arten eingeflossen sind. Die beiden Hss. Panschwitz-Kuckau und Saint-Omer sind zwar für die Überlieferungsgeschichte von inc. interessant, tragen aber nichts zur Textkonstitution bei und weisen außerdem zahlreiche Sonderfehler auf. Deshalb wurde auf ihre Aufnahme in den Apparat verzichtet.

Paris, BNF lat. 14294, s. XIII vel XIV, ff. 87r¹–92v²

Gehört zur Gruppe β₁ und steht P₂ sehr nahe. Diese Hs. oder Paris BNF lat. 14479 war der Victorinus, den die Mauriner für ihre Edition benutzt haben.[14]

---

[14] Zur Herkunft der Hs. aus Saint-Victor vgl. G. Ouy, Les manuscrits de l'abbaye de Saint-Victor. Catalogue établi sur la base du répertoire de Claude de Grandrue (1514), Paris-Turnhout 1999, Bd. 2, 199f.

Paris, BNF lat. 14479, s. XV, ff. 334r[1]–343r[1]

Gehört zur Gruppe β1 und steht P2 sehr nahe. Diese Hs. oder Paris BNF lat. 14294 war der Victorinus, den die Mauriner für ihre Edition benutzt haben.[15]

Saint-Omer, BM 283, s. XV, ff. 37r[1]–41r[2]

Enthält „Buch 2" (vgl. u. cap. 5) von inc. unter dem Titel *Liber de incarnatione dei* (am Ende: *explicit sermo sancti Augustini*). Zu dieser Hs. vgl. die Angaben o. zu Panschwitz-Kuckau, Abtei St. Marienstern quart. 20.

Vatikan, Urb. lat. 84, s. XV, ff. 13v–25r

Gehört zur Gruppe β2 und geht auf F bzw. auf dieselbe Vorlage wie F zurück (die beiden Hss. haben blockweise den selben Inhalt).

Venezia, Bibl. naz. Marc. 1801, an. 1471, ff. 169r[1]–175r[2]

Gehört zur Gruppe β2 und geht auf F bzw. auf dieselbe Vorlage wie F zurück (die beiden Hss. haben blockweise den selben Inhalt).

Handschriften, die nicht eingesehen wurden bzw. nicht eingesehen werden konnten

Chartres, BM 66 (7), s. X, ff. 1–17

Der älteste bekannte Textzeuge von inc. gehört zu jenen Codices aus Chartres, die bei einem Brand am 26. Mai 1944 zerstört wurden. Er enthielt inc. unter dem Titel *Sancti Augustini de incarnatione et divinitate Christi ad Ianuarium*, der Text begann mit den Worten *Species vero eorum*.[16]

Während der erste Teil des Titels *de incarnatione et divinitate Christi* die engste Parallele in A findet (*de incarnatione et deitate*

---

[15] Zur Herkunft der Hs. aus Saint-Victor vgl. Ouy (Anm. 14), Bd. 2, 216f.

[16] Für die Angaben zu dieser Hs. vgl. den 11. Band des Catalogue général des manuscrits des bibliothèques publiques de France, Paris 1890, 33.

Christi), und auch das Incipit identisch ist mit dem korrekten Beginn von A (dagegen: *species vero verorum* α1; *species vere eorum* β1), weisen sonst nur Hss. der Gruppe β im Titel die Widmung *ad Ianuarium* auf. Dies ist eine willkommene zusätzliche Stütze für die Annahme, dass die im Allgemeinen schlechtere Gruppe β in einzelnen Passagen durchaus den ursprünglichen Text gegen α bewahrt hat.

In Chartres 66 folgten inc. und die Schrift De essentia divinitatis (ff. 17–25) direkt aufeinander, was sich in den erhaltenen Hss. oft fortsetzt (C, F, V, Va, m, Assisi Bibl. com. 84, Florenz Bibl. Laur. Med. Fesul. XXII, Vatikan Urb. lat. 84, Paris BNF lat. 14294 und 14479; in B steht ess. div. unmittelbar vor inc.). Der übrige Inhalt von Chartres 66 zeigt keine auffälligen Parallelen zu einer anderen Hs. von inc.

Die Hs. Chartres 66 ist – nicht zuletzt aufgrund der falschen Schreibung *divinitate* im Titel (vgl. u. cap. 4) – sicherlich nicht der Archetyp aller erhaltenen Hss. von inc. gewesen; sie stand diesem aber zweifellos sehr nahe, weil sie Kennzeichen sowohl von α als auch von β aufwies.

Nicht eingesehen wurden außerdem zwei späte Hss., die der Gruppe α1 angehören und für die Textkonstitution von keinem Interesse sind:

Arras, BM 979 (137), s. XIV

Man könnte eine Verbindung zu der ebenfalls aus Arras stammenden Hs. A annehmen, doch weist der Titel *De deitate et incarnatione Christi* klar auf α1 hin, und der Inhalt der Hs. zeigt auffällige Übereinstimmungen mit C: Wie dort findet man in Arras 979 unter dem Namen des Augustinus De essentia divinitatis, außerdem s. 37 (De proverbiis Salomonis) und Quodvultdeus, s. 10 (Adversus quinque haereses) unter dem Titel *Contra quinque hostium genera.*

Paris, Arsenal 532, s. XV, ff. 164–172

Titel (*Liber Augustini de deitate et incarnatione verbi*) und Incipit (*Species vero verorum que per predicationem...*) weisen die Hs. der Gruppe α₁ zu. Eine Notiz auf fol. 177r über einen Friedensvertrag zwischen dem König von Frankreich und dem Herzog von Burgund, welcher 1435 in Arras geschlossen wurde, könnte auf eine engere Verbindung dieser Handschrift zu Arras, BM 979 hindeuten.

4. Der Titel. Die Widmung ad Ianuarium

Der Titel De incarnatione et deitate Christi ad Ianuarium ist in dieser Form in keiner Hs. zu lesen. Die älteste bekannte Hs. Chartres 66 hatte *De incarnatione et divinitate Christi ad Ianarium*; A, die beste unter den erhaltenen Hss., hat *De incarnatione et deitate Christi*. Diese Form wird bestätigt durch den Schluss des Werks (2,12,1–3): *Haec interim nobis ad praesens de rebus tam difficilibus disputantibus, id est de incarnatione et deitate Christi, occurrere potuerunt.* Die Lesart *divinitate* statt *deitate* im Titel von Chartres 66 ist als Schreiberfehler zu beurteilen, der nicht weiter auffällig ist, wenn man bedenkt, dass die Variante *divinitas* statt *deitas* an mehreren Stellen im Text von inc. belegt ist[17], aber immer nur in einzelnen Hss. und stets gegen die direkte Überlieferung von princ., wo wie in der Mehrzahl der Hss. von inc. an jenen Passagen *deitas* steht.[18]

Dass die Hs. Chartres 66, die α anscheinend etwas näher stand als β, die Widmung *ad Ianuarium* geboten hat, welche man sonst nur in den Hss. der Gruppe β findet, spricht klar dafür, diesen Zusatz als ursprünglich anzusehen. In den Hss. von α, in denen sich das originale *de incarnatione et deitate* bzw. *de deitate et incar-*

---

[17] Vgl.: 1,16,19 und 30; 2,2,28; 2,5,3 und 8; 2,6,2; 2,8,47.
[18] Hinter der Variante *verbi* statt *Christi* im Titel mancher Hss. steckt wohl ursprünglich eine Unsicherheit beim Lesen der Abkürzung *xri*; vgl. B, wo es heißt: *de ... incarnatione Christi vel verbi dei.*

natione gehalten hat, ging die Widmung – die für das eigentliche Werk ja völlig bedeutungslos ist – noch vor dem 12. Jh. (C) verloren; sie hielt sich in β, wo allerdings *de deitate* aus dem Titel der Hss. verschwand.[19]

Dass die Angabe *ad Ianuarium* vom Verfasser des Werks stammt und nicht erst sekundär mit inc. verbunden wurde, ist schon deshalb anzunehmen, weil aus keiner Passage des Texts hervorgeht, dass die Schrift einem Ianuarius gewidmet wäre, und kein offensichtlicher Grund bestand, warum ein Schreiber dem Werk eine derartige Widmung hätte zuweisen sollen. Möglicherweise geht die Zuschreibung von inc. an Augustinus auf eine Person zurück, der die augustinischen Briefe *ad inquisitiones Ianuarii* bekannt waren (ep. 54 und 55), und die einen ihr vorliegenden anonymen Text, dem wenig über den Autor und den möglichen Adressaten zu entnehmen war, aufgrund der Angabe *ad Ianuarium* im Titel mit dem Namen des Bischofs von Hippo verbunden hätte.[20]

Denkbar scheint aber auch eine andere Erklärung: Zwar ist es möglich, dass der Verfasser seine Arbeit tatsächlich einem Ianuarius gewidmet hat, und dass dies allein im Titel zum Ausdruck kommt.[21] Aber war es für eine Person, die einen „orthodoxen

---

[19] Der Titel *de divinitate et humanitate Christi ad Ianuarium* in dem Florileg m ist wohl selbstständig nach dem Inhalt gewählt. Ebenso selbstständig nennt Panschwitz-Kuckau, quart. 20 das Werk *de beatitudine* (am Kopf der Seite: *de beatitudine dei*), vielleicht weil die Hs. nur das 2. Buch enthält, in dem man zu Beginn (2,1,4f.) liest: ...*quale est hoc, quod perfectionem beatitudinis rerumque finem significat...*

[20] Dass im Text auf einen Genesiskommentar des Verfassers verwiesen wird (vgl. 1,14,10–12 und 1,22,8f.), hätte diese Person ebenso auf Augustinus beziehen können wie später Erasmus und die Löwener Theologen (vgl. u. cap. 8).

[21] Ein vergleichbarer Fall wäre die Übersetzung der Isagoge Porphyrs durch Marius Victorinus: Dieser hat die Schrift – offenbar ohne viel zu ändern – aus dem Griechischen ins Lateinische übertragen und das Ergebnis wie ein eigenständiges Werk einem gewissen Menantius gewidmet; vgl. S. Brandt, Anicii Manlii Severini Boethii In Isagogen Porphyrii commenta,

Origenes" in lateinischer Sprache in Umlauf bringen wollte (vgl.
o. cap. 2), nicht naheliegend, sich selbst als die größte orthodoxe
Autorität lateinischer Sprache auszugeben, eben als Augustinus?
Um diese Fiktion zu bekräftigen, hätte der Verfasser zu einem in
solchen Fällen üblichen Trick gegriffen und sein Werk in der
Widmung mit einem Namen verbunden, den man aus einem
authentischen Werk des Augustinus kennt: mit Ianuarius aus den
eben erwähnten Briefen *ad inquisitiones Ianuarii*.[22] Tatsächlich
behandelt inc. bestimmte Fragen der Christologie, ähnlich wie
die augustinischen Briefe 54 und 55 Antworten auf liturgische
Fragen bieten; nicht nur Augustinus, auch der Verfasser von inc.
gesteht ein, dass manche theologischen Probleme schwierig zu
erklären seien (inc. 2,11,18–20 *cuius rei intellectus ... fortassis
etiam hoc sensum humanae mentis excedit* ~ Aug. ep. 55,21 *cuius
rei causam difficile est dicere*), und inc. endet ähnlich wie ep. 55
mit der Aussage, der Verfasser wisse nicht alles, dies sei seine be-
scheidene Meinung zu dem Thema (inc. 2,12 ~ Aug. ep.
55,38).[23] Eine sichere Entscheidung, wie die Widmung *ad Ianuarium* beurteilt werden soll, ist allerdings kaum zu treffen, da über
den Verfasser und die Umstände seiner Arbeit so wenig feststeht.

Wien 1906 (CSEL 48), XIV–XVIII. Vgl. ferner Mülke (Anm. 5), 106–108
über „das Verfahren der Bearbeiter, die Epitomai unter eigenem Namen zu
veröffentlichen und damit nicht als gleichsam nur abgewandeltes Original
auszugeben" sowie 178–201 zur Problematik von Übersetzungen, die nicht
unter dem Namen des originalen Autors, sondern unter dem des Über-
setzers (der oftmals gleichzeitig Bearbeiter war) in Umlauf kamen.
[22] Ähnliches dürfte bereits Erasmus vermutet haben, wenn er zu inc.
anmerkt *quin ipse titulus olet fucum* (vgl. u. cap. 8). Zu Ianuarius und den
Inquisitiones Ianuarii vgl. die von J. Rexer verfassten entsprechenden
Artikel im Augustinus-Lexikon (Ed. C. Mayer), Bd. 3 (2006), 466–468 bzw.
620–630.
[23] Freilich hätte man die Fiktion noch verstärken können, z.B. indem
„Ianuarius" direkt angesprochen würde, so wie es Augustinus in ep. 54 und
55 tut. Es sollte wohl nicht allzu stark in den übernommenen Text eingegriffen werden.

5. Die Bucheinteilung

In den alten Ausgaben wird inc. in zwei Bücher eingeteilt. Die Länge dieser beiden Bücher ist recht unterschiedlich („Buch 1" ist beinahe doppelt so lang wie „Buch 2"), und es ist kein markanter inhaltlicher Neueinsatz erkennbar.

Diese traditionelle Einteilung in zwei Bücher findet sich explizit nur in drei der für die vorliegende Edition herangezogenen Hss.: Ce, F und m. Allerdings gliedern nur wenige Hss. den Text gar nicht (B, P₂, v). Die Mehrzahl der Hss., darunter die ältesten[24], weisen an jener Stelle, an der Ce, F und m den Beginn von Buch 2 ansetzen, keine ausdrückliche Angabe wie *incipit liber secundus* auf, sehr wohl aber eine deutliche Trennung durch Absetzung des Texts, Initiale, o. ä. Dass in manchen Handschriften nur der traditionell als „Buch 1" (P₁) bzw. der als „Buch 2" (Panschwitz-Kuckau, Abtei St. Marienstern quart. 20; Saint-Omer, BM 283) bezeichnete Textabschnitt enthalten ist, spricht ebenfalls für die Annahme, dass an dieser Stelle eine alte Gliederung vorliegt. Für die Gruppenzugehörigkeit der einzelnen Hss. ist diese Gliederung offensichtlich kein Indiz.

Es hat den Anschein, als wäre die Trennung in zwei Abschnitte original, nicht aber die explizite Einteilung in zwei Bücher. Aus diesem Grund verzichtet die vorliegende Edition auf eine Bucheinteilung und bringt die Gliederung in der Kapitelzählung zum Ausdruck („Buch 1" = 1,1–26; „Buch 2" = 2,1–12).

---

[24] Was die älteste bekannte Hs. von inc., den zerstörten Codex Chartres BM 66, angeht, so begann laut Band 11 des Catalogue général des manuscrits des bibliothèques publiques de France, Paris 1890, 33 „Livre II au fol. 11", doch ist nicht klar, ob in der Hs. explizit *liber secundus* zu lesen war, oder ob lediglich ein Trennungssignal wie eine Initiale oder ein Textabstand für diese Angabe verantwortlich ist.

6. Textvertauschung

Der Archetyp der erhaltenen Hss. von inc. wies in jenem Abschnitt, der in der vorliegenden Edition die Kapitel 2,9–12 bildet, eine charakteristische Textvertauschung auf, die sich in allen Codices niedergeschlagen hat; in φ ist sie nicht nachvollziehbar, da durch den florilegartigen Charakter dieser Gruppe zuviel Text fehlt.

Der in den Hss. überlieferte Wortlaut hat diese Abfolge:

Bis 2,9,4 *ostendimus* (p. 144,21 Koe) erscheint alles korrekt. Dann folgen:

2,10,33 *recipiant* ... 2,11,20 *excedit* (p. 146,6–146,28 Koe) TEIL C (ca. 215 Wörter)

2,10,10 *quin immo* ... 2,10,33 *incidentem* (p. 145,14–146,6 Koe) TEIL B (ca. 230 Wörter)

2,9,4 *hoc modo* ... 2,10,10 *recipere* (p. 144,21–145,14 Koe) TEIL A (ca. 210 Wörter)

2,11,20 *sed et* ... 2,12,5 *recipiantur* (p. 146,28–147,19 Koe) TEIL D (ca. 180 Wörter)

Dass hier ein mechanischer Fehler in der Überlieferung von inc. vorliegt und nicht etwa eine beabsichtigte Umstellung durch den Verfasser, lässt sich ohne den geringsten Zweifel daran erkennen, dass an den zwei entsprechenden Schnittstellen (p. 144,21 Koe und p. 146,6 Koe) jeweils zusammenhängende Sätze zerrissen werden und der Text, so wie er in den Hss. von inc. zu lesen ist, keinen Sinn ergibt. Vieles spricht für die Annahme, dass im Archetyp jene zwei Blätter[25], welche die Teile A und C enthalten haben, vertauscht worden sind.

Noch komplizierter wird die Lage dadurch, dass in der Hs. B, deren Text die Basis für alle bisherigen Ausgaben dargestellt hat, eine zweite, umfangreichere Blattvertauschung passiert ist (vgl. o.

---

[25] Ein Blatt des Archetyps hat, wie aus der Aufstellung ersichtlich ist, ungefähr 200 Wörter enthalten.

cap. 3). Während Amerbach und Erasmus den so entstandenen unsinnigen Wortlaut abdruckten, versuchten die Löwener Theologen, welche die Blattvertauschung in B offenbar bemerkt hatten, das wiederherzustellen, was sie für den ursprünglichen Text hielten: Weil sie aber um die Abhängigkeit der pseudo-augustinischen Schrift von princ. nicht Bescheid wussten, brachten sie dabei lediglich die in B zerrüttete Abfolge wieder in die frühere Reihenfolge und stellten eigenmächtig einige Sätze so weit um, dass ein leidlich lesbarer Text entstand. Das Ergebnis dieses Eingriffes wurde von den Maurinern übernommen und ging später in die PL ein (zur Editionsgeschichte vgl. u. cap. 8).

Es gibt demnach drei „Gruppen" (bzw. vier, falls man die Florilegien ϕ, die viel Text auslassen, als eigene Gruppe zählt) von Überlieferungsträgern, was die Reihenfolge des Texts von inc. 2,9–12 betrifft, nämlich:

1.) alle Hss. von inc. abgesehen von B und den Hss., die von B abstammen

2.) B + alle Hss., die von B abstammen + die Editionen von Amerbach und Erasmus

3.) die Editionen der Lovanienses, der Mauriner und die PL

In keiner dieser drei „Gruppen" findet man den Text von inc. in der korrekten, ursprünglichen Reihenfolge.[26] Diese wurde in der vorliegenden Edition durch Vergleich mit princ. wieder hergestellt.

---

[26] Gasparro (Anm. 1), 77f., die einige Codices eingesehen hat, geht von „due tradizioni manoscritte leggermente distinte quanto alla sequenza dei brani (citati)" aus, wovon sich eine Gruppe in den ihr bekannten Hss. wiederfinden würde, die zweite in den von den Lovanienses und Maurinern benutzten: Dagegen ist zu betonen, dass die Textabfolge bei den Lovanienses, den Maurinern und in der PL jeder handschriftlichen Grundlage entbehrt und das Ergebnis der Korrekturversuche der Löwener Theologen ist.

7. Graeca

An Graeca finden sich in inc. die zwei Wörter ἀπόρροια
(1,13,22; 1,17,3; 1,17,39; 1,17,47; 1,17,69) und ἐνέργεια (1,19,1).
Die fehlerhaften Schreibungen in den Hss. weisen darauf hin,
dass im Archetyp an jenen Stellen griechische Buchstaben gebraucht waren, an denen der jeweilige Begriff im Anschluss über-
setzt wird (1,13,22: ἀπόρροια - *id est manatio*; 1,17,3: ἀπόρροια -
id est manatio; 1,19,1: ἐνεργείας - *id est inoperationis*). Wo dies
nicht der Fall ist (1,17,39; 1,17,47; 1,17,69), sind offenbar lateinische Buchstaben verwendet worden, wie die korrekte Schreibung in den Hss. anzeigt. Ein Blick in den kritischen Apparat
der Edition von princ. durch P. Koetschau (Anm. 2) zeigt, dass
der Verfasser von inc. seiner Vorlage in diesem Punkt treu gefolgt ist.

Weiters fällt auf, dass einmal ein griechisches *paracletus* bei
Rufin durch ein lateinisches *consolator* ersetzt ist (1,22,27). Hier
hat sich der Verfasser möglicherweise durch andere Passagen von
princ. anregen lassen, in denen *paracletus* ausdrücklich als *consolator* erklärt wird (2,7,4 = p. 151,27 und 152,5 Koe).

8. Die frühen Editionen von inc.

Gedruckt erschien inc. 1506 im 10. Teil der Augustinus-Gesamtausgabe des Johannes Amerbach (Editio J. Amorbachii, Basileae 1506; keine Seitenzählung) unter dem Titel Liber de incarnatione verbi, qui ab aliquibus intitulatur de deitate et incarnatione
verbi ad Ianuarium. Benutzt hat Amerbach entweder B oder
(wahrscheinlicher) einen Codex wie Brüssel, Bibl. roy. 657-666,
der auf B zurückgeht: Dies bezeugt neben zahlreichen Fehlern
insbesondere die für B charakteristische Textvertauschung (vgl.
o. cap. 3). Der in Unordnung geratene und somit unsinnige Text
wurde von Amerbach kommentarlos abgedruckt. Der Titel bei
Amerbach beweist, dass dem Herausgeber zumindest der Name
des Werks sowohl in der α- wie auch in der β-Form bekannt war.

In der Augustinus-Ausgabe des Erasmus (Editio Erasmi, Basileae 1529, Bd. 4, 660–673) wurde nicht nur der Titel von Amerbach beibehalten, es wurde auch der Text von dort abgedruckt und nur einige offensichtliche Fehler verbessert; die sinnlose Reihenfolge blieb dagegen unverändert. Allerdings sprach Erasmus der Schrift in der Einleitung die augustinische Autorschaft mit folgenden Worten ab: *Et sermonis duricies et quaedam admixta, quod genus illud de filio voluntate progenito, declarant opus non esse Augustini; sed studiosi cuiuspiam stilum exercentis, qui tamen affectarit videri Augustinus, bis citans commentarios in Genesim. Quin ipse titulus olet fucum. Non tamen indignum lectu. Nec meum iudicium cuiquam obstare volo, quominus fruatur suo.* Erasmus hielt das Werk demzufolge für das Produkt eines Autors, welcher als Augustinus angesehen werden wollte und deshalb sogar auf dessen Genesiskommentare verwiesen habe (vgl. 1,14,10–12; 1,22,8f.).

In die Ausgabe der Löwener Theologen (Editio theologorum Lovaniensium, Antverpiae 1577, Bd. 4, 492–497) floss sowohl der Wortlaut als auch die Kritik des Erasmus beinahe unverändert ein. Allerdings wurde die Textvertauschung erkannt und versucht, die ursprüngliche Reihenfolge wieder herzustellen (vgl. o. cap. 6). Dies ist kaum ohne Einsicht in eine Hs. geschehen: Es ist sehr gut möglich, dass die Lovanienses den Codex B benutzt haben und erkannten, dass die Textvertauschung durch die richtige Nummerierung der Blätter wenigstens teilweise zu beheben ist. Die auf den Seitenenden von B zu findende Anleitung für das richtige Lesen des in Unordnung geratenen Texts (vgl. o. Anm. 10) steht mit ihrer Editionstätigkeit wahrscheinlich in Zusammenhang.

Die Mauriner Augustinus-Ausgabe erschien zu einer Zeit, als man bereits wusste, dass inc. im Großen und Ganzen eine Zusammenstellung von Exzerpten aus princ. darstellt.[27] Die Herausgeber sprechen dem Werk demgemäß die Authentizität ab; sie betiteln es De incarnatione verbi ad Ianuarium libri duo, collecti ex Origenis opere Peri Archon, iuxta versionem Rufini (Editio monachorum S. Mauri, Parisiis 1694, Bd. 8, appendix 51–62). Grundlage für den Text der Mauriner bildete die Edition der Lovanienses, doch zogen sie zur Kontrolle zwei Hss. heran, einen „Vaticanus" und einen „Victorinus", bei denen es sich um Va und um eine der beiden Hss. Paris BNF lat. 14294 bzw. 14479 handelt (vgl. o. cap. 3). Da diese β-Hss. im Vergleich zu der α1-Hs., welche der Lovanienses-Edition zugrunde liegt, einen äußerst unzuverlässigen Text bieten, änderten die Mauriner sehr wenig ab; allerdings füllten sie einige Lücken auf und gaben an manchen Stellen Varianten aus ihren beiden Codices am Rand an; außerdem übernahmen sie den Titel, wie dieser in den β-Hss. vorliegt (*De incarnatione verbi ad Ianuarium*).

Wieder abgedruckt wurde der Text der Mauriner im 42. Band von Mignes Patrologia Latina (Parisiis 1845, 1175–1194).

Da die genannten Ausgaben zu einer kritischen Edition nichts beitragen, wurde darauf verzichtet, ihre jeweiligen Varianten im Apparat anzuführen. Lediglich jene Lesarten, die von Amerbach bis Migne unverändert in den Ausgaben aufscheinen (und sich meist in B finden), werden mit der Sigle *edd.* gekennzeichnet.

---

[27] Den möglicherweise entscheidenden Schritt zu dieser Erkenntnis tat der französische Gelehrte und Bischof Pierre Daniel Huet, der in seinen Origeniana, Rouen 1668 festhielt: ...*merito inter supositicia et Augustino perperam ascripta reiici libellum De deitate et incarnatione ad Ianuarium, qui (...) Origenianis fere pannis consutus et consarcinatus est.* Vgl. außerdem o. Anm. 1 und Gasparro (Anm. 1), 68 f., nach der Huet zitiert ist.

9. Stemma. Textkonstitution

Nicht im folgenden Stemma berücksichtigt sind Hss., deren
Lesarten nicht in den Apparat der Edition aufgenommen wurden
(für ihr Verhältnis zu den übrigen Hss. vgl. o. cap. 3) sowie die
alten Editionen, deren Beziehung zu den Codices in cap. 8 dargelegt ist. Ω ist das Exemplar des Verfassers von inc.; Ω₁ bezeichnet den Archetyp der erhaltenen Hss., in dem die Textvertauschung (vgl. o. cap. 6) bereits eingetreten war. Der gebrochene
Pfeil von β₂ zu V zeigt Kontamination an, die gepunktete Linie
von β zu φ, dass sich die „Florilegienhandschrift" φ nicht mit
letzter Sicherheit von β allein herleiten lässt.

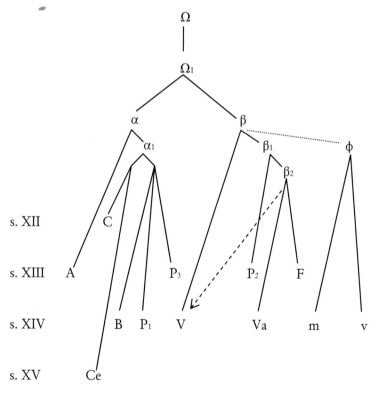

Gruppe α bietet im Allgemeinen einen zuverlässigeren Text als Gruppe β; doch hat β in einigen Fällen gegen α das Richtige bewahrt und ist insbesondere frei von einigen für α charakteristischen Lücken. Wo A mit β (oder den besseren Hss. von β) gegen α1 übereinstimmt, ist üblicherweise gegen α1 zu entscheiden.

Zu berücksichtigen ist stets der Text von Rufins Origenes-Übersetzung princ.: Ihr folgt der Exzerptor zwar weitgehend, doch ändert er bisweilen einzelne Passagen selbstständig ab.[28] Grundsätzlich wurde entschieden, den Text der Hss. von inc., wo er von princ. abweicht, beizubehalten, sofern es sprachlich und inhaltlich irgendwie vertretbar schien. In zahlreichen Fällen musste aber nach princ. ausgebessert werden, da die Hss. von inc. offensichtlich fehlerhaft sind: Dabei kennzeichnet ° die Verbesserung eines oder mehrerer Wörter nach princ., {} die Ergänzung eines oder mehrerer ausgefallener Wörter nach princ., und || die Tilgung eines oder mehrerer Wörter nach princ.

10. Das Verhältnis zu Koetschaus Edition von princ.

Auch wenn der Verfasser von inc. den übernommenen Text selbstständig umstellt und kleinere Eingriffe vornimmt – im Großen und Ganzen bleibt inc. eine Sammlung von Auszügen aus princ. Der größte Wert einer kritischen Edition dieses Texts besteht somit wohl im Hinblick auf künftige Ausgaben von princ.: Tatsächlich hat man beklagt, dass mit den alten Drucken von inc. ein bedeutender indirekter Textzeuge nur in mangelhafter Form greifbar ist.[29]

Eine Durchsicht von P. Koetschaus großer Edition von princ. (Anm. 2) zeigt, wie wenig der Editor sich auf den ihm vorlie-

---

[28] Dass an einer dieser Stellen der ursprüngliche Wortlaut von princ. gegen die direkte Überlieferung bewahrt wäre, ist unwahrscheinlich: Wie eingangs gesagt, leitet sich inc. vom selben Archetyp her wie die direkte Überlieferung von Rufins Übersetzung.

[29] Vgl. Koetschau (Anm. 2), XCVI–XCVIII und Gasparro (Anm. 1), 70.

genden Mauriner-Text verlassen konnte: Z. B. meint Koetschau, dass die Mauriner in 1,26,26f. selbstständig *spiritui sancto ... qui ab ipso patre et filio procedit* geschrieben und „ganz naiv" angemerkt hätten „MSS non habent *et filio*" (XCVII). Tatsächlich geht diese theologische „Naivität" auf den Schreiber von B zurück; die Mauriner fanden den Text bei den Lovanienses, nicht aber in ihren beiden Hss., und hielten dies fest. Viel schwerer wiegt aber die Tatsache, dass ein Großteil der Varianten aus inc., die Koetschau im Apparat zu princ. anführt, nur eine äußerst schwache oder gar keine Grundlage in den Hss. besitzt, und dass sich Koetschau in einzelnen Entscheidungen auf den Text von inc. stützt, wo die Mehrheit bzw. die besseren Hss. in eine andere Richtung weisen.[30]

Die Abweichungen der vorliegenden Edition von Koetschaus Text betreffen die folgenden Passagen (für Umstellungen und Auslassungen, die der Verfasser von inc. vorgenommen hat, vgl. o. cap. 2):

1,2,11 *natura* om. princ.
1,3,2 *ex hoc mundo discesserit* tr. princ.
1,3,5 *suppliciis* princ.
1,3,5 *eam* princ.

---

[30] So beruft sich Koetschau (Anm. 2), 43,3 bei der Aufnahme von *antiquior* in seinen Text auf eine alte Ausgabe von princ. und auf inc., während alle Hss. von princ. *antiquius* bieten; eben dies liest man aber auch in der überwiegenden Mehrheit der Hss. von inc.; nur der von den Maurinern herangezogene schlechte Codex Va bietet *antiquior* (1,17,44). Ähnliches gilt für *quae* Koe. 43,8 ~ inc. 1,17,50. In Koe. 54,12 stützt sich Koetschaus *unitate* ausschließlich auf inc., es steht aber nur in den wenig zuverlässigen Hss. von β1 (1,22,41); ähnlich bei *ei* in Koe. 144,5, wo anscheinend gar keine hs. Grundlage in inc. besteht, sondern eine Konjektur der Mauriner vorliegen dürfte. Somit bleiben von jenen Beispielen, aus denen Koetschau geschlossen hat, inc. biete „teilweise ein[en] bessere[n] Text" als die direkte Überlieferung (XCVII), nur zwei übrig, die nicht besonders signifikant erscheinen und möglicherweise auf Konjektur des Exzerptors zurückzuführen sind (*pura nec sincera* 1,18,15; *erat* 2,2,24).

1,3,6 *et quia erit* princ.
1,4,2 *rationabilem esse* tr. princ.
1,4,3 *adversum* princ.
1,4,9 *possint* princ.
1,6,4 *post mundum* princ.
1,7,4 *haec quae descripta sunt* princ.
1,7,7 *omnibus* princ. / *solis* princ
1,10,8 *quia* princ.
1,10,12 *descriptae ac praefiguratae* princ.
1,11,8 *vero excelsius et praeclarius* add. princ.
1,11,8f. *sui dicit ... verbum dicens* princ.
1,12,5 *essent* om. princ.
1,12,6 *factus* princ.
1,13,6 *subsistentia* princ.
1,13,18 *dicit de eo* tr. princ.
1,13,27 *ex quo et nata est* princ.
1,14,6 *exculpi* princ.
1,14,10 *primus* om. princ. / *hominem* princ.
1,14,26 *patrem fatentur* tr. princ.
1,16,18 *studet* princ.
1,16,30 *uti* princ.
1,16,33 *aspectum* princ.
1,17,44 *antiquior* princ.
1,17,49 *quae* princ.
1,17,65 *flectetur* princ. / *et terrestrium* princ.
1,18,3 *solis et lunae et stellarum* princ.
1,18,4 *ipsis* princ.
1,18,6 *et terrestrium* princ.
1,18,10 *quo* princ.
1,18,18 *et quod hoc quod accidit* princ. / *decidere* princ.
1,18,20 *quae* princ.
1,19,9 *et* princ.
1,19,11 *dei* om. princ.
1,19,12 *est sapientia* tr. princ.

1,19,13 *et* om. princ.

1,19,20 *ad patrem* princ.

1,20,3 *deformatur* princ.

1,20,6 *dicetur* princ.

1,20,8 / 15 *pater* add. princ.

1,20,18 *eius* add. princ.

1,20,19 *refert* princ.

1,21,14 *spiritu sancto* tr. princ.

1,21,14f. *evangelicae atque apostolicae* tr. princ.

1,21,39 *et* add. princ.

1,21,43f. *sancti spiritus* tr. princ. / *obstupescat* princ.

1,21,46 *sperare veniam posse* tr. princ.

1,22,11 *observarunt* princ.

1,22,13 *sancto spiritu* tr. princ. / *debeat* princ.

1,22,15 *nunc carne perficimini* princ.

1,22,22 *dicit* princ.

1,22,27 *paracletus* princ.

1,22,28 *vos* add. princ.

1,22,37 *antea* princ.

1,23,15 *aliis* princ.

1,23,24 *sapientiae* princ.

1,23,33 *adsint* princ.

1,23,34 *perducere ex* princ.

1,24,1f. *opere ... instaurato* princ.

1,24,6 *percipimus* princ.

1,24,8 *et* princ. / *ac* princ.

1,24,9 *aliquando satietas* tr. princ.

1,24,10 *cepit* princ.

1,25,1 *unde* princ.

1,25,3 *semet ipsum* princ.

1,25,6 *poterant* princ.

1,25,8 *consummatione* princ.

1,25,18 *requiritur* princ.

1,25,38f. *restitutio* princ.

1,26,5 *institutionibus* princ.

1,26,23 *quidve in his* princ.

2,1,14 *omnis motus sui deus modus et mensura sit* princ.

2,1,21 *ut* princ.

2,2,11 *substantibus* princ.

2,2,21f. *quando non fuerit filius* princ.

2,2,30 *nam ... gerunt* princ.

2,3,7 *Christus in me* tr. princ.

2,3,16 *a* princ.

2,4,1 *ratione* princ.

2,4,6f. *consonat ... et dicit* princ.

2,5,10 *putetur esse divulsio* princ.

2,5,11 *baptistes* princ.

2,5,14f. *corporalem praesentiam* tr. princ.

2,6,1 *qui* princ.

2,6,2 *vero* add. princ.

2,6,16 *a me* princ. / *abs me* add. princ.

2,6,17f. *ponendi eam et iterum potestatem habeo adsumendi eam* princ.

2,6,27 *Iesu* princ.

2,6,28 *odiit* princ.

2,6,31 *hoc* princ.

2,6,38 *cum ipso apparebitis* tr. princ.

2,6,44 *atque* princ.

2,6,49 *participes efficiamur* princ.

2,6,56f. *iudicat scire* tr. princ.

2,7,7 *in filios* princ.

2,8,11 *ab initio creaturae et deinceps* add. princ.

2,8,12 *sapientiae et verbo* tr. princ.

2,8,46 *dixit* princ.

2,8,48 *et* om. princ.

2,8,52 *me arguit* tr. princ.

2,9,12 *atque immutationis* add. princ.

2,10,8 *numquidnam* princ.

2,10,11 *magis eam* princ.
2,10,13 *qui* princ. / *attrectare* princ.
2,10,27 / 32 *flagrantia* princ.
2,10,34 *erat* princ.
2,11,4 *cuius* princ.
2,11,12 *perveniunt* princ.
2,11,13 *commutatione* princ.
2,11,26 *umbra est vita nostra* tr. princ.
2,12,2 *de* add. princ.

Conspectus siglorum

Codices

codd.   consensus omnium codicum

α   consensus codicum **A B C Ce P₁ P₃**   (cf. p. 140–143)
α₁   consensus codicum   **B C Ce P₁ P₃**

A	Arras, BM 670 (727), s. XIII^{in}
B	Brüssel, Bibl. roy. 2499-510, s. XIV
C	Cambrai, BM 405 (381), s. XII
Ce	Cesena, Bibl. Malat. D. XXI, V, s. XV
P₁	Paris, BNF lat. 1936, s. XIV
P₃	Paris, BNF lat. 15658, s. XIII

β   consensus codicum **V F Va P₂ m v**   (cf. p. 143–146)
β₁   consensus codicum   **F Va P₂**
β₂   consensus codicum   **F Va**
φ   consensus codicum   **m v**

V	Valencia, Bibl. cated. 128 mod. (117), s. XIV
F	Florenz, Bibl. Laur. XVIII dext. IV, s. XIII^{ex}
Va	Vatikan, Vat. Lat. 458, s. XIV
P₂	Paris, BNF lat. 2083, s. XIII
m	Mailand, Bibl. Trivulz. 170 (500), s. XIV
v	Valencia, Bibl. univ. 32 (620), s. XIV

Testimonia vetera

Orig.   Origenis opus De principiis a Rufino translatum,
         ed. P. Koetschau, Leipzig 1913

Libri typis impressi

edd.   consensus omnium editionum

Editio J. Amorbachii, Basileae 1506 (pars X)

Editio Erasmi, Basileae 1529 (pars IV, p. 660–673)

Editio theologorum Lovaniensium, Antverpiae 1577 (pars IV, 492–497)

Editio monachorum S. Mauri, Parisiis 1694 (pars VIII, appendix 51–62)

PL   Editio J. P. Migne, Parisiis 1845 (PL 42, 1175–1194)

Abbreviationes et signa in apparatibus adhibita supra explicavimus (cf. p. 62). In hoc opere insuper

{...}	textum verbis Rufini collatis additum designat
|...|	textum verbis Rufini collatis deletum designat
°	textum verbis Rufini collatis restitutum designat

DE INCARNATIONE ET DEITATE CHRISTI AD IANUARIUM

(1, 1) Species vero eorum, quae per praedicationem aposto- PL
licam manifeste traduntur, istae sunt: Primo quod unus est deus, 1175
qui omnia creavit atque composuit, quique, cum nihil esset, esse
fecit universa, deus a prima creatura et conditione mundi omnium iustorum, deus Adam Abel Seth Enos Enoch Noe Sem 5
Abraham Isaac Iacob duodecim patriarcharum Moysi et prophetarum; et quod hic deus in novissimis diebus, sicut per prophetas
suos ante promiserat, misit dominum Iesum Christum primo
quidem vocaturum Israel, secundo vero etiam gentes post perfi-
diam populi Israel. Hic deus iustus et bonus, pater domini nostri 10
Iesu Christi, legem et prophetas et evangelia ipse dedit, qui et
apostolorum deus est et veteris ac novi testamenti.

(1, 2) Tum deinde, quia Christus Iesus, ipse qui venit, ante
omnem creaturam natus ex patre est; qui cum in omnium conditione patri ministrasset (per ipsum namque omnia facta sunt),
novissimis temporibus se ipsum exinaniens homo factus est: PL
Incarnatus est, cum deus esset, et homo factus mansit quod erat 1176

1, 2, 3 *cf.* Ioh. 1, 3   4 *cf.* Phil. 2, 7

1, 1, 1–12   species…testamenti] *Orig. 1 praef. 4 (p. 9, 12–10, 4)*   1,
2, 1–12 tum…sanctum] *Orig. 1 praef. 4 (p. 10, 5–11, 4)*

tit.: de incarnatione et deitate Christi *A*; de deitate et incarnatione Christi
C; de deitate et incarnatione verbi *Ce P₃*; de deitate et incarnatione Christi
vel verbi dei *B*; de incarnatione Christi (verbi *sl.*) ad Ianuarium *V*; de incarnatione verbi ad Ianuarium *β₁*; de divinitate et humanitate Christi ad Ianuarium *m*; de incarnatione verbi *v* (*mg.*); *sine titulo inc. P₁*
1, 1, 1–10 species … hic *om. v*   1, 1, 1 vere *β₁*; *om. Ce* | verorum *α₁* | quae
per] qui *Va*   1sq. apostolicam *om. m*   3 quique] qui *β₂*   3–12 quique …
testamenti *om. m*   3 essent *B edd.*   6 Moysei *C P₃*; Moysen *β₁*; Moysem *V*
7 hoc *P₂*   9 etiam *om. V* | gentes *om. P₁*   12 est *om. P₁β₂*
1, 2, 1 cum *Va*; tunc *V*; *om. P₁* | tum … Iesus] Christus autem Iesus *v*
deinde quia] demumque *B* | quia *om. Ce* | Iesus Christus *tr. A B edd.* | ipse
om. β₁ | qui venit *om. m*   2 ex] de *m*   2–5 est … et *om. m*   2 omnium]
omni *B Ce β* (*deest m*) *edd.*   5 incarnatus est *om. P₂*

deus. Corpus assumpsit nostro corpori simile eo solo differens, quod natum ex virgine et spiritu sancto est. Et quoniam hic Iesus Christus natus et passus est in veritate et non per phantasiam, communem hanc mortem vere mortuus; vere enim et a mortuis
10 resurrexit et post resurrectionem conversatus cum discipulis suis assumptus est. Tum deinde natura, honore ac dignitate patri ac filio sociatum tradiderunt spiritum sanctum. Sane quod iste spiritus sanctus unumquemque sanctorum vel prophetarum vel apostolorum inspiraverit et non alius spiritus in veteribus, alius
15 vero in his, qui in adventu Christi inspirati sunt, fuerit, manifestissime in ecclesia praedicatur.

(1, 3) Post haec iam quod anima substantiam vitamque habens propriam, cum ex hoc discesserit mundo, pro suis meritis
PL dispensabitur sive vitae aeternae ac beatitudinis hereditate
1177 potitura, si hoc ei sua gesta praestiterint, sive igni aeterno ac
5 supplicio mancipanda, si in hoc eandem scelerum culpa detorserit. Sed et erit tempus *resurrectionis mortuorum*, cum corpus hoc, quod nunc *in corruptione seminatur, surget in incorruptione, et quod seminatur in ignominia, surget in gloria.*

1, 3, 6–8 I Cor. 15, 42–43

12–16 sane…praedicatur] *Orig. 1 praef. 4 (p. 11, 7–10)*   **1, 3, 1–8** post… gloria] *Orig. 1 praef. 5 (p. 11, 11–12, 7)*

6–8 corpus … Christus *om. m*   **7** hic] deus *add. V Va*   **8** est *om. C m* | et² *om. α₁ m edd.*   **9** communem] communicavit *β₁*   **9–12** communem … iste] tum demum quia *m*   **9** mortem] set *add. B P₃* | vere¹] enim *add. v*   **10** cum apostolis (ac *F*) discipulis conversatus *β₂* | suis *om. α₁ F*   **11** tunc *V* demum *B Ce P₁ V* | natura] natus *P₂; om. Orig.*   **11sq.** natura … sociatum *om. v*   **11sq.** patri ac filio *om. β (deest φ)*   **12** tradidit *β₁* | sane] sed *V* **13** sanctorum *om. P₂*   **14–4, 10** et … salutem] postea quod *m* **15sq.** manifeste *B P₁*   **16** praedicatur in ecclesia *tr. C Ce* **1, 3, 1–8** post … gloria *om. v*   **1** hoc *β (deest φ)* | quod anima iam *tr. β₁* **2** ex *om. P₃* | ex hoc mundo discesserit *tr. Orig.*   **3** vitae *om. P₃*   **3sq.** hereditatem petitura sicut *β₁*   **4** igni] igitur *Ce; om. Va*   **5** suppliciis *Orig.* hoc] mundo *add. B* | eadem *β (deest φ)*; eam *Orig.* | culpa] non *add. B*   **6** et quia erit *Orig.* | erit] querit *β₂ V* | tempus] spiritus *P₂*   **6sq.** hoc corpus *tr. β (deest φ)*   **7** nunc *om. β₁* | seminatur in corruptione *tr. C Ce* | in² *om. P₃* incorruptionem *F*; corruptione(m *V*) *V Va*

(1, 4) Est et illud definitum in ecclesiastica praedicatione omnem animam esse rationabilem, liberi arbitrii et voluntatis; esse quoque ei certamen adversus diabolum et angelos eius contrariasque virtutes ex eo, quod illi peccatis eam onerare contendant, nos vero, si recte consulteque vivamus, ab huiuscemodi 5 labe exuere nos conemur. Unde et consequens est intelligere non nos necessitati esse subiectos, ut omnimodo, etiamsi nolimus, vel mala vel bona agere cogamur. Si enim nostri arbitrii sumus, impugnare nos fortasse possunt aliquae virtutes ad peccatum et aliae iuvare ad salutem; non tamen necessitate cogimur vel recte 10 agere vel male. Quod fieri arbitrantur hi, qui stellarum cursum et motus causam dicunt humanorum esse gestorum, non solum eorum, quae extra arbitrii accidunt libertatem, sed et eorum, quae in nostra sunt posita potestate. De anima vero utrum ex seminis traduce ducatur, ita ut ratio ipsius vel substantia inserta 15 ipsis corporalibus seminibus habeatur, an vero aliud habeat initium, et hoc ipsum initium, si genitum est aut non genitum, vel certe si extrinsecus corpori inditur necne, non satis manifesta praedicatione distinguitur.

(1, 5) De diabolo quoque et angelis eius contrariisque virtutibus ecclesiastica praedicatio docuit, quoniam sint quidem haec;

1, 4, 3sq. *cf.* Eph. 6, 12

1, 4, 1–19 est…distinguitur] *Orig. 1 praef. 5 (p. 12, 8–13, 11)*   1, 5, 1–7 de…nuncupantur] *Orig. 1 praef. 6 (p. 13, 12–17)*

1, 4, 1 illud] aliud *β* (-*v; deest m*)   2 rationabilem esse *tr. Orig.* | rationalem *P₁*   3 adversum *β* (-*v; deest m*) *Orig.*   4 virtutes] potestates *v* | peccatis eam illi *tr. α₁*   4sq. contendunt *β* (*deest m*)   5 huius *P₁ P₃ v*   6 nos exuere *tr. α₁*   7 nos *om. V* | etsi *P₁* | nolumus *F*; volumus *P₂ Va*   8 bona … mala *tr. P₁ P₃ edd.* | cogamur agere *tr. F P₂*; agere *om. Va* | nostri] liberi *add. β* (-*v; deest m*) | sumus] et *add. P₁*   9 possunt fortasse *tr. β₂* | possint *Orig.* | et] vel *V*; *om. α₁*   11 qui *om. Va*   13 accidunt *om. Va* | et *β* (-*β₂*) *Orig.*; *om. rell.*   14 sunt *om. Ce* | posita sunt *tr. B β₂ edd.* | posita *om. A m*   14–5, 7 de … nuncupantur *om. v*   15–17 ita … genitum² *om. m*   16 an] aut *P₃* | alium *V P₂ Va*   17 et … initium *om. P₁* | est genitum *tr. α₁ edd.* | aut] an *β* (*deest φ*)   18 funditur *F*; luditur *uv. Va*

1, 5, 1–3 de … disposuit *om. m*

quae autem sint vel quomodo sint, non satis clare disposuit.
Apud plurimos tamen ista habetur opinio, quod angelus fuerit
5 iste diabolus et apostata effectus quamplurimos angelorum secum
declinare persuaserit, qui et nunc usque angeli ipsius nuncu-
pantur.

(1, 6) Est praeterea et illud in ecclesiastica praedicatione,
quod mundus iste factus sit et a certo tempore coeperit et sit pro
ipsa sui corruptione solvendus. Quid tamen ante hunc mundum
fuerit aut quid postmodum erit, iam non pro manifesto multis
5 innotuit. Non enim evidens de his in ecclesiastica praedicatione
sermo profertur.

(1, 7) Tum deinde quod per spiritum dei scripturae con-
scriptae sint et sensum habeant, non eum solum, qui in manifesto
est, sed et alium quendam latentem quamplurimos. Formae enim
sunt hae, quae describunt sacramentorum quorundam et divina-
5 rum rerum imagines. De quo totius ecclesiae una sententia est
esse quidem omnem legem spiritalem, non tamen ea, quae spirat
lex, esse hominibus nota nisi his solum, quibus gratia spiritus
sancti in verbo sapientiae ac scientiae condonatur.

(1, 8) Est etiam illud in ecclesiastica praedicatione esse
angelos dei quosdam et virtutes bonas, qui ei ministrant ad salu-

---

1, 5, 6sq. *cf.* Matth. 25, 41   1, 7, 6 *cf.* Rom. 7, 14

1, 6, 1–6   est...profertur] *Orig. 1 praef. 7 (p. 14, 1–5)*   1, 7, 1–8   tum...
condonatur] *Orig. praef. 8 (p. 14, 6–13)*   1, 8, 1–4   est...distinguitur] *Orig.
praef. 10 (p. 16, 4–7)*

---

3 vel] aut α_1 4 plurima *Va* | ista *om.* P_1 *m*   4sq. fuerit iste *om. m*
5 defectus P_2 6 suaserit β *(deest v)* | nunc usque *om. m* | usque] et *add.*
codd. praeter B Ce Va (ad *add. Va*) | ipsius] eius *F; om. Va*
1, 6, 1–8, 3 est ... sed] sed et hoc non satis in scripturis distinguitur *m*
2 sit[1]] est *F* | et[1] *om. Va* | a *om. F* | ceperit *B P_1 P_3 β (deest m)*; coepit *Ce*
4 postmodum] post mundum *Orig.* | non iam *tr. B edd.*   5–7, 1 non ... tum
om. v   5 evidens] eiusdem β_1 | his] qui *add. β_2 | in *om.* α_1
1, 7, 1 demum *B V F P_2*; deum *Va*   1sq. scriptae *Va*   4 haec quae descripta
sunt *Orig.* | describuntur *B edd.*   5 est sententia *tr. P_3 β_2*   6 ea *om. F*
7 hominibus] omnibus *Orig.* | solis *V P_2 v Orig.*   7sq. sancti spiritus *tr. β_1*
8 ac] et P_1 β *(deest m)*
1, 8, 1 illud] aliud P_1; *om. β (deest m)*   2 quae β *(-v; deest m)* | ei] enim P_3

tem hominum consummandam. Sed quando isti creati sint vel quales aut quomodo sint, non satis in manifesto distinguitur.

(1, 9) Oportet igitur velut elementis ac fundamentis huiusmodi uti secundum mandatum, quod dicit *Illuminate vobis lumen scientiae,* °omnem qui cupit seriem quandam et corpus ex horum omnium ratione perficere, ut manifestis et necessariis assertionibus de singulis quibusque quid sit in vero rimetur et unum, ut 5 diximus, corpus efficiat, exemplis et affirmationibus vel his, quas in sanctis scripturis invenerit, vel quas ex consequentiae ipsius indagine ac recti tenore reppererit.

(1, 10) Nos semper deum patrem novimus unigeniti filii sui, ex ipso quidem nati et quod est ab ipso trahentis sine ullo tamen PL initio, non solum eo, quod aliquibus temporum spatiis distingui 1178 potest, sed ne illo quidem, quod sola apud semetipsam mens intueri solet et nudo, ut ita dixerim, intellectu atque animo 5 conspicari. Extra omne ergo, quod vel dici vel intelligi potest initium, generatam esse credendum est sapientiam. In hac ipsa ergo sapientiae subsistentia, qua omnis virtus ac deformatio futurae inerat creaturae vel eorum, quae principaliter existunt, vel eorum, quae accidunt consequenter, virtute praescientiae 10 praeformata atque disposita pro his ipsis, quae in ipsa sapientia

---

1, 9, 2sq. Os. 10, 12 (LXX)

1, 9, 1-8   oportet…reppererit] *Orig. praef. 10 (p. 16, 9–15)*   1, 10, 1-15 nos…species] *Orig. 1, 2, 2 (p. 29, 12–30, 8)*

---

3 sunt *F P₂ m; om. V* | vel] aut *P₃*   4 aut] vel *F* | ostenditur *v*
1, 9, 1-8 oportet … reppererit *om. v*   1-10, 12 oportet … ipsam] sapientia vero dei *m*   1 ac] aut *V*   1sq. huius *P₁ β₁*   2 dicitur *α* | nobis *A Ce P₁ V F P₂*   3 omnem *Orig.*; omnis *codd.* | capit *F* | eorum *β₁*   5 rimetur] teneatur *β₁*   6 dicimus *A C Ce*; dominus *P₁*; deus *uv. P₃*   7 scripturis sanctis *tr. α₁* ex *om. B P₁ P₃* | ex consequentiae] consequenter *edd.* | ipsius *om. β₁*
8 recte tenere *β₂* | rep(p)erit *P₁ P₃*; receperit *β₁*
1, 10, 1 nos] igitur *add. v* | agnovimus *F* | sui *om. Va*   2 tamen sine ullo *tr. β₂*   3 non] si *Va* | eo *om. β₂*   4 ne illo] sine ullo *β₂* | quod] ex *β₂* | se ipsum *β₁*   5 solet *om. β₂*   6 omne] esse *β₂* | ergo *om. F* | vel¹ *om. P₁*   7 sapientiam credendum est *tr. α₁ edd.* | in *om. P₂*   7sq. ergo ipsa *tr. β₂*; ergo *om. α₁*
8 quam *uv. B*; cui *F P₂*; an *Va*; quia *Orig.*   9 vel] in *add. P₁*   10 patiencie *Va*; sapientie *F*

velut descripta ac praefigurata fuerant creaturis, se ipsam per Salomonem dicit creatam esse sapientia initium viarum dei continens scilicet in semetipsa universae creaturae vel initia vel
15 rationes vel species.

(1, 11) Quali autem modo intelleximus sapientiam initium viarum dei esse et quomodo creata esse dicitur species scilicet in se et rationes totius praeformans et continens creaturae, hoc modo etiam verbum dei eam esse intelligendum est per hoc, quod
5 ipsa ceteris omnibus – id est universae creaturae – mysteriorum et arcanorum rationem, quae utique intra dei sapientiam continentur, aperiat. Et per hoc verbum dicitur, quia sit tamquam arcanorum mentis interpres. Iohannes in initio evangelii sui propria definitione deum esse definiens verbum dicit: *Et deus erat*
10 *verbum et hoc erat in initio apud deum.* Qui autem initium dat verbo dei vel sapientiae dei, intuere ne magis in ipsum ingenitum patrem impietatem suam iactet, cum eum neget semper patrem fuisse et genuisse verbum et habuisse sapientiam in omnibus anterioribus vel temporibus vel saeculis vel si quid illud est, quod
15 nominari potest.

1, 10, 12sq. *cf.* Prov. 8, 22   **1, 11, 9sq.** Ioh. 1, 1–2

1, 11, 1–8 quali...interpres] *Orig. 1, 2, 3 (p. 30, 9–15)*   **8–15** Iohannes... potest] *Orig. 1, 2, 3 (p. 30, 17–31, 4)*

12 descriptae ac praefiguratae *Orig.* | fuerunt β_1 | ipsa *Va*   **13** sapientiam α dei viarum *tr.* β_2 **14** continens] omnes P_1 | scilicet *om. F* | semetipsam β_1
1, 11, 1–5 quali ... est] quomodo et verbum dei intelligendus est per hoc quod *m*   **1** intellexerimus P_1 *F*; intelligimus *v*; *om.* P_3 **2** esse² *om.* α
3–5 creaturae ... universae *om. Va*   **4** etiam] et P_1; *post* dei *tr.* P_3; *om.* P_2
5 id est] et P_1 **6** rationi P_2 **6sq.** continetur β_2 *V*   **7** apparet ('vel aperiet' *manu multo posteriore sl.) B*   **7–12, 7** et ... quod] via etiam ducens *m*   **7** per *om.* β_2 | tamquam *om.* α_1 **8** Iohannes] vero excelsius et praeclarius *add. Orig.* | in *om. Va* | sui evangelii *tr.* β_2 **8sq.** evangelii sui dicit ... verbum dicens *Orig.*   **10** in *om.* β_2 *V* | principio *v* | dat initium *tr.* α_1 P_2 **11** dei² *om.* P_1 **14** vel¹ *om.* P_1

(1, 12) Hic ergo filius etiam omnium, quae sunt, veritas est
et vita. Et recte: Nam quomodo viverent, quae facta sunt, nisi ex
vita, vel quomodo veritate constarent ea, quae sunt, nisi ex veritate descenderent, vel quomodo rationabiles esse possent substantiae, nisi verbum vel ratio praecederet, vel quomodo essent   5
sapientes, nisi esset sapientia? Via factum est verbum dei ac
sapientia; quae via idcirco dicitur, quod ad patrem ducit eos, qui
incedunt per eam. Quaecumque ergo diximus de sapientia dei,
haec convenienter aptabuntur et intelligentur etiam pro eo, quod
filius dei vita est, et pro eo, quod verbum est, et pro eo, quod   10
veritas est, et pro eo, quod via est, et pro eo, quod resurrectio est,
quia hae omnes appellationes ex operibus eius ac virtutibus nomi-
natae sunt, et in nulla harum vel levi opinione intelligi corporale
aliquid potest, quod vel magnitudinem designare videatur vel
habitum vel colorem.   15

(1, 13) Verum quoniam hi, qui apud nos videntur hominum
filii vel ceterorum animalium, semini eorum, a quibus seminati
sunt, respondent vel earum, in quarum utero formantur ac
nutriuntur, habentes ex his quidquid illud est, quod in lucem
hanc assumunt ac deferunt processuri, infandum est et inlicitum   5
deum patrem in generatione unigeniti filii sui atque in substantia

---

1, 12, 1-8 *cf.* Ioh. 14, 6

1, 12, 1-6   hic…sapientia] *Orig. 1, 2, 4 (p. 31, 5-9)*   6-15   via…colorem]
Orig. 1, 2, 4 (p. 32, 2-11)   1, 13, 1-29   verum…dicitur] *Orig. 1, 2, 4-5 (p.
32,11-34, 7)*

1, 12, 1 etiam] et P_1; *om.* v | quae *post* filius *tr.* A | est *om.* P_1 2 vita] et via
add. edd. | facta *om.* V   3 quae] facta *add.* P_1 | ex *om.* F   4 rationales P_1
possent (possunt F P_2) esse *tr.* β (-v; *deest* m)   5 essent] possent (possunt F)
esse β (*deest* m); *om. Orig.*   6 *factus A V v Orig.; facta β_1 | ac] et α_1
7-13,8 ducit … sed] veritas et vita est; in cuius de patre generatione m
8 eum V; illam β_2 | quodcumque Va | ergo] igitur P_3 | dixerimus P_2 9 hoc
P_1 Va; etiam *add.* α_1 | intelliguntur $P_1 \beta_1$ | etiam *om.* B   10sq. veritas … via
… ratio F   11 et¹ … est *om.* V | et¹ … est² *om.* F | resurrectio] ratio P_2 Va
12 ac] et β_2 | virtutibus] eius *add.* P_1 13 vel levi opinione *om.* v 14 vel
quod *tr.* P_3
1, 13, 1sq. hominum filii videntur *tr.* B   2 seminati $P_1 P_3$ 3 vel] etiam *add.*
β_2 | earum] ea P_2 | utero *om.* Va   5 nefandum B $P_1 P_3$ 6 subsistentia *Orig.*

eius exaequare alicui vel hominum vel aliorum animantium
generanti, sed necesse est exceptum aliquid esse et deo dignum,
cuius nulla prorsus comparatio, non in rebus solum, sed ne in
10 cogitatione quidem vel sensu inveniri potest, ut humana cogitatio
possit apprehendere, quomodo ingenitus deus pater efficitur
unigeniti filii. Est namque ita aeterna ac sempiterna generatio,
sicut splendor generatur ex luce. Non enim per adoptionem
spiritus filius fit exstrinsecus, sed natura filius est. Videamus
15 tamen, quomodo haec, quae dicimus, etiam divinae scripturae
auctoritate muniantur. Ait apostolus Paulus unigenitum filium
imaginem esse dei invisibilis et primogenitum eum esse totius
PL creaturae. Ad Hebraeos vero scribens de eo dicit, quia sit splen-
1179 dor gloriae et figura expressa substantiae eius. Invenimus nihilo-
20 minus etiam in Sapientia, quae dicitur Salomonis, descriptionem
quandam de dei sapientia hoc modo scriptam: *Vapor est enim*,
inquit, *virtutis dei et* ἀπόρροια – id est manatio – *gloriae omni-*
potentis purissima. Ideo ergo nihil in eam commaculatum incidere
potest. Splendor est enim lucis aeternae et speculum immaculatum
25 *inoperationis dei et imago bonitatis eius.* Sapientiam vero dei
dicimus, sicut superius diximus, subsistentiam habentem non

1, 13, 16 – 18 *cf.* Col. 1, 15   **18sq.** *cf.* Hebr. 1, 3   **21 – 25** Sap. 7, 25 – 26
26 *cf.* 1, 10, 7 – 15

---

8 aliquid exceptum *tr.* β₂; exceptum esse aliquid *tr.* A *m*   **9** ne] nec φ; *om.* P₁
10 cogitationibus V | quidem ... sensu *om. m* | vel] in *add.* P₁   **10 – 17** ut ...
et] hunc appellat apostolus *m*   **11** unigenitus P₃   **12** est] et Va; *om.* P₂ | ita
namque *tr.* β₁; ita *om.* P₁ | ac] atque β₁; et P₁ | ac sempiterna *om. v*   **13** ex] a
B *v*   **14** nature V P₂ *v*; vere β₂   **16** uniantur P₁; muniamur B; nominatur
Va   **17** dei esse *tr.* P₃ β (*deest m*) | eum β (-φ) Orig.; *om. rell.* | eum esse
totius] omnis φ   **18** ad ... scribens] et *m* | scribens] subtilius P₁ | dicit de eo
tr. Orig.   **19** expressa *om.* φ   **19 – 21** invenimus ... scriptam] et Salomon *m*
21 hoc ... scriptam *om. v* | scriptum β (est *add.* P₂; *deest* φ) | enim *om.* φ
22 et] ait *add.* α   **22 – 25** et ... eius *om. m*   **22** et ... id *om. v* | ἀπόρροια]
aitoppota A C P₃; ariopota P₂ Va; aporoea B V F; *om.* Ce P₁ (*hoc verbum*
quomodo in codicibus scriptum sit dehinc non indicabo; cf. p. 157) | emanatio
B P₁   **23** in eam *post* commaculatum *tr.* α₁ edd. | maculatum β₂
25 operationis B P₃ β (*deest m*)   **25 – 29** sapientiam ... dicitur *om. v*   **26** sicut ... diximus *om. m*

alibi nisi in eo, qui est initium omnium, ex quo nata est. Quae
sapientia quia ipse est, qui est solus natura filius, idcirco et unigenitus dicitur.

(1, 14) Videamus sane, quid intelligi debeat etiam de hoc,
quod imago invisibilis dei dicitur, ut et per hoc advertamus,
quomodo deus recte pater dicitur filii sui, et consideremus primo
ex his, quae consuetudine hominum imagines appellari solent.
Imago interdum dicitur ea, quae in materia aliqua, id est ligni vel 5
lapidis depingi vel sculpi solet. Interdum imago dicitur eius, qui
genuit, is, qui natus est, cum in nullo similitudinum liniamenta
eius, qui genuit, in eo, qui natus est, mentiuntur. Puto ergo posse
priori quidem exemplo aptari eum, qui ad imaginem et similitudinem dei primus factus est hominum, de quo diligentius deo 10
favente, cum locum ipsum in Genesi exponere coeperimus,
videbimus. Secundae vero comparationi imago filii dei, de quo
nunc sermo est, comparari potest etiam secundum hoc, quod
invisibilis dei imago invisibilis est. Sicut secundum historiam
dicimus imaginem Adae esse filium eius Seth. Ita enim scriptum 15
est: *Et genuit Adam Seth secundum imaginem suam et secundum
speciem suam.* Quae imago etiam naturae ac substantiae patris et
filii continet unitatem. Si enim omnia, quae °facit pater, haec et

---

1, 14, 2 *cf.* Col. 1, 15   10–12 *cf. appar. ad Orig. p. 34, 15–17*   16sq. Gen. 5,
3   18sq. *cf.* Ioh. 5, 19

1, 14, 1–48 videamus...patrem] *Orig. 1, 2, 6 (p. 34, 8–37, 2)*

27 ex quo et nata est *Orig.*   27–14,4 quae ... solent *om. m*   28 est² *om. P₁*
1, 14, 2 et] etiam *v; om. A P₂*   3 dicitur pater *tr. β₂*   3sq. et ... solent *om. v*
3 primo] proximo *α₁*   4 homini *B; om. P₁*   5 interea *β₁*   5sq. ea ... dicitur
mg. A   5 in *om. β₂*   6 exculpi *Orig.* | interdum] item *β₁; vero add. v*
8 metuuntur *P₃*   8sq. ergo ... aptari] quidem primo posse aptari exemplum
m   9 quidem priori *tr. α₁ v*   9sq. et similitudinem *om. m*   10 primus *om.*
Orig. | hominum] primus homo *v;* homo *m;* hominem *Orig.*   10–12 de ...
videbimus *om. φ*   11 ceperimus *A α₁ (-P₁) V P₂;* cepimus *P₁*   12 vero *om.*
Ce   12sq. de ... est *om. φ*   13 etiam secundum] et *P₁* | hoc *om. B*   14 invi-
sibilis imago *tr. B edd.*   14–19 sicut ... similiter *om. m*   17 etiam] est *β₁;* et
P₁ | et] ac *α₁ V P₂ edd.*   18 quae *om. β₂* | facit *Orig.;* fecit *codd.*
18sq. haec ... pater *om. β₁*

filius facit similiter, in eo, quod omnia ita facit filius sicut pater,
20 imago patris deformatur in filio, qui utique natus ex eo est velut
quaedam voluntas eius ex mente procedens. Et ideo ego arbitror,
quod sufficere debeat voluntas patris ad subsistendum hoc, quod
vult pater. Volens enim non alia via utitur, nisi quae consilio
voluntatis profertur. Ita ergo et filii ab eo subsistentia generatur.
25 Quod necesse est inprimis suscipi ab his, qui nihil ingenitum – id
est innatum – praeter solum deum fatentur patrem. Observandum namque est, ne quis incurrat in illas absurdas fabulas eorum,
qui prolationes quasdam sibi ipsi depingunt, ut divinam naturam
in partes vocent et deum patrem, quantum in se est, dividant,
30 cum hoc de incorporea natura vel leviter suspicari non solum
extremae impietatis sit, verum etiam ultimae insipientiae nec
omnino vel ad intelligentiam consequens, ut incorporeae naturae
substantialis divisio possit intelligi. Magis ergo sicut voluntas
procedit e mente et neque partem aliquam mentis secat neque ab
35 ea separatur aut dividitur, tali quadam specie putandus est pater
filium genuisse, imaginem scilicet suam, ut sicut ipse est invisibilis per naturam, ita imaginem quoque invisibilem genuerit.
Verbum enim est filius et ideo nihil in eo sensibile intelligendum
est. Sapientia est et in sapientia nihil corporeum suspicandum est.

---

19 ita facit omnia *tr. B P$_1$ P$_3$*; facit omnia ita *tr. C Ce*; omnia facit ita *tr. V ϕ*
21 eius *om. α$_1$ edd.*   **23** via *om. Va* | quae] e *add. A*   **24** et] quod *P$_3$*
25 est *om. α$_1$* | inprimis *om. P$_1$*   **26** patrem fatentur *tr. Orig.*   **27** est *om. P$_1$*
incurrat] inaniter *F* | absurdissimas *v*   **28sq.** prolationes ... patrem *om. v*
28 ipsis *B β (deest v) edd.*   **29** vocent] notent *F* | in quantum *β$_2$* | est] deum
patrem *add. v*   **30** vel leviter *om. v*   **30sq.** non ... etiam *om. v*   **31** etiam
om. α$_1$ | ultimae sit insipientiae et impietatis *v*   **31–33** nec ... intelligi *om. v*
32 vel *om. P$_1$* | ad *om. B edd.*   **33** potest *β$_1$* | ergo] vero *β (-V m)*; ymago
enim substancie patris et filii continet unitatem *add. m* | sicut] autem *add.
m*   **34** procedit *om. m* | e mente *vel* emente *A α$_1$ (-P$_1$) Orig.*; ex mente *rell.*
34–39 et ... est³] sic filius procedit ex patre *m*   **35** quidam *V Va*; quidem *α$_1$
edd.* | pater *om. F*   **36sq.** invisibilis est *tr. B edd.*; est *om. F v*   **37** ita] ad
add. P$_2$ | quoque imaginem *tr. A v*   **38** filius] illius *P$_1$* | in eo nihil *tr. A*
39 est²] enim *add. P$_1$*

Lumen est °verum, quod illuminat omnem hominem venientem in 40
hunc mundum, sed nihil habet commune ad solis huius lumen.
Imago ergo est invisibilis dei patris salvator noster: Quantum ad
ipsum quidem patrem veritas, quantum autem ad nos, quibus
revelat patrem, imago est, per quam cognoscimus patrem, quem
nemo alius novit nisi filius et cui voluerit filius revelare. Revelat 45
autem per hoc, quod ipse intelligitur. A quo enim ipse fuerit intellectus, consequenter intelligitur et pater secundum hoc, quod PL
ipse dixit: *Qui videt me, videt et patrem.* 1180

(1, 15) Sed quoniam sermonem Pauli inseruimus de Christo
dicentis in eo, quod ait, quia splendor est gloriae dei et figura
expressa substantiae eius, quid ex hoc sentiendum sit, videamus.
Deus lux est secundum Iohannem. Splendor ergo huius lucis est
unigenitus filius ex ipso inseparabiliter velut splendor ex luce 5
procedens et illuminans universam creaturam. Secundum haec
namque, quae superius exposuimus, quomodo via sit et ducat ad
patrem, et quomodo verbum sit arcana sapientiae ac scientiae
mysteria interpretans ac proferens rationabili creaturae, quomodo etiam veritas vel vita est vel resurrectio, consequenter 10
intelligere debemus etiam splendoris opus: Per splendorem
namque, quid sit lux ipsa, agnoscitur et sentitur. Qui splendor

---

40sq. Ioh. 1, 9   45 Matth. 11, 27   48 Ioh. 14, 9   **1, 15, 2sq.** *cf.* Hebr. 1, 3
4 *cf.* I Ioh. 1, 5   7 *cf.* 1, 12

1, 15, 1–18 sed...effectus] *Orig. 1, 2, 7 (p. 37, 4–20)*

40 verum *Orig.*; verbum *codd.*   40sq. verum ... 41 mundum *om. m*
41 habet] est *β₂*   42–46 imago ... intelligitur *om. m*   42 ergo *om. P₁*
44 cognovimus *β* (-*v; deest m*) | quem] quoniam *β₁*   44–48 quem ... patrem
om. v   45 alius *om. P₁*   46 enim ipse] autem filius *m*   47 hoc *om. P₃ m*
48 vidit ... vidit *V Va*
1, 15, 1–17, 60 sed ... quia] ipse enim ait *m*   1 sermonem ... inseruimus]
Paulus dicit *v*   2 dicentis ... quia *om. v* | quia *om. β₂*   **2sq.** figura ... eius]
cetera *v*   3 substantiae] gloriae *P₁* | ex] de *α₁ edd.* | sciendum est *β₁*
4 ergo] enim *P₁* | huius *om. α₁ edd.* | est²] post splendor *tr. V P₂ v*; post ergo
tr. β₂   6 procedens] splendens *F*   **6–11** secundum ... opus *om. v*   6 hoc *A*
V P₂ Va   7 quod *V*   8 ac] et *B edd.*   9 rationali *P₂*   10 est *om. β₂*
resurrectio] ratio *β₂*; oratio *P₂*   11 etiam] et *β₂*   12 quis *Va*

fragilibus se et infirmis mortalium oculis placidius ac lenius
offerens et paulatim velut edocens et assuescens claritatem lumi-
15 nis pati, cum ab eis dimoverit omne, quod visum obducit et
impedit, secundum quod dixit dominus *Eice trabem de oculo tuo*,
capaces eos efficit ad suscipiendam gloriam lucis, etiam in hoc
velut quidam mediator hominum ac lucis effectus.

(1, 16) Verum quoniam non solum splendor gloriae esse
dicitur ab apostolo, sed et figura expressa substantiae vel subsistentiae eius, non mihi videtur otiosi esse intellectus advertere,
quomodo alia praeter ipsam dei substantiam vel subsistentiam,
5 quaecumque illa substantia vel subsistentia dicitur, figura substantiae eius esse dicatur. Et vide, ne forte, quoniam filius dei, qui
et verbum eius et sapientia dicitur et qui solus novit patrem et
revelat quibus vult – id est qui capaces verbi ipsius et sapientiae
°fiunt – secundum hoc ipsum, quod intelligi atque agnosci facit
10 deum, figuram substantiae vel subsistentiae eius dicatur expri-
mere, id est cum in semetipsa primum describit sapientia {ea},
quae revelare vult ceteris, ex quibus ab illis agnoscitur et intelligitur deus, et haec dicatur figura expressa substantiae dei. Ut autem
plenius adhuc intelligatur, quomodo salvator figura est substan-
15 tiae vel subsistentiae dei, utamur etiam exemplo, quod quamvis
rem non plene nec proprie significet, de qua agimus, tamen ad
hoc solum videatur assumptum, quod exinaniens se filius, qui

---

16 Matth. 7, 5   18 *cf.* I Tim. 2, 5   1, 16, 2sq. *cf.* Hebr. 1, 3   7sq. *cf.* Matth.
11, 27   17sq. *cf.* Phil. 2, 6

1, 16, 1–40 verum…patre] *Orig. 1, 2, 8 (p. 38, 1–39, 11)*

---

13 ac] et P_1 15 demerit F | visum] est *add.* P_1 | educit P_2 16 secundum …
tuo *om.* v 18 effectus] est *add. Ce*
1, 16, 2 vel] et $β_2$ 3 advertere *om.* v 4sq. alia … dicitur *om.* v 4 ipsam
om. P_2 | substantiam vel *om.* $A β_2 V$ | vel subsistentiam *om.* P_2 5 illa] ipsa
P_3 6 dicantur $P_2 Va$ | vide] inde $β_2$ | vide ne *om.* v 6sq. qui et] quia $β_2$
7 eius et] est $β_2$ | qui et *tr. B V edd.*; et *om.* P_1 9 fiunt *Orig.*; fuerint *codd.*
cognosci $β_1$ 9sq. deum facit *tr.* $α_1$ *edd.*   11 ea *Orig.*; *om. codd.*   12 cognoscitur F 13 *hoc $A β (-v; deest m)$ 14 est figura *tr.* $β_2$ 15 etiam *om.* $P_1 v$
quod] quo *Ce*   16 plene *om.* P_2 17sq. qui … forma *om.* v

erat in forma dei, per ipsam sui exinanitionem studuit nobis
deitatis plenitudinem demonstrare. Verbi causa: Si facta esset
aliqua statua talis, quae magnitudine sui universum orbem terrae   20
teneret et pro sui immensitate considerari a nullo posset, fieret
autem alia statua membrorum habitu ac vultus liniamentis, specie
ac materia per omnia similis absque magnitudinis immensitate
pro eo, ut qui illam immensam considerare atque intueri non
possent, hanc videntes illam se vidisse considerent, pro eo, quod   25
omnia vel membrorum vel vultus liniamenta vel ipsam speciem
materiamque similitudine prorsus indiscreta servaret; tali quadam
similitudine exinaniens se filius de aequalitate patris et viam
nobis cognitionis eius ostendens figura expressa substantiae eius
efficitur, ut qui in magnitudine deitatis suae positam gloriam   30
merae lucis non poteramus aspicere, per hoc, quod nobis splendor efficitur, intuendae lucis divinae viam per splendoris capia-
mus effectum. Comparatio sane de statuis quasi in rebus materia-
libus posita ad nihil aliud recipiatur quam ad hoc, quod filius dei
brevissimae insertus humani corporis formae ex operum   35
virtutisque similitudine dei patris in se immensam atque invisibilem magnitudinem designabat per hoc, quod dicebat ad discipulos suos, quia *Qui me videt, videt et patrem* et *Ego et pater unum
sumus.* Quibus et illud simile intelligendum est, quod ait, quia   PL
Pater in me et ego in patre.   1181

---

19 *cf.* Col. 2, 9   **38** Ioh. 14, 9   **38sq.** Ioh. 10, 30   **40** Ioh. 14, 10

---

18 sui *om. P₁* | studet *Orig.*   **19** divinitatis *β₂* | causa] gratia *V*   **20** talis *om.*
P₁ | magnitudinem *F*; ymaginem *P₁* | terrae *om. F*   **21** immensitate]
universitate *Ce P₁*   **23** per omnia] omnino *β₁*   **25–27** pro ... servaret *om. v*
26 vel¹] in *P₂ Va*; *om. F* | vel² *om. β₂*   **27** veramque similitudinem *β₁*
quadam] modo *add. P₂*   **28** exinaniens ... aequalitate *om. β₂* | filius] dei *add.*
V P₂ | aequalitate] caritate *P₂*   **30** uti *Orig.*   **30–32** ut ... efficitur *om. P₁*
30 divinitatis *β₁*; claritatis *B edd.*   **31** vere *vel* verae *β* (-*V*; *deest m*)
31sq. splendor nobis *tr. α₁ edd.*   **32** divinae lucis *tr. B edd.*   **33** effectum]
aspectum *Orig.*   **33sq.** quasi ... posita *om. v*   **33sq.** corporalibus *B edd.*
36 virtutibus *β₁*   **38** vidit me *B edd.*   **38–40** et² ... patre *om. v*   **40** me] est
add. A B β₂ | patre] eo *β* (*deest φ*); sum *add. β₂*

(1, 17) Videamus nunc etiam illud, qualiter sentiendum est, quod in Sapientia Salomonis scriptum legimus, qui ita ait de sapientia, quia *Vapor est quidam virtutis dei et* ἀπόρροια - id est manatio - *omnipotentis gloriae purissima et splendor lucis aeternae*
5 *et speculum immaculatum inoperationis sive virtutis dei et imago bonitatis eius.* Quinque igitur haec de deo definiens ex singulis quibusque certa quaedam inesse sapientiae dei designat. Virtutem namque dei nominat et gloriam et lucem aeternam et inoperatio-nem et bonitatem. Ait autem sapientiam vaporem esse non
10 gloriae omnipotentis neque aeternae lucis nec inoperationis patris nec bonitatis eius - neque enim conveniens erat alicui horum ascribi vaporem - sed cum omni proprietate ait virtutis dei vaporem esse sapientiam. Intelligenda est ergo virtus dei, qua viget, qua omnia visibilia et invisibilia vel instituit vel continet
15 vel gubernat, qua ad omnia sufficiens est, quorum providentiam gerit, quibus velut unita omnibus adest. Huius ergo totius virtu-tis tantae et tam immensae vapor et, ut ita dixerim, vigor ipse in propria subsistentia effectus, quamvis ex ipsa virtute velut volun-tas ex mente procedat, tamen et ipsa voluntas dei nihilominus dei
20 virtus efficitur. Efficitur ergo virtus altera in sua proprietate subsistens, ut ait sermo scripturae, vapor quidam primae et ingenitae virtutis dei hoc quidem, quod est, inde trahens. Non est autem, quando non fuerit. Si enim quis voluerit dicere quasi prius non exstiterit, sed postea ad subsistentiam venerit, dicat

---

1, 17, 3-6 Sap. 7, 25-26   **21sq.** *cf.* Sap. 7, 25

1, 17, 1-37 videamus...est] *Orig. 1, 2, 9 (p. 39, 12-41, 7)*

1, 17, 1 etiam ... est] de eo *v* | sciendum *β₁*   **2** scriptum *om. v* | qui] quod *β₂ V*   **3** quia] qui *A α₁ (-P₁)*; quoniam *P₁*; *om. v* | quidem *β₂* | dei *om. β₂* **3sq.** dei ... omnipotentis *om. P₂*   **3** ἀπόρροια ... id *om. v*   **4** manatio *α₁ (-B) Orig.*; emanatio *rell. (cf. 1, 13, 22)*   **5** in operationis *V Va*; operationis *F v* **6sq.** quinque ... designat *om. v*   **7** quibusdam *P₂* | certa] circa *P₁*   **8** nomi-nat] demonstrat *P₂*   **8sq.** operationem *v*   **10** nec *β₂*   **11** enim *om. P₂* **14** visibilia et *om. F* | et invisibilia *om. Ce*   **15** qua] quia *B P₃ edd.*   **17** vi-gor] vapor *β₂ V* | vigor ipse *om. P₂*   **19** ex ... voluntas *om. β₁*   **21** ut ... scripturae *om. v* | quidem *β₂*   **22** quidam *P₂*   **23** noluerit *F* | dicere voluerit *tr. B edd.*   **24** sed] si *P₂* | sed ... venerit *om. v*

causam, quare, qui eam subsistere fecit pater, ante hoc non fece- 25
rit. Quodsi aliquod semel initium dederit, quo initio vapor iste
ex dei virtute processerit, iterum interrogabimus, quare non et
ante illud, quod dixit initium, et ita semper de anterioribus
inquirentes et verbo interrogationis ascendentes perveniemus in
illum intellectum, ut quoniam semper et poterat deus et volebat, 30
numquam vel decuerit vel causa aliqua existere potuerit, ut non
hoc, quod bonum volebat, semper habuerit. Ex quo ostenditur
semper fuisse vaporem istum virtutis dei nullum habentem
initium nisi ipsum deum. Neque enim decebat aliud esse initium
nisi ipsum unde et est et nascitur deum. Secundum apostolum 35
vero dicentem, quia Christus dei virtus est, iam non solum vapor
virtutis dei, sed virtus ex virtute dicenda est. Ne videatur alicui
anterior esse in deo omnipotentis appellatio nativitate sapientiae,
per quam pater vocatur, quoniam dicta est aporrhoea omnipotentis gloriae purissima esse sapientia, quae est filius dei, audiat, qui 40
haec ita vult suspicari, quod manifeste scriptura pronuntiat dicens, quia *omnia in sapientia fecisti* et evangelium docet, quia
omnia per ipsum facta sunt et sine ipso factum est nihil et intelligat
ex hoc, quia non potest antiquius esse in deo omnipotentis appellatio quam patris. Per filium etenim omnipotens est pater. Sed 45

---

36 *cf.* I Cor. 1, 24   42 Ps. 103, 24   43 Ioh. 1, 3

37–69 ne … gloriae] *Orig. 1, 2, 10 (p. 42, 25–43, 27)*

25 fecit *Ce β₁ Orig.*; fecerit *rell.* | ante] autem *B Va*   26–28 quodsi …
initium *om. v*   26 initium semel *tr. B edd.*   27 virtute dei *tr. α₁ edd.*
iterum *om. β₂* | et *om. β₂ V*   29 et … ascendentes *om. v*   30 semper *post*
poterat *tr. V P₂ v; post* deus *B P₁ P₃ edd.; post* volebat *C*
32 bonum quod … habuit *F*   34sq. ipsum … nisi *om. β₁*   34 non *B edd.*
35 unde] unum *β₁* | et¹ *A Orig.; om. rell.* | deum *post* nisi ipsum *tr. α₁*
35sq. vero apostolum *tr. B β (deest m)*   36 Christus *om. P₁* | est *om. P₃*
solum *om. β (deest m)*   37 dei *om. P₁* | ne] autem *add. β (-v; deest m)*
39sq. per … dei *om. v*   39 aporrhoea] id est emanatio (manatio *P₃) add. P₃*
β₂ V   40–42 audiat … quia¹] quod scriptum est *v*   41 hoc *P₃ V P₂*; ita hoc
tr. β₂; ita *om. Ce* | haec vult ita *tr. A* | pronuntiat scriptura *tr. α₁ edd.*; divina
add. B edd.   42 in sapientia *om. P₁* | quia² *om. v*   43–49 et² … dicitur *om.*
v   43 intellexit *β₁*   44 ex hoc] *sl. C; om. P₁* | antiquus *P₂*; antiquior *Va*
Orig. | in deo] et omnino *β₂*   44sq. appellatio omnipotentis *tr. B edd.*

quoniam gloriam dixit esse omnipotentis, cuius gloriae
aporrhoea est sapientia, hoc intelligi datur, quod etiam in omnipotentiae gloria societatem habeat sapientia, per quam deus
omnipotens dicitur. Per sapientiam enim, qui est Christus, tenet
50 deus omnium potentatum, non solum dominantis auctoritate,
verum etiam subiectorum °spontaneo famulatu. Ut autem unam
eandemque omnipotentiam patris ac filii esse cognoscas, sicut
unus atque idem est cum patre deus et dominus, audi hoc modo
Iohannem in Apocalypsi dicentem: *Haec dicit dominus deus, qui*
55 *est et qui erat et qui venturus est omnipotens.* Qui enim venturus
PL est, quis est alius nisi Christus? Et sicut nemo debet offendi, cum
1182 deus sit pater, quod etiam salvator deus est, ita et, cum omnipotens dicitur pater, nullus debet offendi, quod etiam filius dei
omnipotens dicitur. Hoc namque modo verum erit illud, quod
60 ipse dicit ad patrem, quia *omnia mea tua sunt et tua mea, et glorifi-*
catus sum in eis. Si ergo omnia, quae patris sunt, Christi sunt,
inter omnia vero, quae est pater, est etiam omnipotens, sine
dubio etiam unigenitus filius esse debet omnipotens, ut omnia,
quae habet pater, etiam filius habeat. *Et glorificatus sum* inquit *in*
65 *eis; in nomine* enim *Iesu omne genu flectitur caelestium terrestrium*
et infernorum, et omnis lingua confitebitur, quoniam dominus Iesus
in gloria est dei patris. Igitur aporrhoea gloriae dei secundum hoc,

---

54sq. Apoc. 1, 8   **60sq.** Ioh. 17, 10   **64sq.** Ioh. 17, 10   **65–67** Phil. 2, 10–
11

---

46 quando *β₂* | gloria *A P₁ P₃ V*   **47** id est *α*   **48** glorie *B P₁*   **49** enim] *A V*
Orig.; om. rell. | quae *P₂ Orig.*   **51** spontaneo famulatu *Orig.;* spontaneum
famulatum *codd.*   **52** potentiam *P₂* | ac] et *P₁ v*   **53** unus *om. Va* | deus
om. Va | hoc modo *om. v*   **55sq.** qui³ ... quis] et qui venturus est *β₂*
56 alius *om. P₃ v*   **56–67** et ... aporrhoea] emanatio autem *v*   **58** filius dei
om. P₃   **59** omnipotens *om. P₂* | mea²] sunt *add.*
β (-P₂; deest v)   **60–18, 2** et² ... addimus] est autem pater omnipotens; est
igitur et filius omnipotens *m*   **61** sunt² *om. Va*   **62** etiam *om. β₂*
62sq. sine ... omnipotens *om. P₃*   **63** etiam] et *P₁ β₁* | debeat *A B C P₁*
64 pater etiam] et *P₁* | habet *P₁*   **65** enim *om. α₁* | flectatur *β₂;* flectetur
Orig. | et terrestrium *Orig.*   **66** quia *α₁*   **67** hoc *sl.* C; *om. P₁ F*

quod omnipotens est, pura ac limpida ipsa sapientia est dei glori-
ficata tamquam aporrhoea omnipotentiae vel gloriae.

(1, 18) Ut autem manifestius intelligatur, quae sit gloria
omnipotentiae, etiam haec addimus: Deus pater omnipotens est
eo, quod potentatum omnium tenet, id est caeli et terrae, maris
et omnium, quae in eis sunt. Horum autem potentatum gerit per
verbum suum, quoniam in nomine Iesu omne genu flectitur   5
caelestium terrestrium et infernorum. Et si omne genu flectitur
Iesu, sine dubio Iesus est, cui subiecta sunt omnia, et ipse est, qui
potentatum agit in omnibus et per quem subiecta sunt patri
omnia. Per sapientiam namque, id est verbo ac ratione, non vi ac
necessitate subiecta sunt. Et ideo in eo ipso, quod obtinet omnia, 10
gloria sua est, et haec est omnipotentiae purissima ac limpidissima gloria, cum ratione ac sapientia, non vi ac necessitate cuncta
subiecta sunt. Purissima vero ac limpidissima °gloria sapientiae
satis convenienter dictum est ad distinctionem eius gloriae, quae
non pura nec sincera gloria dicitur. Omnis enim natura, quae   15
convertibilis est et commutabilis, etiamsi glorificetur in operibus
iustitiae vel sapientiae, per hoc ipsum, quod accidentem habet

---

1, 18, 3sq. *cf.* Ex. 20, 11

1, 18, 1–23 ut … praedicatur] *Orig. 1, 2, 10 (p. 43, 28–44, 21)*

68 ac] et etiam β_2 | est² *om.* β_2 68sq. glorificata … gloriae *om.* v
1, 18, 1 autem] hoc *add.* v   1sq. quae … omnipotentiae *om.* v   1 glorie *A*
2 ctiam *om.* P_1 | hoc *Ce* P_1 β (-*V*; *deest m*) | est *om.* β_2 3 potentum P_1;
potentia *Va*; potentiam P_2 v | maris] solis et lunae et stellarum *Orig.*
3sq. maris et *om.* v   4 eis] ipsis *Orig.* | autem *om.* β_2 | potentum P_1 5 quia
α_1 | flectatur β_2 6 caelestium … infernorum] et cetera *Ce V F*
6sq. caelestium … Iesu] ergo v   6 et terrestrium *Orig.* | terrestrium …
infernorum] et cetera *A C* P_1 P_3 P_2 | et² *om.* P_2 6–9 si … omnia *om.* m
7 est¹ *om.* *C*; omnipotens *add.* B *edd.*   7–9 et … omnia *om.* Ce
7sq. ipse … et *om.* v   8 et *om.* A   8sq. patri sunt omnia *tr.* B *edd.*; sunt
omnia patri *tr.* F   9 ac¹] et β_2 | ac²] aut *V* ϕ; nec *F*   10–15 et … dicitur] et
quod m   10 quod] quo *Orig.*   12 ac²] aut β (*deest m*) | cuncta] cum *Va*; *om.*
F   13 vero *om.* P_1 | gloria sapientiae *Orig.*; glori(a)e sapientia *codd*   14 ad]
ac A   15 non] nec β_2 | enim *om.* v   16 est] *post* commutabilis *tr.* α_1; *om.* β_2
16sq. commutabilis … sapientiae *om.* m   16 si α_1 17 accidentem *om.* m

iustitiam vel sapientiam et quod accidit etiam discedere potest,
gloria eius sincera dici ac limpida non potest. Sapientia vero dei,
20 qui est unigenitus filius eius, quoniam in omnibus inconvertibilis
est et incommutabilis et substantiale in eo omne bonum est,
quod utique mutari aut converti numquam potest, idcirco pura
eius ac sincera gloria praedicatur. Sempiternum vel aeternum
proprie dicitur quod neque initium, ut esset, habuit neque cessare
25 umquam potest esse, quod est. Hoc autem designatur apud
Iohannem, cum dicit, quoniam *deus lux est*. Splendor autem lucis
eius sapientia sua est, non solum {secundum quod lux est, sed et}
secundum id, quod sempiterna lux est, ita ut aeternus et aeternitatis splendor sit sapientia sua. Quod, si integre intelligatur,
30 manifeste declarat, quia subsistentia filii ab ipso patre descendit,
sed non temporaliter neque ab ullo alio initio nisi, ut diximus, ab
ipso deo.

(1, 19) Sed et speculum immaculatum ἐνεργείας – id est
inoperationis – dei esse sapientia nominatur. Ergo inoperatio
virtutis dei quae sit, prius intelligenda est: Quae est vigor quidam,
ut ita dixerim, per quem inoperatur pater vel cum creat vel cum
5 providet vel cum iudicat vel cum singula quaeque in tempore suo
disponit atque dispensat. Sicut ergo in speculo omnibus motibus

---

26 I Ioh. 1, 5   31 *cf.* 1, 10, 1–6

23–32 sempiternum...deo] *Orig. 1, 2, 11 (p. 45, 1–9)*   1, 19, 1–20 sed...
patre] *Orig. 1, 2, 12 (p. 45, 10–46, 5)*

18 et quod hoc quod accidit *Orig.* | et ... potest] commutabilem *m* | deci-
dere *Orig.*   19 sincera ac limpida dici *tr. β₁ edd.* | vero] ergo *P₁*   20 quae
Orig.   20–22 est ... utique *om. m*   20 eius *om. α₁*   21 est¹ *om. P₁ β₂*
omne] esse *β₂*   22 mutari] initiari *V F P₂* | aut] ac *B edd.*; atque *F* | potest
om. Va   23 eius *post* gloria *tr. β₂; om. P₂*   23–20, 6 sempiternum ... enim]
nec *m*   24 nec *α₁ (-P₃) edd.*; quod *P₂ Va*   25 numquam *β₁* | autem] enim *P₁*
apud] per *β₂*   26 quia *α₁ edd.* | lux] iudex *V P₂ Va*   27 eius] dei *v* | sua] eius
v | secundum ... et *Orig.; om. codd.*   28 id *om. β₂* | et *om. β (deest m)*
29–32 quod ... deo *om. v*   30 substantia *B Ce β (deest φ) edd.*
1, 19, 1 et] etiam *V F; om. P₃* | enepciac *A B C P₃*; eneptiat *P₁*; eneyciac *Ce*;
enepsiac id est *V (ac.)*; virtutis *β₁ V (pc.); om. v*   2 nominatur esse sapientia
tr. α₁ | ergo inoperatio] operatio autem *v*   3 quae¹ ... quae *om. v*   4 quem]
quam *P₁ F*   6 ergo] enim *B edd.*

atque omnibus actibus, quibus is, qui speculum intuetur, movetur vel agit, isdem ipsis etiam ea imago, quae per speculum deformatur, actibus vel motibus commovetur vel agit in nullo prorsus
declinans, ita etiam sapientia de se vult intelligi, cum speculum   10
immaculatum paternae virtutis inoperationisque dei nominatur.
Sicut et dominus Iesus Christus, qui sapientia est dei, de semet
ipso pronuntiat dicens, quia *opera, quae facit pater, haec etiam et*   PL
filius facit similiter. Et iterum dicit, quoniam *non potest a se filius*   1183
facere quicquam, nisi quod viderit patrem facientem. Quoniam   15
ergo in nullo prorsus filius a patre virtute operum immutatur ac
differt nec aliud est opus filii quam patris, sed unus atque idem,
ut ita dicam, etiam motus in omnibus est, idcirco speculum eum
immaculatum nominavit, ut per hoc nulla omnino dissimilitudo
filii intelligatur a patre, cum in evangelio filius dicatur non simi-   20
lia facere, sed eadem similiter facere.

(1, 20) Superest, quid sit imago bonitatis eius inquirere. In
quo eadem, ut opinor, intelligi convenit, quae superius de ima-
gine ea, quae per speculum formatur, expressimus. Principalis
namque bonitas sine dubio pater est; ex qua filius natus, qui per
omnia imago est patris, procul dubio etiam bonitatis eius   5
convenienter imago dicitur. Non enim alia aliqua secunda
bonitas existit in filio praeter eam, quae est in patre. Unde et
recte ipse salvator in evangelio dicit, quoniam *nemo bonus nisi*

1, 19, 13 – 15 Ioh. 5, 19   20sq. *cf.* Ioh. 5, 19   1, 20, 8sq. Marc. 10, 18

20s cum...facere[2]] *Orig. 1, 2, 12 (p. 46, 9–10)*   1, 20, 1 – 30 superest...perqui-
ramus] *Orig. 1, 2, 13 (p. 46, 11–48, 13)*

7 atque ... actibus *om. β₂* | his *A P₃ Va*   8 hisdem *β (-P₂; deest m)* | ea etiam
tr. β (deest m); ea *om. P₂*   9 vel¹] et *Orig.*   11 -que *om. P₂* | dei *om. Orig.*
12 qui] quia *β₂* | est sapientia *tr. Orig.* | dei est *tr. B*   13 hoc *β₂ V* | etiam
om. β (deest m) | et *om. Orig.*   14 a se *om. α₁ edd.* | filius²] a se ipso *add. B C
Ce*; a se *add. P₁ P₃*   16 immutatur ac *om. v*   17sq. sed ... est *om. v*
18 eum] meum *Va*; cum *F*; eum speculum *tr. C*   19 haec *A B C P₃*
omnimodis similitudo *Ce*   20 ad patrem *Orig.*   20sq. cum ... facere² *om. v*
1, 20, 3 deformatur *Orig.*   4 filius *om. F*   5 est *om. v* | etiam] et *β₂*
6 dicetur *Orig.* | alia *om. P₁* | secunda *om. V φ*   7 – 30 unde ... perquiramus
om. m   7 et *om. A*   8 quia *α₁ edd.*; *om. v*

unus deus, quo scilicet per hoc intelligatur filius non esse alterius
10 bonitatis, sed illius solius, quae in patre est; cuius recte imago
appellatur, quia neque aliunde est nisi ex ipsa principali bonitate,
ne altera bonitas quam ea, quae in patre est, videatur in filio
neque aliqua dissimilitudo aut distantia bonitatis in filio est.
Propter quod non debet velut blasphemiae aliquod genus putari
15 in eo, quod dictum est, quia *nemo bonus nisi unus deus*, ut
propterea putetur vel Christus vel spiritus sanctus negari, quod
bonus sit; sed, ut superius diximus, principalis bonitas in deo
patre sentienda est; ex quo vel filius natus vel spiritus sanctus
procedens sine dubio bonitatis naturam in se fert, quae est in eo
20 fonte, de quo vel natus est filius vel procedens spiritus sanctus.
Iamvero si qua alia bona in scripturis dicuntur, vel angelus vel
homo vel servus vel thesaurus vel cor °bonum vel arbor bona,
haec omnia abusive dicuntur accidentem, non substantialem in se
continentia bonitatem. Multum autem est et alterius vel operis
25 vel temporis congregare omnes filii dei appellationes (verbi causa
quomodo vel lumen verum est vel ostium vel iustitia vel
sanctificatio vel redemptio et alia innumera) et quibus ex causis
vel virtutibus vel affectibus unumquodque horum nominetur
exponere. Sed contenti his, de quibus superius disseruimus,
30 consequenter etiam reliqua perquiramus.
        (1, 21) Consequens igitur est nunc, {ut} de spiritu sancto
quam possumus breviter requiramus. Et omnes quidem, qui

---

15 Marc. 10, 18   **17** *cf.* 1, 20, 3–4   **29** *cf.* 1, 12

1, 21, 1–48 consequens...futuro] *Orig. 1, 3, 1–2 (p. 48, 17–50, 13)*

---

9 deus] pater *add. Orig.*   **10** eius β_2 **11–17** quia ... superius] sed *v*
11 principali *om. Va*   **12** ne] nec *Ce* β_1 | bonitas *om. P₁* | videtur β (*deest* ϕ)
13 similitudo β_1 **15** deus] pater *add. Orig.*   **17** bonitas *om.* β_2
19sq. sine ... sanctus *om.* β_1 **19** bonitatis] eius *add. Orig.* | refert *Orig.*
20 vel¹ *om. A* | procedens] est *add.* β_1 **21sq.** vel homo *om. P₁*   **22** vel¹ ...
bona *om. v* | bonum *Orig.*; hominum *codd.*   **24–30** multum ... perqui-
ramus *om. v*   **24** est *om. Va*   **26** hostium *Ce P₃* β (*deest* ϕ) | sanctificationis
redemptio *P₁*   **27** et²] ex *C P₃*; *om. B Ce P₁*   **29** contempti *A*
1, 21, 1 est igitur *tr.* β_2 | nunc] ut *m* | ut *Orig.*; *om. codd.*   **2** quam] notici-
am que *m* | breviter possumus *tr.* β_2 | quidam *Va*; *om. P₁*

quoquo modo providentiam esse sentiunt, deum esse ingenitum, qui universa creavit atque disposuit, confitentur eumque parentem universitatis agnoscunt. Huic tamen esse filium non nos soli 5 pronuntiamus: Quamvis satis hoc et mirum et incredulum videatur his, qui apud Graecos vel barbaros philosophari videntur, tamen a nonnullis etiam ipsorum habita eius videtur opinio, cum verbo dei vel ratione creata esse omnia confitentur. Nos vero secundum fidem doctrinae eius, quam divinitus aspiratam 10 pro certo habemus, eminentiorem divinioremque rationem de filio dei nullius alterius possibilitatis esse credimus exponere atque in hominum cognitionem proferre, nisi eius solius scripturae, quae a sancto spiritu inspirata est, id est apostolicae atque evangelicae necnon legis ac prophetarum, sicut ipse Christus 15 asseruit. De subsistentia vero spiritus sancti ne suspicionem {quidem} ullam habere quis potuit praeter eos, qui in lege et prophetis versati sunt, vel eos, qui se Christo credere profitentur. Nam de deo quidem patre, quamvis digne proloqui nemo valeat, tamen possibile est intellectum aliquem capi ex occasione visibili- 20 um creaturarum et ex his, quae humana mens naturaliter sentit, insuper etiam de scripturis sanctis confirmari possibile est. Sed et de filio dei, quamvis *nemo noverit filium nisi pater*, tamen ex   PL divinis scripturis etiam de ipso, qualiter sentiri debeat, mens   1184 humana formatur, non solum ex novo, sed etiam ex veteri 25

1, 21, 15sq. *cf. e. g.* Ioh. 5, 39   23 Matth. 11, 27

---

3 quomodo *A α₁ (-P₁)*   5 agnoscunt] intelligunt *β₁*   **5-8** huic ... ipsorum] de eius vero filio non solum a nobis verum etiam a multis barbaris *m* **6-8** quamvis ... ipsorum] cum a nonnullis philosophorum *v*   8 videtur eius *tr. Va* | opinio] vera *add. Va*   **9-16** cum ... asseruit *om. m*   10 inspiratam *β₁*   11 rationem *om. β (-V; deest m)*   12 dei] cogitationem exponere *add. v* **12sq.** exponere ... proferre *om. v*   **13sq.** scripturae *om. α₁*   14 spiritu sancto *tr. B Ce P₁ β₁ edd. Orig.*   **14sq.** evangelicae atque apostolicae *tr. Orig.* 14 atque] et *β₂*   15 ac] et *β₂ V*   **15sq.** sicut ... asseruit *om. v*   16 substantia *A B β₁ edd.* | nec *β₁*   17 quidem *Orig.; om. codd.* | ullam] nullam *Va*; illam *P₁* | quis *om. Va*   **18-45** vel ... sancti] quis tamen eum audeat esse deum negare *m*   18 Christo *om. V*   19 deo] eo *P₃ F* | digne *om. P₂*   22 etiam] et *P₁; om. B* | et] si *Va; om. F P₂*   24 etiam *om. β₁* | qualiter *om. A* **25-28** non ... potest *om. v*

testamento per ea, quae a sanctis gesta ad Christum figuraliter
referuntur, ex quibus adverti vel divina eius natura vel humana,
quae ab eo assumpta est, potest. De spiritu vero sancto quia sit,
multae nos scripturae docuerunt, sicut David in quinquagesimo
30 psalmo dicit *Et spiritum sanctum tuum ne auferas a me* et in
Daniele dicitur *Spiritus sanctus qui est in te.* In novo vero testamento abundantibus testimoniis edocemur, cum spiritus sanctus
super °Christum descendisse perscribitur, et cum ipse dominus
insufflavit in apostolos post resurrectionem dicens *Accipite*
35 *spiritum sanctum.* Et ad Mariam dicitur ab angelo *Spiritus sanctus*
veniet super te. Paulus vero docet, quia *nemo potest dicere domi-*
num Iesum nisi in spiritu sancto. Et in Actibus apostolorum per
impositionem manuum apostolicarum spiritus sanctus dabatur in
baptismo. Ex quibus omnibus didicimus tantae esse auctoritatis
40 et dignitatis substantiam spiritus sancti, ut salutare baptismum
non aliter nisi excellentissimae omnium trinitatis auctoritate, id
est patris et filii et spiritus sancti cognominatione compleatur et
ingenito deo patri et unigenito eius filio nomen quoque spiritus
sancti copuletur. Quis ergo non stupescat, quanta maiestas sit
45 spiritus sancti, cum *eum, qui dixerit verbum in filium hominis,*
audiat veniam sperare posse, *eum vero, qui in spiritum sanctum*

---

30 Ps. 50, 13   31 *cf.* Dan. 4, 5; 4, 6; 4, 15; 5, 11   **32sq.** *cf.* Matth. 3, 16
34sq. Ioh. 20, 22   **35sq.** Luc. 1, 35   **36sq.** I Cor. 12, 3   **37–39** *cf.* Act. 8,
17–18   **45–48** *cf.* Matth. 12, 32; Luc. 12, 10

---

26 a *om. A* | figuraliter ad Christum *tr.* α_1 *edd.*   **27** natura eius *tr. B edd.*
28 eo] ipso P_1 | est assumpta (sumpta β_2) *tr. B* β_1 | quia] quod *Ce* P_1
29–39 sicut ... didicimus] et *v*   **29sq.** psalmo quinquagesimo *tr.* β_1 **31** est
in te *tr. B edd.*   **32** habundantibus *A B Ce* P_3 *F* P_2 **33** Christum *Orig.*; eum
codd. | describitur β (*deest* ϕ); scribitur *B edd.*   **36** superveniet in te α_1 *edd.*
39 esse] et *add. Orig.* | auctoritatis esse *tr.* α_1 (-P_1) *Va*; esse *post* dignitatis *tr.*
P_1 **40** spiritus sancti substantiam *tr.* β_1 | ut] et *A* α_1 (-*Ce*) | salutaris baptis-
mus *v* | baptisma *B edd.*   **41** omnium *om. v*   **43** eius *om.* α_1 **43sq.** sancti
spiritus *tr. Orig.*   **44** completur *Va*; compleretur *F v* | obstupescat *Orig.*
46 audeat *A* β (-ϕ); dicat *v* | sperare veniam *tr.* α_1 (-P_1) *Orig.* | posse *om.* P_1
m | eum] cum *Va*; est P_3; ille *m*   **46sq.** eum ... veniam *om.* P_1

blasphemaverit, veniam non habere neque in praesenti saeculo neque in futuro?

(1, 22) Verumtamen usque ad praesens nullum sermonem in scripturis sanctis invenire potuimus, per quem spiritus sanctus factura esse vel creatura diceretur, ne eo quidem modo, quo de sapientia referre Salomonem supra edocuimus vel °quae de vita vel verbo aliisque appellationibus filii dei intelligenda esse tracta- 5
vimus. *Spiritus* igitur *dei qui super aquas ferebatur*, sicut scriptum est, in principio facturae mundi, puto, quod non sit alius quam spiritus sanctus secundum quod ego intelligere possum; sicut et, cum ipsa loca exponeremus, ostendimus, non tamen secundum historiam, sed secundum intelligentiam spiritalem. Quidam sane 10
ex praecessoribus nostris in novo testamento observaverunt, quod sicubi spiritus nominatur sine adiectione ea, quae designet, qualis sit spiritus, de spiritu sancto deberet intelligi, utputa *fructus autem spiritus est caritas, gaudium, pax* et cetera; item et ibi:
Cum coeperitis spiritu, carne consummamini. Nos vero etiam in 15
veteri testamento putamus distinctionem istam posse servari, sicut cum dicit: *Qui dat spiritum populo, qui est super terram, et spiritum his, qui calcant eam*. Sine dubio enim omnis, qui calcat

1, 22, 4 *cf.* 1, 10, 12–15   4–6 *cf.* 1, 12   6 Gen. 1, 2   9 *non extat; cf. appar. ad Orig. p. 52, 5–6*   13sq. Gal. 5, 22   15 Gal. 3, 3   17sq. Is. 42, 5

1, 22, 1–20 verumtamen ... accipiens] *Orig. 1, 3, 3–4 (p. 51, 9–52, 16)*

47 habere] habebit *m* | neque[1] *om. P₁*   47–22, 15 neque[1] ... consummamini *om. m*
1, 22, 1 usque ... praesens *om. v*   2 in] de *P₃*   3 ne] nec *F*   3–6 ne ... tractavimus *om. v*   4 docuimus α₁ | quae *Orig.*; qua *A* α₁ (-Ce); quo *Ce β (deest φ)*
6 ergo *β₂ V*; autem *P₁*   6sq. sicut ... est *om. v*   7 creaturae *β₂*
8–29 secundum ... ita] ita etiam *v*   8 ego *om. β₂*   10 quidam *om. P₂*
11 praedecessoribus *β₁* | testamento *om. V* | observant *β₁*; observarunt *Orig.*
12 sine adiectione *om. β₁* | quae] qua *V Va*   13 sancto (*om. Va*) spiritu *tr. C P₃ F P₂ Orig.* | debere *β₁*; debeat *Orig.*   13sq. et fructus et spiritus *P₁*
15 ceperitis α *V F P₂* | nunc carne perficimini *Orig.* | vero etiam] autem observari posse credimus et in novo et *m*   16–23, 7 putamus ... primo] quod, ubi spiritus dicitur sine adiectione qualis sit, spiritus determinare spiritus sanctus intelligatur. Divina *m*   18 eam] terram *β₂ V*   18sq. sine ... terram *P₂ Orig.*; *om. rell.*

terram, id est terrena et corporalia, particeps est spiritus sancti a
20 deo eum accipiens. Sicut enim de filio dicitur, quia *nemo novit
patrem nisi filius et cui voluerit filius revelare*, haec eadem etiam de
spiritu sancto docet apostolus, cum ait: *Nobis autem revelavit deus
per spiritum suum. Spiritus enim omnia scrutatur, etiam alta dei.*
Sed et rursus in evangelio de divinis ac profundioribus doctrinis
25 commemorans salvator, quae nondum capere poterant discipuli
sui, ita ait ad apostolos: *Adhuc multa habeo, quae vobis dicam, sed
non potestis illa modo capere; cum autem venerit consolator spiritus
sanctus, qui ex patre procedit, ille vos docebit omnia et commonebit
PL omnia, quae dixi vobis.* Et ita sentiendum est, quod sicut filius,
1185 qui solus cognoscit patrem, revelat cui vult, ita et spiritus sanctus,
qui solus scrutatur etiam alta dei, revelat deum cui vult: *Spiritus
enim ubi vult spirat.* Neque enim putandum est, quod etiam
spiritus filio revelante cognoscit. Si enim revelante filio cognoscit
patrem spiritus sanctus, ergo ex ignorantia ad scientiam venit;
35 quod utique et impium pariter et stultum est spiritum sanctum
confiteri et ignorantiam ei ascribere. Non enim, cum aliud aliquid esset ante quam spiritus sanctus, per profectum venit in hoc,
ut esset spiritus sanctus, ut quis audeat dicere, quia tunc quidem,

---

20sq. Matth. 11, 27   22sq. I Cor. 2, 10   26–29 Ioh. 16, 12–13   29sq. *cf.*
Matth. 11, 27   30sq. *cf.* I Cor. 2, 10   31sq. *cf.* Ioh. 3, 8

20–49 sicut…excedunt] *Orig. 1, 3, 4 (p. 53, 13–54, 19)*

---

19 temporalia *B C P₃*; intemporalia *uv. Ce*; spiritalia *P₁*   20 novit] filium
(eum *B*) nisi pater et *add. α₁*   21 filius² *om. P₂ Va*   22 dicit *Orig.* | docet
apostolus *post* eadem etiam *tr. α₁* | deus *om. β₁*   23 suum] sanctum *Ce P₁ V*
autem *β₂*   26 sui] eius *β₂* | habeo multa *tr. A F* | quae … dicam] vobis dicere
α₁ P₂   27 illa *om. P₂* | portare *A*; capere modo *tr. Ce* | consalvator *P₁*;
paracletus *Orig.*   28 ex] a *B edd.* | ille vos docebit *om. C*; ille *om. Ce*
28sq. et commonebit omnia *om. P₂*   28 commovebit *P₁ P₃*; vos *add. Orig.*
29 sciendum *B Ce β₂ edd.*   30 revelavit *A C Ce*   30–32 ita … vult *om. Va*
30 et *om. α₁ F*   31 solus *om. B* | etiam] et *Ce P₁ F* | dei] sicut dicit apostolus
add. v | cui] quibus *α₁*   33 cognoscit¹ … revelante *om. Ce* | filio revelante
tr. B edd.   36–49 non … excedunt *om. v*   36 aliud *om. Va*   36sq. aliquid
aliud *tr. B Ce F P₂ edd.*   37 antea *Orig.* | spiritus *om. Ce* | in hoc *om. P₁*
38 ut¹] ei *add. P₂* | spiritus sanctus esset *tr. B edd.* | ut²] aut *β (deest φ)* | quia]
quod *β₂*

cum nondum esset spiritus sanctus, ignorabat patrem, postea
vero quam recepit scientiam, etiam spiritus sanctus effectus est.   40
Quod si esset, numquam utique in unitatem trinitatis, id est dei
patris inconvertibilis et filii eius etiam ipse spiritus sanctus habe-
retur, nisi quia et ipse semper erat spiritus sanctus. Hoc sane,
quod dicimus vel 'semper' vel 'erat' vel si quod aliud tale temporalis significationis nomen asciscimus, simpliciter et cum venia   45
accipiendum {est}, quoniam nominum quidem horum significa-
tiones temporales sunt, °ea autem, de quibus loquimur, tractatu
quidem sermonis temporaliter nominantur, natura autem sui
omnem intelligentiam sensus temporalis excedunt.

(1, 23) Deus pater omnibus praestat, ut sint; participatio
vero Christi secundum id, quod verbum vel ratio est, facit ea esse
rationabilia. Ex quo consequens est ea vel laude digna esse vel
culpa, quia et virtutis et malitiae sunt capacia. Propter hoc consequenter adest etiam gratia spiritus sancti, ut ea, quae substantiali-   5
ter sancta non sunt, participatione ipsius sancta efficiantur. Cum
ergo primo ut sint habeant ex deo patre, secundo ut rationabilia
sint habeant ex verbo, tertio ut sancta sint habeant ex spiritu
sancto, rursum Christi secundum hoc, quod iustitia dei est,
capacia efficiuntur ea, quae iam sanctificata ante fuerint per   10
spiritum sanctum. Et qui in hunc gradum proficere {meruerint}
per sanctificationem spiritus sancti, consequuntur nihilominus
donum sapientiae secundum virtutem inoperationis spiritus dei.

1, 23, 1–36 deus…possunt] *Orig. 1, 3, 8 (p. 60, 23–62, 12)*

39 sanctus *om. P₁* | post *α₁*   **40** cepit *β₁* | effectus *om. β₂*   **41** unitate *β₁*
42 inconvertibilis *om. β₁* | ipse *om. β₂*   **44** quid *β₂*   **46** est *Orig.; om. codd.*
quidem *om. P₁*   **47** ea *Orig.; ecce codd.* | loquimur *om. Va*
1, 23, 1 praestat omnibus *tr. α₁*   **2** vero *om. α₁*   **3** ea est *tr. β₁*   **4** et¹ *om. β₁*
6 efficiantur *om. P₁*   **7** ergo] vero *B* | habeant] habent *m* | deo *om. m*
7sq. deo … ex *om. Va*   **7** secundo] dein ex verbo habent *m*   **8** habeant ex
verbo *om. m* | verbo … ex *om. P₃* | ut] participatione *add. m* | ex²] a *β₂*
9–18 rursum … omnibus *om. m*   **9** hoc *om. v*   **10** ante *om. P₁ F* | fuerunt
β (-V; deest m)   **11** proficere *B P₁*; profecere *A C Ce P₃*; profecerit *β (deest
m)* | meruerint *Orig.; om. codd.*   **12** consequenter *Ce P₁ β (deest m)*   **13** sa-
pientiae] percipiet *add. β (-v; deest m)* | operationis *β (deest m)*

Et hoc puto Paulum dicere, cum ait quibusdam sermonem dari
15 sapientiae, alii sermonem scientiae secundum eundem spiritum;
et designans unamquamque discretionem donorum refert omnia
ad universitatis fontem et dicit: *Divisiones sunt inoperationum, sed
unus deus, qui operatur omnia in omnibus.* Unde et inoperatio
patris, quae esse praestat omnibus, clarior ac magnificentior
20 invenitur, cum unusquisque per participationem Christi secundum id, quod sapientia est, et secundum id, quod scientia est et
sanctificatio est, proficit et in altiores profectuum gradus venit.
Et per hoc, quod participatione spiritus sancti sanctificatus est
quis, purior ac sincerior effectus dignius recipit sapientiam ac
25 scientiae gratiam, ut depulsis omnibus expurgatisque pollutionis
atque ignorantiae maculis tantum profectum sinceritatis ac
puritatis accipiat, ut hoc, quod accepit a deo ut esset, tale sit,
quale deo dignum est eo, qui ut esset pure utique praestitit ac
perfecte, ut tam dignum sit id, quod est, quam est ille, qui id esse
30 fecit. Ita namque et virtutem semper esse atque in aeternum
manere percipiet a deo is, qui talis est, qualem eum voluit esse
ille, qui fecit. Quod ut accidat et ut indesinenter atque inseparabiliter assistant ei, qui est, ea, quae ab ipso facta sunt, sapientiae id
opus est instruere atque erudire ea et ad perfectionem adducere
35 spiritus sancti confirmatione atque indesinenti sanctificatione,
per quam sol{am de}um capere possunt.

1, 23, 14sq. *cf.* I Cor. 12, 8   17sq. I Cor. 12, 6

---

14 dari sermonem *tr.* β_1 15 aliis α_1 *edd. Orig.*   17 operationum P_2 *v*
18 unus] est *add.* α_1 | operatio β 19 ac] aut β_2 *V*   20–26, 25 cum ... est]
cui *m*   21 est² *om. v*   24 sapientiae *Orig.*   27 esset *om. Va*   28 est *om.* β_2
eo *om. B edd.*   28–32 qui ... fecit *om. v*   28 utique pure *tr.* α_1 *edd.*   29 ut
tam] vitam α 30sq. *incipit confusio foliorum in codice B; de qua cf. p. 155–*
156   31 a deo] adeo *C Ce; om.* P_1 32 ille *om.* P_1 32sq. et ... sunt *om. v*
32 ut²] non *F; om. V*   33 assistant] adsint *Orig.* | qui est ea *om.* β_1 33sq. id
opus *om. v*   34 astruere α_1 | atque ... ea *om. v* | adducere] perducere *Orig.;*
et *add.* β (*deest m*); ex *add. Orig.*   35 sancti] opus est *add. v*   36 per ...
possunt *om. v* | solam deum *Orig.;* solum *codd.*

(1, 24) Ita ergo indesinenti erga nos opera patris et filii et spiritus sancti per singulos quosque profectuum gradus instaurata vix, si forte aliquando, intueri possumus sanctam et beatam PL vitam; in qua, cum post agones multos {in eam} pervenire potu- 1186 erimus, ita perdurare debemus, ut nulla umquam nos boni illius 5 satietas capiat, sed quanto magis de illa beatitudine percipiemus, tanto magis in nobis vel dilatetur eius desiderium vel augeatur, dum semper ardentius ac capacius patrem et filium et spiritum sanctum vel capimus vel tenemus. Si autem satietas aliquando ceperit aliquem ex his, qui in summo perfectoque constiterunt 10 gradu, non arbitror, quod ad subitum quis evacuetur ac decidat, sed paulatim et per partes defluere eum necesse est – ita, ut fieri possit interdum, |ut| si brevis aliquis lapsus acciderit, °ut cito resipiscat atque in se revertatur – non penitus ruere, sed revocare pedem et redire ad statum suum ac rursum statuere posse id, 15 quod per negligentiam fuerat elapsum.

(1, 25) Nam unigenitus filius dei, qui erat verbum et sapientia patris, cum esset in ea gloria apud patrem, quam habuit, antequam mundus esset, exinanivit se ipsum et formam servi accipiens efficitur oboediens usque ad mortem, ut oboedientiam

---

1, 25, 2sq. *cf.* Ioh. 17, 5   3sq. *cf.* Phil. 2, 6–8

1, 24, 1–16 ita...elapsum] *Orig. 1, 3, 8 (p. 62, 13–63, 7)*   **1, 25, 1–6** nam... potuerant] *Orig. 3, 5, 6 (p. 277, 3–7)*

1, 24, 1sq. opere ... instaurato *Orig.*   **2** post sancti *it.* confirmatione ... quam solum *α qui codd. om.* per singulos ... instaurata; et *add. β₂*   **3** si *om. β₁* **4** vitam *om.* P₂ | quam *B C* P₁ | cum] tamen *β₂ V* | multos agones *tr. α₁ edd.* in eam *Orig.; om. codd.*   **5** illius boni *tr. β₂*   **6** societas *Ce Va* | percipimus *Orig.*   **7** desiderium eius *tr. α₁ edd.*   **8** ac] et *Orig.* | et²] ac *Orig.* **9** aliquando satietas *tr. Orig.*   **10** coeperit *Ce*; cepit *β (deest m) Orig.*; repetit P₁ | his *om.* P₁ | constiterint *F*   **11** ad subitum] subito *v* | ac] aut *Ce*   **13** si brevis ... ut cito *Orig.*; ut si brevis ... et cito *codd.*   **14** atque in se] et *v* **14sq.** non ... redire *om. v*   **15–25, 2** ac ... cum *om. v*   **16** quod] non (est *Va) add. β₂*
1, 25, 1 nam] unde *Orig.* | unigenitus] autem *add. v*   **1–3** qui ... esset *om. v* **1** fuerat P₁   **2** ea *om. B* P₁ P₃   **3** semetipsum P₂ *Orig.* | et *om. α₁ β₂ V* formamque servi (sui *V Va) β₂ V*; formam quae servi est P₂   **3sq.** et ... efficitur] totus *v*   **4** usque *om. β₂*

5 doceret eos, qui non aliter nisi per oboedientiam salutem consequi potuerant, in semetipso prius complens, quod ab aliis
volebat impleri. Idcirco non solum usque ad mortem crucis patri
oboediens factus est, verum etiam in consummationem saeculi, in
semetipso complectens omnes, quos subicit patri et qui per eum
10 veniunt ad salutem; cum °ipsis et in ipsis ipse quoque subiectus
dicitur patri, dum omnia in ipso constant et ipse est caput
omnium et °in ipso est salutem consequentium plenitudo. Hoc
ergo est, quod de eo dicit apostolus: *Cum autem omnia ei fuerint
subiecta, tunc et ipse filius subiectus erit ei, qui sibi subdidit omnia,*
15 *ut sit deus omnia in omnibus.* Verum nescio, quo pacto haeretici
non intelligentes apostoli sensum, qui in his verbis continetur,
subiectionis in filio nomen infamant; cuius appellationis si pro-
prietas requiratur, ex contrariis facile poterit inveniri: Nam si
subiectum esse non est bonum, restat, ut illud, quod contrarium
20 est, bonum sit, id est non esse subiectum. Sermo namque apostoli
secundum quod isti volunt hoc videtur ostendere, dum dicit *Cum*
autem subiecta fuerint ei omnia, tunc et ipse filius subiectus erit ei,
qui sibi subdidit omnia, ut quasi is, qui nunc patri subiectus non
sit, subiectus futurus sit tunc, cum prius ei pater universa subiece-
25 rit. Sed miror, quomodo hoc intelligi possit, ut is, qui nondum
sibi subiectis omnibus non est ipse subiectus, tunc, cum subiecta

---

13-15 I Cor. 15, 28   21-23 I Cor. 15, 28

6-40 in...perditorum] *Orig. 3, 5, 6-7 (p. 277, 13-278, 23)*

5 salutem *om. P₂*   **6** poterant *Orig.*   **7sq.** idcirco ... saeculi *om. v*
8 consummationem *V P₂ Va*; conservationem *F*; consummatio *Orig.*
9 semetipso] etiam *add. v* | complens *β₁*   **10** venient *β₁*   **10-12** cum ...
salutem *om. Ce*   **10** ipsis *Orig.*; et ipsi *codd.*   **12** in ipso *Orig.*; ipse *codd.*
13 igitur *β₂* | ei omnia subiecta fuerint *tr. B edd.*; ei *om. P₁*; fuerint ei *tr. P₃*
15 ut *om. Va*   **16** non ... continetur *om. v*   **17** infament *β₁*
17-20 cuius ... subiectum *om. v*   **18** requiritur *Orig.*   **19** ut illud *om. β₂*
illud] id *Ce*; illius *P₂* | quod] illius quod *add. β₂*   **22** ei fuerint *tr. β (deest φ)*
22sq. fuerint ... omnia²] et cetera *v*   **22sq.** tunc ... omnia *om. β₁*   **24** tunc
post non sit *tr. β₁* | universa] omnia *v*   **25** prout *β₂* | is *om. α₁*   **25-27** is ...
omnia *om. v*   **26** omnibus ... subiectus *om. Ce*

sibi fuerint omnia, cum rex omnium fuerit et potestatem tenuerit
universorum, tunc eum subiciendum putent, cum subiectus ante
non fuerit, non intelligentes, quod subiectio Christi ad patrem
beatitudinem nostrae perfectionis ostendit et suscepti ab eo   30
operis palmam declarat, cum non solum regendi ac regnandi
summam, quam in universa emendaverat creatura, verum etiam
oboedientiae et subiectionis correcta reparataque humani generis
patri offerat instituta. Si ergo bona et salutaris accipitur ista
subiectio, qua subiectus esse dicitur filius patri, valde consequens 35
et cohaerens est, ut et inimicorum, quae dicitur, filio dei esse
subiectio salutaris quaedam intelligatur et utilis, ut, sicut cum
dicitur filius patri subiectus, perfecta universae creaturae restaura-
tio declaratur, ita, cum filio dei inimici dicuntur esse subiecti,
subiectorum salus in eo intelligatur et reparatio perditorum.   40

(1, 26) Verum certis quibusque et modis et disciplinis et
temporibus subiectio ista complebitur, id est non necessitate
aliqua ad subiectionem cogente nec per vim subditus fiet omnis
mundus deo, sed verbo, ratione, doctrina, provocatione melio-
rum, institutis optimis, comminationibus quoque dignis et com-   5
petentibus, quae iuste immineant his, qui salutis et utilitatis suae
curam sanitatemque contemnunt. Denique et nos homines, cum
vel servos vel filios erudimus, dum adhuc per aetatem rationis
incapaces sunt, minis eos et metu coercemus, cum vero boni,
utilis et honesti intelligentiam ceperint, tunc iam cessante verbe- 10

---

39 *cf.* I Cor. 15, 25

1, 26, 1–27 verum…amen] *Orig.* 3, 5, 8 *(p. 278, 24–279, 18)*

---

27 sibi *om.* β *(deest φ)*   27sq. et … universorum *om.* v   28 putent *om. Va*
29 quod subiectio *om.* C P₁ P₃; quia Ce; quod B   30 et] ut P₁; quia Ce
susceptam P₂; subiecti α₁   31 palmam *om. Ce*   31–37 cum … ut] et v
33 correpta β₂ V   36 ut *om.* P₂   37 intelligatur] esse *add.* P₂   38 perfecte A
B Ce P₁   38sq. restitutio *Orig.*
1, 26, 3 ad subiectionem] subiectione P₁ | subditus *om.* v | fiet] erit β₁
4 mundus] subiectus *add.* v   4sq. provocatione … optimis *om.* v   5 institutionibus *Orig.*   6sq. quae … contemnunt *om.* v   7 sanitatemque *om.* α₁
cum *om.* F   8 vel¹] illis *Va* | cum β (-V; *deest m*)   9 boni] et *add.* B *edd.*

rum metu verbo ac ratione suasi ad omnia, quae bona sunt,
acquiescunt. Quomodo autem servata omnibus rationabilibus
creaturis arbitrii libertate unusquisque debeat dispensari, id est
quos velut iam paratos et capaces sermo dei et inveniat et
15 instruat, quos autem interim differat, a quibus vero penitus
occultetur et longe eorum a se fieri dispenset auditum, quosque
rursum contemnentes indicatum sibi et praedicatum verbum dei
correptionibus quibusdam et castigationibus illatis perurgeat ad
salutem conversionemque eorum quodammodo exigat et extor-
20 queat, quibus vero etiam occasiones quasdam praestet salutis, ita
ut interdum etiam ex responsione sola fide prolata indubitatam
quis ceperit salutem, quibus haec ex causis vel quibus occasioni-
bus fiant, quid vel his introspiciens divina sapientia vel quos
motus propositi eorum videns haec universa dispenset, soli deo
25 cognitum est et unigenito eius, per quem creata ac reparata sunt
universa, et spiritui sancto, per quem cuncta sanctificantur, qui
ab ipso patre procedit, cui est gloria in aeterna saecula. Amen.

PL   (2, 1) Ubique et in omnibus esse dicimus deum pro eo,
1187 quod nihil potest esse vacuum deo. Non tamen ita esse dicimus,
ut omnia sit nunc, in quibus est. Unde diligentius intuendum est,
quale est hoc, quod perfectionem beatitudinis rerumque finem
5 significat, quod non solum in omnibus esse dicitur deus, sed

---

2, 1, 1sq. *cf.* I Cor. 15, 28

2, 1, 1–26 ubique…erit] *Orig. 3, 6, 2–3 (p. 283, 8–284, 10)*

---

11 sunt] facile *add.* C Ce   **12** rationalibus C Ce P_3 β_2 v   **14** capaces et
paratos *tr.* β_2; paratos *om.* P_1 **15** vero] non V; *om.* F   **16–24** et … dispenset
om. v   **16** quoque β_1 **18** corruptionibus P_2 Va; corripientibus P_1 **19** quomodo β_1 **20** praestet V P_2 *Orig.*; praestent F; praeste Va; praestat α
22 reperit β_1 **23** quidve in his *Orig.* | his *om.* β_1 **25** ac] et β **26** quem
om. P_1 **27** patre *om.* P_1; et filio *add.* B *edd.*
2, 1, 1 incipit liber secundus de incarnatione verbi Ce F; secundus liber de
humanitate Christi *m*; *plane distinguunt neque tamen titulum exhibent A C
P_3 V Va; non distinguunt B P_2 v; explicit P_1; cf. p. 154*
dicimus esse *tr.* β_1 **2–9** non … erit] erit omnia in omnibus *m*   **3** est¹ *om.*
Va   **5** non] nec B | dicitur esse *tr.* F P_2 **5sq.** sed … deus *om.* α

etiam omnia esse dicitur deus. Quae sint ergo ista omnia, quae
deus futurus sit in omnibus, requiramus. Et ego quidem arbitror,
quia hoc, quod in omnibus omnia esse dicitur deus, significet
etiam in singulis eum omnia esse. Per singulos autem omnia erit
hoc modo, ut quidquid rationabilis mens expurgata omni vitio-   10
rum faece atque omni penitus abstersa nube malitiae vel sentire
vel intelligere vel cogitare potest, omnia deus sit nec ultra iam
aliquid aliud nisi deum sentiat, deum cogitet, deum videat, deum
teneat, omnis motus suus deus sit: Et ita erit ei omnia deus. Non
enim iam ultra mali bonique discretio, quia nusquam malum;   15
omnia enim ei deus est, cui iam non adiacet malum, nec ultra ex
arbore sciendi bonum et malum edere concupiscet, qui semper in
bono est et cui omnia deus est. °Si ergo finis ad principium
reparatus et rerum exitus collatus initiis restituet illum statum,
quem tunc habuit natura rationabilis, cum de ligno sciendi   20
bonum et malum edere non egebat, et amoto omni malitiae sensu
et ad sincerum purumque deterso solus, qui est unus deus bonus,
hic ei fiat omnia et non in paucis aliquibus vel pluribus, sed ut in
omnibus ipse sit omnia, cum iam nusquam mors, nusquam
aculeus mortis, nusquam omnino malum, tunc vere deus omnia   25
in omnibus erit.

---

25 *cf.* I Cor. 15, 55

6 sunt *β₁* | omnia ista *tr.* *P₂ Va*   **7** requiratur *F*; inquiramus *B edd.*   **8** in *B*
Va Orig.; *om. rell.* (in omnibus *om.* *P₃*; *deest m*)   **9** enim *β* (*deest m*)
10 omnium *B Ce edd.*; *om. β₁*   **11** atque ... malitiae *om.* *ϕ* | extersa *P₂ Va*;
excussa *F*   **12** nec] ne *α*   **14** omnis motus sui deus modus et mensura sit
Orig. | motus] metus *v* | et ... deus *om.* *α₁ edd.* | omnia deus ei *tr.* *β₂*
15 boni malique *tr.* *P₃ β*   **16–2, 31** omnia ... 'numquam' *om. m*
16–18 nec ... est² *om. v*   **17** et] vel *β₂*   **18** si *Orig.*; sicut *α v*; sic *V (ac.)*;
cum *β* (*V pc.*; *deest m*)   **19** illum] suum *β₁*   **20** rationalis *P₃ β₁*   **21** et¹] vel
β₂ | et²] ut *Orig.*   **22** qui ... deus *om. v* | deus *post* solus *tr. β₁*   **23** hic ei *om.*
B; ei *om.* *P₃* | fiet *β* (-*v*; *deest m*); hiis *add. B* | et ... sed *om. v* | vel] in *add. α₁*
24 omnia] et *add. B edd.*   **24–2, 4** omnia ... deus] deus autem *v*   **25** tum *Ce*
P₃; cum *Ce*   **25sq.** in omnia erit omnia *B*

(2, 2) Tempus est iam decursis his prout potuimus, quae
supra dicta sunt, nunc commonitionis gratia eorum, quae sparsim
diximus, recapitulare singula et primo omnium de patre et filio et
spiritu sancto repetere. Deus pater cum et invisibilis sit et insepa-
5 rabilis a filio, non per prolationem ab eo, ut quidam putant,
generatus est filius. Si enim prolatio est filius patris, prolatio vero
dicitur, quae talem significat generationem, qualis animalium vel
hominum solet esse progenies, necessario corpus est et is, qui
protulit, et is, qui prolatus est. Non enim dicimus, sicut haeretici
10 putant, partem aliquam substantiae dei in filium versam aut ex
nullis subsistentibus filium creatum a patre, id est extra substantiam suam, ut fuerit aliquando, quando non fuerit; sed absciso
omni sensu corporeo ex invisibili et incorporeo deo verbum et
sapientiam genitam dicimus absque ulla corporali passione, velut
15 si voluntas procedat e mente. Nec absurdum videbitur, cum
dicatur *filius caritatis*, si hoc modo voluntatis putetur. Sed et
Iohannes indicat, quia *deus lux est*, et Paulus designat, quia *filius*
PL *splendor lucis aeternae* sit. Sicut ergo numquam lux sine splendore
1188 esse potuit, ita nec filius quidem sine patre intelligi potest, qui et
20 figura expressa substantiae eius et verbum et sapientia dicitur.
Quomodo ergo potest dici, quia fuit aliquando, quando non erat
vel fuerat filius? Nihil enim aliud est °nisi dicere, quia fuit
aliquando, quando veritas non erat, quando sapientia non erat,
quando vita non erat, cum in his omnibus perfecte dei patris

2, 2, 16 Col. 1, 13   **17** I Ioh. 1, 5   **17sq.** Hebr. 1, 3; Sap. 7, 26

2, 2, 1–44 tempus … sunt] *Orig. 4, 4, 1 (p. 348, 12–351, 6)*

2, 2, 2 commemorationis *B edd.*; cognitionis *β₁*   **4** repetere *om. Ce* | et¹ *om.*
P₂ | indivisibilis *B edd.*   **6** est prolatio *tr. β₁*   **7sq.** vel hominum *om. v*
8 is] his *A C P₃; om. Ce*   **9** is] his *A P₃*   **11** substantibus *Orig.* | id *om. P₂*
11sq. id … fuerit² *om. v*   **11** extra] econtra *F*; contra *P₂*   **12** abscisso *β₂*
15 procedit *β (deest m)* | nec hoc *add. v*   **16** modo] filius *add. v*; *post* volun-
tatis *tr. V (pc.) F*   **18** ergo *om. β₁*   **19sq.** qui … dicitur] nec pater sine filio *v*
21sq. quando non fuerit filius *Orig.*   **22** vel fuerat *om. V F v*   **22sq.** vel …
quando *om. P₂ Va*   **22** nisi dicere *Orig*; dicere nisi *tr. codd.*   **23** non erat
veritas *tr. V F v* | non erat¹ *om. P₂ Va*   **24** quando … erat *om. P₂ Va* | in
om. β₂ | perfecta *Ce*; perficere *F*

substantia censeatur. Non enim ab eo dirimi haec vel ab eius 25
possunt umquam substantia separari. Quae quidem, quamvis
intellectu multa esse dicantur, re tamen et substantia unum sunt,
in quibus plenitudo est deitatis. Hoc autem ipsum, quod dicimus,
quia numquam fuit, quando non fuit, cum venia audiendum est,
ne et haec ipsa nomina temporalis vocabuli significantiam gerant, 30
id est 'quando' vel 'numquam'. Supra omne autem tempus et
supra omnia saecula et supra omnem aeternitatem intelligenda
sunt ea, quae de patre et filio et spiritu sancto dicuntur. Haec
enim sola trinitas est, quae omnem sensum intelligentiae non
solum temporalis, verum etiam aeternalis excedit. Cetera vero, 35
quae sunt extra trinitatem, in saeculis et in temporibus metienda
sunt. Hunc igitur filium dei secundum hoc, quod *verbum est deus,*
qui erat in principio apud deum, nemo consequenter putabit in
loco aliquo contineri neque secundum quod sapientia est neque
secundum quod veritas est neque secundum quod vita est vel 40
iustitia vel sanctificatio vel redemptio: Haec enim omnia non
indigent loco, ut agere quid vel operari possint, sed pro his, qui
virtutis eius inoperationisque participant, haec singula intelligenda sunt.

(2, 3) Si vero quis dicet per eos, qui participes sunt verbi dei
vel sapientiae eius vel veritatis vel vitae, etiam ipsum verbum et

---

37sq. Ioh. 1,1–2

2, 3, 1–25 si…meritorum] *Orig. 4, 4, 2 (p. 351, 7–352, 3)*

25 sentiatur *B*   26 numquam *Va*; *om. P₂*   27 intellecta multa (*P₂*) *vel* multa
intellecta (*β₂*) *β₁* | res *A B*   28 est plenitudo *tr. α₁ edd.* | divinitatis *β₁*
29 quia] quod *v*; *om. P₂* | accipiendum *α₁ edd.*   30 ne … gerant] nam … ge-
runt *Orig.*   31 id] ut *B* | quando *om. Va*   31sq. omne … supra² *om. m*
33sq. haec … sola *om. m*   34 est *om. P₃ F*   34sq. est … aeternalis] enim
etiam eternalis intelligencie sensum *m*   35 autem *β*   37–5, 11 hunc …
corporaliter] cum autem *m*   38 consequenter *om. v* | putabit *v Orig.*; putet
B edd.; putavit *rell.* (*cf. 2, 3, 8* dubitabit*)*   39sq. sapientia … quod *om. β₁*
39 est *om. C Ce P₃*   40 vita … veritas *tr. α₁*   40sq. vel iustitia] neque
secundum quod iustitia *α₁*   42 quae *β* (-*v*; *deest m*)   43 inoperatione his quę
A C Ce P₃; in operatione *B*; operationisque *v* | signacula *V* (*mg.*) *P₂ Va*
2, 3, 1 dicat *B Va edd.*   2 eius] dei *β₂*

sapientiam videri in loco esse, respondendum est ei, quia dubium
non est, quod Christus secundum quod verbum et sapientia est
5 vel cetera omnia erat in Paulo. Propter quod dicebat: *An experi-*
mentum quaeritis eius, qui in me loquitur Christus? Et iterum:
Vivo autem iam non ego, vivit vero in me Christus. Tunc ergo
cum esset in Paulo, quis dubitabit, quod similiter erat et in Petro
et in Iohanne et in singulis quibusque sanctorum, et non solum
10 in his, qui in terris sunt, verum et in his, qui in caelis sunt?
Absurdum namque est dicere, quia in Petro quidem et in Paulo
erat Christus, in Michaele vero archangelo et in Gabriele non
erat. Ex quo manifeste deprehenditur, quia divinitas filii dei non
in loco aliquo concludebatur: Alioquin in ipso tantum fuisset et
15 in altero non fuisset. Sed secundum incorporeae naturae maiesta-
tem, cum in nullo loco concludatur, in nullo rursum deesse
intelligitur. Verum illa sola intelligenda est differentia, quod
etiam si sit in diversis, sicut diximus in Petro vel Paulo vel
Michaele vel Gabriele, non tamen similiter est in universis.
20 Plenius enim et clarius et, ut ita dixerim, apertius est in
archangelis quam in aliis sanctis viris. Quod ex eo manifestum
PL est, quia cum ad summam perfectionem venerint sancti quique,
1189 dicuntur similes angelis effici vel aequales secundum evangelicam
sententiam. Unde constat in singulis quibusque tantum effici
25 Christum, quantum ratio indulserit meritorum.

2, 3, 5sq. II Cor. 13, 3   **7** Gal. 2, 20   **18** *cf.* 2, 3, 11–13   **23sq.** *cf.* Matth.
22, 30

---

3 videri *om.* β*₁* | in omni loco β*₁*   **5** vel] et β*₁*   **7** autem] ego *B v*; *om. A*
vero] autem β (*-V; deest m*) | Christus in me *tr. Orig.*   **8** dubitavit *A F* | et
om. β*₁*   **9** et in Iohanne *om. v* | singulis *om.* β*₂*   **9–13** et³ ... erat *om. v*
10 qui¹ ... his *om. Ce*   **11** namque *om. B* | in² *om. B P₃*   **12** in² *om. P₃*
13 deprehendatur β*₂ V* (*sl.*) | dei *om.* α*₁*   **14–17** et ... intelligitur *om. v*
15 secundum *om. Va* | in corpore *Va*   **16** in¹] a *Orig.* | loco *om. Ce*
17 sola *om. v*   **18** si *om.* β*₂ V* (*pc.*) | sicut diximus] ut *v* | vel¹] et *V P₂ v*
19 Gabriele vel Michaele *tr. C Ce P₃* | similiter] aliter *F* | in universis simili-
ter est *tr.* α*₁ edd.* | est *om.* β*₁*   **20** et² *om.* α | dixerim] et *add. B P₃*   **20sq.** in
archangelis est *tr. B edd.*   **21** viris] venerit *add. C Ce*   **22** pervenerint *P₂*
23 angelis similes *tr. B C Ce edd.*   **23sq.** secundum ... sententiam *om. v*
25 quanto *v*

(2, 4) His igitur nobis de trinitatis fide breviter repetitis consequens est etiam illud pariter admonere, quod per filium creata dicuntur *omnia, quae in caelis sunt et quae in terra, visibilia et invisibilia, sive throni sive dominationes sive principatus sive potestates, omnia per ipsum et in ipso creata sunt, et ipse est ante* 5 *omnes et omnia illi constant, qui est caput.* Quibus consona etiam Iohannes in evangelio dicit, quia *omnia per ipsum facta sunt et sine ipso factum est nihil.* David vero totius trinitatis mysterium in universorum conditione significans ait: *Verbo domini caeli firmati sunt et spiritu oris eius omnis virtus eorum.* 10

(2, 5) Post haec vero competenter admonebimus de adventu corporali et incarnatione unigeniti filii dei. In quo non ita senti-endum est, quod omnis deitatis eius maiestas intra brevissimi corporis claustra conclusa est, ita ut omne verbum dei et sapien-tia eius ac substantialis veritas ac vita vel a patre divulsa sit vel 5 intra corporis illius coercita et circumscripta brevitatem nec usquam praeterea putetur operata. Sed inter utrumque cauta pietatis debet esse confessio, ut neque aliquid deitatis in Christo defuisse credatur et nulla penitus a paterna substantia, quae ubique est, facta putetur divisio. Tale namque aliquid etiam 10 baptista Iohannes indicat, cum corporaliter absente Iesu dicebat

---

2, 4, 3–6 Col. 1, 16–18   **7sq.** Ioh. 1, 3   **9sq.** Ps. 32, 6

2, 4, 1–10 his...eorum] *Orig. 4, 4, 3 (p. 352, 4–13)*   **2, 5, 1–17** post...dei]
Orig. 4, 4, 3 (p. 352, 14–29)

2, 4, 1–10 his ... eorum *om. v*   **1** fide] ratione *Orig.*   **2** pariter *om. B P₃*
4sq. potestates sive principatus *tr. α₁*   **6sq.** consonat ... et dicit *Orig.*   **8** in
om. P₃
2, 5, 1 vero competenter *om. v*   **3** divinitatis *β₂ V (sl.)* | intra] in *P₂ v*; et *Va*
4 corporis] temporis *Va* | clausa sit (sint *Va*) *β₂ V*; senciendum est *Ce* (con-
clusa *mg.*)   **5** substantialis] eius *add. β (-P₂; post* veritas *V; ac. v; deest m*)
ac²] et *β₁* | dimissa *V F*   **6** et] vel *β₂* | brevitatem *B (post* illius*) F edd. Orig.*;
brevitate *rell.* | neque *β₂ V*; ne *B P₃*   **6sq.** nec ... operata *om. v*   **7** usque
quam *β₁* | cauta] tanta *β₁*   **8** divinitatis *β₂*   **10** putetur esse divulsio *Orig.*
etiam *om. β (-V; deest m)*   **11** baptistes *Orig.* | dicebat] Iohannes *add. m*

ad turbas: *Medius vestrum stat, quem vos nescitis, qui post me venit;*
cuius non sum dignus solvere corrigiam calciamentorum. Quod
utique dici non poterat de eo, qui absens erat, quantum ad prae-
15 sentiam corporalem pertinet, quia medius staret eorum, inter
quos corporaliter non aderat. Unde ostenditur, quia et in corpore
totus et ubique totus aderat filius dei.

(2, 6) Ne quis tamen nos existimet per haec illud affirmare,
quod pars aliqua deitatis filii dei fuerit in Christo, reliqua pars
alibi vel ubique! Quod illi sentire possunt, qui naturam substantiae incorporeae atque invisibilis ignorant. Impossibile namque
5 est de incorporeo {partem dici} aut divisionem aliquam fieri. Sed
in omnibus et per omnia et super omnia est eo modo, quo
superius diximus, id est quo vel sapientia vel verbum vel vita vel
veritas °intelligitur, per quem intellectum omnis sine dubio
conclusio localis excluditur. Volens igitur filius dei pro salute
10 humani generis apparere hominibus et inter homines conversari
suscepit non solum corpus humanum, ut quidam putant, sed et
animam nostrarum quidem animarum similem per naturam,
proposito vero et virtute similem sibi et talem, qualis omnes
voluntates et dispensationes verbi ac sapientiae indeclinabiliter
15 posset implere. Quod autem habuerit animam, manifestissime in

---

2, 5, 12sq. Ioh. 1, 26–27   **2, 6, 6sq.** *cf.* 2, 2, 37–44

2, 6, 1–57 ne…crucifixum] *Orig. 4, 4, 4 (p. 353, 1–355, 13)*

12sq. quem … cuius] cui *m*   **12sq.** qui … calciamentorum *om. v*   **13** sol-
vere … calciamentorum] et cetera *m*   **14** utique dici] dicit *m* | dici *om. β₂*
14sq. corporalem praesentiam *tr. Orig.*   **15sq.** quia … aderat *om. φ*
16 naturaliter *β₂* | unde *om. m*   **17** et ubique totus *om. P₃*
2, 6, 1–11 ne … suscepit] assumpsit autem *m*   **1** quis] qui *Orig.* | hoc *B β₁*
2 divinitatis *Va* | reliqua] vero *add. Orig.*   **5** est *om. β₁* | partem dici *Orig.*;
om. codd. | aut] atque *A (ac.)*; animo *uv. P₃*; *om. β₁*   **5–9** sed … excluditur
om. β₂   **6** est *om. β₂*   **7** vel vita *om. α₁*   **8** intelligitur *Orig.*; *legi vix possunt*
A (intellir ?) *et C* (intelligata ?); intelligatur *rell.*   **9** exauditur *Va*; exprimitur
A B C P₃ V   **10** generis humani *tr. P₂* | conservari *A*   **11** humanum *om. m*
sed] corpus *add. m*   **12** quidem nostrarum *tr. β₂*   **12–16** nostrarum …
evangeliis] quod *m*   **14** et] ac *β₁* | verbi *om. P₂* | ac] et *α₁ edd.*   **15** habuit
β (-V; deest m) | manifeste *β₂ v*   **15sq.** in evangeliis *om. β (deest m)*

evangeliis designat ipse salvator dicens: *Nemo tollit animam meam, sed ego pono eam. Potestatem habeo ponendi animam meam et potestatem habeo iterum sumendi eam.* Et rursum: *Tristis est anima mea usque ad mortem.* Et iterum: *Nunc anima mea turbata est.* Neque enim tristis et turbata anima verbum dei intelligen- 20 dum est, quod ex auctoritate deitatis dicit: *Potestatem habeo ponendi animam meam.* Nec tamen ita dicimus fuisse filium dei in illa anima sicut fuit in anima Pauli vel Petri ceterorumque sanctorum, in quibus Christus similiter ut in Paulo loqui credi- tur. Sed de illis omnibus illud sentiendum est, quod scriptura 25 dicit, quia *nemo mundus a sorde nec si unius diei fuerit vita eius.* Haec vero anima, quae in Christo fuit, priusquam sciret malum, elegit bonum. Et quia *dilexit iustitiam et odio habuit iniquitatem, propterea unxit eam deus oleo laetitiae prae participibus suis.* Oleo ergo laetitiae ungitur, cum verbo dei immaculata foederatione 30 coniuncta est et per haec sola omnium animarum peccati incapax PL fuit, quia filii dei bene et plene capax fuit. Ideoque et unum cum 1190 ipso est atque eius vocabulis nuncupatur et Iesus Christus appellatur, per quem omnia facta esse dicuntur. De qua anima, quoniam totam in se sapientiam dei et veritatem vitamque rece- 35 perat, etiam illud arbitror dixisse apostolum, quod ait, quoniam *vita vestra abscondita est cum Christo in deo; cum autem Christus*

16–18 Ioh. 10, 18   **18sq.** Matth. 26, 38   **19sq.** Ioh. 12, 27   **26** Iob 24, 4
27sq. *cf.* Is. 7, 15   **28sq.** Ps. 44, 8   **34** *cf.* Ioh. 1, 3   **37sq.** Col. 3, 3–4

16sq. nemo ... eam *om.* ϕ **16** tollet β_2; a me *add.* B *edd. Orig.*   **17** ego ...
eam *om.* β_1 | eam] et iterum *add.* B *edd.*; abs me *add. Orig.*   **17sq.** ponendi
eam et iterum potestatem habeo adsumendi eam *Orig.*   **18** potestatem
habeo *om.* β **18–21** et² ... est *om.* v   **19–22** usque ... meam *om.* m   **21** est
om. β_2 **21sq.** potestatem ... meam *om.* v   **22** tamen *om.* β_2 | dicimus fuisse
filium] fuit filius   **23** Petri vel Pauli *tr.* P_2 | vel Petri *om.* β_2 **23–29** cete-
rorumque ... deus] uncta enim fuit m   **24sq.** in¹ ... creditur *om.* v
25 sciendum β_2 **27** Christo] Iesu *Orig.*   **28** odio habuit] odiit *Orig.*
29–31 oleo² ... animarum] et m   **30** igitur B Ce   **31** hoc β_2 *Orig.*
32 quia ... fuit *om.* P_2 **33–36** et ... quoniam] et haec est m   **35** quando α_1
37 abscondita ... Christo] quae cum Christo abscondita est m
37–41 cum² ... est] Christus enim pro aliis unctus est m   **37** autem *om.*
β (-V; *deest m*)

apparuerit vita vestra, tunc et vos apparebitis cum ipso in gloria.
Quis enim alius hic intelligendus est Christus, qui in deo abscon-
40 ditus dicitur et postea appariturus, nisi ille, qui oleo laetitiae
unctus °refertur, id est substantialiter deo repletus, in quo nunc
absconditus dicitur? Propterea enim et omnibus credentibus ad
exemplum Christus exponitur, quia sicut ille semper et antequam
sciret omnino malum, elegit bonum et dilexit iustitiam et odio
45 habuit iniquitatem et propterea unxit eum deus oleo laetitiae, ita
et unusquisque vel post lapsum vel post errorem expurget se a
maculis exemplo proposito et habens itineris ducem arduam
viam virtutis incedat, ut si forte per hoc in quantum fieri potest,
per imitationem eius particeps efficiatur divinae naturae, sicut
50 scriptum est, quia *qui dicit se Christo credere, debet sicut ille ambu-*
lavit et ipse ambulare. Hoc ergo verbum et haec sapientia, per
cuius imitationem vel sapientes vel rationabiles dicimur, omnibus
fit omnia, ut omnes lucrifaciat, et fit infirmis infirmus, ut infir-
mos lucrifaciat. Et quia infirmus efficitur, propter hoc dicitur de
55 eo: *Etiamsi crucifixus est ex infirmitate, sed vivit ex virtute dei.*
°Denique Corinthiis, qui infirmi erant, Paulus nihil se scire
iudicat inter ipsos nisi Iesum Christum et hunc crucifixum.

50sq. I Ioh. 2, 6   52–54 *cf.* I Cor. 9, 22   55 II Cor. 13, 4   56sq. *cf.* I Cor.
2,2

---

38 vita *om.* P_3 | nostra *Ce Va v* | cum ipso apparebitis *tr.* $V P_2 Va$ *Orig.*
39 hic alius *tr.* α_1 39–42 Christus ... dicitur *om. v*   40 et *om.* P_2
40–42 et ... dicitur *om.* α 41 refertur *Orig.*; refertus *codd.*
41–53 repletus ... fit[2] hic *m*   42 enim *om. v* | tendentibus β_2 V *(sl.)*
43 exemplum] Christum β_1 | quia] qui β_2 43sq. et ... malum *om. v*
44–46 dilexit ... et *om. v*   44 et[2]] atque *Orig.*   46 lapsum] suum *add.* β_2
48 veritatis *Ce* | potest fieri *tr.* β_1 49 participes efficiamur *Orig.*   50 quia
om. v | Christo A *Orig.*; in Christo *rell.* | credere] manere β_1 | debet *om.* P_3
ipse β_2; *om.* P_3 51–57 hoc ... crucifixum *om. v*   53sq. et ... lucrifaciat *om.*
α 53 infirmis] factus est *add. m* | infirmus *om.* β_2 54 et ... efficitur *om.*
54sq. de eo] iam *m*   55 etiamsi *om. m*   56 denique *Orig.*; de quo *codd.*
56–8, 11 denique ... meam] anima autem eius verbo *m*   56 qui] cum β_1
essent β *(deest* ϕ*)*   56sq. iudicat scire *tr. Orig.*   57 indicat *Ce P_2 Va*

(2, 7) Quidam autem volunt de ipsa anima dictum videri, cum primum de Maria corpus assumit, etiam illud, quod aposto-lus dicit *Qui cum in forma dei esset, non rapinam arbitratus est esse se aequalem deo, sed semetipsum exinanivit formam servi accipiens,* quo eam sine dubio in formam dei melioribus exemplis et institu- 5 tionibus repararet atque in eam plenitudinem, unde se exinani-erat, revocaret. Sicut autem participio filii dei quis in filium adoptatur et participio sapientiae in deo sapiens efficitur, ita et participio spiritus sancti sanctus et spiritalis efficitur. Unum enim atque idem est spiritus sancti participium sumere quod est 10 patris et filii, quippe cum una et incorporea natura sit trinitatis.

(2, 8) Igitur unigenitus filius dei, per quem omnia facta esse visibilia et invisibilia in superioribus sermo disputationis edocuit, secundum scripturae sententiam et fecit omnia et, quae fecit, diligit. Nam cum invisibilis dei ipse sit imago invisibilis, partici-pationem sui universis rationabilibus creaturis invisibiliter prae- 5 buit ita, ut tantum ex eo unusquisque participii sumeret, quanto erga eum dilectionis inhaesisset affectu. Verum cum pro liberi arbitrii facultate varietas unumquemque ac diversitas habuisset animorum, ut alius ardentiore, alius tenuiore et exiliore erga auctorem suum amore teneretur, illa anima, de qua dixit Iesus, 10

2, 7, 3sq. Phil. 2, 6–7   2, 8, 1sq. *cf.* Col. 1, 16   2 *non adest in inc.; cf. Orig.*
p. 86, 5–21   3sq. *cf.* Sap. 11, 24

2, 7, 1–11   quidam...trinitatis] *Orig. 4, 4, 5 (p. 355, 14–356, 10)*   2,
8, 1–39 igitur...dicatur] *Orig. 2, 6, 3 (p. 141, 25–143, 17)*

2, 7, 1 dictum videri] deum *v*   2 sumit *β₂*; assumpsit *B edd.* | etiam *om. v*
3 ait *β₂* | rapinam *om. v*   5 quo] ut *A* | sine dubio *om. v*   6sq. exinaniverat
V Va   7sq. participatione *semper pro* participio *β₁*   7 in filios *Orig.*
filium] dei *add. β₂*   9 sanctus] spiritus *β₂*   11 quippe ... trinitatis *om. v* | sit
natura *tr. α₁*
2, 8, 1–3 per ... sententiam *om. v*   1 facta *om. B*   4 imago] ipse *add. B*
5 etiam visibiliter *β₁*   7 pro liberi] libera *Va*   8 voluntate *β₂ V (sl.)*
varietas *om. v* | ac *om. v* | adversitas *A*   9 animarum *β₂ quod expectares* | et
exiliore *om. v*   10 suum auctorem *tr. B edd.*   10sq. de ... meam] Christi *v*

quia *nemo aufert a me animam meam*, inseparabiliter ei atque
indissociabiliter inhaerens utpote verbo et sapientiae dei et veri-
tati ac luci verae et tota totum recipiens atque in eius lucem
splendoremque ipsa cedens, facta est cum ipso principaliter unus
15 spiritus, sicut et apostolus his, qui eam imitari deberent, promittit, quia *qui se iungit domino, unus spiritus est*. Hac ergo substantia
animae inter deum carnemque mediante (non enim possibile erat
dei naturam corpori sine mediatore misceri) nascitur, ut diximus,
deus homo illa substantia media existente, cui utique contra
20 naturam non erat corpus assumere. Sed neque rursum anima illa
utpote substantia rationabilis contra naturam habuit capere
PL {deum}, in quem, ut superius diximus, velut verbum et sapien-
1191 tiam et veritatem tota iam cesserat. Unde et merito pro eo, quod
vel tota esset in filio dei vel totum in se caperet filium dei etiam
25 ipsa cum ea, quam assumpserat, carne dei filius et dei virtus
Christus et dei sapientia appellatur. Et rursum dei filius, per
quem omnia creata sunt, Iesus Christus et filius hominis nominatur: Nam et filius dei mortuus esse dicitur pro ea scilicet natura,
quae mortem utique recipere poterat, et filius hominis appellatur,
30 qui venturus in dei patris gloria cum sanctis angelis praedicatur.
Et hac de causa per omnem scripturam tam divina natura humanis vocabulis appellatur, quam humana natura divinae nuncupa-

---

11 Ioh. 10, 18   16 I Cor. 6, 17   18 *non adest in inc.; cf. appar. ad Orig. p.*
142, 13   22 *cf.* 2, 8, 7–16

---

11 meam] ab initio creaturae et deinceps *add. Orig.* | ei *A Orig.; om. rell.*
11sq. atque indissociabiliter *om.* φ   12 indissonabiliter β₁ | utpote *om. v*
12sq. utpote ... verae *om. m*   12 sapientiae et verbo *tr. Orig.* | et² *om. v*
13 ac] et β₂ v   14 splendoremque ipsa *om. m* | ipsa *om. B*   **15sq.** sicut ...
est *om. m*   15 his] is *C P₃*   16 quia *om. v* | deo α₁   18 corpori *om.* α₁ | ut
om. v   **20sq.** non ... naturam *om. Ce*   **20–25** sed ... dei²] propter quam
unionem anima cum carne dei filius *m*   21 rationalis *B*   22 deum *Orig.;*
om. codd. | quam *F P₂ v*   **23sq.** vel quod *tr.* β *(deest m)*   24 vel² ... dei *om. F*
26 Christus *om.* β₁ | et *om. P₂* | dei¹ *om. m* | appellatur ... filius *om.* β₂
26sq. per ... filius *om. m*   28 nam *om. m* | filius dei *om. m*   **28sq.** pro ...
poterat *om. v*   **28–45** pro ... ea] quod ipsius verbi anime *m*   29 potuit β₁
30 gloria dei patris *tr. B edd.;* patris *om.* β₂   **32sq.** nuncupationis divinae *tr.*
B edd.

tionis insignibus decoratur. Magis enim de hoc quam de ullo alio dici potest, quod scriptum est, quia *erunt ambo in carne una* et *iam non sunt duo, sed caro una.* Magis enim verbum dei cum 35 anima in carne una esse quam vir cum uxore putandus est; sed et unus spiritus esse cum deo, cui magis convenit quam huic animae, quae se ita deo per dilectionem iunxit, ut cum eo unus spiritus merito dicatur propheta dicente: *Dilexisti iustitiam et odisti iniquitatem; propterea unxit te deus, deus tuus oleo laetitiae* 40 *prae participibus tuis.* Dilectionis igitur merito ungitur oleo laetitiae, id est anima cum verbo dei Christus efficitur. Ungi namque oleo laetitiae non aliud intelligitur quam spiritu sancto repleri. Quod autem prae participibus dixit, indicat, quia non gratia spiritus sicut prophetis data est, sed ipsius verbi dei in ea 45 substantialis inerat plenitudo, sicut et apostolus dicit: *In quo inhabitat omnis plenitudo deitatis corporaliter.* Denique propter hoc non solum dixit *Dilexisti iustitiam,* sed et addidit: *Et odisti iniquitatem.* Odisse enim iniquitatem illud est, quod scriptura dicit de eo, quia *peccatum non fecit nec inventus est dolus in ore* 50 *eius* et quod ait: *Temptatus per omnia pro similitudine absque peccato.* Sed et ipse dominus dicit: *Quis vestrum arguit me de peccato?* Et iterum ipse dicit de se: *Ecce venit mundi huius princeps et in me non invenit quicquam.* Quae omnia nullum in eo peccati sensum indicant extitisse. Quod ut propheta evidentius designa- 55

---

34 Gen. 2, 24   35 Matth. 19, 6   39–41 Ps. 44, 8; Hebr. 1, 9   46sq. Col. 2, 9   48sq. Ps. 44, 8; Hebr. 1, 9   50sq. Is. 53, 9; I Petr. 2, 22   51sq. Hebr. 4, 15   52sq. Ioh. 8, 46   53sq. Ioh. 14, 30

39–57 propheta…iniquitate] *Orig. 2, 6, 4 (p. 143, 27–144, 17)*

---

35 una caro *tr. β₁* | enim *om. B edd.*   37 esse] est *A F*   40 deus tuus *om. C Ce*; deus *om. P₃ β₂* | laetitiae *om. B*   41 quod igitur dilectionis *B*   42 id est *post* verbo dei *tr. β₂*   42sq. id … laetitiae *om. α*   43 non] nihil *β₂* 46–9,5 sicut … difficultas *om. m*   46 et *om. Va* | dixit *Orig.*   47 habitat *A B* | omnis *om. β (deest m)* | divinitatis *Va* | denique *post* hoc *tr. β₂* 47–9,5 denique … difficultas *om. v*   48 et *om. β₁ Orig.* | addit *β₂* 49 odisse enim iniquitatem *om. β₂*   50 quia] quod *V*   52 me arguit (arguet *B Ce*) *tr. α₁ Orig.*   53 princeps huius mundi *tr. B F edd.*   54 nullum *om. A*

ret, quia numquam eum iniquitatis sensus intrasset, ait: *Prius-quam sciret puer vocare patrem aut matrem, avertit se ab iniquitate.*

(2, 9) Quodsi alicui difficile id videbitur pro eo, quod rationabilem animam esse in Christo supra ostendimus, quam utique animarum naturam boni malique capacem per omnes disputationes nostras frequenter ostendimus, hoc modo rei huius
5 explanabitur difficultas: Naturam quidem animae illius hanc fuisse, quae est omnium animarum, non potest dubitari; alioquin nec dici anima potuit, si vere non fuit anima. Verum quoniam boni malique eligendi facultas omnibus praesto est, haec anima, quae Christi est, ita elegit diligere iustitiam, ut pro immensitate
10 dilectionis inconvertibiliter ei atque inseparabiliter inhaereret, ita ut propositi firmitas et affectus immensitas et dilectionis inexstin-guibilis calor omnem sensum conversionis abscideret, ut quod in arbitrio erat positum, longi usus affectu iam versum sit in natu-ram. Ita et fuisse quidem in Christo humana et rationabilis anima
15 credenda est et nullum sensum vel possibilitatem eam putandum est habuisse peccati.

(2, 10) Ad pleniorem tamen rei explanationem non videtur absurdum, si etiam similitudine aliqua utamur; licet in re tam

56sq. Is. 8, 4; 7, 16   2, 9, 2 cf. 2, 8, 21   4 cf. appar. ad Orig. p. 144, 20–21

2, 9, 1–16 quodsi...peccati] Orig. 2, 6, 5 (p. 144, 18–145, 4)   2, 10, 1–37 ad... capaces] Orig. 2, 6, 6 (p. 145, 5–146, 9)

56 in eum B edd.   57 patrem vocare tr. β₁
2, 9, 1–5 quodsi ... difficultas om. B   1 id post quodsi tr. A   2 per quam F   3 naturam animarum tr. P₂ Va; animarum nostrarum F   4 ostendimus] de confusione foliorum in archetypo cf. p. 155–156 | huius rei tr. α₁ edd.
5–15 naturam ... sensum] quem nullam habuisse m   6 dubitari non potest tr. C v   6sq. alioquin ... anima²] om. v   7sq. non ... est om. P₃   8 est] ita add. v   9 ita om. v | impensitate A B C P₃   10 ei inconvertibiliter tr. B edd.; ei om. Ce | adhaereret β₁ | ita om. Ce   11 et¹ om. B Ce P₃   12 conver-sionis] atque immutationis add. Orig. | abscinderet P₂ Va; absconderet V(sl.) F   14 ita et] itaque v | quidem om. v | et rationabilis om. v | rationalis B P₂ | anima om. β₂   15sq. eam ... habuisse om. m   16 peccati] credendum est add. m
2, 10, 1–5 ad ... caloris] sicut m   1 planiorem Ce; pluriorem P₂
1–4 non ... ut om. v   2 etiam] iam β₁; autem P₃

ardua tamque difficili ne exemplis quidem uti commodis copia
est, tamen ut absque aliquo praeiudicio dicamus: Ferri metallum
capax est et frigoris et caloris; si ergo massa aliqua ferri semper in   5
igne sit posita, omnibus suis poris omnibusque venis ignem
recipiens et tota ignis effecta, si neque ignis ab ea cesset aliquando
neque ipsa ab igne separetur, numquid dicemus hanc, quae natura
quidem ferri massa est, in igne positam et indesinenter ardentem
posse frigus aliquando recipere? Quin immo, quod verius est,   10
massam, sicut in fornacibus saepe fieri oculis deprehendimus,
totam ignem effectam dicimus, quia nec aliud in ea nisi ignis
cernitur; sed et si quis contingere atque contrectare temptaverit,
non ferri, sed ignis vim sentiet. Hoc ergo modo etiam illa anima,
quae quasi ferrum in igne, sic semper in verbo, semper in sapien-   15
tia, semper in deo posita est omne, quod agit, quod sentit, quod
intelligit, deus est, et ideo nec convertibilis aut mutabilis dici
potest, quae inconvertibilitatem ex verbi dei unitate indesinenter
ignita °possedit. Ad omnes denique sanctos calor aliquis verbi dei
putandus est pervenisse; in hac autem anima ignis ipse divinus   20
substantialiter requievisse credendus est, ex quo ad ceteros calor
aliquis venerit. Denique quod dixit, quia *unxit te deus, deus tuus*
oleo laetitiae prae participibus tuis, ostendit, quod aliter ista anima
oleo laetitiae, id est verbo dei et sapientia, ungitur et aliter parti-

---

2, 10, 22sq. Ps. 44, 8

4 ut *om. A* | aliquo] ullo *β* (*tr. post* praeiudicio *V*; *deest m*)   **5** ergo *om. m*
aliqua *om. m*   **6** sit *om. m*   **6sq.** omnibus ... recipiens *om. m*   **7** ab ea ignis
tr. B edd.   **7sq.** aliquando neque ipsa *om. Va*   **8** numquidnam *Orig.*
9 in ... ardentem *om. m* | positam *B Ce edd. Orig.*; posita *rell.* | et *om. β₂*
10 aliquando frigus *tr. α₁ edd.*   **10sq.** quin ... saepe] sicut autem massa in
fornacibus cum saepe *v*   **10–14** quin ... illa] illa etiam *m*   **11** massam]
magis eam *Orig.*   **13** quis] qui *Orig.* | contractare *V Va*; pertractare *F*;
attrectare *Orig.*   **14** ergo *om. v*   **15** quae *om. v* | sic] sit *β₂*; *om. B*   **16** et
omne *A*   **16sq.** omne ... est *om. v*   **16** quod² *om. Ce*   **17** nec convertibilis
om. m | inconvertibilis *P₂*; convertibilis *B*   **17sq.** aut mutabilis dici potest]
dici nec mutabilis potest *α₁*   **17** mutabilis *om. A*   **18** verbo *α*   **19** possedit
Orig.; possidet *v*; possidebit *rell.*   **19–25** ad ... sancti *om. m*   **19** (a *add. B*)
verbo *α*   **23** ista anima aliter *tr. B edd.*   **24** et² *om. v*

25 cipes eius, id est sancti prophetae et apostoli. Illi enim in odore
unguentorum eius cucurrisse dicuntur; ista autem anima vascu-
lum unguenti ipsius fuit, ex cuius fragrantia participantes digni
quique prophetae fiebant et apostoli. Sicut ergo alius est unguenti
odor et alia est unguenti substantia, ita aliud Christus et aliud
30 participes sui. Et sicut vas ipsum, quod substantiam continet
unguenti, nullo genere potest aliquid recipere foetoris, hi vero,
qui ex odore eius participant, si se paulo longius a fragrantia eius
removerint, possibile est, ut incidentem recipiant foetorem, ita
Christus velut vas ipsum, in quo inerat unguenti substantia,
35 impossibile fuit, ut contrarium reciperet odorem, participes vero
eius, quam proximi fuerint vasculo, tam odoris erunt participes
et capaces.

   (2, 11) Arbitror sane etiam Ieremiam prophetam intelligen-
tem, quae sit in eo natura dei sapientiae, quae etiam haec, quam
pro salute mundi susceperat, dixisse: *Spiritus vultus nostri Christus
dominus, cui diximus, quod in umbra eius vivemus in gentibus.* Pro
5 eo enim, quod sicut umbra corporis nostri inseparabilis est a
corpore et indeclinabiliter motus ac gestus corporis suscipit ac
gerit, puto eum animae Christi opus ac motus, quae {ei} inseparabiliter inhaerebat et pro motu eius ac voluntate cuncta perpe-
trabat, ostendere °volentem umbram Christi domini hanc
10 vocasse, in qua umbra nos viveremus in gentibus. In huius namque assumptionis sacramento gentes vivunt, quae imitantes eam

---

25sq. *cf.* Cant. 1, 3   **2, 11, 3sq.** Lam. 4, 20

2, 11, 1–35 arbitror…novimus] *Orig.* 2, 6, 7 *(p. 146, 10–147, 14)*

25 illi enim *om. m* | autem *B P₃*   **25sq.** unguentorum eius odore *tr. β₂*
26 vero *B edd.*   **27** fraglantia *A B C;* flagrantia *P₃ P₂ m Orig.* | participes *B*
29 aliud¹] est *add. α₁ edd.* | et² *om. β₂*   **30–11, 35** et … novimus *om. m*
31–33 hi … foetorem *om. B*   **32** fraglantia *A C;* flagrantia *P₃ F Orig.*
33 removent *β (-V; deest m)*   **34** ipsum *om. C Ce* | inerat] erat *Orig.*
35sq. vero … erunt *om. P₃*
2, 11, 1–35 arbitror … novimus *om. v*   **1** etiam *om. B*   **4** cui] cuius *Orig.*
5 nostri *om. B*   **6** inclinati *β₁*   **7** ei *Orig.; om. codd.*   **9** volentem umbram
Orig.; (in *add. Va;* ut et *add. F;* et *add. P₂*) voluntatem *codd.* | Christi *om. α₁*
10 vivemus *β₁*   **11sq.** quae … veniunt *om. α*

per fidem veniunt ad salutem. Sed et David dicens *Memor esto opprobrii mei, domine, quo exprobraverunt me in commutationem Christi tui* similia mihi videtur ostendere. Et Paulus quid aliud sentit, cum dicit: *Vita nostra abscondita est cum Christo in deo?* Et   15
°quidem in alio loco dicit: *Aut documentum quaeritis eius, qui in me loquitur Christus?* Et nunc Christum in deo dicit absconditum; cuius rei intellectus, nisi talis aliquis indicetur, qualem per umbram Christi a propheta significatum esse supra diximus, fortassis etiam hoc sensum humanae mentis excedit. Sed et   PL
quamplurima alia in scripturis divinis de umbrae significantia   1192
videmus inserta, ut illud in evangelio secundum Lucam, cum dicit Gabriel ad Mariam: *Spiritus domini veniet super te et virtus altissimi obumbrabit tibi.* Et apostolus de lege dicit, quia *similitudini et umbrae deserviunt caelestium* hi, qui carnalem habent   25
circumcisionem. Et alibi dicitur: *Nonne vita nostra umbra est super terram?* Si ergo et lex, quae super terras est, umbra est, et vita omnis nostra, quae est super terras, umbra est, et in umbra Christi vivemus inter gentes, videndum est, ne harum omnium veritas umbrarum in illa revelatione noscatur, cum iam non per   30
speculum et in aenigmate, sed facie ad faciem sancti quique   PL
gloriam dei et rerum causas ac veritatem speculari merebuntur.   1193
Cuius veritatis accepto iam pignore per spiritum sanctum dicebat apostolus: *Etiam si cognovimus Christum secundum carnem aliquando, sed nunc iam non novimus.*   35

12–14 Ps. 88, 51–52   **15** Col. 3, 3   **16sq.** II Cor. 13, 3   **19** *cf.* 2, 11, 1–12
23sq. Luc. 1, 35   **24sq.** Hebr. 8, 5   **26sq.** Iob 8, 9   **30sq.** *cf.* I Cor. 13, 12
34sq. II Cor. 5, 16

12 perveniunt *Orig.*   **13** commutatione *Orig.*   **14** tui *om.* P_3 **16** quidem in *Orig.*; quid enim *codd.* (in *add.* Va) | aut *A V*; an *rell.* | experimentum α_1 *edd.*; doctrinam β_2 **18** intellectus] est difficilis *add.* B *edd.*; quis *add.* Ce iudicetur β_1 **25** hi *om.* β_2 **26** umbra est vita nostra *tr. Orig.*   **27** terras *A V*; terram *rell.*   **27sq.** et² ... est² *om.* Ce β_1 **28** terram B *edd.*   **29** omnium harum *tr.* α_1 *edd.*   **30** nascatur β_1 **31** in P_2 (*qui cod. om.* et) *Orig.*; *om. rell.* quique] et *add.* B Ce *edd.*   **34** etsi Va

PL
1194   (2, 12) Haec interim nobis ad praesens de rebus tam difficilibus disputantibus, id est de incarnatione et deitate Christi,
occurrere potuerunt. Si quis sane melius aliquid potuerit invenire
et evidentioribus de scripturis sanctis assertionibus confirmare,
5 quae dicit, illa potius quam haec recipiantur.

2, 12, 1–5 haec…recipiantur] *Orig. 2, 6, 7 (p. 147, 15–19)*

2, 12, 1 hoc *Ce β₂* | interim *om. m*   **1sq.** ad … difficilibus *om. m*   **1** tam
om. β (deest m)   **2** et] de *add. Orig.*   **3** potuerunt] *explicit v* | sane melius]
samelius *P₂* | aliquid *om. m*   **4** evidentioribus de *om. m* | assertionibus
confirmare] affirmare *m*   **5** quae dicit *om. m* | haec *om. Va*

Dialogus

Quaestionum

Einleitung

1. Autorschaft und Abfassungszeit

Die mittelalterliche Überlieferung schreibt den Dialogus quaestionum (dial. qu.; CPPM II 151) Augustinus zu; bestimmte Codices bezeichnen das Werk als Dialog zwischen dem Bischof von Hippo und Orosius. Erasmus wies all dies 1528 in seiner Augustinus-Gesamtausgabe zurück; seinem Urteil ist die spätere Forschung aus gutem Grund gefolgt.

Anhaltspunkte für eine genaue Datierung und Lokalisierung von dial. qu. sind nicht leicht festzumachen, doch ist Folgendes klar: Das Werk verarbeitet Texte des Augustinus, die erst in dessen letztem Lebensjahrzehnt fertiggestellt wurden (De trinitate 420; De civitate dei 425/6); in manchen Passagen scheinen zudem die Instructiones des Eucherius von Lyon (428/34) benutzt worden zu sein. Die trinitarischen Fragen-Antworten 1–12 verwerten dogmatische Texte des Bischofs von Hippo nicht so sehr direkt, sondern größtenteils vermittelt durch eine Art von antihäretischem, wohl antiarianisch ausgerichtetem, Handbuch, dessen Inhalt und Ausrichtung bei mehreren Autoren des 5. und frühen 6. Jh. fassbar ist.[1]

---

[1] Ausführlich zur Frage von Ursprungsort und –zeit von dial. qu. L. J. Dorfbauer, Eine Untersuchung des pseudoaugustinischen Dialogus quaestionum (CPPM 2A 151), RBen 121 (2011), 241–315. Um die Einleitung zu vorliegender Edition, welche sich in erster Linie mit der reichen Überlieferung des Texts beschäftigt, nicht über Gebühr auszudehnen, wurde die genaue Behandlung von Themen, die mit der Textkonstitution in keinem engeren Zusammenhang stehen, auf die genannte Arbeit ausgelagert. Vgl.

Weiters geht aus der Praefatio von dial. qu. hervor, dass die
Hauptquelle Augustinus einer vergangenen Generation von Bibelexegeten zugerechnet wird, auf die man voller Bewunderung
zurückblickt; im Einklang mit dieser Geisteshaltung wird in qu.
13 eine Erklärung des Augustinus mit den Worten *antiqui patres
nostri hoc senserunt* eingeleitet, in qu. 35 heißt es über eine weitere [*id*] *intellectum a maioribus recolo*: Dies alles zeigt, dass man
den Terminus post quem von dial. qu. kaum vor 450 ansetzen
kann.

Andererseits hat Taio von Saragossa in seinen Sententiae (fertiggestellt ca. 653/4) eine bestimmte Handschriftengruppe von
dial. qu. benutzt, welche in der direkten Überlieferung erst im 9.
Jh. greifbar wird (vgl. dazu u. cap. 4): Der Archetyp der erhaltenen Handschriften des pseudoaugustinischen Werks muss demnach bereits einige Zeit vor der Mitte des 7. Jh. vorgelegen sein.
Er enthielt zwei Fragen-Antworten (qu. 64 und 65), die aus
Isidors De ecclesiasticis officiis (entstanden zwischen 598 und
615) stammen und nicht vom ursprünglichen Verfasser, sondern
von einem Bearbeiter am Ende des pseudoaugustinischen Werks
eingefügt wurden (vgl. u. cap. 7). Dial. qu. muss also zwischen ca.
450 und ca. 615 entstanden sein.

Die beiden genannten Beispiele (Benutzung durch Taio; Inter-
polation nach Isidor) sind nicht die einzigen Zeugnisse für frühe
Rezeption von dial. qu., doch fällt auf, dass das pseudoaugustinische Werk vor ca. 700 ausschließlich in Spanien sicher nachweisbar ist, wo es sich einiger Beliebtheit und Autorität erfreute.
Im übrigen Europa scheint der Text nicht vor der Mitte des 8.
Jh. bekannt gewesen zu sein. Somit dürfte dial. qu. in Spanien
entstanden sein: Dies passt gut zur Identifikation eines der beiden
Sprecher mit dem Spanier Orosius in einem bestimmten Zweig

---

auch J. Amengual i Batle, Les Quaestiones Orosii et responsiones Augustini,
obra de Consenci?, Arxiu de textos catalans antics 21 (2002), 7–121; Id.,
Pervivència de les Quaestiones Orosii et responsiones Augustini fins a finals
del segle VIII, Arxiu de textos catalans antics 22 (2003), 9–102.

der Überlieferung sowie zur Qualität des Texts in einigen spanischen bzw. spanisch beeinflussten Handschriften.

Bedenkt man die (nicht allzu zahlreichen) Fakten, die über die Produktion von Literatur in Spanien zwischen 450 und 600 verfügbar sind, dann ist eine Abfassung von dial. qu. in der zweiten Hälfte des 6. Jh. am wahrscheinlichsten: In dieser Zeit war in Spanien der Gegensatz zwischen arianischem und katholischem Glauben ein brennendes Thema, was die ersten zwölf dogmatischen Fragen-Antworten von dial. qu. reflektieren; vor allem ist zu dieser Zeit in Spanien der Beginn eines großen Interesses sowohl an der Genesisexegese als auch an der Abfassung von theologischen Kompendien in Frage-und-Antwort-Form zu beobachten, was zur Entstehung mehrerer mit dial. qu. vergleichbarer Texte geführt hat.

2. Literarisches Genus. Inhalt

Dial. qu. gehört zur Gattung der (theologischen) Frage-und-Antwort-Literatur, die vor allem in der Übergangszeit zwischen Spätantike und Mittelalter aufgeblüht ist.[2] Das Werk besteht in seiner überlieferten Form aus einer kurzen Praefatio und 65 Fragen und Antworten, von denen allerdings die letzten beiden (qu. 64 und 65) nicht zum ursprünglichen Textbestand gehören (vgl. u. cap. 7).

Das zentrale Anliegen von dial. qu. ist die Exegese von Genesis 1–12 (behandelt in qu. 21–63); dem vorangestellt ist eine relativ ausführliche Diskussion über die Trinität (qu. 1–12) sowie

---

[2] Vgl. dazu allgemein G. Bardy, La littérature patristique des ,Quaestiones et responses' sur l''écriture sainte, Revue Biblique 41 (1932), 210–236; 341–369; 515–537; sowie 42 (1933), 14–30; 211–229; 328–352. Insbesondere zu Augustinus R. J. Teske, Augustine of Hippo and the Quaestiones et Responsiones Literature, in: A. Volgers / Cl. Zamagni (Edd.), Erotapokriseis. Early Christian Question-and-Answer Literature in Context, Leuven 2004, 127–144. Der genannte Sammelband bietet einen neueren Überblick über dieses Genus.

eine kurze Zusammenstellung von Fragen, welche sich mit Passagen des Buches Genesis und des Neuen Testaments beschäftigen,
ohne dass sich eine klare Systematik erkennen ließe (qu. 13–20).
Die Kombination einer einführenden Diskussion der Trinität
und einer daran anschließenden Auslegung der Eröffnungskapitel
der Genesis findet sich im Grundsätzlichen vorgebildet bei Augustinus, sowohl in seinem großen Werk De Genesi ad litteram
als auch in seinem unvollendet gebliebenen De Genesi ad litteram inperfectus liber. Tatsächlich sind einige der großen Werke,
in denen sich der Bischof von Hippo mit Fragen der Trinität und
der Genesisexegese auseinander setzt, die wichtigsten Quellen für
den Verfasser von dial. qu. gewesen: De Genesi ad litteram; De
trinitate; De civitate dei; Contra Faustum. Die konkreten Vorbildpassagen finden sich im Apparat angegeben; ein Überblick
über das Werkganze lässt folgende Verteilung erkennen:

*)   Praefatio + qu. 1–12 (Trinität): Haupquelle De trinitate[3]
*)   qu. 13–20 (diverse Fragen): Hauptquellen De civitate dei;
       De Genesi ad litteram[4]
*)   qu. 21–45 (Genesisexegese): Hauptquelle De Genesi ad
       litteram (teilweise ergänzt um Passagen aus De civitate
       dei und De trinitate)
*)   qu. 46–62 (Genesisexegese): Hauptquelle Contra
       Faustum
*)   qu. 63 (ein Detail der augustinischen Genesisexegese):
       Hauptquelle De Genesi ad litteram

---

[3] In diesem eröffnenden Abschnitt sind anders als im Rest von dial. qu.
neben dem großen Werk De trinitate auch mehrere kürzere Texte des
Augustinus zu trinitarischen Fragen verwertet. Hier arbeitete der Verfasser
offenbar mit einem antihäretischen Kompendium, welches diese Augusti-
nus-Texte bereits gesammelt hatte. Vgl. dazu Dorfbauer (Anm. 1), 257f. und
274–290.
[4] Möglicherweise wurden auch einzelne Passagen aus De consensu evangelistarum sowie aus dem Enchiridion verarbeitet (vgl. jeweils den Apparat).

Die Makrostruktur von dial. qu. zeigt, dass De Genesi ad litteram das am intensivsten rezipierte Werk gewesen ist: Dial. qu. beginnt, wie erwähnt, mit einer Diskussion der Trinität, so wie es ähnlich in De Genesi ad litteram (und in De Genesi ad litteram liber inperfectus) der Fall ist, bringt dann in der Hauptsache eine Erklärung der Genesis, die sich insbesondere auf De Genesi ad litteram stützt, und beschließt diese Erklärung mit einer Diskussion unterschiedlicher Arten von *visiones*, die sich aus dem 12. und somit abschließenden Buch von De Genesi ad litteram speist.

Innerhalb der einzelnen Fragen wird die jeweilige augustinische Vorbildpassage in den wenigsten Fällen bloß exzerpiert; üblicherweise wählt der Verfasser die ihm wichtig erscheinenden Punkte sorgsam aus, fasst sie zusammen, formuliert um, kürzt und ergänzt bei Bedarf.[5] Wie aus dieser literarischen Übernahmetechnik und nicht zuletzt aus der Praefatio von dial. qu. klar wird, sollte mit dem Werk gleichsam ein einfacher bzw. kompakter Augustinus vorgelegt werden: Dial. qu. bietet zu zentralen christlichen Fragen klare, augustinisch geprägte Antworten in einer meist leicht verständlichen Sprache und vor allem ohne jenen diffizilen und oft langwierigen Erörterungen und Abwägungen, wie sie für Augustinus charakteristisch sind. Das Werk hat offensichtlich einen didaktischen Impetus, und man kann durchaus annehmen, dass es im Zusammenhang mit irgendeiner Form von Unterricht entstanden ist.[6]

3. Der Titel von dial. qu.

Den Titel Dialogus quaestionum LXV (sub titulo Orosii percontantis et Augustini respondentis), welcher seit der PL-Aus-

---

[5]   Vgl. dazu die Beispiele bei Dorfbauer (Anm. 1), 249–254.

[6]   Die Bedeutung der Genesisexegese und der literarischen Frage-und-Antwort-Form im frühmittelalterlichen Unterricht untersucht Th. O'Loughlin, Teachers and Code-Breakers: The Latin Genesis Tradition 430–800, Turnhout 1999 (97–99 speziell zu dial. qu.).

gabe mit der pseudoaugustinischen Schrift verbunden war, findet man in keiner Handschrift. Migne hat jene Titelform, die in den älteren Editionen des Erasmus, der Lovanienses und der Mauriner verwendet ist (Sexaginta quinque quaestionum dialogus sub titulo Orosii percontantis et Augustini respondentis), bei der Übernahme leicht abgeändert. Allerdings ist auch diese ältere Bezeichnung handschriftlich nicht bezeugt, sondern eine auf Erasmus zurückgehende Umformung jenes Titels, den J. Amerbach im Jahr 1506 dem Werk voranstellte: (Augustini) Dialogus ad Orosium sexaginta quinque quaestionum. Dass dies in jener späten Hs. zu lesen stand, die Amerbachs Textgrundlage bildete, ist gut möglich (ausführlich zu den alten Editionen u. cap. 5).

Die Bezeichnung des Werks als *dialogus* verbunden mit der ausdrücklichen Identifizierung der Sprecher mit Augustinus und Orosius findet sich in späten Handschriften der stemmatisch wertlosen Gruppe φ. Im Grundsätzlichen zum ersten Mal belegt zu sein scheint diese Kombination in Ro (*Liber dialogi Aureli Augustini et Orosii presbiteri*), somit in einem Codex, der als eine Art von Vorläufer der Gruppe φ anzusehen ist (zur Überlieferung und zu den einzelnen Hss. vgl. ausführlich u. cap. 4). Eine große Ähnlichkeit mit dem Titel der Editionen seit Erasmus zeigt die Form *Liber dialogorum beati Augustini episcopi percontante Orosio presbytero*, welche die beiden eng miteinander verwandten φ-Codices Vatikan, Vat. lat. 283 und Pal. lat. 208 (beide s. XI) bieten.[7]

Mit dem ursprünglichen Titel von dial. qu. hat das alles wenig zu tun. Dieser lautet in den maßgeblichen Hss., je nachdem welcher der drei alten Gruppen α β γ ein bestimmter Codex angehört, entweder *Quaestiunculae Augustini* (α) oder *Quaestiones Orosii et responsiones Augustini* (β) oder aber *Liber quaestionum Augustini* (γ) bzw. in einer Untergruppe von γ, die nur in etwas jüngeren Handschriften bezeugt und in ihrer Titelgebung von β beeinflusst ist, *Quaestiones LXV Orosii et totidem responsiones Au-*

---

[7]   Vgl. auch u. Anm. 30 und 94.

gustini. Bereits hier zeigt sich, dass die Identifikation der beiden Sprecher mit Augustinus und Orosius, die anfangs nur in β-Codices zu finden war, rasch an Popularität und Verbreitung gewonnen hat. Sie setzte sich im Laufe des Mittelalters mehr und mehr durch, bis man das pseudoaugustinische Werk schließlich nur noch als „Dialog des Augustinus mit Orosius" kannte.

In allen drei alten Gruppen vorhanden ist die Charakterisierung des Werks als Sammlung von Fragen (*quaestiones, quaestiunculae*)[8] sowie die Verbindung mit dem Namen des Augustinus. Man muss davon ausgehen, dass diese beiden Elemente im Kern auf den Verfasser von dial. qu. zurückgehen: In dem Werk liegt ja tatsächlich eine Zusammenstellung von Fragen vor, welche aus diversen Schriften des Augustinus geschöpft sind. Dial. qu. dürfte ursprünglich einen Titel wie *Quaestiones Augustini* oder ähnlich getragen haben. Dabei verwies „Augustinus" auf das verarbeitete Material. Möglich erscheint auch ein ursprünglich umfangreicherer Titel wie etwa *Quaestiones conflatae ex diversis operibus Augustini*, der rasch vereinfacht worden wäre. Eine derartige Bezeichnung würde gut zu einem Werk passen, das keine höheren literarischen Ansprüche erhebt, sondern ein praktisches Kompendium der augustinischen Genesisexegese darstellt und, wie bereits erwähnt, im Kontext einer Form von Unterricht entstanden sein dürfte.

In späterer Zeit wurde der ursprüngliche Titel missverstanden und das „Augustinus" auf den angeblichen Autor der Schrift bzw. auf einen der beiden Sprecher hin gedeutet, sodass schließlich auch die Identifikation des zweiten Sprechers mit einer passenden Persönlichkeit, eben mit Orosius, erfolgen konnte.[9] Dass der Verfasser von dial. qu. sein Produkt als ein authentisches Werk des Bischofs von Hippo hätte ausgeben wollen, kann

---

[8] Es ist zu beachten, dass in den Titeln der Handschriften stets der Begriff *quaestiones* (oder *quaestiunculae*) verwendet wird, dass die einzelnen Fragen im Text aber ebenso konsequent als *interrogationes* bezeichnet werden.

[9] Vgl. dazu Dorfbauer (Anm. 1), 297–299.

man ausschließen: Dieser Annahme widerspricht nicht nur der gesamte Tenor der Schrift, sondern insbesondere die Praefatio, in welcher in keiner Weise der Eindruck erweckt wird, der folgende Text solle als Schöpfung des Bischofs von Hippo aufgenommen werden.

Als Herausgeber steht man vor dem Problem, wie das Werk betitelt werden soll. In der vorliegenden Edition wurde entschieden, möglichst wenig in den Titel Dialogus quaestionum LXV einzugreifen, weil dieser inzwischen fest mit dem Text verbunden ist, weil er nicht im Widerspruch zum Inhalt der Schrift steht, und weil Quaestiones Augustini zwar eine sehr plausible Rekonstruktion, aber letztlich eben doch nur eine Rekonstruktion ist. Das Werk wird somit weiterhin als Dialogus quaestionum bezeichnet, nur die Zahlenangabe LXV ist aufgegeben, weil der Text in seiner ursprünglichen Form nicht 65 Fragen umfasste, sondern 63 (vgl. dazu u. cap. 7).

4. Die handschriftliche Überlieferung

Annähernd 300 Codices, welche sich über ganz Europa verteilen, enthalten dial. qu. zur Gänze oder in Auszügen.[10] Die direkte Überlieferung wird im 8. Jh. greifbar und ist im 9. Jh. bereits ziemlich reich; die meisten Hss. stammen, wie zu erwarten, aus dem Spätmittelalter. Für die Erstellung eines kritischen Texts war es nicht notwendig, alle oder auch nur den Großteil der erhaltenen Codices zu kollationieren: Für die vorliegende Edition wurde versucht, möglichst alle Hss. einzusehen, die bis zum Beginn des 11. Jh. entstanden sind, um so in einem ersten

---

[10]   Damit gehört der Text zu den beliebtesten Pseudoaugustiniana: Er war weiter verbreitet und wurde intensiver benutzt als zahlreiche authentische Werke des Bischofs von Hippo, nicht zuletzt als seine augustinische Hauptquelle, De Genesi ad litteram. Vgl. dazu allgemein E. Dekkers, Le succès étonnant des écrits pseudo-augustiniens au Moyen Age, in: Fälschungen im Mittelalter 5: Fingierte Briefe. Frömmigkeit und Fälschung. Realienfälschung, Hannover 1988, 361–368.

Schritt ein Stemma zu konstruieren und herauszufinden, welche äußeren Elemente auf möglicherweise interessante Textzeugen hinweisen (bestimmte Titel; Vorhandensein oder Nichtvorhandensein eines Inhaltsverzeichnisses; Überlieferungsgemeinschaft mit bestimmten Texten; etc). Danach wurde entschieden, welche der kollationierten Hss. für die Edition herangezogen und welche Codices zusätzlich eingesehen und nötigenfalls aufgenommen werden sollten. Es hat sich auch im Fall von dial. qu. gezeigt, dass die ältesten erhaltenen Hss. keineswegs in allen Fällen die wertvollsten Textzeugen sind, und dass Codices aus dem 11. und teilweise noch aus dem 12. Jh. von großer Bedeutung sein können.

Grundlage der vorliegenden Edition von dial. qu. ist die teils vollständige, teils partielle Kollation folgender Textzeugen[11] (hier nicht genannt die alten Drucke):

a) Direkte Überlieferung

Albi, BM 42, ff. 72v–80r (s. IX$^{3/3}$; γ)

Angers, BM 284, ff. 1r–7r (s. XI; β)

A   Autun, BM S 40 (36), ff. 99v–125v (s. IX^{med}; γ)

Bern, Burgerbibl. 117, ff. 267r–271r (s. XI^{ex}; β)

E   Escorial, Real Bibl. b.IV.17, ff. 61r–87r (s. IX$^{3/3}$; β)

F   Freiburg i. Br., Univ. bibl. 377, ff. 90r–130r (s. XII^{1}; γ)

Kopenhagen, Ny kgl. Saml. 2899 4°, ff. 44r–48v (79r) (s. XII; β)

---

[11] Die Handschriften Escorial b.IV.17 (**E**), München 14468 und St. Gallen 230 (**G**) wurden von Rainer Kurz kollationiert. Die Lesarten von Textzeugen, denen fettgedruckte Siglen zugewiesen sind, wurden in den Apparat der vorliegenden Edition aufgenommen. In Klammern ist neben der Datierung die Zugehörigkeit zu den einzelnen Gruppen angegeben, die im Folgenden eingehend diskutiert wird. Weitere Hss. von dial. qu. nennen die einzelnen Bände der Reihe Die handschriftliche Überlieferung der Werke des heiligen Augustinus, Wien 1969ff. Zu verlorenen Codices aus dem 8./9. Jh., welche in mittelalterlichen Bibliothekskatalogen genannt sind, vgl. die Angaben bei Dorfbauer (Anm. 1), 294f.

L   Leiden, Univ. bibl. BPL 67 F, ff. 155r–158v (s. VIII - IX; α)
       Leiden, Univ. bibl. BPL 3230, ff.1r–2v (s. VIII; γ?)
       Leiden, Univ. bibl. Voss. lat. F 70 II, f. 82r (s. IX²; β)
Li   Liège, Bibl. sem. 6 F 30bis, ff. 2r–15v (s. XI; φ)
       Lincoln, Cath. lib. 13, ff. 102v–110r (s. XI^ex.; φ)
Ly   Lyon, BM 611, ff. 1r–31v (s. IX¹; γ)
Ma   Madrid, Bibl. Ac. Hist. 39, ff. 196v–214v (s. XI; γ)
       Mons, Univ. bibl. 43/219, ff. 134r–151r (s. IX²; α)
       München, Bayer. Staatsbibl. clm 14468, ff. 88r–94r (an. 821; α)
M₁   München, Bayer. Staatsbibl. clm 14492, ff. 1r–39r (s. IX¹; β)
M₂   München, Bayer. Staatsbibl. clm 14500, ff. 1r–22r (s. IX¹; α)
O   Oxford, Bodl. lib. Bodl. 385, ff. 112v–124v (s. XI²; γ)
       Oxford, Bodl. lib. Laud. misc. 383, ff. 95v–134r (s. XI^ex; γ)
       Paris, BNF lat. 2987, ff. 30r–56r (s. XI - XII; φ)
P   Paris, BNF lat. 13373, ff. 1r–34v (s. IX^in.; β)
R   Rom, Bibl. naz. Sess. 76, ff. 81v–98v (s. IX - X; γ)
Ro   Rom, Bibl. Vallic. C 9, ff. 276v–291v (s. X; α bzw. φ)
       Salzburg, Nonnberg Stiftsbibl. frg. 12, ff. 1r–3v (s. IX^1/4; α?)
G   St. Gallen, Stiftsbibl. 230, pp. 269–311 (316) (s. VIII^ex; α)
       Vatikan, Pal. lat. 208, ff. 85v–96r (s. XI; φ)
       Vatikan, Vat. lat. 283, ff. 272r–285v (s. XI; φ)
V   Vatikan, Vat. lat. 6018, ff. 103v–116v (s. IX^1/3; α)
       Wien, ÖNB cod. 1044, ff. 3v–19r (s. XI - XII; γ)

b) Indirekte Überlieferung[12]

Florileg in Madrid, Bibl. nac. 10018 (s. IX²; γ)
Florileg in Monte Cassino, Bibl. Abb. 29 (s. X - XI; α)

---

[12] Für einige weitere Fälle früher Rezeption von dial. qu., die allerdings im Hinblick auf die Textkonstitution der pseudoaugustinischen Schrift wenig bedeutend erscheinen, vgl. Dorfbauer (Anm. 1), 295 f. und 304–310 sowie L. J. Dorfbauer, Der Genesiskommentar des Claudius von Turin, der pseudoaugustinische Dialogus quaestionum und das wisigotische Intexuimus, RHT 8 (2013).

Florileg in Monte Cassino, Bibl. Abb. 187 (s. IX²; α)
Florileg in München, Bayer. Staatsbibl. clm 6407 (an. ca. 800; γ?)
Florileg in München, Univ. bibl. 8° cod. ms. 132 (cim. 7) (s. IX^{1/4}; α?)
Florileg in Paris, BNF lat. 2710 (s. IX¹; β)
Florileg in Paris, BNF lat. 2718 (s. IX^{1/3}; α)
Libri Carolini (s. VIII^{ex}; γ)
Prebiarum de multorium exemplaribus (s. VIII^{ex}; α?)
Computus anni 810 (an. ca. 810; γ)

sent. Sententiae sanctorum patrum (s. VII^{in}?; β)
trin. De trinitate et unitate dei (s. IX–XII?; γ)
Wig. Wigbod (s. VIII²; α)

Jeder der genannten Textzeugen wird im Folgenden besprochen; es wird in allen Fällen begründet, warum ein bestimmter Textzeuge für die vorliegende Edition herangezogen oder nicht herangezogen wurde.

Die älteren Textzeugen lassen sich, sofern eine ausreichend lange Textmasse enthalten ist, ohne größere Probleme in drei Gruppen α β γ einteilen, deren Verhältnis zueinander so dargestellt werden kann:

Darüber hinaus findet sich zuerst im 10. und v.a. ab dem 11. Jh. immer häufiger ein im Grundbestand auf α zurückgehender, aber mit den anderen Gruppen kontaminierter und insgesamt „geglätteter" Text (φ), der schließlich zu einer Art von Vulgata geworden ist und als Grundlage für die alten Drucke bis zur PL gedient hat. Dazu später mehr.

Fürs Erste ist es von zentraler Bedeutung, das gegenseitige Verhältnis und die Wertigkeit von α β γ einzuschätzen. Die Gruppe γ hat an zahlreichen Stellen einzelne Wörter und teilweise ganze Sätze bewahrt, welche in α und β gleichermaßen ausgefallen sind. Der Schreiber der Vorlage von α und β (χ in der Graphik) muss ziemlich nachlässig gearbeitet haben; insbesondere war er anfällig für *sauts du même au même*. Die Überlegenheit der Gruppe γ lässt sich leicht an Passagen demonstrieren, in denen der Text, den α und β gemeinsam bieten, offensichtlich sinnlos ist bzw. in denen das augustinische Vorbild oder ein Bibelzitat die Richtigkeit von γ gegen α und β außer Streit stellen. In den folgenden Beispielen wird auf die Angabe all jener Varianten in einzelnen Hss. verzichtet, die für die vorliegende Frage bedeutungslos sind:

qu. 10: *Quod si spiritus sanctus filius diceretur, amborum utique filius diceretur; nullus autem filius est duorum nisi patris et matris...* γ : *Quod si spiritus sanctus filius diceretur, nullus autem filius est duorum nisi patris et matris...* α β

qu. 13: *Antiqui patres nostri hoc senserunt, quod prima dies, quae est parasceve, a parte ultima totus et dies resurrectionis a parte prima totus cum noctibus suis debeat computari* γ : *Antiqui patres nostri hoc senserunt, quod prima dies, quae est parasceve, a parte ultima totus cum noctibus suis debeat computari* α β

qu. 18: *Vir non debet velare caput suum, cum sit imago et gloria dei* γ : *Vir non debet velare caput suum, cum sit imago gloriae dei* α β (vgl. 1 Cor. 11, 7)

qu. 21: *Genesis exordium est: In principio fecit deus caelum et terram. Si primo omnium factum est caelum et terra, angeli postmodum facti sunt?* γ : *Genesis principium est: In principio fecit deus caelum et terram. Angeli postmodum facti sunt?* α β

qu. 26: *Neque enim hi dies solares intelligendi sunt, sed illius diei unius, quem intellegimus spiritalem creaturam...*

γ : *Neque enim diei unius, quem intellegimus spiritalem creaturam...* α β (vgl. Aug. gen. ad litt. 5,5: *nec illos dies sicut istos solares ... cogitare debemus*)

qu. 28: *Quamquam et terra longe lateque subsidens...* γ : *Quam et / Quamvis et / Quia et / Cui et / Quamvis terra longe lateque subsidens...* α β (vgl. Aug. gen. ad litt. 1,12: *Quamquam et terra longe lateque subsidens...*)

qu. 31: *...quodlibet horum intellegas, rationi uterque intellectus congruit* γ : *...quodlibet horum intellegas, rationi uterque intellectus* α β

qu. 40: *spiritus rationalis, qui est in hominibus, seu inrationalis, qui est in pecoribus, etiam et visis movetur* γ : *spiritus rationalis, qui est in hominibus, seu inrationalis etiam et visis movetur* α β

qu. 41: *Deus, qui instituit tempora et est ante tempora, non movetur in tempore; nihil in eo est praeteritum et futurum...* γ : *Deus, qui instituit tempora et est ante tempora; nihil in eo est praeteritum et futurum...* α β

qu. 48: *Occiditur itaque Abel minor natu a fratre maiore natu; occiditur Christus caput populi minoris natu a populo Iudaeorum maiore natu* γ : *Occiditur itaque Abel minor natu; occiditur Christus caput populi minoris natu a populo Iudaeorum maiore natu* α β

Derartige klare Beispiele für die Überlegenheit von γ gegenüber α und β ließen sich noch vermehren.

Weil an so vielen Passagen klar zu sehen ist, dass γ den im Allgemeinen weit besseren Text bietet als die beiden übrigen alten Gruppen, wurde für die vorliegende Edition die grundlegende Entscheidung getroffen, in allen Fällen, in denen kein eindeutiges Urteil zwischen der Richtigkeit von γ einerseits und der von α und β andererseits gefällt werden kann, der Gruppe γ gegen α und β zu folgen. Ein Beispiel: In qu. 21 bietet γ *Genesis exordium est*, α und β aber *Genesis principium est*. Nichts kann die Richtigkeit von *exordium* oder die von *principium* letztgültig beweisen. Weil aber die Überlegenheit von γ gegenüber α und β an so vielen anderen Stellen unbestreitbar ist, wurde auch in diesem Fall der Lesart von γ der Vorzug gegeben und *exordium* in den Text aufgenommen.

Bleibt die Frage, ob α oder β als vertrauenswürdiger einzustufen ist: In β zeigen sich immer wieder deutlichere Anstrengungen, jene Konstruktionen zu verbessern und lesbar zu machen, welche durch die Fehlerhaftigkeit von χ unverständlich geworden waren; dagegen hat α den vorgefundenen Text etwas konservativer behandelt. Somit scheint α etwas wertvoller zu sein als β. Allerdings ist die Frage, welche der beiden Gruppen als vertrauenswürdiger gelten kann, für die Textkonstitution von dial. qu. insgesamt nicht von großer Bedeutung, weil α und β im Vergleich zu γ eine gleichermaßen untergeordnete Rolle spielen: Übereinstimmung von γ mit einer der beiden Gruppen α oder β gibt stets den Text von Ω; an sehr vielen Stellen ist es, wie dargelegt, unbestreitbar, dass γ den Vorzug gegen die Übereinstimmung von α und β verdient.

Der Archetyp der uns greifbaren Überlieferung, den es durch Vergleich von α β γ zu rekonstruieren gilt, war kein erstklassiger Textzeuge: Er bot nicht die ursprüngliche Form von dial. qu., sondern wies einige umfangreiche Interpolationen auf (das Ende von qu. 62 aus Cassian eingeschoben; die beiden qu. 64 und 65 hinzugefügt).[13] Darüber hinaus hatte er einige Lücken (vgl. die qu. 4, 8, 10, 14, 19, 45, 47 und 60) und mehrere schwere Textstörungen (vgl. die praef. sowie die qu. 3, 10, 14, 18, 26, 27, 31, 39, 40 und 41).

---

[13]   Vgl. dazu u. cap. 7 sowie Dorfbauer (Anm. 1), 255–261 (auch zum Alter des Archetyps) und 272–274.

Gruppe α (G L V M₂ **Wig.**; mit Einschränkungen: **Ro**[14])

Die Handschriften dieser Gruppe nennen dial. qu. *Quaestiunculae Augustini.* Sie enthalten kein Inhaltsverzeichnis (*capitula*). Sie markieren die Fragen-Antworten regelmäßig mit INT(ERROGATIO) und RES(PONSIO) oder sehr ähnlichen Angaben; manche Codices zählen die Fragen wenigstens teilweise durch.[15] Codices der Gruppe α teilen qu. 46 auf charakteristische Weise falsch in Frage und Antwort auf (vgl. den Apparat ad loc.). Es gibt bestimmte Texte neben dial. qu., die sich in mehreren alten Vertretern der Gruppe α finden: Hieronymus, epist. 36; ein Florileg mit Namen Interrogationes de diversis floratibus oder ähnlich (vgl. dazu u. Anm. 43); ein kurzer Text Octo pondera de quibus factus est Adam.

Einige Bindefehler von α sind:

praef: *quaeso te percunctanti mihi respondeas* α : *quaeso te, ut percunctanti mihi respondeas* rell.

qu. 1: *...nihil. Nam procul dubio* α : *...nihil. Procul dubio* rell.

qu. 3: *Nam interrogatio de singulis personis ... respondemus* α : *Nam interroga(n)ti de singulis personis ... respondemus* rell.

qu. 9: *quia in ea non substantia* α : *quia non in ea substantia* rell.

qu. 9: *pertineat* α : *non enim sicut filius hominem adsumpsit, ut in aeternum permaneat* rell.

qu. 14: *talem claritatem* α : *illam claritatem* rell.

qu. 16: *nec potest esse sine malum, ubi non fuerit bonum* α : *nec potest esse malum, ubi non fuerit bonum* rell.

qu. 19: *per illius ligni virtutem, qua sustentabat* α : *per illius ligni virtutem, qua sustentabatur* rell.

qu. 21: *arcas et* α : *arcum sed* β : *arcam sed* γ

---

[14] Was allgemein über α gesagt wird, gilt nur teilweise für Ro; vgl. dazu unten.

[15] Die Hss. München clm 14468 und M₂ weisen römische Zahlen am Beginn der meisten Fragen auf. Nicht durchgezählt werden die Fragen in L, V und G.

qu. 27: *sicut enim istae* α : *sicut enim nubes istae* rell.

qu. 27: *in aere et ignem* α : *in aere et aquam esse super aerem et ignem* rell.

qu. 28: *dum* α : *si erat locus, ubi aquae congregarentur, non* rell.

qu. 37: *conspirata* α : *conspicata* β : *conspissata* γ

qu. 41: *sic commotus* α : *si com(m)otus* β : *sicut motus* γ

qu. 46: *una substantia sit patri* α : *una substantia sit cum patre* rell.

Innerhalb der ältesten Textzeugen der Gruppe α lassen sich zwei Untergruppen α1 (**G L**) und α2 (**V M2 Wig.**) unterscheiden. Auf **Ro** ist als Sonderfall einzugehen.

G   St. Gallen, Stiftsbibl. 230, pp. 269–311 (316) (s. VIII[ex]; Saint-Denis ?)

Die umfangreiche Handschrift entstand um 800, wahrscheinlich in Saint-Denis.[16] Der Inhalt – u.a. Werke Isidors, Eucherius', Defensors *Liber scintillarum*, eine *Passio sancti Dionysii cum sociis suis* und zahlreiche Exzerpte aus diversen patristischen Autoren – lässt G als eine reichhaltige, aber ziemlich unübersichtliche „Bibliotheca patrum" erscheinen. Der Codex ist früh nach St. Gallen gelangt, möglicherweise über Waldo († 814), der seit 782 Abt in St. Gallen und seit 805 Reichsabt von Saint-Denis gewesen ist: In einem St. Gallener Bibliothekskatalog aus dem 9. Jh. ist G bereits verzeichnet.[17] Im Vergleich zu L wirkt die Orthographie von G sicherer: Die formalen Auffälligkeiten von L müssen somit nicht aus α1 stammen. Weil G einige Texte enthält, die sich auch in

---

[16]   CLA VII, 933. Vgl. die Beschreibung auf der Internetseite der Codices Electronici Sangallenses www.cesg.unifr.ch sowie M.-P. Laffitte / Ch. Denoël, Trésors carolingiens. Livres manuscrits de Charlemagne à Charles le Chauve, Paris 2007, 142. Angaben zur Datierung und Provenienz einzelner Hss. richten sich im Folgenden, so nicht anders angegeben, nach B. Bischoff, Katalog der festländischen Handschriften des neunten Jahrhunderts, Wiesbaden 1998 (Bd. 1) und 2004 (Bd. 2).

[17]   Vgl. P. Lehmann, Mittelalterliche Bibliothekskataloge Deutschlands und der Schweiz 1: Die Bistümer Konstanz und Chur, München 1918, 75.

Vertretern von α₂ finden, nicht aber in L, müssen diese Texte
altes Überlieferungsgut der Gruppe α sein.[18]

In G beginnt dial. qu. mit den Worten *Incipit prologus de
questiunculis sancti Agustini*. Der Text ist sehr sorgfältig und mit
einigem Aufwand gestaltet: Insbesondere wurde durch die groß-
zügige Verwendung von Initialen und von unterschiedlichen
Farben die Benutzbarkeit gesteigert; der Beginn einzelner Ab-
schnitte wurde deutlich hervorgehoben, indem man die Angaben
INTERROGATIO und RESPONSIO regelmäßig mit roten
Pünktchen umgab. Die letzte Frage von dial. qu. (qu. 65) endet
auf p. 311, danach folgen bis zum nächsten deutlich markierten
Incipit auf p. 316 weitere Fragen und Antworten, die nicht zu
der pseudoaugustinischen Schrift gehören, ohne erkennbaren
Wechsel im Layout: Wie auch in anderen Hss. wurde dial. qu. als
Sammlung angesehen, die gewissermaßen „offen" war und nach
Belieben erweitert bzw. verändert werden konnte.

G ist ein wichtiger Textzeuge der Gruppe α, weil die Hs. alt
und sorgfältig ausgeführt ist, und weil sie dial. qu. vollständig
überliefert.

L   Leiden, Univ. bibl. BPL 67 F, ff. 155r–158v (s. VIII - IX;
      Nordostfrankreich)

Man hat L aufgrund der Schrift und der Initialen im nordöstlichen Frankreich verortet.[19] Mindestens der letzte Abschnitt
der Hs. (ff. 129r–158v), also auch jener Teil, der dial. qu. enthält,
stammt von einem Schreiber, der sich am Ende mit dem Namen
Gaustmarus nennt. Auffällig am Text von L sind einige Vertauschungen i/e (*respondimus*) und besonders u/o (*Paulus apostolos*;
ad Romanus; *cognuscant*); weiters zeigen sich Unsicherheiten in
der Unterscheidung von d/t am Wortende (*illut*) sowie bei der

---

[18] Vgl. dazu u. Anm. 43 sowie L. J. Dorfbauer, Wigbod und der pseudoaugustinische Dialogus quaestionum LXV, Studi Medievali 51 (2010), 893–
919 (910, Anm. 35).
[19] CLA X, 1575. Vgl. auch W. M. Lindsay, Palaeographia Latina 5, Oxford
1927, 38 f.

Gemination bzw. Nichtgemination von intervokalischen Konsonanten (*dificile*; *nollens*; *amissimus*). Diese orthographischen Eigenheiten müssen, wie bereits oben bei G angemerkt, nicht unbedingt aus α1 stammen.

In L beginnt dial. qu. mit den Worten *Incipit prologus de questiuncula sancti Agustini*. Der Text ist recht ordentlich gestaltet, aber nicht mit dem Maß an Aufwand wie in G. Die pseudoaugustinische Schrift bricht am Ende der Frage von qu. 14 (*...quare ipse dominus in resurrectione non fulsit*) mit dem Eintrag EXPL(ICIT) ab, bereits die entsprechende Antwort fehlt. Wie ein Vergleich mit München clm 14468 nahelegt, dürfte die Vorlage von L nur die Praefatio und die qu. 1–14 geboten haben. Allerdings diente dial. qu. in L – ebenso wie die vorangehenden Glaubensbekenntnisse (ff. 152v–155r) – wohl ohnehin nur als eine Art von Lückenfüller: Die pseudoaugustinische Schrift ist nämlich der letzte Text in dem Codex, welcher in der Hauptsache verschiedene Glossare versammelt (ff. 1r–152r). Am Ende hat der Schreiber Gaustmarus noch zwei griechische Alphabete eingefügt, was ebenfalls auf ein grundsätzlich lexikalisches Interesse hindeutet.

L ist für eine Edition von dial. qu. nicht zwingend notwendig. Die Hs. wurde aber aufgenommen, weil sie einen der ältesten bekannten Textzeugen darstellt, weil sie die etwas jüngeren Hss. München clm 14468 und Paris BNF lat. 2718 gleichsam mitvertritt, und weil sie einen Beitrag zur weiteren Erforschung von Florilegien in Hss. des späten 8. und frühen 9. Jh. leisten kann (vgl. dazu u. bei Paris BNF lat. 2718).

Angesichts der Abfassungszeit und der Provenienz von G und L (sowie von Paris BNF lat. 2718) darf man den Ahnherren dieser Hss. im nordöstlichen Frankreich lokalisieren, wo er in der zweiten Hälfte des 8. Jh. vorgelegen sein muss. Die Gruppe α1 umfasst mit G und L zwar die beiden ältesten bekannten Hss., die den gesamten Text bzw. einen größeren Teil von dial qu. enthalten, doch ist dies angesichts der klaren qualitativen Unterlegenheit von α gegenüber γ nicht von entscheidender Bedeutung.

Einige Bindefehler von $α_1$ sind[20]:

praef.: *perpexitates* $α_1$: *pr(a)epexitates* $α_2$: *prolixitates* β : *perplexitates* γ

qu. 1: *si nos caecitatem* $α_1$: *sed nos caecitatem* rell.

qu. 1: *an corporeus esse* $α_1$: *aut corporeus esse* rell.

qu. 4 *mediatorem dei et unum* $α_1$ Ro : *mediatorem dei et hominum* rell.

qu. 9: *numquid illa* $α_1$: *numquam illa* rell.

qu. 10: *filius autem dei sic* $α_1$: *filius autem dei sic est* rell.

V Vatikan, Vat. lat. 6018, ff. 103v–116v (s. $IX^{1/3}$; Mittelitalien)

Der Codex wurde wahrscheinlich noch vor 830 geschrieben, möglicherweise im Umfeld von Perugia.[21] Der sehr diverse und unübersichtliche Inhalt von V (u.a. verschiedene Glossare, Auszüge aus Eucherius, Isidor und Donat) zeigt Überschneidungen mit G, mit M_2, und mit Schriften, die Wigbod ausgewertet hat. Der Text von dial. qu. in V erscheint dem Äußeren nach ziemlich kümmerlich: Man findet Vertauschungen i/e, u/o sowie b/v vor i, außerdem zeigen sich oftmals Unsicherheiten bei der Setzung von h am Wortbeginn sowie von m am Wortende. Letzteres hat immer wieder ernsthafte Auswirkungen auf grammatische Konstruktionen. Nach M_2 und Wig. zu schließen, gehen diese Verwirrungen eher nicht auf $α_2$ zurück. Weiters gab es große Probleme mit einigen Abkürzungen: V bietet meistens *dixerunt* oder *dederunt*, wo andere Hss. richtig *dicitur* haben, und beinahe immer *huius*, wo andere Hss. richtig *hoc* schreiben; der Vergleich

---

[20] Weil L bereits in qu. 14 abbricht, lassen sich nur für die ersten 14 qu. Übereinstimmungen zwischen G und L angeben.

[21] CLA I, 50. Ausführliche Literaturangaben zu V bei Dorfbauer (Anm. 18), 908; vgl. insbesondere die Beschreibung in J. C. Martíns Edition der Chronica Isidors, Turnhout 2003 (CCSL 112), 98*–100*.

mit Monte Cassino 187 (vgl. u.) zeigt, dass diese Fehler größtenteils bereits in der Vorlage von V zu finden waren. V weist auffällig viele Sonderfehler auf, die nicht alle im Apparat der Edition verzeichnet sind.

In V beginnt dial. qu. mit den Worten *Incipit prefatio de questiunculis sancti Agustini*. Der Text ist sauber, aber stellenweise recht eng geschrieben, sodass die Lektüre nicht immer leicht fällt. V bietet nach der Praefatio die qu. 1–53 ohne qu. 20 in folgender Reihenfolge: 1–15; 21–24; 17; 25–28; 18–19; 29; 16; 30–35; 43–45; 36; 46; 37–42; 47–53. Der Text von qu. 53 bricht nach den Worten *Et unde dilatatur cor nisi caritate spiritali* mit dem Vermerk AM(EN) ab: Der Vergleich mit anderen Textzeugen legt nahe, dass der Vorlage von V nicht mehr zu entnehmen war als die Praefatio und qu. 1–53 ohne qu. 20.[22] Mit der ursprünglichen Antwort von qu. 13, die kurz ist und in α zudem durch Textausfall unverständlich geworden war, gab sich ein Schreiber nicht zufrieden: In V erscheint diese Antwort ersetzt durch ein inhaltlich passendes Exzerpt aus dem Jonaskommentar des Hieronymus (vgl. den Apparat).

Der Wert des alten Textzeugen V liegt nicht zuletzt in der Nähe zum Exemplar Wigbods, was für die weitere Erforschung dieses wichtigen, aber noch wenig bekannten karolingischen Exegeten von großem Interesse ist.

M₂ München, Bayer. Staatsbibl. clm 14500, ff. 1r–22r (s. IX¹; St. Emmeram in Regensburg ?)

Die Folien 1–38 von M₂ wurden im zweiten Viertel des 9. Jh. geschrieben, möglicherweise in St. Emmeram, wo die Handschrift bald aufbewahrt wurde, vielleicht aber auch anderswo: Die zwei übrigen Teile des Codex entstanden annähernd zur selben Zeit, allerdings an verschiedenen Orten und mit Sicherheit nicht in St. Emmeram, sondern in Benediktbeuern (ff. 39–

---

[22]   Vgl. dazu u. bei der Diskussion von Wigbod.

123) und in Saint-Amand (ff. 124–133).[23] Somit ist nicht nur die genaue Lokalisierung dieses Textzeugen offen, sondern auch die Frage, ob man in vergleichende Untersuchungen zum Verhältnis einzelner Überlieferungsträger von dial. qu. mehr von M₂ einbeziehen darf als die Folien 1–38. Jedenfalls existieren Parallelen von M₂ zu G, zu V und zu Wigbod, mindestens in einem Punkt auch außerhalb der genannten Folien 1–38.[24] Der Text von dial. qu. in M₂ zeigt einige Korrekturen von späterer Hand über der Zeile, die auf die Benutzung einer anderen Hs. hindeuten könnten (nicht alle im Apparat der Edition verzeichnet). Es dürfte leichte Probleme mit der Vorlage gegeben haben: M₂ schreibt fast immer *nunc*, wo andere Hss. richtiges *nam* bieten (falsch aufgelöste Kürzung). Außerdem gibt es im Umgang mit den Zahlzeichen C und X einige schwere Fehler, anscheinend weil X teilweise als CC gelesen wurde.

In M₂ beginnt dial. qu. mit den Worten *Incipit prologus de questiunculis sancti Agustini*. Die Ausführung von dial. qu. (vielleicht von zwei Schreibern) wirkt vorbildlich: Die Schrift ist sehr regelmäßig, die einzelnen Fragen sind über weite Strecken im Text oder am Rand (hier wohl später ergänzt) durchgezählt.

M₂ ist für die Edition von dial. qu. heranzuziehen, weil die Hs. einen alten und vollständigen α₂-Text bietet. Darüber hinaus kann M₂ ebenso wie V zur weiteren Erforschung Wigbods und frühmittelalterlicher Florilegien beitragen.

Wig. Wigbod (s. VIII²)
Wigbod hat in den Jahren vor 800, möglicherweise im Umfeld Karls des Großen, mehrere bibelexegetische Werke verfasst

---

[23] Vgl. B. Bischoff, Die südostdeutschen Schreibschulen und Bibliotheken in der Karolingerzeit 1: Die bayrischen Diözesen, Wiesbaden ³1974, 38; 232f.; 248.
[24] Vgl. Dorfbauer (Anm. 18), 910f.

und dabei dial. qu. großzügig ausgewertet.[25] Weil er den Text der
pseudoaugustinischen Schrift so gut wie unverändert übernommen hat, und weil die ältesten erhaltenen Wigbod-Handschriften
vom Beginn des 9. Jh. stammen, ist der Wert dieser Textzeugen
für eine Edition von dial. qu. nicht geringer einzuschätzen als der
einer Hs. wie V: Durch Wigbod gewinnt man indirekt Zugriff
auf einen Vertreter von α_2, der mehrere Jahrzehnte vor V und M_2
entstanden ist.

Eine Untersuchung von Wigbods Übernahmen aus dial. qu.
führt zu dem Ergebnis, dass der karolingische Kommentator in
seinen verschiedenen Werken durchgehend mit demselben α_2-
Text gearbeitet hat. Er verwendet die qu. 1–15 und 17 in seinem
Evangelienkommentar, die qu. 16, 18–19, 21–28, 30–36 und 38–
49 in seinem Genesiskommentar, und die qu. 16, 18–19 und 21–
53 in einer Materialsammlung, die offenbar als Vorarbeit für den
Genesiskommentar diente. Insgesamt verwendet Wigbod also die
qu. 1–19 und 21–53. Bedenkt man, dass auch V diese Auswahl
bietet und zudem textlich nahe an Wig. steht, kann man eine gemeinsame Vorlage von V und Wig. erschließen, die in der zweiten Hälfte des 8. Jh. vorlag und nur die qu. 1–19 und 21–53 enthielt. In dieser Vorlage waren außerdem einige Texte zu finden,
die auch in G, in V, und insbesondere in M_2 vorhanden sind, und
die Wigbod ebenfalls verwertet hat.[26] Der Kommentator spricht
in einem Widmungsgedicht an Karl den Großen von den Anstrengungen des Herrschers, Handschriften der alten patristischen Autoritäten aus aller Herren Länder sammeln zu lassen
(*Quis saltem poterit seriem enumerare librorum, / quos tua de
multis copulat sententia terris / sanctorum renovans patrum con-*

---

[25]   Ausführlich zu Wigbods Gebrauch von dial. qu. Dorfbauer (Anm. 18).
Dort auch weiterführende Angaben zu dem Autor und zu den Hss. seiner
Werke.
[26]   Vgl. Dorfbauer (Anm. 18), 905–911, wo allerdings die Verbindung von
Wig. zu M_2 stärker betont wird: Die angenommene Nähe zu Karl dem
Großen muss wohl relativiert werden.

scripta priorum): Könnte er selbst eine aus Italien stammende Hs. von dial. qu. benutzt haben?

Für die Edition von dial. qu. wurden die beiden folgenden Wigbod-Hss. herangezogen:

Laon, BM 279 (s. IX[1]; Westdeutschland?): Genesiskommentar (ff. 34v–100r)

Brüssel, Bibl. roy. 8654-72 (s. IX[1/3]; Nordostfrankreich): Evangelienkommentar (ff. 1r–97v); Genesis-Materialsammlung (ff. 159v–187r)

Der aus diesen Hss. kollationierte Text von dial. qu. erscheint gleichermaßen unter der Sigle Wig. Bei den wenigen Differenzen im Wortlaut jener Fragen, die sich sowohl im Genesiskommentar als auch in der Genesis-Materialsammlung finden, wurde im Sinne der Übereinstimmung mit V und M₂ entschieden: Abweichungen zwischen dem Genesiskommentar und der Genesis-Materialsammlung im Apparat zu verzeichnen, schien im Rahmen einer Edition von dial. qu. entbehrlich.

Wie gesagt, übernahm Wigbod den Text von dial. qu. weitgehend ohne Änderungen aus seiner Vorlage. Aber der Kommentator wollte selbstverständlich lesbare Produkte vorlegen: Es überrascht deshalb nicht, dass offensichtliche Fehler von α₂ in Wig. oft verbessert bzw. irgendwie geglättet erscheinen.

Über den Ahnherrn von V, M₂ und Wig. lässt sich wenig Sicheres sagen: Der Entstehungsort von M₂ und von Wigbods Vorlage ist unklar, und auch V lässt sich nicht mit Genauigkeit innerhalb von Mittelitalien lokalisieren; jedenfalls war jene α₂-Tradition, die durch Wig. und V vertreten ist, in (Mittel-)Italien ziemlich prominent, wie die Hss. Monte Cassino 29 und 187 belegen (vgl. jeweils u.). Insgesamt zeigen die Vertreter von α₁ und α₂, dass die Gruppe α zu Beginn des 9. Jh. bereits weithin über Europa verbreitet gewesen ist.

Einige Bindefehler von α_2 sind[27]:

praef.: *pr(a)epexitates* α_2 : *perpexitates* α_1 : *prolixitates* β : *perplexitates* γ

qu. 21: *ostendit* α_2 : *ostenditur* rell.

qu. 23: *requiramus* α_2 : *si requiramus / si requiras* rell.

qu. 26: *commutabiliter* α_2 : *incommutabiliter* rell.

qu. 32: *minaretur* α_2 : *minetur / minueretur / mutaretur* rell.

qu. 46: *de ipso filio ... dicitur* α_2 : *de ipso filio ... dicatur* rell.

qu. 46: *sed reliquit* α_2 : *dereliquit* rell.

Ro Rom, Bibl. Vallic. C 9, ff. 276v–291v (s. X; Farfa bei Rom)

Die umfangreiche Handschrift umfasst drei ursprünglich separate Elemente: Dial. qu. steht am Ende des zweiten Abschnitts.[28] Die übrigen hier versammelten Texte (insbesondere Teile von Gregors Dialogi, ff. 174r–275v) haben keine Parallelüberlieferung in den älteren Hss. von dial. qu. Im Text der pseudoaugustinischen Schrift findet sich ziemlich oft *qu͜e* oder *quae* an Stellen, an denen andere Hss. richtiges *quem* oder *quam* bieten; überhaupt werden in Ro die Buchstaben a und e häufig miteinander verwechselt (nicht alles im Apparat vermerkt). Eine spätere Hand

---

[27] Dass es verhältnismäßig wenige Bindefehler zwischen V, M₂ und Wig. gibt, hat zwei Gründe: Einerseits bietet V, bedingt durch eine Unzahl an Sonderfehlern, einen oft sehr eigenwilligen Wortlaut, andererseits korrigiert Wig. grobe Fehler selbstständig.

[28] Die Datierung dieses Textzeugen scheint nicht völlig gesichert: Im Katalog von L. Avitabile / M. C. Di Franco / V. Jemolo / F. De Marco, Censimento dei codici dei secoli XI–XII, Studi Medievali 11 (1970), 1013–1133 wird für den betreffenden Abschnitt „sec. XI" angegeben (1038), die Beschreibung auf der Internetseite manus.iccu.sbn.it des Censimento dei manoscritti delle biblioteche italiane bietet dagegen unter Berufung auf neuere Literatur „875–900", also spätes 9. Jh. Franz Lackner und Martin Wagendorfer von der Kommission für Schrift- und Buchwesen des Mittelalters der ÖAW haben sich mit aller Vorsicht für das 10. Jh. ausgesprochen: Ihnen sei an dieser Stelle herzlich gedankt. Der Text von dial. qu. in Ro spricht eher gegen eine allzu frühe Entstehung des Codex.

hat einzelne Wörter (die in dieser Hs. oft sehr eng bei einander stehen) durch kleine Striche deutlich voneinander getrennt, sonst aber anscheinend nicht in den Text eingegriffen.

In Ro beginnt dial. qu. mit den Worten *Incipit liber dialogi Aureli Augustini et Orosii presbiteri. Incipit prologus.* Der Text ist in zwei Kolumnen sehr ordentlich, aber manchmal recht eng geschrieben. Die einzelnen Fragen und Antworten werden eingeleitet, indem am Beginn der Fragen jeweils (durch Majuskeln und rote Farbe deutlich hervorgehoben) *Orosius* und am Beginn der Antworten entsprechend *Augustinus* steht. Der Text bricht mitten in der Antwort von qu. 41 mit den Worten *nullum consilium novum nullaque nova* am rechten unteren Rand von f. 291v ab. Es ist unwahrscheinlich, dass dies auf eine fragmentarische Vorlage zurückzuführen wäre: Vielmehr dürften die restlichen Folien, welche die kodikologische Einheit (heute ff. 174r–291v) einst fortgeführt bzw. abgeschlossen haben, verloren sein. Wahrscheinlich hat Ro das pseudoaugustinische Werk ursprünglich in voller Länge dargeboten.

Ro ist einer der frühesten Textzeugen, der klar zeigt, wie Hss. der alten Gruppen von dial. qu. miteinander verglichen und teilweise korrigiert wurden, und wie darüber hinausgehend der überlieferte Wortlaut geglättet und „verbessert" wurde. So findet sich z. B. die Identifikation der beiden Sprecher von dial. qu. mit Augustinus und Orosius, die sich nach dem 10. Jh. allgemein durchzusetzen beginnt, ursprünglich nur in β-Codices; die richtige Lesart *perplexitates* in der Praefatio ist dagegen ein Erkennungsmerkmal der Gruppe γ. Ro erweist sich allerdings nicht als ein durch und durch kontaminierter Text: Vielmehr ist an vielen Bindefehlern, die Ro mit α teilt, noch klar zu erkennen, dass der Grundbestand von Ro der Gruppe α zuzurechnen ist:

qu. 1: *...nihil. Nam procul dubio* α Ro : *...nihil. Procul dubio* rell.

qu. 9: *quia in ea non substantia* α Ro : *quia non in ea substantia* rell.

qu. 9: *pertineat* α Ro : *non enim sicut filius hominem adsumpsit, ut in aeternum permaneat* rell.

qu. 16: *nec potest esse sine malum, ubi non fuerit bonum* α Ro : *nec potest esse malum, ubi non fuerit bonum* rell.

qu. 19: *per illius ligni virtutem, qua sustentabat* α Ro : *per illius ligni virtutem, qua sustentabatur* rell.

qu. 21: *arcas et* α Ro : *arcum sed* β : *arcam sed* γ

qu. 27: *in aere et ignem* α Ro : *in aere et aquam esse super aerem et ignem* rell.

qu. 28: *dum* α Ro : *si erat locus, ubi aquae congregarentur, non* rell.

Aus diesem Grund wird Ro in der vorliegenden Edition unter der Gruppensigle α geführt, auch wenn der Text an zahlreichen Stellen von dem der übrigen alten α-Codices stark abweicht.

Weiters ist Ro der anscheinend früheste Zeuge für zahlreiche Lesarten, welche für die kontaminierte Gruppe φ (in der vorliegenden Edition durch Li repräsentiert) charakteristisch sind und über diese in die frühen Drucke eingingen. Im Folgenden nur einige wenige Beispiele aus den qu. 1–26:

qu. 1: *ipsi namque adserunt* Ro Li edd. : *ipsi enim adserunt* rell.

qu. 1: *non quod deus pater uterum habeat* Ro Li edd. : *non deus pater uterum habet* rell.

qu. 1: *numquam autem visum est* Ro Li edd. : *numquam visum est* rell.

qu. 3: *Orosius ... Augustinus* Ro Li : *nam interroga(n)ti de singulis personis ... respondemus* rell.[29]

qu. 6: *non tota trinitas adsumpsit* Ro Li edd. : *adsumpsit non tota trinitas* rell.

qu. 19: *quod in ipso* Ro Li : *quod in paradiso* rell.

qu. 19: *permansisse* Ro : *permansisset* Li : ⟨...⟩ rell.

---

[29]   Die sinnlose Lesart *interrogatio ... respondemus*, die für α typisch ist, hat einen Schreiber zweifellos dazu veranlasst, den unverständlichen Satz durch zwei Sprecherbezeichnungen völlig umzubauen.

qu. 25: *nullatenus dixit* Ro Li : *nullatenus hoc dixit* edd. : *nullatenus dicens* rell.

qu. 26: *modo vespera est* Ro Li edd. : *modo vesperascit / vesperescit* rell.

qu. 26: *unum creduntur in unitate* Ro Li edd. : *in una creduntur unitate* rell.

Somit dürfte erwiesen sein, dass die kontaminierte Gruppe φ, die vom 11. Jh. an immer häufiger bezeugt ist und in der Folge eine sehr weite Verbreitung erlangt, im Grundsätzlichen von der alten Gruppe α abstammt, Elemente von β und γ aufgreift und insbesondere frühe Konjekturen übernimmt, die von (einem ?) α-Schreiber(n) stammen und den vorgefundenen Text glätten und besser lesbar machen sollten.[30]

Der Codex Ro wurde aufgrund seines Übergangscharakters von α zu φ und als anscheinend frühester Zeuge für viele Lesarten, welche über φ und die alten Drucke die bisherige Rezeption von dial. qu. bestimmt haben, für die Edition herangezogen.

---

[30] Auch an der Entwicklung des Titels von dial. qu. lässt sich die Herausbildung von φ aus α ablesen: Ausschließlich alte α-Hss. bieten für das Werk ein Incipit in der Form *Incipit prologus de quaestiunculis Augustini* (G; L; M₂; ähnlich V). In manchen φ-Codices findet sich dies fortgesetzt, aber kombiniert mit der aus β stammenden Information, die beiden Sprecher wären Augustinus und Orosius. Bereits Ro hat: *Incipit liber dialogi Aureli Augustini et Orosii presbiteri. Incipit prologus.* Später liest man u.a.: *Incipit prologus libri dialogorum beati Augustini episcopi percontante Orosio presbytero* (Vatikan, Pal. Lat. 208; s. XI); *Incipit prologus dialogorum beati Augustini episcopi ad dubitantem Orosium* (Vatikan, Vat. lat. 289; s. XII).

Textzeugen der Gruppe α, die eingesehen, aber nicht für die Edition herangezogen wurden[31]

Mons, Univ. bibl. 43/219, ff. 134r–151r (s. IX[2]; Nordostfrankreich)

Die Hs. dürfte im ausgehenden 9. Jh. im Gebiet des heutigen wallonischen Belgien geschrieben worden sein.[32] Ihr Inhalt (u.a. Werke des Eucherius, die sogenannte Explanatio sex dierum und Alkuins Genesiskommentar) macht wahrscheinlich, dass sie insbesondere als Sammlung zur Genesisexegese bestimmt war. Die Ausführung von dial. qu. wirkt sehr ordentlich, die Angaben INTERROGATIO und RESPONSIO werden bei qu. 1 ausgeschrieben, im Folgenden abgekürzt; sie sind stets durch rote Farbe hervorgehoben.

In Mons 43/219 beginnt dial. qu. mit den Worten *Incipiunt questiones [Orosii et responsiones Augustini]*. Die Angabe *Orosii et responsiones Augustini* stammt von einer deutlich späteren Hand, welche über den ursprünglichen Titel geschrieben hat: Unter *Orosii* ist ein abgekürztes *sancti* noch zu erkennen; man darf annehmen, dass die Überschrift ursprünglich *Incipiunt questiones*

---

[31] Nicht eingesehen wurde eine alte, aber äußerst kurze Sammlung von Exzerpten trinitarischen Inhalts, die mit α verwandt sein könnte: Paris, BNF lat. 1750 (an. ca. 800; Fleury ?) enthält auf den Folien 140r–152v ein Florileg, welches sich in Teilen mit dem Inhalt von einigen alten α-Hss. berührt. Hier findet sich qu. 7 in einer stark gekürzten Form auf f. 144v; vgl. M. Lapidge, An Isidorian Epitome from Early Anglo-Saxon England, in: Anglo-Latin Literature 600–899, London 1996, 183–223 (185–189). Zu einem α-Exzerpt aus dem späten 11. Jh. vgl. u. Anm. 88.

[32] M. Fox, Alcuin the Exegete: The Evidence of the *Quaestiones in Genesim*, in: C. Chazelle / B. Van Name Edwards (Edd.), The Study of the Bible in the Carolingian Era, Turnhout 2003, 39–60 nennt Literatur zu dieser Hs.: Er weist darauf hin, dass sie früher ins 10. Jh. datiert wurde, spricht sich aber aufgrund der Qualität des Texts von Alkuins Genesiskommentar in diesem Codex für eine Entstehung um die Mitte des 9. Jh. aus (53, Anm. 50). Der Charakter des Texts von dial. qu. weist allerdings auf eine eher spätere Entstehung hin.

sancti Augustini oder ähnlich gelautet hat.[33] Der Text von dial. qu. in Mons 43/219 ist stark kontaminiert. Einige nicht korrigierte Bindefehler der Gruppe α legen nahe, dass ein α-Codex als Basis gedient hat; vgl. etwa:

qu. 1: *...nihil. Nam procul dubio* α Mons 43/219 : *...nihil. Procul dubio* rell.

qu. 3: *Nam interrogatio de singulis personis ... respondemus* α Mons 43/219 : *Nam interrogati de singulis personis ... respondemus* rell.

Manche Bindefehler von α finden sich dagegen in Mons 43/219 nicht: Sie wurden offenbar durch Vergleich mit Textzeugen der übrigen Gruppen (insbesondere β) ausgemerzt.

Bemerkenswert ist, dass Mons 43/219 zwei signifikante Lesarten aufweist, die sich in der frühen Überlieferung von dial. qu. sonst nur in den beiden eng miteinander verwandten Textzeugen E und P (= β₁) finden (in P wurden diese Fehler jeweils nachträglich korrigiert):

qu. 23: *coaeternum et consubstantibus sibi* β₁: *coaeternum consubstantibus sibi* Mons 43/219 : *coaeternum et consubstantiale / consubstantivum sibi* rell.

qu. 25: *per incommutatae praesentiae suae* β₁ Mons 43/219 : *per incommutabilitatem praescientiae suae* rell.

Darüber hinaus findet sich in Mons 43/219 ein abschließender Exkurs zu qu. 30 (*fons enim ascendebat...* ff. 142v–143r ~ PL 91, col. 205,21–26 und col. 207,34–53), der an der selben Stelle in R – also in einem (ebenfalls kontaminierten) Zeugen der Gruppe γ – erscheint und hauptsächlich aus einem fälschlich

---

[33] Der spätere Schreiber kannte das pseudoaugustinische Werk entweder aus einer Hs. der Gruppe β, oder die von β ausgehende Zuschreibung des Texts an Orosius und Augustinus hatte sich zu seiner Zeit bereits weit durchgesetzt.

Beda zugeschriebenen Genesiskommentar (PL 91, coll. 189–394) geschöpft ist.[34]

Bei der Niederschrift von dial. qu. in Mons 43/219 muss ein α-Text als Grundlage herangezogen, aber einzelne Lesarten und bestimmte Textabschnitte nach anderen Codices korrigiert bzw. ergänzt worden sein.

Eine genaue Untersuchung von Mons 43/219 als Sammlung von Texten zur Genesisexegese wäre sicherlich lohnend: Man könnte Erkenntnisse sowohl zur Überlieferung einschlägiger Werke als auch allgemein in Hinblick auf die „editorische" Arbeit mit Texten in karolingischer Zeit gewinnen. Für eine Edition von dial. qu. ist Mons 43/219 dagegen unbrauchbar, weil diese Hs. einen derart kontaminierten Wortlaut bietet. Dieser ist zudem – anders als der von Ro – in späterer Zeit anscheinend nicht rezipiert worden. Nur der genannte Exkurs zu qu. 30 wird in der Appendix 3 der vorliegenden Edition abgedruckt, damit man diese bemerkenswerte Übereinstimmung von R und Mons 43/219 nachvollziehen kann.

Florileg in Monte Cassino, Bibl. Abb. 29 (s. X – XI; Umkreis von Rom ?)

Die Hs., die einst eine Einheit mit Monte Cassino, Bibl. Abb. 30 bildete, entstand um das Jahr 1000 und dürfte der Region von Rom entstammen.[35] Sie bietet auf pp. 53–90 unter dem Titel *Item alie questiones in quibus sunt nonnulle de Genesi* eine Sammlung von vielen *Interrogationes* und *Responsiones* v.a. zur Exegese der Genesis, welche aus unterschiedlichen Quellen zusammengestellt

---

[34] Vgl. dazu M. Gorman, The Commentary on the Pentateuch attributed to Bede in PL 91.189-394, RBen 106 (1996), 61–108 und 255–307.

[35] Vgl. die Angaben bei M. Gorman, The Commentary on Genesis attributed to Auxilius in Ms. Monte Cassino 29, RBen 93 (1983), 302–313 (303 f.). Ich bedanke mich herzlich bei J. C. Martín, der mir seinen Aufsatz El tratado *Item aliae questiones in quibus sunt nonnulle de Genesi* conservado en Montecassino, BA, 29: edición y estudio, SE (im Druck) noch vor dessen Publikation zugänglich gemacht hat.

wurden. In dieses Florileg eingearbeitet sind, teilweise unterbrochen von Exzerpten aus anderen Texten, beinahe alle Fragen-Antworten von dial. qu., zwei davon (qu. 8 und 14) sogar doppelt: qu. 7-8; 14; 21; 17; 25-28[36]; 18-19; 16; 30-36; 43-46; 37; 39-40; 47; 49-50; 57-59 ... 20; 63 ... 6; 8-9; 11-12; 14; 24; 38; 41; 48; 51-53; 56; 60-62 ... 64-65.

Aufgrund des besonderen Charakters dieses Textzeugen findet man weder einen Titel für dial. qu. noch die Praefatio der pseudoaugustinischen Schrift. Die Ausführung (in zwei Kolumnen) ist sehr regelmäßig, die Fragen und Antworten werden durch die Angaben RESPONSIO und INTERROGATIO (beides stets abgekürzt) sowie durch den Gebrauch von großen Initialen jeweils am Beginn von Frage und von Antwort übersichtlich gestaltet. Die Zugehörigkeit dieses Textzeugen zu α steht aufgrund mehrerer klarer Bindefehler außer Zweifel; vgl. etwa:

qu. 14: *talem claritatem* α Monte Cassino 29 : *illam claritatem* rell.

qu. 27: *sicut enim istae* α Monte Cassino 29 : *sicut enim nubes istae* rell.

qu. 27: *in aere et ignem* α Monte Cassino 29 : *in aere et aquam esse super aerem et ignem* rell.

Außerdem weist dieser Textzeuge in qu. 46 jene falsche Abteilung in Frage und Antwort auf, die nur α-Codices haben.

Monte Cassino 29 gehört offensichtlich zu α2 und zeigt einige enge Parallelen zu V; vgl. etwa:

qu. 33: *sciens igitur* V Monte Cassino 29 : *scimus igitur* rell.

qu. 38: *a fruendo dederunt fructus* V Monte Cassino 29 : *a fruendo dicitur fructus* rell.

qu. 45: *de latere eius sanguis* V Monte Cassino 29 : *de latere sanguis* rell.

---

[36] Der lange Abschnitt über die Sechszahl in qu. 26 wurde weggelassen.

Bemerkenswert ist auch, dass die Umgruppierung der Fragen in V und Monte Cassino 29 klare Überschneidungen aufweist:

Monte Cassino 29	V
7–8	1–15
14	
21	21–24
17	17
25–28	25–28
18–19	18–19
	29
16	16
30–36	30–35
43–46	43–45
	36[37]
	46
37	37–42
39–40	
47	47–53
49–50	

(es folgen 57–59; 20; 63; 6; 8–9; 11–12; 14; 24; 38; 41; 48; 51–53; 56; 60–62; 64–65)

Aufgrund dieser Parallelen darf man davon ausgehen, dass der Text von dial. qu. in den italienischen Hss. V und Monte Cassino 29 (außerdem der von Monte Cassino 187 und der von Wigbods Exemplar; vgl. jeweils dort) auf eine gemeinsame Vorlage zurück-

---

[37] Die beiden qu. 36 und 46 erscheinen in V getrennt von den vorangehenden Gruppen 30–35 und 43–45, aber unmittelbar im Anschluss an diese und direkt hintereinander; dann folgt qu. 37 wie in Monte Cassino 29. Der Vergleich mit Monte Cassino 187, wo ebenfalls die Gruppen 30–36 und 43–46 zu finden sind (vgl. dazu u.), beweist, dass V in diesem Fall die Reihenfolge aus der gemeinsamen Vorlage der genannten Textzeugen weiter umgestellt hat.

geht, welche die ursprüngliche Reihenfolge der einzelnen Fragen und Antworten umgestellt hatte. Allerdings bot die Vorlage von Monte Cassino 29 offenbar mehr als die qu. 1–53 ohne qu. 20, wie man es aus V und Wig. kennt, sofern dieses Material (qu. 20 und 56–65) nicht aus einer anderen Quelle ergänzt worden ist.[38]

Wie man sieht, ist Monte Cassino 29 in Hinblick auf die Geschichte von α$_2$ von einigem Interesse. Für eine Edition von dial. qu. ist dieser Textzeuge dagegen entbehrlich: Nicht so sehr deshalb, weil die (ohnehin zweitrangige) Gruppe α bereits durch mehrere ältere Textzeugen repräsentiert ist, sondern vor allem deshalb, weil beim Anlegen der Genesis-Kompilation in Monte Cassino 29 der Text von dial. qu. an vielen Stellen nach Belieben gekürzt, umformuliert und geglättet wurde, sodass die Aufnahme dieser Hs. in den Apparat diesen mit zahllosen Sonderfehlern belasten würde, welche von geringem Interesse sind.

Florileg in Monte Cassino, Bibl. Abb. 187 (s. IX[2]; Mittelitalien)

Diese Hs. wurde in der zweiten Hälfte des 9. Jh., möglicherweise in Monte Cassino, von mehreren Schreibern in beneventanischer Schrift abgefasst. Auf pp. 2–169 befinden sich die Antikeimena des Julian von Toledo; auf pp. 12–19 wurden die qu. 21–24, 17 und 25–27 von dial. qu. in den Text von Julians Werk interpoliert (eine spätere Hand hat diesen Abschnitt durch kleine Kreuzchen am Seitenrand sowie durch einen Strich nach dem letzten Exzerpt auf p. 19 als Fremdkörper gekennzeichnet). Danach folgt auf pp. 169–215 ein Florileg unter dem Titel *Item questionem* [sic] *veteris testamenti*: Es enthält die qu. 28, 18–19, 29, 16, 30–36, 43–46, 37–40; 42; 47–62 ... 20 ... 63 ... 64–65 von dial. qu. (dieses interessante Florileg sollte einmal genauer unter-

---

[38] Diese Möglichkeit kann nicht ganz ausgeschlossen werden. Allerdings spricht der Vergleich von Monte Cassino 29 mit Monte Cassino 187 stark dafür, dass die unmittelbare Vorlage dieser Hss. mehr enthielt als die qu. 1–53 ohne qu. 20.

sucht werden; ein erster Teil scheint auf p. 209 zu enden, pp. 209–215 stellt möglicherweise eine sekundäre Ergänzung dar).

Die auffällige Reihenfolge der einzelnen Fragen-Antworten zeigt unübersehbare Berührungen mit jener von Monte Cassino 29 und insbesondere mit V, und ein Vergleich mit V macht klar, dass die Exzerpte von dial. qu. in Monte Cassino 187 auf die selbe Vorlage zurückgehen; vgl. etwa:

> qu. 25: *sicut enim essentia* V Monte Cassino 187 : *sicut ergo essentia* rell.
>
> qu. 26: *nam quarte* V Monte Cassino 187 : *nam quarta eius unus* rell.
>
> qu. 26: *usque in octavum* V Monte Cassino 187 : *usque in diem octavum* rell.

Überdies zeigen sich in Monte Cassino 187 weitgehend die selben Unsicherheiten bei der Setzung von *dicitur* und *hoc*, wie sie für V charakteristisch sind (vgl. dazu o.). Allerdings bietet Monte Cassino 187 über V hinausgehend die qu. 20 und 54–65: Hier liegt also eine größere Nähe zu Monte Cassino 29 vor.

Monte Cassino 187 stammt letztlich von dem selben dial. qu. Exemplar ab wie V, Wig. und Monte Cassino 29. Aus diesem Grund ist der Codex für die Textgeschichte der pseudoaugustinischen Schrift, insbesondere was die Gruppe α₂ angeht, von einigem Interesse; wichtige Lesarten kann er allerdings nicht beisteuern, weshalb er im Apparat vorliegender Edition nicht berücksichtigt ist.

München, Bayer. Staatsbibl. clm 14468, ff. 88r–94r (an. 821; St. Emmeram in Regensburg)

Die Anfertigung dieser Hs. wurde vom Regensburger Bischof Baturich (817–847) im Jahr 821 persönlich angeordnet, wie einer Notiz auf f. 1r zu entnehmen ist.[39] Daraus geht die Bedeutung, die man dial. qu. in diesem Umfeld zumaß, ebenso hervor wie

---

[39] Vgl. Bischoff (Anm. 23), 200.

aus der Zusammenstellung mit allerlei Kirchenakten zu dogmatischen Fragen und mit der Admonitio generalis Karls des Großen.

In München 14468 beginnt dial. qu. mit den Worten *Incipit de questiunculis sancti Augustini.* Die Ausführung ist sehr ordentlich, die Orthographie über weite Strecken tadellos, die einzelnen Fragen erscheinen ab qu. 2 am Rand durchgezählt. München 14468 gehört ohne jeden Zweifel der Untergruppe α₁ an: Der Text zeigt alle oben aufgelisteten Bindefehler von α₁ mit Ausnahme von qu. 1: *an corporeus esse* α₁ : *aut corporeus esse* München 14468 rell., was wenig signifikant erscheint. In dieser Hs. bricht dial. qu. mit den Worten *...eam videre non potuerunt* am Ende von qu. 14 ab. Aufgrund dieses Defekts und aufgrund der Zugehörigkeit von München 14468 zu α₁ kann man von einer gemeinsamen Vorlage von diesem Textzeugen und von L ausgehen, welche die pseudoaugustinische Schrift nur bis zu qu. 14 dargeboten hat. München 14468 zeigt, dass jene Tradition, die aufgrund von G, L und Paris BNF lat. 2718 am Ende des 8. Jh. im nordöstlichen Frankreich angesiedelt werden kann, spätestens zu Beginn der Zwanziger Jahre des 9. Jh. ihren Weg in den süddeutschen Raum gefunden hatte.

Weil L die selbe Tradition bewahrt wie München 14468, aber der ältere Textzeuge ist, wurde L, nicht aber München 14468, für die Edition herangezogen.

Florileg in München, Univ. bibl. 8° cod. ms. 132 (cim. 7) (s. IX$^{1/4}$; südöstliches Bayern)

Die Hs., die möglicherweise aus der Umgebung von Regensburg stammt, enthält in der Hauptsache die Lex Baiuvariorum (ff. 1v–87r).[40] Auf der letzten Seite (87v), die ursprünglich freigelassen worden war, trug wenig später (sicherlich noch im 9. Jh.) eine recht unbeholfen wirkende Hand einige theologische

---

[40] Vgl. N. Daniel, Die lateinischen mittelalterlichen Handschriften der Universitätsbibliothek München: Die Handschriften aus der Oktavreihe, Wiesbaden 1989, 109 f.

Interrogationes und *Responsiones* ein.[41] Nicht ohne Mühe lässt sich qu. 51 erkennen: Es scheint, dass hier, wie auch in anderen Textzeugen, ein Abschnitt aus dial. qu. mit formal gleich aufgebauten Fragen aus einer anderen Quelle bzw. aus mehreren anderen Quellen zusammengestellt worden ist. Der sehr kurze Text steht klar gegen γ und weist eine Übereinstimmung mit den α-Hss. G und M₂ auf: *baptismo passionis Christi* G M₂ München 132 : *baptismum /baptismus / baptisma et passionis Christi* rell. Aus diesem Grund wurde diese Hs. mit den anderen Textzeugen der Gruppe α zusammengestellt, ohne dass Sicherheit über diese Zuordnung behauptet werden könnte.

Florileg in Paris, BNF lat. 2718 (s. IX^{1/3}; Tours ?)

Diese Hs. wurde um 830 in der zeitgenössischen Schrift von Tours, teilweise auch in tironischen Noten, abgefasst; sie diente anscheinend als eine Art von privatem Notizbuch und sammelt in der Hauptsache diverse Werke patristischer Autoren (v.a. Augustinus und Cyprian) sowie Kapitularien aus der Zeit von 817 bis 821.[42]

Am Ende des Codex, auf den Folien 135r–140v, findet man ein Florileg, welches Exzerpte insbesondere in Frage-und-Antwort-Form zusammenstellt.[43] Hier stehen die trinitarischen qu.

---

[41]   Abbildung und Transkription des kaum lesbaren Texts bei K. Beyerle, Lex Baiuvariorum, München 1926, 186f. und Tafel 93.

[42] Vgl. die Angaben in Bibliothèque nationale. Catalogue général des manuscrits latins 3, Paris 1952, 22–25 sowie insbesondere D. Ganz, Paris BN Latin 2718: Theological Texts in the Chapel and the Chancery of Louis the Pious, in: O. Münsch / Th. Zotz (Edd.), Scientia veritatis. FS H. Mordek, Ostfildern 2004, 137–152. Für den Hinweis auf diese Publikation möchte ich mich herzlich bei M. Gorman bedanken.

[43] Die wichtigste Quelle sind diverse Texte Isidors. Dasselbe Florileg – allerdings ohne den Beginn und ohne die Exzerpte aus dial. qu., die durch andere Fragen ersetzt sind – findet sich, leicht umgestellt und am Ende gekürzt, unter dem Titel Sententiae defloratae de diversis causis in der Hs. Vatikan, Reg. lat. 846, welche annähernd zur selben Zeit wie Paris 2718 und ebenfalls in Tours bzw. im dortigen Umkreis geschrieben wurde; vgl. Ganz

1-11 auf den Folien 136r-137v.[44] Der Text setzt in der Antwort von qu. 1 mit den Worten *nisi filium? Ipse enim...* ein, das Vorhergehende (möglicherweise die Praefatio, sicherlich die Frage von qu. 1 und der fehlende Text der Antwort) ist verloren, weil die Hs. verstümmelt ist.

Der Text von dial. qu. lässt sich aufgrund zahlreicher Fehler der Gruppe α zurechnen; er zeigt auffällig viele Übereinstimmungen mit L. Eine Auswahl der deutlichsten Bindefehler:

qu. 3: *filius dei sit ad Romanos* L Paris 2718 : *filius sit deus ad Romanos* rell.

qu. 3: *non erat unus deus ... quod nefas erat credere* L Paris 2718 : *non erit unus deus ... quod nefas est credere* rell.

qu. 4: *sed non convertit in carnem* L Paris 2718 : *non se convertit in carnem* rell.

qu. 5 *ascenditque ad dexteram* L Paris 2718 : *ascendit in caelum sedetque ad dexteram* rell.

qu. 9: *filii non enim sicut filius hominem adsumpsit ut in aeternum* L Paris 2718 : *filii* rell.

Da keine der beiden Hss. von der jeweils anderen abgeschrieben ist, geht der Text von dial. qu. in L und der in Paris 2718 auf die selbe Vorlage zurück: Offenbar gab es von jener α1-Hs., die nur die ersten 14 Fragen-Antworten von dial. qu. dargeboten hat (vgl. dazu bei L sowie bei München 14468), einen Abkömmling, welcher als Ahnherr von L und Paris 2718 fungierte. Paris 2718 ist für eine Edition von dial. qu. nicht notwendig; die Arbeit mit

---

(Anm. 42), 152 und W. Schmitz, Miscellanea Tironiana aus dem Codex Vaticanus Latinus Reginae Christinae 846, Leipzig 1896, 28–34. In jener Form, die Vatikan Reg. lat. 846 darbietet, bzw. in einer ähnlichen gibt es diese Sententiae defloratae in mehreren α-Codices von dial. qu.; vgl. einstweilen Dorfbauer (Anm. 18), 910, Anm. 35. Die Sache ist weiter zu untersuchen: Hier werden historische Verknüpfungen zwischen wichtigen Hss. aus dem späten 8. und frühen 9. Jh. greifbar.

[44] Wie beliebt gerade die trinitarischen Fragen 1–11 waren, zeigt sich daran, dass sie auch in die Sententiae sanctorum patrum aufgenommen wurden (dazu unten), deren Tradition nichts mit Paris 2718 zu tun hat.

dieser Hs. könnte aber zu interessanten Erkenntnissen über die Verwandtschaft einiger karolingischer Codices führen (vgl. u. Anm. 43).

Salzburg, Nonnberg Stiftsbibl. frg. 12, ff. 1r–3v (s. IX$^{1/4}$; südostdeutscher Raum)

Es handelt sich um drei beschnittene Blätter, über deren genaue Herkunft nichts bekannt ist; Datierung und Lokalisierung stützen sich vor allem auf die Schrift.[45]

Vorhanden sind in diesem Fragment Teile der qu. 46 (beginnend mit den Worten *de patre dicit in evangelio...*), qu. 47–54, qu. 57–60 und qu. 61 (Abbruch mit den Worten *...videns verenda patris sui fo* [sic]). Die *Responsiones* erscheinen wenigstens teilweise durchgezählt. Der Text steht klar gegen β und zeigt eine auffällige Parallele zu M2 (qu. 61: *patris sui fo*[*ras* M2 Salzburg frg. 12 : *patris sui exiit foras* rell.), weshalb er hier unter der Gruppe α eingereiht wurde, ohne dass letzte Sicherheit über diese Zuordnung bestünde.

Prebiarum de multorium exemplaribus (s. VIII^{ex}; Freising)

Gegen Ende des 8. Jh. wurde in einer Handschrift in Freising, heute München, Bayer. Staatsbibl. clm 6302, ein Florileg mit dem Titel Prebiarum de multorium exemplaribus (Preb.) niedergeschrieben (fol. 64r–69v), welches hauptsächlich aus sehr kurzen Fragen und Antworten, geschöpft aus Gregor, Isidor und zahlreichen anderen Quellen, besteht.[46] Am Ende dieser Exzerptsammlung wurden als Abschnitte 89–93 die fünf qu. 16, 19, 17, 18 und 29 von dial. qu. (in dieser Reihenfolge) eingetragen.

---

[45] Vgl. D. Weber, Zu frühmittelalterlichen Handschriftenfragmenten in Österreich, Scriptorium 44 (1990), 269–271 (271) und K. Forstner, Neue Funde und Erkenntnisse zum karolingischen Schriftwesen von Salzburg und Mattsee, Scriptorium 52 (1998), 255–277 (273 und Tafel 37e).

[46] Vgl. die Edition von R. E. McNally, Turnhout 1973 (CCSL 108B), 155–171.

Orthographie und Grammatik dieses Textzeugen sind stark zerrüttet, die Kürze der Exzerpte und die sehr nachlässige Ausführung (bedingt durch eine schwer lesbare Vorlage?) tragen das Ihrige dazu bei, dass sich der Text kaum einer bestimmten Gruppe zuweisen lässt. Es gibt wenigstens zwei Fehler, die gegen eine Zugehörigkeit zu γ sprechen (qu. 16: *malum quod vitiosum* α β Preb. : *malum quod vitiosus* γ; qu. 19: *utique meruit* α β Preb. : *hoc utique meruit* γ) und einen Bindefehler mit α (qu. 19: *sicut et ceterae naturae* α Preb. : *sicut ceterae naturae* β γ). Ein anderer Bindefehler von α erscheint in Preb. zwar nicht, doch ist dieser so offensichtlich, dass er von einem Schreiber durchaus selbstständig ausgemerzt hätte werden können (qu. 16: *nec potest esse sine malum ubi non fuerit bonum* α : *nec potest esse malum ubi non fuerit bonum* β γ Preb.). Preb. wird deshalb mit aller gebotenen Vorsicht der Gruppe α zugerechnet.

Abschließend sei angemerkt, dass R. E. McNally, der Editor von Preb., die Benutzung von dial. qu. nicht erkannt hat und die betreffenden Partien durchwegs auf einzelne Passagen in originalen Werken des Augustinus zurückführen wollte. So erklären sich die zahlreichen Eingriffe McNallys in den überlieferten Text von Preb., die sich durchwegs als überflüssig oder falsch erweisen, wenn man den Wortlaut des Florilegs mit dem seiner tatsächlichen unmittelbaren Quelle, also mit dial. qu., vergleicht.

Gruppe β (P E M₁; ein Sonderfall: sent.)

Die Handschriften dieser Gruppe identifizieren im Titel den Fragesteller mit Orosius, den Antwortgeber mit Augustinus: Sie nennen die pseudoaugustinische Schrift *Quaestiones Orosii et responsiones Augustini* oder ähnlich. In β-Codices findet man kein Inhaltsverzeichnis (*capitula*). Die älteren Hss. markieren die abwechselnden Sprecher üblicherweise mit den Angaben INT(ERROGATIO) und RES(PONSIO), nur in jüngeren findet sich OR(OSIUS) und AUG(USTINUS). Die meisten Codices von β zählen die Fragen nicht durch.

Einige Bindefehler von β sind:

praef.: *prolixitates* β : *perpexitates* / *pr(a)epexitates* α : *perplexitates* γ

praef.: *concupiscentia satisfacimus* β : *concupiscentiis satisfacimus* rell.

qu. 6: *pater et filius et spiritus sanctus, cum sit una substantia* β : *pater et filius et spiritus sanctus, cum sint una substantia* rell.

qu. 9: *factam illi visionem* β : *factae illae visiones* rell.

qu. 15: *illi crucifixerunt* β : *illi occiderunt* rell.

qu. 18: *extenderit in eo* β : *extenderit in id* rell.

qu. 19: *opera obedientiae* β : *deo / dei pia obedientia* rell.

qu. 21: *arcum sed* β : *arcas et* α : *arcam sed* γ

qu. 24: *stabilito consilio* β : *stabili consilio* rell.

qu. 26: *creaturae agnitio* β : *creaturae cognitio* rell.

qu. 28: *nonne totam terram* β : *si totam terram* rell.

qu. 30: *inrigabat, quia* β : *inrigabat, ergo et montes rigabat, quia* rell.

qu. 37: *conspicata* β : *conspirata* α : *conspissata* γ

qu. 41: *si com(m)otus* β : *sic commotus* α : *sicut motus* γ

qu. 45: *congruentius iudicavit* β : *ideo congruentius iudicavit* rell.

qu. 64: *a deo etenim missus* β : *a deo enim missus* rell.

Von den ältesten Hss. der Gruppe β lassen sich die beiden Codices **P** und **E** zu einer Untergruppe β1 zusammenfassen.

P   Paris, BNF lat. 13373, ff. 1r–34v (s. IX^in.; Corbie)

Diese Hs. wurde wohl noch vor 817/20 geschrieben, und zwar in Corbie.[47] Der Inhalt lässt auf ein Interesse an Texten zur Genesisexegese (Alkuins und Bedas Genesiskommentare; ein Exzerpt aus Augustinus' De Genesi contra Manichaeos) und ins-

---

[47] Vgl. D. Ganz, Corbie in the Carolingian Renaissance, Sigmaringen 1990, 45f. und 137f.; Laffitte / Denoël (Anm. 16), 127; Fox (Anm. 32), 60; S. A. Keefe, Water and the Word. Baptism and the Education of the Clergy in the Carolingian Empire 2: Editions of the Texts, Notre Dame 2002, 80f.

besondere an Werken in Frage-und-Antwort-Form schließen (neben Alkuin die sogenannte Concordia quorumdam testimoniorum sacrae scripturae). Ein späterer Schreiber hat im Text von dial. qu. zahlreiche ursprünglich nicht ausgeführte Konsonantenassimilationen nachgetragen (adf- / aff-; adp- / app-), teilweise kleinere Auslassungen ausgefüllt und einige offensichtliche Fehler der Vorlage verbessert, welche in E unkorrigiert stehen geblieben sind. Es ist davon auszugehen, dass bei diesem Vorgang eine andere Hs. zur Anwendung kam als jene, nach der das Werk ursprünglich kopiert worden war, doch sind die späteren Eingriffe stets klar als solche zu erkennen.

In P beginnt dial. qu. mit den Worten *Incipiunt questiones Orosii et responsiones sancti Augustini episcopi.* Trotz dieser Sprecherzuordnung werden Fragen und Antworten durch INTERROGATIO und RESPONSIO (beides stets abgekürzt) eingeleitet, nicht mit den beiden im Titel angeführten Namen. Die Ausführung von dial. qu. ist tadellos, der Text sehr gut zu lesen.

P ist der „Codex Corbeiensis", den die Mauriner für ihre Ausgabe von dial. qu. herangezogen haben (dazu vgl. unten). Diese Hs. ist ein alter Zeuge für die Gruppe β, und durch den Vergleich mit E lässt sich der vollständige Text von dial. qu. eines noch älteren Vertreters dieser Gruppe rekonstruieren. Aus diesen Gründen ist P für die Edition heranzuziehen.

E   Escorial, Real Bibl. b.IV.17, ff. 61r–87r (s. IX[3/3]; Südfrankreich)

Diese Handschrift wurde früher ins 10. Jh. datiert, sie entstand aber wohl bereits gegen Ende des 9.; als Abfassungsort schlug man Katalonien oder – viel wahrscheinlicher – das südliche Frankreich vor.[48] E enthält in der Hauptsache Isidors Synonyma. Obwohl der Inhalt dieses Codex abgesehen von dial. qu. keine Parallelen zu P aufweist, macht der Text der pseudo-

---

[48]   Vgl. die Angaben bei Bischoff, Katalog 1 (Anm. 16), 252.

augustinischen Schrift klar, dass die beiden Hss. sehr eng miteinander verwandt sind.

In E beginnt dial. qu. mit den Worten *Incipiunt questiones Orosii et responsiones sancti Agustini episcopi. Cap I.*[49] Die Angabe *Cap I* vor der Praefatio ist singulär, im Folgenden werden die einzelnen Fragen und Antworten mit INTERROGATIO und RESPONSIO (beides immer abgekürzt) und durch Initiale eingeleitet. Die Ausführung ist sauber, der Text gut zu lesen. Auf den seitlichen und unteren Rändern der Folien 73v–77r und 82v–87r hat eine Hand, deren wisigotische Schrift sich deutlich von der im Text gebrauchten karolingischen Minuskel abhebt, zahlreiche Anmerkungen und kleinere Illustrationen (z. B. ein recht grob ausgeführtes Kreuz auf 84v) eingefügt, deren Zusammenhang mit dem Text von dial. qu. nicht unmittelbar ersichtlich ist.

Wie oben erwähnt, sind in E viele Fehler von β1 stehen geblieben, welche in P nachträglich verbessert wurden. Um den Ahnherrn von E und P fassbar zu machen, wurde diese Hs. für die Edition herangezogen.

Nach P und E zu schließen, darf man den Ahnherrn von β1 in Frankreich lokalisieren. Er muss um 800 (wahrscheinlich etwas früher) vorgelegen sein.

Einige Bindefehler von β1 sind:

qu. 5: *in unitate persona* β1 : *in unitate personae* rell.

qu. 5: *homo et passus homo* β1 : *homo et passus* rell.

qu. 11: *quaecumque audit* β1 : *quaecumque audiet* rell.

qu. 17: *praevidere non potuerunt* β1 (P ac.) : *praevidere potuerunt* rell.

---

[49] Im Explicit liest man dagegen *interrogationes Orisii* [sic] *et responsiones Agustini episcopi*, wie ja die Fragen in den Hss. aller Gruppen üblicherweise im Text selbst nicht als *quaestiones*, sondern als *interrogationes* bezeichnet werden. Der auffällige Fehler *Orisii* statt *Orosii* fand sich ursprünglich auch im Incipit, wurde dort aber nachträglich korrigiert.

qu. 23: *coaeternum et consubstantibus sibi* β1 (P ac.) : *coaeternum et consubstantiale / consubstantivum sibi* rell.

qu. 25: *incontaminabilia* β1 (P ac.) : *incommutabili* rell.

qu. 25: *per incommutatae praesentiae suae* β1 (P ac.) : *per incommutabilitatem praescientiae suae* rell.

M1 München, Bayer. Staatsbibl. clm 14492, ff. 1r–39r (s. IX[1]; St. Emmeram in Regensburg)

Die Hs. wurde ungefährt im zweiten Viertel des 9. Jh. in St. Emmeram geschrieben.[50] Der Inhalt von M1 (u.a. die Formula vitae honestae des Martin von Bracara sowie Texte des Augustinus) zeigt keine Berührungen mit P oder mit E; dennoch steht die Hs. im Wortlaut von dial. qu. vergleichsweise etwas näher an β1 als innerhalb der Gruppe α die Untergruppen α1 und α2 zu einander stehen. Im Text von dial. qu. finden sich bisweilen Korrekturen von nicht viel späterer Hand über den Zeilen oder am Rand. Auffällig ist, dass hier öfters einzelne Wörter nachgetragen sind, die in P und E fehlen: Der Korrekturvorgang erfolgte wohl durch Vergleich mit einer Hs., die nicht ursprünglich als Vorlage gedient hatte, und die wahrscheinlich auch nicht der Gruppe β angehörte.

In M1 beginnt dial. qu. mit den Worten *Incipiunt questiones Orosii et responsiones sancti Augustini episcopi.* Die Ausführung ist sehr sorgfältig. Die einzelnen Fragen und Antworten erscheinen teilweise am Rand, teilweise im Text durchgezählt; sie werden jeweils durch die griechischen Abkürzungen Δ (*discipulus*) und M[51] (*magister*) eingeleitet.[52]

---

[50] Vgl. Bischoff (Anm. 23), 219. Das Interesse, das dial. qu. zu jener Zeit in St. Emmeram fand, ist bemerkenswert: Mit München 14468, M1 und M2 lag der pseudoaugustinische Text im 9. Jh. dreimal vor, wobei keine der drei Hs. von einer der übrigen abgeschrieben war.

[51] Stets in Form des sogenannten „Siglen-M":)-(.

[52] Dieses System hatte Iunilius um die Mitte des 6. Jh. in seinen dialogisch aufgebauten Instituta regularia divinae legis empfohlen: *...ne aliqua confusio ... proveniret, magistro M graecam litteram, discipulis vero Δ praeposui, ut ex*

M1 wurde als alter, vollständiger β-Textzeuge, der unabhängig ist von P und E, für die Edition herangezogen.

Die Gruppe β war spätestens im ersten Viertel des 9. Jh. in Frankreich verfügbar und kurz darauf auch im süddeutschen Raum. Einer der interessantesten Aspekte von β ist die Identifikation der beiden Sprecher von dial. qu. mit Orosius und Augustinus: Diese findet sich ab dem 10. Jh. auch in Hss., welche keinen β-Text bieten (wie Ro); nach dem 11. Jh. setzt sie sich beinahe allgemein durch, nicht zuletzt weil die kontaminierte und weit verbreitete Gruppe φ sie übernimmt. Da die Gruppe β für die Textkonstitution von dial. qu. nur eine unbedeutende Rolle spielt, erschien es ausreichend, sie durch die drei alten und vollständigen Hss. P, E und M1 sowie durch den möglicherweise sehr alten Textzeugen sent. für die Edition heranzuziehen. Letzterer bleibt als Sonderfall innerhalb der Gruppe β zu besprechen:

sent.   Sententiae sanctorum patrum (s. VII[in.] ?; Spanien)

Die Hs. Karlsruhe, Bad. Landesbibl. 18, geschrieben in Reichenau um das Jahr 806, enthält auf den Folien 60r–63v (= pp. 119–126) ein Florileg unter dem Titel Sententiae sanctorum patrum excerptae de fide sanctae trinitatis quorumdam discipulo interrogante et magistro respondente. Diese Sammlung bringt nach einer kurzen Vorrede Auszüge aus Hieronymus, Augustinus, Eucherius und anderen Autoren in eine Frage-und-Antwort-Form.[53] Eingearbeitet sind auch die trinitarischen Fragen und

---

peregrinis characteribus ... error omnis penitus auferatur (PL 68,16B). M1 ist anscheinend die einzige alte Hs. von dial. qu., welche auf diese Zeichen zurückgreift, die in der (früh)mittelalterlichen Frage-und-Antwort-Literatur bisweilen verwendet wurden.

[53] Vgl. K. Künstle, Eine Bibliothek der Symbole und Theologischer Tractate zur Bekämpfung des Priscillianismus und westgothischen Arianismus aus dem VI. Jahrhundert, Mainz 1900, 1–25 (zur Handschrift), 92–116 (Diskussion des Florilegs) und 149–173 (Abdruck des Texts).

Antworten 1–11 von dial. qu.; Titel und Praefatio des pseudoaugustinischen Werks findet man nicht.[54]

Der Text von dial. qu. wurde beim Anlegen dieser Kompilation frei behandelt: Viele Passagen erscheinen deutlich abgeändert; insbesondere wurden einzelne Fragen und Antworten zu
mehreren kürzeren Fragen und Antworten umgeformt. Ein
Vergleich der Auszüge aus dial. qu. mit den älteren Hss. des pseudoaugustinischen Werks zeigt, dass jener Codex, der als Vorlage
gedient hatte, der Gruppe β zuzurechnen war; vgl. etwa:

qu. 2: *nec ingenitus* β sent.: *nec ingenitus est* rell.

qu. 2: *testimonium perhibet* β sent. : *testimonium perhibebit*
rell.

qu. 3: *(h)omousion* β sent. : *usian / (h)omousian* rell.

qu. 3 *non es mentitus hominibus sed deo* β sent. : *non hominibus
mentitus es sed deo / non hominibus sed deo mentitus es* rell.

qu. 5 *hominis filius* β sent. : *filius hominis* rell.

qu. 6: *cum sit una substantia* β sent. : *cum sint una substantia*
rell.

qu. 9: *factam illi visionem* β sent. : *factae illae visiones* rell.

Allerdings hat sent. an einigen Stellen bestimmte Varianten
gegen β oder sogar ganze Textpassagen bewahrt, welche in den
übrigen Vertretern von β ausgefallen sind. Das deutlichste Beispiel ist wohl das folgende:

qu. 10: *filius autem solius est patris, non spiritus sancti; spiritus
sanctus* (*spiritus sanctus* om. β) *amborum est* (*est* om. β) *spiritus, id
est patris et filii. Quod si spiritus sanctus filius diceretur, amborum
utique filius diceretur* (*amborum utique filius diceretur* om. β;
duorum filius diceretur sent.)

---

[54] Zur Beliebtheit von qu. 1–11 vgl. auch o. bei Anm. 44.

Durchgehende selbstständige Korrektur[55] oder sehr frühe Kontamination mit anderen Hss.-Gruppen ist unwahrscheinlich. Somit gehen die Auszüge aus dial. qu. in dem Florileg auf eine β-Handschrift zurück, welche eine bessere und somit auch zweifellos ältere Textform der pseudoaugustinischen Schrift geboten hat, als diese in den β-Textzeugen aus dem 9. Jh. greifbar ist. Dies erscheint plausibel, weil die Sententiae sanctorum patrum offenbar in Spanien zusammengestellt wurden, und zwar möglicherweise noch an der Wende vom 6. zum 7. Jh.[56], also in geringem zeitlichen und lokalen Abstand zu Ω.

Der β-Zweig des Stemmas stellt sich so dar:

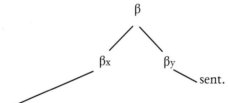

βrell. (= die heute vollständig erhaltenen β-Codices P E M₁)

Als Repräsentant einer so alten β-Tradition wurde sent. in die Edition aufgenommen. Allerdings sind nicht alle kleineren Abweichungen, die dieser Textzeuge aufgrund seines florilegienartigen Charakters aufweist, als Sonderfehler im Apparat verzeichnet. Eine eingehende Studie der Sententiae sanctorum patrum, welche insbesondere der Frage der literarischen Quellen-

---

[55] Der Zusatz *duorum filius diceretur* muss allerdings eine selbstständige Ergänzung des offensichtlich unvollständigen Satzes darstellen, und zwar beeinflusst von dem unmittelbar folgenden *nullus autem filius est d u o r u m nisi patris et matris*; der Text *amborum utique filius diceretur* fehlt nämlich nicht nur in β, sondern auch in α. Kontamination mit γ ist auszuschließen: Warum hätte man nicht *amborum utique filius diceretur* unverändert übernehmen sollen?

[56] Vgl. die Zusammenfassung von Künstle (Anm. 53), 116: „Der Verfasser unseres Tractates muss also ... ein Spanier gewesen sein. Er lebte vor dem 7. Jahrhundert...“

verarbeitung und den bei der Kompilation verwendeten Hss. nachzugehen hätte, könnte möglicherweise weitere Erkenntnisse über die Zusammenstellung dieses Florilegs und somit auch über die Frühgeschichte von dial. qu. bringen.

Textzeugen der Gruppe β, die eingesehen, aber nicht für die Edition herangezogen wurden[57]:

Angers, BM 284, ff. 1r–7r (s. XI; Saint-Serge in Angers)

Diese Hs. enthält den vollständigen Text von dial. qu. unter dem Titel *Questiones ab Orosio proposite et a beato Augustino exposite*, welcher in dieser bzw. in einer sehr ähnlichen Form auch in Bern, Burgerbibl. 117 (s. unten) sowie in den nicht genauer untersuchten Hss. Paris, BNF lat. 18085 (s. XII; Weissenau bei Ravensburg), München, Bayer. Staatsbibl. clm 19126 (s. XII; Tegernsee) und Escorial, Real Bibl. c.III.17 (s. XII – XIII) vorliegt.[58] In Angers 284 werden (wie auch in Bern 117) die einzelnen Fragen und Antworten durch die Angaben INTERROGATIO und RESPONSIO eingeleitet, nicht etwa durch OROSIUS und AUGUSTINUS. Der Text ist in zwei Kolumnen geschrieben und sehr sorgfältig ausgeführt. Die Zugehörigkeit von Angers 284 zu β ist offenkundig. Der verhältnismäßig späte Codex erscheint für eine Edition von dial. qu. wertlos.

---

[57] Weil die Gruppe β für eine Edition von dial. qu. insgesamt wenig bedeutend ist, wurden nicht alle der im Folgenden zu nennenden Textzeugen zur Gänze kollationiert. Die Angaben fallen dementsprechend knapp aus.

[58] Der Inhalt der genannten Hss. zeigt einige Überschneidungen (bestimmte Exzerpte aus Augustinus und Prosper). Eine nähere Untersuchung schien im Rahmen einer Edition von dial. qu. nicht lohnend, doch lassen sich zweifellos historische Verflechtungen nachweisen. Eine fast ausschließlich materielle Beschreibung von Angers 284 bietet J. Vezin, Les scriptoria d'Angers au XIᵉ siècle, Paris 1974, 297–299. Den Titel *Questiones ab Orosio proposite et ab Augustino exposite* führte dial. qu. auch in einer Hs., die in einem Bibliothekskatalog von Saint-Pons de Tomières aus dem Jahr 1276 bezeugt ist; vgl. L. Delisle, Le Cabinet des manuscrits de la Bibliothèque impériale 2, Paris 1874, 543 (nr. 95).

Bern, Burgerbibl. 117, ff. 267r–271r (s. XI^ex; Frankreich)

Was über Angers 284 gesagt wurde, gilt weitgehend auch für diesen Textzeugen; sogar die saubere Ausführung von dial. qu. in zwei Kolumnen erinnert an Angers 284.

Kopenhagen, Ny kgl. Saml. 2899 4°, ff. 44r–48v (79r) (s. XII; England ?)

Diese Hs. bietet den vollständigen Text von dial. qu. unter dem Titel *Incipit dialogus Orosii interrogantis et Augustini respondentis.* Das eigentliche Werk endet auf f. 48v, doch folgen darauf ohne Kennzeichnung weitere Fragen aus anderer Quelle (bis f. 79r), die wie jene zuvor mit OROSIUS und AUGUSTINUS eingeleitet werden, gleichsam als würde dial. qu. ungebrochen fortlaufen: Man hat die pseudoaugustinische Schrift in dieser Hs. als eine „offene" Sammlung angesehen, welche nach Bedarf ergänzt werden konnte. Der Text von Kopenhagen 2899 4° gehört zu β und zeigt insbesonders Berührungen mit β₁: Zu einer kritischen Edition von dial. qu. kann er nichts beitragen.

Leiden, Univ. bibl. Voss. lat. F 70 II, f. 82r (s. IX²; Frankreich)

Die Folien 82 und 83 gehörten ursprünglich nicht zu diesem Codex; wann sie mit ihm verbunden wurden, ist unklar. Auf 82r findet sich qu. 63 ab den Worten *...quae videmus, in memoria retinemus. Spiritalis vero...* sowie die beiden qu. 64–65; auf 82v und 83 stehen Bücherverzeichnisse des Klosters Rebais aus dem 11. (?) Jh.: Es handelt sich bei diesem Textzeugen offenbar um die letzten beiden Folien eines Codex, der dial. qu. ursprünglich zur Gänze dargeboten haben dürfte. Die Schrift auf 82r, also jene des Schreibers von dial. qu., wurde von K. A. De Meyier, Codices Vossiani Latini 1, Leiden 1973, 145 auf das 11. Jh. datiert; laut Bischoff 2004 (Anm. 16), 52f. (nr. 2197) gehört sie allerdings dem 3. Viertel des 9. Jh. an. Ob die Hs. in Rebais selbst abgefasst wurde, ist unklar; sicher ist allein ihre Entstehung in Frankreich.

Die Zugehörigkeit dieses Textzeugen zu β erscheint trotz seiner Kürze durch zwei klare Bindefehler gesichert:

qu. 64: *a deo etenim missus* β Leiden VLF 70 II : *a deo enim missus* rell.

qu. 64: *sicut sunt pseudoprophetae* β Ly Leiden VLF 70 II : *sicut sunt ipsi pseudoprophetae* rell.

Dieser Textzeuge wurde mir erst kurz vor Drucklegung durch freundliche Mitteilung von M. Gorman bekannt; ihm sei dafür herzlich gedankt.

Florileg in Paris, BNF lat. 2710 (s. IX[1]; Frankreich)

Auf den Folien 1r–42r dieser Hs. wurden mehrere Exzerpte aus dial. qu. (1r–6r) und danach aus Julian von Toledos Antikeimena, insgesamt 120 Fragen und Antworten, zusammengestellt.[59] Vorhanden sind aus der pseudoaugustinischen Schrift die qu. 14–17, 19–20, 22–25, ein Teil der Antwort von 26, 29–36, 38 und 43 (in dieser Reihenfolge). Am Beginn liest man *Incipiunt questiones Orosii et responsiones sancti Agustini episcopi*; eine spätere Hand hat davon alles bis auf das Wort *questiones* durchgestrichen, vielleicht weil man bemerkte, dass dieser Titel unpassend ist für die Zusammenstellung aus dial. qu. und Julian. Die einzelnen Fragen und Antworten sind in Paris 2710 mit den Angaben INTERROGATIO und RESPONSIO (stets abgekürzt) eingeleitet; die Ausführung des Texts ist ordentlich, allerdings finden sich zahlreiche Unsicherheiten in der Setzung vom m im Auslaut (*monte/montem*; *resurrectione/resurrectionem*; etc.). Paris 2710 gehört eindeutig zur Gruppe β, und die fehlerhafte Lesart *per incommutatam presentie sue* in qu. 25 beweist die Zugehörigkeit dieses Codex zu β1. Die Kombination von dial. qu. mit Julian von Toledo in dieser Hs. verweist auf einen spanischen Einfluss und könnte eine größere Nähe zu E bedeuten.

---

[59] Vgl. die Angaben in Catalogue général 3 (Anm. 42), 16f.

Gruppe γ (Ly Ma A O F trin. R)

Die Handschriften dieser Gruppe nennen dial. qu. *Liber quaestionum Augustini* (γ₁) oder–zweifellos unter dem Einfluss von β–*Quaestiones LXV Orosii et totidem responsiones Augustini* (γ₂).[60] Einige stellen der pseudoaugustinischen Schrift ein Inhaltsverzeichnis (*capitula*) voran. Die meisten älteren Hss. von γ zählen die einzelnen Fragen (analog zur Nummerierung des Inhaltsverzeichnisses) durch und markieren Sprecherwechsel mit den Angaben INT(ERROGATIO) und RES(PONSIO); in späteren Codices, insbesondere von γ₂, finden sich aber auch die Namen OROSIUS und AUGUSTINUS.

Die Zugehörigkeit einer Hs. zur Gruppe γ erkennt man weniger an bestimmten Fehlern, sondern insbesondere am Vorhandensein jener eingangs teilweise aufgelisteten Textpassagen, die in α und β ausgefallen sind. An folgender Stelle bewahren aber α und β ohne jeden Zweifel die richtige Lesart gegen γ:

qu. 63: *imaginaliter spiritus formatur* γ (corr. F) : *imaginaliter species formatur* α β

In γ liegt offenbar eine falsch aufgelöste Abkürzung vor.

Innerhalb von γ lassen sich zwei Untergruppen γ₁ (**Ly Ma A**) und γ₂ (**O F trin.**) klar voneinander trennen. **R** geht anscheinend unabhängig von γ₁ und γ₂ auf γ zurück und zeigt außerdem deutliche Anzeichen von Kontamination, weshalb dieser Textzeuge gesondert behandelt wird.

Ly Lyon, BM 611, ff. 1r–31v (s. IX¹; Südfrankreich)

Diese Hs. entstand wohl im zweiten Viertel des 9. Jh. im spanisch beeinflussten Südfrankreich.[61] Sie muss bald nach Lyon

---

[60] Der Titel *Quaestiones scripturae divinae Augustini* in A kombiniert die für γ₁ typische Angabe *quaestiones Augustini* mit der Information *...propter altitudinem s c r i p t u r a e   d i v i n a e* aus der Praefatio.

[61] Vgl. die Angaben auf der Internetseite der Bibliothèque Municipal von Lyon florus.bm-lyon.fr sowie J. E. Chisholm, The Pseudo-Augustinian Hypomnesticon against the Pelagians and Celestians II: Text edited from

gekommen sein, denn Ly gehört zu jenen Codices, welche der
bekannte Diakon Florus († um 860) verwendet hat.[62] Der um-
fangreichste Text in Ly neben dial qu. ist Isidors Contra Iudaeos.
Der Text von dial. qu. in Ly zeigt große Unsicherheiten bei der
Setzung von h, bei der Unterscheidung vi/bi und o/u sowie insbesondere bei der Setzung von m im Auslaut. Die Kombination
der beiden letztgenannten Fehler führt dazu, dass Akkusative
und Dative/Ablative von o-Stämmen im gesamten Text völlig
wahllos gebraucht erscheinen. Außerdem finden sich immer wieder romanisch beeinflusste Schreibungen wie *scencia* für *essentia*
oder *speriti* für *experti*. Schließlich weist Ly zahlreiche Nachlässigkeitsfehler wie Auslassungen und Wiederholungen auf.
Insgesamt erweckt dieser Textzeuge dem Äußeren nach einen
sehr zerrütteten Eindruck.

In Ly beginnt dial. qu. (nach dem Inhaltsverzeichnis; Inc.: *In
inomine* [sic] *incipiunt capitula de questionibus sancti Agustini
episcopi*) mit den Worten *Incipit liber questionum sancti Agustini
episcopi*. Die Fragen und Antworten werden mit INTERROGA-
TIO und RESPONSIO (stets abgekürzt) sowie durch Initialen
eingeleitet; es wurde versucht, sie korrespondierend zum Inhaltsverzeichnis durchzuzählen, doch kam es dabei zu einigen Verwirrungen (vgl. dazu u. cap. 9). Ly bietet alle Fragen der pseudo-

---

the Manuscripts, Fribourg 1980, 44. Wenn Chisholm festhält „the text [des
Hypomnesticon] is very good despite misspellings and various grammatical
faults", so trifft dies in gleicher Weise für dial. qu. zu.

[62] Vgl. C. Charlier, Les manuscrits personnels de Florus de Lyon et son
activité littéraire, RBen 119 (2009), 252–267 (265–267) [Wiederabdruck eines
grundlegenden Artikels von 1945] sowie C. Charlier, La compilation augus-
tinienne de Florus sur l'apôtre, RBen 57 (1947), 132–186 (154). Für dial. qu.
scheint sich Florus allerdings nicht besonders interessiert zu haben, denn
jene Folien, die das pseudoaugustinische Werk darbieten, zeigen nur wenige
Spuren einer Benutzung. Vgl. allgemein L. Holtz, La minuscule marginale
et interlinéaire de Florus de Lyon, in: P. Chiesa / L. Pinelli (Edd.), Gli
autografi medievali. Problemi paleografici e filologici, Spoleto 1994, 149–
166.

augustinischen Schrift, allerdings in einer eigenwilligen Reihenfolge und unter Aufnahme von insgesamt sechs neuen Fragen-
Antworten, die auch in anderen γ₁-Codices vorhanden sind. Man
findet nach der Praefatio die qu. 1-12, 22, 21, 17, 23-28, 38, 37,
18, 16, 42, 30-31, 19, 32, 34, 40, 45-46, 43-44, 33, 35, 41, 36, 47-
50, 55, 52-53, neue qu. (app. 2 A), 58, 56, neue qu. (app. 2 B), 54,
neue qu. (app. 2 C), 57, neue qu. (app. 2 D), 59, neue qu. (app. 2
E), 51, 60-61, neue qu. (app. 2 F), 62, 39, 13-15, 29, 20, 63-65.
Außerdem weist Ly an zahlreichen Stellen im Text von dial. qu.
Einschübe aus anderen Texten (insbesondere aus Fulgentius' De
fide ad Petrum) auf, die sich auch in Ma und A finden und die
Gruppe γ₁ ebenso charakterisieren wie die sechs neuen Fragen-
Antworten (mehr dazu unten).

Trotz aller offensichtlicher Mängel im Äußeren ist Ly eine
der wichtigsten Hss. für die Texterstellung von dial. qu.

Ma Madrid, Bibl. Ac. Hist. 39, ff. 196v-214v (s. XI; San
Millán de la Cogolla ?)

Mehrere Hände, die jeweils eine wisigotische Minuskel gebrauchten, waren an der Abfassung dieser Hs. beteiligt, die man
früher ins 10. Jh. gesetzt hat, die heute aber auf das 11. Jh. datiert
wird, und die in Teilen als wertvolle Sammlung von raren
Texten aus der älteren Geschichte Spaniens gilt.[63] An längeren

---

[63] Vgl. E. Ruiz García, Catálogo de la Sección de Códices de la Real Academia de la Historia, Madrid 1997, 257-264 sowie A. Millares Carlo, Corpus
de Códices Visigóticos 1, Las Palmas 1999, 132f. (nr. 195). Verwandt mit Ma
ist ein Codex aus der Kathedralbibliothek von Roda (s. X - XI), der einige
Zeit als verschollen galt, in den 20er Jahren des 20. Jh. wieder auftauchte,
und sich heute unter der Signatur cod. 78 ebenfalls in der Bibliothek der
Real Academia de la Historia in Madrid befindet; vgl. Ruiz García, 395-405
und Millares Carlo, 139-142 (nr. 210). Dieser Codex enthält in der Hauptsache die Weltgeschichte des Orosius, im Anschluss daran zahlreiche unterschiedliche Exzerpte historiographischer, genealogischer und theologischer
Natur, die teilweise auch in Ma enthalten sind (vgl. die Inhaltsbeschrei-
bungen bei Ruiz García und Millares Carlo); zudem findet sich qu. 34 von

Werken finden sich in Ma das Enchiridion des Augustinus und die Instructiones des Eucherius von Lyon. Im Text von dial. qu. gab es ursprünglich zahlreiche Vertauschungen b/v (nicht nur vor i: *solbebat*), doch hat eine spätere Hand diese fast durchwegs korrigiert. Einige weitere Korrekturen, möglicherweise nach einem anderen Codex als der ursprünglich verwendeten Vorlage, stammen vielleicht von derselben Hand. Es fällt auf, dass in Ma anstelle von korrektem *quodam modo* immer *quod ad modo* erscheint.

In Ma beginnt dial. qu. mit den Worten *Incipit liber questionum sancti Agustini. Capitula*; darauf folgt ein Inhaltsverzeichnis, dann, nach dem Hinweis *explicit* [sic] *capitula*, Praefatio und Text der pseudoaugustinischen Schrift. Die Fragen und Antworten werden mit INTERROGATIO und RESPONSIO (immer ausgeschrieben und durch rote Farbe hervorgehoben), teilweise auch durch aufwändig gestaltete Initialen eingeleitet; sie sind durchgezählt, stimmen aber mit dem Inhaltsverzeichnis nicht völlig überein, weil es bei der Zählung zu einigen Verwirrungen gekommen ist (vgl. dazu u. cap. 9). Die Ausführung von dial. qu. (in zwei Kolumnen) wirkt sehr ordentlich. Auf zahlreichen Folien befinden sich bunt ausgestaltete kleinere Illustrationen, die in keinem Zusammenhang mit dem Text stehen (z.B. ein Fisch auf f. 199v oder eine Meerjungfrau auf f. 203v).

Anders als Ly bietet Ma die Fragen-Antworten von dial. qu.- erweitert um die bei Ly erwähnten, für γ1 typischen Zusätze – in der originalen Reihenfolge, nur jene sechs neuen Stücke, die auch in Ly vorhanden sind, wurden an jenen Stellen eingefügt, die dem Bericht der Genesis entsprechen: Dies lässt sich heute allerdings nur noch dem Inhaltsverzeichnis entnehmen, weil die entsprechenden Folien verloren gegangen sind. Überhaupt ist in Ma durch mechanischen Verlust viel Text verloren: Einerseits fehlen Teile der qu. 34, 35 und 37, weil etwa die Hälfte von f. 212

---

dial. qu. auf den Folien 213v–214r des Codex aus Roda: Der Text ist sehr kurz, weshalb die Zugehörigkeit zu γ nicht klar erkennbar ist.

herausgerissen wurde, andererseits bricht der Text durch den
Verlust mehrerer Blätter innerhalb von qu. 40 ab und setzt erst
innerhalb von qu. 62 wieder ein (eben dies führt dazu, dass die
sechs zusätzlichen Fragen, die für γ1 charakteristisch sind, heute
nicht mehr vorhanden sind). Der Ausfall muss bereits vor der
modernen Foliierung (am rechten oberen Rand der Recto-Seiten)
stattgefunden haben, denn diese Zählung schreitet an der betreffenden Stelle ungebrochen von 213 zu 214 fort und weist
durch nichts auf den Verlust hin.[64] In der letzten Frage qu. 65
wurde die Antwort vom Schreiber nicht mehr ausgeführt; da fast
die ganze Kolumne leer blieb und kein Grund für das Fehlen
dieses Abschnitts in Ma zu erkennen ist, dürfte die Hs. von einer
an dieser Stelle unvollständigen oder unleserlichen Vorlage abgeschrieben worden sein.

In Ma liegt ein sehr wertvoller Zeuge der pseudoaugustinischen Schrift vor: Der Text dieser Hs. ist frei von den zahllosen
Sonderfehlern, welche Ly charakterisieren, und erweist sich auch
innerhalb der Gruppe γ als exzellent.

A   Autun, BM S 40 (36), ff. 99v–125v (s. IX^{med}; Frankreich)
Dieser Codex, der um die Mitte des 9. Jh. im nordöstlichen
Frankreich entstanden sein dürfte, enthält außer dial. qu. mehrere Texte Alkuins sowie einige germanische Rechtstexte (Liber
legis Salicae; Leges Alamannorum).[65] Die Zusammenstellung von
dial. qu. mit trinitarischen Dialogen Alkuins spricht für ein
Interesse an dogmatischen Texten in Frage-und-Antwort-Form.
Der Text von dial. qu. ignoriert h fast durchwegs (*ereses*; *oc*; *omo*;
abet; *ic*; *uius*), zudem finden sich einige Vertauschungen b/v.

---

[64]   Ruiz García (Anm. 63) gibt allgemein an „El ms. está incompleto y mu-
tilado" (263), vermerkt aber in der eigentlichen Beschreibung von ff. 196v–
214v, auf denen sich dial. qu. befindet, den Textausfall nicht.
[65]   Eine ausführliche Beschreibung bietet Cl. Maître (Ed.), Catalogue des
manuscrits d'Autun, Turnhout 2004, 134–138, wo auch die seltsame Struktur von dial. qu. in dieser Hs. dargestellt und diskutiert wird.

In A beginnt dial. qu. mit den Worten *In nomine domini nostri Iesu Christi incipiunt questiones scripture divine Agustini episcopi. Prefatio* (vgl. dazu o. Anm. 60). Anders als in Ly und Ma gibt es kein Inhaltsverzeichnis, und die Fragen sind auch nicht durchgezählt. Als Einleitung zu den Fragen-Antworten erscheinen üblicherweise die Abkürzungen INT und RESP, doch ist Ersteres an manchen Stellen falsch als INTERPRETATIO aufgelöst. Vorhanden sind in A die Praefatio, qu. 1–11, 21–61, sowie die für γ1 typischen zusätzlichen Fragen app. 2 A, B, C, D und E: Diese sind dort eingefügt, wo man sie nach Ausweis des Inhaltsverzeichnisses von Ma zu erwarten hat. Nach qu. 61, wo app. 2 F folgen sollte, wird das Werk durch zwei Fragen abgeschlossen, deren Inhalt sich mit dem von app. 2 F berührt, die aber im Wesentlichen aus dem Genesiskommentar Isidors adaptiert sind: Sie sind im Text fortlaufend geschrieben und anders als alle übrigen Fragen-Antworten nicht durch INT und RESP gekennzeichnet. In der vorliegenden Edition werden sie als Appendix 5 abgedruckt.

Die Struktur von dial. qu. in A gibt Rätsel auf: Zuerst stehen auf den Folien 99v bis 119r ohne jede Einleitung qu. 21–61 (samt abschließender Zusatzfragen), f. 101 ist verloren, doch fehlt nichts vom Text der pseudoaugustinischen Schrift; dann folgen auf den Folien 119r bis 125v das Incipit von dial. qu., die Praefatio sowie qu. 1–11, sodass auf f. 119r unmittelbar untereinander zuerst das Ende (nicht gekennzeichnet), dann der Beginn des Werks zu lesen ist. Nach f. 125 fehlt ein Blatt. Die Schrift von A ist über weite Strecken stark ausgeblichen und deshalb schwierig zu lesen. Die Ausführung des Texts weist zahlreiche Nachlässigkeitsfehler auf, wirkt aber ordentlicher als jene von Ly.

Die zusätzlichen Fragen und die Textzusätze in A garantieren die Zugehörigkeit dieser Hs. zu γ1. Darüber hinaus beweisen zahlreiche Bindefehler, dass A und Ma auf die selbe Vorlage zurückgehen (von der offenbar auch die wichtigen Exzerpte in

Madrid, Bibl. nac. 10018 abstammen; dazu unten). Hier nur einige wenige Beispiele:

qu. 4: *adsumpsit enim carnem, non se convertit in carnem* Ly : om. Ma A

qu. 5: *homo unus est Christus* Ly : *caro unus est Christus* Ma A

qu. 5: *quemadmodum est ire visus in caelum* Ly : om. Ma A

qu. 6: *intellegas creatorem* Ly : *intellegamus creatorem* Ma A

qu. 26: *in cognitione discretionis terrae ac maris* Ly : *in cognitione terrae ac maris* Ma A

Die Bedeutung von A ist offensichtlich: Es handelt sich um eine Hs. aus dem 9. Jh., die etwas sorgfältiger ausgeführt ist als Ly, und die auf die wertvolle Vorlage von Ma zurückgeht.

Der Ahnherr von γ1 ist in Spanien entstanden: Dies ergibt sich aus der Herkunft von Ma und den Exzerpten in Madrid, Bibl. nac. 10018 (dazu unten) aus Spanien, von Ly aus dem spanisch beeinflussten Süden Frankreichs, sowie aus der Tatsache, dass Ly mit Isidors Contra Iudaeos einen umfangreichen Text eines spanischen Autors enthält, der zudem auszugsweise auch in Madrid, Bibl. nac. 10018 enthalten ist. Außerdem hat Taio von Saragossa zur Mitte des 7. Jh. in seinen Sententiae ebenso eine Handschrift von dial. qu. ausgewertet, die γ1 angehörte, wie der Spanier Theodulf von Orléans in den ca. 793 fertiggestellten Libri Carolini und der Spanier Claudius von Turin in seinem wohl um 800 begonnenen Genesiskommentar.[66]

Der Ahnherr von γ1 bot einen hervorragenden Text, allerdings in einer überarbeiteten Form: Charakteristisch für γ1 sind zahlreiche Einschübe in den ursprünglichen Wortlaut, die in Appendix 1 ediert werden, sowie die Hinzufügung von sechs neuen Fragen-Antworten (in Ma aufgrund von Folienverlust nicht mehr vorhanden; in A nur fünf von sechs vorhanden), die in Appendix 2 ediert werden. Ausgehend von Ly, Ma, A und den

---

[66] Zu Taio und Theodulf später mehr. Zu Claudius vgl. Dorfbauer (Anm. 12).

Exzerpten in Madrid, Bibl. nac. 10018 muss man den Ahnherren von γ₁ spätestens um 800 ansetzen, doch ist völlig klar, dass er bedeutend älter gewesen ist, wie die folgenden Ausführungen zu Taio von Saragossa zeigen.

Durch den Vergleich von Ly, Ma und A untereinander sowie mit Vertretern von γ₂ lässt sich die Geschichte von γ₁ folgendermaßen rekonstruieren: Ausgangspunkt war ein γ-Zeuge, der Ω zweifellos sehr nahe stand. Dieser γ-Textzeuge enthielt alle 65 Fragen-Antworten in der selben Reihenfolge, wie man sie auch in anderen vollständigen Codices der drei Gruppen α β γ vorfindet; außerdem verfügte dieser Zeuge über ein einleitendes Inhaltsverzeichnis, wie es möglicherweise zum Urbestand der pseudoaugustinischen Schrift gehörte (vgl. u. cap. 7). Zu einem sehr frühen Zeitpunkt wurden zwei gravierende redaktionelle Eingriffe vorgenommen: Zum Einen wählte ein Bearbeiter viele teils kürzere, teils längere Auszüge, die ihm inhaltlich passend erschienen, aus Texten des Augustinus (s. 9; trin.; Gen. c. Man.; ench.; Gen. ad litt.; c. Faust.), des Hieronymus (epist. 108) und insbesondere des Fulgentius (fid. ad P.)[67] aus und fügte sie an bestimmten Stellen in den Text ein. Zum Anderen verfasste er oder ein anderer Bearbeiter unter Zuhilfenahme von Augustinus' Contra Faustum sechs neue Fragen-Antworten[68], die ebenfalls an passender Stelle in das Werk integriert wurden.

Auf diese Weise entstand der Ahnherr der Gruppe γ₁. Ob die beiden genannten redaktionellen Eingriffe von der selben Person durchgeführt wurden, lässt sich kaum entscheiden, ist aber eher unwahrscheinlich: Die Komposition der neuen Fragen zeigt den Wunsch nach einer umfassenderen Genesisexegese als der ursprüngliche Textbestand sie leistet, während die Hinzufügungen innerhalb des alten Textbestand insbesondere dogmatischer Natur sind. Sie bringen nichts eigentlich Neues, sondern vertiefen das bereits Vorhandene, vor allem in Fragen der Trinität und der

---

[67] Für Details vgl. die Angaben im Apparat.
[68] Für Details vgl. die Angaben im Apparat.

Erbsündenlehre. Unklar muss auch bleiben, welcher der beiden redaktionellen Eingriffe der frühere ist: Vielleicht eher die Hinzufügung der sechs neuen Fragen. Diese basieren nämlich ebenso auf dem 12. Buch von Contra Faustum wie qu. 46–62, die sie in A und (nach Ausweis des Inhaltsverzeichnisses) in Ma umgeben (haben), und es ist durchaus möglich, dass sie in irgendeiner Weise mit der Zusammenstellung dieses Blocks von Fragen in Verbindung stehen.

Das älteste bekannte Zeugnis für die Gruppe γ1 (und möglicherweise für dial. qu. überhaupt) liegt in einer Passage der Sententiae des Taio von Saragossa vor, welche um die Mitte des 7. Jh. (ca. 653/4) abgeschlossen wurden.[69] In der folgenden Tabelle handelt es sich bei dem durchgehend unterstrichenen Text, der bei Taio und in γ1 gleichermaßen vorhanden ist, um ein Exzerpt aus Augustinus, s. 9; bei dem punktiert unterstrichenen Text, der nur in γ1 vorliegt, um eines aus Fulgentius' De fide ad Petrum (47).

dial. qu. 1; α β γ2 φ	Taio; PL 80,735 CD	dial. qu. 1; γ1
Quod est pater, hoc genuit: deus deum, lux lucem. Igitur sicut homo hominem gignit et canis canem, numquam visum est, ut homo gigneret canem. Ac per hoc non de nihilo neque de aliqua substantia, sed de se ipso genuit filium.	*Quod est pater, hoc genuit: Deus deum, lux lucem, aequalem sibi deum de deo, verbum apud deum, verbum dei, per quod facta sunt omnia, lumen de lumine, coaeternum illi, qui genuit, et unum cum illo, qui genuit. Ac per hoc deus pater non de nihilo neque de aliqua substantia, sed de se ipso genuit*	*Quod est pater, hoc genuit: deus deum, lux lucem, aequalem sibi deum de deo, verbum apud deum, verbum dei, per quod facta sunt omnia, lumen de lumine, coaeternum illi, qui genuit, et unum cum illo, qui genuit. Non creaturam aliquam esse filium dei, quoniam omnis creatura vanitati*

---

[69]   Zu weiteren Übernahmen Taios aus dial. qu. vgl. Dorfbauer (Anm. 1), 301–304.

filium coaeternum.

subiecta est, sed hoc verbum, id est filium dei, adsumpsisse creaturam, de virgine sancta Maria adsumpsisse mortalitatem, et passum fuisse pro nobis. Ea legimus, credimus, ut salvemur. Cum enim aliud nomen sit pater, aliud filius, aliud spiritus sanctus, hoc est utique unum naturae nomen, quod dicitur deus, qui dicit in Deuteronomio: Videte videte quoniam ego sum dominus et non est alius praeter me et de quo dicitur Audi, Israel, dominus deus tuus unus est et Dominum deum tuum adorabis et illi soli servies. Igitur sicut homo hominem gignit et canis canem, numquam visum est, ut homo gigneret canem. Ac per hoc non de nihilo neque de aliqua substantia, sed de se ipso genuit filium.

Damit ist bewiesen, dass Taio vor 653/4 mit einem γ₁-Codex von dial. qu. gearbeitet hat, aus dem er – wie auch sonst in seinem kompilatorischen Werk – nur das übernahm, was ihm passend schien: Das Fulgentius-Exzerpt und der darauf folgende originale

Bestandteil von dial. qu. *igitur sicut ... gigneret canem* gehörten offensichtlich nicht dazu.[70]

Es stellt sich die Frage, ob γ1 (oder jenes hypothetische Stadium von γ1, welches die sechs neuen Fragen, aber noch nicht die Textzusätze, umfasste) vielleicht vom Verfasser von dial. qu. herrührt, in dieser Form also die authentische Letztfassung der pseudoaugustinischen Schrift vorliegt. Eine Entscheidung fällt nicht leicht, doch ist die Frage eher zu verneinen: Jene Person, welche die sechs neuen Fragen komponierte, griff zwar auf die selbe Quelle zurück, die auch der Autor von dial. qu. im entsprechenden Abschnitt benutzte, doch stellte sie – anders als jener – die übernommenen Exzerpte aus Contra Faustum beinahe unverändert als Antworten in den Text und sorgte nur durch geringe sprachliche Eingriffe am Beginn für glatte Übergänge; einigermaßen selbstständig erscheinen lediglich die Fragen, die gleichsam als Einleitung für diese Exzerpte formuliert wurden. Betrachtet man dagegen qu. 46–62, so weisen diese insgesamt deutlichere Abweichungen von ihrer jeweiligen Quelle auf, sind also das Ergebnis einer stärkeren Umgestaltung. Somit erwecken die sechs neuen Fragen den Eindruck, ein Bearbeiter habe „Lücken" in der Genesisexegese von dial. qu. ausfüllen wollen. Wenn dieser Redaktor das 12. Buch von Contra Faustum als Vorlage der qu. 46–62 identifiziert hat (was für jemanden, der sich mit der augustinischen Genesisexegese beschäftigte, kein größeres Problem darstellte[71]), dann waren die entsprechenden Passagen problemlos nachzuschlagen und zu ergänzen. Attraktiv

---

[70]   Eine Kontrolle des zitierten Texts von Taio anhand der Hs. Madrid, Bibl. Ac. Hist. 44 (s. IX^ex – X^in; Sententiae auf ff. 16v–254v; die Stelle auf f. 20v), welche letztlich die Grundlage für den Druck in der PL gewesen ist, zeigt, dass die PL den Wortlaut dieser Passage ungekürzt wiedergibt.

[71]   Vgl. O'Loughlin (Anm. 6), 82: „Contra Faustum, which while not formally a Genesis commentary is in fact a work on the creation accounts in Genesis, and was used as a commentary on aspects of Genesis by later writers."

erscheint die Annahme, der Bearbeiter könnte im selben Umfeld wie der Verfasser von dial. qu. gearbeitet haben.

Was die Zusätze zum originalen Text in γ1 betrifft, so setzen diese sich aus Passagen zusammen, welche nahezu wörtlich aus den jeweiligen Quellen übernommen wurden. Auch hier ist die Differenz zum ursprünglichen Textbestand von dial. qu. offenkundig, weil dieser erhebliche Umformungen der jeweiligen Vorbildpassagen aufweist. Hinzu kommt, dass sich die Zusätze nicht nur aus Schriften des Augustinus speisen, sondern insbesondere auch aus Fulgentius' De fide ad Petrum (das allerdings oft unter dem Namen des Augustinus überliefert ist) sowie zu einem geringen Teil aus Hieronymus.

Durch γ1 wird deutlich, dass dial. qu. bereits in der frühesten Zeit als eine Art von „Gebrauchstext" wahrgenommen wurde, welcher keineswegs als unantastbar galt, sondern redaktionellen Eingriffen aller Art in hohem Maß ausgesetzt war. Möglicherweise hängt dies mit der ursprünglichen Entstehung des Werks in einem „schulischen Milieu" und mit der Verwendung des Texts im Rahmen einer Art von Unterricht zusammen. Man wird die Herausbildung von γ1 in einem derartigen Kontext situieren und sehr früh in der Geschichte von dial. qu. ansetzen: Die textlichen Erweiterungen dieser Gruppe könnten im selben Umfeld wie die eigentliche Abfassung von dial. qu. vorgenommen worden sein, möglicherweise von Kollegen oder Schülern des Verfassers.

Während Ma und A sicherlich die ursprüngliche Form von γ1 wiedergeben[72], wurden in der Vorlage von Ly die 71 inhaltlich erweiterten Fragen-Antworten in eine neue Reihenfolge gebracht. Motivation war offenbar, nach den einleitenden 12 trinitarischen Fragen die Genesisexegese in eine nicht primär an Augustinus, sondern insbesondere am Bibelbericht angelehnte Reihenfolge zu bringen. Dementsprechend wurden jene Fragen,

---

[72] Die jüngere Hs. Ma etwas besser, weil in ihr das Inhaltsverzeichnis und die Zählung der Fragen-Antworten erhalten ist. Über die Vorlage der Exzerpte in Madrid, Bibl. nac. 10018 lässt sich leider nichts Sicheres sagen.

die sich auf das neue Testament beziehen, durchwegs hinter jene zur Genesis gestellt: Man beachte zudem, dass qu. 20 und 63, die von Paulus-Briefen ausgehen, an späterer Stelle stehen als jene qu., welche den Evangelien gewidmet sind (qu. 13–15; 29). Ganz am Ende verblieben die qu. 64 und 65, welche sich nicht auf bestimmte Bibelstellen beziehen.

Zusammenfassend kann man γ1 als eine erweiternde Überarbeitung des ursprünglichen Werks ansehen. Die obige Diskussion hat zwei Entwicklungsstufen dieser Überarbeitung aufgezeigt, welche im Ahnherren von Ma, A und den Exzerpten in Madrid, Bibl. nac. 10018 einerseits sowie im Ahnherren von Ly und Oxford, Bodl. lib. Laud. misc. 383 (dazu unten) andererseits greifbar sind. Es muss betont werden, dass die genannten redaktionellen Eingriffe den hervorragenden Text von dial. qu., den der Ahnherr von γ1 geboten hat, nicht im Kern betroffen haben, wie die Kontrolle anhand von γ2 bezeugt: Durch den Vergleich mit γ2 werden die Abänderungen in γ1 sichtbar und lassen sich für die Edition rückgängig machen.[73]

O   Oxford, Bodl. lib. Bodl. 385, ff. 112v–124v (s. XI²; Frankreich ?)

Die Hs. dürfte gegen Ende des 11. Jh. entstanden sein, wahrscheinlich in Frankreich; später wurde sie in Canterbury (Christ Church) aufbewahrt. Außer dial. qu. enthält sie den Danielkommentar des Hieronymus und Bedas De tabernaculo.[74]

Dial. qu. beginnt mit den Worten *Incipiunt quęstiones LXV Orosii presbyteri et totidem responsiones beati Augustini episcopi*; es

---

[73] Freilich könnte dies auch ein Vergleich mit α und β leisten. Weil aber der Text dieser beiden Gruppen im Vergleich zu γ so schlecht ist, wäre man ohne das Zeugnis von γ2 vielleicht eher geneigt, in γ1 nicht eine spätere Überarbeitung, sondern eine vom Autor gewollte erweiterte Fassung zu sehen.

[74] Vgl. F. Madan / H. H. E. Craster, A Summary Catalogue of Western Manuscripts in the Bodleian Library at Oxford (2,1), Oxford 1922, 260 (nr. 2210).

gibt kein Inhaltsverzeichnis. Die Ausführung von dial. qu. wirkt sehr ordentlich, Fragen und Antworten sind mit den Angaben OROSIUS und AUGUSTINUS (beim ersten Mal ausgeschrieben, dann stets abgekürzt) und mit Initiale eingeleitet. Sie erscheinen ab qu. 2 im laufenden Text vor OROSIUS, dann ab qu. 6 am Seitenrand durchgezählt. Der gesamte Text von dial. qu. wurde nicht allzu lange nach der Niederschrift sorgfältig durchkorrigiert: Verbesserungen und kurze Ergänzungen sind meist direkt über der Zeile zu finden, längere Ergänzungen an den Rändern. O hat vereinzelt Lesarten aufgenommen, die man aus der Tradition von φ kennt, und insbesondere die genannten Korrekturen von späterer Hand könnten durchwegs vom Vergleich mit einem φ-Codex herrühren. Man kann aber im Allgemeinen die späteren Korrekturen klar als solche erkennen und bei der Textkonstitution dementsprechend gewichten.

F　　Freiburg i. Br., Univ. bibl. 377, ff. 90r–130r (s. XII[1])
Diese Hs., deren Abfassungszeit in der älteren Literatur im 10. Jh. angesetzt wurde, findet sich im aktuellen Katalog aufgrund der Schrift in die erste Hälfte des 12. Jh. datiert.[75] Über ihre Herkunft ist nichts Genaueres bekannt. F enthält außer dial. qu. nur das Enchiridion des Augustinus.

In F beginnt dial. qu. mit den Worten *Incipiunt capitula LXV interrogationum Orosii et totidem responsionum sancti Augustini episcopi*, darauf folgt ein Inhaltsverzeichnis, dann Praefatio und Text der pseudoaugustinischen Schrift. Bereits neben der Praefatio findet sich am Rand OROSIUS eingetragen, im Folgenden werden die einzelnen Fragen-Antworten regelmäßig mit OROSIUS bzw. AUGUSTINUS und durch Initiale eingeleitet; am Rand werden sie analog zur Nummerierung im Inhaltsverzeichnis durchgezählt. Die Ausführung wirkt schlicht und sorgfältig.

---

[75] Vgl. W. Hagenmaier, Die lateinischen mittelalterlichen Handschriften der Universitätsbibliothek Freiburg im Breisgau (ab Hs. 231), Wiesbaden 1980, 114f.

Es gibt einige wenige Korrekturen über der Zeile oder am Rand, die nicht viel später als die Niederschrift anzusetzen sind. Am Ende der Antwort von qu. 35 bietet F einen Zusatz, der aus Isidors Genesiskommentar geschöpft ist (vgl. den Apparat der Edition); dieser wird eingeleitet durch die Angabe *vel lucidius*: Offenbar war man mit der Auskunft, die dial. qu. bietet, nicht recht zufrieden. Die Antwort von qu. 53 wurde in F zur Gänze ersetzt durch ein Exzerpt aus der genannten Schrift des Isidor; dieses wird in Appendix 4 abgedruckt. Der Text der letzten drei qu. 63–65 erscheint in F gekürzt bzw. inhaltlich gestrafft (vgl. den Apparat); möglicherweise haben diese qu. nicht besonders interessiert, weil ihr Zusammenhang mit der Genesisexegese nicht unmittelbar einsichtig ist.

trin.   De trinitate et unitate dei (s. IX–XII ?)

In PL 42,1193–1200 findet sich unter dem Titel De trinitate et unitate dei ein pseudoaugustinisches Werk abgedruckt, welches Exzerpte insbesondere aus dial. qu. und aus Augustinus' Contra sermonem Arrianorum zu einem neuen Ganzen zusammenfügt.[76] Die trinitarisch-dogmatische Ausrichtung dieses Traktats war zweifellos ausschlaggebend dafür, dass nur die qu. 1–12 von dial. qu. herangezogen wurden. Aus dem Wortlaut von trin. wird klar, dass der Kompilation ein γ2-Codex von dial. qu. zu Grunde gelegen ist. Die ursprüngliche Form in Fragen und Antworten wurde zu einem fortlaufenden Text umgeformt, ansonsten aber nicht stärker in den Wortlaut eingegriffen als unbedingt nötig.

Der Text von trin. wurde für die Edition herangezogen, weil in dem Traktat ein möglicherweise früher Zeuge für die Untergruppe γ2 vorliegt: In der Literatur wird üblicherweise eine Datierung in karolingischer Zeit angenommen (vgl. den u. Anm. 76 angegebenen CPPM Eintrag). Freilich könnte man gerade umgekehrt die Tatsache, dass γ2 vor dem 11. Jh. handschriftlich

---

[76]   Vgl. den maßgeblichen Eintrag in der CPPM 2A, 171.

nicht bezeugt zu sein scheint, als Anlass dafür nehmen, auch für trin. eine dementsprechend spätere Datierung vorzuschlagen. Solange die handschriftliche Grundlage des Drucks von trin. nicht bekannt ist, muss diese Frage offen bleiben.

Weil keine Hs. bekannt ist, welche trin. enthält, wurde als Textgrundlage für diesen Zeugen der genannte Druck in der PL herangezogen.

Die Untergruppe γ2, die vor dem 11. Jh. nicht in erhaltenen Handschriften bezeugt zu sein scheint, ist frei von jenen redaktionellen Eingriffen, welche die Untergruppe γ1 auszeichnen, bietet aber jenen exzellenten Text, den die übrigen Vertreter von γ im Gegensatz zu α und β aufweisen. Die explizite Nennung von Orosius und Augustinus im Titel von γ2 ist zweifellos auf Beeinflussung durch die Gruppe β zurückzuführen: In jener Zeit, aus welcher die erhaltenen Hss. von γ2 stammen, hatte sich die griffige Zuschreibung an Orosius und Augustinus bereits weitgehend durchgesetzt, wie die kontaminierte Gruppe φ, aber auch Codices wie Ro oder Mons 43/219 belegen. Von Bedeutung für den Zusammenhang mit γ1 ist möglicherweise die Tatsache, dass F das augustinische Enchiridion enthält so wie Ma, und dass O Hieronymus' Danielkommentar bietet, von dem sich mehrere Exzerpte in dem Florileg in Madrid, Bibl. nac. 10018 finden, welches Zugriff auf einen mit Ma eng verwandten γ1-Zeugen hatte. Charakteristisch für γ2 sind u.a. die folgenden Bindefehler (berücksichtigt sind nur qu. 1–12, weil trin. allein für diese zur Verfügung steht):

qu. 1: *in nomine dei pater* γ2 : *in dei nomine pater* rell.

qu. 3: *apertissime docent* γ2 R Li : *apertissime edocent* rell.

qu. 4: *caelestis. Caelestem* γ2 : *...caelestis. Hic, inquam, homo caelestis. Caelestem...* rell.

qu. 4: *...erat. Sumpsit enim carnem* γ2 : *...erat. Adsumpsit enim carnem* rell.

qu. 6: *utar certe ... in anima* γ2 : *utar ... certe in anima* rell.

Die einzelnen Vertreter von γ₂ zeigen – abgesehen von plan-
mäßigen Eingriffen wie dem Austausch einer ganzen Antwort in
F – einen sehr ähnlichen Wortlaut, sodass es keinen großen
Unterschied macht, welche Hss. zur Textkonstitution herangezogen werden. Zwei Codices (O F) neben trin., welches nur
Teile von dial. qu. bietet, können diese Untergruppe ausreichend
repräsentieren.

R   Rom, Bibl. naz. Sess. 76, ff. 81v–98v (s. IX – X; Nonantola)

Diese Hs. wurde im letzten Viertel des 9. oder im ersten
Viertel des 10. Jh. von mehreren Schreibern abgefasst, und zwar
im Skriptorium der Abtei San Silvestro in Nonantola.[77] Sie enthält neben dial. qu. und mehreren Exzerpten aus patristischen
Texten insbesondere den unter dem Namen des Paulus Diaconus
laufenden Kommentar zur Regula Benedicti. Der Text von dial.
qu. stammt von mehreren Händen; er ist, wohl kurz nach der
Niederschrift, in seiner Gesamtheit gründlich durchgesehen und
korrigiert worden (es finden sich zahlreiche Korrekturen im
Text, über der Zeile oder am Rand): Teilweise sind die ursprünglichen Lesarten nicht mehr zu erkennen, auch ist nicht immer
klar, welcher Text vom eigentlichen Schreiber herrührt, welcher
vom Korrektor. Letzterer wollte das, was ihm vorlag, offenbar
besser verständlich machen: Diesem Zweck dienten nicht nur
Eingriffe in den Wortlaut, sondern auch zahlreiche Striche, die
über einzelnen Wörtern als Betonungszeichen eingefügt wurden.
An den Rändern von R finden sich auffallend viele NOTA-
Zeichen und andere Markierungen: Mit dieser Hs. wurde
intensiv gearbeitet. Trotz aller Bemühungen um dial. qu. zeigt R

---

[77]   Vgl. L. Avitabile / M. C. Di Franco / V. Jemolo / A. Petrucci, Censimento dei codici dei secoli XI–XII, Studi Medievali 9 (1968), 1115–1194
(1176). Ich danke Frau Dr. Valentina Longo von der Biblioteca nazionale in
Rom, die mir eine bisher ungedruckte Beschreibung dieser Handschrift
übermittelt hat.

zahlreiche kleinere Lücken, die nur durch eine teilweise unleser-
liche Vorlage oder durch eine nachlässige Schreiberarbeit erklärt
werden können.

Dial. qu. beginnt in R ohne eigentlichen Titel, aber mit Initiale. Eine Hand hat die erste Zeile *Quamvis probatissimi viri
diverso* ausgeführt (ob die Q-Initiale auch von ihr stammt, ist
nicht sicher), außerdem am Seitenrand mit einigen Strichen ein
kleines Kästchen gezeichnet, welches ein Tierkopf ziert, und
darin vermerkt: *Incipit liber quaestionum*; danach begann eine
andere Hand mit dem Text.[78] Die Ausführung von dial. qu. (in
zwei Kolumnen) wirkt bemüht, doch fällt die Lektüre aufgrund
der zahlreichen Korrekturen und der durch Schreiberwechsel be-
dingten mehrmaligen Änderungen des Schriftbilds nicht immer
leicht. Nicht nur fehlt am Beginn des Werks und auch am Ende –
es gibt kein formales Explicit – jeder Hinweis auf Augustinus
(und Orosius), auch die einzelnen Fragen werden bloß mit abge-
kürztem INTERROGATIO bzw. RESPONSIO eingeleitet.
Allerdings wurde selbst dies öfters ausgelassen und nur teilweise
von späterer Hand angemerkt oder nachgetragen, manchmal an
der falschen Stelle. Es wurde versucht, die einzelnen qu. durch-
zunummerieren, allerdings ist dies ebenso nachlässig und lückenhaft durchgeführt wie die Setzung von INTERROGATIO und
RESPONSIO.

Der Text von R gehört in seinem Grundbestand zweifellos zu
γ, weicht aber in vielen Details ab: Dies liegt zum Einen an den
genannten selbstständigen Korrekturen, welche den ursprünglichen Text zudem an vielen Stellen unlesbar gemacht haben;
zum Anderen ist bewusstes Vergleichen mit einer oder mehreren
anderen Hs(s)., also Kontamination, an zahlreichen Stellen offen-

---

[78] Ausführlich zu dieser Partie des Codex, an welcher dial. qu. mit dem
vorangehenden Kommentar zur Regula Benedicti gleichsam verwachsen
erscheint, Kl. Zelzer, Überlegungen zu einer Gesamtedition des frühnach-
karolingischen Kommentars zur Regula S. Benedicti aus der Tradition des
Hildemar von Corbie, RBen 91 (1981), 373–382 (379).

kundig: So bietet γ in qu. 32 korrektes *anima deserta a deo*, α und β in gewohnter Übereinstimmung gegen γ falsches *anima deserta Adae*. Nur in R liest man *anima deserta Adae a deo*: Es waren offenbar beide Lesarten bekannt, und sie wurden miteinander kombiniert. Ebenso in qu. 46: *acceptio est* γ : *acceptio et* α β: *acceptio est et* R. Zudem findet sich in R ebenso wie in der (gleichfalls kontaminierten) Hs. Mons, Univ. bibl. 43/219 am Ende der Antwort zu qu. 30 ein langer Zusatz zum ursprünglichen Text, der aus einem fälschlich Beda zugeschriebenen Genesiskommentar (PL 91, coll. 189–394) geschöpft ist (ediert in Appendix 3).[79]

R gehört sicherlich nicht zu γ1, weil die für diese Untergruppe charakteristischen Textzusätze und neuen Fragen-Antworten nicht vorhanden sind, weist aber denselben Titel auf wie Ly und Ma (*Liber quaestionum*). Andererseits kennt R die Zuschreibung des Werks an Augustinus und Orosius nicht, wie sie in den Hss. von γ2 vorliegt, die in diesem Punkt von β beeinflusst sind; auch die genannten Bindefehler von γ2 gibt es in R nicht. Somit repräsentiert R anscheinend eine von γ1 und γ2 unabhängige γ-Tradition. Nicht auszuschließen (aber auch nicht zu beweisen) ist die Annahme, die Untergruppe γ2 könnte von einer mit R näher verwandten Hs. ihren Ausgang genommen haben. Insgesamt ist R von einigem Interesse und trotz der genannten Mängel und Eigenheiten für die Edition von dial. qu. heranzuziehen.

---

[79] Vgl. o. bei Anm. 34.

Textzeugen der Gruppe γ, die eingesehen, aber nicht für die Edition herangezogen wurden[80]:

Albi, BM 42, ff. 72v–80r (s. $IX^{3/3}$; Frankreich)

Die Hs. entstand im ausgehenden 9. Jh.; ihr genauer Abfassungsort ist unklar.[81] Neben kürzeren Werken karolingischer Autoren (u.a. Capitula Hinkmars von Reims und Theodulfs De ordine baptismi) finden sich in Albi 42 v.a. mehrere *Ordines Romani*. Dial. qu. beginnt mit den Worten *Incipiunt questiones sancti Augustini episcopi*. Es gibt kein Inhaltsverzeichnis; die Fragen-Antworten sind nicht durchgezählt und werden durch

---

[80] Es war mir nicht möglich, folgende zwei Zeugen von γ einzusehen:
Köln, Stadtarchiv W 144, ff. 132v–146r (s. XI; Inc.: *Incipiunt questiones LXV Orosii presbiteri et totidem responsiones beati Augustini episcopi*; Inhaltsverzeichnis vorangestellt). Gehört, wie der Titel anzeigt, zu γ2. Diese Hs. dürfte mit F bzw. Wien, ÖNB cod. 1044 näher verwandt sein, weil sie ebenfalls ein Inhaltsverzeichnis bietet. Vgl. J. Vennebusch, Die theologischen Handschriften des Stadtarchivs Köln 4: Handschriften der Sammlung Wallraf, Köln 1986, 63–67.
   Tortosa, Bibl. cated. 113, ff. 1r–36v (s. XI–XII; Tit.: *Liber questionum sancti Augustini episcopi*; Inhaltsverzeichnis vorangestellt). Gehört aufgrund des Titels und der Gesamtzahl von 71 Fragen γ1 an. Der Text einiger verlorener Blätter wurde im späten 17. oder im 18. Jh. nach der Ausgabe der Mauriner nachgetragen; ebenso wurden die Überlegungen der Mauriner zur Verfasserschaft des Werks am Beginn (f. 1r) angebracht. Vgl. E. Bayerri Bertomeu, Los Códices Medievales de la Catedral de Tortosa, Barcelona 1962, 271f. Dieser spanische Codex könnte näher mit Ma verwandt sein und ist deshalb trotz seines späten Datums möglicherweise von einigem Interesse.

[81] Beschreibungen bieten A. Wilmart, La lettre philosophique d'Almanne et son contexte littéraire, AHDL 3 (1928), 285–319 (286–290) und Keefe (Anm. 47), 8f. Wilmart geht von einer Entstehung des Codex „nord de la Loire" aus. Bischoff, Katalog 1 (Anm. 16), 11 bringt einzelne Symptome im Schriftbild mit Reims in Verbindung (dazu würde Wilmarts Identifikation des Autors eines Briefs auf ff. 21v–23v mit einem Reimser Priester passen). Allerdings ändert sich der Charakter der Schrift auf f. 72 (kurz vor dial. qu.) deutlich, und Bischoff weist auf aquitanische Neumen im Schlussteil des Codex hin. Somit könnte Keefes Angabe „probably southern France" durchaus zutreffend sein.

abgekürztes INTERROGATIO und RESPONSIO eingeleitet. Der Text weist Unsicherheiten in der Setzung von h auf, außerdem zahlreiche Verwechslungen von Akkusativ und Ablativ sowie von -vi/-bi. Die Wörter *ut* und *quod* werden einige Male miteinander vertauscht; korrektes *quodam modo* erscheint häufig zu *quod ad modum* entstellt. Die Schrift ist klein und oft schwierig zu lesen. Die Folien, auf denen sich dial. qu. befindet, wurden durch Feuchtigkeit schwer in Mitleidenschaft gezogen: Der obere äußere Rand ist teilweise schwer oder gar nicht lesbar, an anderen Stellen erscheint die Schrift stark ausgeblichen oder durch größere Flecken verdeckt.

Vorhanden sind in Albi 42 die Praefatio und qu. 1–26; die Antwort von qu. 26 bricht mit den Wörtern *...sextus. Neque enim hii die...* (einige Wörter unleserlich) ab. Der Text von dial. qu. ist eindeutig der Gruppe γ zuzuordnen und gehört, weil die charakteristischen Zusätze fehlen, nicht zu γ1. Die oben genannten Bindefehler von γ2 gibt es aber auch nicht. Somit liegt in dieser Hs. entweder ein von γ1 und γ2 unabhängiger γ-Zeuge vor, oder die Gruppe γ2 leitet sich von einer Hs. wie Albi 42 ab: Ein vergleichbarer Fall wie R. Weil aber Albi 42 – anders als R – nicht den gesamten Text von dial. qu. bietet (weniger als die Hälfte ist vorhanden), und weil dieser Text aufgrund der genannten materiellen Schäden des Codex über weite Strecken nicht oder zumindest nicht sicher gelesen werden kann, wurde auf die Benutzung dieser Hs. in der Edition verzichtet.

Leiden, Univ. bibl. BPL 3230, ff.1r–2v (s. VIII; Frankreich)

Das kurze Fragment ist der älteste erhaltene direkte Textzeuge für dial. qu.[82] Vorhanden sind Teile von qu. 24–26. Der über weite Strecken orthographisch und grammatisch stark zerrüttete Text steht an mehreren Partien mit α und γ gegen β,

---

[82]   CLA Addenda 1872. Eine ausführliche Beschreibung findet man bei B. Bischoff / V. Brown / J. J. John, Addenda to Codices Latini Antiquiores (II), Medieval Studies 54 (1992), 286–307 (292).

gehört also sicherlich nicht zu β. Für Zugehörigkeit zu γ spricht somit die folgende Stelle:

qu. 24: *euitaque* Leiden 3230 : *eo itaque* β γ : *quo itaque* α

Hinter *euitaque* verbirgt sich eher das (korrekte) *eo itaque* von β und γ als das (falsche) *quo itaque* von α.

Weil Leiden 3230 sehr wenig Text darbietet und dies in einer ausnehmend schlechten Qualität, ist die Aufnahme dieser Hs. in den Apparat trotz ihrer Bedeutung als ältester erhaltener direkter Textzeuge von dial. qu. nicht sinnvoll.

Oxford, Bodl. lib. Laud. misc. 383, ff. 95v–134r (s. XI[ex])

Diese Hs. entstand an der Wende vom 11. zum 12. Jh.; wo, ist nicht bekannt, der Text von dial. qu. lässt aber einen französischen Hintergrund erahnen. Der Codex war offenbar als eine Sammlung zur Genesisexegese bestimmt: Den meisten Raum nimmt eine entsprechende Kompilation aus patristischen Autoren ein (ff. 1r–59r), unmittelbar gefolgt von Auszügen aus Augustinus' De Genesi ad litteram (ff. 59r–73r).[83]

Dial. qu. vorangestellt ist ein Inhaltsverzeichnis (93v–95r): Dieses trägt keinen Titel, es beginnt sofort mit der Angabe der ersten qu. DE SINGULIS PERSONIS (eine viel spätere Hand hat darüber, gleichsam als Ersatz für den fehlenden Titel, notiert: *Quaestiones de sancta trinitate*); mit der Angabe *Quomodo sancti in resurrectione fulgebunt sicut sol* (qu. 14, in dieser Hs. aber qu. 64 wie in Ly) bricht das Inhaltsverzeichnis ab.[84] Auf f. 95v be-

---

[83] Vgl. Gorman (Anm. 35), 304f. Zu korrigieren ist die Angabe bei F. Römer, Die handschriftliche Überlieferung der Werke des Heiligen Augustinus 2,2. Großbritannien und Irland: Verzeichnis nach Bibliotheken, Wien 1972, 277, die Folien 1r–73r dieser Hs. würden Augustinus' De Genesi ad litteram enthalten.

[84] Der Schreiber dürfte seine Arbeit eingestellt haben, weil er bemerkte, dass die betreffende Frage gar nicht im Text vorhanden ist (vgl. dazu oben). Eine spätmittelalterliche Hand hat darunter die letzten drei *capitula* ergänzt (*Quot sint genera uisionum. Quot sint genera apostolatus. Quomodo possimus scire qui mittantur a deo*).

ginnt der eigentliche Text von dial. qu., ebenfalls ohne Titel: Da
genügend Platz am oberen Seitenrand gelassen und die L-Initiale
des ersten Wortes *licet* nicht ausgeführt ist, kann man annehmen,
dass ein Schreiber, der dies hätte eintragen sollen, seine Arbeit
nicht erledigt hat. Die Fragen-Antworten sind in dieser Hs.
weder im Inhaltsverzeichnis noch im eigentlichen Text durchgezählt; sie werden mit INTERROGATIO bzw. RESPONSIO
(stets abgekürzt) eingeleitet. An den Rändern finden sich einige
Korrekturen von späterer Hand, die sicherlich nicht auf jene Hs.
zurückgehen, nach welcher dial. qu. ursprünglich kopiert wurde.

Aufgrund der in Oxford 383 vorhandenen charakteristischen
Textzusätze und sechs neuen Fragen-Antworten ist diese Hs. der
Untergruppe γ1 zuzuordnen. Da die Fragen außerdem in der
selben Reihenfolge wie in Ly erscheinen, muss diese Hs. auf die
selbe Vorlage zurückgehen wie Ly (es handelt sich um keine Abschrift). Möglicherweise durch eine lückenhafte Vorlage bedingt
schließt in Oxford 383 qu. 29 (hier qu. 67) mit den Worten *impii
non videbunt* auf f. 131v an die vorangehende qu. 13 (hier qu. 63)
an; die qu. 14 und 15 (hier wären es 64–66) fehlen. Weil die Tradition dieser Hs. bereits durch den etwa 200 Jahre älteren und
insbesondere vollständigen Textzeugen Ly repräsentiert ist,
wurde Oxford 383 nicht für die Edition herangezogen.

Wien, ÖNB cod. 1044, ff. 3v–19r (s. XI – XII; Österreich ?)

Die Handschrift, die eher im 12. als im 11. Jh. entstanden ist,
stammt laut einem Besitzvermerk auf f. 1r aus dem Kloster
Baumgartenberg (Oberösterreich), wo sie möglicherweise auch
geschrieben wurde. Die Zusammenstellung mit einer mittelalterlichen Rezension der pseudoaugustinischen Quaestiones veteris et novi testamenti[85] (ff. 19r–101r), deren Urform heute üblicherweise dem sogenannten Ambrosiaster zugeschrieben wird,

---

[85]   Vgl. die Angaben in der Edition von A. Souter, Wien 1908 (CSEL 50),
XI und XXXIII.

bezeugt Interesse an bibelexegetischen Schriften in Frage-und-Antwort-Form.

Am Beginn der Hs. findet sich ein Inhaltsverzeichnis (f. 1rv). Der eigentliche Text beginnt mit der Angabe *Incipiunt questiones LXV Orosii et totidem responsiones s. Augustini*; die Fragen und Antworten werden regelmäßig mit OROSIUS bzw. AUGUSTINUS eingeleitet.

Die Hs. gehört zur Untergruppe γ2 und ist offenbar näher verwandt mit F. Außerdem zeigt Wien 1044 mehrere Berührungen mit φ, was sicherlich auf Kontamination zurückzuführen ist. An einzelnen korrupten oder schwierigen Passagen finden sich in dieser Hs. Konjekturen, die den Text benutzbar bzw. leichter verständlich machen sollen.

Libri Carolini (s. VIII^{ex})

Exzerpte aus den qu. 2 und 63 von dial. qu. wurden in die Libri Carolini eingearbeitet, welche um 793 ihre letzte Gestalt annahmen und als deren Verfasser man heute üblicherweise Theodulf von Orléans ansieht.[86]

Das Exzerpt aus qu. 2 (p. 350,12–18; p. 351,7–18) umfasst wenig mehr als einige Bibelzitate aus dial. qu., die mit dem umgebenden Text zusammengearbeitet wurden; diese Passage kann in der Frage, welche Hs. der pseudoaugustinischen Schrift bei der Abfassung der Libri Carolini benutzt wurde, nicht weiterhelfen.

Weit interessanter ist die zweite, längere Übernahme aus qu. 63 über die unterschiedlichen Arten von *visiones* (p. 464,28–465,29). Sie wurde ursprünglich durch die Worte *ut ait sanctus Augustinus* eingeleitet, die ein etwas späterer Redaktor aber ge-

---

[86] Vgl. die Einleitung der Edition von A. Freeman / P. Meyvaert, Opus Caroli regis contra synodum (Libri Carolini), Hannover 1998 (MGH Concilia 2, Suppl. 1). Als Erster auf die Übernahmen aus dial. qu. hingewiesen hat anscheinend L. Wallach, The Libri Carolini and Patristics, Latin and Greek: Prolegomena to a Critical Edition, in: L. Wallach (Ed.), The Classical Tradition. Literary and Historical Studies in Honour of Harry Caplan, Ithaca/New York 1966, 451–498 (454–456).

tilgt hat: Man hat vermutet, dieser Redaktor habe den pseudo-augustinischen Ursprung der folgenden Partie erkannt.[87] Wie immer dies sein mag, das Exzerpt aus dial. qu. wurde jedenfalls als wichtig eingeschätzt, denn am Seitenrand findet sich die Bemerkung *optime*.[88] Der Wortlaut des Exzerpts steht öfters gegen β und zeigt eine Lesart, die man nur aus γ kennt, insbesondere aus Ma und in ähnlicher Form aus Ly:

> *imaginaliter spiritus formatur* (*informantur* Ma *in re formatur* Ly) γ : *imaginaliter spiritus informantur* Libr. Car. : *imaginaliter species formatur* rell.

Man darf annehmen, dass der Spanier Theodulf von Orléans Zugriff auf eine Hs. von dial. qu. hatte, deren Text eng verwandt war mit den aus Spanien bzw. aus dem spanisch beeinflussten Südfrankreich stammenden γ₁-Codices Ma und Ly.[89]

Zwar ist es aus rezeptionsgeschichtlicher Hinsicht von einigem Interesse, dass Teile von dial. qu. in ein prominentes Werk wie die Libri Carolini eingeflossen sind, doch haben die entsprechenden Exzerpte keine Bedeutung für die Textkonstitution der pseudoaugustinischen Schrift.

Florileg in Madrid, Bibl. nac. 10018 (s. IX²; Cordoba ?)

Die Hs. Madrid, Bibl. nac. 10018 (*olim* Toledo 14-24) wurde im 9. Jh., nach 864, in wisigotischer Minuskel abgefasst, aller Wahrscheinlichkeit nach in der Region von Cordoba. Sie enthält die von Etherius von Osma und Beatus von Liébana verfasste dogmatische Schrift Adversus Elipandum (ff. 1v-88r) sowie das

---

[87] Wallach (Anm. 86), 455f.; Freeman /Meyvaert (Anm. 86), 62f.

[88] Wie sehr gerade qu. 63 geschätzt wurde, zeigt sich auch daran, dass dieser Abschnitt in einem Florileg aus dem späten 11. Jh. in der Hs. Rom, Bibl. Vallic. tom. XXI zwischen völlig andersgearteten Texten erscheint (ff. 50bis r–51r). Als Vorlage diente eindeutig eine Hs. der Gruppe α.

[89] Vgl. dazu auch Dorfbauer (Anm. 12). Leider ist der betreffende Abschnitt weder in A noch in den Exzerpten von Madrid, Bibl. nac. 10018 vorhanden. Es ist anzunehmen, dass diese beiden Textzeugen hier wie auch sonst mit Ma gegen Ly stehen würden.

Apologeticum des Samson von Cordoba (ff. 89r–180r).[90] Am
Ende eingebunden befindet sich ein Quinio, welcher heute die
Folien 181–189 bildet, ursprünglich aber einen separaten Teil
darstellte; er wurde annähernd zur selben Zeit wie die Folien 1–
180 und ebenfalls in wisigotischer Minuskel geschrieben. Dieser
Abschnitt enthält ein Florileg, welches Exzerpte aus sehr unterschiedlichen Texten zusammenstellt: Unter dem Titel *dicta ex
libro questionum beati Agustini Ipponensis* finden sich die sechs
qu. 36, 19, 14, 15, 21 und 27 von dial. qu. (in dieser Reihenfolge);
darüber hinaus Auszüge aus Isidor (Contra Iudaeos; Sententiae),
ein kurzer Text, den man als Exzerpt aus einem genesisexegeti-
schen Werk des Gregor von Elvira bezeichnet hat (CPPM 2A
2210; abgedruckt in CCSL 69, p. 159), Auszüge aus dem Itinerarium Egeriae, sowie aus dem Danielkommentar des Hieronymus.
Mit dial. qu., Isidor, Gregor von Elvira (?) und dem Itinerarium
hatte dieses Florileg Zugriff auf alte und teilweise äußerst selten
überlieferte spanische Werke.

Der Text der Auszüge aus dial. qu. lässt sich nicht zuletzt aufgrund von zwei charakteristischen Zusätzen zu qu. 19 (app. 1 V
und W) der Untergruppe γ₁ zuordnen. Er geht offenbar auf jene
Vorlage zurück, von der auch Ma und A abstammen:

qu. 14: *discipulis apparere* Ma Madrid 10018 (deest A) :
discipulis suis apparere rell.

qu. 19: *hoc itaque meruit* Ma Madrid 10018 (deest A) : *hoc
utique meruit* rell.

qu. 21: *quando facta sunt sidera* Ma A Madrid 10018 : *quando
facta sunt simul sidera* rell.

Unglücklicherweise steht A nur für 3 von jenen 6 Fragen-
Antworten, die in Madrid 10018 enthalten sind, zum Vergleich

---

[90] Vgl. K. Reinhardt / R. Gonzálvez, Catalogo de Códices Biblicos de la
Catedral de Toledo, Madrid 1990, 416–418 sowie Millares Carlo (Anm. 63),
116f. (nr. 166). Eine ausführliche Beschreibung bietet M. C. Díaz y Díaz,
Manuscritos visigóticos del Sur de la Península. Ensayo de distribución re-
gional, Sevilla 1995, 57–60.

zur Verfügung (21; 27; 36). Die genannten Übereinstimmungen garantieren dennoch eine gemeinsame Vorlage, wenn man bedenkt, dass Ma und A in diesen drei Fragen-Antworten kein einziges Mal gemeinsam gegen Madrid 10018 stehen.

Für die Verortung von dial. qu. in Spanien und für die Textgeschichte der pseudoaugustinischen Schrift ist das Florileg in Madrid 10018 von großem Interesse; zu einer kritischen Edition kann es hingegen nichts Wesentliches beitragen.

Florileg in München, Bayer. Staatsbibl. clm 6407 (an. ca. 800; Verona)

Die Hs. München clm 6407 entstand um 800 in Verona und gelangte rasch in die Bibliothek von Freising.[91] Auf den Folien 110r–114r befindet sich ein Florileg, das mehrere Exzerpte, insbesondere aus trinitarischen und christologischen Texten (vieles davon aus Isidor), sammelt. Hier wurde qu. 7 auf ff. 112v–113r eingefügt, und zwar unter dem Titel *Augustinus in libro questionum*.[92] Der Text zeigt keine signifikanten Übereinstimmungen mit einer bestimmten Gruppe und ist für eine sichere Zuordnung zu kurz; weil der Titel aber auf eine γ-Vorlage hindeutet, wurde er hier eingereiht. Vor allem sei darauf hingewiesen, dass die Handschrift aus Norditalien (Verona) stammt, und dass der norditalienische γ-Codex R (Nonantola) statt eines regelrechten Titels die Angabe *incipit liber quaestionum* am Seitenrand bietet (vgl. dazu oben). Außerdem enthält München 6407 auf den ff. 75v–81v den pseudoaugustinischen Dialog De unitate sanctae trinitatis (PL 42,1207–1212), welcher sich auch in Ly (unmittelbar im Anschluss an dial. qu., ff. 32r–36v) befindet.

---

[91] Vgl. Bischoff (Anm. 23), 149f. Eine Beschreibung des Inhalts bietet Keefe (Anm. 47), 45–47.

[92] Qu. 7 ist auch in einem Florileg in der Hs. Paris, BNF lat. 1750 enthalten, welche der Gruppe α zuzurechnen sein dürfte; vgl. o. Anm. 31.

Computus anni 810 (an. ca. 810; Frankreich ?)

Die Handschrift Mailand, Bibl. Ambr. H 150 inf. wurde im ersten Viertel des 9. Jh., wahrscheinlich in Frankreich, geschrieben und gelangte bald nach Bobbio; sie enthält diverses komputistisches Material, das eine Datierung auf das Jahr 810 erlaubt.[93] Der für dial. qu. interessante Teil wurde erstmals 1713 publiziert (L. Muratori, Anecdota quae ex Ambrosianae Bibliothecae codicibus nunc primum eruit 3, Padua 1713, 109–209) und danach unter dem Titel Liber de computo in der PL 129,1273–1372 abgedruckt. Im Anhang zu einem Abschnitt *de cursu solis per duodecim signa* (1343A–1345A) finden sich allerlei kürzere Texte zu unterschiedlichen komputistischen und numerologischen Themen: Qu. 26, die sich ausführlich mit der Zahl Sechs beschäftigt, wurde hier eingefügt (1347A–1348D).

Der Text gehört ohne jeden Zweifel zur Gruppe γ, lässt sich aber aufgrund seiner Kürze innerhalb von γ nicht sicher verorten. Zugehörigkeit zu γ1 kann man wohl ausschließen: Anders als in γ1 liest man am Beginn der Frage von qu. 26 *primum enim diem spiritalem*, am Beginn der Antwort *omnis namque creatura*. Sichere Bindefehler mit γ2 sind nicht auszumachen. Bedenkt man die wahrscheinliche Herkunft von Mailand, Ambr. H 150 inf. aus Frankreich, wird man vielleicht am Ehesten eine Verbindung zu Albi, BM 42 herstellen, weil sich auch dieser Codex nicht γ1 oder γ2 zuordnen lässt.

Gruppe φ

Zur Gruppe φ, die in ihrem Grundbestand auf α zurückgeht, aber zahlreiche Elemente von β und γ aufgenommen hat, wurde das Wichtigste bereits oben bei der Behandlung von Ro gesagt. Diese Gruppe ist als eine Art von „Vulgata" anzusehen, welche sich kontinuierlich herausgebildet hat, nachdem dial. qu. seit

---

[93] Vgl. CPPM 3A, 198f. (nr. 622i) sowie insbesondere B. Krusch, Studien zur christlich-mittelalterlichen Chronologie. Der 84jährige Ostercyclus und seine Quellen, Leipzig 1880, 206–209.

dem Ende des 8. Jh. intensiv als autoritativer Text zur Genesisexegese rezipiert worden war. Ab dem 11. Jh. ist der Wortlaut
dieser „Vulgata" weitgehend fixiert; danach verbreiten sich φ-Codices immer weiter und verhelfen nicht nur dem kontaminierten
Text (der in späterer Zeit immer schlechter wird) zu einer brei-
ten Rezeption, sondern insbesondere auch jener Titelform, die
ursprünglich nur in der Gruppe β zu finden gewesen war, sodass
man die pseudoaugustinische Schrift schließlich fast ausschließlich als Dialog des Orosius mit Augustinus kannte.

Handschriften der Gruppe φ bezeichnen die beiden Sprecher
von dial. qu. in der Titelangabe ausdrücklich als Orosius und Augustinus (*Responsiones Augustini ad Orosium*; *Quaestiones Orosii
ad sanctum Augustinum*; *Dialogus Orosii cum Augustino* o. ä.); sie
ersetzen die Einleitungen INTERROGATIO und RESPONSIO
zu den einzelnen Fragen-Antworten üblicherweise durch die
beiden Namen. Sie bieten kein Inhaltsverzeichnis und zählen die
einzelnen Fragen-Antworten meist nicht durch. Sie weisen zahlreiche Textglättungen auf, die in keiner alten Handschrift bezeugt sind, die sich aber in den frühen Drucken wiederfinden,
welche im Kern auf diese Gruppe zurückgehen.

Abgesehen von jenen charakteristischen Fehlern von φ, die
bereits oben bei Ro genannt wurden, seien noch folgende Beispiele für typische φ-Lesarten angeführt:

qu. 32: *mortuus non fuit* Li edd. : *non mortuus fuerit* rell.

qu. 33: *et sicut scitur vacuum* Li edd. : *et scitur vacuum* rell.

qu. 40: *etiam eius iussis movetur* Li edd. : *etiam et visis movetur*
rell.

qu. 53: *bono opere indubitanter* Li edd. : *opera bona indubitanter* rell.

Als Verdienst von φ ist festzuhalten, dass diese Gruppe die
falsche Abteilung von Frage und Antwort in qu. 34, wie sie fast
alle älteren Codices bieten, erkannt und korrigiert hat; in qu. 18
hat sie *deus* wohl richtig ergänzt; in qu. 26 hat sie *ipsis* zweifellos

richtig hergestellt; in qu. 41 hat sie *et* wohl ebenfalls richtig hergestellt.

Für die Textkonstitution von dial. qu. sind Handschriften der Gruppe φ von äußerst geringer Bedeutung. Die Lesarten eines einzigen Codex wurden in den Apparat aufgenommen, damit sich das Verhältnis von φ zu Ro, zu den drei alten Gruppen α β γ, sowie zu den frühen Drucken nachvollziehen lässt. Weil die oben genannten besseren Lesarten, die φ gegenüber α β γ aufweist, ohne jeden Zweifel Konjekturen mittelalterlicher Schreiber darstellen, werden sie im Haupttext der Edition ebenso wie moderne Konjekturen durch Asterisk markiert.

Li   Liège, Bibl. sem. 6 F 30bis, ff. 2r–15v (s. XI)
Die Hs., die im 11. Jh. geschrieben wurde, gelangte aus dem Besitz des Kreuzbrüderkonvents von Liège (Conventus fratrum ordinis s. crucis in Leodio) in die dortige bischöfliche Seminarbibliothek. Sie enthält zahlreiche meist kürzere augustinische und pseudoaugustinische Werke und Predigten (vgl. auch u. bei Paris, BNF lat. 2987).
Der Text von dial. qu. beginnt auf f. 2r mit der Antwort von qu. 2; die fehlenden Teile (Praefatio; qu. 1; Frage von qu. 2) wurden auf einem Blatt zwischen den Folien 7 und 8 mit der Einleitung *Incipiunt responsiones Augustini ad Orosium* von einer deutlich späteren Hand (s. XIV ?) nachgetragen. Möglicherweise von derselben Hand stammt der Titel *Responsiones beati Augustini ad Orosium*, der nachträglich auf dem oberen Seitenrand von f. 2r notiert wurde. Im Text von Li finden sich einige wenige Korrekturen über der Zeile, die vom Schreiber selbst oder von einer annährend zeitgleichen Hand stammen.
Der Text von Li ist geringfügig besser als derjenige, der als Grundlage für die in weiterer Folge maßgebliche Edition von J. Amerbach gedient hat. Er reicht aus, um die Gruppe φ innerhalb einer kritischen Edition zu repräsentieren.

Textzeugen der Gruppe ϕ, die eingesehen, aber nicht für die Edition herangezogen wurden:

Lincoln, Cath. lib. 13, ff. 102v–110r (s. XI[ex.])

Dieser Codex enthält außer dial. qu. Augustinus, De Genesi ad litteram und De Genesi contra Manichaeos: Das Interesse an augustinischer Genesisexegese ist offensichtlich.

Der Text von dial. qu. beginnt ohne Titel unvermittelt mit der Praefatio *Licet* (L-Initiale) *multi ac probatissimi viri...*; ebenso fehlt ein Explicit. Der Wortlaut von Lincoln 13 weist so viele Übereinstimmungen mit Li auf, dass man eine enge Verwandtschaft der beiden Codices annehmen darf.

Paris, BNF lat. 2987, ff. 30r–56r (s. XI – XII; Frankreich ?)

Dieser Codex enthält mit De praedestinatione et gratia und De natura boni zwei augustinische bzw. pseudoaugustinische Texte, die auch in Li vorhanden sind.

Der Text von dial. qu. beginnt mit den Worten *Incipiunt Questiones Orosii ad sanctum Augustinum.* Er weist zahlreiche Fehler auf, die sich auch in Li finden.

Vatikan, Vat. lat. 283, ff. 272r–285v (s. XI; Florenz ?)

Dieser Codex trägt am unteren Seitenrand von f. 272r den Besitzvermerk „Istę liber est monasterii sanctę M. de Angelis de Florentia". Er enthält mit De praesentia dei (= epist. 187) und De videndo deo (= epist. 147) zwei augustinische Texte, die auch in Vatikan, Pal. lat. 208 vorhanden sind. Dass diese beiden Hss. aufs Engste miteinander verwandt sind, zeigen der gleichlautende auffällige Titel von dial. qu. *Liber dialogorum beati Augustini episcopi percontante Orosio presbytero*, die sehr ähnliche Ausführung (jeweils in zwei Kolumnen), sowie insbesondere der weitgehend identische Wortlaut.[94]

---

[94] Möglicherweise ebenfalls näher verwandt mit diesen beiden Hss. ist der für die vorliegende Edition nicht eingesehene Codex Florenz, Bibl. Laur. San Marco 626 (s. XI; dial. qu. auf ff. 163r–177r): Er stammt aus dem selben zeitlichen und lokalen Umfeld und bietet mehrere augustinische Texte, die

Vatikan, Vat. lat. 283 ist von den Maurinern für ihre Edition von dial. qu. eingesehen worden, doch hatte dies kaum Auswirkungen auf ihre Textgestaltung (vgl. u. cap. 5).

Vatikan, Pal. lat. 208, ff. 85v–96r (s. XI)
Zu dieser Hs. vgl. das, was o. zu Vatikan, Vat. lat. 283 gesagt wurde.[^]

5. Die frühen Editionen von dial. qu.

Welch große Bedeutung dial. qu. im Spätmittelalter zugemessen wurde, beweisen nicht nur die zahlreichen erhaltenen Handschriften aus dem 14. und 15. Jh., sondern auch die Tatsache, dass die pseudoaugustinische Schrift noch vor der Amerbach'schen Augustinus-Gesamtausgabe von 1505/6 im Druck erschienen ist.[95]

Lucas Brandis produzierte Anfang August 1473 in Merseburg einen Inkunabeldruck, welcher *Quaestiones Orosii et responsiones Augustini. De vino et pane carmen* enthält.[96] Dial. qu. beginnt mit den Worten *Incipiunt questiones Orosii ad beatum Augustinum episcopum Yponensem*. Zahlreiche charakteristische Fehler bewei-

---

auch in Vatikan, Pal. lat. 208 enthalten sind. Schließlich sei darauf hingewiesen, dass dial. qu. in Vatikan, Vat. lat. 289 (s. XII) mit dem auffälligen Incipit *Prologus dialogorum beati Augustini episcopi ad dubitantem Orosium* beginnt; ähnlich bietet Lissabon, Bibl. nac. ms. Alcob. 416 (s. XIII) *Incipit liber dialogorum beati Augustini episcopi percunctante Orosio presbitero*. Eine Übersicht über die Titel in späten Hss. zeigt, dass die Bezeichnung von dial. qu. als *dialogus* sowie die Identifikation der beiden Sprecher mit Augustinus und Orosius ab dem 13. Jh. fast allgemein verbreitet gewesen ist.

[95] Zu den folgenden Angaben über Drucke neben den großen Augustinus-Gesamtausgaben vgl. D. E. Rhodes, Two Editions of a Pseudo-Augustinian Text and their Manuscript Background, British Museum Quarterly 22 (1960), 10f.

[96] Bei dem Gedicht *De vino et pane* handelt es sich um 24 gereimte Hexameter über das Altarsakrament. Zu Lucas Brandis vgl. die Angaben bei U. Altmann, Die Leistungen der Drucker mit Namen Brandis im Rahmen der Buchgeschichte des 15. Jahrhunderts, Diss. Berlin 1974.

sen, dass als Vorlage eine Handschrift der Gruppe φ gedient hat, die mit Li möglicherweise enger verwandt gewesen ist.

Die „second edition" von dial. qu. liegt laut D. E. Rhodes[97] in jenem Druck vor, den Michel de Vascosan (Michael Vascosanus) 1533 in Paris unter dem Titel *Pauli Orosii presbyteri quaestiones quaedam de trinitate et aliis sacrae scripturae locis abstrusioribus ad D. Augustinum praeceptorem suum et eiusdem ad eos locos responsiones* erscheinen ließ. Allerdings kann dieser nicht mit vollem Recht als die zweite Ausgabe von dial. qu. gelten: Vor 1533 war die pseudoaugustinische Schrift nämlich bereits zweimal innerhalb von Augustinus-Gesamteditionen erschienen. Diese mit J. Amerbach beginnende Tradition war für die Rezeption des Texts ungleich bedeutender als die genannten Drucke von Brandis und Vascosanus.

Innerhalb von Amerbachs Augustinus-Edition findet sich dial. qu. in der 1506 erschienenen Pars 11, die wie die übrigen Bände keine Folien- oder Seitenzählung aufweist. Der Titel der pseudoaugustinischen Schrift lautet (*Augustini*) *Dialogus ad Orosium sexaginta quinque quaestionum*. Wie bei Amerbach üblich, gibt es keine Einleitung oder Anmerkungen zum Text, allerdings werden am Seitenrand mit dem Verweis „Al." einige wenige Varianten angegeben. Als Textgrundlage verwendete Amerbach einen Codex der Gruppe φ, und zwar einen, der deutlich später als Li entstanden sein muss: Nur so sind die zahlreichen Abweichungen und v.a. kürzeren Zusätze zu erklären, die durchwegs Verschlechterungen darstellen und bis ins 11. Jh. anscheinend in keiner Hs. zu finden sind (nach Amerbach halten sich diese Elemente allerdings größtenteils durch alle Editionen bis in die PL). Die Varianten am Rand stellen entweder Konjekturen dar oder stammen aus späten Hss. (was keinen großen Unterschied macht); einige wenige könnten auf Vertreter der Gruppe β zurückgehen. Amerbach hat die Formulierung einiger Fragen

---

[97] Rhodes (Anm. 95), 10.

sprachlich geglättet oder sie der Deutlichkeit halber ausführlicher gestaltet; diese Eingriffe des Herausgebers wurden von späteren Editoren wieder zurückgenommen.

Erasmus nahm dial. qu. unter dem Titel *Sexaginta quinque quaestionum dialogus sub titulo Orosii percontantis et Augustini respondentis* in den 1528 erschienenen 4. Band seiner Augustinus-Gesamtedition auf (p. 480–495). Er hielt seine Überlegungen zur Unechtheit der Schrift in einer ausführlichen Einleitung fest:

Qui versati sunt in operibus Augustini vel non moniti sentient hoc volumen a studioso collectum ex variis locis, quo studio commonstravimus et alia quaedam esse congesta. Quod si opus est Augustini, qui sit ut praefatio sit percontantis? Orosii nomen posterius aliquis affinxit, hoc argumento, quod stilus praefationis cum opere reliquo non congruit. Quin ut prologi stilus dissidet ab Orosiana phrasi, ita reliquus sermo non convenit Augustino, nisi quum ipsius verba recitantur. Ad haec voces quaedam admixtae, ,nullatenus', et ,ecce', et ,potentialiter', aliaeque consimiles, indicant recentiorem quempiam admovisse manum. Nec tamen tota collectio videtur unius hominis: Nam quaestione XXVI addita est appendix, cum insulsa praefatiuncula ,Libens adesto et te totum ad audiendum praepara', cuiusmodi voces aliquot et in initio interiecit. Denique posteriores quaestiones prioribus sunt aliquanto frigidiores. Non damno studium illius, qui quae in Augustini libris et subtiliter et prolixe disputata fuerant, contraxit in compendium: verum ad hunc modum in immensum crescunt volumina. Hoc ita lectorem monitum esse volui, ut si meum iudicium non probat, fruatur suo.[98]

Erasmus dürfte zwar neben dem Druck von Amerbach wenigstens e i n e Hs. des pseudoaugustinischen Werks herangezogen haben, doch verließ er sich weitgehend auf die ältere Ausgabe.[99] An all jenen Stellen, an denen Amerbach am Seitenrand eine

---

[98] Zu Erasmus' Kritik vgl. Dorfbauer (Anm. 1), 256f.
[99] Der von Erasmus gewählte Titel *Sexaginta quinque quaestionum dialogus sub titulo O r o s i i   p e r c o n t a n t i s   e t   A u g u s t i n i   r e s p o n d e n t i s* mag ein Hinweis darauf sein, dass ihm der Text aus einem φ-Codex bekannt war, wie er in Vatikan, Vat. lat. 283 oder in Pal. lat. 208 vorliegt (vgl. dazu oben).

Variante angibt, entscheidet Erasmus sich für eine der beiden Lesarten (fast immer für jene, die Amerbach im Text druckt), ohne die andere in irgendeiner Form zu erwähnen. In manchen Partien glättet er eigenmächtig den Stil des Texts.

Innerhalb der Lovanienses-Ausgabe wurde dial. qu. 1576 im 4. Band (p. 420–426) gedruckt, erneut unter dem Titel *Sexaginta quinque quaestionum dialogus sub titulo Orosii percontantis et Augustini respondentis.* Als Einleitung benutzten die Herausgeber eine gekürzte Fassung der entsprechenden Partie bei Erasmus, an deren Ende sie eine zusätzliche Beobachtung stellten, welche die Unechtheit des Texts untermauern sollte:

Qui versati sunt in operibus Augustini vel non moniti sentient hoc volumen a studioso collectum ex variis locis. Quin ut prologi stylus dissidet ab Orosiana phrasi, ita reliquus sermo non convenit Augustino, nisi cum ipsius verba recitantur. Ad haec voces quaedam admixtae, ,nullatenus', et ,ecce', et ,potentialiter', aliaeque consimiles, indicant recentiorem quempiam admovisse manum. Quaestione XXVI addita est appendix, cum praefatiuncula ,Libens adesto et te totum ad audiendum praepara', cuiusmodi voces aliquot et in initio interiecit. Denique hic est libri finis: ,Nam qui praeesse festinat quidam patrum eleganter expressit dicens Sciat se non esse episcopum, qui praeesse cupit, non prodesse.' Ubi non tantum inepte loquitur, sed etiam ipsum citat Augustinum. Eius enim verba sunt libro 19 de civitate dei capitulo 19 ,Intelligat non se esse episcopum, qui praeesse dilexerit, non prodesse'.

Die Lovanienses orientierten sich bei der Erstellung ihres Texts in erster Linie an den älteren Ausgaben von Amerbach und Erasmus. Zwar kannten sie offenbar Hss. der alten Gruppen, insbesondere von α[100], doch zogen sie diese kaum heran. Recht häufig findet man dagegen kleinere Zusätze und sprachliche Glät-

---

[100] Vgl. etwa folgende Passagen: *nam procul dubio* α Lov. : *procul dubio* rell. (qu. 1); *ipsum filium esse* α Lov. : *ipsum sibi filium esse* rell. (qu. 1); *ordo enim elementorum* F R Lov. : *ordo elementorum* rell. (qu. 27).

tungen, die – falls sie überhaupt auf einer handschriftlichen Grundlage basieren – aus späten Codices stammen müssen.

Die Mauriner druckten dial. qu. – unter dem selben Namen wie Erasmus und die Lovanienses – 1685 im 6. Band ihrer Augustinus-Ausgabe ab (appendix p. 7–18). In der Einleitung gehen sie kurz auf die Überlieferung des Werks ein und führen die Gedanken der früheren Editoren über die Unechtheit von dial. qu. weiter:

Exstat iste liber in vetustissimis exemplaribus sub titulo Orosii percontantis et Augustini respondentis. Verumtamen ut praefationis et interrogationum stilus dissidet ab Orosiana phrasi, ita reliquus sermo non convenit Augustino, nisi cum ipsius verba recitantur. Congestae huc sunt quaestiones ex variis locis. Nam duodecim priores sunt in opusculo de trinitate et unitate dei[101], quod inter subdititios libros tomi 8 exhibetur. Aliae ex subsequentibus plures pertinent ad commentarios in Genesim Eucherii nomine vulgatos.[102] Non paucae etiam ex Augustini libris de Genesi ad litteram decerptae sunt. Ad extremum dialogus clauditur sententia Augustini citati in haec verba: ‚Nam de eo qui praeesse festinat quidam Patrum eleganter expressit dicens Sciat se non esse episcopum, qui praeesse cupit, non prodesse'. Locus est libri 19 de civitate dei, cap. 19: ‚Intelligat non se esse episcopum, qui praeesse dilexerit, non prodesse'. Opus recognovimus ad Corbeiensem codicem ante annos fere octingentos scriptum, ad Vindocinensem et Michaelinum annos habentes ad minus sexcentos, ad Romanos bibliothecae Vaticanae quatuor; et ad editiones antiquiores. In Corbeiensi et Michaelino praenotatur sic: ‚Quaestiones Orosii et responsiones sancti Augustini episcopi'; in uno e Romanis ‚Liber dialogorum beati Augustini episcopi percontante Orosio presbytero'; nec multo aliter aliis in libris inscribitur.

---

[101] In vorliegender Edition benutzt unter der Sigle trin. (vgl. dazu oben).

[102] Tatsächlich handelt es sich um den Genesiskommentar des Claudius von Turin, der teilweise unter dem Namen des Eucherius überliefert ist; vgl. M. Gorman, The Commentary on Genesis of Claudius of Turin and Biblical Studies under Louis the Pious, Speculum 72 (1997), 279–329 sowie Dorfbauer (Anm. 12).

Zwar führen die Mauriner hier insgesamt sieben Hss. an, welche sie eingesehen haben, doch stützen sie sich bei der Textkonstitution weitgehend auf die älteren Editionen. Am Seitenrand geben sie einige Varianten an, allerdings nur aus drei der genannten Hss., nämlich aus dem Corbeiensis und aus zwei nicht näher bestimmten Vaticani. Aus diesen Lesarten wird klar, dass es sich bei dem Corbeiensis um den Codex P (vgl. dazu oben) handelt[103], und dass die beiden Vaticani späte und für eine Edition wertlose Hss. gewesen sind. Der Codex aus St. Michel gehört aufgrund des Titels von dial. qu., den die Mauriner nennen, ebenso wie P der Gruppe β an: Er ist wohl mit Avranches, BM 84 (s. XII; dial. qu. unter dem genannten Titel auf ff. 39r–54v) zu identifizieren. Bei dem Vindocinensis handelt es sich vielleicht um Vendôme, BM 137 (s. XII; dial. qu. auf ff. 73r–84r). Den auffälligen Titel *Liber dialogorum beati Augustini episcopi percontante Orosio presbytero*, den die Mauriner für einen ihrer Vaticani angeben, trägt dial. qu. in Vat. lat. 283 (vgl. dazu oben). R. C. Kukula hat die vier Vaticani mit den Hss. Vat. lat. 283, 289 (vgl. dazu o. Anm. 94), 458 (s. XIV; dial. qu. auf f. 121v [frgm.] und ff. 206r–218r) und 513 (s. XV; dial. qu. auf ff. 10v–21r) identifiziert.[104] Die Mauriner müssen Kenntnis von wenigstens einer Hs. der Gruppe γ gehabt haben, aus der sie u.a. das korrekte *rationi uterque intellectus congruit* am Ende von qu. 31 übernahmen; ansonsten scheinen sie diesen γ-Zeugen allerdings nicht besonders intensiv benutzt zu haben.

Der Text der Mauriner wurde gemeinsam mit der dazugehörigen Einleitung 1845 in den 40. Band von Mignes Patrologia Latina aufgenommen (col. 733–752). Von den wenigen und unbedeutenden Eingriffen in den Wortlaut der Mauriner ist am auffälligsten die konsequente Abänderung der Schreibung *spiri-*

---

[103] Nur β-Codices wie P haben das *conspicata* (qu. 37) der Mauriner, nur P hat *malitiam populi sui passus est* (qu. 60) wie die Mauriner.
[104] R. C. Kukula, Die Mauriner Ausgabe des Augustinus 3,2, Wien 1898, 65.

talis (so auch in den besseren Hss.) zu *spiritualis*. Folgenreich war die Umformulierung des Titels zu *Dialogus quaestionum LXV, sub titulo Orosii percontantis et Augustini respondentis*, also zu jener Form, die seither fest mit dial. qu. verbunden war.

Weil die genannten alten Drucke zu einer kritischen Edition von dial. qu. nichts Wesentliches beitragen, wurden lediglich ausgewählte Lesarten aus Amerbach (**Am.**), Erasmus (**Er.**), den Lovanienses (**Lov.**) und den Maurinern (**Maur.**)[105] in den Apparat aufgenommen. Öfters ist die Übereinstimmung dieser vier Editionen (**edd.**) vermerkt. Dies alles soll in erster Linie vor Augen führen, wie sehr die alten Drucke bestimmt sind von Hss. der Gruppe ϕ, und wie stark sich der ursprüngliche Wortlaut des pseudoaugustinischen Werks von jenem Text unterscheidet, der seit Beginn der Neuzeit rezipiert worden ist.

6. Stemma

Abschließend sei die Verwandtschaft jener Textzeugen graphisch dargestellt, welche im Apparat der vorliegenden Edition berücksichtigt sind (ausgenommen die alten Drucke). Punktierte Pfeile im Stemma zeigen Kontamination an. Der linierte Pfeil von χ zu **R** bedeutet nicht, dass **R** mit einer vor α und β liegenden Tradition kontaminiert wäre; er soll vielmehr symbolisieren, dass **R** Elemente sowohl von α als auch von β aufgenommen hat, deren genaue Herkunft sich nicht feststellen lässt.

---

[105] Dieser Text repräsentiert auch den Wortlaut der PL.

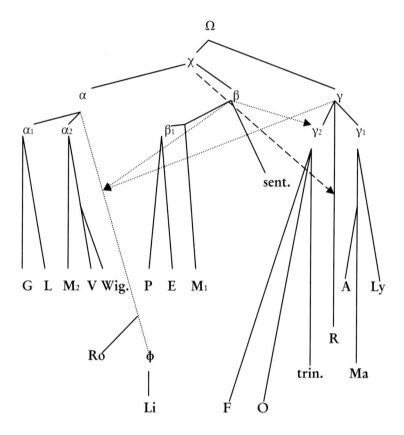

7. Eingriffe in den überlieferten Text

Wie bereits eingangs erwähnt, wies der Archetyp der uns greifbaren Überlieferung von dial. qu. (Ω) zahlreiche Störungen bzw. bewusste Eingriffe in die ursprüngliche Form des Texts auf, welche in einer kritischen Edition rückgängig gemacht bzw. bestmöglich korrigiert werden müssen.

a) Interpolationen

An einigen Passagen von dial. qu. ist der Text offenbar nachträglich und kaum vom ursprünglichen Autor erweitert worden. Sowohl die Herkunft von dial. qu. aus einem „schulischen Milieu" als auch die potentiell offene Form dieser Sammlung von Fragen und Antworten haben eine Einstellung begünstigt, die in zahlreichen Codices fassbar ist, nämlich das viel gelesene und oft benutzte Werk als eine Art von Arbeitstext aufzufassen, der je nach Bedarf verändert bzw. ergänzt werden konnte. Folgende Partien gehören nicht zum ursprünglichen Textbestand:

Die Antwort von qu. 62: Eine Ergänzung aus Cassian

Inhaltlich anschließend an Aug. c. Faust. 12,25 behandelt qu. 62 die Frage *Quid significat, quod dicit deus ad Abraham ‚Egredere de terra tua et de cognatione tua et de domo patris tui'?* Wie in den vorangehenden qu. 46–61 wird auch hier das 12. Buch von Contra Faustum zur Genesisexegese herangezogen. Nach der entsprechenden augustinischen Antwort folgt in qu. 62 allerdings eine abschließende Partie, welche auf Johannes Cassianus' Collationes (3,6) zurückgeht; diese ist eingeleitet durch die Worte *Item moralis explanatio hoc habet.*

Eine derartige Einleitung findet sich nirgendwo sonst im Text von dial. qu.: Sie lässt die anschließende Partie blockhaft aufgesetzt erscheinen. Dazu kommen folgende Bedenken: Nirgendwo sonst wird der Genesisexegese eine „moralische" Erklärung angefügt. Nirgendwo sonst ist Benutzung von Johannes Cassianus festzustellen. Nirgendwo sonst ist ein Autor neben der Hauptquelle Augustinus so intensiv herangezogen und so gut wie wörtlich ausgeschrieben wie hier Cassian. Sogar aus Augustinus ist kaum einmal ein derart umfangreicher Textblock so wörtlich übernommen.

In dieser kurzen Passage liegt offenbar ein späterer Zusatz vor. Er wurde am Ende der qu. angefügt, um die allegorische Er-

klärung der Genesisstelle durch Augustinus um die „moralische"
Auslegung Cassians zu ergänzen.[106]

Nachträgliche Hinzufügung von qu. 64 und 65

Inhaltlich fügen sich die beiden qu. 64 und 65, die in den
Handschrifen als Abschluss des Werks überliefert sind, in keiner
Weise zum übrigen Text: Während die qu. 1–63 einer spezifisch
augustinischen Form der Genesisexegese verpflichtet sind, bietet
qu. 64 eine Erklärung des Wortes *apostolus* sowie eine Einteilung
unterschiedlicher Arten von Aposteln, und qu. 65 belehrt, wie
echte Gesandte Gottes von falschen zu unterscheiden seien. Basieren die qu. 1–63 auf Texten des Augustinus, so sind für qu. 64
und 65 zwei unmittelbar aufeinander folgende Passagen in Isidors
De ecclesiasticis officiis Quelle (2,5,7 und 2,5,8). In qu. 65 wird
zudem – im Anschluss an Isidor – Augustinus zitiert, was im
übrigen Text von dial. qu. nirgendwo der Fall ist.

Die beiden qu. 64 und 65 dürften von einem Bearbeiter an das
Ende von dial. qu. angefügt worden sein, um dem Werk einen
markanteren Schlusspunkt zu geben, als man ihn in qu. 63 er-
blickte: Das genannte Augustinus-Zitat in qu. 65 sollte den Text
betont abschließen. Allerdings zerstören die beiden qu. 64 und 65
die bewusst an Augustinus und insbesondere an De Genesi ad litteram ausgerichtete Makrostruktur von dial. qu.[107]

b) Textverderbnisse

An vielen Stellen ist der ursprüngliche Text von dial. qu.
nicht so sehr bewusst verändert als vielmehr durch Fehler in der
frühesten Überlieferung entstellt worden.[108]

praef.: *Sunt etiam plane spiritales viri, qui eorum adsecuntur
eloquium et penetrant intellectum* *quaestionum. Nos, dum vitio-*

---

[106] Ausführlich zu der Partie Dorfbauer (Anm. 1), 272–274.
[107] Vgl. dazu auch Dorfbauer (Anm. 1), 258–261.
[108] Vgl. zu den folgenden Ausführungen auch die jeweiligen Angaben im
Apparat ad loc.

rum concupiscentiis satisfacimus, praeclarae eorum scientiae non aequamur, ut eos sicut illi intellegere valeamus.

Einhellig überliefert ist *quorum* an Stelle von *quaestionum.* Dies muss als relativer Anschluss aufgefasst werden, und so erscheint es auch gedruckt in den alten Editionen (...*intellectum. Quorum nos dum vitiorum...*). Freilich werden damit den alten Bibelexegeten (diese sind mit *eorum* im ersten Satz ebenso gemeint wie mit *eos* im zweiten; *eorum* im zweiten Satz und *illi* sind dagegen jene Zeitgenossen, welche die alten Bibelexegeten zu verstehen und auszulegen in der Lage sind) *vitiorum concupiscentiae* zugesprochen, was kaum möglich ist; abgesehen davon wäre der relative Anschluss *quorum ... vitiorum concupiscentiae* über *nos dum* hinweg sprachlich sehr hart.[109] Das Problem löst sich, wenn man annimmt, hinter *quorum* verberge sich ein urspüngliches *quaestionum* (so der Vorschlag Dorothea Webers); als *qō(u)m* o.ä. abgekürzt hätte sich ein Schreiber durch die zwei *eorum* in der Umgebung verleiten lassen, das Wort falsch aufzulösen und einen scheinbaren Bezug *eorum ... quorum* bzw. *quorum ... eorum* herzustellen. Während *quorum* die Partie sprachlich und inhaltlich verschwommen erscheinen lässt, ist der Sinn bei *quaestionum* klar: Die zeitgenössischen *spiritales viri* sind in der Lage, die alten Exegeten stilistisch und inhaltlich zu verstehen; der Sprecher, der noch Begierden und Lastern anhängt, vermag dem Wissen der *spiritales viri* nicht gleichzukommen, um wie jene die alten Exegeten zu begreifen.

Qu. 3: *Intende animo et †vere† quae te movent libentius demonstrabo.*

Der Sinn der Passage ist klar, doch kann *vere* kaum richtig sein (anstelle des einhellig überlieferten *animo* würde man zudem eher *animum* erwarten). Die von α- bzw. φ-Codices gebotenen

---

[109] Amerbach hat das Problem gesehen und am Rand die Konjektur *Quorum nos qui in concupiscentias ferimur...* vermerkt. Aber abgesehen davon, dass dies einen schweren Eingriff in den überlieferten Text darstellt, ist auch hier nicht völlig klar, worauf sich *quorum* bezieht.

sinnlosen Varianten *vetere*, *vertere* und *vetera* helfen nicht weiter, und zu schreiben *et revera* wie in qu. 38 (dort *quia et revera*, was bei Augustinus geradezu eine feste Verbindung ist; von Augustinus sicherlich beeinflusst sind einige weitere Belege bei Caesarius von Arles) scheint an dieser Stelle ebenfalls schwer möglich. Manche Hss. bieten zwar einen glatten Text (*intende et animadverte* M₂ / *et ea quae te movent* γ₁), doch handelt es sich zweifellos um Konjekturen von Schreibern, die den ihnen vorliegenden Wortlaut verständlich machen wollten.

Qu. 4: *Igitur cum primus homo conditus esset a deo et libero arbitrio muneratus praeceptumque ei positum esset ⟨...⟩ et si custodisset, quae ei deus praeceperat, morte non corporis neque animae multaretur.*

Der Sinn dieser Partie ist im Wesentlichen klar, die überlieferte Konstruktion aber grammatisch untragbar: Ein Hauptsatz, dem *igitur cum ... ei positum esset* untergeordnet war, ist offensichtlich ausgefallen; möglicherweise fehlt auch ein von *positum esset* abhängiger Gliedsatz bzw. eine Infinitivkonstruktion, falls das *praeceptum* Gottes ausformuliert war.

Qu. 8: *Non ⟨sine vita⟩ existenti dedit, sed gignendo ⟨vitam⟩.*

Der überlieferte Wortlaut ist kaum verständlich und aller Wahrscheinlichkeit nach lückenhaft. In mehreren Passagen (vgl. den Testimonienapparat) betont Augustinus, der Vater habe den Sohn nicht insofern gezeugt, als dieser zuvor ohne Leben gewesen wäre, d.h. nicht existiert hätte, sondern indem er in ihm das Leben geschaffen habe. Eben dies ist der Sinn der vorliegenden Partie, die sich durch Anleihe an Texte von Augustinus (insbesondere trin. 15,25,47 und coll. Max. 13) mit großer Wahrscheinlichkeit korrigieren lässt.

Qu. 10: *...nec filius *hominum simul et ex patre procedit et ex matre, sed cum ⟨in matrem⟩ procedit ex patre, non tunc procedit ex matre, et cum procedit ex matre in hanc lucem, non tunc procedit ex patre.*

Der überlieferte Wortlaut ist sinnlos. Er lässt sich durch einen Rückgriff auf die Vorbildpassage Aug. trin. 15,27,48 bzw. in Ioh. tract. 99,8f. zuverlässig korrigieren.

Qu. 14: *Si, antequam moreretur pro nobis et resurgeret, quando transfiguratus est in monte, discipuli sui eum videre non potuerunt, sed prae timore in terram ceciderunt, quanto magis iam clarificata carne domini *eum videre non potuerunt?*

Das einhellig überlieferte *eam* müsste gedanklich auf *caro* bezogen werden, was sprachlich hart ist. Die leichte Abänderung zu *eum* macht die Konstruktion glatter und knüpft an das davor stehende *discipuli sui e u m videre non potuerunt* an.

Qu. 18: *...dicit *deus in Genesi...*

Der Satz, so wie ihn die älteren Hss. überliefern, hat kein klares Subjekt, und vom Sinn her gefordert ist „Gott". Gruppe φ dürfte richtig *deus* nach *dicit* ergänzt haben: Das Wort kann vom Schreiber des Archetyps leicht übersehen worden sein, wenn *dicit* und *deus* in seiner Vorlage unmittelbar hintereinander abgekürzt gestanden sind.

Qu. 19: *Quapropter si dei praeceptum servasset, obedientiae merito in illud corpus spiritale, quale sanctis in resurrectione promittitur ⟨...⟩ postmodum commutandum.*

Der Sinn der Passage ist zwar klar, der überlieferte Text aber offensichtlich lückenhaft. Es reicht wahrscheinlich nicht aus, ein einzelnes Wort abzuändern bzw. zu ergänzen, so wie es mehrere Hss. und die alten Drucke getan haben: Eher ist eine längere Wortgruppe ausgefallen.

Qu. 26: *Quapropter ipsa creaturae cognitio in *semetipsa vespere erat.*

Der überlieferte Text ist grammatisch kaum tragbar (*semetipsis*) bzw. steht in Widerspruch zum sonstigen Wortlaut von dial. qu. (*vespera*); die Korrektur ist unproblematisch.

Qu. 26: *Caelum et terra [lapis] vitam non habent et tamen in deo vita sunt.*

Die Passage geht vom Schöpfungsbericht der Genesis aus, demzufolge Gott „Himmel und Erde" erschaffen hat – nicht aber den „Stein". Möglicherweise handelt es sich um die kuriose Ergänzung eines *sciolus*, der deutlich machen wollte, dass Gott nicht nur „Himmel und Erde", sondern alles geschaffen habe, und dass in Gott sogar etwas Lebloses zu Leben werde.

Qu. 26: *...plus videntur ab angelis sanctis in verbo dei, ubi sunt vita, quam in se *ipsis...*

Das von den älteren Hss. gebotene *ipsa* ist grammatisch kaum tragbar und widerspricht dem sonstigen Sprachgebrauch von dial. qu. Gruppe φ hat zweifellos richtig *ipsis* konjiziert.

Qu. 26: *Quaternarius scilicet duas partes habet: Nam quarta eius unus est, *dimidia eius duo. Unum videlicet et duo tria sunt. Ecce partes suas [nec] ultra excrescit nec completur, et ideo imperfectus est numerus.*

Das überlieferte *media* ist analog zu dem wenige Zeilen darauf folgenden *senarius ... habet enim unum, quod est sexta eius, duo, quod est tertia, tria, quod est d i m i d i a* zu korrigieren.

Die anschließende Aussage über das Verhältnis der Zahl Vier zu ihren Teilen ist falsch (4 ist größer als 1+2), lässt sich aber durch Tilgung des ersten *nec* korrigieren. Das Wort ist wohl in den Archetyp geraten, weil eine Person, die den Inhalt nicht verstand, sprachlich ein Korrelat zum folgenden *nec* vermisste.

Qu. 26: *Mors carnis eius et resurrectio eius, mors carnis nostrae et resurrectio *nostra, mors animae nostrae et resurrectio *nostra.*

Der überlieferte Text ist sachlich falsch, wie nicht zuletzt das unmittelbar folgende *duas mortes nostras et duas resurrectiones nostras* zeigt. *Eius* ist an den beiden Stellen wohl in Analogie zum eröffnenden *resurrectio e i u s* in den Text geraten.

Qu. 26: *...si illum *quadrantem pro die ponas a parte totum...*

Das mehrheitlich überlieferte *quadran(s)* ist grammatisch nicht haltbar, *quadrante* in A weist den richtigen Weg: Die früheren Editoren haben gut daran getan, den Akkusativ herzustellen, der vielleicht aufgrund einer nicht verstandenen Abkürzung verloren gegangen war.

Qu. 27: *Nullo modo enim* **fieri potest, ut...*

Es ist schwer vorstellbar, wie diese offenkundig lückenhafte Stelle ergänzt werden könnte, wenn nicht durch *fieri*. Einige Hss. und die früheren Herausgeber haben das Wort bereits eingefügt.

Qu. 31: *Ante peccatum igitur non indigentia, non necessitate, sed sola, ut diximus, *voluptate operabatur paradisum...*

Die korrekte Lesart *voluptate* ist im Anschluss an die Vorbildpassage Aug. gen. ad litt. 8,8 mit den alten Editionen gegen das handschriftlich überlieferte unpassende *voluntate* herzustellen. Die alten Editionen könnten hier die Konjektur einer unbekannten späten Hs. übernommen haben.

Qu. 39: *Voluntas itaque creatoris non est extra naturam creatoris, hoc est †ubi voluntas quod natura†.*

Dass der überlieferte Text nicht richtig ist, scheint sicher. Den intendierten Sinn würde *idem voluntas, quod natura* (Vorschlag von Kurt Smolak) vielleicht am ehesten treffen, doch wäre dies ein verhältnismäßig starker Eingriff in eine Partie, deren Aussage insgesamt alles andere als klar ist. Deshalb wurde entschieden, Cruces zu setzen.

Qu. 40: *Pro suo tamen genere atque natura viso aliquo *tacta propelluntur.*

Der überlieferte sinnlose Text wurde im Anschluss an die Vorbildpassage Aug. gen. ad litt. 9,14 korrigiert.

Qu. 41: *Et quia initium habet cogitatio *et omne, quod initium habet, et tempus habet...*

Das überlieferte sinnlose *est/eius* wurde durch Aufgreifen einer Konjektur der Gruppe φ korrigiert.[110] Der Fehler geht zweifellos auf eine falsch aufgelöste Kürzung zurück.

---

[110] Denkbar wäre auch ein ursprüngliches *eius et.*

Qu. 45: *Poterat ⟨deus⟩ et aliter facere, sed ideo congruentius iudicavit* ...

Der Text kommt ohne explizite Angabe eines Subjekts nicht aus, und dieses kann nur „Gott" sein. Bereits die alten Drucke haben die Korrektur vorgenommen: Möglicherweise handelt es sich um eine Konjektur aus einer unbekannten späten Hs.

Qu. 47: *Horum enim sacrificia superveniente testamenti novi fide ⟨...⟩ ex innocentia ⟨gratiae⟩ deum laudans, quod significabat Abel ex ovibus ⟨...⟩ munera vero Cain non accipiuntur.*

Der überlieferte Text ist offensichtlich stark lückenhaft und ganz unsicher. Die Ergänzung von *gratiae* kann aufgrund der Vorbildpassage Aug. c. Faust. 12,9 dennoch als sicher gelten.

Qu. 60: *Cui non credentes ⟨...⟩ vineae suae inebriatus est vino...*

Der überlieferte Text ist offensichtlich lückenhaft. Er kann auch mit Hilfe der Vorbildpassage Aug. c. Faust. 12,23 nicht sicher ergänzt werden.

8. Orthographie

Die Orthographie der vorliegenden Edition orientiert sich an der Mehrheit der älteren Hss. von dial. qu., wurde allerdings vereinheitlicht. Auffällig ist das beinahe durchgehende Auftreten von nichtassimilierten Formen wie *adfirmare*, *adsumere* oder *inmunda* in den älteren Codices; allein die Kombination adp- wird fast immer assimiliert (*appellare*, *apparere*), mit Ausnahme von *adprobare*: Dieser Besonderheit wurde Rechnung getragen. Weiters bevorzugen die älteren Hss. die Formen *intellegentia* und *intellegere* vor *intelligentia* und *intelligere*, was ebenfalls beachtet wurde. Schließlich sticht immer wieder die auffällige Behandlung von qu / c ins Auge: Schreibungen wie *quur* (statt *cur*) oder *quum* (statt *cum*) sind in den ältesten Codices häufig.[111] Diese

---

[111] Dies mag auf einen Archetyp in wisigotischer Schrift zurückzuführen sein, wie er für das spanische Werk anzunehmen ist; vgl. P. Lejay, L'héritage de Grégoire d'Elvire, RBen 25 (1908), 435–457: „On sait que les scribes qui se servaient de l'écriture wisigotique (...) écrivaient *quum*, *quur*" (447).

Formen wurden in der Edition zwar nicht berücksichtigt, wohl aber die – in den Hss. noch zahlreicheren – umgekehrten Fälle, also Schreibungen wie *adsecuntur*.

9. Das Inhaltsverzeichnis (capitula)

In manchen Hss. ist dem Text von dial. qu. ein Inhaltsverzeichnis (*capitula*) voran gestellt.[112] Da es sich ausschließlich um Codices der Untergruppen γ1 und γ2 handelt, kann man mit Sicherheit nur soviel sagen, dass dieses Gliederungsmittel Bestandteil von γ gewesen ist;[113] ob es aber bereits in Ω zu finden war (und im Ahnherren χ von α und β weggelassen wurde), lässt sich dagegen mit Sicherheit weder bestätigen noch ausschließen. Sprache und Stil der einzelnen *capitula* helfen in dieser Frage nicht weiter: Sie greifen fast durchwegs Formulierungen aus dem Text auf[114], was auf den Verfasser ebenso zurückgehen kann wie auf einen Bearbeiter, der den ihm vorliegenden Wortlaut ausgewertet hätte. Einen – sicherlich nicht schlagenden – Hinweis darauf, dass das Inhaltsverzeichnis bereits in Ω gestanden sein kann, liefert die Tatsache, dass manche alte Hss., die nicht der

---

[112] Vgl. zu diesem Gliederungsmittel allgemein B.-J. Schröder, Titel und Text. Zur Entwicklung lateinischer Gedichtüberschriften. Mit Untersuchungen zu lateinischen Buchtiteln, Inhaltsverzeichnissen und anderen Gliederungsmitteln, Berlin 1999, 93–159 (zur lateinischen Terminologie für „Inhaltsverzeichnis" und „Kapitel" 323–326).

[113] Dass es auf γ zurückgeht – und nicht etwa in γ1 und γ2 unabhängig voneinander erstellt wurde – bestätigt sich dadurch, dass der Text der einzelnen Einträge in Vertretern von γ1 und γ2 bis auf kleinere Abweichungen und Fehler identisch ist. Freilich fehlen die *capitula* bereits in einigen der ältesten Vertreter von γ (etwa in A, in R und in Albi 42).

[114] Nur einige Beispiele: Die Angabe zu qu. 1 *de singulis personis* speist sich aus qu. 3, wo mit den Worten *de singulis personis ... advertimus* auf qu. 1 zurückverwiesen wird. Sehr häufig sind indirekte Fragen, die sich auf den Wortlaut der jeweiligen Textstelle beziehen (vgl. etwa qu. 3). Oft gibt es Formulierungen vom Typ *quomodo intellegendum est...* und *quid significat, quod...*, wie sie sich ausformuliert auch im Text finden (vgl. etwa qu. 8 und qu. 48).

Gruppe γ angehören (etwa die β-Hs. M1 sowie die o. Anm. 15 genannten α-Codices), die einzelnen Fragen-Antworten ebenso wie
die alten Hss. von γ durchzählen, was notwendige Voraussetzung
für ein Verweissystem von *capitula* ist (freilich könnte diese Zählung auch von einzelnen Schreibern sekundär ergänzt worden
sein). Außerdem bietet die β-Hs. E die merkwürdige Angabe *Cap
I* vor der Praefatio, was darauf hindeuten könnte, dass ein Ahnherr von E über ein Inhaltsverzeichnis verfügt hat.[115]

Die grundsätzliche Sinnhaftigkeit eines Inhaltsverzeichnisses
für einen Text wie dial. qu. liegt auf der Hand: Wenn die
einzelnen Fragen-Antworten im Text mit INTERROGATIO I,
INTERROGATIO II usw. durchgezählt erscheinen und einleitend eine Liste I DE SINGULIS PERSONIS, II DE SPIRITU
SANCTO usw. zu finden ist, steigert das die praktische Benutzbarkeit erheblich. Im Fall eines Gebrauchstexts, der einem
schulischen Umfeld entstammen dürfte, ist es gut vorstellbar,
dass ein derartiges Gliederungssystem zur ursprünglichen Aus-
stattung gehört hat.

Weil aber das Vorhandensein eines Inhaltsverzeichnisses in Ω
nicht bewiesen werden kann, wurden die *capitula* nicht in den
Text der Edition aufgenommen. Sie sind im Folgenden unverändert in der Form abgedruckt, wie sie in drei Textzeugen
erscheinen, welche die übrigen Codices repräsentieren können.
Die Tabelle ermöglicht den Vergleich: F gibt *capitula* für die 65
Fragen-Antworten von Ω; Ma für die ursprüngliche Form von γ1
(Ergänzung um sechs neue Fragen, eingeschoben zwischen qu. 55
und 56, 59 und 60, 61 und 62: Genau so in A erhalten bis auf
app. 2 F); Ly für die sekundär umgestellte Form von γ1. Falls das

---

[115] Möglicherweise war dieses bereits verstümmelt; zudem sind in E die
Fragen-Antworten nicht durchgezählt. Unter diesen Voraussetzungen ist
das Verweissystem sinnlos und wäre ab einem bestimmten Zeitpunkt nicht
weiter kopiert worden.

Inhaltsverzeichnis bereits in Ω enthalten war, dann liegt die entsprechende Form klarerweise in γ2-Codices wie F vor.[116]

Ly	Ma		F
I De singulis perso-nis	I De singulis per-sonis		I De singulis per-sonis
II De spiritu sanc-to quod nec inge-nitus sit nec geni-tus	II De spiritu sanc-to quod nec inge-nitus sit nec geni-tus		II De spiritu sanc-to quod nec geni-tus nec ingenitus sit
III Quod deus sit filius et spiritus sanctus de una sub-stantia	III Quod deus sit filius et de spiritu sancto et de una substantia		III Quod deus sit filius et spiritus sanctus de una sub-stantia
IIII Quomodo in-tellegendum est quod filius dicit ‚Pater maior me est' et ‚Non veni voluntatem ea fa-cere sed voluntate eius qui misit me patris'	IIII Quomodo in-tellegendum est quod filius dicit ‚Pater maior me est'		IIII Quomodo est intellegendum quod filius dicit ‚Pater maior me est'
V Quod non sit (sint pc.) duo filii sed unus	V Quod non sint duo filii sed unus		V Quod non sunt duo filii sed unus
VI Quod neque patris neque spi-ritus sancti sed solus filius suscepit carne	VI Quod neque patris persona ne-que spiritus sancti sed sola filii sus-cepit carnem		VI Quod neque patris persona ne-que spiritus sancti susceperit carnem sed sola filii

[116] Für die Verlässlichkeit von F spricht auch die Tatsache, dass einzelne
Formulierungen der *capitula* näher an Ma stehen als Ma an Ly.

VII De eo quod nec voluptate nec necessitate deus genuit filium	VII De eo quod nec voluntate nec necessitate genuerit deus pater filium		VII De eo quod nec voluntate nec necessitate pater genuerit filium
VIII De eo quod dicit ‚Sicut pater habet vitam semetipsum sic dedit filio vitam (*sl.*) habere in semetipso'	VIII De eo quod dicit ‚Sicut pater habet vitam in semetipso'		VIII De eo quod dicit ‚Sicut pater habet vitam in semetipso sic dedit et filio'
VIIII De missione spiritus sancti	VIIII De missione spiritus sancti		VIIII De missione spiritus sancti
X Quod distet inter genitum filium et processione spiritus sancti	X Quid distet inter genitum filium et processionem spiritus sancti		X Quid inter genitorem et filium et processionem spiritus sancti
XI De eo quod scriptum est de spiritu sancto quod non loquatur a semetipso	XI De eo quod scriptum de spiritu sancto quod non loquatur a semetipso		XI De eo quod scriptum quod spiritus non loquitur a semetipso
XII Quid sit quod spiritus sanctus pro nobis interpellare legitur	XII Quid sit quod spiritus sanctus pro nobis interpellare legitur		XII Quid sit quod spiritus pro nobis interpellare dicitur
XIII Quomodo spiritus sanctus ferebatur super aquas	XIII Quomodo dominus noster Iesus Christus tres dies in inferno fuerit		XIII Quomodo dominus Iesus tribus diebus in inferno fuit
XIIII De eo quod angeli seu boni seu mali omnes aequa-	XIIII Quod sancti in resurrectione fulgebunt sicut sol		XIIII Cum sancti in resurrectione fulgebunt sicut sol

			cur ipse dominus in resurrectione non fulsit
	Quare ipse dominus in resurrectione non fulsit		
XV Quod dictio dei filius dei sit	XV Quur Marcus et Iohannes de crucifione domini diversa senserunt		XV Cur Marcus et Iohannes de crucifixione domini diversa sentirent
XVI De visione lucis	XVI De natura boni et quod malum non sit substantia		XVI De natura boni et quod malum non sit substantia
XVII De visione lucis et tenebrae	XVII De eo quod omnes angeli seu boni seu mali omnes equales creati sunt		XVII De eo quod omnes angeli sive boni sive mali equales creati sunt
XVIII Quomodo intellegendum sit primorum dierum vespera et mane	XVIII In qua parte homo ad imaginem dei factus sit		XVIII In qua parte homo ad imaginem dei peractus est
XX Quomodo sit aquarum substantia super caelos	XVIIII De homine primo utrum mortalis sit an inmortalis		XVIIII De homine primo utrum mortalis an immortalis creatus est
XXI De congregatione aquarum	XX De eo quod dicit apostolus ,Caro et sanguis regnum dei non possidebunt'		XX De eo quod dicit apostolus ,Caro et sanguis regnum dei non possidebunt'
XXII De infructuosis arboribus et spinis	XXI De eo quod angeli ante celum et terram facti sunt		XXI De eo quod angeli ante celum et terram facti sunt

XXIII De animalibus que ex corporum corruptione nascuntur sicut ipsis corporibus sint fati	XXII Quomodo spiritus sanctus ferebatur super aquas		XXII Quomodo spiritus sanctus ferebatur super aquas
XXIIII In qua parte homo ad imagine dei sit factus	XXIII Quod dictio dei filius sit dei		XXIII Quomodo dictio dictio dei sit filius dei
XXV De natura boni et quod malo non sit substantia	XXIIII De divisione lucis		XXIIII Quomodo intelligatur quod dictum est ,Vidit deus lucem quod esset bona' et mane et de senario numero
XXVI De requie dei	XXV De divisione lucis et tenebrae		XXV De divisione tenebrarum
XXVII Quomodo intellegendum sit quod unus fons inrigabat omne faciem terrae	XXVI Quomodo intellegendum sit primorum dierum vespere et mane et de senario numero		XXVI Quomodo intellegenda sit primorum dierum vespera
XXVIII De operatione hominis in paradiso	XXVII Quomodo sit aquarum substantia		XXVII Quomodo sit aquarum substantia super celos
XXVIIII De homine primum utrum inmortalis an inmortales factus est	XXVIII De congregatione aquarum super celos		XXVIII De congregatione aquarum
XXX Quod de eodem diae mortuus fuerit Adam	XXVIIII Quid sit quod dominus in evangelio dicit		XXVIIII Quid sit quod in evangelio dominus dicit

quo cibo vetitum gustavit	,Nemo bonus nisi solus deus'		,Nemo bonus nisi solus deus'
XXXI Ad quid sint primorum hominum oculi aperti	XXX Quomodo intellegendum sit quod unus fons inrigabat omnem faciem terrae		XXX Quomodo intellegendum sit quod unus fons irrigabat omnem terram
XXXII Quomodo adducit deus Adae cuncta animantia terrae	XXXI De operatione hominis in paradiso		XXXI De operatione hominis in paradyso
XXXIII Quid significat detratio coste in muliere aedificata	XXXII Quod eo die mortuus fuerit Adam quo civum vetitum gustavit		XXXII Quod eo die mortuus fuit Adam quo cibum vetitum gustavit
XXXIIII Quid significat ,Dixit Adam Relinquet homo patrem et matrem et adhaerebit uxori suae'	XXXIII Quod non ignoraverit Adam per conscientia mortem		XXXIII Quod non ignoravit Adam per conscientiam mortem antequam per experientiam disceret
XXXV Quomodo serpens loqui potuit	XXXIIII Ad quid sunt priorum hominum oculi aperti		XXXIIII Ad quid sunt primorum hominum oculi aperti
XXXVI Quomodo audiunt serpentes verba Marsorum cum non habeant intellectum	XXXV Quomodo intellegendum sit deambulatio dei in paradiso		XXXV Quomodo intellegenda sit deambulatio dei in paradyso
XXXVII Quomo non ignoraverit Adam per conscientia mortem ante-	XXXVI Qui dictum sit de Adam ,Factus es quasi unus ex nobis'		XXXVI Cur dictum sit de Adam ,Factus est quasi unus ex nobis'

quam per experientia discet			
XXXVIII Quomodo intellegendum sit deambulatio dei in paradiso	XXXVII De animalia que ex corruptione corporum nascuntur		XXXVII De animalibus que ex corporibus nascuntur
XXXVIIII Quod deus non moveatur in tempore	XXXVIII De infructuosis arboribus et spinis		XXXVIII De infructuosis arboribus et spinis
XL Quur dictum est de Adam ‚Factus quasi unus ex nobis cum deus unus sit'	XXXVIIII De numero et mensura et pondere		XXXVIIII De numero et mensura et pondere
XLI Quid significat quod Cahin ex fructibus obtulit Quid significat quod Cahin fratrem suum interfecit	XL Quomodo adduxerit Adae cuncta animantia terrae		XL Quomodo adduxerit deus Ade omnia animantia terrae
XLII Quid sit quod sanguis Habel legitur de terra clamaret	XLI Quod deus non mobeatur in tempore		XLI Quod non moveatur deus in tempore
XLIII De Noae translatione	XLII De requie dei		XLII De requie dei
XLIIII Quid significat Quingentorum annorum erat quando diluvium fuit	XLIII Quomodo serpens loqui in paradiso potuit		XLIII Quomodo serpens in paradyso loquitur
XLV Quid significat quod archam	XLIIII Quomodo audiunt serpentes		XLIIII Quomodo serpentes audiunt

de lignis quadratis sit constructa	verba Marsorum		verba Marsorum
XLVI Quid significat archae longitudo et altitudo	XLV Quid significat Ade detractio coste in muliere		XLV Quid significet detractio coste
XLVII Quid significat quod archam unum cubitum consumata est et bicamerata et tricamerata construitur	XLVI Quid significat quod Cain de fructibus terre munera obtulit		XLVI Quid significet ‚Relinquet homo patrem'
XLVIII Quur ingressione arche separantur viri a feminas	XLVII Quid significat quod dixit Adam ‚Relinquet homo patrem et matrem'		XLVII Quid significat quod munera Cain reprobantur
XLVIIII De inmundis animalibus	XLVIII Quid significat quod Cain fratrem suum interfecit Abel		XLVIII Quid significat quod Cain Abel interfecit
L Quid significat quod introito archae Noae cum suis octavus numeratur	XLVIIII Quid sit quod sanguis Abel legetur ad deum de terra clamasse		XLVIIII Quid sit quod sanguis Abel de terra clamat
LI Quod per quadraginta dies et noctes pluvia fuit ut diluvium fieret	L De Enoc translatione		L De Enoch translatione
LII Quid significat quod secundum anni mense intrat Noae in archa	LI Quid significat quod arca de lignis quadratis constructa est		LI Cur Noe per aquam et lignum liberatur

LIII Quid significat quod omnes montes super	LII Quid significat quod Noe per aquam et lignum liberatur		LII Quod archa de lignis quadratis facta est
LIIII Quid significat quod septimo mense archa resedit	LIII Quid significet arce longitudo et latitudo		LIII Quid significet arche latitudo et longitudo
LV Quid significat quod corvus de archa dimissus non est reversus	LIIII Quod per quadraginta diebus et noctibus plubia fuerit ut dilubium fieret		LIIII Quod per xl dierum pluviam
LVI Quid significat emissa columba et reversae in archa	LV Quid significat Noe quingentorum erat annorum quando dilubium fuit		LV Cur Noe dc erat annorum tempore diluvii
LVII Quid significat quod Noae per aqua et lignum liberatur	LVI Quid significat quod secundo anni mense intrat Noe in arcam		
LVIII Quid significat Noae hebrietas vel nuditas	LVII Quid significat quod septimo mense arca resedit		
LVIIII Quid significat quod Cham videns verenda patris sui exiit foras et nuntiavit fratribus suis	LVIII Quid significat quod Noe cum sibi octabus numeratur		
LX Quid significat egressio quod Noe duos filios bene-	LVIIII Quid significat quod arca in unum cubitum		

dicet	consummata est		
LXI Quid significat egressio Habraae de terra sua	LX De inmundis animalibus		LVI De animalibus immundis
LXII De numerum et mensura et pondere	LXI Quid significat quod omnes montes supercreverat aqua		LVII Cur omnes montes supercrevit aqua
LXIII Quomodo dominus Iesus Christus tres dies in infernum fuerit	LXII Quid significat quod ingressione separantur viri a feminis		LVIII Cur ingressione separantur a feminis
LXIIII Quomodo sancti in resurrectione fulgebunt sicut sol	LXIII Quid significat quod corvus de arca emissus est ad ea non est reversus		LVIIII Cur non redit corvus ad archam
LXV Quare ipse dominus in resurrectione non fulsit	LXIIII Quid significat emissa et reversa columba in arca		
LXVI Quur Marchus et Iohannes de crucifixione domini diversa senserunt	LXV Quid significat Noe ebrietas vel nudatio		LX Quid ebrietas Noe vel nudatio
LXVII Quid sit quod dominus (sl.) in evangelio dicit ,Nemo bonus nisi solus deus'	LXVI Quid significat quod Cam pater Canaan videns verecundam patris sui		LXI Quid significet quod Cham fratribus nudatum patrem nunciavit
LXVIII De eo quod dicit apostolus ,Caro et san-	LXVII Quid significat quod Noe duos filios bene-		

guis regnum dei non possidebunt'	dicit		
LXVIIII De tribus generibus visionum	LXVIII Quid significat egressio Abrae		LXII Quid significet Abrahe egressio
LXX De quattuor generibus apostolorum	LXVIIII De tribus generibus visionum		LXIII De tribus generibus visionum
LXXI In quid cognoscitur missus a deo	LXX De quattuor apostolorum generibus		LXIIII De quattuor generibus apostolorum
	LXXI In quid cognoscatur missus a deo		LXV Qui dinoscatur missus a deo

Fehler in der handschriftlichen Überlieferung von Inhaltsverzeichnissen und numerischen Verweissystemen sind im Allgemeinen keine Seltenheit, und so verwundert es nicht, dass die konkrete Ausführung dieses Hilfsmittel durch einzelne Schreiber auch in den Codices von dial. qu. teilweise zur Unbrauchbarkeit der *capitula* geführt hat.[117]

So ist in Ma die Inhaltsangabe zu qu. 14 *Cum sancti in resurrectione fulgebunt sicut sol, cur ipse dominus in resurrectione non fulsit* (richtig in F) fälschlich in zwei Einträge aufgeteilt, wobei dem zweiten allerdings keine Zahl zugewiesen ist (*XIIII Quod sancti in resurrectione fulgebunt sicut sol. – Quare ipse dominus in resurrectione non fulsit*). Dieser Fehler muss bereits auf γ₁ zurück-

---

[117] Vgl. allgemein Schröder (Anm. 112), 157–159. Geradezu vorbildlich erscheint die Ausführung in F, wo ein einziger schwerer Fehler zu finden ist: Die Angabe *et mane et de senario numero*, die zu qu. 26 gehört (korrekt in Ma), wurde fälschlich zu qu. 24 gestellt: Man kann vermuten, dass sich ein Schreiber von den Zahlzeichen XXIV und XXVI verwirren hat lassen. Es ist zu beachten, dass man im Inhaltsverzeichnis von F zu qu. 64 richtig *De quattuor generibus apostolorum* liest, obwohl die entsprechende Antwort im Text dieser Hs. nur drei *genera* behandelt.

gehen, weil er auch in Ly zu finden ist; allerdings verkompliziert
Ly die Sache weiter, indem beiden Einträgen im Inhaltsverzeichnis Zahlen zugewiesen werden (LXIIII und LXV), was dem Text
nicht entspricht.[118] Als qu. 65 erscheint im Text von Ly jene
Frage, die gemäß *capitula* die Nummer LXVI tragen sollte, und
im Weiteren divergieren die beiden Zählungen jeweils um Eins:
Die letzte Frage im Text von Ly trägt die Nummer LXX,
obwohl sie im Inhaltsverzeichnis unter LXXI ausgewiesen ist.

Auch sonst weist das Inhaltsverzeichnis von Ly mehrere
Fehler auf, die teilweise wohl darauf zurückzuführen sind, dass
die Fragen von γ1 in der Vorlage von Ly grundlegend umgestellt
wurden. So schreitet die Zählung der *capitula* fälschlich von
XVIII zu XX voran, eine Nummer XVIIII gibt es nicht; außerdem werden unter XLI zwei Fragen-Antworten zu einem Eintrag zusammengefasst (*XLI Quid significat quod Cahin ex fructibus
obtulit Quid significat quod Cahin fratrem suum interfecit*).

In Ma passierte der schwerste Fehler nicht beim Anlegen der
capitula, sondern bei der Ausführung des Texts: Hier wurde
darauf vergessen, qu. 8 zu zählen, und in der Folge qu. 9 mit der
Angabe VIII ausgezeichnet: Dies führt dazu, dass sich die Verweise im Inhaltsverzeichnis von Ma bereits ab qu. 8 nicht mehr
auf die betreffende Frage-Antwort beziehen und somit unbrauchbar sind.[119]

Angesichts all dieser Unzulänglichkeiten in Ly und Ma, die
sich teilweise bereits auf γ1 zurückführen lassen, überrascht es

---

[118] Aller Wahrscheinlichkeit nach gibt Ma die Ausgangslage des Fehlers
wieder, wie sie in γ1 zu finden war. Bei der Umgruppierung der Fragen-
Antworten in Ly wurde der Irrtum weiter verschlimmert.

[119] Man beachte außerdem die Vertauschung von qu. 46 und 47 bzw. von
qu. 51 und 52 im Inhaltsverzeichnis von Ma. Da die betreffenden Fragen-
Antworten in dieser Hs. verloren sind, lässt sich nicht mit letzter Sicherheit
entscheiden, ob es sich um Fehler des Verzeichnisses handelt, oder ob diese
Umstellungen tatsächlich im Text zu finden waren: Das Zeugnis von A
spricht für einen Fehler im Verzeichnis. Die Angabe *super celos* am Ende
von XXVIII in Ma gehört zu XXVII (richtig in F und in Ly unter XX).

nicht, dass die *capitula* in mehreren alten Textzeugen weggelassen und die Durchzählung der einzelnen Fragen-Antworten aufgegeben wurde: Die Schreiber der betreffenden Codices haben wohl mit Vorlagen gearbeitet, in denen diese Gliederungsmittel bis zur Unbrauchbarkeit entstellt waren, und sie deshalb als entbehrlich angesehen.

Conspectus siglorum

codd.   consensus omnium codicum testiumque

α   consensus **G L M₂ V Wig. Ro**   (cf. p. 231–255)

α₁   consensus **G L**

α₂   consensus   **M₂ V Wig.**

   G   St. Gallen, Stiftsbibl. 230, s. VIII^{ex}

   L   Leiden, Univ. bibl. BPL 67 F, s. VIII – IX

   M₂   München, Bayer. Staatsbibl. clm 14500, s. IX^1

   V   Vatikan, Vat. lat. 6018, s. IX$^{1/3}$

   Wig.   Wigbod, s. VIII^2

   Ro   Rom, Bibl. Vallic. C 9, s. X

β   consensus **P E M₁ sent.**   (cf. p. 255–265)

β₁   consensus **P E**

   P   Paris, BNF lat. 13373, s. IX$^{in.}$

   E   Escorial, Real Bibl. b.IV.17, s. IX$^{3/3}$

   M₁   München, Bayer. Staatsbibl. clm 14492, s. IX^1

   sent.   Sententiae sanctorum patrum, s. VII$^{in.}$?

γ   consensus **Ly Ma A O F trin. R**   (cf. p. 266–293)

γ₁   consensus **Ly Ma A**

γ₂   consensus   **O F trin.**

   Ly   Lyon, BM 611, s. IX^1

   Ma   Madrid, Bibl. Ac. Hist. 39, s. XI

   A   Autun, BM S 40 (36), s. IX^{med}

   O   Oxford, Bodl. lib. Bodl. 385, s. XI^2

   F   Freiburg i. Br., Univ. bibl. 377, s. XII^1

   trin. De trinitate et unitate dei, s. IX–XII ?

   R   Rom, Bibl. naz. Sess. 76, s. IX – X

φ familia contaminata repraesentatur codice hoc: (cf. p. 293–297)

   Li   Liège, Bibl. sem. 6 F 30bis, s. XI

Libri typis impressi

edd.   consensus editionum Am. Er. Lov. Maur.

Am.   Editio J. Amorbachii, Basileae 1506 (pars XI)

Er.   Editio Erasmi, Basileae 1528 (pars IV, p. 480–495)

Lov.   Editio theologorum Lovaniensium, Antverpiae 1576 (pars IV, p. 420–426)

Maur.   Editio monachorum S. Mauri, Parisiis 1685 (pars VI, app. p. 7–18)

PL   Editio J. P. Migne, Parisiis 1845 (PL 40, p. 733–752)

Abbreviationes et signa in apparatibus adhibita supra explicavimus (cf. p. 62)

DIALOGUS QUAESTIONUM

Licet multi et probatissimi viri diverso quidem stilo, sed non
diversa fide paene innumerabilia opuscula ediderunt, ita ut difficile sit eorum omnia legere, ea tamen, quae leguntur, propter
eloquii venustatem et difficillimas quaestionum perplexitates
minime intelleguntur. Revera enim dum coguntur propter altitudinem scripturae divinae occulte viam carpere, parvitati nostrae
ambiguitatem non minimam reliquerunt. Sunt etiam plane
spiritales viri, qui eorum adsecuntur eloquium et penetrant intellectum *quaestionum. Nos, dum vitiorum concupiscentiis satisfacimus, praeclarae eorum scientiae non aequamur, ut eos sicut
illi intellegere valeamus. Quapropter ergo quaeso te, ut percunctanti mihi respondeas et, quae obscuritatem faciunt, elucidare
digneris.

PL
733

5

10

α (α₁ (L G) α₂ (M₂ V) Ro) β (β₁ (P E) M₁) γ (γ₁ (Ly Ma A) γ₂ (O F) R) Li

---

9 vitiorum…satisfacimus] *cf.* Gal. 5, 24

---

1 diverso … fide] *cf.* Aug. trin. 1, 3, 5 (diverso stilo non diversa fide)
5 dum … carpere] *cf.* Aug. trin. 1, 3, 6 (dum per quaedam densa et opaca
cogor viam carpere)   **8** spiritales viri] *saepe apud Augustinum*; *cf. e. g.* de fid.
1, 1; 9, 18; in Ioh. tract. 97, 5; en. 103, 3, 5

---

1 licet multi et] quamvis *R* | et] ac *F*; *om. Ma* | provocatissimi *A*   **2** diversi
fidei *G* | paene *γ* (-*R*); *om. rell.* | *ediderint *Ro M₁* (*pc.*) *A F* (*uv.*) *R Li* (*pc.*) *edd.*
3 sit *om. Ma* | legere omnia *tr. Ly* | ea] et *V Ro A R* (*ac.*); et ea *Ly F* | quae …
et] *om. R*   **4** vetustatem *A* | perpexitates *α₁*; praepexitates *α₂*; prolixitates *β*
5 intelleguntur *Ly O Li edd.* (-*Am. Er.*); intellegi possunt *M₁*; intellegere
possumus *R*; intellegere *rell.* | dum coguntur] licet dicuntur *G* | coguntur]
nituntur *edd.* (-*Maur.*; coguntur *Am. Lov. mg.*) | propter] per *O* | altitudine
E Ly   **6** occultam *G Ro Li edd.* (occultatam *Am. Er.*; occulte *Am. mg.*); acute
R (*pc.*) | capere *L Ly* | parvitatis *α* (-*Ro*); pravitati *A*   **7** ambiguitate *V Ro Ly*;
-tes *R* | non minimam] inima *Ly* | planes viri spiritales *V*   **8** spirituales *Ro*
O Li edd. (-*Maur.*) semper; id dehinc non indicabo | qui] *sl. O*; quae *G* | allo-
quium *F*   **9** quaestionum *coniecit Dorothea Weber*; quorum *codd.* | dum *om.*
Ro Ly | dum … satisfacimus] qui in concupiscentias ferimur *Am.* (*mg.*)
vitiorum *γ* (-*Ly*); *om. rell.* | concupiscentia *β* | satisfacimus] fecimus *A*
10 praeclara *α* (-*Ro*) | ea *G β*; eas *edd.*   **11** ergo *om. Ma O Li edd.* | ut *om.*
α (-*Ro*) *A* | percontanti *Ro γ₁ Li edd.*   **12** obscuritate *V Ly*   **13** digneris]
Augustinus: Dic age. Orosius:… *add. γ₂*; dic *add. Ly*; ita *add. A*

(1) INTERROGATIO I

In primis quaero a te, utrum deus trinitas sit, et quibus testimoniis adprobes nosse desidero.

RESPONSIO

5 Principium Geneseos evidenter ostendit. Ait enim: *In principio
fecit deus caelum et terram. Quem alium principium intellegendum putabimus nisi filium? Ipse enim de se interrogantibus
Iudaeis, quis esset, respondit: *Principium, qui et loquor vobis.* Ergo
principium filius. Per filium *fecit deus caelum et terram: Omnia
10 per ipsum facta sunt,* sicut evangelista Iohannes narrat, *et sine ipso
factum est nihil. Procul dubio in dei nomine pater, in principii
nomine filius intellegendus est. Profecto cum dixisset *In principio
fecit deus caelum et terram subsecutus adiunxit *Et spiritus dei
ferebatur super aquas. Qui tertia est in trinitate persona. Igitur si

---

α (α*₁* (*L G*) α₂ (*M₂ V*) *Ro*) β (β*₁* (*P E*) *M₁*) γ (γ*₁* (*Ly Ma A*) γ₂ (*O F*) *R*) *Li*   **1, 2** in
primis *inc. Wig. sent. trin.*

1, 5s Gen. 1, 1   **8** Ioh. 8, 25   **9–11** Ioh. 1, 3   **13s** Gen. 1, 2

1, 2sq. quaero ... desidero] *cf.* Euch. instr. 1 (CCSL 66, p. 78, 36 Quibus
scripturarum testimoniis trinitas approbatur?)   **11–14** procul ... persona]
cf. Taio sent. 1, 7 (PL 80, 739B)

1, 2 in primis] primis α (- *Wig. Ro*) β (-*M₁*); nunc quoque *Wig.*; igitur *add. Er.
Lov.* | a *om. A* | et] aut monstres *Ly*   **2sq.** testimonium *E*; veteris legis hoc
add. sent.
5 evidenter] hoc *add. sent. O* (*sl.*) | evidenter ... principio *om. R*   **6** fecit]
creavit *Wig.* | quod aliud *O F* (*ac.*); quid aliud *Am.* (quem *mg.*); quid autem
Er. Lov. (quem alium *Lov. mg.*)   **7** putabimus *P M₁* (*ac.*) *Ma R Li edd.*; putavi-
mus α₂ (-*M₂; ac. Wig.*) *Ly*; putamus *rell.* | filium] dei *add. Lov.* | enim *om.
Ma* | se] ipso *add.* α (- *Wig.*; *sl. M₂*) *Li*   **7sq.** Iudaeis interrogantibus *tr. Ma*
8 quis] qui *V* | respondit] respondens ait *R*; *om. Ro* | qui] quod *Ma A*; quia *P
sent. R edd.* (-*Lov.*)   **9** filius] est *add. F*; et *add. sent.* | filium] enim *add. Ly*
deus *om. L*; pater *add. sent.*   **10** sunt] est *O* (*ac.*); etiam *add. Wig.* | sicut] et
add. P | sicut ... narrat *om. V A* | Iohannes evangelista *tr.* α₂ (- *V*) *F*   **11** nam
proculdubio α *Lov.* | nomine dei *tr.* γ₂   **11sq.** nomine principii *tr. trin.*
13 fecit] creavit *Wig.* | terram] et *add. trin.* | subsecuntur *E*; subsequenter *F*;
secutus *Lov.* | adiungit *L*   **14** qui] quia α₂ (- *Wig.*) | est tertia *tr. trin.*
14–25 igitur ... relinquentes *om. sent.*

trinitas non esset, numquam dominus noster Iesus Christus 15
diceret discipulis suis *Ite, baptizate omnes gentes in nomine patris*
et filii et spiritus sancti nec baptizato domino in Iordane a Iohanne fieret *vox de caelo dicens: Hic est filius meus dilectus, in quo*
mihi bene complacui nec spiritus sanctus in columbae specie
descendisse super eum et mansisse diceretur. Miror infelicem 20
Sabellianam haeresim, hoc est Patripassianam, quod sic caeci sunt
mente, ut tam praeclara, tam aperta testimonia non adtendant. PL
Ipsi enim adserunt unam esse personam, id est ipsum sibi filium 734
esse, qui pater est, ipsum spiritum sanctum. Sed nos caecitatem
ipsorum relinquentes tres personas secundum scripturas sanctas 25
intellegimus, id est alium esse patrem, alium filium qui genitus

---

α (α_1 (*L G*) α_2 (*M$_2$ V Wig.*) *Ro*) β (β_1 (*P E*) *M$_1$ sent.*) γ (γ_1 (*Ly Ma A*) γ_2 (*O F trin.*) *R*)
Li

1, 16s Matth. 28, 19   **18s** Matth. 3, 17   **19s** *cf.* Matth. 3, 16

1, 21–28 Sabellianam ... separamus] *cf.* Aug. c. serm. Arr. 34, 32 (CCSL
87A, p. 247, 13–248, 18 *ubi multa similia colliguntur* ...ea contra Sabellianos
... illi enim unum et eundem dicunt filium esse qui pater est ... non ergo
unus et idem est pater et filius, sed unum sunt pater et filius)   **26–28** id ...
sunt] *cf.* Ps.Eus. Verc. trin. 2, 22 (CCSL 9, p. 25, 210–216 ...alius est pater in
persona, qui vere genuit, et in hoc alter est filius a patre in persona, qui vere
ab eo genitus est, sed et in hoc alter est in persona spiritus hic principalis

---

1, 15 si non esset trina persona *trin.* | esset] est α_2*PM$_1$* | numquam *om. V*
16 baptizate] docete *Wig.* | omnes *om. A*   **16sq.** omnes ... baptizato *om. R*
16 gentes] baptizantes eos *add. Wig.*   **17sq.** a Iohanne *om. E Ma*   **18** fieret
γ; *om. rell.* | caelis *Wig. G* | dicens *M$_2$ γ*; dixisset *G Ro edd.* (*-Maur.*); diceret
rell.   **19** mihi *post* complacui(t) *tr.* γ_1*O*; *om. F* | complacuit *P γ_1 R*   **20** de-
scendisset α (*- V Wig.*) *E Ma A*; de caelo venisse *Wig.* | super eum *post*
mansisse *tr. F* | et *om. V* | mansisse] super eum *add. Wig.*   **21** Sabellianam
Ro γ_1 R Li edd. (*-Am.*); Sabellianorum *O* (*pc.*) *Am.*; infelices Sabellianos *F*;
Sabellianum *rell.* | haeresim *om. Wig.* | haeresim ... Patripassianam *om. F*
Patripassianam *Ro Ly R Li*; Patripitianam *A*; Passianam *Ma*; Patripassia-
norum *O edd.*; Patripassianam *rell.* | quod] quos *A*; qui *M$_2$ L Ro*; quae *G*
21sq. quod ... ut *om. Wig.*   **22** adtendunt *V Ly*   **23** enim] namque *Ro Li*
edd. | ipsum] ipsius *V* | sibi *om.* α *Lov.*   **24** esse *om. Wig.* | est *om. V*; et
add. edd. | sed] si α_1 **25** illorum γ_1; eorum *V* | sanctas *om. A*   **26** intellegi-
mus *sent.* γ (*-O R*); intellegamus *rell.* | patrem] qui (vere *add. sent.*) genuit
(filium *add. sent.*) *add. Ro β O* (*mg.*) *Li edd.*   **26sq.** qui ... patre] qui vere
genitus est ab eo *sent.*

est a patre, alium spiritum sanctum, non aliud, quia substantia
unum sunt. Personas distinguimus, non deitatem separamus.
Igitur filius dei natura est filius, non adoptione. Sic enim scrip-
30   tum est: *Ex utero* inquit *ante luciferum genui te.* Non deus pater
uterum habet sicut nos aut corporeus esse credendus est, sed per
uterum substantiam intellegi voluit, de qua natus est filius. Quod

---

α (α₁ (L G) α₂ (M₂ V Wig.) Ro) β (β₁ (P E) M₁ sent.) γ (γ₁ (Ly Ma A) γ₂ (O F trin.) R)
Li

1, 30 Ps. 109, 3

---

paracletus a patre et filio); Aug. in Ioh. tract. 36, 9 (alius est, recte dicis;
aliud, non recte)
1, 27sq. quia ... separamus] *cf.* Ps.Eus. Verc. trin. 2, 7 (CCSL 9, p. 21, 71–74
...non tantum nomina iam propria in personas distingueres, sed unitum
nomen in deitate trinitatis tantidem per ipsas personas separares); Aug. in
Ioh. tract. 107, 6 (personas eum distinguere, non separare naturas); Ps.Vig.
Tap. c. Var. 1, 16 (CCSL 90, p. 31, 38–39 ...personas distinxit, non deitatis
substantiam separavit); XI Conc. Tolet. (PL 84, 454D)   **29** filius[1] ... adop-
tione] *cf.* XI Conc. Tolet. (PL 84, 453C)   **30sq.** ex ... nos] *cf.* Ps.Eus. Verc.
trin. 2, 16–17 (CCSL 9, p. 23, 149–152 ...ex utero ante luciferum genui te.
Unde? Non quia deus pater uterum ut homo habeat...); Aug. en. 109, 16; s.
135, 4   **30–36** ex ... filium] *cf.* Taio sent. 1, 4 (PL 80, 735CD)
32sq. quod ... lucem] *cf.* Ps.Eus. Verc. trin. 6, 9 (CCSL 9, p. 83, 91–110
deum de deo, lumen de lumine); Aug. c. serm. Arr. 17 (CCSL 87A, p. 219,
18–20 *ubi multa similia colliguntur* Non itaque sicut est filius deus de deo,
lumen de lumine, vita de vita, ita dici potest verbum esse de verbo); Fulg.
trin. 3, 2 (CCSL 91A, p. 636, 121–122 ...quod est pater, hoc genuit: Deus
deum, lux lucem); XI Conc. Tolet. (PL 84, 453A)

1, 27 sanctum] paraclitum qui in pentecosten in apostolos effusus est et *add.*
sent. | non aliud *om. F* | quia] qui *L Ly* (*ac.*) *F*; que *G*; quam *M₂*; in *add. sent.*
substantia *om. Wig.*   **28** unum sunt] unus *V* | non] nec *L*; nam deitatem
non α₂ (-M₂)   **29** igitur ... adoptione *om. sent.* | est *om. Ro* | adoptionem *V*
Ro P; -nis *M₁*   **30** inquit *om.* α₂ (-M₂) *L sent. O*; *post* luciferum *tr. F* | non *om.*
trin.; ut *add. Ly*; quia *add. sent.*; quod *add. Ro Li edd.*   **31** in uterum *vel* in
utero α₂ (-M₂) *L*; non *add. trin.* | habeat *Ro Li edd.* | sicut] et *add. V sent.*
aut] an α₁; neque *Wig.* | esse] esset *Ro*; *om. sent. F* | est] sit *edd.*   **32** filius]
quae est natura divinitatis *add. sent.*

est pater, hoc genuit: deus deum, lux lucem. Igitur sicut homo
hominem gignit et canis canem, numquam visum est, ut homo
gigneret canem. Ac per hoc non de nihilo neque de aliqua sub- 35
stantia, sed de se ipso genuit filium.

(2) INTERROGATIO II

De personarum distinctione vel de geniti filii persona satisfactum
mihi esse arbitror. Nunc quaero quid credas de spiritu sancto,
utrum et ipse ingenitus sit an genitus.

RESPONSIO   5

Spiritum sanctum neque ingenitum neque genitum fides certa
declarat, quia si dixerimus ingenitum, duos patres adfirmare

α (α₁ (*L G*) α₂ (*M₂ V Wig.*) *Ro*) β (β₁ (*P E*) *M₁ sent.*) γ (γ₁ (*Ly Ma A*) γ₂ (*O F trin.*) *R*)
Li

1, 33sq. sicut ... canem] *cf.* Aug. coll. Max. 14, 6; 15, 6 (CCSL 87A, p. 412,
66–67 *ubi multa similia colliguntur* homo hominem generat, canis canem, et
deus deum non generat?; p. 425, 97–98 homo hominem generat et canis canem); contra Max. 1, 6; 2, 6 (CCSL 87A, p. 505, 6–8 non solum hominis
hominem, verum etiam canis canem filium nominavi; p. 542, 2–3: hoc
tamen gignunt, quod ipsa sunt, ut homo hominem, canis canem)
35sq. ac ... filium] *cf.* Aug. fid. et symb. 3, 4 (Deus vero, cum verbum genuit
... neque de nihilo neque de aliqua iam facta conditaque materia, sed de se
ipso, id quod est ipse); XI Conc. Tolet. (PL 84, 453A)   **2, 6–8** spiritum ...
culpamur] *cf.* Euch. instr. 1 (CCSL 66, p. 79, 51–54 Sed pater ingenitus,
filius genitus, spiritus sanctus nec genitus nec ingenitus; ne si ingenitum
dixerimus, duos patres dicere videamur, si genitum, duos filios, sed potius
qui ex patre et filio procedat); XI Conc. Tolet. (PL 84, 453C)

1, 33 lux *om. Ma* | lucem] *app. 1 A add.* γ₁ *(cf. p. 415)* | igitur *om. trin.*
33–36 igitur ... filium *om. sent.*   **34** gignit] *post* canem *tr.* β (*-sent.*) *edd.*
numquam] autem *add. Ro Li edd.*   **35** gigneret *Wig.* γ₂ *Ma*; generet α (*- Wig.*)
Ly A; genuerit *rell.* | hoc] deus *add. Ly A*; pater *add. trin.* | aliqua] alia *add.*
edd.   **36** se] semetipso *Ma*; *om.* α₁ *V* β₁ *trin.* | ipso] pater *add. Wig.* | genuit]
pater *add. O (pc.)*
2, 3 esse mihi *tr. Ly*; esse *om. sent. A F*; mihi *om. G*   **3sq.** nunc ... genitus]
mg. O (tr. sit ingenitus)   **3** quid] quod *E*; quo id *Ro* | credas] dicas *Ly*
4 genitus ... ingenitus *tr. G E* γ₁
6 neque genitum *om. A* | certa] recta *R trin.*   **7** quia] quod *F*

videbimur, si autem genitum, duos filios credere culpamur. Sed
quod certa fides tenet, nec ingenitus est nec genitus, sed ab utro-
10 que procedens, id est a patre et filio. Et ut haec testimoniis adprobem, ipsum dominum nostrum Iesum Christum discipulos
suos audi docentem: *Cum autem venerit* inquit *paracletus quem
ego mittam vobis a patre, spiritus veritatis qui a patre procedit, ille
testimonium perhibebit de me.* Et rursum ipse dominus noster
15 Iesus Christus post resurrectionem suam, ut ostenderet a se procedere spiritum sanctum sicut a patre, insufflans in discipulos
PL suos ait: *Accipite spiritum sanctum.* Unus ergo est spiritus patris et
735 filii, unus amborum spiritus. Igitur quod patris sit spiritus, ipse
dominus et salvator noster discipulis suis ait: *Non enim vos estis,*
20 *qui loquimini, sed spiritus patris vestri, qui loquitur in vobis.* Et
quod idem et filii sit, Paulus apostolus testis est: *Si quis autem*
inquit *spiritum Christi non habet, hic non est eius.*

α (α_1 (*L G*) α_2 (*M₂ V Wig.*) *Ro*) β (β_1 (*P E*) *M₁ sent.*) γ (γ_1 (*Ly Ma A*) γ_2 (*O F trin.*) *R*)
Li

2,12–14 Ioh. 15, 26   **17** Ioh. 20, 22   **19s** Matth. 10, 20   **21s** Rom. 8, 9

2,8 videbamur *R* (*ac.*); videbimus α_2 (- *Wig.*); videmus $\gamma_1 F$ | sin $\beta O F$ | geni-
tum] tunc *add. edd.* | *culpabimur *R* (*pc.*) *edd.*   **9** quod] ut *O Li*; *om. Ma*
certa] recta *R* | neque ... neque *Ly* | est *om.* β **9sq.** utrisque *L β R*   **10** id
est] et *A* | est] et *add. F* (*sl.*) *edd.* (-*Lov.*) | a] ad *A*; ex *sent. Ly* | et¹] a *add.* $\beta_1 \gamma_2$
Ma edd. (-*Lov.*)   **10sq.** et² ... adprobem *om. sent.*   **10** hoc *G F trin.*
10sq. adprobemus *F trin.*; adprobes *G*   **11** nostrum *om. Ma*   **11sq.** discipu-
lis suis *Wig. Ro R*   **12** suos *om. Ly trin.* | audi docentem] *ante* discipulos *tr.*
F | dicentem *Wig. L Ro R* | autem *om. Wig. sent. trin.*   **14** perhibet *Wig.* β
rursum *om. Wig.*; post resurrectionem (suam *add. O*) *add. O* (*mg.*) *F* | noster
om. sent. Ma trin.   **15** Iesus Christus *om. sent.* | post ... suam *om. F*
16 sicut] et *add. Ma O R trin.* | insuflasset *A*; insufflavit *Li*   **17** suos *om. Ma*
F | sanctum] Item: Ego mittam promissum patris mei in vos (Luc. *24, 49*)
add. edd.   **17–19** unus ... ait *om. sent.*   **17** spiritus est *tr.* $\beta_1 Li$ *edd.*
18 quod] quae *G*; et quod *F*; quod ex *Ma*   **19** noster] Iesus Christus *add. Ro*
Li edd. (-*Maur.*)   **21** et *om. V sent. Ma* | sit] spiritus *add.* β (-*sent.*) *O F Li edd.*
est] dicens *add.* γ_1 **22** inquit *om. Wig.* γ_1 | hic *om. Ly* | eius *om. E; app. 1 B*
add. γ_1 (*cf. p. 415*)

(3) INTERROGATIO III

De singulis personis, quod alius sit pater, alius filius, alius spiritus
sanctus, vel quod filius sit genitus et spiritus sanctus procedens
secundum scripturas sanctas advertimus. Nunc vero illud scire
cupio, si deus sit filius aut spiritus sanctus, vel utrum sit una 5
substantia vel essentia, quam Graeci usian dicunt.

RESPONSIO

Intende animo et †vere† quae te movent libentius demonstrabo.
Beatus Paulus apostolus, quod filius sit deus, ad Romanos scribens *Quorum patres* inquit *et ex quibus Christus secundum carnem;* 10
qui est super omnia deus benedictus in saecula. Et iterum in evangelio secundum Iohannem *Ut cognoscant* inquit *te solum verum
deum et quem misisti Iesum Christum.* Ordo est verborum: Ut

α (α*₁* (*L G*) α*₂* (*M₂ V Wig.*) *Ro*) β (β*₁* (*P E*) *M₁ sent.*) γ (γ*₁* (*Ly Ma A*) γ*₂* (*O F trin.*) *R*)
Li

3, 10s Rom. 9, 5 **12s** Ioh. 17, 3

3, 5sq. una ... dicunt] *cf.* Aug. trin. 5, 2, 3 (...substantia vel, si melius hoc
appellatur, essentia, quam Graeci οὐσίαν vocant); Fulg. fid. ad Petr. 5 (CCSL
91A, p. 714, 109–715, 111 Una est enim patris et filii et spiritus sancti
essentia, quam Graeci οὐσίαν vocant) **12–15** ut ... deum] *cf.* Aug. trin. 6, 9,
10 (An quoniam addidit 'Et quem misisti Iesum Christum', subaudiendum
est 'unum verum deum' et ordo verborum est 'ut te et quem misisti Iesum
Christum cognoscant unum verum deum'?)

3, 2 singulis] autem *add. V* | aliut ... aliut ... aliut *Ly* **3** sanctus[2]] ab utroque
add. γ*₁ Li* (*mg. mp.*) **4** illud *om. sent. Li* **5** sit[1]] est *O* | aut] et *O*; adque *A*
si spiritus sanctus sit deus *sent.* | una sit *tr. Li edd.* **6** substantia] horum
trium *add. sent.* | vel] una *add. F* | quam α (*-V G*) *A O Li edd.*; quae *G*; quod
rell. | usion *V Ma*; (h)omousian *vel* (h)omousion β *Li edd.* | dicunt] vocant *A
Li edd.*
8 intende ... vere] intende et animadverte *M₂*; intento animo adverte *Maur.*
animo] *malim* animum | vere] vetere *V G*; vertere *L Ro*; vetera *Wig.*; ea γ*₁*
te *om. A* | libenter *Ly* | demonstrabo] *app. 1 C add.* γ*₁*(*cf. p. 416)* **9** nam et
beatus apostolus γ*₁* | sit deus] dei sit *L* **9sq.** scribens] de Israelitis *add. edd.*
10 patres inquit] patre sicut qui *A* | et γ (*-O F; sl. R*); *om. rell.* | quibus] est
add. edd. **11–26** et ... edocent *om. sent.* **12** agnoscant *M₂* | inquit] illi
α*₂* (*-M₂*); *om. G A trin.* | verum *Wig.* γ *edd.*; *om. rell.* **13** ordo est verborum
om. trin. **13–15** ordo ... deum *om. G* **13–15** ut ... deum *om. F* (*ac.*)

cognoscant te et quem misisti Iesum Christum unum verum
15 deum. Et rursum alia scriptura dicit: *Ut simus in vero filio eius*
Iesu Christo; ipse est verus deus et vita aeterna. Et ut aequalitatem
suam ostendat, ait ipse dominus: *Ego et pater unum sumus.* Unum
sunt scilicet natura, non persona. Et iterum *Propterea* inquit
quaerebant Iudaei Iesum interficere, quia non solum solvebat sabba-
20 *tum, sed et patrem suum dicebat deum aequalem se faciens deo.* Et
rursum beatus Paulus apostolus: *Qui cum in forma dei esset, non*
rapinam arbitratus est esse se aequalem deo. Non poterat esse
rapina, ubi aequalis erat natura; quae non erat usurpata, sed nata:
Non rapuit, quia habuit. Et multa innumerabilia, quae ad mo-
25 mentum non occurrunt. Spiritum vero sanctum deum Actus

α (α₁ (*L G*) α₂ (*M₂ V Wig.*) *Ro*) β (β₁ (*P E*) *M₁ sent.*) γ (γ₁ (*Ly Ma A*) γ₂ (*O F trin.*) *R*)
Li

3, 15 et…dicit] *cf.* Ioh. 19, 37 (et iterum alia scriptura dicit)   **15s** 1 Ioh. 5, 20
17 Ioh. 10, 30   **18–20** Ioh. 5, 18   **21s** Phil. 2, 6

3, 22–24 non … habuit] *cf.* Aug. in Ioh. tract. 78, 1 (Quomodo enim rapina
posset esse natura, quae non erat usurpata, sed nata?); contra Max. 1, 5
(CCSL 87A, p. 502, 19–20 …tamquam hoc sit 'non rapuit', quod est 'non
habuit', id est aequalitatem dei); Quodvultdeus s. 1, 3 (Non rapuit, quia
naturaliter habuit)

3, 14 unum γ (*post* verum *tr. trin.*); solum *edd.*; *om. rell.*   **15** rursus *Li edd.*
alia] illa *F; om. trin.* | eius filio *tr.* β (*-sent.*) *edd.*   **16** aeterna] *app. 1 D add.* γ₁
(*cf. p. 416*)   **17** suam *om. Ly* | ostenderet *F trin.*; ostendit *L* | ego … sumus
om. E   **17sq.** unum sunt *om. trin.*; sunt *om. F*   **18** iterum] evangelista *add.*
O (*mg.*)   **19** Iesum Iudaei *tr. M₂ G Ro* β (*-sent.*) *O F R*; Iudaei *om. L* | interfi-
cere Iesum *tr. A*   **20** se *om. Ly* | et²] quod *Ly*   **21** rursus Paulus *trin.*
apostolus Paulus *tr. V L Ro* β (*-sent.*) *A O Li edd.* | apostolus] dicit *add.* γ₁;
inquit *add. O* (*post* esset) *trin.*   **22** rapina *M₂ Ly* | est *om. Ly* | aequalis deum
Ly | deo] sed semetipsam exinanivit formam servi accipiens *add. Wig.*
non] enim *add. Ro O* (*sl.*) *Li edd.*   **23** erat¹ *om. Ly F* | quae] quia *Wig.; om.*
trin. | nata *Ro* γ (*-R*) *Li edd.*; donata *rell.*; et *add.* γ₁   **24** quia] qui *Li*; quod
O; vere *add. trin.*; non *add. A*   **24sq.** et … occurrunt *om. trin.*   **24sq.** mo-
mentum] modum *G*; modo *F*   **25** occurrunt] *app. 1 E add.* γ₁ (*cf. p. 416*)
25sq. spiritum … apostolorum] in actibus quoque apostolorum spiritus
sanctus deus γ₁ (deus *om. A*)   **25** vero *om. L* | sanctum] verum *add. edd.*
acta *O*

apostolorum apertissime edocent: *Anania* inquit Petrus *cur temptavit satanas cor tuum mentiri te spiritui sancto?* Et infra: *Non hominibus mentitus es, sed deo.* Et in evangelio secundum Iohannem dominus inquit: *Deus spiritus est.* Paulus apostolus ad Corinthios scribens *Nescitis* inquit *quia corpora vestra templum est* 30 *spiritus sancti, qui in vobis est, quem habetis a deo, et non estis vestri? Empti enim estis magno pretio. Glorificate et portate deum in corpore vestro.* Pater, inquam, deus, filius deus, spiritus sanctus deus; non tres di, sed unus est deus. Nam si pater maior, filius

---

α (α*₁* (*L G*) α*₂* (*M₂ V* Wig.) *Ro*) β (β*₁* (*P E*) *M₁ sent.*) γ (γ*₁* (*Ly Ma A*) γ*₂* (*O F trin.*) *R*) *Li*

3, 26s Act. 5, 3   **27s** Act. 5, 4   **29** Ioh. 4, 24   **30–33** I Cor. 6, 19–20

3, 33sq. pater ... deus⁴] *cf.* Aug. epist. 238, 15 (Spiritus est deus et pater spiritus est et filius et ipse spiritus sanctus nec tamen tres, sed unus spiritus, sicut non tres dii, sed unus deus); c. serm. Arr. 15 (CCSL 87A, p. 215, 42–44 *ubi multa similia colliguntur* ...eorum singulus quisque deus sit, tres tamen dii non sint. Nam et pater deus est et filius deus est et spiritus sanctus deus est...)   **33–37** pater ... credere] *cf.* Aug. contra Max. 2, 5 (CCSL 87A, p. 541, 13–18 Duos facias deos, unum maiorem id est patrem, alium minorem id est filium, spiritum vero sanctum ita omnium trium minimum fingas ... non est haec nostra fides, quoniam non est Christiana fides ac per hoc nec fides); Fulg. trin. 4,4 (CCSL 91A, p. 637, 189–193 Ergo non tenetur sub unius dei professione, sed ethnicorum more plurimorum deorum cultui mancipatur, dum deum patrem maiorem filiumque minorem et spiritum sanctum plus quam minorem praesumptione temeraria suspicatur); XI Conc. Tolet. (PL 84, 454A)

3, 26 manifestissime docet *Wig.* | docent γ*₂ R Li*; demonstratur ubi dicitur γ*₁* **27** cor tuum *om. M₁* | et infra *om. A* | infra] adiunxit *add. sent.* **27sq.** non hominibus mentitus es sed deo γ (-*A R*); non es mentitus hominibus sed deo *tr.* β *A*; non hominibus sed deo mentitus es *tr. rell.* **28–37** et ... divina *om. sent.* **29** deus *Ly*; *om. rell.* | est *om. O*; et *add.* γ*₁* | apostolus *om. trin.* **29–33** ad ... vestro] hisdem verbis et ipse perstringens sic effatus dicens dominus spiritus est 'ubi autem spiritus domini ibi libertas' (II Cor. 17, 3) γ*₁* (hisdem ... spiritus est *om. A*) **30** templa sunt *O*; sunt *trin.* **32** vestri] idem Paulus *add. trin.* | pretio magno *tr. Wig.* γ*₂* (-*trin.*) *Ly Ma Li edd.* dominum *V L* β (-*sent.*) **33** inquit α*₁ Wig. M₁ Ly A F* **33sq.** spiritus sanctus deus *om. Ly* **34** deus est *tr.* β*₁ F Li edd.*; est *om. Ly* | nam] nisi α*₂* (-*M₂*) **34–37** nam ... divina] ut Moyses dicit *trin.*

35 minor, spiritus sanctus plus quam minor, quod haeretica pravitas
adserit, iam non erit unus deus, sed tres di, quod nefas est credere. Et valde redarguit illos scriptura divina: *Audi, Israel,* inquit
dominus deus tuus, deus unus est. Ac per hoc sicut non dicimus
tres deos nec tres essentias, ita nec tres sapientias nec tres spiritus.
40 Nam interrogati de singulis personis, si pater sit sapientia vel
filius vel spiritus sanctus, respondemus: Pater sapientia et filius
sapientia et spiritus sanctus sapientia; non tres sapientiae nec tres
spiritus, sed una sapientia et unus spiritus sicut una est substantia
aut essentia, quia hoc est illi esse, quod sapientem esse vel spiri-
45 tum esse.

α (α_1 (*L G*) α_2 (*M₂ V Wig.*) *Ro*) β (β_1 (*P E*) *M₁ sent.*) γ (γ_1 (*Ly Ma A*) γ_2 (*O F trin.*) *R*)
Li

3, 37s Deut. 6, 4

3, 43–45 sed ... esse] *cf.* Aug. trin. 15, 6, 9 (non est aliud sapientia eius, aliud
essentia, cui hoc est esse, quod sapientem esse); gen ad litt. 1, 5 (...filius, cui
non solum hoc est esse quod vivere, sed etiam hoc est ei vivere, quod est
sapienter ac beate vivere)

3, 35 quae *G M₁*; *om. V* | haeretica] prophetica *V* | pravitas] procacitas *G M₁*
36 iam *om. Ma A* | eritis *V*; erat *L* | est] erat *L*   **36sq.** credere] dicere *O* (vel
credere *sl.*); etiam dicere *F*   **37** eos *M₂ β₁* | divina] quae dicit *add.* γ_1 | inquit
om. Wig. Ro sent. γ (*-O R*)   **38** deus²] dominus α_1 *M₂ M₁ Ma*   **40** nam] nunc
M₂ G F | nam ... personis] Orosius *Ro Li* | interrogati] *interroganti
γ_2 (*-trin.*) *Ma A*; interrogatio α (*-Ro*)   **40sq.** vel filius *sent. trin.*; *om. rell.*
41 sanctus *om.* α (*-Ro*) *A O F* | sanctus respondemus] Augustinus *Ro Li*
pater] est *add. F trin.* | et *om. M₂ sent. Ly trin.*; spiritus *add.* α (*-Wig.*) *A F Li*;
spiritus sanctus *add. O* | filius²] est *add. F trin.*   **42** et] spiritus *A*; *om. M₂
sent. Ly trin.* | sapientiae *Ro O F Li edd.*; sapientias *rell.*; sunt *add. Ro*; sed una
sapientia *add. Li*   **43** una¹] est *add. Ma A F* | una¹ ... et *om. Li* | una¹ ... una
om. Ly | sapientia] est *add. Li edd.* | sicut] sed *Ro Li* | est una *tr. edd.* | est
om. α_2 (*-M₂*) *O trin.*   **44** aut] atque *M₂*; an *G M₁*; et *sent.* γ_2 *Ly*; *om. Ma*; una
add. Wig. β_1 *Ma O edd.* | est illi esse] illi patri est *trin.* | quod] quem *M₁*; qui
G; quia *L*   **44sq.** sapientem ... esse²] filio sapientiae et spiritui sancto est
esse *trin.*

(4) INTERROGATIO IV

Et si aequales sunt pater et filius, quomodo ipse filius dicit *Pater maior me est* et *Non veni voluntatem meam facere, sed voluntatem eius qui me misit* et *Pater, si fieri potest, transeat a me calix iste* et *Mea doctrina non est mea, sed eius qui me misit?*   5

RESPONSIO

Ista omnia et alia, quae a te dicta non sunt, secundum formam servi, quam adsumpsit, dicta sunt. Igitur cum primus homo conditus esset a deo et libero arbitrio muneratus praeceptumque ei positum esset ⟨...⟩ et si custodisset, quae ei deus praeceperat, PL morte non corporis neque animae multaretur. Sed ille inobediens 736 mandato dei atque elatus superbia suasioni serpentis obediens dei

---

α (α*₁* (*L G*) α*₂* (*M₂ V Wig.*) *Ro*) β (β*₁* (*P E*) *M₁ sent.*) γ (γ*₁* (*Ly Ma A*) γ*₂* (*O F trin.*) *R*) *Li*

4, 2s Ioh. 14, 28   **3s** Ioh. 6, 38   **4** Matth. 26, 39   **5** Ioh. 7, 16   **8–10** *cf.* Gen. 1, 16–17

4, 2 et¹] ergo *O* (*pc.*); *om. V* | si ... sunt] cum ... sint *trin.* | et²] aut *Ly* quomodo ... dicit] et spiritus sanctus filius tamen dicit *trin.* | ipse *om. Wig.* filius ipse *tr. O F*   3 veni ... facere] veni facere voluntatem α*₂* (-*M₂*) voluntatem² *om. Wig.*   **4** misit me *tr. G Li* | et¹] iterum *add. Li* | et¹ ... iste *om. sent.* | fieri potest] possibile est *trin.* | transeat ... iste] transfer a me calicem istum verumtamen non mea voluntas sed tua fiat *Wig.* | calix iste a me *tr. Ro*   **5** misit me *tr. G A F*
7 alia] similia *sent.* | a te] ante *M₂* | a ... sunt] dicit filius *trin.* | te dicta] patrem *Ly* | non sunt dicta *tr.* β*₁ Ly Ma Li edd.*; iam dicta sunt *V* | non *om. Ro*   **8** servi] suam *V* | adsumpsit] intelligenda et *add. trin.*   **8–23** igitur ... de *om. sent.*   **8** cum *om. V* | homo] Adam bonus (bonus Adam *tr. Ly*) rectus et sine peccato *add.* γ*₁*   **9** esset] sit *Ro F* (esset *sl.*)   **9sq.** esset ... esset] esse ... esse *E*   **9** muneraretur *trin.*; munitus *Am.* (*mg.*); numeratus *A; app. 1 F add.* γ*₁* (*cf. p. 417*)   **9sq.** praeceptumque ... et] accepit praeceptum *A*   **9** ei] et *V*; vero *G*; *om. O F*   **9sq.** eius epositum *Ro*   **10** positum ... ei *om. Ly lacunam indicavi* | et] ut γ*₂ Ma*; *om. R Li edd.* | quae ... praeceperat *om. A* deus] dominus α*₂* (-*V*) | praecipit *Wig.*   **11** mortem α (-*Wig.*) *E* | neque animae neque corporis γ*₁* | mutaretur *Wig.* (*pc.*) *G E A*; moreretur *trin.*; pateretur *Ro* | sed *om. O F* | ille *om. V*   **12** et mandata dei ut elevatus *A* elebatus *V* | superbia] super via *Ly* | suasione α*₂* (-*M₂*) *L E M₁ Ly O* (*ac.*) | dei² *om. O*   **12sq.** dei praecepta] mandata *trin.*

praecepta contempsit. Et haec causa extitit, ut mortis periculum
incurreret et ab illo uno homine omnis humana natura vitiosa
15 atque peccato obnoxia mortalis existeret. Apostolus Paulus *Per
unum hominem* inquit *peccatum introivit in mundum et per
peccatum mors et ita in omnes homines mors pertransivit, in quo
omnes peccaverunt. Quia sicut per unum hominem omnes homines
in condemnationem, ita et per unius iustitiam omnes homines in*
20 *iustificationem vitae.* Et iterum: *Primus homo de terra terrenus;
secundus homo de caelo caelestis.* Hic, inquam, homo caelestis.
Caelestem itaque dico, quia non ex humano conceptus est semine, sed de Maria virgine pro nostra salute adsumptus a filio dei,
sicut evangelista Iohannes testatur: *Et verbum* inquit *caro factum*
25 *est et habitavit in nobis. Verbum caro factum,* non 'in carnem

---

α (α*₁* (*L G*) α*₂* (*M₂ V Wig.*) *Ro*) β (β*₁* (*P E*) *M₁ sent.*) γ (γ*₁* (*Ly Ma A*) γ*₂* (*O F trin.*) *R*)
Li

4, 15–18 Rom. 5, 12 **18–20** Rom. 5, 18 **20s** I Cor. 15, 47 **24s** Ioh. 1, 14

4, 25–27 verbum ... erat] *cf.* Aug. trin. 1, 7, 14 (Neque enim illa susceptione
alterum eorum in alterum conversum atque mutatum est; nec divinitas
quippe in creaturam mutata est, ut desisteret esse divinitas, nec creatura in
divinitatem, ut desisteret esse creatura); XI Conc. Tolet. (PL 84, 455D)

4, 13 hac *O* | exstetit *O (ac.)*; adstitit *V* | ut] in *add. R* **14** curreret *A*
omnes *Ly*; hominis *L Ma (ac.)* | natura *om. M₂* **15** obnoxia *om. A*
existeret] unde *add. trin.*; sicut *add. R*; *app. 1 G add.* γ*₁* (*cf. p. 417*) | unde et
Paulus apostolus γ*₁* (et *om. Ly*; apostolus *om. A*) **16** inquit] *post* Paulus *tr.*
Wig. trin. | introibit *Ro Ly A*; intravit β (*-sent.*) *Li edd.* **17** homines] animae
E | homines mors *om. A* | mors² *om. Ma R* | pertransibit *Ly*; per omnes
transiit α (*- Wig. G*) **17sq.** pertransivit ... homines *om. G* **18** peccaverunt]
et iterum *add.* γ*₁* | sicut *om. Ly* | hominem] in *add.* α (*-G*) | homines *om. Ly*
19 condemnationem] ceciderunt *add. trin.* | itaque *Ly* | et *om. M₂ Ro* | per
om. A | iustitie *E Ly* **20** iustificationem] iustitiam *O trin.* | vitae] surrex-
erunt *add. trin.* **21** hinc *Ro E*; hunc *A*; hic homo inquam *tr. M₁* | hic ...
caelestis *om.* γ*₂* | inquit *G*; in quod *L* | caelestis² *om. P*; est *add. edd.*
22 dicimus γ*₁* | quae ex humano non *G* | est *om. trin.* **23** de] sancta *add.*
Ma | adsumptus] adsumpsit *V* **24** evangelista *om. trin.* | inquit *om.* β *trin.*
Li **25** habitabit *Wig. L Ro E Ly A* | nobis] et *add.* α (*-L*) β*₁ R Li* | caro] carne
α (*-V*) *E R*; carnem *V P sent. F Li* | factum] est *add. Ro Li edd.* | in *om.* α (*-G*)
Li | carnem *O F edd.*; carne *rell.*

mutatum', ut non desisteret esse, quod erat, sed coepit esse, quod non erat. Adsumpsit enim carnem, non se convertit in carnem. Carnem istam a parte totum hominem intellegimus, id est carnem et animam rationalem, ut sicut primus homo et carne et anima mortuus fuerat, ita etiam oportuit, ut per mediatorem dei 30 et hominum hominem Christum Iesum et carne et anima vivificaretur. Ergo, ut supra diximus, secundum adsumpti hominis formam dictum est *Pater maior me est*.

(5) INTERROGATIO V

Video te, dum de uno filio dei inquireres, duos introducere voluisse, ut dicas filium dei et filium hominis.

α (α_1 (*L G*) α_2 (*M₂ V Wig.*) *Ro*) β (β_1 (*P E*) *M₁ sent.*) γ (γ_1 (*Ly Ma A*) γ_2 (*O F trin.*) *R*) *Li*

4, 30s *cf.* I Tim. 2, 5   **33** Ioh. 14, 28

4, 27 adsumpsit ... carnem²] *cf.* Vinc. Ler. exc. 5 (CCSL 64, p. 214, 93–94 Adsumpsit enim carnem, non se convertit in carnem)   **32sq.** secundum ... est²] *cf.* Aug. trin. 2, 5, 9 (Forma porro illa suscepti hominis filii persona est, non etiam patris)   **5, 2** duos introducere] *cf.* Aug. c. serm. Arr. 1, 1 (CCSL 87A, p. 183, 4–5 *ubi multa similia colliguntur* duos nobis inducunt deos diversae disparisque naturae)

4, 26 mutatur *V*; mutato *Ly* | non *om. O trin.* | quod¹] quo deus *A* | cepit *V Ro P γ* (*-trin.*) *Li*; coeperit *edd.*   **27** erat] *app. 1 H add.* γ_1 (*cf. p. 417*) | sumpsit γ_2 | adsumpsit ... carnem² *om. Ma A* | non se] sed non *L* | se *om. trin.* convertit] convertendo *F*   **28** carnem] verum *add. Ma A*; enim *add. V* | a parte] a patre *Ly*; aperte *Ro sent.* | hominem *om. Ma A*   **29** rationabilem β (*-M₁*) *O F*   **29sq.** rationalem ... anima *om. A*   **29** ut] et *M₂ edd.* | et²] e *V*; *om. Ly*   **30** ut] et α (*-G*)   **31** hominum] unum α_1 *Ro*; hominem *E*; *om. V P R* (*ac.*) | hominem *om. Ma* | Christum Iesum γ (*-R trin.*) *Li*; Iesum Christum *tr. rell.*   **31sq.** vivificaretur] *app. 1 I add.* γ_1 (*cf. p. 418*)   **32** adsumpti γ_1 *edd.* (*-Lov.*); adsumptionis γ_2 (*sl. O*); adsumptionem α (*- Wig.*) *E sent.*; adsumptam *rell.* | hominis *om.* γ_2 **33** formam] carnis *add. trin.* | est²] et cetera quae in initio interrogationis (interrogatur *Ly*; quaestionis *Ma*) proposita (posita *Ly*) sunt *add.* γ_1; equalis ergo patri in quantum deus est subiectus vero in quantum homo est (*cf. Isid. diff. 2, 5, 13; PL 83, 72, 20–21*) *add. Wig.*
5, 2 te *om. Wig.* | dum *om. G F* | inquireres *M₂ L Ro Ma*; inquiris β (*-sent.*) *Ly Li* (inquireris *ac.*) *Lov.*; inquereres *G*; *om. F*; inquireris *rell.* | duo *Ro R* introducere] filios *add. O F*   **3** et *om.* α *P sent. Li*

RESPONSIO

5 Non sunt duo filii, sed unus, quia ille, qui erat filius dei, factus est
filius hominis in unitate personae. Quia sicut anima et caro unus
est homo, ita verbum et homo unus est Christus. Duas substan-
tias accipimus in uno filio dei, unam deitatis, alteram humanita-
tis, non duas personas. Igitur, si dixerimus duas esse personas,
10 introducimus duos filios dei, et iam non erit trinitas, sed quaternitas. Profecto enim per id, quod deus et aequalis semper patri,
ubique praesens est et in caelo totus et in terra totus et nullo
continetur loco; per id, quod homo et passus et mortuus et

α $(\alpha_1$ $(L\ G)$ α_2 $(M_2\ V\ Wig.)$ $Ro)$ β $(\beta_1$ $(P\ E)$ M_1 sent.$)$ γ $(\gamma_1$ $(Ly\ Ma\ A)$ γ_2 $(O\ F\ trin.)$ $R)$
Li

5, 10sq. trinitas ... quaternitas] *cf.* Aug. c. serm. Arr. 7 (CCSL 87A, p. 195,
36 *ubi multa similia colliguntur* ...ne si duas faciat, quaternitas incipiat esse,
non trinitas); XI Conc. Tolet. (PL 84, 456A)   **12sq.** ubique ... loco] *cf.* Aug.
epist. 78, 3 (Ubique quidem deus est et nullo continetur vel includitur loco);
epist. 147, 29 (Nusquam enim est absens ... sed ubique totus est et nullo
continetur loco) *verba* ubique totus et nullo continetur loco *saepe apud*
Augustinum

5, 5 ille *om.* M_1 | filius dei γ (*-R*); dei filius *tr. rell.* | facturus V **5sq.** filius
factus est hominis *tr.* L **6** hominis filius *tr. Wig.* β | persona β_1
6sq. personae ... est *om.* A **6** quia sicut] ut *trin.*   **6sq.** sicut ... Christus *om.*
M_1 **7** ita] et *add.* V | verbum] deus Ly | homo^2] caro $Ma\ A$ **8** accepimus
α_2 (*-V*) L | uno filio dei unam] unum filium una Ly | deitatis] et *add.* L
alteram] alia Ly **8sq.** humanitatem V **9** personas^1] sed unae persona *add.*
Ly | igitur] et *trin.* | esse *om. trin.* | personas^2 *om.* Ly **10** introducimus V
sent. γ (*-trin.*); introducemus *edd.*; introducamus *rell.*; etiam *add. trin.* | duos
om. R | dei] de G; dum β_1; tum M_1; *om. sent. edd.* | et tunc etiam non erit
sent.; et iam tunc non erit *trin.* | erat L | in trinitate G **10sq.** quaternitas]
quod absit *add. trin.*   **11** enim] namque *Wig.* | per id quod deus] perit deus
$\alpha_1 M_2$ | quod deus] dicitur V; est *add. trin.* | deus *om.* Ly; est *add.* O (*sl.*)
deus ... aequalis] erat et Ro | et] est $\beta_1 Li$ *edd.* | et aequalis semper patri]
aequalis erat patri γ_1 | aequalis] quod erat aequalis Li | semper] est $O\ R$; *om.* F
trin. | patri] et *add.* O; est *add.* F *trin.*   **12** ubique] ubique (ubi Ly) deus et
ubique (deus *add.* Ly) γ_1 | est *om. sent.* | totus^1 *om. sent.* | et^3] in *add. sent.* F
trin.   **13** continetur] contentus *Wig.* β (*-sent.*) *edd.*; contento R; contemptus
α (*-Wig.*; contemptis G); tentus *sent.* | loco] caelo α (*-G Ro*) β (*-sent.*) Li (*ac.*);
om. Ro | per id] perit G | homo] est *add. sent.* | et^1 ... mortuus] *app. 1 J*
praebet γ_1 (*cf. p. 418*) | passus] homo *add.* β_1 | et^3] deinde (dehinc Ma) γ_1

resurrexit, ascendit in caelum sedetque ad dexteram patris. Et sic
veniet ad iudicandos vivos et mortuos, quemadmodum est ire 15
visus in caelum, in eadem forma carnis atque substantia, cui
profecto inmortalitatem dedit, naturam non abstulit.

(6) INTERROGATIO VI

Si una substantia est patris et filii et spiritus sancti, quomodo
filius sine patre et spiritu sancto suscepit carnem?

RESPONSIO

Neque persona patris neque spiritus sancti, sed sola filii persona 5
suscepit carnem. Et ut haec intellegas, comparationibus utar, ut

---

α (α₁ (L G) α₂ (M₂ V Wig.) Ro) β (β₁ (P E) M₁ sent.) γ (γ₁ (Ly Ma A) γ₂ (O F trin.) R)
Li

5, 14–17 resurrexit ... abstulit] *cf.* Aug. epist. 187, 10 (resurrexit a mortuis,
ascendit in caelum, sedet ad dexteram patris nec aliunde quam inde venturus
est ad vivos mortuosque iudicandos ... quemadmodum est ire visus in
caelum, id est in eadem forma carnis atque substantia, cui profecto immorta-
litatem dedit, naturam non abstulit) **6, 5sq.** neque¹ ... carnem] *cf.* XI Conc.
Tolet. (PL 84, 456D) **5–11** neque¹ ... persona] *cf.* serm. de symb. 11 (PL
40, 1195, 59–68) *qui cento vix ante saec. XI confectus est (cf. CPPM I A, 1114)*

5, 14 resurrexit] et *add.* β O Li *edd.* | ascendit ... sedetque] ascenditque L
seditque α (*om.* L) β (*-sent.*) R | dexteram] dei *add.* Wig. Li **14sq.** et ...
iudicandos] qui etiam venturus est iudicare γ₁ **15** iudicandum O F *edd.*;
iudicare V **15sq.** quemadmodum ... caelum *om.* Ma A **15sq.** ire visus est
tr. Ly; est visus ire *tr.* L Ro Li; visus est ire *tr.* V *edd.* **16** caelum] *app. 1 K
add.* γ₁ (*cf. p. 419*) | eadem] Adam α (*- Wig.* G) E *sent.*; ea F **17** perfecto Ro
dediti G | natura M₂ L Ly | abstulit] *app. 1 L add.* γ₁ (*cf. p. 419*)
6, 2 si *Wig. sent.* γ (*-F trin.*) *Maur.*; licet *trin.*; cum *edd.* (*-Maur.*); *om. rell.* | est
substantia *tr.* Ro E Li | est] sit *trin. edd.* (*-Maur.*) | et¹ ... sancti *om.* A
et² ... sancti *om.* Ma | sancti *om.* Ly; et *add.* α (*- Wig.* G) β (*-sent.*) F Li **3** car-
nem suscepit *tr.* V *sent.*
5 nec ... nec Ly | neque²] persona *add.* A | persona² *om.* Ro O (*ac.*) *trin.*
6 suscepit carnem *ante* sed *tr.* F | et *om.* G Ma | hoc O F *edd.* | intellegamus
Ma A *trin.* | conparationis L; conparatione *sent.* | utor *Wig. sent.* | ut² *om.* G

ex creatura intellegas creatorem. Certe in anima est ratio, et cum
sint unum, aliud anima agit, aliud ratio: Anima vivimus, ratione
sapimus. Ita pater et filius et spiritus sanctus, cum sint una sub-
10 stantia, tota trinitas operata est hominem, quem adsumpsit non
tota trinitas, sed sola filii persona.

(7) INTERROGATIO VII

Voluntate genuit pater filium an necessitate?

RESPONSIO

Nec voluntate nec necessitate, quia necessitas in deo non est.
5 Praeire voluntas sapientiam non potest, quae est filius. Igitur
prius est rationabiliter sapere quam rationabiliter velle. Nam qui-

---

α (α*₁* (*L G*) α*₂* (*M₂ V Wig.*) *Ro*) β (β*₁* (*P E*) *M₁ sent.*) γ (γ*₁* (*Ly Ma A*) γ*₂* (*O F trin.*) *R*)
Li

6, 7–9 in ... sapimus] *cf.* Hon. Anton. epist. ad Arcadium (PL 50, 569D ...in
anima est ratio. Et una est anima, sed aliud anima agit, aliud ratio: Anima
vivit, ratio sapit)   **10 sq.** tota ... persona] *cf.* Fulg. c. Fastid. 19, 3 (CCSL 91,
p. 304, 781–783 Diximus enim, quia humanitatem filii dei tota trinitas fecit,
quam tamen non tota trinitas, sed solus filius in suam personam accepit)
7, 6–13 nam ... obmutuit] *cf.* Aug. c. serm. Arr. 1, 2 (CCSL 87A, p. 185,
34–43 *ubi multa similia colliguntur* interrogant enim utrum pater filium
volens an nolens genuerit ... ipsi interrogandi sunt utrum deus pater volens
an nolens sit deus); trin. 15, 20, 38 (Acute sane quidam respondit haeretico

---

6, 7 intellegas *ante* ex *tr.* trin.; intellegamus *Ma A* | certe] *post* utar *tr.* γ*₂*
est] et *add.* *F (sl.)* | et *om.* *R*   **8** sit *L Ly Ma (ac.)* | unum sint *tr.* edd. | aliud¹]
alio *Ly*   **9** sit β   **10** tota ... quem *om.* *A* | est] sit *sent.* | hominem quem]
hominemque *V* | quem] filius *add.* *R (mp.)*   **10 sq.** non tota trinitas assump-
sit *tr.* *Ro Li* edd.   **11** trinitas] adsumpsit *add.* α (*-G*) β (*-sent.*) *O F R*; adsumpsit carnem *add.* *Ma A*; suscepit carne *add.* *Ly*; *locus fortasse corruptus vel*
lacunosus | persona] *app. 1 M add.* γ*₁* (*cf. p. 419*)
7, 2 voluntarie *Am.* (voluntate *mg.*) *Er.* | genuit] deus *add.* γ*₁* | pater genuit
tr. Wig.
4 voluntarie *Am.* (voluntate *mg.*) *Er.* | necessitate ... voluntate *tr. Ro sent. Li*
necessitate] genuit pater filium non necessitate *add. trin.* | est] non volun-
tate quia voluntas *add. trin.*   **5** praeire] autem *add.* edd. | voluntas *om. trin.*
sapientia α (*-Ro*) *Ly* | quae *Ro O*; qui *G*; quia filius sapientia patris est *sent.*;
quod *rell.* | filius] dei *add.* *F*   **6** nam] nunc *M₂*; hinc *F*   **6–13** nam ...
obmutuit] unde nec voluntate nec necessitate sed naturaliter sola sapientia
pater genuit filium *trin.*

dam nostrum, cum eum interrogasset haereticus, utrum volens
an nolens genuerit pater filium, laudabiliter respondisse fertur:
Dic, inquit, et tu, haeretice, deus pater necessitate est deus an
voluntate? Quod si dixisset 'necessitate' sequebatur illum grandis
absurditas; si autem 'voluntate', respondebatur illi: Ergo voluntate est deus, non natura. Et in laqueum, quem voluit alio po-
nere, ipse incidit et videns se convictum obmutuit.

PL
737

(8) INTERROGATIO VIII
Quomodo illud intellegendum est, quod legitur *Sicut pater vitam
habet in semetipso, sic dedit et filio vitam habere in semetipso?*

α (α_1 (*L G*) α_2 (*M₂ V Wig.*) *Ro*) β (β_1 (*P E*) *M₁ sent.*) γ (γ_1 (*Ly Ma A*) γ_2 (*O F trin.*) *R*)
Li

8, 2s Ioh. 5, 26

---

versutissime interroganti utrum deus filium volens an nolens genuerit ... at
ille vigilantissime vicissim quaesivit ab eo, utrum deus pater volens an
nolens sit deus, ut si responderet 'nolens' sequeretur illa miseria, quam de
deo credere magna insania est; si autem diceret 'volens', responderetur ei:
Ergo et ipse voluntate sua deus est, non natura. Quid ergo restabat nisi ut
obmutesceret et sua interrogatione obligatum insolubili vinculo se videret?)
cuius loci de fontibus disputat B. Altaner, RBen 61 (1951), 57–61; Arnob. Iun.
confl. Serap. 1, 8 (CCSL 25A, p. 54, 329–55, 361 Dic mihi, catholice ...
voluntate eum genuit pater an necessitate?–Nec voluntate nec necessitate ...
interrogem interrogantem me, utrum prius sit sapere rationabiliter quam
rationabiliter velle... –Quis est qui ignoret, quod prius sit rationabiliter
sapere quam rationabiliter velle?– ...praecessit filius voluntatem... – ...nec
voluntate nec necessitate patrem filium genuisse); XI Conc. Tolet. (PL 84,
453C)

7, 7 noster *M₂ G sent.* *O* (*uv.*) | eum *om. Ly*   **8** genuerit] deus *add. Ma O* (*sl.*)
refertur *G;* ferunt *Ro;* videtur *Am.* (fertur *mg.*)   **9** inquit *om. Ma A* | deus²
om. A   **10** quia *G Ro Li*   **10sq.** sequeretur eum ... responderetur *sent. F*
11 absurditas] obscuritas *A*   **12** et] ut *Ro;* ita *add. edd.* | in] dum *Ro Li*
laqueo β (*-sent.*) γ_1 | quem] quo *V;* cum *Wig.; om. α_1 Ro Li* | volebat β (*-sent.*)
edd. | alio *Ma A R;* *alii *Ly O;* illi *F; om. rell.*   **13** incedit α_1 *Ly* | victum *L
sent.*
8, 2 quomodo ... legitur *om. trin.* | intellegendum est illud *tr. Ma O F* | est
om. M₂ L sent. | quod] in evangelio *add. Wig.*   **2sq.** habet vitam *tr. Wig. sent.
Ma A F*   **3** sic ... semetipso *om. R* | et *om. α_2 (-M₂)* γ (*-F R; ac. O*) | habere
vitam *tr. edd.*

RESPONSIO

5 Scimus filium dei a se ipso non esse, sed a patre genitum esse,
patrem vero a nullo genitum esse, a nullo vitam accepisse. Dedit
pater filio vitam gignendo vitam, non quod prius fuerit filius sine
vita et postea acceperit vitam sicut nos, qui per peccatum amisi-
mus vitam et per gratiam salvatoris recepimus. Ideo dicitur 'acce-

---

α (α₁ (L G) α₂ (M₂ V Wig.) Ro) β (β₁ (P E) M₁ sent.) γ (γ₁ (Ly Ma A) γ₂ (O F trin.) R)
Li

8,5–11 scimus ... vitam] *cf.* Aug. coll. Max. 13 (CCSL 87A, p. 400, 4–401,
17 Scimus a se ipso non esse, sed genitum esse a patre; patrem vero ipsum
ingenitum esse, a nullo esse, a nullo vitam accepisse; filium vero a patre
accepisse vitam, sed non ita tamquam fuerit aliquando sine vita, ut acciperet
vitam. Dedit enim ei vitam gignendo vitam. Gignendo eum vita dedit ei
vitam ... non quia iam erat filius sine vita et dedit ei vitam, quomodo nos
peccato facti sumus sine vita et per indulgentiam et gratiam accepimus
vitam); trin. 15, 26, 47 (Sicut habet pater vitam in semetipso sic dedit filio
vitam habere in semetipso, non sine vita exsistenti iam filio vitam patrem
dedisse, sed ita eum sine tempore genuisse, ut vita, quam pater filio gignendo dedit, coaeterna sit vitae patris, qui dedit, intellegat); in Ioh. tract. 19,
13 (Neque enim erat sine vita et accepit vitam, sed nascendo vita est ... filius
vita est nascendo ... si alicui iam existenti dedit esse, non ei dedit esse, quia
erat antequam ei daretur, qui posset accipere); in Ioh. tract. 54, 7 (Ita enim a
patre, quod habet, accepit, ut nascendo acceperit dederitque illi gignendo.
Nam et vita est et accepit vitam utique nascendo, non prius sine vita existendo ... numquid existenti et non habenti dedit? Sed eo dedit, quo genuit, qui
vitam genuit et vita genuit vitam ... Vitam dedit, quia gignendo vitam quid
dedit nisi esse vitam?)   **6sq.** dedit ... gignendo] *cf.* Aug. c. serm. Arr. 17
(CCSL 87A, p. 219, 12–13 *ubi multa similia colliguntur* ...dedit autem pater
filio vitam gignendo eum vitam sicut est etiam ipse vita); contra Max. 2, 14,
7 (CCSL 87A, p. 579, 202–204 Ac per hoc dedit ille vitam, quia genuit
vitam; accepit iste vitam, quia natus est vita)

8,5 dei *om.* A | semetipso α₁γ (-A O) Li edd.   **6** vitam] genitum *add.*
β (-sent.)   **7** vitam² γ (-O); *om. rell.*; quam pater habuit in se *add. trin.*
quod non *tr.* A | quod] quo M₂ L | filius *om. Ma A*   **8** postea ... per *om. Ly*
9 recipimus α (-M₂ Wig.) Ly edd.; sed *add. edd.*   **9sq.** ideo de eo dicitur O;
ideo de eo dicitur filius a patre accepit vitam *trin.*

pit vitam', quia non est a semetipso genitus. Non ⟨sine vita⟩ 10
existenti dedit, sed gignendo ⟨vitam⟩.

(9) INTERROGATIO IX

Quoniam et ratione et testimoniis persuasisti mihi de subiectione
filii, quod non sit secundum substantiam minor, sed secundum
formam servi, quam adsumpsit, ideo quaero, quid de missione
spiritus sancti sentias: Numquidnam et ipse hominem adsumpsit, 5
ut missus esse dicatur?

RESPONSIO

Sicut non secundum substantiam dicitur seu missus seu minor
filius, ita nec spiritus sanctus. Postremo sicut ille propter homi-

---

α (α₁ (L G) α₂ (M₂ V Wig.) Ro) β (β₁ (P E) M₁ sent.) γ (γ₁ (Ly Ma A) γ₂ (O F trin.) R)
Li

9, 8–18 sicut ... creaturam] *cf.* Aug. trin. 2, 6, 11–12; Fulg. trin. 6, 4 (CCSL
91A, p. 640, 296–302 Quomodo filium credimus missum secundum hominem, ita missum spiritum sanctum propter columbam vel ignem ... spiritus
vero sanctus ita columbam vel ignem, ut factae illae visiones ex tempore esse
postea desinerent)

8, 10 se ipso *A O F Li edd.* | non²] enim *add. Li edd.*   **10sq.** non² ...
gignendo] non enim filius hominem adsumpsit ut in aeternum non existenti
dedit sed gignendo *M₂*   **10** sine vita *addidi* (*cf. Aug. trin. 15, 26, 47*)   **11** existenti *Wig. G γ₁ trin.*; exsistendi *V*; sistenti *L*; exibendo *uv. Li* (*sl.*); existendo
rell. | sed *om. Ly* | gignenti *Ly*; nascendo *Ma* | vitam *addidi* (*cf. Aug. coll.
Max. 13*)
9, 2 et¹] e *V*; *om. Wig.* | ratione] oratione *trin.* | et² ... subiectione *om. Ro*
suasisti *Ma*; persuasimus *trin.* (*om.* mihi)   **3** filii] non enim sicut filius
hominem adsumpsit ut in aeternum *add. L* | quod] qui *G*; quia *O trin.* | sit
om. O (*ac.*) *trin.* | substantiam] dei *add. γ₁ ante, Wig. post*; deitatis *add. sent.
Li* (*mp.*) *post*   **4** servi] suam *V* | ideo quaero quid de missione *O* (*pc.*) *Li edd.*;
ideoque quid demissione *α* (*-G*) *β* (*-sent.*; dic *add. P*) *γ₁ R*; ideo quid demissione *O F*; ideo quae de missione *sent.*; ideo quiquid demissio non *G*
4–6 ideo ... dicatur] sed ut missus esse dicatur aliquid dicere volumus *trin.*
5 sentias] esentias *A*; sententias *Ma*; nosse cupio *add. R*; scire desidero *add.
sent.* | numquidnam] numquid non *F*; numquid *edd.*; edissere utrum *γ₁*
6 esse *om. O* | dicatur] an non *add. γ₁*
8 scimus sicut filius nec *trin.* | non] nec *Ro Li edd.*; nunc *M₂*; enim *V*; enim
non *Wig.*; *om. β* (*-M₁*) | substantiam] dei *add. γ₁* | dicitur] dixerunt *V*;

10 nem minor aut missus, ita iste propter columbam vel ignem
missus dicitur, scilicet quia non in ea substantia, qua aequalis est
patri, apparuit, sed, ut dictum est, per subiectam creaturam. Non
enim sicut filius hominem adsumpsit, ut in aeternum permaneat,
sic spiritus sanctus columbam vel ignem, sed factae illae visiones
15 de creatura inferiore ad manifestandum spiritum sanctum esse
postea destiterunt. Numquam illa incomprehensibilis inmutabi-
lisque divinitas, quae est trinitas deus, ab oculis carnalibus videri
potest nisi, ut dictum est, per subiectam creaturam.

(10) INTERROGATIO X

Filius autem dei sic est de patre quomodo natus, non quomodo
datus, spiritus vero sanctus sic est de patre et filio quomodo
datus, non quomodo natus. Ideoque quaero, quid distat inter
5 nativitatem filii et processionem spiritus sancti.

α (α₁ (L G) α₂ (M₂ V Wig.) Ro) β (β₁ (P E) M₁ sent.) γ (γ₁ (Ly Ma A) γ₂ (O F trin.) R)
Li

9, 10s *cf.* Matth. 3, 16; Act. 2, 2–3

divinitatis *sent.*; *om.* M₂β₁A | sive minor non est *sent.* **9sq.** postremo …
iste *om. trin.* **9** propter] per *sent.* F
9, 10 aut] atque *O F* | aut missus] amissus *L*; in ora missus *G* **10sq.** ita …
missus *om. A* **11** dicitur] dixerunt *V* | in ea non substantia *tr.* α | qua]
quae *Wig. Ly A; om.* α₁ | coaequalis *sent.*; qualis *A* | est aequalis *tr. Li edd.*
est *om. G A* **12** sed ut] sicut *G* **12sq.** non … permaneat] pertineat α
13 hominem] hominis *A* | ut] sic *add. Li edd.* **14** factae] sunt *add. Lov.*
factam illi visionem β **15** de creatura inferiore] per subiectam creaturam
sent. | inferiori α₁M₂Ly R; -ra *V* | spiritum sanctum *om. Li*; sanctum *om.* γ₂
15sq. esse postea destiterunt *om. V*; esse *om. Wig.*; postea *om. Li* **16** adstit-
erunt *A*; adstiterit β (-*sent.*); destitit *sent.* | numquid α₁; enim *add.* γ₁ *O edd.*
17 quae α₁ V M₁ *O edd.*; quod *rell.* | videre M₂L; non *add. V* **18** per *om.* M₂
L | subiectam] inferiorem *sent.*
10, 2 filius … sic] inter genitum filium et processionem spiritus sancti hoc
distat quod filius dei sic *trin.* | autem *om. Ma A* | sic est] sicut *Ro*
2–4 sic … natus] quomodo sit de patre natus, spiritus vero sanctus ab
utroque procedens, declarasti *edd.* **2** est *om.* α₁ **3sq.** quomodo … natus]
non quomodo natus sed quomodo datus *trin.* **4** natus] et *add. Ma A*
4sq. ideoque … sancti *om. trin.* **4** distet *F*; sit *sent.* **5** processione *L Ly*;
-nis *Wig.*

RESPONSIO

Filius autem solius est patris, non spiritus sancti; spiritus sanctus amborum est spiritus, id est patris et filii. Quod si spiritus sanctus filius diceretur, amborum utique filius diceretur; nullus autem filius est duorum nisi patris et matris, quod absit, ut inter 10 deum patrem et filium tale aliquid suspicemur, quia nec filius *hominum simul et ex patre procedit et ex matre, sed cum ⟨in matrem⟩ procedit ex patre, non tunc procedit ex matre, et cum procedit ex matre in hanc lucem, non tunc procedit ex patre. Spiritus vero sanctus non de patre procedit in filium et de filio 15 procedit ad sanctificandam creaturam, sed simul de utroque procedit.

α (α₁ (L G) α₂ (M₂ V Wig.) Ro) β (β₁ (P E) M₁ sent.) γ (γ₁ (Ly Ma A) γ₂ (O F trin.) R) Li

---

10, 7–17 filius ... procedit] *cf.* Aug. trin. 15, 27, 48 (= in Ioh. tract. 99, 8–9)
15–17 spiritus ... procedit] *cf.* XI Conc. Tolet. (PL 84, 453D)

10, 7 autem] natus *trin.*; *om. Ma A O F* | solus *V Ma F* | sancti] sanctus α₁ β₁ F Li edd. (-Lov.) | spiritus sanctus *om.* α₁ M₂ β (-sent.) O F Li edd. **8** est¹ sent. (tr. post spiritus) γ (-O); *om. rell.* | quod] qui M₂ G; quia O trin. | si spiritus *om. Ly* **8sq.** sanctus *om. P Ma trin.* **9** filius¹] esse *add.* β (-sent.) Li edd. | amborum ... diceretur γ; duorum filius diceretur *sent.*; *om. rell.* **10** est *om. Ro Ly* | duorum nisi γ (-Ly); nisi duorum *tr. rell.* | ut A O Li edd. (cf. Aug. trin. 15, 27, 48); *om. sent. Ly Ma F*; quod *rell.* **11** filium] ut *add. Ly F* | suscipimus Ly; suspicetur *trin.* **12** hominum *scripsi (cf. Aug. trin. 15, 27, 48)*; hominis *vel* homines *codd.* | et¹ γ (-Ly); *om. rell.* | et (ex) matre procedit *tr. V F trin.* | ex² *om.* α E trin. Li | sed γ (-Ma); et Ma; que G; quia *rell.* **12sq.** sed ... matre *om. E* **12sq.** in matrem *addidi (cf. Aug. trin. 15, 27, 48)* **13sq.** patre ... ex² *om. Ma* **13sq.** et ... patre *om. V* **14** hanc Wig. Ro M₁ (pc.) sent. γ₂; hac *rell.* | lucem α (-V) M₁ sent. γ₂; luce *rell.* | procedit²] et *add. F trin.* **15** filio Ro β₁ **16** utrisque Ly **16sq.** procedit *om. M₁*

(11) INTERROGATIO XI

Quomodo intellegendum est illud, quod Iohannes evangelista de spiritu sancto dicit, quod non loquatur a semetipso. Sic enim ait: *Non enim loquitur a semetipso, sed quaecumque audiet loquitur.*

5 RESPONSIO

Non loquitur a semetipso, quia non est a se ipso. Pater enim a nullo est natus, filius a patre est genitus, spiritus sanctus a patre procedens. Ideo non loquitur a se ipso, sed quaecumque audiet loquitur. Audire illi esse est; esse a se non est, sed a patre. Ideo
10 quaecumque audiet loquitur.

α (α₁ (*L G*) α₂ (*M₂ V Wig.*) *Ro*) β (β₁ (*P E*) *M₁ sent.*) γ (γ₁ (*Ly Ma A*) γ₂ (*O F trin.*) *R*) *Li* **11, 8** quaecumque *expl. A* **10** loquitur *expl. sent.*

11, 4 Ioh. 16, 13

11, 6 non¹ ... ipso] *cf.* Aug. c. serm. Arr. 23, 20 (CCSL 87A, p. 231, 27–28 *ubi multa similia colliguntur* Secundum hoc itaque 'Spiritus sanctus non a se ipso loquitur, quia non est a se ipso', qui de patre procedit) **6–10** pater ... loquitur] *cf.* Aug. in Ioh. tract. 99, 4 (Pater quippe solus de alio non est. Nam et filius de patre natus est et spiritus sanctus de patre procedit ... non ergo loquetur a semetipso, quia non est a semetipso, sed quaecumque audiet loquetur ... audire illi scire est, scire vero esse)

11, 2–4 quomodo ... loquitur²] de eo quod a Iohanne dicitur, quod spiritus sanctus non loquitur a semetipso, sed quaecumque audiet loquetur *trin.* **2** illud quod] sermo quem *Wig.*; dicit *add.* γ₁ *O qui codd. om.* dicit *post* sancto **3** dicit *om. F* | quod] quia *Wig.*; qui *G*; *om. Ro* | loquetur *E edd.*; loquitur *Wig.* *G Ro M₁ Ly O* **3sq.** sic ... semetipso *om. V Ro β₁ (ac. P) R* **4** non enim] quia non *Ma A* | loquetur *A F Li edd.* | loquetur *Ro E M₁ F R Li edd.* **6** loquetur *edd.* | loquitur ... non *om. P* | semetipso *Ly Ma R Li (ac.) edd.* **7** est natus] genitus est *Ma*; est *om. Wig.* | patre²] et filio *add. M₁ sent. Ly edd. perperam (cf.* Aug. in Ioh. tract. 99, 4: filius de patre natus est et spiritus sanctus de patre procedit) **8** semetipso *Ly Ma R edd.* | audit β₁ *edd.* **9** loquetur *F trin. Li* | esse² *om. Wig. sent. R trin.*; autem *add. edd.* | sed] nisi *G* **10** audit *edd.* | loquetur *F R (pc.) trin. Li*

(12) INTERROGATIO XII

Quid est, quod dicit apostolus Paulus ad Romanos scribens: *Nam quid oremus* inquit *sicut oportet, nescimus; sed ipse spiritus postulat pro nobis gemitibus inenarrabilibus. Qui autem scrutatur corda, scit quid desideret spiritus, quoniam secundum deum postulat pro sanc-* 5
tis?

RESPONSIO

Modus est iste locutionis, qui frequenter in scripturis sanctis invenitur; sicut dicit deus ad Abraham *Nunc cognovi, quod timeas deum,* hoc est 'cognoscere te feci', sicut dicit apostolus *Nunc cog-* 10
noscentes deum, immo cogniti a deo. Nempe omnia in praesentia PL
dei sunt: Antequam fiant, praesentia sunt, et futura iam facta 738
sunt. Quomodo dicit *cogniti a deo* nisi faciente deo, ut cog-
noscamus deum? Sic et hic scribitur spiritus sanctus gemere pro
nobis, id est gementes nos facere infundendo nobis caritatem in 15

α (α_1 (*L G*) α_2 (*M₂ V Wig.*) *Ro*) β (β_1 (*P E*) *M₁*) γ (γ_2 (*O F trin.*) *Ly Ma R*) *Li*

12, 2–6 Rom. 8, 26–27　**9s** Gen. 22, 12　**10s** Gal. 4, 9

12, 8–11 modus ... deo] *cf.* Aug. gen. ad litt. 4, 9　**8–19** modus ... facit] *talia saepius apud Augustinum; cf. e. g.* gen. c. Man. 1, 22, 34; enn. 58, 1, 9; contra Max. 1, 9 *et* 2, 19

12, 2 est γ_1 *O R Li edd.*; sit *rell.*; quod spiritus sanctus pro nobis interpellare dicitur *add. trin.* | dicit apostolus] de eodem spiritu *Wig.* | apostolus Paulus dicit *tr.* γ_1; Paulus apostolus *tr. O F*; apostolus *om. trin.* | scribens] ait *add. Wig.*　**3** inquit *om.* γ_1 *trin.* | spiritus *om. O*　**5** quod desiderat *Wig.* quoniam] quia *M₁ O F edd.*; qui β_1; quem $\alpha_1 M_2$
8 est γ_2 (*-trin.*) *Ma R*; *om. rell.* | qui] quae *V G*; *om. Li edd.*　**9** sicut dicit] est sicut deus dicit *trin.* | dominus $\alpha_1 F Li edd.$ | quod] quia *Wig. G*; quoniam γ_2 times *Ma O* (*ac.*) *F*　**10** hoc] id γ_1 | feci] *app. 1 N add.* γ_1 (*cf. p. 420*) | sicut ... apostolus] et Paulus ad Corintheos dicit γ_1 | nunc] non α (*-G*) *F*; estis *add. O*
10sq. agnoscentes *Ro*; cognoscitis β_1; autem cognovistis γ_1　**11** immo] nunc *add. Li edd.* | cogniti] estis *add.* γ_1 | nempe γ; semper *rell.* | praescientia *P Ma*　**12** dei sunt *om. Wig.*; sunt *om. G*　**12sq.** antequam ... sunt² *om. V*
12 praescientia *P Ly*　**12sq.** sunt² ... sunt *om. R*　**12** et *om. O* | quasi iam facta sint *trin.*　**13** dicit] tamen dicitur *R*; dicitur *Ro Li*; nunc dicimur *edd.*
14 sicut *E M₁ R*　**15** infunde *Ma*; infudit *V*; infundit $\alpha_1 M_2 Li$; infundit enim *edd.*

deum et proximum. Sicut dicimus 'laetus dies', quod laetos facit,
aut 'tristis', quod tristes facit, aut 'laeta epistola', quod laetos
facit, ita et hic gemere dicitur spiritus sanctus, eo quod nos gementes facit.

(13) INTERROGATIO XIII

Cum Iudaei signum peterent a domino et salvatore nostro, respondit illis: *Generatio haec signum quaerit et signum non dabitur
ei nisi signum Ionae prophetae. Sicut enim Ionas fuit in ventre ceti*
5 *tribus diebus et tribus noctibus, ita erit filius hominis in corde terrae*
tribus diebus et tribus noctibus. Adproba ergo, quomodo fuerit in
inferno tribus diebus et tribus noctibus, cum die sexta sabbati,
quae est parasceve, hora nona emiserit spiritum et prima sabbati
ante lucem, quae est dominica, resurrexerit. Ecce, non sunt tres
10 dies pleni nec tres noctes.

α (α*₁* (*L G*) α*₂* (*M₂ V Wig.*) *Ro*) β (β*₁* (*P E*) *M₁*) γ (γ*₂* (*O F trin.*) *Ly Ma R*) *Li*
12, 16 facit *expl. trin.*

13, 3–6 Matth. 12, 39–40

12, 16 dicitur *O edd.* | quod] quos *PM₁Ma*; quia *O trin.* | laetos] homines
add. O | faciat *VOF*   **17** quod¹] quos *M₁Ma R*; quae *Wig. G* | quod²] quos
Wig. L P M₁ Ma R; quia *O*   **18** faciat *V* γ*₂* (*O ac.*) *Ly*   **18sq.** ita ... facit *om.*
γ*₂* (*O ac.*)   **19** faciat *V* γ*₁*; *app. 1 O add.* γ*₁* (*cf. p. 421*)
13, 2 domino] Iesu Christo *add. O* | et *om.* *G* β *edd.* (*-Lov.*)   **3** haec] prava
add. F; prava et adultera *add. Wig.*; adultera *add. edd.*   **4** fuit Ionas *tr.*
α*₂* (*-M₂*) *L Ma O R*   **5sq.** ita ... noctibus *om. F*   **5** erit] et *add. M₂ G P M₁ edd.*
6 adprobo *R*; -bat *Ma*; -bare *V*   **6sq.** in inferno fuerit *tr. edd.*   **7** inferno]
corde terrae *Wig.*   **8sq.** quae ... lucem *om. Ma*   **8** emisit α*₂* (*- Wig.*)
9 resurrexerit *Ma O* (*ac.*) *Li edd.*; *resurrexit *rell.*

RESPONSIO

Antiqui patres nostri hoc senserunt, quod prima dies, quae est parasceve, a parte ultima totus et dies resurrectionis a parte prima totus cum noctibus suis debeat computari.

(14) INTERROGATIO XIV

Cum repromittat dominus noster Iesus Christus sanctis suis, quod in resurrectione fulgeant sicut sol, quare ipse dominus in resurrectione non fulsit?

RESPONSIO

Clarificata carne utique resurrexit, sed noluit in ea clarificatione discipulis suis apparere, quia non possunt oculis isti illam clarita-

---

α (α₁ (L G) α₂ (M₂ V Wig.) Ro) β (β₁ (P E) M₁) γ (γ₂ (O F) Ly Ma R) Li   **14, 4** fulsit *expl. L*

14, 2s *cf.* Matth. 13, 43

13, 12–14 antiqui ... computari] *cf.* Aug. cons. ev. 3, 24, 66 (Conputantur autem tempora ... medium diem, hoc est sabbatum, totum diem accipiamus, id est cum sua nocte, illos autem qui eum in medio posuerunt, id est parasceven et primam sabbati, quem diem dominicum dicimus, a parte totum intellegamus); trin. 4, 6, 10; epist. 102, 34   **14, 6–11** clarificata ... potuerunt] *cf.* Aug. civ. 22, 19 (Quae claritas in Christi corpore, cum resurrexit, ab oculis discipulorum potius abscondita fuisse quam defuisse credenda est. Non enim eam ferret humanus atque infirmus aspectus, quando ille a suis ita deberet attendi, ut posset agnosci)

13, 12–14 antiqui ... computari] Nos intellegimus totum ex parte, ut eo, quod mortuus est in parasceve, unum diem supputemus et noctem et sabbati alteram; tertiam vero noctem, quae diei dominicae mancipatur, referamus ad exordium diei alterius. Nam nox non procedentis diei est, sed sequentis idem principium futuri, non finis praeteriti (= Hier. in Ion. 2, PL 25, 1131C) *V*   **12** nostri] non *Wig.*; mei *E*; *om.* G | quod] quia *Wig.*; qui *G*; ut *β Li edd.*   **12sq.** prima ... totus] *hic tolerandum esse arbitror*   **13** tota *Li* **13sq.** totus ... totus] et ultima quae est dominica a parte prima tota *edd.* **13sq.** et ... totus *γ (-Ly)*; *om. rell.*   **13** dies] in die *R* | prima] vespere prima *add. Ma*   **14** debeant *Ma*; debebat *M₂ G* | computari] *app. 1 P add.* γ₁ *(cf. p. 421)*; et ita denominando a parte totum tres dies fuerunt; ultima pars feriae sextae totum sabbatum et prima pars dominicae cum suis noctibus *add. edd.* **14, 2** suis *om. edd.* (-*Lov.*)   **3** fulgebunt *edd.* (-*Lov.*)   **4** resurrectione] sua sic *add. edd.* | fulgit *α₁ M₂*; fulget *V Ro*

tem perspicere. Si, antequam moreretur pro nobis et resurgeret,
quando transfiguratus est in monte, discipuli sui eum videre non
10 potuerunt, sed prae timore in terram ceciderunt, quanto magis
iam clarificata carne domini *eum videre non potuerunt!

(15) INTERROGATIO XV

Marcus evangelista narrat dominum hora tertia crucifixum,
Iohannes autem sexta. Cui potius credendum est ex his duobus?

RESPONSIO

5 Et ille verum dixit et ille similiter. Igitur hora tertia clamaverunt
Pilato Iudaei: *Crucifige, crucifige eum.* Milites autem hora sexta
crucifixerunt. Igitur quod illi lingua, ii manibus, ne viderentur
Iudaei non crucifigere dominum. Ideo evangelista posuit 'hora
tertia', quia non tantum illi occiderunt, qui ministerium impleve-
10 runt, sed etiam et illi, qui clamaverunt. In eis completum est,

---

α (α_2 (M_2 V Wig.) G Ro) β (β_1 (P E) M_1) γ (γ_2 (O F) Ly Ma R) Li

14, 9s *cf.* Matth. 17, 1–8   **15, 2** *cf.* Marc. 15, 25   **3** *cf.* Ioh. 19, 14   **6** Luc. 23,
21

15, 5–13 et[1] ... occiderunt] *cf.* Aug. cons. ev. 3, 14, 42 (ostendere voluit eos
magis crucifixisse, qui clamaverunt, ut crucifigeretur, quam illos, qui ministerium ... praebuerunt); in Ioh. tract. 117, 19, 2; en. 63, 4–5; Euch. instr. 1
(CCSL 66, p. 146, 1143–147, 1155)

---

6 quia clarificata β | ea] illa O   **7** suis *om. Ma* | possint α (-Ro) M_1; possent
Li edd. | isti γ; suis edd.; *om. rell.* | illam] talem α Li edd.
14, 8 praespicere α_2 (- Wig.); prospicere Wig.; respicere G; aspicere γ_1 | si]
enim *add. edd.*   **10** sed ... ceciderunt *om. Li*   **11** iam γ_1 γ_2; *om. rell.*
clarificatam carnem O | eum *scripsi*; eam *codd.* (*om. F*) | non *om. F* Li
15, 5 et[1] ... similiter] utrisque omnimodis scias esse credendum Wig. | igitur]
nam edd.   **6** Iudaei *om.* α Ly | autem] secundum evangelio Iohannis *add.* γ_1
7 crucifixerunt] eum *add.* V γ_1 edd.; app. 1 Q *add.* γ_1 (*cf. p. 422*) | lingua] hoc
add. Ro O (*pc.*) Li edd. | ii γ_1 F R; illi V β; isti Ro O (*pc.*) Li edd.; in α_2 (- V); *om.*
G | manibus] Iudaei *add.* V; fecerunt *add.* γ_1; effecerunt *add. edd.* | ne]
autem *add. edd.*   **8** crucifixisse edd.   **8sq.** horam tertiam α_2 (- V); cucifixum
dominum *add. edd.*   **9** occiderunt] crucifixerunt β Li edd.   **10** etiam et γ_1 O
R; et edd.; etiam *rell.* | clamaverunt] crucifige crucifige eum propter quod
add. γ_1 | completum est in eis *tr.* O | eis] tunc *add.* G; enim *add. edd.*

quod ait psalmographus: *Filii hominum, dentes eorum arma et sagittae et lingua eorum machaera acuta.* Vides, qualem gladium habuerunt, unde hora tertia dominum occiderunt.

(16) INTERROGATIO XVI
Cum deus omnia bona creaverit nihilque sit, quod non ab illo sit conditum, unde malum?

RESPONSIO
Malum natura non est, sed privatio boni hoc nomen accepit.   5
Denique bonum potest esse sine malo, malum non potest esse sine bono nec potest esse malum, ubi non fuerit bonum. Ac per hoc dicimus et angelum bonum et angelum malum et hominem bonum et hominem malum. Sed 'bonum', quod angelus, 'malum', quod vitiosus; 'bonum', quod homo, 'malum', quod vitio-   10
sus. Ideoque quando dicimus 'bonum', naturam laudamus, quando dicimus 'malum', non naturam, sed vitium, quod inest bonae naturae, deprehendimus.

α (α_2 (M_2 *V Wig.*) *G Ro*) β (β_1 (*P E*) M_1) γ (γ_2 (*O F*) *Ly Ma R*) *Li*

15, 11s Ps. 56, 5   **16, 2** *cf.* Gen. 1, 31

16, 5–13 malum ... deprehendimus] *cf.* Aug. gen. ad litt. 8, 14 (neque enim ulla natura malum est, sed amissio boni hoc nomen accepit); civ. 11, 9 (mali enim nulla natura est, sed amissio boni mali nomen accepit); ench. 4, 12–13; div. qu. 6; Euch. instr. 1 (CCSL 66, p. 83, 117–84, 127); Taio sent. 1, 15 (PL 80, 448A)

15, 11 psalmigraffus *Wig.* *G* γ_2 (*O ac.*)   **12** sagitta *V Ro* γ_1 | quale *Wig.* (*pc.*) M_1 *Ly* | gladium] gaudium *Wig.*; *'machaeram' expectares*   **13** unde] Iudaei *add.* γ_1
16, 2sq. cum ... malum *om. Ro*   **2sq.** conditum sit *tr. edd.*; sit *om.* G
5–7 sed ... bonum] *app. 1 R praebet* γ_1 (*cf. p. 422*)   **6** malo] sed *add. edd.*
7 esse] sine *add.* α **10** vitiosus γ_1 γ_2 *Li edd.*; vitiosum *rell.*   **10sq.** bonum ... vitiosus *om. P* (*ac.*) *Li*   **11sq.** bonum ... dicimus *om. Ly*   **12** quid *Wig.*; qui M_2 *G Ro E Ma*; quia *Ly* | inest] est α (*- V*) *E edd.*; *om. V Li*   **13** naturae] contrarium *add. edd.* (*-Er.*) | reprehendimus *P Ma Li edd.*

(17) INTERROGATIO XVII

Omnes angeli aequales an inaequales creati sunt? Et si aequales,
cur non omnes firmi et stabiles fuerunt? Si vero inaequales, quo
merito alii praescientiam suae stabilitatis accipere meruerunt et
5 alii futurum suae ruinae casum minime praevidere potuerunt?

RESPONSIO

PL Omnes quidem angeli aequales creati sunt, sed cadentibus illis per
739 superbiam ceteri domino pia obedientia cohaeserunt accipientes
certam scientiam suae stabilitatis, quod illi numquam habuerunt.
10 Et sic sunt gratia dei in omnibus circumdati, ut numquam possint cadere a beata vita, qua fruuntur domino cohaerentes.

(18) INTERROGATIO XVIII

Quomodo intellegendum est, quod dicit *deus in Genesi *Faciamus hominem ad imaginem et similitudinem nostram?*

α (α₂ (M₂ V Wig.) G Ro) β (β₁ (P E) M₁) γ (γ₂ (O F) Ly Ma R) Li

---

18, 2s Gen. 1, 26

17, 7–11 omnes ... cohaerentes] *cf.* Aug. ench. 9, 28 (ceteri pia obedientia
domino cohaeserunt, accipientes etiam, quod illi non habuerunt, certam
scientiam, qua essent de sua sempiterna et numquam casura stabilitate se-
curi); civ. 12, 1; gen. ad litt. 11, 19

17, 2 creati] facti *Ly F*   **4** praescientiam γ₂ *R*; praesentiae *Wig. (ac.) Ro β*;
praescientiae *rell.* | stabilitate *Ro E Ly*; stabilitatem *P M₁ Li edd.*   **5** futuram
β (*P ac.*); futura α₂ (-V) *G*; futurae *V R* | suae ruinae] verum in se *Ro* | praevi-
dere] non *add.* β₁ (*P ac.*)
7 aequales] naturaliter quidem in (*om. Ma*) creatione mutabiles (quidem *add.*
Ma) tamen aequales ab incommutabili deo *add.* γ₁ | illis] aliis γ₁   **8** super-
biam] illi *add.* γ₁ | ceteri *om. Ma* | pia obedientia domino *tr.* γ₁ | adhaese-
runt *Wig.*; cohaerentes γ₁ | accipientes] sic acceperunt γ₁; *app.1 S add.* γ₁ (*cf.*
p. 423)   **9** scientiae *V* γ₁ | suae *om.* γ₁ | que *G*; quam α₂ (-M₂) *Ro Li edd.*
9sq. quod ... et *om.* γ₁   **10** et] sed α₂ (-*Wig.*) *Ro*; *om. G* | gratiae γ₁   **11** qua]
quae α₂ (-*Wig.*) *G*; semper *add. Ly* | perfruuntur *Wig.* | cohaerentes] *app. 1 T*
add. γ₁ (*cf. p. 423*)
18, 2 quomodo ... est] quid sibi vult intellegi *Wig.* | dicitur *O R*; legitur
Wig. | deus *Li edd.*; *om. rell.*

RESPONSIO

In mente, id est in ratione et intellegentia. Ipsa itaque mens, 5
quando cogitat ea, quae sunt aeterna, tunc vere imago dei dicenda
est: Cogitando aeterna vir est, sicut dicit beatus Paulus apostolus
Vir non debet velare caput suum, cum sit imago et gloria dei, id est
quantumcumque se extenderit in id, quod aeternum est, tanto
magis inde formatur ad imaginem dei, et ideo non est cohibenda, 10
ut se inde contineat ac temperet. Quando vero ea agit vel cogitat,
quae sunt temporalia, mulier appellatur: Tunc non est dicenda
imago dei et propterea debet velare caput suum, ne nimium sit
eius ad inferiora progressio et, cum licita agit, inlicita
concupiscat. 15

(19) INTERROGATIO XIX

Primus homo mortalis factus est an inmortalis?

RESPONSIO

Et mortalis secundum aliam et inmortalis secundum aliam
causam. Tale itaque corpus habebat primus homo, quale et nos, 5
sed sine peccato. Non enim habebat legem in membris suis

α (α₂ (*M₂ V Wig.*) *G Ro*) β (β₁ (*P E*) *M₁*) γ (γ₂ (*O F*) *Ly Ma R*) *Li*

18,8 I Cor. 11, 7   **19,6s** *cf.* Rom. 7, 23

18,5–15 in¹ ... concupiscat] *cf.* Aug. trin. 12, 7, 9–10; gen. ad litt. 3, 22
19,4–16 et¹ ... faceret] *cf.* Aug. gen. ad litt. 6, 20–28 (...et mortale secundum
aliam et inmortale secundum aliam causam dici poterat ... primus homo
creatus est inmortalis, quod ei praestabatur de ligno vitae, non de constituti-
one naturae ... mortalis ergo erat conditione corporis animalis); civ. 13, 23

18,5 in¹ ... intellegentia] in mente est ratio et intelligentia *edd.*; *app. 1 U
praebet* γ₁ *(cf. p. 424)*   **6** vero α₂ (- *Wig.*) *Ro* γ₁   **7** est¹] et *add. edd.* | dicit ...
apostolus] ait Paulus apostolus *edd.*   **8** et gloria γ; gloria *Ro*; gloriae *rell.*
8sq. id ... extenderit] quantoque se magis extenderit *edd.*   **9** id] eo β
10sq. et ... temperet *om.* F   **11** ut se inde *om. Ly* | inde se *tr.* β *Li edd.*
contineat] prohibeat γ₁ | vel] et *Li edd.*   **13** nimia *edd.*   **14** eius] et
α₂ (- *Wig.*) *Ro; om. Wig. G* | regressio *O*   **15** concupiscit *G* β (*P ac.*) *Ma*
19,4sq. aliam¹ ... causam] alia ... alia *Wig.*   **5** itaque] ergo *Wig.*   **6** peccato]
corruptione *O (pc.)*

repugnantem legi mentis suae, sed hoc utique meruit post praevaricationem. Igitur animale corpus habuit Adam, sed ut non
senesceret nec deficeret: Per illius ligni virtutem sustentabatur,
10 quod in paradiso vitae nomen acceperat. Quapropter si dei praeceptum servasset, obedientiae merito in illud corpus spiritale,
quale sanctis in resurrectione promittitur ⟨...⟩ postmodum commutandum. Ac per hoc poterat non mori, si deo pia obedientia
cohaesisset. Non enim sic factus fuerat, ut non posset mori sicut
15 ceterae naturae, quae omnino mori non possunt, sed ita, ut
obedientia inmortalem, inobedientia mortalem faceret.

(20) INTERROGATIO XX
Quid est, quod dicit beatus apostolus Paulus *Caro et sanguis
regnum dei non possidebunt*?

α (α₂ (M₂ V Wig.) G Ro) β (β₁ (P E) M₁) γ (γ₂ (O F) Ly Ma R) Li   **19, 16** faceret
expl. V Wig.

19, 10 *cf.* Gen. 2, 9   **20, 2s** I Cor. 15, 50

19, 7 lege *Wig.* γ₁; legem α (- *Wig.*) | suae *om.* M₂ G Ro γ₁ R | hoc γ; *om. rell.*
itaque *Ma* | promeruit γ₂ *edd.*   **8** habebat *Ro F*   **9** deficeret] quia *add.* γ₁
virtutem] quae *add.* G R (*ac.*); quam *add. Ro Li* (*ac.*); quo *add. Wig.* M₁; qua
add. α₂ (- *Wig.*) β₁ R (*pc.*) Li (*pc.*) *edd.* | sustentabat α   **10** quod M₁ O Li *edd.*;
qui *vel* que *rell.* | paradiso] ipso *Ro Li*   **10sq.** praecepta V G Ro Li *edd.*
12 *lacunam indicavi (de re cf. Aug. gen. ad litt. 6, 24–25)*; permansisse *Ro*;
permansisset *Li Am. Er.*; in γ₁; esset *Lov. Maur.; om. rell.*   **12sq.** commu-
tandus *Li* (*pc.*); fuisset *add.* O (*sl.*); *app. 1 V add.* γ₁ (*cf. p. 425*)   **13** deo γ₂ Ly R;
dei α; dei praeceptis *Li edd.*; opera β; *om.* β | piae *Wig.*; piam F; *om.* β
obedientiam F; obedientiae *Wig.* β   **14** adhesisset O; cesisset γ₁; dedisset F;
compleret M₁ | enim] et *add. Ro Li edd.* | possit α (- G; *Wig. ac.*) β₁ Ly | sicut]
et *add.* α (- V) Li   **15** quae ... possunt *om.* F | non *om. Wig.* (*pc.*) β (M₁ *ac.*)
16 faceret] *app. 1 W add.* γ₁ (*cf. p. 425*)
20, 2 beatus *om.* γ₂ *edd.*

RESPONSIO

Ex hoc testimonio multi minus intellegentes ac per hoc haeretici   5
adserunt hominem non posse in eadem, qua defunctus est, carne
resurgere; sed tollentes veram carnem nescio quale corpus aere-
um, quod numquam habuit, homini post resurrectionem adtribu-
unt. Quod valde absurdum considerantibus ipsam sententiam
adprobatur: *Caro et sanguis* inquit *regnum dei non possidebunt.* Et   10
hoc idem apostolus exponens quodam modo subsecutus adiunxit:
Neque corruptio incorruptelam possidebit. Quibus scribebat apostolus? Nempe his, qui dicebant: *Manducemus et bibamus, cras
enim moriemur.* Hos redarguens beatus apostolus Paulus carnem
et sanguinem, id est opera carnis et sanguinis, non posse adipisci   15
regnum dei declarat. Nam si proprie hic substantia carnis accipi-
enda est, quid dicent de his, quibus scribit idem apostolus *Vos
autem in carne non estis, sed in spiritu?* Numquidnam carnem non
habebant Romani, quibus apostolus scribebat? Sed *In carne* inquit *non estis,* id est: Non estis carnales, non facitis opera carnis,   20

$M_2 G Ro \beta (\beta_1 (P E) M_1) \gamma (\gamma_2 (O F) Ly Ma R) Li$

20, 12 I Cor. 15, 50   **13s** I Cor. 15, 32   **17s** Rom. 8, 9

20, 5sq. ex ... adserunt] *cf.* Aug. gen. ad litt. 7, 9 (Neque enim non omnes
haeretici scripturas catholicas legunt nec ob aliud sunt haeretici nisi quod eas
non bene intellegentes suas falsas opiniones contra earum veritatem pervica-
citer adserunt)   **5–9** ex ... adtribuunt] *cf.* XI Conc. Tolet. (PL 84, 457B)
5–32 ex ... miseriam] *cf.* Aug. epist. 205, 5 (carnis et sanguinis nomine opera
carnis et sanguinis intellegantur); contra adv. leg. 2, 22; retr. 1, 17

20, 5 minus *om. Ly* | ac per hoc *om. Ma* | haeretice *edd.*   **7** veracem *O*
qualem *M₂ E Ma*   **7sq.** aerium *E F R edd.*; *Inp. M₂*   **8** quod] quae *M₂ G E*;
qualem *Ly*; quem *Ma*   **9** ipsa sententia *M₂ G Ro Ly R Li*   **11** hoc] haec *G*;
om. Ro E Li edd. | apostolus] *Paulus add. β γ₂ Li edd.*   **12** incorruptionem *β*
edd. | scribit *Ro (pc.) β₁ Li*; scripsit *M₁*   **13** eis *O* | manducemus et bibamus]
hodie manducemus *R*   **14** hos] nos *M₂ G Ro* | redarguens] arguerit *G*; arguit
Maur. | Paulus apostolus *tr. M₂ G β R edd.* | Paulus] dicens *add. edd.*   **15** id
γ; hoc *rell.* | posse] dicit *add. R*   **16** declarat *γ₁*; dicit *Li*; dicebat *F*; *om. rell.*
nam si] nisi *M₂ G Ro* | proprie *γ₂ Ma Li*; propria *rell.* (hic propria / -e *tr. M₂ G
Ro Li*)   **17** dicent] dicendum *γ₁*   **18sq.** carnem ... Romani *γ₁ γ₂*; Romani
carnem non habebant *tr. rell.*   **19** quibus] ista *add. Ma*

quae inimica sunt deo, quae *legi dei non subiciuntur. Qui autem in
carne sunt* inquit *deo placere non possunt.* Ecce qualis caro regnum
dei non possidebit. Nam quod homo in eadem, qua moritur,
carne resurgat, dominus noster Iesus Christus post resurrectio-

25 nem suam dubitantibus discipulis et putantibus se spiritum
videre respondit: *Palpate et videte, quia spiritus carnem et ossa non
habet sicut me videtis habere.* Ac per hoc credimus hominem non
tantum cum carne et ossibus, sed etiam cum sanguine vel quidquid ad naturam eius pertinet resurgere, sed sine ulla corrup-

PL tione. Erit illi semper aeterna vita, aeterna felicitas contemplando
740 trinitatem deum. Igitur sicut iusti cum sua carne ad aeternam
felicitatem, ita impii ad aeternam resurgent miseriam.

(21) INTERROGATIO XXI

Genesis exordium est: *In principio fecit deus caelum et terram.* Si
primo omnium factum est caelum et terra, angeli postmodum
facti sunt? Si ante angeli facti sunt, non primo omnium fecit deus

5 caelum et terram.

M_2 G Ro β (β₁ (P E) M₁) γ (γ₂ (O F) Ly Ma R) Li   **21, 2** Genesis *inc.* V Wig. A

20, 21 Rom. 8, 7   **21s** Rom. 8, 8   **26s** Luc. 24, 39   **21, 2** Gen. 1, 1

20, 21 dei *om.* β (M₁ *ac.*)   **22** possunt *app. 1 X add.* γ₁ (*cf. p. 426*)   **23** posside-
bit] ostendimus et quomodo non secundum carnem, sed secundum spiritum
vivamus donante domino declaravimus *add.* γ₁   **25** se *om.* β (M₁ *ac.*)
28 cum[1] *om.* E M₁ Ly   **30** illis P γ₂ Ly | vita] ac *add.* G; et *add. edd.*   **31** ad
om. β (P *ac.*)   **32** miseriam] et poenam *add.* γ₁
21, 2 exordium γ; principium *rell.* | est] habet *Am.* (est *mg.*) *Er. Lov.* | fecit]
creavit *Wig.*   **2sq.** si ... terra γ; *om. rell.*   **3** primum Ly R   **4** sunt[1]] an non
add. edd. | si] enim *add. edd.* | si ... sunt *om.* V | angeli ante *tr.* α; angeli
postmodum Li | angeli *om.* M₁ | non] in Ro; *om.* Li | primum β A | fecit]
creavit *Wig.*

RESPONSIO

Quando facta sunt simul sidera ait scriptura *laudaverunt me voce magna omnes angeli mei.* Quarto enim die facta sunt sidera, et iam erant angeli. Neque enim die tertio neque secundo facti sunt; in his enim apparet, quae facta sunt: Tertio enim die scilicet terra 10 ab aquis discreta est; secundo etenim factum est firmamentum, ubi sol et luna discurrunt et sidera. Porro primus dies ipse est angelica natura, quae primo caeli nomine nuncupata est. Unde evidenter ostenditur primum diem spiritalem factum, id est angelicam naturam, et sic hoc caelum, quod oculis cernimus. 15 Nam quod ait *In principio fecit deus caelum et terram*, non 'primo omnium', sicut ais, sed *in principio*, id est in filio, immo per filium fecit deus omnem spiritalem corporalemque creaturam, quae caeli et terrae nomine appellata est. Nam quod ipse sit principium, de se interrogantibus Iudaeis, quis esset, respondit: 20

α (α₂ (M₂ V Wig.) G Ro) β (β₁ (P E) M₁) γ (γ₁ (Ly Ma A) γ₂ (O F) R) Li

21,7s Iob 38, 7 (LXX)   **16** Gen. 1, 1

21,7–31 quando ... natura] *cf.* Aug. gen. ad litt. 1, 1–2; civ. 11, 9; gen. ad litt. inp. 3   **11sq.** secundo ... sidera] *cf.* Aug. gen. ad litt. 1, 9 (Secundo enim die factum est firmamentum, quod rursus caelum appellavit) **16–21** nam ... vobis] *cf.* Aug. gen. c. Man. 1, 2, 3 (...deum fecisse caelum et terram non in principio temporis, sed in Christo, cum verbum esset apud patrem, per quod facta et in quo facta sunt omnia. Dominus enim noster Iesus Christus, cum eum Iudaei, quis esset, interrogassent, respondit 'Principium, quod et loquor vobis'); *talia saepius apud Augustinum; cf. e. g.* s. 1; civ. 10, 24

21,7 simul *om. Ma A*   **7sq.** voce magna *post* mei *tr. codd. praeter* γ   **8** omnes *om. Wig.*   **8sq.** et iam angeli erant *tr.* β Li *edd.;* et inerant angeli F **10** apparent O | tertia *Wig.* β | enim²] scilicet γ₁ F; *om. Wig.* | die] arida *add.* O (pc.) Li *edd.* | scilicet *om.* γ₁ F   **11** secunda *Wig.* | etenim γ₂ (die *add.* F)A R; *om. Wig. Li;* enim *rell.* | est² *om.* G Ly   **12** ipsa V Ly   **13** angelica] angeli A | nuncupata est] nuncupantur A   **14** ostendit α₂; ostende Ro | primo die G β Ly *edd.* | factam M₂ G Ro β *edd.* | id est *om.* O   **15** angelica natura Ly Ma R | sic] si Ro R Li; *om. Ma*   **16** fecit] creavit *Wig.* | non] est *add. edd.* **17** ait V β γ₁   **18** deus *om.* γ₂ | omnem] omnia Ly Ma; celum A | creaturam] naturam β Am. (*mg.*)   **19** quae] et *add.* O *edd.*   **20** principium ... respondit *om.* V | se] ipso *add.* γ₁

Principium, qui et loquor vobis. Primo igitur voluit *caelum et*
terram velut quandam spiritalem corporalemque materiem dicere
et sic, quemadmodum singillatim facta sunt, ordinem texere.
Quod enim dixit 'caelum', hoc mihi videtur dixisse aquarum
25   'abyssum' tenebrosam: Adhuc quodam modo fluitantem vitam,
nisi convertatur ad creatorem et *fiat lux* et contempletur trinitatem deum esse in deo. Neque enim ita dicimus, ut ista materies
praecedat formam suam sicut praecedit lignum arcam, sed sicut
praecedit vox verbum, neque enim tempore, sed origine. Igitur
30   prima creatura lux non ista, quae quarto die facta est, sed spiritalis, id est angelica natura.

(22) INTERROGATIO XXII

Spiritus dei ferebatur super aquas. Localiter ferebatur sicut sol et
sidera an inlocaliter?

α (α_2 (M_2 V *Wig.*) G Ro) β (β_1 (PE) M_1) γ (γ_1 (Ly Ma A) γ_2 (O F) R) Li

---

21, 21 Ioh. 8, 25   **26** Gen. 1, 3   **22, 2** Gen. 1, 2

21, 28sq. lignum ... verbum] *cf.* Aug. conf. 12, 29 (...neque enim priore
tempore sonos edimus informes sine cantu et eos posteriore tempore in
formam cantici coaptamus aut fingimus, sicut ligna, quibus arca ... fabricatur; tales quippe materiae tempore etiam praecedunt formas rerum, quae
fiunt ex eis)

21, 21 qui] quia $P\gamma_1$ (*Ma ac.*) R **22** quendam α_2 (-M_2) | materiem α_2 (- *Wig.*)
Ro Ly A R; creaturam Li *Lov.* (*mg.*); materiam *rell.*   **23** ordine β_1 Li *edd.*
24 dixisse videtur *tr.* α_2 (-M_2)   **25** adhuc Ly A FR (*pc.*); et huc R (*ac*); adae *vel*
adę α (-Ro) Ma; ad te Ro; adę adhuc O; adhuc ad ea β (atque P); antea Li *edd.*
(-*Maur.*); atque *Maur.* (*cf.* Aug. gen. ad litt. 1, 5) | quemadmodum P; quod
admodum $M_1\gamma_1$ | fluctuantem Ly Ma; fuit ante A **26** nisi] non O
26sq. trinitatem] aeternitatem Ly Ma; *om.* Wig.   **26sq.** trinitatem ... in]
creatorem A **27** deo] deum α (-G) Ly A R; domino Ma | enim *om. edd.*
28 praecedet γ_1 **28sq.** lignum ... praecedit *om.* Li **28** arcas et α; arcum sed
β | sed] et O **29** neque] non *edd.*   **30** non] in G; in *add.* V; est *add. edd.*
quarta α_2 (-M_2) G E Ly F (*ac.*) *edd.*   **31** natura] intelligenda est (est *om. Ma*)
add. Ly Ma
22, 2 locabiliter E M_1 | sol *om.* A; et luna vel alia *add.* β_1 F; et luna et alia *add.*
O (*pc.*) Li *edd.*   **3** inlocaliter γ_2 R; naturaliter Ro; *aliter *rell.*

RESPONSIO

Spiritus sanctus deus est. Quare non loco continetur aut distendi- 5
tur neque temporum mutationibus subiacet, sed est ubique praesens totus. Quo modo sane nominavit creaturam, cui superferri
diceretur spiritus sanctus non localiter, sed potentialiter. Deus
non ex indigentia fecit opera sua, sed ex beneficientia, neque
horum indiget, quae fecit. Indiguus quippe atque egenus amor 10
subicitur rebus, quas diligit. Quam ob rem non indiguus amor
superfertur rebus, quas diligit. Ideo dictum est superferri creaturae spiritum sanctum, quia non ex indigentia operatus est ipsam
creaturam.

(23) INTERROGATIO XXIII

Dixit deus: Fiat lux. In die dixit an ante omnem diem? Si in die
dixit, temporaliter dixit; si temporaliter dixit, per aliquam creatu-

---

α (α₂ (M₂ V Wig.) G Ro) β (β₁ (P E) M₁) γ (γ₁ (Ly Ma A) γ₂ (O F) R) Li

23, 2 Gen. 1, 3

22, 5-14 spiritus ... creaturam] *cf.* Aug. gen. ad litt. 1, 7 (egenus atque
indigus [*vl.* indiguus] amor ita diligit, ut rebus, quas diligit, subiciatur ... superferri dictus est, ne facienda opera sua per indigentiae necessitatem potius
quam per abundantiam beneficientiae deus amare putaretur); Euch. instr. 1
(CCSL 66, p. 80, 60–62)

22, 5 sanctus *om. A* | quare non] qua in re non α₂ (-M₂); qua in re G; qua de
re non *Ro Li edd.* (*-Maur.*); quia neque M₂; qui non F | loco non *tr.* M₁
continetur loco *tr. edd.* | tenetur M₁ | aut] neque γ₁F; nec M₁; et *Wig.*
6 mutationibus α₂ (*ac.* M₂; motationibus *Wig.*) Ma R; mitionibus *uv. A*;
motionibus *rell.* **6sq.** praesens *om. O* **6sq.** totus et praesens A **7** quo
modo] cum modo P M₁ γ₂ Li *edd.*; conmode Ma | cuius M₂ Ro M₁ R (*ac.*)
superferre *Wig. Ly* **8** deus G γ (-R); dicitur *Li edd.*; *om.* M₂ R; dominus *rell.*
9 facit V γ₂ Ma | beneficientia β₁ Ma A *edd.*; sua *add.* Ma **10** *facit α (- Wig.) γ₂
Ly Ma | indigus Ro γ₂ R (*pc.*) *edd.*; indignus V β A Li | amor *om.* M₁ A
11 subiceretur R; subiacetur E; subiacet P M₁ Li *edd.* **11sq.** quam ... diligit
γ₂ Ma A; *om. rell.* **11** indigus γ₂; indignus A | amor *om.* γ₂ (O *ac.*) **12** dic-
tus *Wig.* **12sq.** creaturam *Wig.* **13** spiritus sanctus α₂ (-M₂) Ro | ex *om.* O
23, 2 lux] si *add.* O; et facta est lux *add.* Li | in diem ... in diem M₂ G γ₁
3 si ... dixit *om. R*

ram dixit. Igitur non est prima creatura lux, quia iam erat, per
5 quam diceret *Fiat lux.*

RESPONSIO

Nec in die dixit nec temporaliter dixit, quia ante omnem profecto creaturam verbum suum genuit. Dictio itaque dei verbum
est dei. Sed divina scriptura parvulis congruens et quodam modo
10 eos lactans, ut proficiant et cibum spiritalem capiant, voluit
semper per omnem creaturae formationem dictionem dei nuncu-
pare, ut verbi causa, si requiras 'Quomodo facta est lux?', audias
'In verbo dei erat, ut fieret', 'Quomodo factum est caelum?', 'In
verbo dei erat, ut fieret.' Et cetera per ordinem si requiras 'Quo-
15 modo facta sunt?', 'In verbo dei erant, ut fierent'. Hoc enim est
Dixit deus: Fiat lux. Neque enim corporalibus modis loquitur
divina natura nec quotiens dicitur 'Dixit', totiens verba formavit.

α (α₂ (*M₂ V Wig.*) *G Ro*) β (β₁ (*P E*) *M₁*) γ (γ₁ (*Ly Ma A*) γ₂ (*O F*) *R*) *Li*

23, 7–19 nec[1] ... dixit] *cf.* Aug. gen. ad litt. 1, 9 (...in aliquo die dixit an ante
omnem diem?); gen. ad litt. 2, 6 (Non ergo deus totiens dixit 'Fiat illa vel illa
creatura', quotiens in hoc libro repetitur 'Et dixit deus'. Unum quippe
verbum ille genuit, in quo dixit omnia ... sed eloquium scripturae descen-
dens ad parvulorum capacitatem ... in verbo dei aeterno erat, ut fieret); trin.
1, 1, 2 (sancta scriptura parvulis congruens)

23, 4sq. quia ... lux γ₂ (quem *O*) *Ma A; om. rell.*
7 in diem α (-*Wig.*) γ₁   **8** creaturam] post *add.* α₂ (-*Wig.*) *G* | genuit] et per
verbum omnem creaturam creavit *add. Li edd.* | dictio] dicto α (-*M₂*) *M₁*
9 est dei γ₂ *Ly Ma;* dei est *tr. rell.* | quod ad modo *Ma;* quid amodo *Ly*
11 creaturae *P* (*pc.*) *Ly Ma F R* (*pc.*) *Li edd.;* creaturam *rell.* | formationum *O*
dei *om. Wig.*   **11sq.** nuncupari *Ma F;* nunc cupare *Ro E*   **12** causa] gratia
edd. | si *om.* α₂ *E A* | requiramus α (-*G*) β *R Li Lov.* | est] sit *O* | audies α γ₂;
audiamus *R*   **13sq.** quomodo ... fieret γ₁ *edd.;* quomodo α; *om. rell.*
13–15 quomodo ... fierent *om. Ro*   **13** est *Ma A; om. rell.*   **14** si per ordi-
nem requiras *tr. O* | si] sic β (*P ac.*)   **15** sint *M₂ Ro β₁ Li edd.* | erat *P* γ₂ (*O*
ac.) *Ma Li* | enim est *V G Ro* γ₁ *R;* est *om. P* γ₂; est enim *tr. rell.*   **16** deus fiat
lux *om. A* | lux *om.* γ₂ *Ma*   **17** divina *om. A* | neque *O;* ne α₂ (-*Wig.*) *Ro*
quoties ... toties *M₂ E* γ₂ *edd.* | dicitur] dixerunt *V* | verbum α (verborum *V*)
R; verbo β₁ (*P ac.*) *O* (*ac.*)

Unum enim verbum genuit coaeternum et consubstantivum sibi, in quo omnia ineffabiliter et intemporaliter dixit.

(24) INTERROGATIO XXIV

Si subito *vidit deus lucem, quod esset bona,* antea nescivit et visio ei PL contulit scientiam? 741

RESPONSIO

Omne enim opus praecedit voluntas nostra, dum cogitamus, quid 5 operare debeamus. Nemo enim ignorans aliquid operis facit, dum cogitat, qualiter fiant, quae facienda cogitando disposuit. Et cum hoc in hominem cadere non possit, ut aliquid ignorans faciat, quanto magis in deum, qui omnia aeterno et stabili consilio suo, quae voluit, fecit nec aliter facta et aliter facienda vidit! Eo itaque 10 modo vidit facta, quo viderat facienda.

(25) INTERROGATIO XXV

Et divisit inquit sancta scriptura *lucem ac tenebras.* Omne enim, quod dividitur, et esse potest. Sicut ergo essentia lucis, ita est et

---

α (α₂ (*M₂ V Wig.*) *G Ro*) β (β₁ (*P E*) *M₁*) γ (γ₁ (*Ly Ma A*) γ₂ (*O F*) *R*) *Li*

24, 2 Gen. 1, 4   **25, 2** Gen. 1, 4

24, 5–11 omne ... facienda] *cf.* Aug. gen. ad litt. 2, 6

23, 18 consubstantibus β₁ (*P ac.*); consubstantiale(m) *Ro P* (*pc.*) *M₁ Ly F edd.*
19 et intemporaliter *om.* α₂ (*-M₂*)
24, 2 si *om. Ly A* | deus vidit *tr. edd.* | bona] an *add.* α (*-Ro*) β₁ *O* (*pc.*) *R* (*sl.*) *edd.*; quam *add. Ly* | ante *M₁ F edd.* | eius α₂ (*-Wig.*) *F; om. Ro*   **3** contulit] quomodo tulit *Ro* | scientiam] etiam *A*
5 enim *om.* γ₁ *O* (*pc.*) *Li edd.* (*cf. qu. 26, 27, 33, 35, 36, 43; ThLL V, 2, p. 590-1*) praecedet γ₁ | nostra] nam α (*-Ro*)   **6** *operari M₂ P* (*pc.*) *M₁ γ₂ A* (*pc.*) *R Li edd.* | nemo] neque *Wig.* | operis γ₂ *R; om. rell.* | facit] agit *F*   **7** cogitat ... facienda *om. A* | fiat *Ly*; faciant *Ma*   **8** hominem *E A O edd.*; homine *rell.* facit *A*   **9** deo β | stabilito β; instabili *A* | suo consilio *tr. edd.*   **10sq.** et ... facta *om. Ly*   **10** facienda] esse *add.* β *edd.* | eo] quo α; hec *A*   **11** quo] quod α₂ (*-Wig.*) β₁ (*P ac.*) *Ma*; quae *G Ro*
25, 2 inquit] ait γ₁ | sancta *om. Ly Ma edd.* | ac γ₂ *Ma R*; a *rell.* | tenebris *M₂ G Ro M₁ Li edd.*   **3** et¹] etiam *edd.* | et¹ ... lucis *om. A* | ergo] enim *V*; est *add. Wig.* γ₂ | et² *om.* α

essentia tenebrarum. Et cur non dixit scriptura 'Vidit deus tene-
5 bras, quod essent bonae' sicut de luce dictum est?

RESPONSIO

Deus bona et incommutabili voluntate creavit omnes angelos
bonos. Et quia ex his quosdam per superbiam praesciebat casuros
per incommutabilitatem praescientiae suae, divisit inter bonos et
10 malos: Malos igitur appellans tenebras et bonos appellans lucem,
in his dicens 'Vidit deus, quia boni sunt', in illis nullatenus dicens, ne peccata, quae sunt tenebrae, adprobare videretur.

(26) INTERROGATIO XXVI

Primum enim diem spiritalem adstruis esse creaturam. Et quomodo habuit *vespere et mane*?

α (α₂ (M₂ V Wig.) G Ro) β (β₁ (P E) M₁) γ (γ₁ (Ly Ma A) γ₂ (O F) R) Li

---

25, 11 *cf.* Gen. 1, 4   **26, 3** Gen. 1, 5

25, 7–12 deus ... videretur] *cf.* Aug. civ. 11, 19–20 (qui potuit etiam prius-
quam caderent praescire casuros ... ne simul cum luce etiam talibus tenebris
testimonium placiti sui perhibuisse videretur); gen. ad litt. 1, 17

25, 4 dicit α | deus *om.* O
7 bonam incommutabilia α₂ (- *Wig.*) G | incontaminabilia β₁ (P ac.)   **8** bonos
om. Ro Li | et] sed *Wig.*   **9** incomutate praesentie β₁ (P ac.)   **10** et γ (-R);
om. rell.   **11** in his] de bonis *edd.* | vidit deus *om. Wig.* | vidit ... illis *om.*
Ro | quia] quod β | in illis] de malis *edd.*   **11sq.** dicens] dixit *Ro Li*; hoc
dixit *edd.*   **12** quae sunt] querunt A | sunt] erant *Wig.* | viderentur α (-M₂)
Ma; videatur *Ly*
26, 2 enim *om.* γ₁ O (pc.) Li edd. (*cf. qu. 24, 27, 33, 35, 36, 43*) | adstruis F Li
edd.; astruis O (pc.); adstrues *Wig.* A; adinstruens *Ma*; adstruens *rell.* | esse
om. A | creaturarum α (-G) β (P ac.) R (ac.)

RESPONSIO

Omnis namque creatura, antequam tempore suo fieret, in ipso 5
dei verbo prius erat ab angelis cognoscenda et sic suo tempore
facienda. Quapropter ipsa creaturae cognitio in *semetipsa vespere erat, in deo autem mane, quia plus videtur ipsa creatura in
deo quam in se ipsa videtur. Creatura plus scilicet videtur in arte,
qua facta est, quam ipsa in se ipsa, quae facta est. Propterea enim 10
ait evangelista Iohannes: Quod factum est, in ipso vita est. Omnia
igitur, quae facta sunt et vitam non habent, in ipso verbo dei vita
sunt; in se ipsis non sunt vita. Caelum et terra [lapis] vitam non
habent et tamen in deo vita sunt. Vivunt igitur in deo sine initio

---

α (α₂ (M₂ V Wig.) G Ro) β (β₁ (P E) M₁) γ (γ₁ (Ly Ma A) γ₂ (O F) R) Li

---

26, 11 Ioh. 1, 3–4

26, 5–25 omnis ... perfectionem] cf. Aug. civ. 11, 7 (Cognitio quippe creaturae in se ipsa decoloratior est, ut ita dicam, quam cum in dei sapientia
cognoscitur velut in arte, qua facta est ... quoniam scientia creaturae in
comparatione scientiae creatoris quodam modo vesperascit ... in cognitione
sui ipsius dies unus est, cum in cognitione firmamenti ... dies secundus, cum
in cognitione terrae ac maris ... dies tertius, cum in cognitione luminarium
maioris et minoris omniumque siderum dies quartus, cum in cognitione
omnium ex aquis animalium natatilium atque volatilium dies quintus, cum
in cognitione omnium animalium terrenorum atque ipsius hominis dies
sextus); gen. ad litt. 5, 5 (cum primam conditionem creaturarum cogitamus
... nec illos dies sicut istos solares nec ipsam operationem ita cogitare debemus, quemadmodum nunc aliquid deus operatur in tempore ... ea, quae
simul facta sunt, senario quoque illius diei numero praesentato perficeren-
tur) **9sq.** creatura ... est²] cf. Aug. gen. c. Man. 1, 8, 13 (...in animo, ubi ars
ipsa pulchrior est quam illa, quae arte fabricantur)

26, 5 namque] nunc M₂ (pc.); quaeque G; om. γ₁ O (pc.) Li edd. | tempore suo
om. M₁   **6** prius] prima A | erat prius tr. Wig.   **7** agnitio β; cogitatio M₂
7sq. semetipsa vespere scripsi; semetipsa vespera γ₂ edd.; semetipsis vespere
A; semetipsis vespera rell.   **8** erat om. edd. | autem] erat Li edd.   **9** deo γ
edd.; domino rell. | videtur¹] videretur β (-P); videatur Ma O R Li edd.; om. F
10 ipsa¹ om. Wig. Ly O | ipsa¹ ... est] locus fortasse corruptus   **11** est²] erat G
Li edd.   **12** igitur] ergo edd.   **12sq.** et ... vita²] in ipsa non sunt vita Ly
13 ipsis O edd.; ipsa rell. | vita non sunt tr. edd. | et V γ (-Ma A); om. rell.
terra] et add. M₁ | lapis seclusi   **13sq.** vitam ... sunt om. A   **14** domino α P
M₁ Li   **14–18** vivunt ... ergo om. F

15 atque incommutabiliter omnes rationes creaturarum. Ac per hoc
plus videntur ab angelis sanctis in verbo dei, ubi sunt vita, quam
in se *ipsis, quia scientia angelorum in comparatione dei quodam
modo vesperascit. Ergo in cognitione sui primus est dies; in
cognitione firmamenti secundus; in cognitione discretionis terrae
20 ac maris tertius; in cognitione solis ac lunae et stellarum quartus;
in cognitione reptilium et volatilium quintus; in cognitione
iumentorum et ferarum vel ipsius hominis sextus. Neque enim hi
dies solares intellegendi sunt, sed illius diei unius, quem intellegimus spiritalem creaturam, id est angelicam, sexies facta cognitio:
25 Sexies fecit propter senarii numeri perfectionem.
Sed ut de numero et de senarii numeri perfectione aliquid tibi ex
scripturis sanctis colligam, libens adesto et te totum ad audiendum praepara. Unus in numeris dividi non potest: Ab ipso enim
surgit omnis numerus. Ergo duo dividi possunt, sed pars eius
30 unus est. Tertii vero pars unus est: Igitur divisio duorum in
unum est, divisio trium in unum est. Quid aliud hic numerus

$\alpha\,(\alpha_2\,(M_2\,V\,Wig.)\,G\,Ro)\,\beta\,(\beta_1\,(P\,E)\,M_1)\,\gamma\,(\gamma_1\,(Ly\,Ma\,A)\,\gamma_2\,(O\,F)\,R)\,Li$

26, 26–92 sed ... rationem] *cf.* Aug. gen. ad litt. 4, 2; civ. 11, 30; trin. 4, 4,
7–6, 10; c. Faust 12, 8

26, 15 commutabiliter α_2; inmutabiliter *Ro*; incommutabile *(ac.) vel* incom-
mutabili *(pc.) vel* incommutabilitate *(sl.) R* | rationes creaturarum] creaturę
rerum *O (ac.)*   **16** videtur *Wig. (pc.) P M$_1$ Ly Ma R* | sunt] in *add. O*   **17** ipsis
Li edd.; ipsa *rell.* | comparationem *M$_2$ Ro Ma A*   **18** vesperescit β; vespera est
Ro Li Am. (vesperascit *mg.*) *Er. Lov.*; sit *vel* sic *add. Ro Li edd.*   **18sq.** in
cogitationem ... in cogitationem *A*   **18sq.** sui ... cognitione γ (sui *om. Ly*;
est *om. F*); spirituum dies primus in cognitione *edd.*; *om. rell.*   **19** discretio-
nis *om. Ma A*   **20** ac^2] et *Ma A*   **22** et] vel *O* | et ... hominis *om. Ma*
vel ... hominis *om. A* | ipsius *om. edd.*   **22sq.** hi ... illius γ (hi ... *om. A*); *om.*
rell.   **24** spiritalem creaturam] naturam spiritalium creaturarum *edd.* | crea-
turam *V γ*; creaturarum *rell.* | angelicam α_2 (- *Wig.*) γ; angelicarum *rell.*
sexies] sex dies *Ly Ma* | facta] est *add. Ro Ma* | cogitatio *A*   **25** sexies] sex
dies *edd.*; per sex dies *A*; dies *add. γ_2*   **26** sed *om. A*   **26–92** sed ... ratio-
nem] *postea addita videri possunt; sed cf. RBen 121 (2011), 256–257*   **26** ut γ;
om. rell. | de numero *om. A* | numero et de *om. Ma* | numero ... perfec-
tione] numeri senarii perfectione *edd.* | ex] de *O*   **28** unum *edd.*
29sq. eorum unum *edd.*   **30** tertii ... est γ; *om. rell.* | in] bis *add. edd.*
31 divisio ... est *om. Ly* | in] ter *add. edd.* | quid] autem *add. edd.*

ostendit nisi trinitatem, quae deus est? Quae quamvis tres sint
personae, in una creduntur unitate naturae. Quaternarius scilicet
duas partes habet: Nam quarta eius unus est, *dimidia eius duo.
Unum videlicet et duo tria sunt. Ecce partes suas [nec] ultra 35
excrescit nec completur, et ideo imperfectus est numerus. Quina-
rius vero non habet nisi unum, quod est quinta eius. Senarius
igitur numerus perfectus est, quia partibus suis completur: Habet
enim unum, quod est sexta eius, duo, quod est tertia, tria, quod
est dimidia. Unum ergo et duo et tria sex faciunt. Ideoque prop- 40
ter huius numeri perfectionem sex diebus operatus est dominus
omnem creaturam. Tres hae partes senarii numeri demonstrant
nobis trinitatem deum in trinitate numeri, mensurae et ponderis PL
fecisse omnem creaturam. Plurimum valere senarii numeri per- 742
fectionem in scripturis sanctis frequenter repperimus, praesertim 45
in morte domini simpla et in resurrectione eius simpla. Mors
itaque domini nostri Iesu Christi non fuit in anima, sed in carne
sola, mors vero nostra non solum in carne, sed etiam in anima: In
anima propter peccatum, in carne propter poenam peccati. Ille

α (α₂ (M₂ V Wig.) G Ro) β (β₁ (P E) M₁) γ (γ₁ (Ly Ma A) γ₂ (O F) R) Li

26, 43 *cf.* Sap. 11, 21

26, 46–56 mors ... nostras²] *cf.* serm. de symb. 5 (PL 40, 1193, 57–68); *de sermone illo vide supra apud qu.* 6

26, 32 sunt α (- *Wig.*; M₂ *pc.*) γ₂   **33** unum creduntur in unitate *Ro Li edd.*
scilicet *om. Li edd.*   **34** quarta eius unus] quarte *V* | unus est γ; unum (est
add. Wig.) *rell.* | dimidia *scripsi*; media *codd.*   **35** nec *seclusi*   **36** completur
Ro F R edd.; complet *rell.* | perfectus *Ro Ma*   **37** vero γ; *om. rell.*   **38** igitur]
quippe *M₁*; ergo *edd.*   **39** sexta] pars *add. edd.* | duo] secunda *O*
39sq. quod² ... est²] quae sunt ... quae sunt *edd.*   **39** tria] tertia *A O*
40 dimidia γ; media *rell.* | et¹ *Ro* γ₁ *O*; *om. rell.* | tria] tres *O*   **41** dominus
γ₂; *deus Ly edd.*; *om. rell.*   **42** tres] ergo *add. Ro Li edd.*   **44** valeri α₂ (- *V*)
45 reperimus *O (ac.) Li edd.*; invenimus *V* β   **46** morte *Wig.* M₁ γ₂ A *Li edd.*;
mortem *rell.* | simpla¹ *E* γ₂ *Ly R edd.*; simplam *rell.* | resurrectionem
α₂ (- *Wig.*) *G P Ma* | eius] domini *A* | simpla² γ₂ *Ly edd.*; simplam *rell.*; et in
morte nostra dupla et in resurrectione nostra dupla *add. edd.* ('haec in Mss.
desunt' *Maur. mg.*)   **47** fuit in *om. A*   **48** sola *om. O* | non in carne solum
tr. β *F edd.* | in carne *om. A* | etiam] et β₁ *edd.*

50 vero, quia peccatum non habuit in anima, non est mortuus nisi
tantum in carne, et hoc propter similitudinem carnis peccati,
quam de Adam traxerat. Igitur simpla eius mors profuit duplae
nostrae et simpla eius resurrectio profuit duplae nostrae: Mors
carnis eius et resurrectio eius, mors carnis nostrae et resurrectio
55 *nostra, mors animae nostrae et resurrectio *nostra. Duas mortes
nostras et duas resurrectiones nostras: Duas et duas quattuor
sunt; unam mortem domini et unam resurrectionem eius adde ad
quattuor nostras: Sex faciunt. Igitur simplum domini et duplum
nostrum tres sunt, et tres partes habet, secundum quod supra
60 diximus, senarius numerus. Nam et XXXVI horae, quibus fuit
dominus in inferno, huic simplo et duplo congruunt: Duodecim

α (α_2 (M_2 V *Wig.*) G *Ro*) β (β_1 (*P E*) M_1) γ (γ_1 (*Ly Ma A*) γ_2 (*O F*) R) *Li*

26, 52–55 igitur ... nostra²] *cf.* Aug. trin. 4, 3, 5–6

26, 50 qui *V G M_1 Ma Li* | non¹] fecit nec *add. serm. de symb.* (*PL 40, 1193,
62)* **51** hoc] huius *V* **52** quem *G;* quod α_2 *Ly* **52sq.** duplae nostrae]
duplici *R* (*pc.*); dupplem rem *Ma;* duplens est M_2 *G;* duple est *Ro;* duplex est
α_2 (-M_2); *om.* β **53** et ... nostrae *om. V F* | eius *om. M_2 G Ly* | profuit duplae
nostrae] duplae nostrae resurrectioni profuit *edd.* | duplae nostrae] duplici
nostrae *R;* dupplem rem *Ma;* duplens est M_2 *G;* duplex est *Wig.* β; *om. Ro Li;*
est etenim *add. edd.* **54** carnis eius] caro nostrae *Ly* **54sq.** mors ... nostra
om. F **54sq.** mors ... nostra² *om. Li* **55** nostra¹] et *add. edd.* | nostra¹ ...
nostra *scripsi;* eius ... eius *codd.* | mors ... nostra *om. Ro* | nostra²] mors
autem (*om. Li*) carnis eius et resurrectio eius *add. Li edd.* **56** nostras²]
significat *add. Li* (*sl.*) *edd.* | duo et duo *Li;* due et duae *O;* due et *F; om.* et
duas *V* **56sq.** duas² ... sunt] unde si addas ad *edd.* **57** sunt *om.* β (M_1 *ac.*);
nam *add. R* | una morte ... una resurrectione *Wig. Ly* | adde] ad *Ro*
57sq. adde ... faciunt] quae duo faciunt quattuor hoc est duas mortes et duas
resurrectiones nostras sex fiunt *edd.* **57** ad γ (-*R*); et *rell.* **58** nostras] duas
domini et *add. Ly;* et *add. Ma O* | igitur] ideoque *edd.* | simpla M_1 | domini
om. Ly; bis *add. edd.* **59** nostrum tres] nostrum bis tria bis *edd.* | tres
partes habet] tria bis *edd.* | habet *post* diximus *tr. Li;* habent *V Ro Ma*
secundum] sed quae *G* **60** diximus] partes sunt unde *add. edd.* | numerus]
est *add. edd.* | XXXVI] XXX et VI *Ly;* XLVI *G;* triginta sex M_2 γ_2 *Ma R edd.*
(*talia dehinc non nisi carptim indicabo*); quadragesimo sex *Ro* **60sq.** dominus fuit *tr. Wig.* β *Li edd.* **61** infernum α_2 (-*Wig.*) *G E Ly*

igitur horae fuerunt diurnae et XXIIII nocturnae. Item XXIIII ad
duplam mortem nostram concinunt et illae XII horae ad mortem
domini simplam. Revera enim et nativitas eius senarium numerum habet: *XLVI annis aedificatum est templum* adstruunt Iudaei 65
in evangelio; quod intellegitur de corpore domini. XLVI anni
pro diebus positi sunt: XLVI diebus dicunt infantem formari in
utero et subinde usque in diem parturitionis augmentari. Quadra-
gies sexies quippe seni fiunt CCLXXVI, qui faciunt menses VIIII
et dies VI. Computa ergo ab octavo kalendas Apriles, quando 70
passus est dominus (tunc etiam creditur fuisse conceptus), usque
in diem VIII kalendas Ianuarias, et repperies dies CCLXXVI, qui
constant per senarium numerum. Quid de illa muliere in evangelio, quam XVIII annis curvaverat satanas, quam sanavit dominus,
dicemus, nisi quia et ipsi anni senarium numerum habent: Ter 75
igitur seni XVIII. Illa itaque mulier intellegitur genus humanum,

---

α (α₂ (M₂ V Wig.) G Ro) β (β₁ (P E) M₁) γ (γ₁ (Ly Ma A) γ₂ (O F) R) Li

26, 65 Ioh. 2, 20   66 *cf.* Ioh. 2, 21   73s *cf.* Luc. 13, 11–13

26, 64–73 revera ... numerum] *cf.* Aug. div. qu. 56

26, 62 igitur] ergo *edd.* | horae *om. Wig.* | XXIIII¹] XXXIIII *G*; CCCCCIIII
M₂; triginta quatuor *Ro* | item] iste *γ₂*; igitur *Wig.*; ita *V*; *om. Ly* | item
XXIIII *om. Ma A* | XXIIII²] CCCIIII *M₂*; triginta quatuor *Ro*
63 con(n)iciunt α (-*G*); initiunt *G*   **64** et *om. V A F*   **65** habet] et *add. O*
XLVI] quadraginta enim et sex *edd.*   **65sq.** XLVI ... domini *om. E*   **65** est]
esse *P (pc.) Li edd.*; *om. M₁ γ₂ (O ac.)* | templum] ut *add. R* | adstruent *M₂ P*
M₁ (ac.) Ly; adserent *G*; adstruenti *A*; asserunt *Li edd.* | adstruunt Iudaei]
domini *V*   **66** domini] et *add. O*   **67** positi ... diebus *om. A* | formari
infantem *tr. β*   **68** usque *om. β edd.* | in] ad *A* | augmentari] et *add. O*
69 CCLXXVI] CCLXXXVI *G*; ducentos octaginta sex *Ma* | VIIII] octo *Ro*
70 VI *γ (R pc.) Lov.* (decem *mg.) Maur.*; X *vel* decem *rell.* | octavo] die *add.*
A | kalendas] k *vel* kl *vel* kal *codd. permulti* | Apriles] apr *vel* apl *codd.*
permulti   **71** dominus] quia *add. γ₁*; nam et *add. edd.*   **72** diem *om. V*
kalendas] k *vel* kl *vel* kal *codd. permulti* | Ianuarias *Ma A Li (uv.)*; Ianuarii *O*
edd.; ian *rell.* | reperies *γ₂ edd.* | CCLXXVI] CCLXXXVI *G Ma*; ducenti
quadraginta sex *Ro*   **74** quam¹] quae α₂ (-*Wig.) Ma*; quem *Ly A O (ac.)*
R (uv.) | quam²] quem *V Ly Ma R*; que *A*   **75** dicemus *G Ro γ₂ Ma A Li edd.*;
dicimus *rell.* | nisi *γ* (-*R*); *om. rell.* | quia] qui α₂ (-*Wig.) Li*; que *M₁*   **76** igi-
tur] enim *edd.* | XVIII] sunt *add. O edd.* | itaque] igitur α₂ (-*M₂*) *E Li*; utique
γ₂ | intellegitur *om. R*; figurare *add. edd.* | humanum] significat *add. R*

quod sexta aetate saeculi a captivitate diaboli dominus liberavit.
Prima aetas est ab Adam usque ad Noe, secunda a Noe usque ad
Abraham, tertia ab Abraham usque ad David, quarta a David
80 usque ad transmigrationem Babyloniae, quinta a transmigratione
Babyloniae usque ad adventum domini nostri Iesu Christi, sexta
quae nunc agitur, donec excelsus veniat ad iudicium. Sexta igitur
aetate saeculi reformatur genus humanum ad imaginem dei.
Profecto enim anni XVIII non solum sex aetates, sed etiam tria
85 tempora evidenter demonstrant: Unum scilicet ante legem,
alterum sub lege, tertium sub gratia. Igitur et ipse annus senario
numero continetur: Habet enim dies CCCLXV et quadrantem.
Sexies quippe sexageni CCCLX. Remanent profecto dies V et
quadrans. Quinque dies sexta sunt mensis; tamen si illum *qua-
90 drantem pro die ponas a parte totum, sex faciunt. Ecce quantum
me dominus adiuvit: De senarii numeri perfectione, etsi non
quantum volui, tamen quantum potui reddidi rationem.

α (α₂ (M₂ V Wig.) G Ro) β (β₁ (P E) M₁) γ (γ₁ (Ly Ma A) γ₂ (O F) R) Li

26, 78–83 prima … dei] *cf.* Aug. c. Faust. 12, 8 (*et infra qu. 55*)

26, 77 quod] qui *G Ro*; que α₂ (-*Wig.*) *E*; quem *Ly Ma*; quam in *Wig.*;
quoniam *A* | a] de *V β*; *om. M₂* | diaboli captivitate *tr. Wig.* | dominus γ₁ *F*;
redemptor noster dominus Iesus *edd.*; *om. rell.*   **78** est *om. Wig. G Ly*
secunda] aetas *add.* α₂ (-*Wig.*) *β R*; aetas est *add. G Ro Li edd.*   **80** Babyloniae
α₂ (-*Wig.*) *M₁* γ; Babylonis *rell.*   **81** Babyloniae α₂ (-*Wig.*) *Ro M₁* γ (*om. A*); Ba-
bylonis *rell.* | ad] Iohannem baptistam et *add. Wig.* | domini nostri Iesu *om.*
A   **82sq.** sexta … saeculi] sexto itaque saeculo *Wig.*   **83** reformabatur *A*
84 enim] igitur γ₁   **87** CCCLXV *om. M₂* | et *om.* α (-*Wig.*) β₁ *A*; et quadrans
om. Li edd.   **87sq.** et … CCCLX *om. Ly*   **87** quadrantem *M₁* γ₂ *R*; quadran
V; quaran *Wig.*; quaram *Ma*; quadrans *rell.*   **88** sexies *om.* β₁ | quippe]
autem *edd.*; *om. Li* | sexageni] sexagenta *G*; imagines β₁; fiunt *add. Ma A*
CCCLX] sunt *add. M₁*   **89** quadran *V Ro Li*; quaran *Wig.*; quaram *Ma*
quinque] autem *add. edd.* | sexta] sexti *G*; sex β₁; sex tamen *Ro Li*; sexies pars
F; sexaginte *A*; sexies *edd.* | menses *V Ro P Ly Li*; et *add. Wig.* | si *Wig. M₁* γ₂
A; et *Ly Ma*; etiamsi *edd.*; etsi *rell.* | illum *M₁ edd.*; illud *rell.*   **89sq.** illum …
die] pro die et illud *F*   **89sq.** quadrantem *edd.*; quadrante *A*; quadram *Ma*;
quaran *Wig.*; quadran(s) *rell.*   **91** adiuvet β₁; adiubet *V*; adiuvavit *R*

(27) INTERROGATIO XXVII

Ordo elementorum et pondus non sinit, ut sit aquarum substantia supra caelos. Aqua enim cedit terrae et aer cedit aquae et
ignis cedit aeri. Nullo modo enim *fieri potest, ut secundum   PL
elementum, quod est aqua, sit supra quartum, quod est ignis. Et   743
quomodo dictum est *Fiat firmamentum in medio aquarum et
dividat aquas ab aquis?*

RESPONSIO

Quo modo et qualeslibet sint aquae illae, quas scriptura dicit
supra caelos esse, esse eas ibidem minime dubitemus. Sicut enim   10
nubes istae, quae utique aquae sunt, feruntur super aerem, quod
est tertium elementum, ita fieri posse arbitror, ut aquae tenues
atque subtiles ferantur super caelum. Nam ex hoc pondere elementorum multi philosophi resurrectionem carnis inludentes
non posse fieri inquiunt, ut homo, qui utique ex terra factus est,   15
sit in caelo. Sed hos veritas convincit, quae facit multa animalia

---

$\alpha\,(\alpha_2\,(M_2\,V\,Wig.)\,G\,Ro)\,\beta\,(\beta_1\,(P\,E)\,M_1)\,\gamma\,(\gamma_1\,(Ly\,Ma\,A)\,\gamma_2\,(O\,F)\,R)\,Li$

27, 6s Gen. 1, 6

27, 9sq. quo ... dubitemus] *cf.* Aug. gen. ad litt. 2, 5 (quoquo [quo *vl.*] modo
autem et qualeslibet aquae ibi sint, esse ibi eas minime dubitemus)
9–20 quo ... caelum] *cf.* Aug. gen. ad litt. 2, 1–5   **13–16** nam ... caelo] *cf.*
Aug. fid. et symb. 10, 24 (Caro enim nostra utique ex terra est; philosophi
autem, quorum argumentis saepius resurrectioni carnis resistitur, quibus
asserunt nullum esse posse terrenum corpus in caelo)

27, 2 ordo] *enim add. F R Lov. (cf. qu. 24, 26, 33, 35, 36, 43)* | sinet *Ro Ly*
3 supra *G E γ (-Ly) edd.*; super *rell.*   **3sq.** cedet ... cedet ... cedet *M₂ Ro Ma A*
4 enim modo *tr. V* | fieri *R (sl.) Li (sl.)*; esse *O (sl.)*; potest fieri *edd.*; *om. rell.*
5 aqu(a)e *α₂ (- Wig.) Ro*
9 et] aut *M₁ F* | sunt *α₂ (- Wig.)* | quae *α (- Wig.) R* | dicit] docet *edd.*; *om. β₁*
10 super *α (- G) M₁* | esse² *om. M₂ Ma* | eas esse *tr. edd.* | eas] easdem *F Li*;
easdem esse ibi *Lov.*; et eas *R* | dubitamus *Ro Ly A*; dicamus *V* | sicut] sunt
O   **11** nubes] nobis *R*; *om. α* | aquae *M₁ γ₂ Ma A Li*; aqua *Ly*; *om. rell.*
ferunt *Ly*; fruuntur *Ma* | supra *G β₁ Ma A edd.* | aera *edd.* | qui *G*   **13** supra
G E γ (-R) edd.   **13sq.** elementorum ... carnis *om. A*   **16** caelos *G Ma*;
caelum *Ro* | quae *M₁ γ₂ Li edd.*; qui *rell.*

terrena volitare in aere et aquam esse super aerem et ignem, quod
est utique quartum elementum, esse in terra. Ergo dei potentia,
quae haec facere adprobatur, facit, ut et homo et aqua sit supra
20 caelum.

(28) INTERROGATIO XXVIII

Si totam terram aqua tegebat, non erat locus, ubi aquae congregarentur; si erat locus, ubi aquae congregarentur, non totam terram
aqua tegebat. Et quomodo scriptura dicit *Congregentur aquae,*
5 *quae sub caelo sunt, in locum unum et appareat arida?*

RESPONSIO

Totam terram aqua tegebat sicut rarissima nebula, quae postea in
unum redacta atque collecta est, ut posset terrae species apparere.
Quamquam et terra longe lateque subsidens potuit concavas
10 partes praebere, quae confluentes aquas susciperent, ut arida
appareret.

α (α_2 (M_2 V $Wig.$) G Ro) β (β_1 (P E) M_1) γ (γ_1 (Ly Ma A) γ_2 (O F) R) Li

28, 4s Gen. 1, 9

28, 7–11 totam ... appareret] *cf.* Aug. gen. ad litt. 1, 12 (Quo ergo congrega-
tae sunt aquae, si totam terram prius occupaverant? ... rarior aqua velut
nebula terras tegebat, quae congregatione spissata est, ut ex multis eas
partibus, in quibus arida posset adparere, nudaret. Quamquam et terra longe
lateque subsidens potuit alias partes praebere, quibus confluentes et conru-
entes aquae reciperentur et adpareret arida)

27, 17 aere γ_2 Ly; aera R; in aere volitare *tr.* Ro Li *edd.*; aerem *rell.* | et[1] ...
aerem *om.* α 17sq. esse ... elementum *om.* E 17 supra Ro Ly A *edd.*
19 quae *om.* A | hoc γ_2 Ma | et[1] *om.* γ_2 Ly | sint *edd.* | supra G β_1 γ_2 Ly A
edd.; super *rell.*   20 caelos γ_1
28, 2 si] nonne β *edd.*   2sq. non ... congregarentur] si R 2–4 non ...
tegebat *om.* β *edd.*   3 si] sed Ly | si ... non] dum α Li 4 et *om.* R
congregentur] si totam terram aqua tegebat non erat locus ubi aquae
congregarentur *add.* β
7 tegebat aqua *tr.* $Wig.$ 8 posset γ_2 Li *edd.*; possit *rell.*; etiam a*dd.* *edd.*
9 quamquam et γ (-R); quam et V Ro E R (*ac.*); quamvis et P M_1; quia et M_2
R (*pc.*); cui et Li; quamvis G *edd.* (-*Lov.*); et *Lov.* | potuit concavas *om.* M_1

(29) INTERROGATIO XXIX

Cum deus omnia bona creaverit dicente scriptura *Et ecce omnia quae fecit deus bona valde*, cur dominus in evangelio dicit *Nemo bonus nisi solus deus?*

RESPONSIO   5

Quod homo sit bonus, idem ipse dominus in evangelio dicit: *Homo bonus de bono thesauro cordis sui profert bona.* Sed ut hoc diceret *Nemo bonus nisi solus deus*, illi scilicet respondebat, qui vitam aeternam ab eo quaerebat, illi, qui tantum hominem arbitrabatur dicens *Magister bone.* Ideoque sic respondit dicens *Quid* 10 *me dicis bonum? Nemo bonus nisi solus deus*, id est 'istam formam adsumptam, quam cernis, quam videbunt boni et mali, pii et impii: Non erit eis in bonum, qui male agunt. Ergo non me dicas secundum hanc formam bonum, quam videbunt et illi, qui pupugerunt. Est alia forma, quam non videbunt impii, quam non 15

$\alpha\,(\alpha_2\,(M_2\,V\,Wig.)\,G\,Ro)\,\beta\,(\beta_1\,(P\,E)\,M_1)\,\gamma\,(\gamma_1\,(Ly\,Ma\,A)\,\gamma_2\,(O\,F)\,R)\,Li$

29, 2s Gen. 1, 31   **3s** Marc. 10, 18   **7** Matth. 12, 35   **8–10** *cf.* Marc. 10, 17 **10s** Marc. 10, 18   **14s** *cf.* Ioh. 19, 37

29, 6–17 quod ... videre] *cf.* Aug. trin. 1, 13, 31 (...id est 'istam formam, quam vides ... haec forma apparebit in iudicio non tantum iustis, sed et impiis et huius formae visio non erit in bonum eis, qui male agunt ... secundum illam formam si me intellegis, bonus sum'); in Ioh. tract. 21, 13 (...veniet in forma humana; hanc videbunt et impii ... videbunt in quem pupugerunt)

29, 2 creaverat *V*; creavit *Ro M₁*   **3** dominus *γ₂*; *om. V M₁* | valde bona *tr.* *α₂* (*- Wig.*) *E* | cur] rursus *vel* rursum *add. α Li edd.*   **3–6** nemo ... dicit *om. F* **6** item *β*; id est *V Ma O*   **7** bonus homo *tr. edd.* | bonum *A* | sed ut] sicut *A* **7sq.** sed ut hoc diceret] sicut deus et hoc *O*   **7** ut] aut *Ly*; *om. R*   **9sq.** arbitratur *M₂ (pc.) G Ro*   **10** dicens² *om. Ma A*   **11** id est] ideo secundum *G* ista forma *Ly F R Li*; forma ista *tr. edd.*   **12** quam cernis adsumptam *tr. γ₁* videbunt] et *add. Ly Ma O*   **13** quia *V Ro A* | mala *γ₁ edd.* | me *om. O* dicas] bonum *add. γ₁*   **14** bonum *om. γ₁* | et *γ (-R)*; *om. rell.* | illi *om. α* qui] me *add. Lov.*   **15** pupungerunt *V β₁ (P ac.) Ma*; inpungerunt *M₁*; pugnaverunt *Ly*; puniuntur *G* | est] et *add. M₁ Ma*   **15sq.** est ... hanc] sed secundum dei *G*   **15sq.** impii ... videbunt *om. Ro Ly*   **15** non² *om. α₂ (- Wig.)*

videbunt nisi iusti: Secundum hanc formam bonus sum eis, qui
digni fuerint me videre.'

(30) INTERROGATIO XXX

Fons inquit sancta scriptura *ascendebat e terra inrigans universam*
faciem terrae. Si universam terram inrigabat, ergo et montes rigabat, quia et montes utique terra sunt; si montes rigabat, diluvium
5 erat. Et quomodo *terra germinaverat herbam virentem et facien-*
tem semen aut quomodo habitabat homo in terra, si universam
terram aqua tegebat?

RESPONSIO

Fons positus est singularis pro plurali numero. Hoc enim, si
10 sollicite requiras, in scripturis sanctis frequenter repperies: Habes
nempe in psalmo *Misit in eos muscam caninam et comedit eos, et*
ranam et exterminavit eos, dum utique nec una musca nec una

α (α₂ (M₂ V Wig.) G Ro) β (β₁ (P E) M₁) γ (γ₁ (Ly Ma A) γ₂ (O F) R) Li

30, 2s Gen. 2, 6   **5s** Gen. 1, 11   **11s** Ps. 77, 45

30, 9–22 fons ... carnem] *cf.* Aug. gen. ad litt. 5, 9–10 (pro numero plurali
posuit singularem, ut sic intellegamus fontes multos per universam terram
loca vel regiones proprias inrigantes, sicut dicitur 'miles' et multi intellegantur, sicut dicta est locusta et rana in plagis ... cum esset innumerabilis
locustarum numerus et ranarum); ench. 13, 44 (per singularem numerum
pluralis numerus significari solet, sicut ait ille: 'Uterumque armato milite
complent')

29, 17 fuerunt *V Ro Ma A F*
30, 2 e] et α₂ (- *Wig.*) *G E*; a *P*; de *Wig. edd.*; *om. Ly*; e terra *om. Ma*; terra *om.*
V G   **3** rigabat *Wig. Ro* γ   **3sq.** ergo ... rigabat *om.* β   **3sq.** inrigabat *V G Li*
edd.; *om. A*   **4** et *om. Wig. M₁* | si] vero et *add. edd.* | rigant *Ly*; inrigabat *G*
edd.; ergo *add. R*   **5** germinaverat] omnem *add.* γ₂ *Ly* | et *om. Ly F*
6sq. universam terram] universa *O*   **7** terram *om. A F* | tegebat] rigabat *Ly*
R
9 positus est] ibi ponitur *edd.* | pro *om. A* | plurali] populi α₂ (- *Wig.*) | si
om. V A   **10** requiras *Wig.* γ; requiramus *rell.* | reperies *A O*; repperiam *E*;
repperimus *P M₁*; reperimus *Li edd.* (reperiemus *Lov.*) | habens *M₂ G*; habet
A   **11** misi *A* | eos *M₁ γ₂ A R Li edd.*; eis *rell.*   **11sq.** et¹ ... ranam *om. R*
12 et *om.* α (- *Wig.*) *O* | cum *Ma F edd.* | nec¹ *om. G A*

rana fuerit. Et alibi in psalmo *Dixit et venit locusta*; non ait 'locustae', sed 'locusta'. En habes singularem numerum pro plurali secundum illud, quod ait nobilissimus quidam poetarum: *Ute-* 15
rumque armato milite complent. Porro autem propter unitatem naturae dictum est 'unus fons', ut omnes intellegamus, qui sunt in terra, quia quodam modo omnes ex unius abyssi natura emanant. Nam quod ait *Inrigabat universam faciem terrae*, non totam terram inrigabat, sed partem. A toto enim partem significat, 20 quemadmodum dicimus 'Christus mortuus est, Christus resurrexit', cum non mortuus fuerit et resurgeret nisi secundum carnem.

(31) INTERROGATIO XXXI

Tulit ergo dominus deus hominem ait scriptura *et posuit eum in*
paradiso voluptatis, ut operaretur et custodiret illum. Quid, rogo,   PL
operaretur, quid *custodiret*? Paradisum an aliud quid?   744

α (α₂ (M₂ V Wig.) G Ro) β (β₁ (P E) M₁) γ (γ₁ (Ly Ma A) γ₂ (O F) R) Li

---

30, 13 Ps. 104, 34   **15s** Verg. Aen. 2, 20   **31, 2s** Gen. 2, 15

30, 13 dixit et *om. Wig.*   **13sq.** non ... locusta *om.* β   **14** habens α (- *Wig.*)
Ma (ac.); habet *Wig.*; homines *F* | pro plurali] pluralem *A* | plurali] populi
α₂ (- *Wig.*)   **15** illud] id *edd.*; *om. Ma F* | novisimus *A*   **15sq.** uterumque *G P*
M₁ Ma (pc.) A R (pc.) Li edd.; utrumque *rell.*   **16** complent *P M₁ γ₂ Li edd.*;
complet *rell.*   **17** fons *om. O*   **18** in] super γ₁   **18sq.** remanant β₁; manant
M₂ G R Li edd.; maneant *Ro*   **20** inrigabat γ (- R); *om. M₁*; rigabat *rell.* | significabat *A*; significavit *edd.*   **21** dicimus] dominus *O* | Christus[2] et γ₁
22 et] ut *Ly*; neque *edd.* | et resurgeret *om. Ma* | resurrexerit *G O Li edd.*;
resurrexit β *F* | carnem] et resurgeret *add. Ma*; *app. 3 add. R et cod. Mons*
Univ. bibl. 43/219 (cf. p. 436)
31, 3sq. illum ... operaretur *om. A*   **3sq.** illum ... custodiret *om. Ma*
3sq. quid ... quid[2] *om. Ly*   **4** quid[1]] qui *Ro*; et β₁ *Li edd.*   **4–7** paradisum ...
homo *om. Ro*   **4** quid[2]] aliquid *Ma A*; *om.* β₁ *Li edd.*

5 RESPONSIO

Ista sententia duplicem intellegentiam parit. Sive enim operaretur homo paradisum, id est in paradiso aliquid operaretur, non necessitate victus, sed delectatione operabatur: Adhuc enim non peccaverat nec ei terra spinas et tribulos germinaverat, ut in
10 sudore faciei suae ederet panem suum. Haec nempe meruit post peccatum. Ante peccatum igitur non indigentia, non necessitate, sed sola, ut diximus, *voluptate operabatur paradisum per agriculturam et custodiebat per disciplinam. Non contra bestias neque contra aliqua animalia paradisum custodiebat, sed sibi,
15 scilicet ne amitteret peccando, quem custodire poterat obediendo. Sive ipsum hominem ponens deus in paradiso, *ut operaretur et custodiret*. Operaretur scilicet, ut bonus esset, et custodiret, ut tutus esset. Quodlibet horum dicatur, sive homo paradisum operaretur per agriculturam et custodiret per disciplinam sive

---

α (α₂ (M₂ V Wig.) G Ro) β (β₁ (P E) M₁) γ (γ₁ (Ly Ma A) γ₂ (O F) R) Li

31, 9s *cf.* Gen. 3, 18–19

31, 6–22 ista ... congruit] *cf.* Aug. gen. ad litt. 8, 8–10 (Quid operaretur vel quid custodiret? ... An ipsum paradisum? ... quod operaretur in terra per agriculturam, in se ipso custodiret per disciplinam ... fortassis adversus bestias? ... custodiret autem eundem paradisum ipsi sibi, ne aliquid admitteret, quare inde mereretur expelli ... est alius in his verbis sensus ... ut ipsum hominem operaretur deus et custodiret ... ut iustus sit)

31, 6 intellegentiam] sensum *F*; sentenciam *Ma* | paret α (-*Ro*)   **7** id est] vel *O*   **8** delectatione α₂ *Ma A Li (pc.)*; delectione *G R*; ad delectationem *edd.*; dilectione *rell.* | enim *om.* α₂ (-*M₂*)   **10** hoc *E* γ₂ *edd.*   **12** ut diximus] scilicet γ₁ | voluptate *edd.* (voluntate *Am. mg.*); voluntate *codd.* (*cf. Aug. gen. ad litt.* 8, 8: cum tanta voluptate animi)   **12sq.** per ... contra] *app.* 1 Y *praebet* γ₁ (*cf. p. 426*)   **13sq.** contra aliquas bestias (vestigias *A*) aut γ₁   **14** animalia aliqua *tr.* γ₁ *F edd.*; primus homo *add.* γ₁ | custodiebat] dicitur custodisse γ₁   **14sq.** sibi scilicet] sic solum *Am.* (sibi scilicet *mg.*) *Er.*   **15** amitteret] ut diximus *add.* γ₁ | quae *V Ro Ma R*; quod *Wig.* | potuerat α (-*V) P*   **16** ponens] potens *Ma*; posuit *Ro Li (sl.) edd.* | ut *om. Ro Ma O (ac.) R*   **17** operaretur scilicet *om. V* | operaretur ... custodiret *om. F*   **17sq.** et² ... esset *om. V*   **18** totus α (-*Ro*) *E M₁ A* | quolibet α (-*Ro) M₁* | dicitur *Ma*; dicatis *A*; id est *add.* γ₁ *F*; ut *add. O* | sive] suum *O*

ipsum hominem deus operaretur, ut bonus esset, et custodiret, ut 20
tutus esset, quodlibet horum intellegas, rationi uterque intellectus congruit.

(32) INTERROGATIO XXXII
Cum deus minetur homini mortem die, quo cibum vetitum
tetigerit, cur eo die non mortuus fuerit? Sic enim scriptura dicit:
In quacumque die comederis ex eo, morte morieris.

RESPONSIO 5
Quattuor esse mortes sancta scriptura evidenter ostendit. Prima
mors est animae, quae suum deserit creatorem: Cum enim

α (α₂ (M₂ V Wig.) G Ro) β (β₁ (P E) M₁) γ (γ₁ (Ly Ma A) γ₂ (O F) R) Li

---

32, 4 Gen. 2, 17

32, 6-25 quattuor ... est] *cf.* Aug. civ. 13, 2-12 (Mors igitur animae fit, cum
eam deserit deus, sicut corporis, cum id deserit anima. Ergo utriusque rei, id
est totius hominis, mors est, cum anima deo deserta deserit corpus. Ita enim
nec ex deo vivit ipsa nec corpus ex ipsa. Huius modi autem totius hominis
mortem illa sequitur, quam secundam mortem divinorum eloquiorum
appellat auctoritas ... in illa ultima poena ac sempiterna ... recte mors
animae dicitur, quia non vivit ex deo; mors autem corporis quonam modo,
cum vivat ex anima? ... vivit itaque anima ex deo, cum vivit bene ... animae
etiam mortuae, hoc est deo desertae ... cum ergo requiritur, quam mortem
deus primis hominibus fuerit comminatus, si ab eo mandatum transgrede-
rentur acceptum nec oboedientiam custodirent, utrum animae an corporis
an totius hominis an illam, quae appellatur secunda, respondendum est:
Omnes. Prima enim constat ex duabus, secunda ex omnibus tota) *de hac re
disputat J. C. Plumpe, Mélanges J. De Ghellinck 1, 1951, p. 387-403*

31, 20sq. et ... esset] ac tutus *Wig.;* *om. Ly F* **21** totus α₂ (-*Wig.*) G E A
quodlibet] quid *Ro Li;* quodvis *edd.* | intellegendas *A* | rationem *V Ma Li
edd.* (*-Maur.*) **21sq.** intellectus] intellegis *β;* sensus *F* **22** congruit *γ Maur.;*
non impedit *Ro Li edd.* (*-Maur.*); habet *M₂* (*mg.*); *om. rell.*
32, 2-4 cum ... morieris *om. M₂* (*ac.*) **2** minaretur α₂; minueretur *G;* muta-
retur *Ro;* minimetur *A* | homini *om. A* | diem *M₂ G* **3** cur] non *add. A*
ea *β* | eo die] hodie *Ro* | mortuus non fuit *Li edd.* | fuit *Ly* | sicut *Wig. E
M₁* | enim *om. Wig.* **4** quocumque *A F* | comederitis *Ro E* | moriemini
β₁ (*P ac.*)
6 esse *om. β* | scriptura sancta *tr. edd.;* sancta *om. Ly* | evidenter] manifestis-
sime *Wig.* **7** est *γ edd.; om. rell.* | enim *om. Ly R*

deseruerit, peccat. *Sine* inquit dominus in evangelio *mortuos sepe-*
lire mortuos suos. Ecce habes secundum animam sepelientes
10   mortuos, et quos sepeliunt secundum carnem mortuos; haec
itaque sententia duas mortes manifestissime docet, unam animarum, alteram corporum. Tertia solius est animae, quam, dum ex
hoc corpore exierit, patitur secundum illud, quod in evangelio de
divite legimus: *Pater Abraham* inquit dives *mitte Lazarum, ut*
15   *intinguat extremum digiti sui in aqua et refrigeret linguam meam,*
quia crucior in hac flamma. Quarta est mors, cum anima receperit
corpus, ut in ignem mittatur aeternum secundum illud, quod
dominus in evangelio de futuro iudicio dicit: *Ite in ignem aeter-*
num, qui praeparatus est diabolo et angelis eius. Die itaque, quo
20   peccavit, Adam secundum animam mortuus est. Sicut enim
corpus vivit ex anima, ita anima, ut beate vivat, vivit ex deo.
Ergo anima deserta a deo iure dicitur mortua; ex qua tres postea

---

α (α_2 (M_2 V *Wig.*) G Ro) β (β_1 (P E) M_1) γ (γ_1 (Ly Ma A) γ_2 (O F) R) Li

32, 8s Matth. 8, 22   **14–16** Luc. 16, 24   **18s** Matth. 25, 41

32, 8–10 sine … mortuos²] *cf.* Aug. trin. 4, 3, 5

32, 8 deseruit *F*; deserit *Li edd.* | peccat] peccando *O* | mortuos] in anima
add. γ_2 **9** suos] in corpore *add.* γ_1 | habes] sepelientes *add.* γ_2; mortuos *add.*
edd. | animam] scilicet *add. edd.* | insepellientes *G*; sepelientibus *V*; *om.* γ_2;
mortuos sepelientes (sepiliendos *A*) *tr.* γ_1 **10** et … mortuos *om.* *R* | quos
qui sepeliunt γ_2; quod sepelierunt *A*   **11** duas] pares *add.* *O* | docet] osten-
dit *Wig.*   **12** tertia] autem *add. edd.* | soli *Ly*; sola *Ma* | est *om.* *A* | quam
Wig. G Li edd.; quae *rell.* | quam dum] quidam *Ro* | dum *om.* *O*   **13** corpo-
re] cum *add.* *O* | patetur α_2 (- *Wig.*; M_2 *ac.*) *G*   **14** Lazarum ut γ_2 *Ly R edd.*;
om. rell.   **15** intinguat *G* γ_2 *Ly R*; *om. rell.* | extremum digiti sui γ_2 *Ly R*; di-
gito suo *edd.*; digitum suum *vel* tuum *rell.* | in aqua *om.* M_2 *Ro* β *Ma A*; in
aqua et *om. edd.*   **16** autem mors est *Wig.* | refrigera *Ro* β *Ma*   **17** igne *V G*
E Ly   **17–19** secundum … aeternum *om.* *A*   **18** dixit *F*; ait *G P edd.*
19 praeparatus M_2 *G* γ_2 *Ly Ma*; paratus *rell.* | utique *Ly*; ita *Ma*   **20** secun-
dum animam γ; in anima *rell.*   **21** ita] et *add.* *A* | ita anima *om.* *V* | beata
Ro γ_2; beatius β *Li edd.*; bene *A* | vivat *om.* *Ro Ma* | vivit² *om.* *Wig.*
22 anima deserta γ (-*R*); deserta anima *tr. rell.* | deserte *V*; defuncta *Wig.* | a
deo γ (-*R*); Adae a deo *R edd.*; Adae *rell.* | mortua] prima morte *add. edd.*
qua *om.* *A*

secutae sunt mortes. Ut enim hae subsequerentur, prima praeces-
sit desertio dei secundum quod eo die, quo peccavit, Adam mor-
tuus est.   25

(33) INTERROGATIO XXXIII

Quomodo poterat timere mortem Adam, quam nullatenus
sciebat?

RESPONSIO

Sicut enim nos scimus resurrectionem, quam numquam experti   5
sumus nec vidimus, ita et ille sciebat mortem. Scimus igitur,
quod exiens anima a corpore faciat mortem et, dum reversa fuerit
in corpore suo, faciat resurrectionem. Ecce scimus resurrectionem, quam numquam experti sumus. Sic et ille sciebat utique
mortem non adhuc per experientiam, sed per scientiam. Sciebat   10
quippe, quid esset vivere, et per privationem vitae sciebat utique
mortem sicut sciuntur tenebrae per privationem lucis et scitur

---

$\alpha\,(\alpha_2\,(M_2\,V\,Wig.)\,G\,Ro)\,\beta\,(\beta_1\,(P\,E)\,M_1)\,\gamma\,(\gamma_1\,(Ly\,Ma\,A)\,\gamma_2\,(O\,F)\,R)\,Li$

33,5–14 sicut ... vitae] *cf.* Aug. gen. ad litt. 8, 16 (...nos enim quomodo
intellegimus, cum dicitur resurrectio, quam numquam experti sumus?
Nonne quia sentimus, quid sit vivere, et eius rei privationem vocamus
mortem); gen. c. Man. 1, 4, 7; Euch. instr. 1 (CCSL 66, p. 84, 130–134 Silentium dicitur, ubi sonus nullus est, cum tamen nullam silentii noverimus esse
substantiam; sic et quia lucis praesentia nullae sunt tenebrae, merito tenebrae deputantur lucis absentia)

32,23 haec α (-G) M_1 Ly Ma; *om.* A | subsequentur A | primo *edd.*
23sq. processit M_2 Ma **24** defunctio *Wig.* | secunda α_2 (-*Wig.*) M_1 γ_2 | quod]
quo E; qua P Ly; quae G; quum Ma; quam M_2 A R; quia γ_2 | eo die] (h)odie
Ro A | Adam] in anima *add. Wig.*
33,2 timere poterat Adam mortem *tr.* β; mortem timere *tr. Wig.*; Adam *om.*
V
5 enim *om.* γ_1 Li | resurrectionem *om.* V | numquam] nec *add.* Ma A
6 videmus M_2 G | et *om.* G Ro P Ma Li *edd.* | sciens V | igitur] quoque *edd.*
7 a] ex G; de γ_2 R **8** ad corpus suum *Maur.* | faciet γ_1 *edd.*   **10** sed per
scientiam *om.* Ma A **11** praevaricationem V G γ_1 **12** sic α_2 (-M_2) Ro β Ma O;
si A | praevaricationem V γ_1 | et] sic *add.* β O; sicut *add. edd.* | scimus Ro

silentium per privationem vocis et scitur vacuum per privationem corporis: Ita et ille sciebat mortem per privationem vitae.

(34) INTERROGATIO XXXIV

Adduxit deus ad Adam cuncta animalia et volatilia vidensque ea
nomina imposuit. Et de muliere paulo post dicitur: *Vidit igitur
mulier, quod bonum esset lignum ad vescendum.* Ecce scriptura ma-
5 nifestissime ostendit amborum oculos apertos fuisse. Nec enim
PL fas est dicere primos homines caecos factos. Et cur post paululum
745 post ligni vetiti tactum eadem scriptura dicit *Aperti sunt oculi
amborum?* Nisi oculos haberent apertos, nec ille animalibus nomina imponeret nec illa videret ligni pulchritudinem.

10 RESPONSIO

Hoc quippe verum est, quia oculos apertos habebant. Et tamen,
nisi ad aliquid essent clausi, nullatenus diceret scriptura *Aperti*

α (α$_2$ (M$_2$ V Wig.) G Ro) β (β$_1$ (P E) M$_1$) γ (γ$_1$ (Ly Ma A) γ$_2$ (O F) R) Li   **34, 9** videret *expl. Ma*

34, 2s *cf.* Gen. 2, 19   **3s** Gen. 3, 6   **7s** Gen. 3, 7

34, 5–9 nec ... pulchritudinem] *cf.* Aug. civ. 11, 17 (neque enim caeci creati
erant ... quando quidem et ille vidit animalia, quibus nomina inposuit, et de
illa legitur 'Vidit mulier quia bonum lignum in escam et quia placet oculis
ad videndum')   **11–18** hoc ... membra] *cf.* Aug. gen. ad litt. 11, 31 (...quo
nisi ad invicem concupiscendum ... ut iam esset corpus non animale tantum
... sed iam corpus mortis, in quo lex in membris repugnaret legi mentis?
Neque enim clausis oculis facti erant)

33, 13 silentium ... scitur *om. F* | praevaricationem *V Ma A*   **13sq.** vocis ...
privationem *om. Ly*   **13** et] sic *add. O*; sicut *add. Li edd.*   **13sq.** et ...
corporis *om. Ma A*   **13sq.** praevaricationem *V*   **14** et ille *γ*; *om. rell.*
praevaricationem *V Ma A*
34, 2 dominus *β Li edd.*; dominus deus *G* | cuncta ad Adam *tr. edd.*
animantia *A*   **3** imposuit nomina *tr. Wig.* | post paululum *β*; *om. Ly*
praedicitur *Ly*; subditur *F* | videns *Li edd.* | igitur] ergo *edd.*   **4sq.** mani-
festo (manifeste *A*) *γ$_1$*; manifestissime scriptura *tr. Li edd.*   **6** caecos] fuisse
add. γ$_1$ | post paululum] postea *β*   **8** nisi] enim *add. edd.*; *hic incipit respon-
sio in codd. paene omnibus antiquioribus; corr. Li edd.*   **9–13** ligni ...
amborum] *deest Ma, quia pars folii discissa est*

sunt oculi amborum. Aperti sunt scilicet non ad aliud nisi ad invicem concupiscendum, ut esset lex in membris repugnans legi mentis, ut etiam in ipsis membris esset non voluntarius motus 15 iusta scilicet dei vindicta, ut homo, qui noluit esse subditus deo, non haberet subditum corpus. Ergo in id aperti sunt oculi amborum, ut moverentur concupiscentialiter membra.

(35) INTERROGATIO XXXV

Cum audissent vocem Adam et Eva ait scriptura *domini dei deambulantis in paradiso, absconderunt se.* Rogo, quae est ista dei deambulatio?

RESPONSIO   5

Absit enim, ut deus, qui est trinitas, ex hoc, quod eius dicitur deambulatio, corporeus aut localis esse credatur. Omne enim corpus locale est et omne locale utique corpus est. Deus vero incorporea res est: Nec temporaliter movetur neque loco continetur neque de loco ad locum transfertur. Eius nempe deambula- 10

α (α₂ (*M₂ V Wig.*) *G Ro*) β (β₁ (*P E*) *M₁*) γ (γ₂ (*O F*) *Ly A R*) *Li*   **13** aperti *inc. Ma*
35, 3sq. deambulatio *expl. Ma*   **8** deus *inc. Ma*

34, 14s *cf.* Rom. 7, 23   **35, 2s** Gen. 3, 8

35, 2–13 cum ... recolo] *cf.* Aug. gen. ad litt. 11, 33; Euch. instr. 1 (CCSL 66, p. 83, 107–116)   **8–10** deus ... continetur] *cf. supra apud qu. 5*

11 apertos oculos *tr. edd.*   **12** nisi ad] misit *Ro* | aliquod *V β A R* | clausi essent *tr. Li edd.* | scriptura diceret *tr. edd.*
34, 13 sunt² *om. O* | ad¹] ob *edd.; om.* α₂ (*-Wig.*) *Ro*   **14** cognoscendum α₂ (*-M₂*) | lex *om. A*   **15** motus] sed *add.* β *Li*   **16** iuxta *Ro Ma O* | dei *om. A* | dei vindicta] divina dicta *O* | subditus (subiectus *M₁*) esse *tr. M₁ F*; deo esse subiectus *tr. Wig.* | subditus γ (*-R*); subiectus *rell.*   **17** id] eo *edd.*
18 membra] *app. 1 Z add.* γ₁ (*cf. p. 427*)
35, 2 ait scriptura *om. V G*   **3** se *om. A*   **3sq.** ista dei deambulatio] ad eam latio *A*   **3** dei *om. G β γ₂ Li edd.*
6–8 absit ... est²] *deest Ma, quia pars folii discissa est*   **6** enim *om.* γ₁ *Li edd.* (*cf. qu. 24, 26, 27, 33, 36, 43*) | trinitas est *tr.* β | quod] qui α₂ (*-Wig.*); que *G*; quia β γ₂ *R*   **7** enim] siquidem *edd.; om. Wig. Ro β F Li*   **9** incorporea res] incorporeus *Ma F*; incorpareres *A* | temporaliter] corporaliter *Wig.* | nec *G* γ₂ *Ly Li edd.*   **10** ad locum *om. Ly* | nempe] namque β *edd.; om. V*

tio intellegenda est per aliquam creaturam facta; quam creaturam hominem fuisse ex ipsius circumstantia scripturae intellectum a maioribus recolo.

(36) INTERROGATIO XXXVI

Cum deus unus sit dicente scriptura *Audi Israel: Dominus deus tuus deus unus est*, quomodo ipse dominus ait *Ecce Adam factus est quasi unus ex nobis?* 'Nobis' enim pluralitatem insinuat.

5 RESPONSIO
Deus enim quamvis sit unus, tamen trinitas est: pater scilicet et filius et spiritus sanctus. *Unus ex nobis* dictum est non propter pluralitatem deorum, sed propter pluralitatem personarum.

α (α_2 (M_2 V Wig.) G Ro) β (β_1 (P E) M_1) γ (γ_1 (Ly Ma A) γ_2 (O F) R) Li

---

36, 2s Deut. 6, 4   **3s** Gen. 3, 22

36, 6–8 deus ... personarum] *cf.* Aug. gen. ad. litt. 3, 19 (ad insinuandam scilicet, ut ita dicam, pluralitatem personarum propter patrem et filium et spiritum sanctum ... non id agat ... ut plures deos vel dicamus vel credamus vel intellegamus)

35, 11 aliquam] subiectam et factam *add.* γ_1 | facta *om.* γ_1 **11sq.** facta ... circumstantia] instantia *A*   **12** circumstantiae $\alpha \beta_1$ (P ac.) Ly; -iam *Ma* **13** recolo] vel lucidius: Cumque audissent vocem domini dei deambulantis in paradyso ad auram post meridiem. Ambulat deus in illis et non stat, qui stabiles in praecepto non perseverant; et bene 'ad auram post meridiem', quia iam ab eis aufertur lux illa ferventior veritatis appropinquantibus errorum tenebris (*cf. Isid. expos. gen. 5, 450-454*) *add.* F
36, 2 unius *A*   **3** deus] dominus *V Ro P Ma* | dominus γ_2 *Ma*; *deus Ly A*; *om. rell.* | ait] dixit *edd.*   **3sq.** quasi unus ex nobis est *tr.* α_2 (-M_2) β *edd.*   **4** nobis enim *om.* G γ_2; cum enim dicit (ex *add.* Ly) nobis Ly A nobis[2] ... insinuat *om. Ma*
6 enim *om.* γ_1 Li *edd.* (*cf. qu.* 24, 26, 27, 33, 35, 43) | quamvis] scriptura dicente *add.* γ_1 | sit] si *A* | unus sit *tr. edd.*   **6sq.** pater ... est *om. Ma*
6sq. et filius *om.* V   **7** dictus β **8** propter] secundum O

(37) INTERROGATIO XXXVII

Multa itaque videmus animalia ex corruptione corporum, maxime mortuorum, nasci. Numquid tunc creata sunt, quando ipsa
corpora?

RESPONSIO

Absit, ut tunc creata dicantur, quando ipsa corpora; sed corporibus insita sunt et quodam modo liciata, quae sint suo tempore
exortura. Sicut enim semen cuiuslibet arboris habet quandam
vim, ut, cum obrutum fuerit in terra, oriatur et in virgultum pro-
ducatur, deinde ramis nihilominus conspissata dilatetur fronden-
tibus, deinde floribus decorata fructificet, ita est et in corpore, ut
ita dicam, quoddam seminarium, unde suo tempore curante providentia dei aliqua genera animalium oriantur.

α (α_2 (M_2 V $Wig.$) G Ro) β (β_1 (P E) M_1) γ (γ_1 (Ly Ma A) γ_2 (O F) R) Li **37, 2** ex
expl. Ma **6sq.** corporibus *inc. Ma*

37, 2–13 multa … oriantur] *cf.* Aug. gen. ad litt. 3, 14 (Quae de animalium
gignuntur corporibus et maxime mortuorum, absurdissime est dicere tunc
creata, cum animalia ipsa creata sunt, nisi quia inerat iam omnibus animatis
corporibus vis quaedam naturalis et quasi praeseminata et quodam modo
liciata primordia futurorum animalium … exortura); quaest. in Ex. 21
(Insunt enim rebus corporeis per omnia elementa mundi quaedam occultae
seminariae rationes; quibus cum data fuerit opportunitas temporalis atque
causalis, prorumpunt in species debitas suis modis et finibus); civ. 22, 14

37, 2 utique α_2 (- V) Li *edd.*; que Ly; ait G; *om.* Ma A | vidimus G β A
2–7 corruptione … corporibus] *deest Ma, quia pars folii discissa est*
6 quando] quam α_2 (- $Wig.$)   **7** et] ut Ro; *om. edd.* | liciata F; lauciata A; licita
Ly R; liceat α (- G) β Ma Li; liceant G; liquefacta O (*pc.*); *om. edd.* | quae M_1 R
edd.; aquę α_2 (- $Wig.$) Ma; atque G Ly; eaque $Wig.$ β_1; a quo Ro Li; quia F; *om.*
O | sunt V β γ_2 R *edd.*; possint A | tempora M_2 F **8** exoritura γ_1; exorta γ_2
Lov. | sicut] si O **9** obruta Li; obruptum Ro; ab ortum G | moriatur Ly;
oriat α_2 (- $Wig.$) G | et] ut O | in² *om.* γ_2 *edd.*   **9sq.** producatur Ro M_1 A Li
edd.; producat *rell.*   **10** deinde] inde *add.* A | nihilominus] *haud scio an*
corruptum; nihilhominus G Ro P (*ac.*); nihilhominis V E; nihil mi A | conspis-
sata nihilominus *tr.* γ_1 | conspissata γ (-F); conspirata α; conspicata β;
constipata Li *edd.*; *om.* F | dilatetur] et *add.* Ro Li *edd.*   **10sq.** frondibus β γ_2
Ly *edd.*   **11** deinde] de hisdem α β (*ac.* P) Li | et *om.* Ly F **13** dei] deus M_2;
dicit G; dicitur $Wig.$; dixerunt V | moriantur G; oriatur E A; oriuntur Ma

(38) INTERROGATIO XXXVIII

Cum deus dixerit *Generet terra herbam virentem et adferentem semen et ligna fructifera*, ligna infructuosa vel spinas ac tribulos quando fecit?

5 RESPONSIO

Simul omnia deus fecit dicente scriptura *Qui vivit in aeternum, creavit omnia simul.* Nullatenus igitur dicenda sunt infructuosa ligna, quae aliquo modo hominibus adferunt adiumenta, quia et revera, si non invenimus in eis aliquid ad edendum, invenimus
10 scilicet ad medicamentum, invenimus ad adiutorium. Nam quantae utilitates inveniantur in eis, tu ipse considera: Proinde quia a fruendo dicitur 'fructus' et ab omni ligno possumus habere aliquod adiutorium, iure nullum lignum dicimus infructuosum. Spinae vero et tribuli quamvis post peccatum homini nascerentur

---

$\alpha\,(\alpha_2\,(M_2\,V\,Wig.)\,G\,Ro)\,\beta\,(\beta_1\,(P\,E)\,M_1)\,\gamma\,(\gamma_1\,(Ly\,Ma\,A)\,\gamma_2\,(O\,F)\,R)\,Li$

38, 2s Gen. 1, 11   **6s** Sir. 18, 1

38, 6–18 simul ... producta] *cf.* Aug. gen. ad litt. 3, 18 (Utilitas enim quaedam fruentium in fructus nomine consideratur. Quantae autem sint utilitates sive manifestae sive occultae omnium, quae terra gignens radicitus alit, et ipsi quaedam intueantur ... nec tamen facile dicendum est tunc coepisse ista oriri ex terra ... possent alibi nasci vel ad avium pecorumque pastus vel ad ipsorum hominum aliquos usus)   **8sq.** quia et revera] *Augustinum sapit; cf. e. g.* s. 125 (PL 38, 692, 30) *vel* in Ioh. tract. 124, 2

38, 2 germinet *Wig.* G γ_2 Li *edd.*; germinat *V* | ferentem γ_2 Ly Ma; facientem *A*   **3** vel] et γ_1 (in *add. A*) | vel spinas *om. V* | ac] hac *V*; et *Wig.* FLi; vel *E* M_1Ma *edd.*; *Inp. A* | ac tribulos *om. Ly*
8 hominibus] omnibus *Ma* | adferant β_1; adferantur α (-*Ro*); conferunt M_1
9sq. in ... adiutorium *om. R*   **9** eis *F edd.*; ea *rell.*   **10** scilicet] certe *edd.*; aliquid *add. Wig.* γ_1 **10sq.** quantae γ_2 Li *edd.*; quantas *rell.*   **11** inveniatur *Ro* Ly; invinantur *A*; sint *Wig.*; habeat *E*; habeas *P* (*pc.*); habeantur M_1 (*pc.*) in eis *om.* Ly | eis γ_2 *edd.*; ea *rell.* | tu *om. Wig.* | conside *A* | proinde quia] fructifera ligna *Wig.*   **12** dicitur] dederunt *V* | dicitur fructus] dicta sunt *Wig.*   **12sq.** aliquid *Ro A*; aliquid ad *O*; aliquem M_2 *G*; *om. Wig.*; ad *add. V*
13 nullum *om. A*   **14** spinae *P* M_1 γ_2 *R edd.*; spinas *rell.* | vero] autem *edd.*; *om.* Li | tribulos α (-M_2) Li | hominis α_2 (-M_2) γ_1 | nascerentur γ_2 Ma A; nasceretur Ly; nascentur α_2 (- *Wig.*) G; nascuntur *Ro*; nascantur *rell.*

ad laborem dicente scriptura *Spinas et tribulos pariet tibi*, tamen 15
non est dicendum tunc ea aboriri ex terra, quia iam erant utique
ad pastus pecorum vel volatilium facta, sed non ad augendam hominis poenam producta.

(39) INTERROGATIO XXXIX

Si omnia in numero et mensura et pondere deus disposuit, sicut
sancta scriptura testatur, ipsum numerum et mensuram et pon-   PL
dus ubi disposuit?   746

RESPONSIO   5

Numerus et mensura et pondus ipse est deus. Ipse est numerus
sine numero, a quo est omnis numerus. Ipse est mensura sine
mensura, a quo est omnis mensura. Ipse est pondus sine pondere,
a quo est omne pondus. Omnia ergo in numero et mensura et
pondere disposuit, tamquam si diceret 'Omnia in se disposuit'. 10
Non enim creaturam extra se aut alicubi vidit, ut (sicut homines)
memoria retineret, quae faceret. Omnis igitur causa creaturae
voluntas est creatoris. Voluntas itaque creatoris non est extra

---

$\alpha\,(\alpha_2\,(M_2\,V\,Wig.)\,G\,Ro)\,\beta\,(\beta_1\,(P\,E)\,M_1)\,\gamma\,(\gamma_1\,(Ly\,Ma\,A)\,\gamma_2\,(O\,F)\,R)\,Li$

38, 15 Gen. 3, 18   **39, 2** *cf.* Sap. 11, 21

39, 6–20 numerus[1] ... pondus] *cf.* Aug. gen. ad litt. 4, 4–6

38, 15 scriptura] terra *add. edd.* | pariet] germinavit *Ly*; germinabit *Ma*;
germavit *A*   **16** non est] nomen *V* | aborire *α* (abhorire *V*) *E M₁* (*ac.*); aborri
Ma; oboriri *Li*; oriri *edd.* | qui *V G*   **17** pastos *Wig. γ₁*; pastum *R* | pecudum
Ro β | vel] que *V*; ac *Wig.*; *om. M₂ Ro* | facta sed non ad] factase diem ait *A*
sed] et *Ma*; sunt *M₂ G Ro*; *om. α₂* (*-M₂*) *Li edd.* | augendum *α* (*-Ro*) *F*
17sq. hominis poenam] homini spinam *O*   **18** poenam] laborem *F*
39, 2 deus *om. Ma F*   **2sq.** sicut ... testatur *om. Wig. Ma A*
6 et[1] *om. Ma A*   **6sq.** ipse ... numerus[2] *om. F*   **6** deus est *tr. edd.*; dominus
ipse est *G* | est[2]] enim *add. Wig.*   **7–9** quo ... a *om. R*   **7** ipse] enim *add.*
M₁   **8** a ... mensura *om. F*   **9** omnis *V P* (*ac.*) *Ly Ma O* (*ac.*)   **9sq.** omnia ...
disposuit[2] *om. Wig.*   **10** tamquam ... disposuit *om. E F*   **11** creaturam] eam
add. edd. | hominem *V G*; homine *M₂*; hominis *Wig.*; homini *Ro*   **12** me-
mori(a)e *γ₁* | retineret *γ Li*; retineat *rell.* | quae] quid *R*; atque *Wig.* | cause
creaturę *A*; cuncta creatura *Wig.*; cum creaturis *V*   **13sq.** voluntas[2] ...
creatoris[2] *om. Ro β₁ Li edd.*   **13** creatoris[2] *om. V*

naturam creatoris, hoc est †ubi voluntas quod natura†. Sicut
15 aeterna est natura, sic aeterna voluntas: Non enim accidit deo
nova aliqua cogitatio ad formandam creaturam. Proinde omnia
in se trinitas deus disposuit, quia in se cuncta habuit, quae fecit.
Intellegitur et aliter: Omnia in numero et mensura et pondere
disposuit, id est omnia, quae fecit, numerum et mensuram habent
20 et pondus.

(40) INTERROGATIO XL

Numquidnam sic adduxit deus ad Adam cuncta animantia terrae
et universa volatilia caeli, quomodo adducunt aucupantes vel
venantes ad retia? An forsitan vox de nube facta est iussionis,
5 quam intellegerent tamquam rationales animae et ea audita
nihilominus obedirent?

$\alpha\,(\alpha_2\,(M_2\,V\,Wig.)\;G\,Ro)\,\beta\,(\beta_1\,(P\,E)\,M_1)\,\gamma\,(\gamma_1\,(Ly\,Ma\,A)\,\gamma_2\,(O\,F)\,R)\,Li$

40, 2s *cf.* Gen. 2, 19

39, 14 hoc est ubi] ubi hoc est *tr.* $O\,(pc.)$ | hoc ... natura *om. A* | ubi] ibi $\beta\,F$
Li edd.; om. Ma; idem proposuit Kurt Smolak | quod] quo *Wig.*; quae *G Ro*;
quia *M₂; om. F* | natura] hoc est (est *it. A*) natura (naturam *Ly*) quod deus
add. γ_1 | sicut γ (enim *add. O*); sic tamen *rell.*   15 est illi *add. edd.* | sic] et
add. $\alpha\,(-Wig.)$; est *edd.* | aeterna²] est *add. O* | accedit $\alpha\,(-M_2)\,P\,(ac.)\,M_1\,Ma\,Li$
16 aliqua] aliquid *V A* | formandas creaturas *G Ro Li edd.*   17 deus *om. Ro
Li* | se cuncta] secunda $\alpha_2\,(-Wig.)$ 18 et pondere *om. Ly*   19 id est] ideo *A*
est] ut *add. Ro Li* | habere *G*; haberent $\alpha_2\,(-M_2)\,Ro\,Li$ 19sq. habent et pon-
dus $\gamma\,(-R)$; et pondus habent *tr. rell.*
40, 2 deus *om. V G* | cuncta] omnia $\beta\,R$ 3 adducent *O*; adducant *P (ac.)*;
adducuntur *Ma*   4 retiam *G A*; terram *Ma* | iussionis] visionis *O Li*
5 rationalis $\alpha_2\,(-Wig.)\,E$; rationabiles *Ly Ma*   6 nihil homines *G*; nihil omnino *V*; nicil hominis *Ma*; illi omnes *edd.*

RESPONSIO

Non hoc acceperunt animantia aut volatilia, ut sint rationis capaces, per quam obedire possint creatori suo. In suo tamen genere
obtemperant deo, non rationali voluntatis arbitrio, sed sicut 10
movet ille omnia temporibus opportunis non ipse temporaliter
motus. Movet itaque se ipsum sine tempore et loco, movet creatum spiritum sine loco temporaliter, movet creaturam corpoream temporaliter et localiter. Praecedit igitur substantia, quae
tantum temporaliter movetur, illam, quae temporaliter et locali- 15
ter movetur. Praecedit itaque substantia, quae nec temporaliter
nec localiter movetur, illam, quae tantum temporaliter movetur.
Id est spiritus conditus movet se ipsum per tempus sine loco,
movet corpus per tempus et locum; spiritus vero creator movet
se ipsum sine tempore et loco. Igitur spiritus rationalis, qui est in 20

$\alpha\,(\alpha_2\,(M_2\,V\,Wig.)\,G\,Ro)\,\beta\,(\beta_1\,(P\,E)\,M_1)\,\gamma\,(\gamma_1\,(Ly\,Ma\,A)\,\gamma_2\,(O\,F)\,R)\,Li$

40, 8–29 non ... possunt] *cf.* Aug. gen. ad litt. 9, 14 (Neque enim sicut
indagant atque adigunt venantes vel aucupantes ad retia quaecumque
animantia capiunt ... aut vox aliqua iussionis de nube facta est ... non enim
hoc acceperunt, ut possint bestiae vel aves; in suo tamen genere obtemperant deo, non rationali voluntatis arbitrio, sed sicut movet ille omnia
temporibus opportunis non ipse temporaliter motus per angelica ministeria
... non temporaliter moto moventur ipsa temporaliter ... visis movetur ...
vel consentit visis vel non consentit ... viso aliquo tacta propellitur); 8, 21

40, 8 non] enim *add. R* | aut] an *Wig. G*; vel *Li edd.* | volatilia] caeli *add. β Li
edd.* | sint rationis] sicut inrationis *A* | rationis *P γ_2 Ma R Li edd.*; rationes *V*;
ratione *rell.*   **8sq.** capacia *edd.*   **9** quem *Ro Li*; quod *O*   **10** non ... arbitrio
om. A | rationabili *Ly Ma F*; rationalis *M_2 O Li*; rationale *E*   **11** opportunis]
operationis *A*; et *add. R*   **12** motus *P (pc.) γ Li edd.*; am(m)otus *rell.*
12sq. creatum] creaturam *R*   **12sq.** creatum ... movet *om. Ma A*   **13sq.** movet ... temporaliter *om. Ly*   **13sq.** corpoream] corporis *O (sl.)*   **15** tantum]
nec *M_1 Ly*; *om. edd.* | temporaliter¹] nec localiter *add. M_1 Ly*; et localiter *add.
Ma*; tantum *add. edd.*   **15sq.** illam ... movetur *om. Wig. Ly Ma*   **15–17** illam ... movetur¹ *om. M_1*   **16sq.** praecedit ... movetur² *om. V*   **16** itaque]
igitur *Ma*; *om. A*   **17** temporaliter] nec localiter *add. O* | movetur² *om. Ly F*
18 id est] ipse *edd.* | per tempus] temporaliter *R*   **19** movetur *α (- Wig.)*;
autem *add. Ro*   **19sq.** spiritus ... loco *om. Ly*

hominibus, seu inrationalis, qui est in pecoribus, etiam et visis movetur. Sed rationalis habet intellegentiam, per quam iudicare possit, utrum visis consentiat an non consentiat. Animalia vero aut volatilia non acceperunt hoc iudicium. Pro suo tamen genere
25 atque natura viso aliquo *tacta propelluntur. Unde angelica natura iussa dei perficiens movet visis omne genus animantium ducens, quo illa nesciunt. Si homines possunt nonnulla animalium genera mansueta facere, ita ut quasdam voluntates hominum facere videantur, quanto magis hoc angeli possunt!

(41) INTERROGATIO XLI

Quae causa facit, ut deus, quem adstruis moveri, non moveatur in tempore aut spiritus creatus, qui movetur in tempore, non moveatur et loco?

5 RESPONSIO

Deus, qui instituit tempora et est ante tempora, non movetur in tempore; nihil in eo est praeteritum et futurum, nullum consi-

---

α (α_2 (M_2 V Wig.) G Ro) β (β_1 (P E) M_1) γ (γ_1 (Ly Ma A) γ_2 (O F) R) Li   **40, 26** dei expl. Ma

---

41, 6–29 deus ... tempore] cf. Aug. gen. ad litt. 8, 20–26; div. qu. 20

40, 21 sive edd. | seu ... pecoribus om. Ma A | irrationabilis F | qui est in pecoribus γ_2 Ly R edd. (brutis edd.); om. rell. | etiam et] eius O (pc.) | et] eius Li edd. | visus Wig.; vivis A; suis β_1; iussis γ_2 Li edd.   **22** rationales G A (ac.); rationis Ly Ma; rationalem E; rationabilem P F | iudicari V G R   **23** visus Ro; vivis A; iussis P γ_2 Li edd. | an] aut edd. | vero] reptilia add. edd. **24** aut] vel V A; ac edd.; om. Ly Ma | hoc] huius V; om. Ma A   **25** visum Ly; visio G P; visu Ro; iussu γ_2 Li edd.; iussione M_1; iussi R (pc.) | aliquo M_1 γ_2 Li edd.; aliqua G Ro β_1 Ly; alius Ma; aliquid R (pc.); aliquod rell. | tacta scripsi (cf. Aug. gen. ad litt. 9, 14]; tactu F; actu V R; abta Ly; voces Ma; acta rell. **26–62, 7** perficiens ... gentem] deest Ma compluribus foliis perditis   **26** movetur G | visus Ly; vivis A; ipsis M_1; ab ipsis G; iussis γ_2 R (pc.) Li edd.   **27** docens Ro Li edd.; dicens V; ducet E | quod Ro E γ_1; id quod edd. | illa nesciunt O; illa nescit γ_1 (ille A ac.)F R; illud nescit Li; ille nescit (ille om. edd.) rell. si] etenim add. edd.
41, 2 facis V; fecit G Ly Li edd. | ut om. Ly R | adstruis P (pc.) M_1 γ_2 R Li edd.; adstrues rell. | movere α_2 (-M_2) Ro γ_2 Li Maur.   **3sq.** in^1 ... moveatur om. Ly

lium novum nullaque nova cogitatio, quia scilicet si nova, et
accidens; si accidit deo aliquid, iam non inmutabilis. Igitur
inmutabilis deus est: Nihil illi accidit, nulla nova cogitatio, 10
nullum novum consilium. Ideo non movetur in tempore. Spiritus vero conditus, sicut est angelorum, quamquam sine tempore
contemplentur dei aeternitatem, veritatem, caritatem, tamen quia
ex tempore in inferioribus iussa dei perficiunt, iure creduntur
moveri in tempore. Corpora vero sua in loco movent, dum 15
descendunt de caelo et ascendunt in caelum. Spiritus itaque hominum movetur in tempore reminiscendo praeterita, futura exspec-
tando, aliqua nova discendo. Neque enim, cum recordor aliquam
lectionem aut aliquam civitatem, sicut motus est spiritus meus ad PL
cogitandum, ut haec recordaretur ex tempore, ita motus est et 747
loco. Quod si in loco moveretur, aut in caelo aut in terra moveretur, quia sine caelo et terra nullus est locus. Ubi enim fuit ipse
spiritus, in caelo an in terra, ut videret ipsam lectionem vel ipsam
civitatem? Ergo si in nullo loco vidit, ut recordaretur, in se ipso
vidit. Et quia initium habet cogitatio *et omne, quod initium 25
habet, et tempus habet, igitur secundum supra dictam rationem

---

α (α₂ (M₂ V Wig.) G Ro) β (β₁ (P E) M₁) γ (γ₂ (O F) Ly A R) Li　　**41, 8** nova¹ *expl.*
Ro

---

6 qui *om. Ly* | statuit O　**6sq.** non movetur in tempore γ; *om. rell.*　**7** et
futurum *om. F*
41, 8 nova¹ *om. R* | cogitatio ... nova *om. A* | si nova *om. R*　**9** accedens
α₂ (-M₂) G E; cogitatio *add. A* | si] vero *add. Li edd.* | aliquid accidit deo *tr.*
Li edd. | accedit α₂ (-M₂) G | deo *om.* G γ₂ | non] est *add. A* | inmutabilis]
non est *add. Li*　**9sq.** igitur inmutabilis *om. R*　**10** nihil illi] cui nihil γ₁
accedit α₂ (-M₂) G　**11** tempore] igitur immutabilis deus est *add. edd.*　**12** sic
O　**13** contempletur *Ly Li*; contemtur A | veritatem] ad *add. A* | veritatem
caritatem] unitatem F; *om. Ly A*　**15** moveri *om. V* | locum *Wig. Li*
movent dum] movendum α₂ (-M₂) G P; movendi M₂　**18** aliquid novi M₁ *edd.*
19 aut] an *Wig. G* | aut ... est *om. Ly* | sicut motus] si co(m)motus β; sic
commotus α R　**19sq.** ad cogitandum γ₁ γ₂; cogitando *rell.*　**20** itaque β
21 quo α₂ (- Wig.) G Ly | in¹ *om. Li edd.* | moveretur] movetur α₂ (-M₂) E
aut¹ ... aut] an ... an *Wig. G*　**21sq.** moveretur] movetur α₂ (- Wig.) G E
22 caelo] loco M₂ G E　**25** et *Li edd.*; est α P; eius γ; *om. E M₁* | omne *om. Ly*

spiritus creatus per tempus moveri potest, non per locum,
spiritus creator sine tempore et loco; corpus autem et loco et
tempore.

(42) INTERROGATIO XLII

Cum requies non sit nisi post laborem, cur deus requiescere
dicitur? An et ipse opere fatigatus est, ut requievisse dicatur?

RESPONSIO

5 Non in aliqua creatura tamquam eius bono indigens requievit
deus, sed in se ipso. Denique non in aliquo dierum, sed post sexti
diei opera requiescere legitur. Unde liquido apparet nullam
creaturam deum per indigentiam, sed sola bonitate fecisse. Quodsi in aliqua creatura requiesceret, aliquam creaturam indigens
10 fecisset. Ergo quia nullam creaturam per indigentiam fecit, proinde in nulla creatura requievit. Nam quod dicit scriptura requievisse deum in die septimo ab omnibus operibus suis, quae fecit,
hoc intellegi posse arbitror, quod non in ipso die tamquam eius
bono indigens, quo sit beatior, requieverit, sed ipsum diem sep-

---

$\alpha\,(\alpha_2\,(M_2\,V\,Wig.)\,G)\,\beta\,(\beta_1\,(P\,E)\,M_1)\,\gamma\,(\gamma_2\,(O\,F)\,Ly\,A\,R)\,Li$

42, 2 *cf.* Gen. 2, 2

42, 5–27 non ... administrando] *cf.* Aug. gen. ad litt. 4, 8–17; 4, 35; gen. c.
Man. 1, 22, 34

41, 27sq. per[1] ... creator *om. E*   **27** potest] potens et *R*   **28** creator] creatus
P Ly | corpus autem] corporalis etiam *G*
42, 2 deus *post* dicitur *tr.* γ_1 **3** requievisse γ_1 *O R*; requiescere *rell.* | dicetur
E; dicitur M_2; diceretur *Wig.*; dixerunt *V*
5 aliquam creaturam *V G β A R* | bonum *Ly*; bona α_2 (-M_2) | requiebit *Ly*
6 in[2]] ab *A; om.* α_2 (-M_2)   **6sq.** sexto die *V A*   **8** deus $\alpha\,E\,O\,R$ (*pc.*) | sed sola
bonitate *om.* M_1 | bona voluntate *Wig.*   **8–10** quodsi ... fecisset *om. Ly*
10 creaturam *om. A* | per indigentiam] indigens *Wig.*   **10sq.** proinde] ideo
add. γ_1 (proinde *om. A*); isdem *add.* γ_2 **11** nullam creaturam α_2 (- *Wig.*) $\beta\,A$
R | quod] quae *G*; cum α_2 (-M_2)   **12** septima *Wig. Li*; septimum *Ly* | quae
fecit *om. Li* | fecit] statuit *O*   **13** posse arbitror] potest γ_1 | quae *G*; qui M_2
in *om.* α_2 (-M_2) $\gamma_2\,Ly$ | ipsum diem $M_2\,G\,\beta\,A\,O\,Li$ **14** bonum $\beta_1\,Ly$; bona α_2;
bonitate M_1; bonis *R* (*pc.*) | quod α_2 (-M_2) $E\,\gamma_2\,Ly\,R\,Li$; quae $M_2\,G$ | sit] si *A*

timum, id est angelicam naturam, adduxisse ad requiem suam, ut 15
viderent scilicet in deo sicut omnem formandam creaturam ita et
illud viderent, quod nullam creaturam per indigentiam, sed sola
bonitate fecisset. Hoc enim arbitror posse intellegi requiem dei.
Intellegitur et aliter requies dei, id est cum nos post bona opera
requiescere facit secundum illum modum, quem dicit deus ad 20
Abraham: *Nunc cognovi, quod times deum*, et intellegitur 'cognoscere te feci'. Ita et hic intellegitur requiescere deus, cum
sanctis suis requiem praestat. Item aliter requiescere dicitur deus
a condendis novis creaturis, quia post expletionem sex dierum
operum nullam deinceps condidit creaturam. Nam quod ait *Pater* 25
meus usque modo operatur et ego operor, non novam condendo
creaturam intellegitur, sed quam condidit administrando.

(43) INTERROGATIO XLIII

Quomodo enim serpens loqui poterat in paradiso, cum liquido
appareat inrationabile esse animal?

α (α_2 (M_2 V *Wig.*) G) β (β_1 (PE) M_1) γ (γ_2 (OF) Ly A R) Li

42, 21 Gen. 22, 12   **25s** Ioh. 5, 17   **43, 2** *cf.* Gen. 3, 1

42, 15 id ... naturam] *non septimum, sed primum diem angelicam naturam esse*
docet auctor in qu. 21; fortasse corruptela vel lacuna latet   **16** omnem *om.* G
F | formandum M_2 G; formam V **17** illum β Li *edd.*   **18** fecisset] *app. 1 AA*
add. γ_1 (*cf. p. 428*) | enim *om.* A | posse *om.* A | intelligere requies O **19** et
aliter *om.* V | id est *om.* γ_1 R | nos] ut diximus *add.* γ_1 **20** quo Li *edd.*
dicet Ly; dixit G Li *edd.*   **21** quia G; quoniam γ_2 A | times γ_1 γ_2; timeas *rell.*
et] quod *edd.*   **21sq.** cognoscere ... intellegitur *om.* A **22** te *om.* F Li *edd.*
23 deus dicitur *tr.* β (P *ac.*) F **24** novis] nobis Ly | creaturis] ut *add.* Ly
expletionem γ; edictionem G; editionem *rell.*   **25** condidit] edidit Li
26 condens α M_1 Li *edd.* (*-Maur.*); *om.* β_1; creaturam condendo *tr. Maur.*
27 administrandam *Wig.* R; administrandum E; administrans Li;
administrans et conservans *edd.* (*-Maur.*); et regendo *add.* γ_1
43, 2 enim *om.* γ_1 Li *edd.* (*cf. qu. 24, 26, 27, 33, 35, 36*) | loqui serpens *tr.* Li
edd.; serpens homini in paradiso poterat (potuerat Ly) loqui γ_1 | liquido γ_1
γ_2; aliquo α_2 R; aliquod *rell.*   **3** appareat] pateat γ_1 | irrationale Li *edd.*

RESPONSIO

5 Serpens per se loqui non poterat, quia non hoc a creatore acceperat. Adsumpsit illum nimirum diabolus, utens eo velut organo,
per quod articulatum sonum emitteret. Per illum nempe verba
faciebat et tamen hoc etiam ille nesciebat. Natura igitur rationis
expers subditur naturae rationali, sed tamen non tantum, quan-
10 tum vult, ex ea vel in ea facit, sed quantum a creatore acceperit.

(44) INTERROGATIO XLIV

Et si non intellegunt serpentes, quomodo audiunt verba Marsorum, ut ad incantationes eorum de speluncis exeant suis?

RESPONSIO

5 Licet intellectum non habeant, tamen sensus corporis nullatenus
carent: Habent enim et visum et auditum et odoratum et gustum

---

α (α₂ (M₂ V Wig.) G) β (β₁ (P E) M₁) γ (γ₂ (O F) Ly A R) Li

43, 5–10 serpens ... acceperit] *cf.* Aug. gen. ad litt. 11, 27–28 (in serpente
ipse locutus est utens eo velut organo ... ad exprimendos verborum sonos et
signa corporalia)   **44, 5–11** licet ... paradiso] *cf.* Aug. gen. ad litt. 11, 28–29
(...intellegere serpentes verba Marsorum, ut eis incantantibus prosiliant
plerumque de latebris)

43, 5 quia non] nec quia *Wig.* | haec *G*; huius *V*; *om. P* | a creatore] creatura
V   **6** illum *γ₂ Ly*; nisi *Wig.*; *om. A*; enim *rell.* | nimium *G*; in ministerium
edd.; illum *add. codd. praeter* γ₁ *F* | diabolum *α₂* (- *Wig.*) | eo ... organo *γ₂ Li*
edd.; et ... organum *Wig.*; *eum ... organum *rell. (sed verba ex Aug. gen. ad
litt. 11, 27 translata sunt)*   **7** quo *Wig. G E*; *om. A* | articulariter *Am. (mg.)*
8 et ... nesciebat *om. A*   **8sq.** et ... expers *post* quantum *tr. M₂*   **8** ille etiam
tr. β; etiam *om. Ly* | nesciebat] ignorabat *γ₂* | igitur] ergo *edd.* | rationis]
orationis *F*   **9** naturae] rei *O*; creaturae *Li Am. (naturae mg.) Lov.*; *om. F*
rationali naturae *tr. β Li edd.* | rationalis *M₂ G*; rationabili *β A*; inrationabilis
R (pc.) | sed] et *R*; *om. G* | tantum *γ₂ A R*; *om. Ly*; totum *rell.*   **10** faciat *A*
creatore] deo *Wig.*
44, 3 ad *om. Ly* | incantationes *M₁ γ₂ Li Lov.*; incantationem *edd.* (-*Lov.*);
incantationibus *rell. (non video, quare auctorem, cum tot locis accusativum
ponat, hic peccasse credamus, sed fieri potest, ut corruptela lateat verbis 'eis
incantantibus' ex Aug. gen. ad litt. 11, 28 male translatis)* | exeant de spelun-
cis suis *tr. β edd.*
5 habent *M₁*; habet *A* | sensu *M₁ γ₂ Li edd.*   **6sq.** et¹ ... tactum] visum audi-
tum gustum odoratum *Wig.*

et tactum. Et ideo quamvis audiant verba Marsorum, nequaquam tamen intellegunt. Non enim obediunt intellegendo, sed ut de antris ad verba Marsorum exeant, permittente deo coguntur a diabolo. Unde datur testimonium de illo primo facto, quod 10 primum hominem diabolus per serpentem decepit in paradiso.

(45) INTERROGATIO XLV

Numquid quia opus erat Adae, ut ei coniux fieret, aliter non poterat fieri, nisi ut dormienti costa detraheretur, ex qua coniux aedificaretur?

RESPONSIO 5

Poterat ⟨deus⟩ et aliter facere, sed ideo congruentius iudicavit, ut sic faceret, unde aliquid significaretur. Sicut enim dormienti Adae costa detrahitur, ut coniux efficiatur, ita et Christo mori- PL enti de latere sanguis effunditur, ut ecclesia construatur. Commu- 743

α (α₂ (M₂ V Wig.) G) β (β₁ (P E) M₁) γ (γ₂ (O F) Ly A R) Li

45, 2–4 *cf.* Gen. 2, 20–22

45, 6–11 poterat … Christi] *cf.* Aug. gen. ad litt. 9, 13 (Num enim non potuit ipsa caro detrahi, ut inde congruentius … mulier formaretur? … haec facta sunt … ob aliquid significandum)

44, 7 Marsorum *om. Ly*   **7–9** nequaquam … Marsorum *om. V F*   **8** tamen *om. Ly* | obediunt] abebunt *A* | oboediendo intellegunt *E*   **9** permittendo *V R* | deo *om. R*   **10** illorum *β Am. (mg.)* | quo *Ly*; qui *M₂ A*; quae *G*; quia *Wig.*; *om. γ₂ (O ac.)*   **11** diabolus *om. Wig.* | deceperit *O*
45, 2 ut ei *om. Li* | ei *om. R* | coniunx *A F*; uxor *Am.* (coniunx *mg.*) *Er.* fieret *om. Li* | an aliter *V*; aliter ergo *Ly*   **3** fieri *om. γ₁* | ut *om. Ly* | costam detraheret *Wig.* | ex] et *A* | coniunx *M₁ F*
6 poterat … facere] poterat et aliter fieri *Wig.*   **6sq.** poterat … significaretur *om. F*   **6** deus *add. edd.*; *om. codd.* | et] etiam *edd.*; *om. G*; et aliter *om. A* ideo] id *γ₁ O*; *om. β* | iudicabit *V*   **7** fieret *Wig. γ₁*   **7sq.** Adae dormienti *tr.* *A*   **8** costa] de latere (delaretur *A*) *add. γ₁* | detraheretur *O* | et … efficitur *Wig.* | efficeretur *O* | et *om. γ₁*   **8sq.** moriente *α₂ (-M₂) γ₁*   **9** latere] eius *add. V* | ut] unde *γ₁ F* | construatur] consecratur *A*; *postea* poterat et aliter … iudicavit *it. γ₁*   **9sq.** communicando *P (pc.) R edd.*; communicans *γ₂*; communicantes *rell.*

10 nicando nempe corpori et sanguini Christi efficitur ecclesia coniux Christi.

(46) INTERROGATIO XLVI

Quomodo intellegendum est, quod dicit Adam *Quamobrem relinquet homo patrem et matrem et adhaerebit uxori suae, et erunt duo in carne una?*

5 RESPONSIO

Beatus apostolus Paulus hoc capitulum sibi ponens exposuit dicens *Sacramentum hoc magnum est, ego autem dico in Christo et in ecclesia.* Sed quomodo Christus reliquerit patrem, cum una substantia sit cum patre? Aut ubi esse poterit pater sine filio, cum

10 de ipso filio, qui est sapientia, dicatur, quod *adtingat a fine usque ad finem fortiter et disponat omnia suaviter?* Ergo si ibi est filius, ubi et pater, et non potest esse pater sine filio nec filius sine patre, quia scilicet sicut inseparabiles sunt in natura, ita et insepa-

---

$\alpha\,(\alpha_2\,(M_2\,V\,Wig.)\,G)\,\beta\,(\beta_1\,(P\,E)\,M_1)\,\gamma\,(\gamma_2\,(O\,F)\,Ly\,A\,R)\,Li$

46,2-4 Gen. 2, 24   **7s** Eph. 5, 32   **10s** Sap. 8, 1

46,6-25 beatus ... una] *cf.* Aug. c. Faust. 12, 8 (...Christum eo modo reliquisse patrem, qui, cum in forma dei esset, non rapinam arbitratus est esse aequalis deo, sed semetipsum exinanivit formam sevi accipinens, reliquisse etiam matrem synagogam Iudaeorum veteri testamento carnaliter inhaerentem et adhaesisse uxori suae sanctae ecclesiae, ut pace novi testamenti essent duo in carne una); gen. ad litt. 9, 19; gen. c. Man. 2, 24, 37

45,10 nempe] namque *Wig.* γ_2; quippe γ_1 | corpore β | corporis et sanguine $M_2\,G$ **11** coniux Christi *Wig.* $\gamma_1\,F\,R$; Christi coniux *tr. rell.* (coniunx $M_1\,F$)
46,2 dixit O; dicitur ad Adam F **3** relinquit $V\,P\,(ac.)\,M_1\,Ly$
6 et beatus *Wig.* (*om.* 'RESP') | Paulus apostolus *tr.* $\alpha_2\,(\text{-}Wig.)\,G\,R\,Li$ | proponens $M_1\,R$; posuit exponens dicit V **8** in *om.* $M_2\,G\,\beta_1\,Ly\,Li\,edd.$ | Christus *om. Wig. A* | relinqueret Ly; relinquerit $\alpha_2\,(\text{-}Wig.)\,F$; reliquit $Li\,edd.$
(*-Maur.*)   **8sq.** cum ... poterit] *mg. Am.*; consubstantialem sibi. An alicubi esse poterit *Am. Er.*   **8sq.** una substantia] consubstantialis Li; unius substantiae γ_2 **9** cum patre] patri $\alpha\,Li$ **10** sapientia] dei *add.* Ly | dicitur α_2
11 disponet $G\,Ly$; disponit $\alpha_2\,E\,A\,Li$ | ergo] *hic incipit 'responsio' in codicibus familiae* α | si ibi] ubi O **12** ubi] ibi O | ubi ... filius *om. Ly* | et¹] est *Wig. A* | et² *om.* $\alpha\,Li\,edd.$ | pater esse *tr.* β **13** in] una *add.* A | et *om.* $M_1\,F$
13sq. separabiles *Wig.* $P\,(pc.)\,Ly$; separabilis $\alpha_2\,(\text{-}Wig.)$

rabiles in personis (sic enim ipse filius de patre dicit in evangelio:
Qui me misit mecum est), quomodo igitur dereliquit patrem, ut   15
adhaereret uxori suae, id est ecclesiae suae nisi illo modo, quo
apostolus dicit *Qui cum in forma dei esset, non rapinam arbitratus
est esse se aequalem deo, sed semetipsum exinanivit formam servi
accipiens*? Ipsa igitur formae servilis acceptio est exinanitio, et
ipsa exinanitio, quamquam non sit divinitatis abolitio aut naturae   20
amissio, tamen propter formam servi, in qua dinoscitur apparuisse, iure dicit apostolus patrem reliquisse. Dereliquit et matrem,
synagogam scilicet veteri testamento carnaliter inhaerentem, et
adhaesit uxori suae, id est sanctae ecclesiae, ut pace novi testamenti essent duo in carne una.   25

(47) INTERROGATIO XLVII

Cur Cain ex terrae fructibus munera reprobantur et Abel de
adipibus gregis sui munera suscipiuntur?

$\alpha\,(\alpha_2\,(M_2\,V\,Wig.)\,G)\,\beta\,(\beta_1\,(P\,E)\,M_1)\,\gamma\,(\gamma_2\,(O\,F)\,Ly\,A\,R)\,Li$

46, 15 Ioh. 8, 29   **17–19** Phil. 2, 6-7   **47, 2s** *cf.* Gen. 4, 3–5

46, 15 misit me *tr.* $M_2\,G\,\beta\,R\,Li$ | igitur] ergo *edd.*; *om.* $\beta\,Ly$ | derelinquerid
Ly; derelinquit *Wig.* A | patrem] et *add.* O **15sq.** et aderebit A **16** suae[1]]
et erunt duo in carne una *add.* A | suae[2] *om.* $V\,Ly$ **17** dicit] ait $\gamma_1\,F$
19 igitur] ergo *edd.* | formae $\gamma_2\,A\,Li\,edd.$; forma *rell.*; est *add.* $\alpha_2\,(\text{-}V)\,\beta$ | est]
et $\alpha_2\,(\text{-}V)\,G\,\beta$; est et R | exinanitio *om.* $P\,M_1$ | et *om.* M_1 **19sq.** et ipsa
exinanitio *om.* $V\,F$ **20–22** ipsa ... reliquisse] *constructio quodammodo
claudicat; fortasse lacuna latet*   **21** dignoscitur $Li\,(pc.)\,edd.$ **22** dicitur $\alpha_2\,(\text{-}V)$
R; dederunt V | apostolus] apud V; *om. Wig.* R; filium *add.* γ_1 | relinquisse E
γ_1; dereliquisse R | dereliquit] sed reliquit α_2; reliquit $Li\,edd.$ | matrem] id
est sanctam ecclesiam *add.* γ_2 (sanctę eclesię F)   **23** scilicet synagogam *tr. Li
edd.*; et *add.* β | adherentem γ_2; *om. Ly*   **24** id ... ecclesiae *om.* F | sanctae
om. A | ecclesiae] suae *add.* $M_2\,G\,A\,R\,Li$; ecclesiae suae sanctae *edd.* | ut] per
add. $P\,(sl.)\,M_1\,(sl.)\,edd.$; in F **24sq.** ut ... una *om. Li*   **24** pace *Wig.* $\gamma_2\,A$
(parce *uv.*); pacem *rell.*
47, 3 adipibus] ovibus β | suae $M_2\,G\,\gamma_1$

RESPONSIO

5 Cain typum gerebat Iudaeorum, qui illa corporalia sacramenta
secundum vetus testamentum exercebant. Horum enim sacrificia
superveniente testamenti novi fide ⟨...⟩ ex innocentia ⟨gratiae⟩
deum laudans, quod significabat Abel ex ovibus ⟨...⟩ munera vero
Cain non accipiuntur. Unde etiam dicitur in psalmo: *Oblationes*
10 *et holocausta noluisti.*

(48) INTERROGATIO XLVIII
Quid significat, quod Cain fratrem suum Abel in agro interfecit?

RESPONSIO
Iam superius diximus Cain significare Iudaeos, qui Christum
5 occiderunt. Occiditur itaque Abel minor natu a fratre maiore

---

α (α_2 (M_2 V *Wig.*) G) β (β_1 (*P E*) M_1) γ (γ_2 (*O F*) Ly A R) Li

47, 9s Ps. 39, 7　**48, 2** *cf.* Gen. 4, 8

47, 5–10 Cain ... noluisti] *cf.* Aug. c. Faust. 12, 9–11 (...novi testamenti fides
ex innocentia gratiae deum laudans veteris testamenti terrenis operibus ante-
ponitur ... Christo veniente iam tempus novi testamenti a tempore veteris
testamenti non distinxerunt ... Iudaei, in quorum haec figura gerebantur)
48, 4–7 iam ... loco] *cf.* Aug. c. Faust. 12, 9 (Itaque occiditur Abel minor
natu a fratre maiore natu; occiditur Christus caput populi minoris natu a
populo Iudaeorum maiore natu: ille in campo, iste in Calvariae loco)

47, 5 tenebat *Ly* | quia *Wig. E Li* | illi *Wig. Li* | corporalia] *mg. Am.*; tempo-
ralia *edd.* (-*Maur.*)　　**6** exercent M_1　　**7** supervenienti α_2 (-*Wig.*) *A R*; super-
venientem M_1 | novi testamenti *tr.* V γ_2 | *lacunam indicavi (de re cf. Aug. c.
Faust. 12, 9)*; contempta et evacuata sunt et Christianorum sacrificia, quae ex
innocentia Christi innocentis agni constant, laudantur quae significabant
edd. | ex] et *V G* | gratiae *addidi (cf. Aug. c. Faust. 12, 9)*　　**8** dominum *O*
laudans *R* (laudantis *pc.*); laudantis *P* γ_2 *A* (*pc.*) *Li*; laudandis α_2 (-*V*); laudatis *A*
(*ac.*); laudantes *rell.* (*cf. Aug. c. Faust. 12, 9*) | significabant α *A R* (*pc.*) *Li edd.*;
significat M_1; ipsius *add. edd.*　　**8sq.** ex ... accipiuntur] reprobantur; ecclesię
novę mansuetudo recipit *F*　　**8** *lacunam indicavi*　　**8sq.** vero Cain β *O* (*con-
iectura ut suspicor*); Cayn *A*; quae *Wig.*; igitur Cain *edd.*; *om. rell.*　　**9** etiam
dicitur] dicit *O* | dicit γ_1; dixerunt *V*　　**10** noluisti] et illud (et illud *om. Ly*)
quoniam bonorum meorum non indiges (eges *A*) *add.* γ_1 (*cf. Ps. 15, 2*)
48, 5 natu] sed *add. R*　　**5sq.** a fratre maiore natu γ; *om. rell.*

natu; occiditur Christus caput populi minoris natu a populo
Iudaeorum maiore natu: ille in agro, iste in Calvariae loco.

(49) INTERROGATIO XLIX

Quomodo intellegendum est, quod sanguis Abel legitur de terra
ad deum clamasse?

RESPONSIO

Sanguis Abel significat sanguinem Christi; quem universa ecclesia   5
acceptum dicunt 'Amen'. Nam qualem clamorem faciat universa
ecclesia, dum potantur sanguine Christi et dicunt 'Amen', tu
ipse, si potes, considera. Iudaei ergo, qui intelleguntur in persona
Cain, quoniam non credentes in Christum non potantur sanguine Christi, maledicti sunt super terram, super illam scilicet   10
terram, *quae aperuit os suum* per confessionem *et bibit sanguinem*
fratris sui, id est Christi sui. Quem quia Iudaei non bibunt, ideo
maledicti sunt.

(50) INTERROGATIO L

Quid significat, quod Enoch septimus ab Adam cum deo ambula-
vit et non apparuit?

α (α_2 (M_2 V *Wig.*) G) β (β_1 (PE) M_1) γ (γ_2 (OF) Ly A R) Li

49, 2s *cf.* Gen. 4, 10   **10–12** *cf.* Gen. 4, 11   **50, 2s** *cf.* Gen. 5, 21–24

49, 5–13 sanguis ... sunt] *cf.* Aug. c. Faust. 12, 11 (...ecclesia, quae aperuit os
suum in confessione peccatorum accipere sanguinem Christi ... populum
Iudaeorum maledictum agnoscit)

48, 6 Christus *om.* γ_2 | natu² *om.* γ_2 **6sq.** a ... natu *om.* P **7** maiore $M_1\gamma_2$
Li *edd.*; maiores E; maioris *rell.* | ille ... loco *om.* Li
49, 2 legitur] intellegitur Li **3** dominum O
5 Abel *om.* V **5sq.** quo ... accepto dicit O (*pc.*) Li *edd.* (*auctorem corrigentes,*
ut arbitror)   **6sq.** acceptum ... ecclesia *om.* β **6sq.** ecclesia universa *tr.* A
7 potatur A O Li *edd.*; putatur Ly | sanguinem $GPAO$ | sanguine Christi
om. Ly | dicit O Li *edd.*   **8** si potes *om.* V | si potes considera] potes consi-
derare γ_2 **9** Christum γ_2 Ly R; *Christo *rell.*   **11** per] post α_2 (*-M₂*)   **12** sui²
om. O | bibant β_1 (P *ac.*)

RESPONSIO

5 Enoch septimus ab Adam transfertur ad deum et septima requies
promittitur sanctis, qui in sexta aetate saeculi reformantur in
agnitione dei, ut transferantur ad requiem.

(51) INTERROGATIO LI

Quid significat, quod Noe per aquam et lignum liberatur?

RESPONSIO

Aqua significat baptismum et lignum significat crucem. Sicut
Noe per aquam et lignum liberatur, ita et ecclesia per baptismum
et passionis Christi signaculum liberatur.

(52) INTERROGATIO LII

Quid significat, quod arca de lignis quadratis constructa intrinse-
cus et extrinsecus bitumine linitur?

$\alpha\,(\alpha_2\,(M_2\,V\,Wig.)\,G)\,\beta\,(\beta_1\,(P\,E)\,M_1)\,\gamma\,(\gamma_2\,(O\,F)\,Ly\,A\,R)\,Li$

51, 2 cf. Gen. 6–8   **52, 2s** cf. Gen. 6, 14

50, 5–7 Enoch ... requiem] cf. Aug. c. Faust. 12, 14 (Enoch septimus ab
Adam deo placuit et translatus est et septima requies praedicatur, ad quam
transfertur omnis, qui tamquam sexto die sexta aetate saeculi Christi adventu formatur)   **51, 4–6** aqua ... liberatur] cf. Aug. c. Faust. 12, 14 (Noe cum
suis per aquam et lignum liberatur sicut familia Christi per baptismum
crucis passione signatum)

50, 5 septima $\gamma_2\,A\,Li$ (sl.); septimus Ly; septimo rell.   **6** sanctis om. A | qui γ_1
γ_2; quia rell.   **7** agnitione $V\,P\,M_1\,\gamma_1\,R$; agnitionem rell.
51, 4 significat² om. Li   **5** liberabatur O (pc.) | et² om. $\gamma_2\,Ly$ | per² $M_1\,\gamma_2\,R$;
om. rell. | baptismus M_1; baptisma V; baptismo $M_2\,G\,A\,Li$ edd.   **6** et om.
α_2 (- Wig.) G | passionis] crucis γ_1 | signaculum γ_2; om. A; signaculo rell.
52, 3 linetur V; lenitur $M_2\,G$

RESPONSIO

Sicut arca de lignis quadratis aedificatur, ita et ecclesia de sanctis 5
construitur. Quadratum enim in quacumque parte posueris,
firmiter stat, et sancti in quibuslibet temptationibus stabiles
permanent: Non adversitatibus, non prosperitatibus cedunt.
Bitumen enim significat caritatem, per quam sancti nec illis
scandalis, quae fiunt ab his, qui intus sunt, cedunt, nec illis, quae 10
fiunt ab his, qui foris sunt, sed servant unitatem spiritus in vinculo pacis tolerantes et malos Christianos, qui sunt in ecclesia, et
haereticos, qui sunt foris ecclesiam.

(53) INTERROGATIO LIII

Quid significat, quod arca in longitudine habuit trecentos cubitos
et in latitudine quinquaginta et in altitudine triginta?

α (α₂ (M₂ V Wig.) G) β (β₁ (P E) M₁) γ (γ₂ (O F) Ly A R) Li

53, 2s *cf.* Gen. 6, 15

52, 5 – 13 sicut ... ecclesiam] *cf.* Aug. c. Faust. 12, 14 (...quod de lignis quadratis eadem arca fabricatur sicut ecclesia de sanctis construitur ... quadratum
enim quacumque verteris, firmiter stat ... bitumina glutinantur ... ne scandalis ecclesiam temptantibus sive ab eis, qui intus, sive ab eis, qui foris sunt,
cedat fraterna iunctura et solvatur vinculum pacis ... bitumen ... significans
dilectionis ardorem)

52, 5 aedificatur] construitur *Li*; construebatur *Am.* (aedificatur *mg.*) *Er.*
Lov. | et *om.* γ₂ *Ly* **6** construetur *V* | quadratum *P (pc.)* γ₁ *O Li edd.*; de qua
dicitur *F*; quadrata *rell.* | quamcumque partem *O* **7** firmiter γ₁ γ₂; fortiter
rell. | instat *A*; constat *M₂*; stant *M₁ R (pc.)* | quabuslibet β; qualibus libet *F*
temptatione *P M₁* **8** non¹ ... non] nec ... nec *O*; nec ... vel *F* | cadunt *O*
10sq. nec ... sunt *om.* *M₁* **10** illi γ₁ **11** sunt foris *tr.* *M₂ G* γ₁ *R* | sed γ; *om.*
G; et *rell.* | vanitatem *uv.* *A* **12** et malos *om.* *O* | et² *om.* α₂ (- *Wig.*) *G*
12sq. et² ... ecclesiam] *mg.* *A* **13** ecclesiam] *app. 1 BB add.* γ₁ (*cf. p. 429*)
53, 2 quod arca *om.* *Ly* | in longitudine *om.* *M₂* | longitudine *Wig.* *G A F Li*
edd.; longitudinem *rell.* **3** latitudinem *P M₁ Ly* | in² *om.* *Ly* | altitudinem *P*
M₁

RESPONSIO

5 Sancta ecclesia, ut faciat mandata dei, adiuvatur spiritu dei dicente psalmographo *Viam mandatorum tuorum cucurri, cum dilatasti
cor meum*. Nisi dilatatum cor habuisset, viam domini minime
cucurrisset. Et unde dilatatur cor nisi caritate spiritali? Hinc
etiam beatus apostolus Paulus simili psalmographo voce consen-
10 tit: *Os nostrum patet ad vos, o Corinthii; cor nostrum dilatatum est.*
Unde, quaeso, dilatatum? *Gratia* inquit *dei diffusa est in cordibus
nostris per spiritum sanctum, qui datus est nobis*. Ergo spiritu
sancto accepto operatur ecclesia cum delectatione praecepta dei,
quae sine gratia spiritus nequaquam poterit operari. Hunc enim
15 spiritum septiformem scriptura sancta commendat. Septies igitur

---

$\alpha\,(\alpha_2\,(M_2\,V\,Wig.)\,G)\,\beta\,(\beta_1\,(P\,E)\,M_1)\,\gamma\,(\gamma_2\,(O\,F)\,Ly\,A\,R)\,Li$ **53, 8** spiritali *expl.* V

53, 6s Ps. 118, 32   **10** II Cor. 6, 11   **11s** Rom. 5, 5   **15** *cf.* Is. 11, 2–3

53, 5–27 sancta ... refert] *cf.* Aug. c. Faust. 12, 14 (cubitis quinquaginta
latitudo eius expanditur sicut dicut apostolus 'cor nostrum dilatatum est'.
Unde nisi caritate spiritali? ... Quinquagesimo enim die post resurrectionem
suam Christus sanctum spiritum misit, quo corda credentium dilatavit.
Quod trecentis cubitis longa est, ut sexies quinquaginta conpleantur, sicut
sex aetatibus omne huius saeculi tempus extenditur, in quibus omnibus
Christus numquam destitit praedicari: in quinque per prophetiam praenun-
tiatus, in sexta per evangelium diffamatus. Quod eius altitudo triginta
cubitis surgit, quem numerum decies habet in trecentis cubitis longitudo;
quia Christus est altitudo nostra, qui triginta annorum aetatem gerens
doctrinam evangelicam consecravit contestans legem non se venisse solvere,
sed inplere; legis autem cor in decem praeceptis agnoscitur, unde decies
tricenis arcae logitudo perficitur, unde et ipse Noe ab Adam decimus conpu-
tatur)

53, 5–27 sancta ... refert] *app. 4 pro responsione praebet F (cf. p. 437)*   **6** via
$M_2\,G\,E\,Ly$ | dilataris Ly; dilatares R **7** habuisset] et *add.* α_2 (- *Wig.*) G
8 dilatatur] dicitur Ly; delectatur A | per caritatem spiritalem $\beta\,Li\,edd.$
9 etiam] et $Li\,edd.$ | Paulus apostolus *tr. edd.*; Paulus *om.* $A\,O$
psalmigraphi $G\,\beta\,O$ **10** os M_1 *(pc.)* $Ly\,Li\,edd.$; cor *rell.* | os ... Corinthii *om.*
O | patet ... Corinthii *om.* β_1 **11** dilatatum] est *add.* $\gamma_1\,O$ *(sl.)* Li | gratia
codd.; malim caritas | dei] quae Ly; quae *add.* A **12sq.** accepto spiritu
sancto *tr. edd.*   **13** accepta eperatur A | dilectione $O\,R\,Li$; dilatatione *edd.*;
et *add.* Ly **14** quae] quoniam O | spiritus] sancti *add.* $P\,O\,edd.$ | poterat O
R; potuerat M_1 | enim] ergo $\alpha_2\,G\,Li$ **15** sancta] commemorat et *add.* $\beta\,Li$
edd. | igitur] ergo *edd.*

septeni fiunt XLVIIII; uno addito propter unitatem, ut compleatur numerus, fiunt L. Unde et dominus ascendens in caelum
quinquagesimo die misit spiritum sanctum, quo corda credentium dilataret. Trecenti vero cubiti significant decem praecepta
legis: Decies igitur treceni trecenti fiunt. Sed haec praecepta non   20
possunt impleri nisi caritate faciente, id est spiritu sancto, qui
significatur in latitudine quinquaginta cubitorum. Idcirco arca
utrumque numerum habet. Nam et ipsa opera bona propter
supernum finem facit ecclesia, quod significant triginta cubiti
altitudinis. Revera enim Christus est altitudo nostra, ipse scilicet   25
tricenarius doctrinam evangelicam consecravit. Ipse est et super-
nus finis, ad quem omnia opera bona indubitanter ecclesia refert.

α_2 (M_2 *Wig.*) *G* β (β_1 (*P E*) M_1) γ (γ_2 (*O F*) *Ly A R*) *Li*   **27** refert *expl. Wig.*

53, 17s *cf.* Act. 2, 1 – 4

53, 16 septeni] septem *O Li edd.* | fiunt] faciunt β | XLVIIII] et *add. edd.*
uno addito γ_1 *O R*; addito uno *tr. rell.* | propter unitatem *Ly* (unita) *O R*; *om.*
rell.   **16sq.** et completur *R*; completur *O*   **17** fiunt L *Ly edd.*; *om. rell.*
18 quo *A O R*; cum β *Ly*; ut *rell.* | corda *om. G*   **19** dilataret] *app. 1 CC add.*
γ_1 (*cf. p. 429*) | trecenti] triginta β *edd.*   **20** igitur] autem *edd.* | treceni *Ly*
R (triceni); XXX α_2 *G*; triginta *rell.* | trecentus *Ly*; trecenta *edd.* | fiunt *Ly O*
R; fiunt trecenta *tr. edd.*; *om. rell.*   **21** quid *Ly*; *om. G*   **22** latitudinem *P M_1*
Ly R   **23** habebat *A* | bona opera *tr. β*   **24** quae *M_2 G* | significatur β
24sq. significant ... altitudinis] eius (*om. Ly*) altitudo XXX cubitis surgit
quem numerum decies habet in trecentis cubitis longitudinem γ_1 **25** re
enim vera β (verba *E*) *Li edd.* | Christus γ_1 *O R*; spiritus *rell.* | ipse scilicet]
qui γ_1 **26** tricenarius] XXX annorum aetatem gerens γ_1; numerus *add. R*
consecravit] contestans legem non se venisse solvere, sed implere; legis
autem cor in decem preceptis agnoscitur. Unde et dies treceni arca longi-
tudo perficitur, unde et ipse Noe ab Adam decimus conputatur *add.* γ_1 | est
et] enim dominus Iesus (*om. A*) Christus γ_1 **27** ad quem] atque β *Li edd.*
omni *Ly Li edd.*; *om.* β | bono opere *Li edd.* | indubitanter] in bonitate *O*
ecclesiam *Ly R Li edd.* | replet β *Li edd.*; fecit *Ly*

(54) INTERROGATIO LIV

Quid significat, quod post dies septem, ex quo ingressus est Noe in arcam, pluit dominus super terram XL diebus et XL noctibus?

RESPONSIO

5   Quod post septem dies pluit dominus super terram, hoc significat, quod omnes, qui baptizantur, in spe futurae quietis, quae septimo die significata est, baptizantur. Quod XL diebus et XL noctibus pluit: Quia omnis reatus peccatorum, qui in decem praeceptis legis admittitur, per universum orbem terrarum, qui
10 quattuor partibus continetur (decem quippe quater ducta XL fiunt), sive ille reatus, quod ad dies pertinet ex rerum prosperitate sive quod ad noctes ex rerum adversitate contractus sit, sacramento baptismi caelestis abluitur.

$M_2 G \beta (\beta_1 (P E) M_1) \gamma (\gamma_2 (O F) Ly A R) Li$

54, 2s *cf.* Gen. 7, 10–12

54, 5–13 quod ... abluitur] *cf.* Aug. c. Faust. 12, 17 (...quia spe futurae quietis, quae septimo die significata est, baptizamur ... quia omnis reatus peccatorum, qui in decem praeceptis legis admittitur, per universum orbem terrarum, qui quattuor partibus continetur–decem quippe quater ducta quadraginta fiunt–sive ille reatus, quod ad dies pertinet ex rerum prosperitate, sive quod ad noctes ex rerum adversitate contractus sit, sacramento baptismi caelestis abluitur)

54, 2 septem dies *tr. γ₁*   **2sq.** ex ... arcam *om. F*   **3** arca $M_2 \beta \gamma_1$ | XL¹ ... noctibus *om. F* | et *om. A* | noctibus] et quod omnis caro (*om. A*) quae in arca non fuit consumpta est *add. γ₁*
5 quod ... terram *om. F* | dies septem *tr. O*; dies septem dominus pluit *tr. edd.*   **6** spem $M_2 G \beta O$ | quietis] qui *A*   **7** baptizantur] *app. 1 DD add. γ₁* (*cf. p. 429*)   **7sq.** quod ... pluit *γ₁*; *om. rell.*   **8** quia *γ₁ F*; et *rell.* | omnes $G \beta_1$ creatus *Ly* | qui in decem] quindecim M_2 (*ac.*) M_1 **9** legis praeceptis *tr. edd.*   **10** continetur] unde *add. codd. praeter γ₁ Ly* | quippe] per *edd.*; *om. Li* | quater] quattuor *Li edd.* | dicta *P* (*ac.*) *Ly*   **11** reatus] atus *Ly*   **11sq.** quod ... quod] quae ... quae *G*; qui ... qui $M_2 O Li edd.$ **12** sive] sine *A* | contractus] contrarie *A*   **12sq.** sacramentum β_1 (*P ac.*) *Ly*; sacramenti $M_2 G$ **13** caelestis baptismi *tr. edd.*

(55) INTERROGATIO LV

Quid significat, quod Noe sexcentorum erat annorum, quando
diluvii aquae inundaverunt super terram?

RESPONSIO

Sexcenti anni significant sex aetates saeculi. Prima aetas est ab   5
Adam usque ad Noe, secunda a Noe usque ad Abraham, tertia ab
Abraham usque ad David, quarta a David usque ad transmigrationem Babyloniae, quinta a transmigratione Babyloniae usque ad   PL
adventum domini nostri Iesu Christi, sexta, quae nunc agitur.   750
Sicut sexcentesimo anno vitae Noe factum est diluvium, ita sexta   10
aetate saeculi reformatur homo in agnitione dei per baptismum.

(56) INTERROGATIO LVI

Quid significat, quod de omni genere animalium atque volatilium inmunda bina inducuntur in arcam et munda septena?

RESPONSIO

Inmunda illos homines significant, qui ad schisma sunt faciles;   5
munda vero homines sanctos, qui spiritum septiformem accipien-

---

$M_2\,G\,\beta\,(\beta_1\,(P\,E)\,M_1)\,\gamma\,(\gamma_2\,(O\,F)\,Ly\,A\,R)\,Li$

55,2s *cf.* Gen. 7, 11   **56,2s** *cf.* Gen. 7, 2–3

55,5–11 sexcenti ... baptismum] *cf.* Aug. c. Faust. 12, 8; 12, 18 (*cf. supra qu.*
26)   **56,5–8** inmunda ... gaudet] *cf.* Aug. c. Faus. 12, 15

55,2 quingentorum γ_1 | sexcentorum erat] deerat *G (nempe 'DC ERAT'*
male intellecto)   **2sq.** quando ... terram] *app. 1 EE praebet* γ_1 (*cf. p. 429*)
5 sexcenti ... saeculi] quid aliud hic (hoc *A*) videntur centum anni significare
nisi aetates singulas saeculi nam γ_1 | saeculi] mundi *O Li*; scilicet *add. β*
8 Babyloniae¹ $M_2\,\gamma$; Babylonis *rell.* | quinta ... Babyloniae *om. Ly* | Babylon-
iae² γ_2; *om. $M_2\,A$*; Babylonis *rell.*   **9** domini] Christi $M_1\,F$ | nostri Iesu
Christi *om.* $\beta\,\gamma_2\,edd.$; nostri *om. G*   **10** sicut γ; *om. rell.* | vitae *om.* γ_1 | ita]
in *A*   **11** homo] ecclesia *O* | in agnitione] ad imaginem *G* | agnitione *P* M_1
A R; gnitione *Ly*; agnitionem *rell.* | baptismum] *app. 1 FF add.* γ_1 (*cf. p. 430*)
56,2 genere *om. G*   **3** bina *om. A* | munda] multa *A* | septena] *app. 1 GG*
add. γ_1 (*cf. p. 430*)
5 inmunda] vero animalia in binario numero dicta *add.* γ_1 | homines *om.*
M_1 | significat $M_2\,G\,\beta_1\,R$ (*ac.*)   **6–8** munda ... gaudet] et quodammodo
divisibiles (visibiles *Ly*) ostenduntur γ_1 **6sq.** spiritum ... fide *om.* β_1

tes ex fide vivunt. Hinc etiam quidam poeta ait: *Numero deus impare gaudet.*

(57) INTERROGATIO LVII

Quid significat, quod omnes montes excelsos supercreverat aqua quindecim cubitis?

RESPONSIO

5   Octo et septem quindecim faciunt. Octo nempe significant resurrectionem et septem quietem. Hoc itaque mysterium resurrectionis et quietis supergressum est omnem scientiam superborum sapientium, et nullatenus poterunt scientiam indagare resurrectionis et quietis.

(58) INTERROGATIO LVIII

Quare, cum ingrederetur Noe in arcam, dicitur ad eum *Ingredere tu et filii tui, uxor tua et uxores filiorum tuorum tecum*? Seorsum igitur ponuntur viri et seorsum feminae. Et cum egrederetur de

5   arca, dicitur ad eum *Egredere tu et uxor tua, filii tui et uxores*

$M_2 G \beta (\beta_1 (PE) M_1) \gamma (\gamma_2 (OF) Ly A R) Li$

56,7 ex fide vivunt] *cf.* Gal. 3, 11   **7s** Verg. ecl. 8, 75   **57, 2s** *cf.* Gen. 7, 20
58, 2s Gen. 6, 18   **5s** Gen. 8, 16

57, 5–9 octo ... quietis] *cf.* Aug. c. Faust. 12, 19 (...altum profundumque mysterium est: Quindecim cubitis supercrevit aqua excedens altitudinem montium, id est hoc sacramentum transcendit omnem sapientiam superborum. Septem quippe et octo coniuncti quindecim fiunt)

56,7 ex fide] munde *O (pc.)*   **7sq.** numero ... gaudet] in pari numero gaudet β **7** deus *om.* $M_2 G$ **8** impari $M_2 G R$
57, 2 omnes *om.* G | montes *om.* Ly   **3** XV Ly O Li
5 VII $P \gamma_1 \gamma_2$ | XV $\beta_1 \gamma_1$ | faciunt] fiunt A F   **6** et *om.* G   **7** est *om.* Ly
sapientiam A   **7sq.** supernorum Ly; super horum $M_2 G$ **8** potuerunt $\gamma_1 O$
Li *edd.*; poetarum G | scientia A F R | indagare scientiam *tr.* Li *edd.*
indicare $M_2 G Ly R$ **9** et *om.* $M_2 G A F R$ | quietem $E M_1 A F R$; *app. 1 HH add.* γ_1 (*cf. p. 430*)
58, 2 ingreditur Li | in *om.* F | dixit E   **3** et^1 *om.* O | tui] et *add.* Ly O
3–6 seorsum ... tecum *om.* $P M_1$ **4** igitur] ergo *edd.*; et *add.* G | et *om.* R
egreditur Ly Li; egredetur M_2 **5** filii tui *om.* O

filiorum tuorum tecum. In ingressione nempe separati, in egressione coniuncti dicuntur.

RESPONSIO

Eorum quippe ingressio istam vitam significat, ubi *caro concupiscit adversus spiritum et spiritus adversus carnem, ut non quaecum-* 10
que volumus illa faciamus. Egressio vero illam vitam significat, ubi caro iam nullam habebit concupiscentiam adversus spiritum nihilque erit ex nobis, quod repugnet in nobis.

(59) INTERROGATIO LIX

Quid significat, quod emissus corvus de arca non est reversus?

RESPONSIO

Corvus igitur ut non reverteretur, aut aquis interceptus est aut aliquo supernatante cadavere inlectus insedit; et significat illos 5

$M_2 G \beta (\beta_1 (P E) M_1) \gamma (\gamma_2 (O F) Ly A R) Li$

58,9–11 Gal. 5, 17 **59,2** *cf.* Gen. 8, 6–7

58,9–13 eorum ... nobis²] *cf.* Aug. c. Faust. 12, 21 (Cur de arca coniuncti exeant, qui disiuncti intraverant? ... seorsum viri, seorsum feminae commemoratae sunt. In hoc enim tempore huius sacramenti caro concupiscit adversus spiritum et spiritus adversus carnem) **59,4–19** corvus ... habent] *cf.* Aug. c. Faust. 12, 20 (...aut aquis utique interceptus aut aliquo supernatante cadavere inlectus, significat homines inmunditia cupiditatis teterrimos ... nimis intentos aut rebaptizari aut ab his, quos ... praeter ecclesiam baptismus occidit, seduci et teneri)

58,6 tecum *om. edd.* | in ingressione nempe] ingressionem A | in¹ ... separati *om.* M_2 **6sq.** nempe ... egressione *om.* G **6sq.** in egressione] ingressione A **7** coniuncte O
9 horum $E F Li$ **10** et *om.* $A Li$ | et spiritus *om.* M_2; spiritus autem Li | non *om.* Ly **11** vultis ... faciatis β | vero $\gamma_1 \gamma_2$; autem *rell.* | illam] aeternam *add.* γ_1 | significat *om.* Li **12** nullam iam *tr.* $\gamma_2 A$; iam *om.* Ly **13** ex] in A | ex nobis *om.* Ly | nobis²] *app. 1 II add.* γ_1 (*cf. p. 431*)
59,2 emissus $\gamma_1 Li$ *edd.*; missus γ_2; demissus *vel* dimissus *rell.* (*cf. Aug. c. Faust. 12, 20*) | de arca emissus corvus *tr.* γ_1 | est reversus] redit F
4 igitur *om. Li edd.* | non *om.* A | aut¹ ... aut] an ... an G | interemptus Ly
5 alico R; alicui *edd.* | supernatante $\gamma_1 F$; *om. rell.* | cadaveri βO *edd.*; cadaver $M_2 G Ly$ | et *om.* β

homines, qui carnalibus dediti rebus dei praecepta contemnunt et
nullatenus paenitendo ecclesiae satisfaciunt, unde per mala opera
recesserunt. Vel certe si aquis ille corvus interceptus est, illos
significat, qui de ecclesia exeunt, ut haereticorum baptismo
10 polluantur. Quamvis enim unum baptismum sit et haereticorum,
eorum scilicet qui in nomine patris et filii et spiritus sancti
baptizant, et ecclesiae catholicae, tamen quia foris ecclesiam
baptizantur, non sumunt baptismum ad salutem, sed ad perniciem *habentes nimirum formam pietatis, virtutem autem eius*
15 *abnegantes*; et rursum *Animales* inquit *spiritum non habentes*. Et
idcirco ecclesia eos non rebaptizat, quia in nomine trinitatis
baptizati sunt. Ipsa est profecto forma sacramenti. Ideo, dum
reversi fuerint, accipiunt virtutem spiritus sancti, quem hi, qui
foris ecclesiam baptizantur, nondum habent.

(60) INTERROGATIO LX

Quid significat, quod Noe vir iustus *plantavit vineam bibensque*
vinum inebriatus est et nudatus in tabernaculo suo?

$M_2 G \beta (\beta_1 (P E) M_1) \gamma (\gamma_2 (O F) Ly A R) Li$

59, 14s II Tim. 3, 5   **15** Iud. 19   **60, 2s** Gen. 9, 20–21

59, 6 qui *om.* γ_1 | rebus] et inmunditia cupiditatis teterrimos qui *add.* γ_1
7 paenitendo] plenitudini *F* | ecclesiam $M_2 G$ | unde] et *add.* βA *edd.*
8 aquis] ab aliquo *O* | interceptus est ille corvus *tr.* β **9sq.** ut ... polluantur
E (et) $\gamma_1 \gamma_2$; ut *om.* $M_2 G$; et ... polluuntur *rell.*   **9** haeretico $\beta (M_1 ac.)$
10 baptisma $M_1 R Li$ *edd.* | haereticorum et *tr. Ly*   **11** eorum *om. R*   **12** et
om. R | qui M_1 (*pc.*) $\gamma_2 Ly$; quae *G* | ecclesię *O*   **14** nimirum] quidem *Am.*
(nimirum *mg.*) *Er. Lov.* | formam $\gamma_1 \gamma_2$; speciem *rell.* | pietatis] sacramenti
γ_2; *om. A*   **16** eos ecclesia *tr. O edd.* | eos] eius $M_2 G$ | baptizat γ_1; baptizant
$M_2 G$ | rebaptizat ... trinitatis *om. R* | quia] qui $\gamma_2 A Am.$ (*mg.*)   **18** fuerint]
sunt β | capiunt *A* | quem] *malim* quam | ii *edd.*
60, 2 bibensque *P* (*pc.*) *O* (*pc.*) *Li edd.*; bibens *rell.*   **3** et nudatus est *tr. R*

RESPONSIO
Deus quodam modo plantavit gentem Iudaeorum segregando 5
eam a cunctis gentibus. Unde et circumcisionis signum indidit,
legem dedit, sacrificia instituit, se ipsum in carne venturum in
lege praedixit; cui non credentes ⟨...⟩ vineae suae inebriatus est
vino, id est malitia populi sui passus est, crucifixus est, sputis
inlinitus est. Sed hoc passus est in tabernaculo suo, id est in gente 10
sua.

(61) INTERROGATIO LXI
Quid significat, quod Cham pater Canaan videns verenda patris
sui exiit foras et nuntiavit fratribus suis?

RESPONSIO
In duobus filiis, maximo et minimo, duo populi figurati sunt PL
unam vestem a tergo portantes, sacramentum scilicet iam praete- 751
ritae atque transactae dominicae passionis. Nuditatem patris
neque intuentur, quia in Christi necem non consentiunt, et
tamen honorant velamento tamquam scientes, unde sint nati.
Medius autem filius, id est populus Iudaeorum (ideo medius, quia 10

$M_2 G \beta (\beta_1 (PE) M_1) \gamma (\gamma_2 (OF) Ly A R) Li$

61, 2s *cf.* Gen. 9, 22

60, 5–11 deus ... sua] *cf.* Aug. c. Faust. 12, 23   61, 5–18 in ... litteram] *cf.*
Aug. c. Faust. 12, 23

60, 6 eam] tam *A* | indedit M_2 *G*; inde *add. O*   8 praedixit] sed *add. edd.*
cum non crederent *Am.* (cui non credentes *mg.*) *Er. Lov.* | credentis *O (pc.)*;
crediderunt *G* | *lacunam indicavi* | inebriatus est *Ly (haud scio an coniectu-*
ra); *om. rell.*   9 vinum β_1 | malitiam *P*   10 illitus *O (pc.) R Li*; inlisus *A*
est[1]] et illusus *edd.* | gente] lege *A*   11 sua] *app. 1 JJ add.* γ_1 *(cf. p. 431)*
61, 2 verendam $M_2 G \gamma_1 R$; verecunda *PF*; verecundia *E*   3 exivit *G P*; exiens
Ly; *om.* M_2 | foris $M_2 G E \gamma_1 R$ *(pc.)* | et *om.* $M_2 G \beta_1 F R$
5 figurati] significati *Ly*   6 unam ... portantes] qui retro portantes vestem *F*
conportantes M_2 *G*   7 passionis] honorant atque *add. F* | patris] tegentes
add. edd.   8 neque] non *F Li*; ne *R* | intuentes *F Li edd*; intuentum *G*;
inventum M_2 | quia γ_1 *F R Li*; qui *rell.*   8sq. eo tamen *R*; et tam *A*; etiam *Ly*;
et eum *edd.*   9 honore *F* | velamentum β *(P ac.)* | tamquam] ex quo $M_2 G$
10 autem γ; *om. rell.*

nec primatum apostolorum tenuit nec ultimus in gentibus credi-
dit) vidit nuditatem patris, quia consensit in necem Christi, et
nuntiavit fratribus suis. Per eum quippe manifestatum est et
quodam modo publicatum, quod erat in prophetia secretum.
15 Ideoque fit servus fratrum suorum. Quid est enim aliud hodieque
gens ipsa nisi quaedam scriniaria Christianorum baiulans legem
et prophetas ad testimonium adsertionis ecclesiae, ut nos honore-
mus per sacramentum, quod nuntiat illa per litteram?

(62) INTERROGATIO LXII

Quid significat, quod dicit deus ad Abraham *Egredere de terra tua
et de cognatione tua et de domo patris tui*?

RESPONSIO

5 Abraham personam portabat Christi. Sicut enim Abraham dimisit terram et cognationem suam et domum patris sui et venit in
terram, quam ignorabat, ita et Christus dimisit gentem suam, scilicet Iudaeorum, et venit ad populum gentium. [Item moralis

---

$M_2 G \beta (\beta_1 (PE) M_1) \gamma (\gamma_2 (OF) Ly A R) Li$ **61,18** litteram *expl. A*   **62,7sq.** scilicet *inc. Ma*

62, 2s Gen. 12, 1

62, 5–8 Abraham[1] ... gentium] *cf.* Aug. c. Faust. 12, 25   **8–14** item ...
obtutibus] *cf.* Cass. coll. 3, 6; Isid. expos. gen. 10, 1057–1064

61, 12 vidit *P (sl. mp.)* $\gamma_1 \gamma_2$ *edd.*; *om. rell.*   **12–14** Christi ... secretum]
domini salvatoris *A*   **13** suis *om. Ly* | manifestum *O*; nuntiatum *β Am.*
(mg.)   **14** duplicatum *Ly* | in $\gamma_2 Ly R$; *om. rell.* | prophetia $M_2 \gamma_2 R$; prophe-
tiam *Ly*; prophetiae *rell.*   **15** fit] fuit *Ly* | servus fratrum suorum $\gamma_1 \gamma_2$;
fratrum suorum servus *tr. rell.* | quid] sicut *A* | enim *om.* γ_1 | aliud *om. A*
hodie *A F Li edd.*   **16** nisi $M_1 \gamma_2 Ly$ *edd*; Iudaeorum quasi *A*; *om. rell.*
quaedam γ; *om. rell.* | scrinaria $M_1 O$; scrinia *F R* | baiulans *Ly*; baiulant illi
A; portans *rell.*   **17** adsertionis *om. A*   **18** nuntiant *G A Li edd.* | illa $\gamma_2 R$;
ille *β Ly*; illi *rell.* | litteram] *app. 5 add. A (cf. p. 438)*
62, 2 dicitur M_2; dixit *Li edd.* | egredere] exi *Ly*
5 Christi portabat *tr. Li edd.*   **5sq.** dimisit *post* suam *tr. edd.*   **7** et *om. Ly*
gentem] terram *Ly*   **7sq.** suam scilicet *om. F*   **8** item moralis $\gamma_1 FR$; igitur
moralis *O*; hic temporalis *rell.*   **8–14** item ... obtutibus *ut postea addita
seclusi; cf. p. 305–306*   **8** moralis] et alia *Am.* (temporalis *mg.*) *Er.*

explanatio hoc habet: Eximus de terra nostra, quando divitias
mundi huius facultatesque contemnimus, et de cognatione 10
nostra, id est de vitiis prioribus, quae nobis a nostra nativitate
cohaerentia velut adfinitate quadam et consanguinitate coniuncta
sunt, et de domo patris nostri, id est de omni memoria mundi
huius, quae oculorum occurrit obtutibus.]

(63) INTERROGATIO LXIII
Quot genera sunt visionum?

RESPONSIO
Tria. Prima visio est corporalis, secunda spiritalis, tertia intellectualis. Corporalis igitur visio est, quae fit per corpus; spiritalis, 5
cum imagines eorum, quae videmus, in memoria condimus;
intellectualis nempe, cum ea, quae corporaliter vidimus et iam
imaginaliter in memoria retinemus, intellectu discernimus. Intellectu igitur discernimus, quod illud sit corpus, illud similitudo
corporis. Hunc quoque intellectum bestiae et pecora atque omnia 10
volatilia nullatenus habent: Vident et ipsa per corpus et eorum,
quae vident, imaginaliter species formatur, unde et pecora praese- PL
pia recognoscunt et aves ad nidos suos redeunt; sed nec se ipsa 752
intellegunt, quae sint, nec illa, quae oculis cernunt. Postremo

---

$M_2 G \beta (\beta_1 (P E) M_1) \gamma (\gamma_2 (O F) Ly Ma R) Li$

63, 4–29 tria … videbunt] *cf.* Aug. gen. ad litt. 12, 6–10; 12, 24

62, 9 habet] moraliter autem *add. edd.* | divitias] et *add. edd.*   **10** huius *om.*
F | facultates *G P edd.* | et] ut *M_2 G* | cognatione] natione *Ly*   **11** de vitiis]
diviciis *G E Ly*; divitiis *M_2 M_1*; de diviciis *Ma* | nostra nativitate *γ_1 γ_2*; nativi-
tate nostra *tr. rell.*
63, 2–4 quot … tria *om. R*   **2** sunt genera visionum *tr. edd.*
4 tria *om. Ly* | est *om. Ly* | secunda] visio *add. γ_1 γ_2*   **5** corporalis … spirita-
lis *om. M_2 G* | igitur] ergo *edd.*   **6** vidimus *E M_1 γ_1 R* | memoriam *G β*
7 vidimus *Ly R*; videmus *rell.* | iam *M_2 G Ly*; *om. rell.*   **8** in] et *R*
8sq. intellectu igitur discernimus *om. β F R edd.*   **10** hinc *P (pc.) R* | quoque]
autem *edd.* | omnia *om. edd.*; volatilia omnia *tr. Ly O*   **11–23** vident …
corporis] nam si haberent forsitan rationis capaces essent *F*   **11** et¹ *om. β*
edd. | et² *om. Ly*   **12** species] spiritus *M_1 γ_1 O R Lov. (mg.)*; in re *add. Ly*
formantur *M_1 (pc.)*; informantur *Ma*

15 corporalis visio sine spiritali esse non potest: Statim ergo ut
avertimus oculos ab eis, quae videmus, imagines eorum, quae
vidimus, in memoria retinemus. Spiritalis vero visio sine corporali esse potest: Unde et absentes homines recordamur et in
tenebris ea, quae vidimus, imaginaliter cernimus. Intellectualis
20 nempe nec corporali indiget nec spiritali: Intellectu nec corpus
videmus nec imaginem corporis; per hunc quippe videtur iustitia,
caritas, ipse deus, ipsa mens hominis, quae nullum corpus habet,
nullam similitudinem corporis. Unde enim raptus fuerat apostolus Paulus in tertium caelum, id est ad intellectualem visionem,
25 ut deum non per corpus, non per similitudinem corporis, sed
sicut est ipsa veritas cerneret. Tres igitur caeli tria sunt genera
visionum, de quibus loquimur. Ad hoc profecto pervenerat
Paulus, ut deum sic in ista vita videret, sicut sancti post hanc
vitam videbunt.

[(64) INTERROGATIO LXIV

Quot genera sunt apostolatus vel quale nomen sit apostolus, volo
cognoscere.

$M_2 G \beta (\beta_1 (P E) M_1) \gamma (\gamma_2 (O F) Ly Ma R) Li$

63, 23s *cf.* II Cor. 12, 2

63, 15–18 statim ... potest *om.* E   **15** ergo *om.* Ly   **16** ea γ_1 | vidimus γ_1
16sq. imagines ... vidimus *om.* $\gamma_1 R$ **17** videmus O | visio sine] visione Ly
18 esse] non *add.* $M_2 G M_1$ (*ac.*) O | recordamus G Ly   **19** quae] in luce *add.*
Li (*sl. mp.*) | videmus R   **20** corporale Ly R; corporalem β_1 Ma | spiritale Ly
R; spiritalem P Ma | intellectu M_1 O Li; per intellectum *edd.*; intellectum *rell.*
21 vidimus Ly | imagines O | hunc] hanc *edd.*   **23** unde enim Ly; ubi enim
Ma R; ob id enim $M_1 \gamma_2$; ob id est $M_2 P$; ob idem G E; ob id et *rell.*   **26** ipsa
est *tr.* γ_1; ipsa *om.* O | igitur] ergo *edd.*; sunt igitur E | caeli *om.* Ly
26sq. visionum de quibus loquimur genera *tr. edd.*   **27** quibus γ_2 Li *edd.*;
quo $M_2 G$ Ly; qua β Ma R   **28** in ista vita *om.* F; vita *om.* $M_2 G$ Ma O (*ac.*) R
64, 1–65, 11 *qu. 64 et 65 ut postea additas seclusi; cf. p. 306*
2 sunt] visionum *add.* Ma | sit] est O | apostolus *om.* F

RESPONSIO

Apostolus interpretatur 'missus'. Apostolorum genera sunt quat- 5
tuor: a deo; per hominem et deum; et per hominem; et ex se. A
deo enim missus est Moyses; a deo et per hominem sicut Iesus
Nave; per hominem tantum sicut nostris temporibus multi
favore vulgi in sacerdotium subrogati sunt; ex se enim sicut sunt
ipsi pseudoprophetae. 10

(65) INTERROGATIO LXV

Quomodo possumus scire, qui mittatur a deo?

RESPONSIO

Illum cognosce missum a deo, quem non paucorum hominum
laudatio vel potius adulatio eligit, sed illum, quem et vita et 5
mores optimi et ⟨...⟩ apostolorum exagio sacerdotum vel etiam

---

$M_2\,G\,\beta\,(\beta_1\,(PE)\,M_1)\,\gamma\,(\gamma_2\,(OF)\,Ly\,Ma\,R)\,Li$ **65, 2** deo *expl. Ma*

64, 6s *cf.* Ex. 3, 10   **7s** *cf.* Num. 27, 18–23; Dtn. 31, 14 *et* 34, 9

64, 5–10 apostolus ... pseudoprophetae] *cf.* Isid. eccl. off. 2, 5, 7 (CCSL 113,
p. 58, 59–59, 65)

64, 5 genera sunt $\gamma_1\,\gamma_2$; sunt genera *tr. rell.*; sunt *om. Li*   **5sq.** quattuor] tria
F   **6** deo] et *add. Ma Li* | per¹ ... deum] a deo et per hominem *O* | per¹ ...
et² *om. F* | per¹ ... hominem²] non per hominem; a deo sed per hominem;
per hominum tantum *edd.* | et¹] per *add. P* | et deum *om.* $M_2\,G\,M_1$ (*pc.*) | et²
om. E Ly R Li | hominem²] sicut Iesus Nave per hominem tantum sicut
nostris temporibus multi favore vulgi in sacerdotium subrogati sunt *add. Ly*
et³ *om. Ly F*   **6sq.** a deo² *om. Ly*   **7** etenim β *edd.*   **7sq.** enim ... Nave] per
necessitatem populi compulsi tacere non audentes exeunt talentum sibi
creditum erogant ut fructum afferant *F*   **7** Moyses missus est *tr. R*
7–9 missus ... enim *om. Ly*   **7–10** a ... pseudoprophetae *om. Ma*   **9** enim]
autem *edd.* | sunt² *om. G*   **10** ipsi] multi *O*; *om.* $\beta\,Ly$
65, 2 et quomodo *F* | possit cognoscere *Ma* | quid γ_1; quis *F*; quia *Li*
mittantur $M_2\,G\,Ly$; sit missus *Ma*
4 illum] nullum *Ly* | cognoscimus $M_2\,G\,F$ | deo] esse *add. F* | parvorum *Ly*;
pravorum *uv. F*   **5** elegit $M_1\,R$; elegerit *Ly*; *om. O* | illum *om. F*   **6** mores]
mors *Ly* | optimi] exornant *add. edd.* (-*Am.*) | et] ex $G\,P$ | et ... sacerdotum
om. F | *lacunam indicavi* | *apostolicorum *O edd.* | exagio] examen *uv.*
Li (commendatio *sl.*); etiam (*om. Lov.*) actio commendat *edd.* (-*Maur.*)

qui universorum populorum iudicio comprobatur; qui non adpetit praeesse, qui non pecuniam dat, ut episcopatus honorem adquirat. Nam de his, qui praeesse festinant, quidam patrum
10 eleganter expressit: Sciat se non esse episcopum, qui praeesse desiderat, non prodesse.]

$M_2 G \beta (\beta_1 (P E) M_1) \gamma_2 (O F) Ly R Li$ **11** desiderat *expl. M_2*

65, 10sq. sciat ... prodesse] *cf.* Isid. de eccl. off. 2, 5, 8 (CCSL 113, p. 59, 71–72); Aug. civ. 19, 19

65, 7 qui[1] *om. O R* | populorum *om. $M_2 G$*   **8** non] nec *Li edd.* (*-Maur.*)
9 nam de his] non *R* | de his *om. $M_2 G \beta O Li$* | his *Ly F;* eo *edd.* | festinat
M_1 (*pc.*) *R Li edd.*   **10** expressit] expresse *E;* ait *F; om. Ly;* dicens *add. edd.*
episcopum] in sancto spiritu *F*   **11** desiderat] cupit *Lov.*

APPENDIX 1: *Additamenta quae exstant in codicibus familiae γ₁*
(*cf. p. 272– 278*)

A *(ad qu. 1, 33; p. 333)*
...aequalem sibi deum de deo, verbum apud deum, verbum dei,
per quod facta sunt omnia, lumen de lumine, coaeternum illi, qui
genuit, et unum cum illo, qui genuit. Non creaturam aliquam
esse filium dei, quoniam omnis *creatura vanitati subiecta est*, sed 5
hoc verbum, id est filium dei, adsumpsisse creaturam, de virgine
Maria adsumpsisse mortalitatem, et passum fuisse pro nobis: Ea
legimus, credimus, ut salvemur. Cum enim aliud nomen sit
'pater', aliud 'filius', aliud 'spiritus sanctus', hoc est utique unum
naturae nomen, quod dicitur 'deus'; qui dicit in Deuteronomio 10
Videte videte quoniam ego sum dominus et non est alius praeter me
et de quo dicitur *Audi, Israel, dominus deus tuus unus est* et *Domi-*
num deum tuum adorabis et illi soli servies.

B *(ad qu. 2, 22; p. 334)*
De eo quoque procedere spiritum sanctum et prophetica et apos-
tolica doctrina commendat. Isaias enim dicit de filio *Percutiet*
terram virga oris sui et spiritu labiorum suorum interficiet impium.
De quo et apostolus dicit *Quem interficiet dominus Iesus spiritu* 5
oris sui. De ore vero ipsius domini Iesu procedere spiritum

A, 5 Rom. 8, 20   **11** Deut. 32, 39   **12** Deut. 6, 4   **12s** Deut. 6, 13   **B, 3s** Is.
11, 4   **5s** II Thess. 2, 8

A, 2–8 aequalem ... salvemur] *cf.* Aug. s. 9 (CCSL 41, p. 113, 143–114, 150)
8–13 cum ... servies] *cf.* Fulg. de fide ad P. 47 (CCSL 91A, p. 744, 975–981)
B, 2–9 de ... procedit] *cf.* Fulg. de fide ad P. 54 (CCSL 91A, p. 747,
1058–1068)

A, 4 genuit²] genitus est *Ly* (*pc.*)   **6sq.** adsumpsisse ... adsumpsisse] adsumpsit se *Ly*   **6** virgine] sancta *add. Ma*   **7** adsumpsisse] creaturam *add. A*
fuisse *om. Ma* | ea *om. Ly* (*pc.*)   **7sq.** ea legimus] elegimus *A*   **8** num *Ma*
9 aliud¹ ... aliud] nomen sit ... nomen sit *add. A*   **9sq.** hoc ... naturae]
nature tamen unum est *A*   **10** quod *it. Ma* | deus qui dicit *om. Ma*   **12** de
quo dicitur *om. Ly*
B, 4 suorum *om. A*   **5** Iesus *om. A*   **6** domini nostri Iesu Christi *A*

sanctum Iohannes in Apocalypsi demonstrat, cum dicit quia *de ore eius gladius utraque parte acutus exiebat*. Ipse ergo spiritus oris eius, ipse est gladius, qui de ore eius procedit.

C *(ad qu. 3, 8; p. 335)*
...et licet omnem creaturam spiritalem atque corpoream virtute dei et praesentia contineri doceatur secundum hoc, quod deus pater dicit *Caelum et terram ego implebo*, dicitur tamen et de
5 sapientia dei, quae filius dei est, quia *adtingit a fine usque ad finem fortiter et disponit omnia suaviter.*

D *(ad qu. 3, 16; p. 336)*
...qui utique, quoniam verus deus est, etiam veritas est, sicut dicit et ipse; nos docet dicens *Ego sum via et veritas et vita.*

E *(ad qu. 3, 25; p. 336)*
De spiritu quoque sancto Iohannes apostolus ait, quia *spiritus est veritas*. Et utique non potest naturaliter verus deus non esse, qui veritas est. Quem etiam Paulus apostolus confitetur dicens *Membra vestra templum sunt spiritus sancti qui in vobis est, quem habetis*
5 *a deo. Et non estis vestri; empti enim estis pretio magno. Glorificate et portate dominum in corpore vestro.* De quo et alibi legimus, quia

---

B, 7s Apoc. 1, 16 **C, 4** Ier. 23, 24 **5s** Sap. 8, 1 **D, 3** Ioh. 14, 6 **E, 2s** 1 Ioh. 5, 6 **4–7** I Cor. 6, 19–20

C, 2–6 et ... suaviter] *cf.* Fulg. de fide ad P. 55 (CCSL 91A, p. 747, 1070–1074) **D, 2sq.** qui ... vita] *cf.* Fulg. de fide ad P. 48 (CC 91A, p. 744, 992–994) **E, 2–7** de ... vestro] *cf.* Fulg. de fide ad P. 48 (CCSL 91A, p. 744, 994–745, 1000) **7–9** de ... cetera] *cf.* Fulg. de fide ad P. 55 (CCSL 91A, p. 747, 1075–1078)

B, 7sq. de ore eius *om. A* **8** exiebat] procedebat *A* **9** eius[1] *om. A*
C, 3 praescientia *Ly* | doceamus *Ma*; doceamur *A* | hoc *om. Ma* | quod *om. Ly* **4** impleo *A*
D, 2 deus verus *tr. Ly*
E, 2 sancto quoque *tr. Ly* **3** veritas] verus *A* **4** Paulus] beatus *Ma* **5** sunt] est *A* **6** non estis] nescitis *A* | glorificate] deum *add. A*

spiritus dei replevit orbem terrarum. Et David propheta dicit *Quo ibo ab spiritu tuo et a facie tua quo fugiam* et cetera.

F *(ad qu. 4, 9; p. 339)*
...quo posset, si vellet, deo semper humili et bona voluntate servire atque obedire, quo etiam posset, si vellet, et propria voluntate peccare, non tamen necessitate, sed propria voluntate...

G *(ad qu. 4, 15; p. 340)*
...ut non solum in ipso primo homine per peccatum mors obtineret regnum, sed etiam in omnes homines transiret peccati mortisque dominium.

H *(ad qu. 4, 27; p. 341)*
Deus enim verbum non accepit personam hominis, sed naturam; et in aeternam personam divinitatis accepit temporalem substantiam carnis. Unus est ergo Christus verbum caro factum, qui et ex patribus *secundum carnem est super omnia deus benedictus in*   5
saecula. Unus Iesus, cui et pater dicit *Ex utero ante luciferum genui te,* id est ante omne tempus sine initio aeterna nativitas. Qui veniente plenitudine temporis missus a patre et ab spiritu sancto solus factus est ex muliere, quam fecit, solus factus sub lege, quam dedit.   10

E, 8 Sap. 1, 7   8s Ps. 138, 7   H, 5s Rom. 9, 5   6s Ps. 109, 3   8 *cf.* Gal. 4, 4

F, 2–4 quo ... voluntate²] *cf.* Fulg. de fide ad P. 68 (CCSL 91A, p. 753, 1227–1231)   G, 2–4 ut ... dominium] *cf.* Fulg. de fide ad P. 68 (CCSL 91A, p. 753, 1232–1234)   H, 2–7 deus ... nativitas] *cf.* Fulg. de fide ad P. 60 (CCSL 91A, p. 749, 1133–750, 1140)   7–10 qui ... dedit] *cf.* Fulg. de fide ad P. 58 (CCSL 91A, p. 749, 1114–1116)

F, 2sq. vellet ... vellet] possit ... possit *Ly*   2 deo semper humili *om. Ly*
4 voluntate²] peccavit *add. A*
G, 2 solum] et *Ly* | illo *Ly* | homine] ipso *Ma*   3 pertransiret *Ma*
H, 3 in aeternam] iterum *Ly*   4 ergo est tr. *A*   4sq. qui ... patribus] quia *A*
5 est ... deus] qui est *Ly*   6 et *om. A*   9 est ... factus *om. Ly* | ex ... sub] in *A*

I *(ad qu. 4, 31; p. 341)*
Nam ipse filius de carne sua evidenter ostendit dicens *Palpate et*
videte, quia spiritus carnem et ossa non habet sicut me videtis habere
et illud, quod Thomas domini resurgentis palpaverit manus et
5 viderit latus lancea vulneratum dicente domino *Infer digitum*
tuum huc et vide manus meas et porrige manum tuam et mitte in
latus meum, et cum hoc dixisset, ostendit eis manus et pedes; et illud,
quod Petrus in litore stantem conspexit dominum ac favum
mellis et partem piscis assi comedentem. Animam quoque se
10 habere his verbis ostendit dicens *Propterea me pater diligit, quia*
ego pono animam meam et iterum sumo eam. Intellectum quoque
animae se habere ostendit in eo, quod ait *Discite a me, quia mitis*
sum et humilis corde. De quo et deus per prophetam dicit *Ecce*
intelligit puer meus et exaltabitur et sublimis erit valde. Sed et
15 beatus Petrus secundum David prophetam in Christo carnem
atque animam confitetur de resurrectione Christi dicens, *quia*
neque derelicta est anima eius in inferno neque caro eius videt
corruptionem.

J *(ad qu. 5, 13; p. 342)*
...sine peccato conceptus, sine peccato natus, sine peccato mortuus, peccatum pro nobis factus est, id est sacrificium pro peccatis...

I, 2s Luc. 24, 39   **5–7** Ioh. 20, 27   **7** Luc. 24, 40   **7–9** *cf.* Luc. 24, 36–43
10s Ioh. 10, 17   **12s** Matth. 11, 29   **13s** Is. 52, 13   **16–18** Act. 2, 31

I, 2sq. nam ... habere] *cf.* Fulg. de fide ad P. 57 (CCSL 91A, p. 748,
1095–1098)   **4–9** quod ... comedentem] *cf.* Hier. epist. 108, 24, 1 (CSEL 55,
p. 341, 25–343, 8)   **9–18** animam ... corruptionem] *cf.* Fulg. de fide ad P.
57 (CCSL 91A, p. 748, 1098–1109)   **J, 2–4** sine[1] ... peccatis] *cf.* Fulg. de fide
ad P. 69 (CCSL 91A, p. 753, 1241–1243)

I, 4 Thomas *om. Ly*   **5** perforatum *A* | domino *om. Ma*   **7** manus] et latus
add. Ly   **8** conspexerit *Ly*   **10** his] nisi *A* | his verbis *om. Ly*   **14** et[1] *om.*
Ma | et[2] *om. Ly*   **15sq.** animam atque carnem *tr. Ma*
J, 3 id passus et *add. Ly*

K *(ad qu. 5, 16; p. 343)*
...propter quod ab angelis apostoli audierunt *Sic veniet, quem admodum vidistis eum euntem in caelum* id est...

L *(ad qu. 5, 17; p. 343)*
...de quo etiam et beatus Iohannes dicit *Ecce veniet cum nubibus et videbit eum omnis oculus et qui eum confixerunt et videbunt eum omnes tribus terrae talem.*

M *(ad qu. 6, 11; p. 344)*
...secundum divinitatem. Itaque quia unum sunt pater et filius et spiritus sanctus, neque patrem natum credimus neque spiritum sanctum, sed solum filium secundum carnem natum catholica fides et credit et praedicat, salva tamen aeternitate sua natum, 5
salva inpassibilitate sua passum, salva inmortalitate sua mortuum, salva incommutabilitate sua, quia deus verus et vita aeterna est, veraciter suscitatum, quia totum habet commune cum patre, quod aeternus naturaliter sine initio habuit. Illa enim natura, quae semper genita manet ex patre, naturam nostram sine pec- 10
cato suscepit, ut nasceretur veraciter secundum tempus conceptus et natus ex virgine. Eius vero carnem non caelestis, non aeriae, non alterius cuiusquam putes esse naturae, sed eius cuius est omnium hominum caro, id est quam ipse deus homini primo de

---

K, 2s Act. 1, 11   L, 2–4 Apoc. 1, 7

K, 2sq. propter ... caelum] *cf.* Fulg. de fide ad P. 63 (CCSL 91A, p. 751, 1178–1179)   **L, 2–4** de ... talem] *cf.* Fulg. de fide ad P. 63 (CCSL 91A, p. 751, 1180–1182)   **M, 2–5** secundum ... praedicat] *cf.* Fulg. de fide ad P. 7 (CCSL 91A, p. 716, 150–154)   **5–9** salva ... habuit] *cf.* Fulg. de fide ad P. 8 (CCSL 91A, p. 717, 184–188)   **9–11** illa ... nasceretur] *cf.* Fulg. de fide ad P. 14 (CCSL 91A, p. 720, 258–260)   **11sq.** veraciter ... virgine] *cf.* Fulg. de fide ad P. 14 (CCSL 91A, p. 720, 265–266)   **12–20** eius ... est] *cf.* Fulg. de fide ad P. 15 (CCSL 91A, p. 720, 285–721, 294)

K, 2 veniet] venit et *A*; venit *Ly*
L, 2 ecce *om. Ly*   **3** omnis ... eum[2] *om. Ly*   **4** talem *om. A*
M, 2 quia *om. Ly*   **5** et[1] *om. Ly* | salvata *Ly*   **6** passum ... sua *om. Ly*
7 incolomitate *Ma*   **12** natus] est *add. A*   **13** cuius *om. Ly*   **14** caro *om. Ly*

15 terra plasmavit et ceteris hominibus plasmat, quos per propaga-
tionem ex hominibus creat. Caro tamen ipsa Christi, quam deus
verbum de Maria virgine sibi unire dignatus est, sine peccato
concepta, sine peccato nata est, utpote secundum quam deus
verus aeternus et iustus misericorditer et conceptus et natus est et
20 dominus gloriae crucifixus est. Istam vero carnem ceterorum
hominum per humanum certum est sexum atque concubitum
viri ac mulieris propagari ob filii ex eorum carne nascentes sine
peccato nasci non possunt originale scilicet peccatum ex illius
primi iustissima hominis condemnatione peccati trahentes, quo
25 naturaliter obstricti filii sunt irae; et ideo non solum impiorum
filius, sed etiam iustorum exclamat et dicit *In iniquitate conceptus
sum et in delictis peperit me mater mea* et illud, quod sanctus Iob
dicit mundum non esse hominem a sorde peccati, nec si unius
diei sit vita eius super terram.

N *(ad qu. 12, 10; p. 351)*
Nam non tunc deus cognovisse intellegendus est, sed egisse, ut
per deum ipse Abraham cognosceret, quantas haberet vires cordis
ad obediendum deo usque ad immolationem unici filii. Et ideo
5 cognovisse deus dicitur, quia ipsum Abraham cognoscere fecit,
quem poterat latere fidei suae firmitas, nisi tali experimento

---

M, 25 *cf.* Eph. 2, 3   26s in...et²] Ps. 50, 7   28s *cf.* Iob 14, 4

M, 20–22 istam ... propagari] *cf.* Fulg. de fide ad P. 16 (CCSL 91A, p. 721,
299–302)   22sq. ob ... possunt] *cf.* Fulg. de fide ad P. 16 (CCSL 91A, p.
721, 304–305)   23–29 originale ... terram] *cf.* Fulg. de fide ad P. 16 (CCSL
91A, p. 721, 311–317)   N, 2–4 nam ... filii] *cf.* Aug. trin. 3, 10, 25 (CCSL
50, p. 155, 124–126)   4–7 et ... probaretur] *cf.* Aug. trin. 3, 10, 25 (CCSL
50, p. 155, 129–131)

M, 15 et ... plasmat *om. Ly*   16 hominibus] omnibus *Ma* | caro] cara *A*
Christi *om. Ma* | deus] dei *Ma*   17 unire] venire *Ly A*   19 et natus est *om.*
A   21 est sexum *om. Ly*   22 propagari ob filii] *locus corruptus videtur verbis*
Fulgentii male translatis vel omissis; a corrigendo abstinui | eorum *om. Ly*
23 possent *A*   26 in *om. Ly* | iniquitatibus *Ma*   27 illud] aliud *Ly*
N, 2–10 nam ... permittit] *deest A*   2 est sed egisse] esse legisse *Ma*   3 vires]
virtutes *Ly*

probaretur. Sic dicitur etiam illud *Temptat vos dominus deus vester, ut sciat, si diligitis eum*; non enim ut sciat ipse, quem nihil latet, sed ut scire nos faciat, quantum in eius dilectione profecerimus, temptari nos permittit.   10

O *(ad qu. 12, 19; p. 352)*

Non enim spiritus sanctus gemit quasi indigeat aut angustias patiatur, qui *secundum deum postulat pro sanctis*, sed quod ipse nos moveat ad orandum cum *gemitibus, quod ipso movente facimus, ipse facere dictum est.   5

P *(ad qu. 13, 14; p. 353)*

Ergo a parte extrema primus dies totus computabitur sicut tertius a parte prima. Nox enim usque ad diluculum, quo domini resurrectio declarata est, ad tertium pertinet diem, *quia dominus deus, qui dixit de tenebris lumen clarescere*, ut per gratiam novi testamenti et participationem resurrectionis Christi audiremus *Fuistis enim aliquando tenebrae, nunc autem lux in domino*, insinuat nobis quodam modo a nocte dies sumat initium. Sicut enim primi dies propter futurum hominis lapsum a luce in noctem, ita isti propter hominis reparationem a tenebris ad lucem computantur. Et, ut plenius dicam, secundum susceptionem formae servilis deus homo factus de utero matris exivit et in cruce idem deus homo factus pependit et in sepulchro idem deus homo factus   5   10

N, 7s Deut. 13, 3   **O, 3** Rom. 8, 27   **P, 4s** II Cor. 4, 6   **6s** Eph. 5, 8

N, 7–10 sic ... permittit] *cf.* Aug. gen. c. Man. 1, 34 (CSEL 91, p. 102, 12–103, 15)   **O, 2–5** non ... est] *cf.* Aug. gen. c. Man. 1, 34 (CSEL 91, p. 102, 8–12)   **P, 2–11** ergo ... computantur] *cf.* Aug. trin. 4, 6, 10 (CCSL 50, p. 174, 13–23)   **11–21** secundum ... est] *cf.* Fulg. de fide ad P. 11 (CCSL 91A, p. 718, 219–719, 230)

O, 2 non enim *om. Ly*   **2–5** non ... est] *deest A*   **3** quod] quasi *Ma*   **4** nos] non *Ly* | gemitibus *coniecit Dorothea Weber (cf. WSt 111, 1998, p. 218)*; gemimus *Ma*; gegmimus *Ly*   **5** faciamus *Ly*

P, 2–21 ergo ... est] *deest A*   **2** totus] per tota *Ly*   **4** pertinet] primae *Ly*   **13** pependit] iacuit *Ly* | in sepulchro] inferni *Ly*

iacuit et ab inferis idem deus homo factus die tertio resurrexit.
15 Sed in sepulchro secundum carnem idem deus iacuit et in infernum secundum solam animam descendit, qua de inferis ad carnem die tertio revertente idem deus secundum carnem, qua in
sepulchro iacuit, de sepulchro resurrexit. Et quadragesimo post
resurrectionis diem idem deus homo factus in caelum ascendens,
20 in dextera dei sedens, inde in fine saeculi ad iudicandos vivos et
mortuos venturus est.

Q *(ad qu. 15, 7; p. 354)*

Crucifixus est enim primo Iudaeorum vocibus hora tertia, cum
esset dies sexta sabbati; deinde et in ipsa cruce suspensus est hora
sexta et spiritum tradidit hora nona. Sepultus est autem, *cum iam*
5 *sero factum esset*, sicut sese habent verba evangelii.

R *(ad qu. 16, 5; p. 355)*

Omnia bona sapienter fecit summa veraque sapientia, cui naturaliter hoc est esse, quod sapientem esse, hoc est facere, quod
sapienter facere, et ideo naturae a deo factae proficere possunt,
5 quia esse coeperunt, ideo deficere, quia ex nihilo facta sunt. Ad
defectum vero condicio ducit originis, ad profectum vero prove-
hit operatio creatoris, et ideo, ut dixi, malum natura non est, sed
privatio boni hoc nomen accepit. Denique bonum potest esse
sine malo, malum non potest esse nisi in naturae bono. Omnis

Q, 4s Marc. 15, 42

Q, 2–5 crucifixus ... evangelii] *cf.* Aug. trin. 4, 6, 10 (CCSL 50, p. 173, 6–10)
R, 2–4 omnia ... facere] *cf.* Fulg. de fide ad P. 26 (CCSL 91A, p. 728,
503–505)   4–7 ideo ... creatoris] *cf.* Fulg. de fide ad P. 25 (CCSL 91A, p.
727, 487–490)   9–11 omnis ... potest] *cf.* Aug. ench. 4, 12 (CCSL 46, p. 54,
22–23)

P, 14 iacuit ... factus *om. Ly* | die tertio *om. Ma*   16 quia *Ly*   18 surrexit *Ly*
19 ascendit *Ly*   20 dexteram *Ma*   21 est *om. Ma*
Q, 2–5 crucifixus ... evangelii] *deest A*   2 est *om. Ma* | votibus *Ly*   3 dein-
de et] et inde *Ma*   4 est *om. Ma*   5 sicut sese *om. Ly*
R, 2–14 omnia ... nullum] *deest A*   3 est[1] *om. Ma*   6sq. condicio ...
operatio] vertuperatio *uv. Ly*

ergo natura bonum est; magnum, si corrumpi non potest, par- 10
vum, si potest. Nullum est ergo, quod dicitur malum, si nullum
sit bonum. Sed bonum omni malo carens integrum bonum est;
cui enim inest malum, vitiatum vel vitiosum bonum est nec malum umquam esse potest ullum, ubi est bonum nullum.

S *(ad qu. 17, 8; p. 356)*
...aeternam beatitudinem, qua domino cohaeserunt et eius praesentia stabiliter perfruuntur, ut ea carere non possint. Nec tamen
posse iam quemlibet sanctorum angelorum in deterius commu-
tari, sed hoc ipsum, quod ab statu beatitudinis, in quo sunt, 5
mutari non possunt in deterius, non eis naturaliter insitum, sed
postquam creati sunt gratiae divinae largitate collatum, quam illi,
quos superbia diximus cecidisse, numquam habuerunt. Isti ergo,
ut praefati sumus, accipientes...

T *(ad qu. 17, 11; p. 356)*
Si enim angeli incommutabiles fierent, numquam de eorum
consortio diabolus et eius angeli cecidissent. Non autem frustra
putari *potest ab initio temporum diabolum per superbiam
cecidisse nec fuisse ullum antea tempus, quo cum angelis sanctis 5
pacatus vixerit et beatus, sed ab ipso primordio creaturae a suo

R, 11-14 nullum[1] ... nullum] *cf.* Aug. ench. 4, 13 (CCSL 46, p. 54, 27-30)
S, 2-9 aeternam ... accipientes] *cf.* Fulg. de fide ad P. 66 (CCSL 91A, p. 752,
1206-1212)   **T, 2sq.** si ... cecidissent] *cf.* Fulg. de fide ad P. 66 (CCSL 91A,
p. 752, 1212-1214)   **3-10** non ... stetit] *cf.* Aug. gen. ad litt. 11, 16 (CSEL
28, 1, p. 349, 1-8)

R, 11 est *om. Ma* | dicimus *Ma*   **13** cui enim] an vero *Ly*
S, 2-9 aeternam ... accipientes] *locus corruptus videtur verbis Fulgentii turbate
translatis; a corrigendo abstinui; deest A*   **2** quia *Ly* | cohaeserunt] hoc
aeserunt *Ly*   **4sq.** commutari] sanctum mutari *Ma*   **5** sed] nisi *Ma* | quod
om. Ma | statu] ista *Ly*   **8** per superbiam *Ma*
T, 2-25 si ... fiunt] *deest A*   **2** fierent] ut *add. Ly*   **3** autem] enim *Ma*
4 potest *scripsi (cf. Aug. gen. ad litt. 11, 16)*; posset *Ma*; *om. Ly* | superbia *Ma*

creatore apostatasse secundum illud, quod dominus ait *Ille homi-*
cida erat ab initio et in veritate non stetit. Utrumque ab initio
intellegamus, non solum quod homicida fuit, sed etiam quod in
10 veritate non stetit. Quod ergo putatur numquam diabolus in
veritate stetisse, intellegitur numquam cum angelis sanctis
beatam duxisse vitam, sed ab ipso suae conditionis initio cecidisse. Non tamen sic accipiendum est, ut non propria voluntate
depravatus, sed malus a bono deo creatus putetur; alioquin non
15 ab initio diceretur cecidisse: Neque enim cecidit, si talis est
factus. ⟨Sed factus⟩ continuo se a luce veritatis avertit superbia
tumidus et propriae potestatis delectatione corruptus. Unde
beatae atque angelicae vitae dulcedinem non gustavit; quam non
utique acceptam fastidivit, sed nolendo accipere deseruit et
20 amisit. Lucifer namque, qui mane oriebatur et cecidit, non
iste–ut aliqui non nostrorum sentiunt–intellegendum est, sed
potest intellegi apostatarum genus vel a Christo vel a catholica
ecclesia, quod ita convertitur ad tenebras amissa luce, quam
portabat, quemadmodum qui convertuntur ad dominum a tene-
25 bris ad lucem transeunt, id est: Qui fuerunt tenebrae, lux fiunt.

U *(ad qu. 18, 5; p. 357)*
†Sacrarum scripturarum in trium† Unam patris et filii et spiritus
sancti nobis demonstrant per hanc quaestionem essentiam, quam

---

T, 7s Ioh. 8, 44   20 *cf.* Is. 14, 12

T, 10–20 quod ... amisit] *cf.* Aug. gen. ad litt. 11, 23 (CSEL 28, 1, p. 355,
10–19)   20–25 Lucifer ... fiunt] *cf.* Aug. gen. ad litt. 11, 24 (CSEL 28, 1, p.
357, 8–12)   U, 2–14 unam ... faciam] *cf.* Fulg. de fide ad P. 5 (CCSL 91A,
p. 714, 109–715, 122)

T, 7 secundum] et *Ly*   9 intellegimus *Ma*   10 diabolus] non *add. Ma*
13 proprii *Ma*   14 a bono deo] abmodo *Ly*   15 neque ... cecidit *om. Ma*
15sq. si ... avertit *om. Ly*   16 sed factus *addidi (cf. Aug. gen. ad litt. 11, 23)*;
om. codd.   23–25 amissa ... tenebris *om. Ly*   25 id est] idem *Ly*
U, 2–17 sacrarum ... iniustum] *deest A*   2 scripturarum in trium *om.*
Ly (collatis Fulgentii verbis conicere possis: sacrarum scripturarum in initio
una ... demonstratur ... essentia...)   3 demonstrant *om. Ly* | pro hac
questione *Ly*

Graeci usian vocant. In qua non est aliud pater, aliud filius, aliud
spiritus sanctus, quamvis personaliter sit alius pater, alius filius,   5
alius spiritus sanctus. Scripturae divinae enim ordo declarat, ubi
deus dicit *Faciamus hominem ad imaginem et similitudinem
nostram.* Cum enim singulari numero dicit 'imaginem', ostendit
unam naturam esse, ad cuius imaginem homo fieret; cum vero
dicit pluraliter 'nostram', ostendit eundem deum, ad cuius imagi-   10
nem homo fiebat, non unam esse personam. Si enim in una illa
essentia patris et filii et spiritus sancti una esset persona, non
diceretur 'ad imaginem nostram', sed 'ad imaginem *meam' nec
dixisset 'faciamus', sed 'faciam'. In mente itaque, id est in ratione
et intelligentia, creatus est homo ad imaginem dei. Ipsa enim   15
docente vel demonstrante secundum interius lumen discernimus,
quid iustum sit, quid iniustum.

V *(ad qu. 19, 12; p. 358)*
...fuit, id est sine corruptione, sine mortalitate, quod semper esset
in gloria permaneretque semper spiritale et vivificante spiritu. Sic
diceretur spiritale corpus, non quia ipsud corpus spiritus esset,
sed permaneret corpus, sicut nunc animale dicitur, ⟨cum⟩ tamen   5
inveniatur non animale esse, sed corpus.

W *(ad qu. 19, 16; p. 358)*
In eo enim, quod rationalis factus est, aeternum beatitudinis
donum in ipsa naturae creatione divinitus accepit, ut, si dilectioni

---

U, 7s Gen. 1, 26

V, 2-6 semper ... corpus] *cf.* Fulg. de fide ad P. 72 (CCSL 91A, p. 755,
1288-1292)   **W, 2-8** in ... subiecta] *cf.* Fulg. de fide ad P. 32 (CCSL 91A, p.
732, 633-641)

U, 6 divinae *om. Ly* | enim] *ergo Ma*   **9** esse] dei *Ma* | imaginem *om. Ly*
vero] *ergo Ma*   **11** fieret *Ma* | in *om. Ly*   **13** meam *scripsi (cf. Fulg. de fide
ad P. 5)*; suam *Ly Ma*
V, 2-6 fuit ... corpus] *locus corruptus videtur verbis Fulgentii male intellectis
vel turbate translatis; a corrigendo abstinui; deest A*   **4** spiritus *om. Ma*
5 cum *addidi (cf. Fulg. de fide ad P. 72); om. Ly Ma*   **6** sed *om. Ma*
W, 2-8 in ... subiecta] *deest A*   **3** creatione *om. Ma*

creatoris sui iugiter inhaesisset, simul aeternus beatusque mansis-
5 set; si vero propriae libertatis arbitrio contra summi creatoris
imperium suam inniteretur facere voluntatem, protinus a contu-
mace beatitudo discederet et ad supplicium ei relinqueretur aeter-
nitas misera erroribus deinceps doloribusque subiecta.

X *(ad qu. 20, 22; p. 360)*
...id est *opera* dediti *carnis, quae sunt fornicatio, inmunditia, luxu-
ria, idolorum servitus, veneficia, inimicitiae, contentiones, aemula-
tiones, irae, rixae, dissensiones, sectae, invidiae, homicidia, ebrie-*
5 *tates, comesationes et his similia.* Item in opera carnis sunt dediti
*fornicarii, idolis servientes, adulteri, molles, masculorum concubi-
tores, fures, avari, ebriosi, maledici, rapaces,* de quibus omnibus,
qui opera carnis agunt, beatus Paulus dicit, quia *regnum dei non
consequentur.* Et si ante huius vitae terminum a viis suis malis
10 conversi non fuerint, aeternis ignibus exurentur. Quod autem
dicit apostolus *Vos autem non estis in carne, sed in spiritu, fructus
spiritus est caritas, gaudium, pax, longanimitas, bonitas, benignitas,
fides, modestia, continentia, castitas. Adversus huiusmodo non est
lex; qui autem sunt Christi, carnem suam crucifixerunt cum vitiis et*
15 *concupiscentiis suis* et cetera.

Y *(ad qu. 31, 12; p. 378)*
Positus quippe est in paradiso, ut operaretur eundem paradisum
per disciplinam et agriculturam non laboriosam, sed deliciosam

---

X, 2–9 *cf.* Gal. 5, 19–21 *et* I Cor. 6, 9–10   **11** Rom. 8, 9   **11–15** *cf.* Gal. 5,
22–24

X, 6–10 fornicarii ... exurentur] *cf.* Fulg. de fide ad P. 36 (CCSL 91A, p.
735, 709–714)   **Y, 2–6** positus ... expelli] *cf.* Aug. gen. ad litt. 8, 10 (CSEL
28, 1, p. 247, 1–4)

W, 6 niteretur *Ly*   **8** doloribus *Ma*
X, 2–15 id ... cetera] *deest A*   **2** carnis] carne his *Ma*   **6sq.** molles ... avari
om. Ly   **7** malefici *Ma*   **9** consequuntur *Ma* | antea *Ma*   **12sq.** bonitas ...
castitas *om. Ly*
Y, 3 per] et *A*

et mente prudentissima magna atque utilia commonentem, custodiret autem eundem paradisum ipsi sibi, ne aliquid admitteret, 5
quare inde mereretur expelli. Ideo enim et in ipso homine laetitia
quaedam bonae conscientiae paradisus est, unde et ecclesia in
sanctis temperanter et iuste et pie viventibus paradisus recte
dicitur pollens adfluentia gratiarum castitatisque deliciis, quando
quidem et in tribulationibus gloriatur de ipsa sapientia plurimum 10
gaudens, quia secundum multitudinem dolorum in corde eius
consolationes dei iucundant animam eius. Nec enim...

Z *(ad qu. 34, 18; p. 383)*
Nullatenus enim invenire possumus, quia prohibuerit deus, ut
essent primis hominibus in paradiso honorabiles nuptiae et thorus inmaculatus, hoc deo praestante fideliter iusteque viventibus
eique obedientibus sancteque servientibus, ut sine ullo ardore 5
libidinis, sine ullo labore ac dolore pariendi fetus ⟨ex⟩ eorum
semine gignerentur, non ut morientibus parentibus filii succede-
rent, sed ut illis, qui genuissent, in aliquo formae statu manentibus et ex ligno vitae, quod ibi plantatum erat, corporalem vigorem sumentibus et illi, qui gignerentur, ad eundem deducerentur 10
statum, donec certo numero impleto, si iuste omnes obedienter-
que viverent, tunc fieret illa conmutatio, ut sine ulla morte
animalia corpora conversa in aliam qualitatem eo, quod ad omnem nutum regenti se spiritui deservirent et solo spiritu vivificante sine ullis alimentorum corporalium sustentaculis viverent, 15
spiritalia vocarentur.

Y,6–12 in ... eius] *cf.* Aug. gen. ad litt. 12, 34 (CSEL 28, 1, p. 430, 16–22)
Z,2–16 prohibuerit ... vocarentur] *cf.* Aug. gen. ad litt. 9, 3 (CSEL 28, 1, p.
271, 22–272, 12)

Y,7 unde et *om. Ly* 10 sapientia] penitentia *Ly* 11 multitudinem] altitu-
dinem *Ly* | in *om. Ma* 12 neque *A*
Z,5 oboedienter *Ma A* 6–9 dolore ... manentibus *om. Ma quia pars folii
discissa est* 6 ex *addidi (cf. Aug. gen. ad litt. 9, 3); om. Ly A* 8 ut *om. Ly*
illi *Ly* 8sq. manentibus] mentibus *Ly* 11 certo ... impleto] certi nume-
rum impletum *Ly* | sic *Ma* 12 nunc *Ma* | illa *A* 13 animali corpore *Ly*
ad *om. A* 14 spiritu *om. A*

AA *(ad qu. 42, 18; p. 393)*

Non enim fatigatus erat deus, ut diceretur *Requievit deus ab omnibus operibus suis*, sed in illo verbo tibi laboranti requiem promisit. *Et quia fecit omnia bona valde, et sic dicitur 'requievit
5 deus'. Intellegas enim te post bona opera requieturum et sine fine requieturum. Quia vero unus est deus pater et filius et spiritus sanctus, in spiritu sancto, hoc est in dono dei, requies nobis sempiterna promittitur; inde modo pignus accepimus sicut dicit apostolus: *Quia dedit nobis pignus spiritus*. Si pignus accepimus, ut
10 incipiamus in domino deo nostro esse tranquilli, ut simus in domino nostro mites et simus in deo nostro patientes, erimus etiam in illo, unde pignus accepimus, in aeternum quieti. Quod erit sabbatum sabbatorum. Nam omnia superiora quae dicta sunt, id est dies superiores, habent vesperam; septimus iste dies
15 non habet vesperam, ubi deus sanctificavit requiem. Dicitur ibi 'factum est mane', ut inciperet ipse dies. Non dictum est 'factum est vespere', ut finiretur dies, sed dictum est 'factum est mane', ut fieret dies sine fine. Sic incipit ergo requies nostra quasi mane, sed non finitur, quia in aeternum vivemus. Ad hanc spem quid-
20 quid facimus, si facimus, sabbatum observamus. Qui enim non de futuro saeculo cogitat nec propterea Christianus est, ut id, quod in fine deus pro labore boni operis promittit, accipiat, nondum Christianus est.

AA, 2s Gen. 2, 2   **4** *cf.* Gen. 1, 31   **9** II Cor. 1, 22

AA, 2-6 non ... requieturum] *cf.* Aug. s. 9, 6 (CCSL 41, p. 119, 243-248)
6-13 quia ... sabbatorum] *cf.* Aug. s. 9, 6 (CCSL 41, p. 118, 229-119, 236)
13-20 nam ... observamus] *cf.* Aug. s. 9, 6 (CCSL 41, p. 119, 248-120, 256)
20-23 qui ... est] *cf.* Aug. s. 9, 4 (CCSL 41, p. 114, 152-155)

AA, 2-23 non ... est] *deest Ma*   **3** ubi *Ly*   **4** et *scripsi (cf. Aug. s. 9, 6)*; ut *Ly*
A   **5** enim te] et si ante *A* | opera *om. Ly*   **5sq.** requie habiturum *Ly*
6 deus *om. A* | et[1] ... et] unus est *A*   **8** sempiterna *om. Ly*
11 mites ... nostro *om. Ly*   **12** in illo] illum *Ly*   **13** quae dicta] praedicata
Ly   **14sq.** septimus ... vesperam *om. Ly*   **16sq.** factum est[2] *om. Ly*
17 factum est *om. Ly*   **20** si facimus] ipsi faciamus *A*   **22** in fine] finem *Ly*

BB *(ad qu. 52, 13; p. 401)*
Bitumen enim est ferventissimum et violentissimum gluten
significans dilectionis ardorem vi magna fortitudinis ad tenendam
societatem spiritalem omnia tolerantem.

CC *(ad qu. 53, 19; p. 403)*
Quod arca trecentis cubitis longa est, ut sexies quinquageni
compleatur, sicut sex aetatibus omne huius saeculi tempus extenditur, in quibus omnibus Christus numquam destituit praedicari:
In quinque per prophetiam pronuntiatur, in sexta per evangeli- 5
um diffamatur.

DD *(ad qu. 54, 7; p. 404)*
Quod praeter arcam omnis caro, quam terra sustentabat, diluvio
consumpta est, significat: Praeter ecclesiae societatem aqua
baptismi, quamvis eadem sit, non solum non valet ad salutem,
sed valet potius ad perniciem. 5

EE *(ad qu. 55, 2; p. 405)*
...cum ei locutus est dominus, ut arcam sibi faceret, et sexcentos
agebat annos, cum in ea esset ingressus; unde mihi videtur per
centum annos arcam fabricatam.

BB, 2–4 bitumen ... tolerantem] *cf.* Aug. c. Faust. 12, 14 (CSEL 25, p. 345, 1–4)   **CC, 2–6** quod ... diffamatur] *cf.* Aug. c. Faust. 12, 14 (CSEL 25, p. 344, 11–15)   **DD, 2–5** quod ... perniciem] *cf.* Aug. c. Faust. 12, 17 (CSEL 25, p. 346, 13–17)   **EE, 2–4** cum ... fabricatam] *cf.* Aug. c. Faust. 12, 18 (CSEL 25, p. 346, 24–27)

BB, 2–4 bitumen ... tolerantem] *deest Ma*   **2** est *om. Ly*
CC, 2–6 quod ... diffamatur] *deest Ma*   **2** arca *om. Ly*
DD, 2–5 quod ... perniciem] *deest Ma*   **3** praeter ecclesiae societatem] proter gloria *Ly*
EE, 2–4 cum ... fabricatam] *deest Ma*   **4** fabricatam] fabricata est *Ly*

FF *(ad qu. 55, 11; p. 405)*
...unde ista sexta aetas, quae conpletis quingentis usque ad sexcentos significatur, in manifestatione evangelica ecclesiam con-
struit.

GG *(ad qu. 56, 3; p. 405)*
Quod septena sunt munda et bina inmunda, non quia pauciores
sunt mali quam boni, sed quia boni servant unitatem spiritus in
vinculo pacis. Sanctum autem spiritum divina scriptura in septi-
5 formi operatione commendat. Unde et ille numerus quinquaginta dierum ad adventum sancti spiritus pertinens in septies
septenis, qui fiunt XLVIIII uno addito consummatur; propter
quod dictum est *Studentes servare unitatem spiritus in vinculo*
pacis. Et idcirco munda animalia significant homines sanctos, qui
10 spiritum septiformem accipientes ex fide vivunt. Hinc etiam
quidam poeta ait *Numero deus impari gaudet.*

HH *(ad qu. 57, 9; p. 406)*
...et quia LXX a VII et LXXX ab VIII dinominantur, coniuncto
utroque numero CL diebus exaltata est aqua, eandem commen-
dans nobis atque confirmans altitudinem baptismi in conse-
5 crando novo homine ad tenendam quietis et resurrectionis fidem.

GG, 8s Ephes. 4, 3   10 *cf.* Gal. 3, 11   11 Verg. ecl. 8, 75

FF, 2–4 unde ... construit] *cf.* Aug. c. Faust. 12, 18 (CSEL 25, p. 347, 1–3)
GG, 2–9 quod ... pacis] *cf.* Aug. c. Faust. 12, 15 (CSEL 25, p. 345, 9–18)
HH, 2–5 et[1] ... fidem] *cf.* Aug. c. Faust. 12, 19 (CSEL 25, p. 348, 10–15)

FF, 2–4 unde ... construit] *deest Ma*   2sq. sexcentis *Ly*   3 significantur *Ly*
3sq. constructa *Ly*
GG, 2–11 quod ... gaudet] *deest Ma*   2 qua *A*   3 spiritus *om. A*   4 sanc-
tum autem *om. Ly*   5 commendant *Ly* | et *om. Ly*   6 ad *om. A*
7 XXVIIII *A*
HH, 2–5 et[1] ... fidem] *deest Ma*   2 a *om. Ly* | dominantur *A*

II *(ad qu. 58, 13; p. 407)*
...quia in fine saeculi atque in resurrectione iustorum omnimoda et perfecta pace spiritui corpus adhaerebit nulla mortalitatis indigentia vel concupiscentia resistente.

JJ *(ad qu. 60, 11; p. 409)*
Tunc enim nudata est mortalitas carnis eius, Iudeis quidem scandalum, gentibus stultitia, ipsis autem vocatis Iudeis et gentibus tamquam Sem et Iaphet dei virtus et dei sapientia, quia quod stultum est dei, sapientius est quam homines, et quod infirmum 5
est dei, fortius est quam homines.

APPENDIX 2: *Quaestiones additiciae quae exstant in codicibus familiae γ1 (cf. p. 272– 278)*

(A)
Quid significat, quod arca in unum cubitum desuper consummatur vel quod arcae inferiora bicamerata et tricamerata construuntur?

RESPONSIO   5
Sicut arcae summitas in ⟨unum⟩ cubitum desuper consummatur, ita et ecclesia, quae est corpus Christi, in unitatem collecta in sublimitate perficitur. Unde dicit in evangelio *Qui mecum non*

(A), 2–4 *cf.* Gen. 6, 16   **8s** Matth. 12, 30

II, 2–4 quia ... resistente] *cf.* Aug. c. Faust. 12, 21 (CSEL 25, p. 350, 4–6)
JJ, 2–6 tunc ... homines] *cf.* Aug. c. Faust. 12, 23 (CSEL 25, p. 351, 1–5)
(A), 2–19 quid ... consummans] *cf.* Aug. c. Faust. 12, 16 (CSEL 25, p. 345, 25–346, 10) *vel* Isid. expos. gen. 7, 816–829

II, 2–4 quia ... resistente] *deest Ma*   2 atque] utique *Ly*   3 et *om. Ly*
4 resistente] repugnante *Ly*
JJ, 2–6 tunc ... homines] *deest Ma*   4 dei[1] *om. Ly*   5 quod infirmum] quo deum firmum *Ly*
(A), 2–19 *in textu constituendo semper cf. Aug. c. Faust. 12, 16; deest Ma*
6 unum *addidi; om. Ly A*   7 et *om. Ly* | unitatem] sumitate *Ly*

conligit, spargit. Quod *aditus ei fit a latere: Nemo quippe intrat
10 in ecclesiam nisi per sacramentum remissionis peccatorum; hoc
autem de Christi latere aperto manavit. Quod inferiora arcae
bicamerata et tricamerata construuntur: Sicut ex omnibus gentibus vel bipertitam multitudinem congregat ecclesia propter
circumcisionem et praeputium vel tripertitam propter tres filios
15 Noe, quorum progenie repletus est orbis. Et ideo arcae inferiora
ista dicta sunt, quia in hac terrena vita est diversitas gentium, in
summo autem omnes in unum consumma⟨n⟩tur, et non est ista
varietas, quia omnia et in omnibus Christus e⟨s⟩t tamquam nos
uno cubito ⟨de⟩super caelesti unitate *consummans.

(B)

Quid significat, quod ipse Noe in introitu arcae cum suis octavus
numeratur?

RESPONSIO

5 Numerus iste octonarius significat in Christo spem resurrectionis
nostrae apparuisse, qui octavo die, id est ⟨post⟩ sabbati ⟨septi-
mum⟩, primo a mortuis resurrexit. Qui dies a passione tertius, in
numero autem dierum, qui per omne tempus volvuntur, et
octavus et primus est.

(B), 2s *cf.* Gen. 7, 13

(B), 2-9 quid ... est] *cf.* Aug. c. Faust. 12, 15 (CSEL 25, p. 345, 19–24) *vel*
Isid. expos. gen. 7, 843–848

(A), 9 aditus *scripsi*; additus *Ly*; adi *A* | a latere] altera *A*   **11** mandavit *Ly*
13 vel *om. A*   **14** et *om. A*   **16** in[1] *om. Ly (pc.)* | est] et *Ly*   **17** consum-
mantur *scripsi*; consummatur *A*; consumatur *Ly*   **18sq.** et ... cubito *om. A*
18 est *scripsi*; et *Ly*; *om. A*   **19** desuper *scripsi*; super *A*; *om. Ly* | caelestia *A*
consummans *scripsi*; consummaris *A*; consumant *Ly*
(B), 2-9 *in textu constituendo semper cf. Aug. c. Faust. 12, 15; deest Ma*
3 numerantur *Ly*
5 iste *om. A*   **6sq.** post sabbati septimum *scripsi*; sabbati *Ly A*   **7** primum
Ly

(C)

Quid significat, quod secundo mense anni sexcentesimi intrat Noe in arcam?

RESPONSIO

Duorum mensium dies senariam aetatem significat. Duo enim 5
menses sexagenario numero concluduntur. A senario autem
numero et sexaginta cognominantur et sexcenta et sex milia et
sexaginta milia et sexcenta milia et sex centies et quicquid deinceps in maioribus summis per eundem articulum *numeri in
infinita incrementa consurgit. Et quod vicesimus et septimus dies 10
mensis commemoratur, ad eiusdem quadraturae significationem
pertinet, quae iam in quadratis lignis exposita est. Sed hic evidentius, quia nos ad omne opus bonum paratos, id est quodam modo
conquadratos trinitas perficit: In memoria, qua deum recolimus,
in intelligentia, qua cognoscimus, in voluntate, qua diligimus. 15
Tria enim ter et hoc ter fiunt XXVII, qui est numeri ternarii
quadratus.

(D)

Quid significat, quod septimo mense arca resedit?

RESPONSIO

Quod septimo mense arca ⟨resedit, hoc est⟩ requievit, ad illam
septimam requiem significatio recurrit, quia et [ibi] perfecti 5

(C), 2s *cf.* Gen. 7, 11   **(D), 2** *cf.* Gen. 8, 4

(C), 2–17 quid … quadratus] *cf.* Aug. c. Faust. 12, 18–19 (CSEL 25, p. 347,
7–20) *vel* Isid. expos. gen. 7, 866–881   **(D), 2–15** quid … adsumit] *cf.* Aug.
c. Faust. 12, 19 (CSEL 25, p. 347, 20–348, 4) *vel* Isid. expos. gen. 7, 881–892

(C), 2–17 *in textu constituendo semper cf. Aug. c. Faust. 12, 18–19*; *deest Ma*
2 intrant *Ly*
5 significant *Ly*   **6** autem *om. A*   **8** et sexcenta milia *om. Ly*   **9** numeri
scripsi; numeris *A*; numerus *Ly* | in[2] *om. Ly*   **10** vicesimus] in censimus *Ly*
et *om. A*   **12** in *om. Ly*   **14** conquadratos] cum quadratis *A* | colimus *A*
15 in[1] *om. Ly*   **16** ter[2]] tum *uv. A* | ternarii *om. Ly*
(D), 2–15 *in textu constituendo semper cf. Aug. c. Faust. 12, 19*; *deest Ma*
4 resedit hoc est *addidi*; *om. Ly A*   **5** et quia *tr. A* | ibi (inibi *Ly*) *seclusi*

requiescunt. Ibi quoque illius quadraturae numerus iteratur: Nam vicesima septima die secundi mensis commendatum est hoc sacramentum et rursus vicesima et septima die septimi mensis eadem commendatio confirmata est, cum arca requievit. Quod
10 enim promittitur in spe, hoc exhibetur in re. Porro quia ipsa septima requies cum octava resurrectione coniungitur, nec enim reddito corpore finitur requies, quae post hanc vitam excipit sanctos, sed potius totum hominem non adhuc spe, sed iam re ipsa omni ex parte et spiritus et corporis perfecta et inmortali
15 salute renovatum in aeternae vitae munus adsumit.

(E)
Quid significat, quod columba de arca emissa non inventa requie reversa est et rursum post septem dies ⟨emissa olivae fructuosum surculum rettulit et rursum post septem dies⟩ emissa non reverti-
5 tur?

RESPONSIO
Egressio ista ac regressio columbae ostendit per novum testamentum requiem sanctis in hoc mundo non esse promissam. Post XL enim dies emissa est, qui numerus vitam, quae in hoc mundo
10 agitur, significat. Denique post septem dies dimissa propter illam ⟨septenariam⟩ operationem spiritalem olivae fructuosum surculum rettulit, quo significaret nonnullos etiam extra ecclesiam baptizatos, si eis pinguedo ⟨non⟩ defuerit caritatis, posteriore tempore quasi vespere in ore columbae et tamquam in osculo

---

(E), 2–5 *cf.* Gen. 8, 8–12

(E), 2–22 quid ... egeamus] *cf.* Aug. c. Faust. 12, 20 (CSEL 25, p. 348, 22–349, 12) *vel* Isid. expos. gen. 7, 910–925

(D), 7 mensi *A*   8 rursum *Ly* | mensis septimi *tr. A*   9 firmata *A*   10 ipsa *om. Ly*   15 renotum *A* | vitae *om. Ly*
(E), 2–22 *in textu constituendo semper cf.* Aug. c. Faust. 12, 20; *deest Ma*
2 missa *Ly*   3sq. dimissa ... dies *addidi; om.Ly A*   4 non *om. A*
8 in *om. Ly*   11 septenariam *addidi; om. Ly A* | olivam *Ly*   12 quod *Ly* etiam extra ecclesiam *om. Ly*   13 non *addidi; om. Ly A* | defuerit *om. Ly*
14 et tamquam] quasi *Ly*

pacis ad unitatis societatem posse perduci. Quod post alios 15
septem dies dimissa reversa non est, significat finem saeculi,
quando erit sanctorum requies, non adhuc in sacramento spei,
quo in hoc tempore consociatur ecclesia, quamdiu bibitur, quod
de Christi latere manavit, sed iam in ipsa perfectione salutis
aeternae, cum traditur regnum deo et patri, ut in illa perspicua 20
contemplatione incommutabilis veritatis nullis mysteriis corporalibus egeamus.

(F)
Quid significat, ⟨quod⟩ duos filios ⟨suos⟩ benedicens Noe ait
Benedictus dominus deus Sem et *Laetificet deus Iaphet ⟨et⟩ habitet in*
domibus Sem?

RESPONSIO   5
Ideo illi duo filii a patre benedicuntur, quia in persona Sem ille
populus benedicitur, qui ex circumcisione ad Christi fidem
veniunt. In persona Iaphet gentium populus benedicitur, qui in
Christo credendo renascuntur. Quamquam enim sit deus omnium gentium, dicitur deus Israel, et unde hoc factum est nisi ex 10
benedictione Iaphet? In populo enim gentium totum orbem
terrae occupavit ecclesia. Hoc prorsus praenuntiabatur, cum
diceretur *laetificet deus Iaphet et habitet in domibus Sem*, id est in
ecclesiis, quas filii prophetarum apostoli construxerunt. Audite
ergo, quid dicat Paulus fidelibus gentibus: *Qui eratis* inquit *in illo* 15
tempore sine Christo, alienati a societate Israel et peregrini testamen-
torum et promissionis spem non habentes et sine deo in hoc mundo.

(F), **3s** Gen. 9, 26–27   **15–17** Ephes. 2, 12

(F), **9–13** quamquam ... Sem] *cf.* Aug. c. Faust. 12, 24 (CSEL 25, p. 351,
25–352, 4)   **13–24** id ... Sem] *cf.* Aug. c. Faust. 12, 24 (CSEL 25, p. 352,
7–19)

(E), **16** finem] fide *A*   **19sq.** salutis aeternae *om. Ly*   **20** cum traditur]
congraditur *Ly* | pręspicua *A*   **22** egeamus] agebamus *Ly*
(F), **2–24** quid ... Sem] *in textu constituendo semper cf.* Aug. c. Faust. 12, 24;
desunt Ma A   **2** quod *addidi; om. Ly* | suos *addidi (cf. Oxford, Bodl. lib.*
Laud. misc. 383, f. 129v); om. Ly   **3** et[2] *addidi; om. Ly*

Per haec verba ostenditur, quod nondum habita⟨ba⟩t Iaphet in
domibus Sem; sed paulo post quemadmodum concludat, adver-
20 tite: *Igitur iam* inquit *non estis hospites et advenae, sed estis cives*
sanctorum et domestici dei superaedificati super fundamentum
apostolorum et prophetarum ipso summo angulari lapide existente
Christo Iesu. Ecce quomodo dilatatur Iaphet et habitat in domibus Sem.

APPENDIX 3: *Additamentum responsionis 30 quod exstat in codi-*
cibus R et Mons 43/219 (cf. p. 244– 246; ad qu. 30, 22; p. 377)

Fons enim ascendebat et reliqua. Fons autem est sapientia, quae
inrigat omnem ecclesiam. Aliter autem: Terra virgo Maria, de
5 qua scriptum est *Aperiatur terra et germinet salvatorem.* Quam
inrigavit spiritus sanctus, qui fontis et aquae nomine significatur.
Quattuor autem flumina paradisi quattuor virtutes significant:
Prudentiam, Fortitudinem, Temperantiam, Iustitiam. Prudentia
ipsa est contemplatio veritatis ab omni ore humano aliena, sicut
10 Fison oris mutatio interpretatur. Fluvius autem Geon, *qui circuit*
omnem terram Aethiopum calidam ferventemque, significat fortitudinem *calore actionis alacrem atque inpigram. Tertius fluvius
Tigris, qui *vadit contra Assyrios*, significat temperantiam, quae
resistit libidini. Unde plerumque in scripturis Assyrii adversario-
15 rum loco ponuntur. Quartus fluvius non est dictus contra quid
vadat aut quam terram circumeat: Iustitia enim ad omnes animae
partes pertinet. Haec quattuor flumina sunt de uno fonte ad
inrigandum super faciem terrae; quibus terra inrigata fructus

---

(F), 20–23 Ephes. 2, 19–20   **app.3, 5** Is. 45, 8   10s Gen. 2, 13   **13** Gen. 2,
14

---

app.3, 3–6 fons[2] ... significatur] *cf.* Ps.Beda in gen. (PL 91, col. 205, 21–26)
7–10 quattuor[1] ... interpretatur] *cf.* Ps.Beda in gen. (PL 91, col. 207, 34–38)
10–17 fluvius ... pertinet] *cf.* Ps.Beda in gen. (PL 91, col. 207, 45–53)

(F), **18** habitabat *scripsi*; habitat *Ly*
app.3, 12 calore *scripsi*; caloris *codd.* | actione *R (pc.)*   **15** quid *R (pc.)*; qui
R (ac.); quo *Mons 43/219 (cf. Aug. gen. c. Man. 2, 10, 14: ...contra quid vadat)*

lignorum herbarumque producit. Ita quoque quattuor evangelis- tae de uno emergunt foramine, quia Christus fons est aquae 20 vivae. Sic et corda nostra de ipso fonte quasi quattuor fluminibus inrigantur divinae sapientiae. Quidam autem dicunt, quod Adam primi hominis nomen esset quattuor litteris conscriptum, per cuius praesumptiones perditus est mundus. Sic et ipsius, qui ad liberandum mundum venerat, quattuor *evangelistarum libris 25 nomen principaliter continetur. Quibus libris quasi terra quat- tuor fluminibus corda nostra inrigantur. Fluvius de paradiso Christus inrigans ecclesiam, de quo dixerat dominus noster: *Fluvius gloriosus exiliens in terram sitientem.*

APPENDIX 4: *Responsio 53 quae exstat in codice F (cf. p. 279– 280; ad qu. 53, 5; p. 402)*

Potest quidem et in istis CCC cubitis signum ligni passionis ostendi; ipsius enim litterae numerus crucis demonstrat signum, per quod socii Christi passionis effecti per baptismum longitudi- 5 nem vitae aeternae adipiscuntur. Quod vero cubitis L latitudo eius expanditur, sicut dicit apostolus Paulus *Cor nostrum dilata- tum est*, unde nisi caritate spiritali propter quod ipse iterum dicit *Caritas dei diffusa est in cordibus nostris per spiritum sanctum, qui datus est nobis.* Quinquagesimo enim die post resurrectionem 10 suam Christus spiritum sanctum misit, quem nobis septiformem sancta scriptura commendat, quo corda credentium dilataret.

---

app.3, 29 Is. 32, 2 (LXX)   app.4, 7s II Cor. 6, 11   9s Rom. 5, 5

app.3, 27–29 fluvius ... sitientem] *cf.* Ps.Beda in gen. (PL 91, col. 208, 36–38)
app.4, 3–17 potest ... agnoscitur] *cf.* Isid. expos. gen. 7, 789–803

app.3, 20 mergunt *Mons 43/219*   21 ipsa *Mons 43/219* | quattuor] IIIIor *R (pc.)*; ibi *R (ac.) Mons 43/219*   22sq. quod ... esset] ut quasi primo nomi- nasset *Mons 43/219*   22–24 quod ... ipsius] *malim: ...*quod sicut Adam ... sic et ipsius...   23 perscriptum *Mons 43/219*   25 evangelistarum *scripsi*; evangelistae *codd.*   26 terram quasi *tr. R*
app.4, 4 litterae] *fortasse* T *addendum est (cf. Isid. expos. gen. 7, 790–792)*

Quod autem eius altitudo XXX cubitis surgit, quem numerum
decies habet in trecentis cubitis longitudo, quia Christus est
15 altitudo nostra, qui XXX annorum aetatem gerens doctrinam
evangelicam consecravit contestans legem non se venisse solvere,
sed implere; legis autem cor in decem praeceptis agnoscitur.

APPENDIX 5: *Additamenta responsionis 61 quae exstant in codice*
A (cf. p. 270– 272; ad qu. 61, 18; p. 410)

Quid significatum est per benedictionem illam in duobus fratribus maiore ac minore conlatam, qui nuditatem patris aperuerunt,
5 cum eis dictum est *Benedictus* inquit *dominus deus Sem; sit Cana-*
an servus eius. Dilatet deus Iaphet et habitet in tabernaculis Sem?
Sem maior natu ipse est, ex quo patres et prophetae et apostoli
generati sunt. Iaphet autem gentium est pater, qui ex tanta multi-
tudine dilatatus est populus ex gentibus, qui cum prophetis et
10 apostolis erat habitaturus. Sicut et nunc videmus in tabernaculo
Sem transisse habitationem Iaphet et hoc in domo legis et prophetarum ecclesiam existere dilatatam.

Quid erat, quod peccante Cham posteriora eius damnatur?
15 Quia plebs Iudaea, quae dominum crucifixit, etiam in filiis poenam damnationis suae transmisit dicendo *Sanguis huius super nos*
et super filios nostros. Sed et reprobi quidem hic delinquunt et in
posterum, id est in futurum, sententiam damnationis excipiunt.
Quantae gentes exortae sunt, describit filius Noe: Septuaginta
20 duae, id est de Iaphet XV, de Cham XXX, de Sem XXVII.

---

app. 4, 16s *cf.* Matth. 5, 17   **app. 5, 5s** Gen. 9, 26–27   **16s** Matth. 27, 25

app. 5, 3–12 quid … dilatatam] *cf.* Isid. expos. gen. 8, 983–992
14–20 quid … XXVII] *cf.* Isid. expos. gen. 8, 1007–1016

app. 5, 3–20 quid … XXVII] *textus valde corruptus videtur verbis Isidori male*
translatis (e.g. pro 'posteritas eius damnatur' inepte, ne dicam scurriliter, 'poste-
riora eius damnatur' posita sunt); a corrigendo abstinui

INDICES

INDEX LOCORUM SIMILIUM

a) Loci sacrae scripturae

Gen.

1, 1	dial. qu. 1 (p. 330); dial. qu. 21 (p. 360–361)
1, 2	inc. 1, 22 (p. 191); dial. qu. 1 (p. 330); dial. qu. 22 (p. 362)
1, 3	dial. qu. 21 (p. 362); dial. qu. 23 (p. 363)
1, 4	dial. qu. 24 (p. 365); dial. qu. 25 (p. 365)
1, 5	dial. qu. 26 (p. 366)
1, 6	dial. qu. 27 (p. 373)
1, 9	dial. qu. 28 (p. 374)
1, 11	dial. qu. 30 (p. 376); dial. qu. 38 (p. 386)
1, 16–17	*cf.* dial. qu. 4 (p. 339)
1, 26	dial. qu. 18 (p. 356); *cf.* dial. qu. app. 1 U (p. 425)
1, 31	dial. qu. 29 (p. 375); *cf.* dial. qu. 16 (p. 355); dial. qu. app. 1 AA (p. 428)
2, 2	dial. qu. app. 1 AA (p. 428); *cf.* dial. qu. 42 (p. 392)
2, 6	dial. qu. 30 (p. 376)
2, 9	*cf.* dial. qu. 19 (p. 358)
2, 13–14	dial. qu. app. 3 (p. 436)
2, 15	dial. qu. 31 (p. 377)
2, 17	dial. qu. 32 (p. 379)
2, 19	*cf.* dial. qu. 34 (p. 382); *cf.* dial. qu. 40 (p. 388)
2, 20–22	*cf.* dial. qu. 45 (p. 395)
2, 24	inc. 2, 8 (p. 209); dial. qu. 46 (p. 396)
3, 1	*cf.* dial. qu. 43 (p. 393)
3, 6–7	dial. qu. 34 (p. 382)
3, 8	dial. qu. 35 (p. 383)
3, 18	dial. qu. 38 (p. 387)

3, 22	dial. qu. 36 (p. 384)
4, 3–5	*cf.* dial. qu. 47 (p. 397)
4, 8	*cf.* dial. qu. 48 (p. 398)
4, 10–11	*cf.* dial. qu. 49 (p. 399)
5, 3	inc. 1, 14 (p. 177)
5, 21–24	*cf.* dial. qu. 50 (p. 399)
6–8	*cf.* dial. qu. 51 (p. 400)
6, 14	*cf.* dial. qu. 52 (p. 400)
6, 15	*cf.* dial. qu. 53 (p. 401)
6, 16	*cf.* dial. qu. app. 2 A (p. 431)
6, 18	dial. qu. 58 (p. 406)
7, 2–3	*cf.* dial. qu. 56 (p. 405)
7, 10–12	*cf.* dial. qu. 54 (p. 404)
7, 11	*cf.* dial. qu. 55 (p. 405); dial. qu. app. 2 C (p. 433)
7, 13	*cf.* dial. qu. app. 2 B (p. 432)
7, 20	*cf.* dial. qu. 57 (p. 406)
8, 4	*cf.* dial. qu. app. 2 D (p. 433)
8, 6–7	*cf.* dial. qu. 59 (p. 407)
8, 8–12	*cf.* dial. qu. app. 2 E (p. 434)
8, 16	dial. qu. 58 (p. 406)
9, 20–21	dial. qu. 60 (p. 408)
9, 26–27	dial. qu. app. 2 F (p. 435); dial. qu. app. 5 (p. 438)
12, 1	dial. qu. 62 (p. 410)
22, 12	dial. qu. 12 (p. 351); dial. qu. 42 (p. 393)

Ex.

3, 10	*cf.* dial. qu. 64 (p. 413)
20, 11	*cf.* inc. 1, 18 (p. 185)

Lev.

10, 8–9	sobr. 1, 5 (p. 115)

Num.

27, 18–23   *cf.* dial. qu. 64 (p. 413)

Deut.

6, 4   dial. qu. 3 (p. 338); dial. qu. 36 (p. 384); dial. qu. app. 1 A (p. 415)

6, 13   dial. qu. app. 1 A (p. 415)

13, 3   dial. qu. app. 1 N (p. 421)

31, 14   *cf.* dial. qu. 64 (p. 413)

32, 39   dial. qu. app. 1 A (p. 415)

34, 9   *cf.* dial. qu. 64 (p. 413)

Tob.

12, 8–9   *cf.* or. el. 4 (p. 68)

Iob

8, 9   inc. 2, 11 (p. 213)

14, 4   dial. qu. app. 1 M (p. 420)

24, 4   inc. 2, 6 (p. 205)

38, 7 (LXX)   dial. qu. 21 (p. 361)

Ps.

5, 7   *cf.* sobr. 2, 2 (p. 123)

32, 6   inc. 2, 4 (p. 203)

39, 7   dial. qu. 47 (p. 398)

40, 2   or. el. 1 (p. 63)

44, 8   inc. 2, 6 (p. 205); 2, 8 (p. 209); 2, 10 (p. 211)

50, 7   dial. qu. app. 1 M (p. 420)

50, 13   inc. 1, 21 (p. 190)

56, 5   dial. qu. 15 (p. 355)

77, 45   dial. qu. 30 (p. 376)

88, 51–52   inc. 2, 11 (p. 213)

103, 24   inc. 1, 17 (p. 183)

104, 34   dial. qu. 30 (p. 377)

109, 3   dial. qu. 1 (p. 332); dial. qu. app. 1 H (p. 417)

118, 32   dial. qu. 53 (p. 402)

| 138, 7 | dial. qu. app. 1 E (p. 417) |
| 144, 14 | *cf.* or. el. 5 (p. 69) |

Prov.

3, 34 (LXX)	sobr. 2, 2 (p. 124)
8, 22	*cf.* inc. 1, 10 (p. 174)
31, 4	*cf.* sobr. 1, 6 (p. 116)

Cant.

| 1, 3 | *cf.* inc. 2, 10 (p. 212) |

Sap.

1, 7	dial. qu. app. 1 E (p. 417)
1, 11	*cf.* sobr. 2, 2 (p. 123)
7, 25–26	inc. 1, 13 (p. 176); 1, 17 (p. 182)
7, 26	inc. 2, 2 (p. 200)
8, 1	dial. qu. 46 (p. 396); dial. qu. app. 1 C (p. 416)
11, 21	*cf.* dial. qu. 26 (p. 369); dial. qu. 39 (p. 387)
11, 24	*cf.* inc. 2, 8 (p. 207)

Sir.

18, 1	dial. qu. 38 (p. 386)
26, 11	sobr. 3, 2 (p. 129)
27, 25	*cf.* sobr. 2, 2 (p. 122)
29, 15	or. el. 2 (p. 64)
31, 30	sobr. 3, 2 (p. 129); *cf.* sobr. 1, 7 (p. 118)
31, 35	sobr. 1, 7 (p. 117)
31, 38–39	sobr. 3, 2 (p. 129)
31, 40 (LXX 31, 30)	sobr. 3, 2 (p. 129)
35, 21	or. el. 5 (p. 69)

Is.

3, 16–17	*cf.* sobr. 2, 2 (p. 121)
7, 15	*cf.* inc. 2, 6 (p. 205)
7, 16	inc. 2, 8 (p. 210)
8, 4	inc. 2, 8 (p. 210)

11, 2–3   *cf.* dial. qu. 53 (p. 402)

11, 4   dial. qu. app. 1 B (p. 415)

14, 12   *cf.* dial. qu. app. 1 T (p. 424)

32, 2 (LXX)   dial. qu. app. 3 (p. 437)

42, 5   inc. 1, 22 (p. 191)

45, 8   dial. qu. app. 3 (p. 436)

52, 13   dial. qu. app. 1 I (p. 418)

53, 9   inc. 2, 8 (p. 209)

58, 7–9   or. el. 4 (p. 68)

Ier.

23, 24   dial. qu. app. 1 C (p. 416)

Lam.

4, 20   inc. 2, 11 (p. 212)

Ezech.

44, 21   sobr. 1, 5 (p. 115)

Dan.

4, 5   inc. 1, 21 (p. 190)

Os.

10, 12 (LXX)   inc. 1, 9 (p. 173)

Matth.

3, 16   *cf.* inc. 1, 21 (p. 190); dial. qu. 1 (p. 331); dial. qu. 9 (p. 348)

3, 17   dial. qu. 1 (p. 331)

5, 17   *cf.* dial. qu. app. 4 (p. 438)

5, 29   *cf.* sobr. 2, 2 (p. 120)

5, 34   *cf.* sobr. 2, 2 (p. 123)

6, 2–4   or. el. 2 (p. 63)

6, 20   *cf.* or. el. 3 (p. 66)

7, 5   inc. 1, 15 (p. 180)

8, 22   dial. qu. 32 (p. 380)

10, 20	dial. qu. 2 (p. 334)
11, 27	inc. 1, 14 (p. 179); 1, 21 (p. 189); 1, 22 (p. 192);
	cf. inc. 1, 16 (p. 180); 1, 22 (p. 192)
11, 29	dial. qu. app. 1 I (p. 418)
12, 30	dial. qu. app. 2 A (p. 431)
12, 32	*cf.* inc. 1, 21 (p. 190)
12, 35	dial. qu. 29 (p. 375)
12, 39–40	dial. qu. 13 (p. 352)
13, 43	*cf.* dial. qu. 14 (p. 353)
17, 1–8	*cf.* dial. qu. 14 (p. 354)
19, 6	inc. 2, 8 (p. 209)
22, 30	*cf.* inc. 2, 3 (p. 202)
25, 41	dial. qu. 32 (p. 380); *cf.* inc. 1, 5 (p. 172)
26, 38	inc. 2, 6 (p. 205)
26, 39	dial. qu. 4 (p. 339)
27, 25	dial. qu. app. 5 (p. 438)
28, 19	dial. qu. 1 (p. 331)

Marc.

10, 17	*cf.* dial. qu. 29 (p. 375)
10, 18	inc. 1, 20 (p. 187–188); dial. qu. 29 (p. 375)
15, 25	*cf.* dial. qu. 15 (p. 354)
15, 42	dial. qu. app. 1 Q (p. 422)

Luc.

1, 35	inc. 1, 21 (p. 190); 2, 11 (p. 213)
6, 36	*cf.* or. el. 4 (p. 67)
12, 10	*cf.* inc. 1, 21 (p. 190)
12, 37	*cf.* sobr. 1, 7 (p. 117)
13, 11–13	*cf.* dial. qu. 26 (p. 371)
16, 24	dial. qu. 32 (p. 380)
21, 34	sobr. 1, 7 (p. 117)
23, 21	dial. qu. 15 (p. 354)
24, 39	dial. qu. 20 (p. 360); dial. qu. app. 1 I (p. 418)
24, 40	dial. qu. app. 1 I (p. 418)

Ioh.

1, 1–2	inc. 1, 11 (p. 174); 2, 2 (p. 201)
1, 3	inc. 2, 4 (p. 203); dial. qu. 1 (p. 330); *cf.* inc. 1, 2 (p. 169); 1, 17 (p. 183); 2, 6 (p. 205)
1, 3–4	dial. qu. 26 (p. 367)
1, 9	inc. 1, 14 (p. 179)
1, 14	dial. qu. 4 (p. 340)
1, 26–27	inc. 2, 5 (p. 204)
2, 20	dial. qu. 26 (p. 371)
2, 21	*cf.* dial. qu. 26 (p. 371)
3, 8	*cf.* inc. 1, 22 (p. 192)
4, 24	dial. qu. 3 (p. 337)
5, 17	dial. qu. 42 (p. 393)
5, 18	dial. qu. 3 (p. 336)
5, 19	inc. 1, 19 (p. 187); *cf.* inc. 1, 14 (p. 177)
6, 38	dial. qu. 4 (p. 339)
7, 16	dial. qu. 4 (p. 339)
8, 25	dial. qu. 1 (p. 330); dial. qu. 21 (p. 362)
8, 29	dial. qu. 46 (p. 397)
8, 44	dial. qu. app. 1 T (p. 424)
8, 46	inc. 2, 8 (p. 209)
10, 17	dial. qu. app. 1 I (p. 418)
10, 18	inc. 2, 6 (p. 205); 2, 8 (p. 208)
10, 30	inc. 1, 16 (p. 181); dial. qu. 3 (p. 336)
12, 27	inc. 2, 6 (p. 205)
14, 6	dial. qu. app. 1 D (p. 416); *cf.* inc. 1, 12 (p. 175)
14, 9	inc. 1, 14 (p. 179); 1, 16 (p. 181)
14, 10	inc. 1, 16 (p. 181)
14, 28	dial. qu. 4 (p. 339); dial. qu. 4 (p. 341)
14, 30	inc. 2, 8 (p. 209)
15, 26	dial. qu. 2 (p. 334)
16, 12–13	inc. 1, 22 (p. 192)
16, 13	dial. qu. 11 (p. 350)
17, 3	dial. qu. 3 (p. 335)

17, 5	*cf.* inc. 1, 25 (p. 195)
17, 10	inc. 1, 17 (p. 184)
19, 14	*cf.* dial. qu. 15 (p. 354)
19, 37	*cf.* dial. qu. 3 (p. 336); dial. qu. 29 (p. 375)
20, 22	inc. 1, 21 (p. 190); dial. qu. 2 (p. 334)
20, 27	dial. qu. app. 1 I (p. 418)

Act.

1, 11	dial. qu. app. 1 K (p. 419)
2, 1–4	*cf.* dial. qu. 53 (p. 403)
2, 2–3	*cf.* dial. qu. 9 (p. 348)
2, 31	dial. qu. app. 1 I (p. 418)
5, 3–4	dial. qu. 3 (p. 337)
8, 17–18	*cf.* inc. 1, 21 (p. 190)

Rom.

1, 32	*cf.* sobr. 2, 2 (p. 123)
2, 3	sobr. 3, 4 (p. 131)
2, 21–22	sobr. 3, 4 (p. 131)
5, 5	dial. qu. 53 (p. 402); dial. qu. app. 4 (p. 437)
5, 12	dial. qu. 4 (p. 340)
5, 18	dial. qu. 4 (p. 340)
7, 14	*cf.* inc. 1, 7 (p. 172)
7, 23	*cf.* dial. qu. 19 (p. 357); dial. qu. 34 (p. 383)
8, 7–8	dial. qu. 20 (p. 360)
8, 9	dial. qu. 2 (p. 334); dial. qu. 20 (p. 359); dial. qu. app. 1 X (p. 426)
8, 20	dial. qu. app. 1 A (p. 415)
8, 26–27	dial. qu. 12 (p. 351)
8, 27	dial. qu. app. 1 O (p. 421)
9, 5	dial. qu. 3 (p. 335); dial. qu. app. 1 H (p. 417)

I Cor.

| 1, 24 | *cf.* inc. 1, 17 (p. 183) |
| 2, 2 | *cf.* inc. 2, 6 (p. 206) |

2, 10	inc. 1, 22 (p. 192)
6, 7–8	*cf.* sobr. 2, 2 (p. 123)
6, 9–10	*cf.* dial. qu. app. 1 X (p. 426)
6, 10	*cf.* sobr. 1, 3 (p. 114)
6, 17	inc. 2, 8 (p. 208)
6, 19–20	dial. qu. 3 (p. 337); dial. qu. app. 1 E (p. 416)
9, 22	*cf.* inc. 2, 6 (p. 206)
10, 12	*cf.* or. el. 5 (p. 69)
11, 7	dial. qu. 18 (p. 357)
12, 3	inc. 1, 21 (p. 190)
12, 6	inc. 1, 23 (p. 194)
12, 8	*cf.* inc. 1, 23 (p. 194)
13, 12	*cf.* inc. 2, 11 (p. 213)
13, 13	*cf.* or. el. 5 (p. 69)
14, 34–35	sobr. 2, 2 (p. 123)
15, 25	*cf.* inc. 1, 25 (p. 197)
15, 28	inc. 1, 25 (p. 196); *cf.* inc. 2, 1 (p. 198)
15, 32	dial. qu. 20 (p. 359)
15, 33	*cf.* sobr. 2, 2 (p. 121)
15, 42–43	inc. 1, 3 (p. 170)
15, 47	dial. qu. 4 (p. 340)
15, 50	dial. qu. 20 (p. 358–359)
15, 55	*cf.* inc. 2, 1 (p. 199)

II Cor.

1, 22	dial. qu. app. 1 AA (p. 428)
4, 6	dial. qu. app. 1 O (p. 421)
5, 16	inc. 2, 11 (p. 213)
6, 11	dial. qu. 53 (p. 402); dial. qu. app. 4 (p. 437)
12, 2	*cf.* dial. qu. 63 (p. 412)
13, 3	inc. 2, 3 (p. 202); 2, 11 (p. 213)
13, 4	inc. 2, 6 (p. 206)

Gal.

2, 20	inc. 2, 3 (p. 202)

3, 3	inc. 1, 22 (p. 191)
3, 11	*cf.* dial. qu. 56 (p. 406); dial. qu. app. 1 GG (p. 430)
4, 4	*cf.* dial. qu. app. 1 H (p. 417)
4, 9	dial. qu. 12 (p. 351)
5, 17	dial. qu. 58 (p. 407)
5, 19–21	*cf.* dial. qu. app. 1 X (p. 426)
5, 22	inc. 1, 22 (p. 191)
5, 22–24	*cf.* dial. qu. app. 1 X (p. 426)
5, 24	*cf.* dial. qu. praef. (p. 329)

Eph.

2, 3	*cf.* dial. qu. app. 1 M (p. 420)
2, 12	dial. qu. app. 2 F (p. 435)
2, 19–20	dial. qu. app. 2 F (p. 436)
4, 3	dial. qu. app. 1 GG (p. 430)
5, 8	dial. qu. app. 1 O (p. 421)
5, 29	*cf.* sobr. 1, 1 (p. 111)
5, 32	dial. qu. 46 (p. 396)
6, 12	*cf.* inc. 1, 4 (p. 171)

Phil.

2, 6	*cf.* inc. 1, 16 (p. 180); dial. qu. 3 (p. 336)
2, 6–7	inc. 2, 7 (p. 207); dial. qu. 46 (p. 397)
2, 6–8	*cf.* inc. 1, 25 (p. 195)
2, 7	*cf.* inc. 1, 2 (p. 169)
2, 10–11	inc. 1, 17 (p. 184)

Col.

1, 13	inc. 2, 2 (p. 200)
1, 15	*cf.* inc. 1, 13 (p. 176); 1, 14 (p. 177)
1, 16	*cf.* inc. 2, 8 (p. 207)
1, 16–18	inc. 2, 4 (p. 203)
2, 9	inc. 2, 8 (p. 209); *cf.* inc. 1, 16 (p. 181)
3, 3	inc. 2, 11 (p. 213)

3, 3–4   inc. 2, 6 (p. 205)

II Thess.
2, 8   dial. qu. app. 1 B (p. 415)

I Tim.
2, 5   *cf.* inc. 1, 15 (p. 180); dial. qu. 4 (p. 341)
2, 11–12   sobr. 2, 2 (p. 123)
3, 7   *cf.* sobr. 2, 2 (p. 122)
5, 11–13   *cf.* sobr. 2, 2 (p. 121)
5, 23   *cf.* sobr. 1, 4 (p. 114)

II Tim.
3, 5   dial. qu. 59 (p. 408)

Hebr.
1, 3   inc. 2, 2 (p. 200); *cf.* inc. 1, 13 (p. 176); 1, 15 (p. 179); 1, 16 (p. 180)
1, 9   inc. 2, 8 (p. 209)
4, 15   inc. 2, 8 (p. 209)
8, 5   inc. 2, 11 (p. 213)

I Petr.
2, 22   inc. 2, 8 (p. 209)
5, 5   sobr. 2, 2 (p. 124)

I Ioh.
1, 5   inc. 1, 18 (p. 186); 2, 2 (p. 200); *cf.* inc. 1, 15 (p. 179)
2, 6   inc. 2, 6 (p. 206)
5, 6   dial. qu. app. 1 E (p. 416)
5, 20   dial. qu. 3 (p. 336)

Iud.
19   dial. qu. 59 (p. 408)

Apoc.

1, 7	dial. qu. app. 1 L (p. 419)
1, 8	inc. 1, 17 (p. 184)
1, 16	dial. qu. app. 1 B (p. 416)
2, 23	*cf.* or. el. 2 (p. 64)

b) Loci auctorum diversorum

Ambrosius

Hel. 2	*cf.* sobr. 1, 5 (p. 115)
Hel. 50	*cf.* sobr. 1, 7 (p. 118); 3, 2 (p. 127)
Hel. 51	*cf.* sobr. 1, 3 (p. 113); 1, 4 (p. 114); 1, 7 (p. 117)
Hel. 64	*cf.* sobr. 1, 7 (p. 117)

Arnobius Iunior

confl. Serap. 1, 8	*cf.* dial. qu. 7 (p. 344–345)

Augustinus

civ. 11, 7	*cf.* dial. qu. 26 (p. 367)
civ. 11, 9	*cf.* dial. qu. 16 (p. 355); dial. qu. 21 (p. 361)
civ. 11, 17	*cf.* dial. qu. 34 (p. 382)
civ. 11, 19–20	*cf.* dial. qu. 25 (p. 366)
civ. 11, 30	*cf.* dial. qu. 26 (p. 368–372)
civ. 12, 1	*cf.* dial. qu. 17 (p. 356)
civ. 13, 2–12	*cf.* dial. qu. 32 (p. 379)
civ. 13, 23	*cf.* dial. qu. 19 (p. 357)
civ. 22, 14	*cf.* dial. qu. 37 (p. 385)
civ. 22, 19	*cf.* dial. qu. 14 (p. 353)
conf. 12, 29	*cf.* dial. qu. 21 (p. 362)
coll. Max. 13	*cf.* dial. qu. 8 (p. 346)
coll Max. 14, 6	*cf.* dial. qu. 1 (p. 333)
coll. Max. 15, 6	*cf.* dial. qu. 1 (p. 333)
cons. ev. 3, 14, 42	*cf.* dial. qu. 15 (p. 354)
cons. ev. 3, 24, 66	*cf.* dial. qu. 13 (p. 353)
contra Max. 1, 5	*cf.* dial. qu. 3 (p. 336)

contra Max. 1, 6   *cf.* dial. qu. 1 (p. 333)

contra Max. 2, 5   *cf.* dial. qu. 3 (p. 337)

contra Max. 2, 6   *cf.* dial. qu. 1 (p. 333)

contra Max. 2, 14, 7   *cf.* dial. qu. 8 (p. 346)

c. Faust. 12, 8   *cf.* dial. qu. 26 (p. 368–372); dial. qu. 46 (p. 396); dial. qu. 55 (p. 405)

c. Faust. 12, 9   *cf.* dial. qu. 48 (p. 398)

c. Faust. 12, 9–11   *cf.* dial. qu. 47 (p. 398)

c. Faust. 12, 11   *cf.* dial. qu. 49 (p. 399)

c. Faust. 12, 14   *cf.* dial. qu. 50–53 (p. 400–403); dial. qu. app. 1 BB CC (p. 429)

c. Faust. 12, 15   *cf.* dial. qu. 56 (p. 405); dial. qu. app. 1 GG (p. 430); dial. qu. app. 2 B (p. 432)

c. Faust. 12, 16   *cf.* dial. qu. app. 2 A (p. 431)

c. Faust. 12, 17   *cf.* dial. qu. 54 (p. 404); dial. qu. app. 1 DD (p. 429)

c. Faust. 12, 18   *cf.* dial. qu. 55 (p. 405); dial. qu. app. 1 EE FF (p. 429–430)

c. Faust. 12, 18–19   *cf.* dial. qu. app. 2 C (p. 433)

c. Faust. 12, 19   *cf.* dial. qu. 57 (p. 406); dial. qu. app. 1 HH (p. 430); dial. qu. app. 2 D (p. 433)

c. Faust. 12, 20   *cf.* dial. qu. 59 (p. 407); dial. qu. app. 2 E (p. 434)

c. Faust. 12, 21   *cf.* dial. qu. 58 (p. 407); dial. qu. app. 1 II (p. 431)

c. Faust. 12, 23   *cf.* dial. qu. 60–61 (p. 409); dial. qu. app. 1 JJ (p. 431)

c. Faust. 12, 24   *cf.* dial. qu. app. 2 F (p. 435)

c. Faust. 12, 25   *cf.* dial. qu. 62 (p. 410)

c. serm. Arr. 1, 1   *cf.* dial. qu. 5 (p. 341)

c. serm. Arr. 1, 2   *cf.* dial. qu. 7 (p. 344–345)

c. serm. Arr. 7   *cf.* dial. qu. 5 (p. 342)

c. serm. Arr. 15   *cf.* dial. qu. 3 (p. 337)

c. serm. Arr. 17   *cf.* dial. qu. 1 (p. 332); dial. qu. 8 (p. 346)

c. serm. Arr. 23, 20   *cf.* dial. qu. 11 (p. 350)

c. serm. Arr. 34, 32   *cf.* dial. qu. 1 (p. 331)

fid. et symb. 3, 4   *cf.* dial. qu. 1 (p. 333)

fid. et symb. 10, 24   *cf.* dial. qu. 27 (p. 373)

div. qu. 20   *cf.* dial. qu. 41 (p. 390)

div. qu. 56   *cf.* dial. qu. 26 (p. 371)

ench. 4, 12–13   *cf.* dial. qu. 16 (p. 355); dial. qu. app. 1 R (p. 422–423)

ench. 9, 28   *cf.* dial. qu. 17 (p. 356)

ench. 13, 44   *cf.* dial. qu. 30 (p. 376)

epist. 78, 3   *cf.* dial. qu. 5 (p. 342)

epist. 102, 34   *cf.* dial. qu. 13 (p. 353)

epist. 147, 29   *cf.* dial. qu. 5 (p. 342)

epist. 187, 10   *cf.* dial. qu. 5 (p. 343)

epist. 205, 5   *cf.* dial. qu. 20 (p. 359)

epist. 238, 15   *cf.* dial. qu. 3 (p. 337)

gen. ad litt. 1, 1–2   *cf.* dial. qu. 21 (p. 361)

gen. ad litt. 1, 5   *cf.* dial. qu. 3 (p. 338)

gen. ad litt. 1, 7   *cf.* dial. qu. 22 (p. 363)

gen. ad litt. 1, 9   *cf.* dial. qu. 21 (p. 361); dial. qu. 23 (p. 364)

gen. ad litt. 1, 12   *cf.* dial. qu. 28 (p. 374)

gen. ad litt. 1, 17   *cf.* dial. qu. 25 (p. 366)

gen. ad litt. 2, 1–5   *cf.* dial. qu. 27 (p. 373)

gen. ad litt. 2, 6   *cf.* dial. qu. 23 (p. 364); dial. qu. 24 (p. 365)

gen. ad litt. 3, 14   *cf.* dial. qu. 37 (p. 385)

gen. ad litt. 3, 18   *cf.* dial. qu. 38 (p. 386)

gen. ad litt. 3, 19   *cf.* dial. qu. 36 (p. 384)

gen. ad litt. 3, 22   *cf.* dial. qu. 18 (p. 357)

gen. ad litt. 4, 2   *cf.* dial. qu. 26 (p. 368 – 372)

gen. ad litt. 4, 4–6   *cf.* dial. qu. 39 (p. 387)

gen. ad litt. 4, 8–17   *cf.* dial. qu. 42 (p. 392)

gen. ad litt. 4, 9   *cf.* dial. qu. 12 (p. 351)

gen. ad litt. 4, 35   *cf.* dial. qu. 42 (p. 392)

gen. ad litt. 5, 5   *cf.* dial. qu. 26 (p. 367)

gen. ad litt. 5, 9–10	*cf.* dial. qu. 30 (p. 376)
gen. ad litt. 6, 20 – 28	*cf.* dial. qu. 19 (p. 357)
gen. ad litt. 7, 9	*cf.* dial. qu. 20 (p. 359)
gen. ad litt. 8, 8–10	*cf.* dial. qu. 31 (p. 378)
gen. ad litt. 8, 10	*cf.* dial. qu. app. 1 Y (p. 426)
gen. ad litt. 8, 14	*cf.* dial. qu. 16 (p. 355)
gen. ad litt. 8, 16	*cf.* dial. qu. 33 (p. 381)
gen. ad litt. 8, 20–26	*cf.* dial. qu. 41 (p. 390)
gen. ad litt. 8, 21	*cf.* dial. qu. 40 (p. 389)
gen. ad litt. 9, 3	*cf.* dial. qu. app. 1 Z (p. 427)
gen. ad litt. 9, 13	*cf.* dial. qu. 45 (p. 395)
gen. ad litt. 9, 14	*cf.* dial. qu. 40 (p. 389)
gen. ad litt. 9, 19	*cf.* dial. qu. 46 (p. 396)
gen. ad litt. 11, 16	*cf.* dial. qu. app. 1 T (p. 423)
gen. ad litt. 11, 19	*cf.* dial. qu. 17 (p. 356)
gen. ad litt. 11, 23–24	*cf.* dial. qu. app. 1 T (p. 424)
gen. ad litt. 11, 27–28	*cf.* dial. qu. 43 (p. 394)
gen. ad litt. 11, 28–29	*cf.* dial. qu. 44 (p. 394)
gen. ad litt. 11, 31	*cf.* dial. qu. 34 (p. 382)
gen. ad litt. 11, 33	*cf.* dial. qu. 35 (p. 383)
gen. ad litt. 12, 6–10	*cf.* dial. qu. 63 (p. 411)
gen. ad litt. 12, 24	*cf.* dial. qu. 63 (p. 411)
gen. ad litt. 12, 34	*cf.* dial. qu. app. 1 Y (p. 427)
gen. c. Man. 1, 34	*cf.* dial. qu. app. 1 N O (p. 421)
in Ioh. tract. 19, 13	*cf.* dial. qu. 8 (p. 346)
in Ioh. tract. 21, 13	*cf.* dial. qu. 29 (p. 375)
in Ioh. tract. 54, 7	*cf.* dial. qu. 8 (p. 346)
in Ioh. tract. 78, 1	*cf.* dial. qu. 3 (p. 336)
in Ioh. tract. 99, 4	*cf.* dial. qu. 11 (p. 350)
in Ioh. tract. 99, 8–9	*cf.* dial. qu. 10 (p. 349)
in Ioh. tract. 107, 6	*cf.* dial. qu. 1 (p. 332)
s. 9	*cf.* dial. qu. app. 1 A (p. 415); dial. qu. app. 1 AA (p. 428)
trin. 1, 1, 2	*cf.* dial. qu. 23 (p. 364)

trin. 1, 3, 5–6   *cf.* dial. qu. praef. (p. 329)
trin. 1, 7, 14   *cf.* dial. qu. 4 (p. 340)
trin. 1, 13, 31   *cf.* dial. qu. 29 (p. 375)
trin. 2, 5, 9   *cf.* dial. qu. 4 (p. 341)
trin. 2, 6, 11–12   *cf.* dial. qu. 9 (p. 347)
trin. 3, 10, 25   *cf.* dial. qu. app. 1 N (p. 420)
trin. 4, 3, 5   *cf.* dial. qu. 32 (p. 380)
trin. 4, 3, 5–6   *cf.* dial. qu. 26 (p. 370)
trin. 4, 4, 7–6, 10   *cf.* dial. qu. 26 (p. 368–372)
trin. 4, 6, 10   *cf.* dial. qu. 13 (p. 353); dial. qu. app. 1 P Q (p. 421–422)
trin. 5, 2, 3   *cf.* dial. qu. 3 (p. 335)
trin. 6, 9, 10   *cf.* dial. qu. 3 (p. 335)
trin. 12, 7, 9–10   *cf.* dial. qu. 18 (p. 357)
trin. 15, 6, 9   *cf.* dial. qu. 3 (p. 338)
trin. 15, 20, 38   *cf.* dial. qu. 7 (p. 344–345)
trin. 15, 26, 47   *cf.* dial. qu. 8 (p. 346)
trin. 15, 27, 48   *cf.* dial. qu. 10 (p. 349)

Ps.Bedae comm. in gen. (PL 91)
205, 21–26   *cf.* dial. qu. app. 3 (p. 436)
207, 34–38   *cf.* dial. qu. app. 3 (p. 436)
207, 45–53   *cf.* dial. qu. app. 3 (p. 436)
208, 36–38   *cf.* dial. qu. app. 3 (p. 437)

Caesarius Arelatensis
s. 46, 3   *cf.* sobr. 1, 7 (p. 118–119)
s. 47, 1   *cf.* sobr. 3, 2 (p. 126)

Cassianus
coll. 3, 6   *cf.* dial. qu. 62 (p. 410)

Cicero
Verr. 3, 23   *cf.* sobr. 1, 1 (p. 112)

Cyprianus

ep. 11, 5, 1	*cf.* or. el. 2 (p. 64)
hab. virg. 9	*cf.* sobr. 2, 2 (p. 120)
zel. 7	*cf.* or. el. 4 (p. 67)

Eucherius Lugdunensis

instr. 1	*cf.* dial. qu. 1 (p. 330); dial. qu. 2 (p. 333); dial. qu. 16 (p. 355); dial. qu. 33 (p. 381)

Ps.Eusebius Vercellensis

trin. 2, 7	*cf.* dial. qu. 1 (p. 332)
trin. 2, 16–17	*cf.* dial. qu. 1 (p. 332)
trin. 2, 22	*cf.* dial. qu. 1 (p. 331)
trin. 6, 9	*cf.* dial. qu. 1 (p. 332)

Fulgentius Ruspensis

c. Fastid. 19, 3	*cf.* dial. qu. 6 (p. 344)
fid. ad Petr. 5	*cf.* dial. qu. 3 (p. 335); *cf.* dial. qu. app. 1 U (p. 424)
fid. ad Petr. 7–8	*cf.* dial. qu. app. 1 M (p. 419)
fid. ad Petr. 11	*cf.* dial. qu. app. 1 P (p. 421)
fid. ad Petr. 14–16	*cf.* dial. qu. app. 1 M (p. 419–420)
fid. ad Petr. 25–26	*cf.* dial. qu. app. 1 R (p. 422)
fid. ad Petr. 32	*cf.* dial. qu. app. 1 W (p. 425)
fid. ad Petr. 36	*cf.* dial. qu. app. 1 X (p. 426)
fid. ad Petr. 47	*cf.* dial. qu. app. 1 A (p. 415)
fid. ad Petr. 48	*cf.* dial. qu. app. 1 D E (p. 416)
fid. ad Petr. 54	*cf.* dial. qu. app. 1 B (p. 415)
fid. ad Petr. 55	*cf.* dial. qu. app. 1 C E (p. 416)
fid. ad Petr. 57	*cf.* dial. qu. app. 1 I (p. 418)
fid. ad Petr. 58	*cf.* dial. qu. app. 1 H (p. 417)
fid. ad Petr. 60	*cf.* dial. qu. app. 1 H (p. 417)
fid. ad Petr. 63	*cf.* dial. qu. app. 1 K L (p. 419)
fid. ad Petr. 66	*cf.* dial. qu. app. 1 S T (p. 423)
fid. ad Petr. 68	*cf.* dial. qu. app. 1 F G (p. 417)

fid. ad Petr. 69	*cf.* dial. qu. app. 1 J (p. 418)
fid. ad Petr. 72	*cf.* dial. qu. app. 1 V (p. 425)
trin. 3, 2	*cf.* dial. qu. 1 (p. 332)
trin. 4, 4	*cf.* dial. qu. 3 (p. 337)
trin. 6, 4	*cf.* dial. qu. 9 (p. 347)

Hieronymus

ep. 14, 10, 4	*cf.* sobr. 2, 2 (p. 120)
ep. 22, 8, 1	*cf.* sobr. 1, 4 (p. 114); 1, 7 (p. 117)
ep. 22, 13, 5	*cf.* sobr. 2, 2 (p. 125)
ep. 22, 27, 5	*cf.* sobr. 2, 2 (p. 124)
ep. 22, 27, 8	*cf.* sobr. 3, 2 (p. 125)
ep. 108, 24, 1	*cf.* dial. qu. app. 1 I (p. 418)

Honoratus Antoninus

epist. (PL 50, 569D)	*cf.* dial. qu. 6 (p. 344)

Isidorus Hispalensis

eccl. off. 2, 5, 7	*cf.* dial. qu. 64 (p. 413)
eccl. off. 2, 5, 8	*cf.* dial. qu. 65 (p. 414)
exp. gen. 7	*cf.* dial. qu. app. 4 (p. 437)
exp. gen. 8	*cf.* dial. qu. app. 5 (p. 438)

Seneca

ep. 83, 16	*cf.* sobr. 1, 7 (p. 118)
ep. 83, 18	*cf.* sobr. 1, 3 (p. 113); 1, 7 (p. 118)
ep. 83, 21	*cf.* sobr. 3, 2 (p. 127)
ep. 83, 22	*cf.* sobr. 3, 3 (p. 130)

Sermo de misericordia editus a P. Verbraken (*cf.* p. 42–49)

p. 57, 44–46	or. el. 1 (p. 63)
p. 57, 46–52	or. el. 2 (p. 63–64)
p. 57, 53–55	or. el. 4 (p. 67)
p. 57, 58–65	or. el. 4 (p. 67–68)

Sermo de misericordia editus a F. Leroy (*cf.* p. 14–16)
p. 182, 6–13   or. el. 1 (p. 63)
p. 183, 1–21   or. el. 2 (p. 63)

Vergilius
ecl. 8, 75   dial. qu. 56 (p. 406); dial. qu. app. 1 GG (p. 430)
Aen. 2, 20   dial. qu. 30 (p. 377)
Aen. 2, 265   *cf.* sobr. 3, 3 (p. 130)

Ps. Vigilius Tapsensis
c. Var. 1, 16   *cf.* dial. qu. 1 (p. 332)

Vincentius Lerinensis
exc. 5   *cf.* dial. qu. 4 (p. 341)

INDEX CODICUM

Augsburg, Staats- und Stadtbibl. 8° cod. 35 (804) p. 83; 99

Albi, BM 40 (sobr.: **a**) p. 101

Albi, BM 42 p. **285–286**; 293

Angers, BM 284 p. **263**

Arras, BM 670 (727) (inc.: **A**) p. **141**

Arras, BM 979 (137) p. 150

Assisi, Bibl. com. 84 p. 147

Autun, BM S 40 (36) (dial. qu.: **A**) p. **270–272**

Avranches, BM 84 p. 302

Berlin, Staatsbibl. Preuß. Kulturbes.
ms. lat. 2° 439 p. 35, Anm. 25

Berlin, Staatsbibl. Preuß. Kulturbes.
ms. theol. lat. 2° 174 p. 99

Berlin, Staatsbibl. Preuß. Kulturbes.
ms. theol. lat. 4° 338 p. 35, Anm. 25

Bern, Burgerbibl. 117 p. **264**

Brüssel, Bibl. roy. 657-666 p. 147

Brüssel, Bibl. roy. 2499-510 (inc.: **B**) p. **142–143**; 155–156; 157–158

Brüssel, Bibl. roy. 8654-72 p. **239**

Cambrai, BM 405 (381) (inc.: **C**) p. **142**

Cambridge, Trinity College 281 (B.14.5) (sobr.: c)   p. 101

Cesena, Bibl. Malat. D.X, II   p. 83; 100

Cesena, Bibl. Malat. D.XXI, V (inc.: **Ce**)   p. **142**

Chartres, BM 66 (7)   p. **149–150**

Düsseldorf, Univ.bibl. cod. B 12   p. 99

Escorial, Real Bibl. b.IV.17 (dial. qu.: **E**)   p. 245; **257–258**

Escorial, Real Bibl. c.III.17   p. 263

Erfurt, Univ. bibl. Dep. Erf. CA. 8° 64   p. **147**

Erlangen, Univ. bibl. 171 (sobr.: **E**)   p. **84–86**

Florenz, Bibl. Laur. XII, XXVIII   p. 148

Florenz, Bibl. Laur. XVIII dext. IV (inc.: **F**)   p. **145**

Florenz, Bibl. Laur. XXI, dext. XI (sobr.: **F**)   p. 83; **90–92**

Florenz, Bibl. Laur. Med. Fesul. XXII   p. 148

Florenz, Bibl. Laur. San Marco 626   p. 296–297, Anm. 94

Florenz, Bibl. Laur. San Marco 639 (sobr.: **F₁**)   p. **97–98**

Frankfurt/Main, Stadt- u. Univ.bibl. ms. lat. oct. 65 (sobr.: **fr**)   p. 83; **94–96**

Frankfurt/Main, Stadt- u. Univ.bibl. ms. Praed. 16 (or. el.: **F**)   p. **33–35**

Freiburg i. Br., Univ. bibl. 377 (dial. qu.: **F**)   p. **279–280**; 281; **314–324**

Harburg, Fürstl. Bibl. ms. II,1,2° 131   p. 83; 100

Karlsruhe, Bad. Landesbibl. 18　　　　　　　　　p. 260–263

Klosterneuburg, Stiftsbibl. CCl. 215 (sobr.: **K**)　　p. **92–94**

Köln, Dombibl. 15 (sobr.: **k**)　　　　　　　　　p. 101

Köln, Stadtarchiv W 144　　　　　　　　　　　p. **285, Anm. 80**

Kopenhagen, Ny kgl. Saml. 2899 4°　　　　　　　p. **264**

Laon, BM 279　　　　　　　　　　　　　　　p. **239**

Leiden, Univ. bibl. BPL 67 F (dial. qu.: **L**)　　　p. **233–234;** 251;
　　　　　　　　　　　　　　　　　　　　　253

Leiden, Univ. bibl. BPL 3230　　　　　　　　　p. **286–287**

Leiden, Univ. bibl. Voss. lat. F 70 II　　　　　　p. **264–265**

Leiden, Univ. bibl. Voss. lat. O. 46 (sobr.: **l**)　　p. 102

Liège, Bibl. sem. 6 F 30bis (dial. qu. **Li**)　　　　p. **295**

Lincoln, Cath. lib. 13　　　　　　　　　　　　p. **296**

Lissabon, Bibl. nac. ms. Alcob. 416　　　　　　　p. 297, Anm. 94

Lyon, BM 611 (dial. qu.: **Ly**)　　　　　　　　p. **266–268;** 290;
　　　　　　　　　　　　　　　　　　　　　314–326

Mailand, Bibl. Ambr. H 150 inf.　　　　　　　　p. **293**

Mailand, Bibl. Trivulz. 170 (500) (inc.: **m**)　　　p. **145–146**

Madrid, Bibl. Ac. Hist. 39 (dial. qu.: **Ma**)　　　p. **268–270;** 290;
　　　　　　　　　　　　　　　　　　　　　314–326

Madrid, Bibl. Ac. Hist. 44　　　　　　　　　　p. 276, Anm. 70

Madrid, Bibl. Ac. Hist. 78　　　　　　　　　　p. 268–269, Anm.
　　　　　　　　　　　　　　　　　　　　　63

Madrid, Bibl. nac. 10018 — p. **290–292**

Mons, Univ. bibl. 43/219 — p. **244–246**

Monte Cassino, Bibl. Abb. 29 — p. **246–249**; 250

Monte Cassino, Bibl. Abb. 30 — p. 246

Monte Cassino, Bibl. Abb. 187 — p. **249–250**

Montpellier, Bibl. univ. [méd.] 413 (sobr.: **m**) — p. 102

München, Bayer. Staatsbibl. clm 3015 — p. 83; 100

München, Bayer. Staatsbibl. clm 4756 — p. 100

München, Bayer. Staatsbibl. clm 5915 — p. 35, Anm. 25

München, Bayer. Staatsbibl. clm 5983 — p. 35, Anm. 25

München, Bayer. Staatsbibl. clm 6302 — p. **254–255**

München, Bayer. Staatsbibl. clm 6407 — p. **292**

München, Bayer. Staatsbibl. clm 7466 — p. 83; 100

München, Bayer. Staatsbibl. clm 14468 — p. **250–251**

München, Bayer. Staatsbibl. clm 14492 (dial. qu.: **M₁**) — p. **259–260**

München, Bayer. Staatsbibl. clm 14500 (dial. qu.: **M₂**) — p. **236–237**

München, Bayer. Staatsbibl. clm 19126 — p. 263

München, Bayer. Staatsbibl. clm 28596 — p. 83; 100

München, Univ. bibl. 2° cod. 3 — p. 100

München, Univ. bibl. 8° cod. ms. 132 (cim. 7)   p. 251–252

Namur, Bibl. de la Société Archéologique
ms. 29 (sobr.: **n**)   p. 94–96

Nürnberg, Stadtbibl. ms. cent. I 55   p. 100

Olomouc, Stát. věd. knih. Ms. M I 115   p. 100–101

Oxford, Bodl. lib. Bodl. 385 (dial. qu.: O)   p. 278–279; 281

Oxford, Bodl. lib. Laud. misc. 237 (sobr.: O)   p. 83; **84–86**

Oxford, Bodl. lib. Laud. misc. 350 (sobr. O1)   p. **86–90**; 95

Oxford, Bodl. lib. Laud. misc. 383   p. 278; **287–288**

Panschwitz-Kuckau, Abtei St. Marienstern
quart. 20   p. **148**

Paris, Arsenal 474 (sobr.: **Pa**)   p. **86–90**

Paris, Arsenal 532   p. 151

Paris, BNF lat. 1750   p. 244, Anm. 31

Paris, BNF lat. 1771   p. 15, Anm. 4; **42**

Paris, BNF lat. 1920 (sobr.: p2)   p. **86–90**

Paris, BNF lat. 1936 (inc.: P1)   p. **143**

Paris, BNF lat. 1974 (sobr.: p3)   p. **86–90**

Paris, BNF lat. 2025 (sobr.: P1)   p. **86–90**

Paris, BNF lat. 2045 (sobr.: p4)   p. **86–90**

Paris, BNF lat. 2083 (inc.: P2)   p. **145**

Paris, BNF lat. 2152 (or. el.: **B**) p. **31**; 34, Anm. 25

Paris, BNF lat. 2710 p. **265**

Paris, BNF lat. 2718 p. **252–254**

Paris, BNF lat. 2984 (sobr.: **P**) p. **90–92**

Paris, BNF lat. 2987 p. **296**

Paris, BNF lat. 10588 (sobr.: **p**) p. 102

Paris, BNF lat. 13373 (dial. qu.: **P**) p. 245; **256–257**

Paris, BNF lat. 14294 p. 148

Paris, BNF lat. 14479 p. 149

Paris, BNF lat. 14564 p. 99, Anm. 36

Paris, BNF lat. 15658 (inc.: **P₃**) p. **143**

Paris, BNF lat. 18085 p. 263

Prag, Knihovna metropolitní kapituly
ms. A XXXIV (or. el.: **P**) p. **34–35**

Rom, Bibl. Casan. 804 (sobr.: **r**) p. **98**

Rom, Bibl. naz. Sess. 76 (dial. qu.: **R**) p. **282–284**

Rom, Bibl. Vallic. C 9 (dial. qu.: **Ro**) p. **240–243**

Rom, Bibl. Vallic. tom. XXI p. 290, Anm. 88

Saint-Omer, BM 283 p. 149

St. Florian, Stiftsbibl. Ms. XI 2 p. 51, Anm. 42

St. Gallen, Stiftsbibl. 230 (dial. qu.: **G**) p. **232–233**

Salzburg, Nonnberg Stiftsbibl. frg. 12 — p. **254**

Tortosa, Bibl. cated. 113 — p. **285, Anm. 80**

Toulouse, BM 14 — p. 34–35, Anm. 25

Uppsala, Universitetsbibl. C 645 — p. 35, Anm. 25

Valencia, Bibl. cated.
128 mod. (117) (inc.: **V**) — p. **144**

Valencia, Bibl. univ. 32 (620) (inc.: **v**) — p. **145–146**

Valenciennes, BM 196 (sobr.: **v**) — p. 102

Vatikan, Ottob. lat. 14 — p. 34, Anm. 25

Vatikan, Pal. lat. 208 — p. 222; p. 243, Anm. 30; **297**

Vatikan, Pal. lat. 225 — p. 100

Vatikan, Reg. lat. 846 — p. **252–253, Anm. 43**

Vatikan, Urb. lat. 77 — p. 30, Anm. 18

Vatikan, Urb. lat. 84 — p. 149

Vatikan, Vat. lat. 283 — p. 222; **296**; 302

Vatikan, Vat. lat. 289 — p. 243, Anm. 30; 302

Vatikan, Vat. Lat. 458 (inc.: **Va**) — p. **145**; 159; 302

Vatikan, Vat. lat. 513 (or. el.: **V**) — p. **32–33**; 302

Vatikan, Vat. lat. 5758 — p. 41

Vatikan, Vat. lat. 6018 (dial. qu.: **V**) — p. **235–236**; 238; 247–249; 250

Vendôme, BM 137   p. 302

Venezia, Bibl. naz. Marc. 1801   p. 149

Verona, Bibl. cap. LIX 57   p. 41

Weimar, Herzogin-A.-Amalia-Bibl.
Q 46 (sobr.: **We**)   **p. 90–92**

Wien, ÖNB cod. 1044   **p. 288–289**

Wien, ÖNB cod. 1051 (sobr.: **V**)   **p. 92–94**

Wien, ÖNB cod. 2195 (sobr.: **w**)   p. 101–102

Wien, ÖNB cod. 4147   p. 14, Anm. 3

Wolfenbüttel, Herzog August Bibl.
cod. Guelf. 281 Helmst. (sobr.: **W**)   **p. 96–97**

Zámek Nelahozeves, Roudnická lobkovická
knih. VI Fg 47   p. 101

Zürich, Zentralbibl. Car. C 175 (sobr.: **Z**)   **p. 90–92**

Zürich, Zentralbibl. ms. Rh. 143 (or. el.: **Z**) **p. 31–32**

Zwickau, Ratschulbibl. Ms. I,XIII,24   p. 35, Anm. 25

Zwickau, Ratschulbibl. Ms. XIX   p. 35, Anm. 25

INDEX VERBORUM LOCUTIONUMQUE NOTABILIUM

accedere in + Abl. (sobr. 2, 2; p. 121)

adhibita fuerit ~ adest (sobr. 1, 6; p. 116)

Akkusativ, absolute Konstruktion von:
quem universa ecclesia acceptum dicunt Amen (dial. qu. 49; p. 399)

alio = alii [Dat.] [sed cf. app.] (dial. qu. 7; p. 345)

carere + Akk. (dial. qu. 44; p. 394)

contentus + Dat. (sobr. 2, 2; p. 122)

credulitas = fides (or. el. 4; p. 67)

cultus capitis = „Kopfbedeckung" (sobr. 3, 2; p. 126)

decelare = „verbergen" [sed cf. app.] (or. el. 2; p. 63)

decent + Inf. = *decet* + Inf. [sed cf. app.] (sobr. 1, 5; p. 115)

de culpa ~ propter culpam (sobr. 3, 2; p. 126)

delectari + Akk. (sobr. 3, 2; p 128)

Deponentia, auffälliger Gebrauch von:
deprecari = „angefleht werden" (or. el. 1; 63)
tuemur = „bewahrt werden" (or. el. 5; p. 70)
tutat = „beschützen" (or. el. 5; p. 69)

deprivatus = privatus (sobr. 2, 2; p. 120)

enim als Bekräftigung [„ja"] oder Überleitung [„weiters"] (dial. qu. 21; p. 360 / 24; p. 365 / 26; p. 366 / 33; p. 381 / 35; p. 383 / 36; p. 384 / 43; p. 393)

excusare ~ recusare (sobr. 1, 7; p. 118)

Genera, Freiheiten bei der Übereinstimmung von:
> *prima dies, quae est parasceve, a parte ultima totus* (dial. qu. 13; p. 353)
> *non hoc acceperunt animantia aut volatilia, ut sint rationis capaces* (dial. qu. 40; p. 389)

in toto ~ *omnino* (sobr. 2, 2; p. 123)

ipse = *is / ille*:
> *sine ipsa ornare* (sobr. 1, 2; p. 113)
> *caecitatem ipsorum relinquentes* (dial. qu. 1; p. 331)
> *et ipse hominem adsumpsit* (dial. qu. 9; p. 347)

Konjunktiv – Indikativ, auffälliger Wechsel von:
> *...cuius nimietas placet, cuius oblectet enormitas, cuius laudabilis possit esse profusio* [sed cf. app.] (or. el. 4; p. 67)
> *...quibus per ebrietatis vitia mundus ipse tunc frequenter vexatus sit et nunc vexatur* (sobr. 3, 3; p. 130)

lectisternia = „Bettzeug" (sobr. 3, 2; p. 127)

licet + Indik. [sed cf. app.] (dial. qu. praef.; p. 329)

magis carior ~ *carissima* (sobr. 3, 2; p. 128)

mente aliena = *mente alienata* (sobr. 3, 2; p. 126)

neque ... aut non = *neque ... neque* (or. el. 1; p. 63)

penetrabilia = *penetralia* [sed cf. app.] (or. el. 2; p. 64)

poculus = *poculum* (sobr. 3, 2; p. 128)

potiora ~ *maiora* (sobr. 3, 2; p. 129)

quamquam + Konj. (dial. qu. 41; p. 391 / 46; p. 397)

quo = *ut* (sobr. 2, 1; p. 119)

suadere + AcI (sobr. 1, 1; p. 112)

super ~ *post* (sobr. 2, 2; p. 121)

surripuerit = *surrepserit* (sobr. 3, 2; p. 126)

thorus genitalis = *thorus genialis* (sobr. 3, 3; 129)

unde = *quo* (dial. qu. 15; p. 355)

unus ... alter = *alter ... alter* (dial. qu. 5; p. 342 / 32; p. 380)